A Parte Geral do Código Civil Português

A Parte Geral do Código Civil Português

TEORIA GERAL DO DIREITO CIVIL

2019 · 2.ª Edição totalmente revista e actualizada

Heinrich Ewald Hörster

Eva Sónia Moreira da Silva

Professores da Escola de Direito da Universidade do Minho

ALMEDINA

A PARTE GERAL DO CÓDIGO CIVIL PORTUGUÊS
TEORIA GERAL DO DIREITO CIVIL
AUTOR
Heinrich Ewald Hörster
Eva Sónia Moreira da Silva
EDITOR
EDIÇÕES ALMEDINA, S.A.
Rua Fernandes Tomás, n.os 76-80
3000-167 Coimbra
Tel.: 239 851 904 · Fax: 239 851 901
www.almedina.net · editora@almedina.net
DESIGN DE CAPA
Morais Leitão
PRÉ-IMPRESSÃO
EDIÇÕES ALMEDINA, S.A.
IMPRESSÃO E ACABAMENTO

Novembro, 2019
DEPÓSITO LEGAL

ALMEDINA | GRUPOALMEDINA

BIBLIOTECA NACIONAL DE PORTUGAL – CATALOGAÇÃO NA PUBLICAÇÃO
HÖRSTER, Heinrich Ewald, e outro
A PARTE GERAL DO CÓDIGO CIVIL PORTUGUÊS:
Teoria Geral do Direito Civil
Heinrich Ewald Hörster, Eva Sónia Moreira da Silva
2.ª ed. – (Manuais universitários)
ISBN 978-972-40-8146-5
I – SILVA, Eva Sónia Moreira da
CDU 347

À minha Mulher

APRESENTAÇÃO

As lições que agora se publicam constituem o desenvolvimento gradual de alguns apontamentos sobre a matéria, escritos durante o ano lectivo de 1979/1980 – um pouco contra as minhas intenções – como texto de apoio às aulas. Com efeito, sucedeu que, ao aceitar o honroso convite da Universidade Católica Portuguesa para reger a cadeira de "Teoria Geral do Direito Civil" como cadeira do 1.º Ano do recém-criado Curso de Direito no Porto, eu subestimara um tanto o desafio assumido, muito embora já contasse com algumas dificuldades naturais, pelo facto de não possuir nem mentalidade nem formação jurídica portuguesas. Mas, animado pela ambição objectiva (*sachlicher Ehrgeiz*) de servir o melhor possível a nova Escola, servindo os seus alunos, escrevi os apontamentos, não obstante as suas deficiências, inevitáveis na altura. Como se impunha, nos anos lectivos seguintes as mais sentidas dessas deficiências foram sucessivamente atenuadas, sobretudo as referentes à ordem de exposição da matéria, que veio a ser profundamente alterada durante o ano lectivo de 1983/1984, de acordo com o que a experiência me ensinara. De resto, tem sido minha preocupação constante contrabalançar, mediante uma exposição clara, *inclusive* com o recurso a simplificações e repetições por motivos didácticos, as sempre presentes limitações linguísticas. Foi ao actualizar e melhorar a apresentação do texto a partir do ano lectivo de 1989/1990, altura em que a cadeira passou para o 2.º Ano do curso, que surgiu a ideia de uma possível publicação das lições, até aqui destinadas apenas ao uso dos meus alunos.

Ao contrário da exposição da matéria, a concepção a respeito do seu ensino não se modificou ao longo dos anos e manteve sempre como objectivo essencial a tarefa de proporcionar aos alunos os necessários conhecimentos da Parte Geral do Código Civil dentro de uma perspectiva personalista e anticolectivista: a abordagem da matéria assenta no princípio da autonomia privada do homem não inserido em estruturas de poder e de obediência e assumindo as suas responsabilidades sociais. Como o homem moderno vive numa sociedade complexamente estratificada, onde se acentua cada vez mais a sua dependência em relação a "conhecimentos em segunda mão", insusceptíveis de serem verificados, houve o cuidado de apresentar a cadeira ciente de que a manipulação não consiste tanto na mentira mas antes na omissão dos factos relevantes para encontrar decisões.

O ensino da matéria procura ir ao encontro das necessidades didácticas, embora se mantenha dentro dos limites impostos pela sistematização da Parte Geral do Código Civil. Na medida do possível procurei aproveitar a lição de Manuel de Andrade e os ensinamentos de João de Castro Mendes. Todavia, quanto às tentativas de desenvolver soluções próprias ou de experimentar caminhos novos, arrogo-me o direito e a liberdade de cometer erros, como pressupostos de qualquer inovação. Neste contexto, convém não esquecer o facto de estas lições terem sido elaboradas para os alunos de um Curso de Direito que, em altura inoportuna, ficou privado do seu *caput scholae*, sendo certo que disso se ressentem. Daí que as críticas que elas possam vir a suscitar devam substituir os diálogos que não pôde haver... No início das secções do livro vem indicada alguma bibliografia, acessível a todo o aluno, que permite a comparação e o confronto com opiniões diferentes e facilita, ao mesmo tempo, o aprofundamento da matéria. Nas notas de pé de página, cuja finalidade é diferente, já se referem textos não escritos em português, mas que também dão ocasião para um estudo mais intensivo. Oxalá estas indicações e referências sejam aproveitadas!

Para finalizar, permito-me apresentar os meus agradecimentos aos Doutores P.^e^ Placidus Hülster O.Cist. e Manuel da Costa Andrade por todos os apoios que deles recebi, e evocar a memória do Doutor João Baptista Machado, Mestre e Amigo, pelo exemplo que para mim foi.

Coimbra/Porto, Outubro de 1992

HEINRICH EWALD HÖRSTER

Leitmotiv

A dor mais hostil entre os homens é esta: ter entendimento
de muito e não ter poder sobre nada (*apud* Heródoto).

PREFÁCIO À 2.ª EDIÇÃO

Passaram vinte e sete anos sobre a data em que estas lições se publicaram pela primeira vez e só agora, depois de dez reimpressões, foi possível renovar a obra e apresentar aos alunos uma 2.ª edição que reflectisse as profundas alterações que a Parte Geral do Código Civil entretanto sofreu. As contingências da vida não me permitiram fazê-lo antes. A 2.ª edição beneficiou, decisivamente, da colaboração da minha colega Eva Sónia Moreira da Silva que, como coautora, contribuiu para todo o texto destas lições.

Ao longo do tempo que medeia entre a primeira publicação das lições e esta 2.ª edição aconteceram grandes mudanças sociais e deram-se evoluções científicas e tecnológicas de grande alcance, e com resultados ainda não previsíveis, que as leis procuraram acompanhar. Limitamo-nos a focar um aspecto:

Assistimos a uma racionalização da sociedade em geral que se evidencia num excesso de controlos, avaliações e comparações, submetendo tudo a critérios métricos, sem efeito útil para a liberdade individual. Além disso, a aceleração desmedida de toda a comunicação e o aproveitamento dos dados que ela gera não pode deixar de criar angústias de que entramos num caminho em direcção a uma sociedade totalmente vigiada.

Neste contexto as lições – que respeitam a grafia anterior ao acordo ortográfico – procuram fornecer aos alunos os elementos de estudo que lhes permitem adquirir os conhecimentos da matéria da teoria geral do direito civil sem lhes causar constrangimentos. E, para o efeito, os alunos devem confiar, antes de tudo, nas suas próprias capacidades.

Por fim, cumpre-nos agradecer ao engenheiro Miguel Bacelar o inestimável apoio que nos prestou a nível informático.

Braga, Outubro de 2019

HEINRICH EWALD HÖRSTER

Der Prinz.	Guten Morgen Conti. Wie leben Sie? Was macht die Kunst?
Conti.	Prinz, die Kunst geht nach Brot.

(G. E. Lessing, Emilia Galotti, 1.º Acto, 2.ª Entrada em cena)

Wes' Brot ich ess, des' Lied ich sing.

(sabedoria popular alemã)

ORDEM DE EXPOSIÇÃO DA MATÉRIA

ABREVIATURAS

AAVV	Autores vários
ABGB	*Allgemeines Bürgerliches Gesetzbuch* (Áustria)
Ac.	acórdão
AcP	*Archiv für die civilistische Praxis*
AG	*Amtsgericht* (corresponde ao tribunal de comarca)
al.	alínea
arg.	*argumentum*
ARSP	*Archiv für Rechts- und Sozialphilosophie*
AT	*Allgemeiner Teil* (= parte geral)
BAG	*Bundesarbeitsgericht* (Tribunal Federal de Trabalho, Alemanha)
Beil.	*Beilage* (= suplemento)
BFD	Boletim da Faculdade de Direito da Universidade de Coimbra
BFH	*Bundesfinanzhof* (Alemanha)
BG	*Bundesgericht* (Suiça)
BGB	*Bürgerliches Gesetzbuch* (Alemanha)
BGH	*Bundesgerichtshof* (Tribunal Federal Alemão)
BGHZ	*Entscheidungen des Bundesgerichtshofs in Zivilsachen* (Acórdãos do BGH em matérias civis)
BMJ	Boletim do Ministério da Justiça
BVerfG	*Bundesverfassungsgericht* (Tribunal Federal Constitucional, Alemanha)
BVerfGE	*Entscheidungen des Bundesverfassungsgerichts* (Acórdãos do BVerfG)
c.; cc.	cânon; cânones
CAdm	Código Administrativo
CCiv	Código Civil
CCom	Código Comercial
CCoop	Código Cooperativo
CDP	Cadernos de Direito Privado

CEE	Comunidade Económica Europeia
cf.	confira
CIC	*Codex Iuris Canonici*
Cic	*culpa in contrahendo* (culpa na formação do contrato)
cit.	citado
CJ	Colectânea de Jurisprudência
CN	Código do Notariado
coord.	coordenado/r(es)
CPC	Código de Processo Civil
CPen	Código Penal
CPPen	Código de Processo Penal
CPTrab	Código de Processo de Trabalho
CRegCiv	Código do Registo Civil
CRegPred	Código do Registo Predial
CSC	Código das Sociedades Comerciais
CTrab	Código do Trabalho
DAV	Directivas Antecipadas de Vontade
DB	*Der Betrieb*
DJ	Direito e Justiça
DL	Decreto-Lei
DR	Diário da República
DuR	*Demokratie und Recht*
ed.	edição
EGMR	*Europäischer Gerichtshof für Menschenrechte* (Tribunal Europeu dos Direitos do Homem)
et. al.	*et alii* (e outros)
ETAF	Estatuto dos Tribunais Administrativos e Fiscais
EuGRZ	*Europäische Grundrechte*
FS	*Festschrift*
GS	*Gedächtnisschrift*
Hrsg./hrsg.	Herausgeber (editor/coordenador)/herausgegeben (editado/coordenado)
J. O.	Jornal Oficial (da Comunidade Europeia)
JuS	*Juristische Schulung*
JZ	*Juristen-Zeitung*
HKK	*Historisch-kritischer Kommentar zum BGB*
IVG	Interrupção Voluntária da Gravidez

L	Lei
LAG	*Landesarbeitsgericht*
LCE	Lei do Comércio Electrónico
LG	*Landgericht*
n.	nota
n.º	número
NJ	*Neue Justiz*
NJW	*Neue Juristische Wochenschrift*
n. m.	nota à margem
NZZ	*Neue Zürcher Zeitung*
ob. cit.	obra citada
OLG	*Oberlandesgericht* (Supremo Tribunal de um Estado Federado da República Federal da Alemanha)
org.	organizadores
P	Portaria
p.	página
pp.	páginas
PGR	Procuradoria-Geral da República
RDE	Revista de Direito e Economia
RDES	Revista de Direito e de Estudos Sociais
Reg.	Regulamento
reimpr.	reimpressão
Rel.	Tribunal da Relação
RGZ	*Entscheidungen des Reichsgerichts in Zivilsachen* (Acórdãos do Tribunal do Reich em matérias civis)
Rn.	*Randnummer* (número à margem)
RLJ	Revista de Legislação e de Jurisprudência
ROA	Revista da Ordem dos Advogados
s.	seguinte
s. d.	sem data
ss.	seguintes
SI	*Scientia Ivridica*
STA	Supremo Tribunal Administrativo
STJ	Supremo Tribunal de Justiça
StuW	*Steuer und Wirtschaft*
t.	tomo
TC	Tribunal Constitucional

TRL	Tribunal da Relação de Lisboa
u.a.	und andere (e outros)
v. g.	*verbi gratia* (por exemplo)
v.	ver
vol.	volume
vols.	volumes
ZGB	*Zivilgesetzbuch* (República Democrática Alemã; Suíça)
ZHR	*Zeitschrift für das gesamte Handelsrecht und Wirtschaftsrecht*
ZRP	*Zeitschrift für Rechtspolitik*
ZVglRWiss	*Zeitschrift für vergleichende Rechtswissenschaft*

Capítulo 1.º

Direito, Direito Privado, Direito Civil; as suas funções

OBSERVAÇÃO PRÉVIA

A matéria que constitui o objecto da nossa disciplina (ou unidade curricular) é designada por "Teoria Geral do Direito Civil". Ela refere-se, portanto, não ao direito todo, mas apenas a um segmento seu, o direito civil. Por isso, há conveniência em situá-lo dentro do conjunto da ordem jurídica, o que vem explicar a primeira parte da epígrafe deste capítulo: direito, direito privado, direito civil. O direito civil recorre a um número bastante elevado de conceitos jurídicos, nem sempre fáceis de entender para quem começa, mesmo que tenha feito a disciplina de "Introdução ao Estudo do Direito". Mas todos estes conceitos têm o seu sentido e a sua utilidade, uma vez que servem para que o direito civil possa cumprir a sua missão ou as funções que lhe são destinadas dentro da ordem jurídica geral. É a este aspecto que alude a segunda parte da epígrafe do capítulo.

Este Capítulo 1.º, de índole introdutória, está subdividido em três partes (Parte A: Introdução e orientações gerais; Parte B: Noção, princípios e funções de direito privado e civil; Parte C: Fontes do direito civil português) e destina-se a balizar a orientação do Curso. Nestes termos, o Capítulo 1.º pretende estabelecer uma ligação com as aulas de "Introdução ao Estudo do Direito" e de "Introdução ao Direito Privado", ao mesmo tempo que procura oferecer os conceitos básicos e princípios condutores para o entendimento e a aplicação da Parte Geral do Código Civil.

Os capítulos subsequentes, ou seja, os Capítulos 2.º a 4.º, destinam-se a ministrar os conhecimentos necessários da própria Parte Geral e, simultaneamente, tencionam facilitar a aquisição destes conhecimentos. Contudo, em qualquer caso é sempre útil, necessário e até indispensável que os alunos leiam os textos legais mencionados nas Lições. O conhecimento efectivo da lei é, na verdade, a condição indispensável – a *conditio sine qua non* – para o bom êxito dos estudos. As Lições querem contribuir para este êxito que será – sempre – o êxito dos alunos.

PARTE A
INTRODUÇÃO E ORIENTAÇÕES GERAIS

I. A FUNÇÃO DO DIREITO COMO ELEMENTO REGULADOR DA CONVIVÊNCIA HUMANA

Bibliografia: João BAPTISTA MACHADO, *Introdução ao Direito e ao Discurso Legitimador*, Coimbra, Almedina, 2017 (reimpressão da ed. 1983), pp. 153-157 e 286-307. João BAPTISTA MACHADO, «Tutela da Confiança e "Venire contra Factum Proprium"», *Obra Dispersa*, Vol. I, Braga, 1991, pp. 345, 346-354. Luís CABRAL DE MONCADA, *Lições de Direito Civil, Parte Geral*, 4.ª ed., Coimbra, Almedina, 1995, pp. 25-39. Diogo FREITAS DO AMARAL, *Manual de Introdução ao Direito*, Vol. I, Coimbra, Almedina, 2019 (reimpr. da ed. de 2004), pp. 165-211. José de OLIVEIRA ASCENSÃO, *O Direito – Introdução e Teoria Geral*, 13.ª ed. refundida (9.ª reimpr. da ed. de Março de 2005), Almedina, Coimbra, 2017, pp. 23-42, 141-168. Dário MOURA VICENTE, *O Direito Comparado após a Reforma de Bolonha. Relatório*, Suplemento da Revista da Faculdade de Direito de Lisboa, Lisboa, 2009, pp. 77 e ss. Joana AGUIAR E SILVA, *Para uma teoria hermenêutica da justiça*, Coimbra, Coimbra Editora, 2011, pp. 15-67.

1. O Direito e a sua função ordenadora

A ciência jurídica pertence – como, por exemplo, a filosofia ou a sociologia – àquelas ciências que não conseguem definir, de uma maneira rigorosa, o seu objecto. Assim, já há mais de duzentos anos, Kant observou que "os juristas continuam à procura de uma definição do seu conceito de direito". Esta dificuldade em encontrar uma definição não é uma particularidade específica do direito, mas aparece também em relação a outros conceitos indeterminados, intimamente ligados ao direito e essenciais para o seu estudo e a sua aplicação, como, por exemplo, justiça, liberdade, igualdade, segurança, paz, confiança ou verdade (talvez o conceito mais difícil). 1

De facto, um fenómeno tão complexo como o direito, a realização mais importante da cultura humana a seguir à aquisição da fala, só dificilmente pode ser captado apenas pelo jurista e, como encerra muitos problemas, carece de uma conjugação de várias ciências e métodos. Todavia, isto não significa que o jurista esteja impossibilitado de todo de proceder a definições: algumas afirmações definidoras podem ser feitas, embora abranjam sempre aspectos parciais. O aspecto parcial que vamos focar em seguida será o da função do direito: para que serve e qual é o seu sentido útil.

2 Podemos afirmar que o direito constitui uma ordem normativa, ou seja, um conjunto de regras de conduta cuja função prática decorre da necessidade de ordenar a vida comum entre os homens, quer dizer, da necessidade de conciliar ou mesmo aplanar os seus interesses diferentes e expectativas divergentes, tendo em conta os possíveis conflitos daí decorrentes[1], que visa superar para garantir segurança e paz social entre os homens. Para esta função encontramos logo uma afirmação na lei: no Código do Processo Civil, no n.º 1 do seu artigo 3.º, podemos ler que cabe ao tribunal resolver o "conflito de interesses" entre as partes do processo. Na medida em que o direito contribui, em processos ordenados, para superar conflitos de interesses entre os homens, visa também o estabelecimento de consensos entre eles[2].

3 A diversidade de interesses e expectativas que referimos encontra a sua explicação na natureza do homem. O homem caracteriza-se – como nos mostra a observação dos nossos concidadãos – por uma extrema complexidade, por uma individualidade que é um mosaico das mais diversas vivências que a identificam, havendo assim diferenças consideráveis entre uns e outros, dotes naturais muito desiguais, mentalidades e comportamentos diferenciados, sendo estes comportamentos nem sempre "racionais"[3] e, embora temperados pelas várias normas de conduta social, só dificilmente previsíveis ou prognosticáveis. Portanto, são as diferenças que mais carac-

[1] Ver a este respeito, W. Maihofer, «*Was ist Recht?*», *JuS*, 1963, p. 165, a quem estas primeiras páginas devem muitos impulsos.

[2] No mesmo sentido, embora limitado ao "direito dos bens", Orlando de Carvalho, *Direito das coisas*, Centelha, 1977, pp. 11 e ss.

[3] O facto de o homem ser dotado de razão não faz com que ele apenas possa ou deva agir de acordo com ela. Por isso, submetê-lo a critérios ou concepções puramente racionalistas, p. ex., mediante a avaliação economicista da sua vida, significa destruí-lo.

terizam os homens. Mas é evidente que toda esta diversidade e multiplicidade, que faz com que os homens se distingam acentuadamente entre si, não afecta a sua igualdade em dignidade e direitos (e obrigações), decorrente da própria natureza humana e comum a todos os seres humanos, mas está perfeitamente de acordo com as diferenças naturais entre eles e o vasto leque dos seus interesses individuais. Quer dizer, os homens são todos iguais como homens, mas não o são os seus dotes, ideais ou interesses.

Como indivíduo e ser autónomo, o homem procura alcançar e realizar os seus objectivos e oportunidades conforme os seus interesses próprios – e nem sempre o faz por motivos honestos ou mediante procedimentos leais. Mas esta satisfação de interesses só lhe é possível em sociedade, em intercâmbio com outros homens. O homem é um ser social, que evolui e se realiza na convivência com os outros (na família, na escola, na vida profissional ou no desporto, etc.). Da natureza ambivalente do homem como indivíduo autónomo e ser social, da "sociabilidade não social" no dizer de Kant, podem resultar tensões, tensões essas que surgem tanto entre os homens entre si como entre os homens e a sociedade, a comunidade em que estão inseridos. Estas tensões, resultantes de objectivos ou interesses divergentes, podem, por um lado, revelar-se como estimulantes e dinamizadoras, sendo individual e socialmente úteis, mas, por outro lado, podem também assumir a extensão de conflitos.

Sem a força ordenadora e disciplinadora do direito – que surge em resultado da necessidade de equilibrar e de lidar com interesses divergentes ou mesmo opostos – estes conflitos conduziriam a um estado de desordem em que os homens se guerreariam (*homo hominis lupus*) e em que a violência venceria. Perante esta perspectiva, cabe ao direito a função nobre da protecção dos mais fracos contra a violência dos mais fortes. É desde os tempos mais remotos (ver, por exemplo, o Código do rei da Babilónia, Hammurabi, de 1700 a.C.) que as leis têm vindo a reafirmar esta finalidade, sendo certo, porém, que a história está repleta de exemplos de como as leis privilegiam e protegem os interesses de quem não é fraco[4].

Contudo, o direito não cumpre a sua função de qualquer maneira; fá-lo 4
a partir de uma ideia de justiça, que o legitima, sendo esta aceite (ou, pelo

[4] "Onde fortes e fracos se enfrentam é a liberdade que oprime e é a lei que liberta" (Rousseau).

menos, tolerada) pela sociedade. As concepções a respeito do que é justo variam com a evolução ao longo dos tempos, de acordo com as convicções religiosas, morais ou sociais, as tradições culturais ou as condições económicas, sendo certo que todas elas deixaram as suas marcas nas consciências e condutas sociais dos homens. Pode perguntar-se se é justo que alguém seja herdeiro de uma fortuna (sem se ter esforçado) ou seja portador de uma doença hereditária (pela qual não é responsável); ou seja inteligente e bonito ou não; seja trabalhador ou não; tenha sucesso ou não, etc. Sempre está em causa a aceitação social do que se entende por justo ou justiça, porque uma definição objectiva, abstracta e geralmente aceite de justiça não existe. Por isso, caso o direito não se legitime com base numa ideia de justiça socialmente aceite, não consegue estabelecer consensos e manter a paz social, mas acaba por impor soluções unicamente pela força.

Portanto, o direito é um conjunto de normas de conduta entre os homens, legitimado por critérios de justiça e norteado pela função de manter a paz social. Contudo, para o efeito, o direito não deve estabelecer em primeiro lugar regras proibitivas ou penalizantes, mas, muito pelo contrário, deve criar um quadro normativo que gera os espaços em que os homens se realizam livremente.

5 Não é realista pressupor que o homem alguma vez poderá alterar a sua natureza ambivalente da "sociabilidade não social" no sentido de o seu comportamento ser determinado e impulsionado unicamente pelo desejo de servir, a partir de uma sintonia ou justaposição perfeita entre os interesses individuais e os interesses da sociedade, uma sociedade em que se encontra integrado de maneira completa, sem causar fricções, de modo que a sociedade se transforma num estado de amor mútuo, sem antagonismos de interesses e sem tensões, onde a vontade, colectiva, é só uma e os conflitos deixam de existir. Este resultado, a obter mediante o atrofiamento ou a redução do homem, em contraste com a sua natureza de indivíduo autónomo, a um "homem novo" desse tipo, surrealista, não é viável – e nem sequer é desejável – pois acabaria num tédio geral, isto para dizer o menos[5]. Em contrapartida,

[5] "Onde programas políticos prometem sociedades sem classes ou sem camadas, uma comunidade harmoniosa do povo entre camaradas em pé de igualdade, a redução de todas as desigualdades a diferenças funcionais ou coisas parecidas, temos (...) razão para desconfiar porque é atrás de promessas políticas não realizáveis que normalmente se escondem o ter-

o prosseguimento exclusivamente egoísta de interesses individuais dissolve as estruturas sociais e os alicerces da sociedade, pois nenhuma sociedade pode sobreviver se os seus membros não lhe dedicam uma parte dos seus esforços e meios. Por esta razão, uma pessoa totalmente virada para a realização dos seus interesses individuais está perdida para a sociedade.

Deste modo, o direito tem de partir do homem como ele é. E quando, neste nosso contexto geral, falamos do homem, temos em mente cada ser humano, o "homem universal", como personalidade, mas não o chamado "homem concreto" (por exemplo: o europeu, o asiático, o proprietário, o *bourgeois*, o proletário ou o intelectual, etc.). Por outro lado, é evidente que o direito, ao pretender soluções justas, não pode abstrair do condicionalismo concreto em que o "homem abstracto" se encontra (por exemplo, se é menor ou maior, casado ou divorciado, empresário ou trabalhador por conta de outrem, se age coagido ou enganado, se simula os seus negócios ou ofende os bons costumes, etc.). A aplicação das normas jurídicas – e a interpretação dos seus conceitos abstractos – deve atender ao condicionalismo concreto para que as questões em causa sejam resolvidas de modo justo e adequado.

A função do direito aparece-nos desta maneira como uma necessidade prática: mediante o estabelecimento das suas normas de conduta possibilita e assegura o desenvolvimento do homem na sua convivência com os outros, bem como a satisfação dos seus interesses próprios ou individuais. Esta função tem em vista sobretudo os aspectos da ordenação da *liberdade individual* e da criação de segurança e certeza na *convivência social*[6]. E as normas jurídicas que vão ao encontro dos interesses dos homens revelaram-se, desde sempre, mais eficientes do que proibições ou punições. Assim, quando a "ordenação da liberdade" vai longe demais e constitui espartilhos à sua liberdade originária, o homem autónomo tende a subtrair-se às normas jurídicas e a criar 6

ror e a falta de liberdade. (...) A desigualdade entre os homens... é um factor da liberdade. A sociedade completamente igualitária não é apenas uma ideia irrealista, ela é também uma ideia medonha (...). É aqui o lugar para lembrar (...) a observação crítica de Kant a Rousseau de que a desigualdade é por um lado «a rica fonte de tanto mal, mas também a fonte de todo o bem»". R. Dahrendorf, *Über den Ursprung der Ungleichheit unter den Menschen*, Tübingen, 1961, pp. 30, 32.

[6] Cf. J. Baptista Machado, «Tutela da confiança e "venire contra factum proprium"», cit. = *RLJ* 117 (1984/1985), pp. 229 e ss.

sistemas paralelos, à margem das leis[7]. Portanto, apenas uma ordem jurídica que realize, de uma maneira equilibrada, liberdade e segurança continua a ser aceite e consegue conciliar e ordenar os interesses divergentes entre os homens ou entre estes e a sociedade, bem como redimir os conflitos que daí possam resultar.

Em princípio, a ordem jurídica – que é aceite – conta com a observância espontânea e o cumprimento voluntário das suas normas, em virtude do sentimento jurídico comum dos homens, cuja convivência visa regular. Contudo, quando ela não é experimentada como justa, mas antes como um regime de força (de modo que uma infracção nem sequer é tida como tal), o referido comportamento não se verifica. O mesmo sucede em períodos de crise (por exemplo, guerra, catástrofes naturais com efeitos graves e prolongados, períodos de decadência moral), em que se dissolvem os valores comuns da sociedade e, entre eles, também o sentimento comum de justiça. E nestas situações todas as autoridades públicas são poucas para manter a paz social.

Sempre que as normas jurídicas são desrespeitadas é lícito e necessário recorrer a meios coercivos para impor a sua observância. É uma característica essencial do direito serem as suas normas munidas de coercibilidade[8], segundo as regras e formas de um processo judicial, ordenado e formalizado de maneira objectiva e isenta para garantir a igualdade processual das partes litigantes. O processo é levado a cabo pelas instâncias estaduais competentes, o que exclui desde logo o recurso das partes à força própria. Na medida em que é vedado fazer justiça pelas próprias mãos, *o direito serve e protege* desde já *o mais fraco*, incapaz de se defender pela força, por ser mais fraco, mas capaz de fazer valer os seus direitos num processo judicial, cujas decisões são executadas igualmente por órgãos judiciais do Estado. Há, a este respeito, um monopólio do Estado no sentido de fazer respeitar e impor o seu direito pela força. Só muito excepcionalmente, quando não é possível recorrer aos meios coercivos normais, o uso da força própria é permitido (ver n.os 339 e 340).

[7] De resto, cada homem dispõe de uma esfera privada, de um último reduto da sua liberdade humana, que é intocável e está subtraída a qualquer intervenção de todos os poderes públicos. Assim, BVerGE 6, pp. 32, 41 (Elfes-Urteil).

[8] Nem toda a doutrina defende o significado da coercibilidade como característica essencial do direito. Cf. J. Baptista Machado, *Introdução ao Direito*, cit., p. 33.

Em qualquer caso, e isto convém ser sublinhado, não pertence às funções do direito eliminar as diversidades de interesses entre os homens e as correlativas relações de tensão, necessárias à realização do homem na convivência com os seus pares. De modo igual também não é função do direito eliminar a relação de tensão existente entre o homem autónomo e a sociedade em que se integra, dando supremacia àquele ou a esta. Uma solução neste sentido não corresponderia às condições da natureza humana. Todas estas relações de tensão devem ser ordenadas e reguladas de forma a garantir o desenvolvimento tanto do homem autónomo, do indivíduo, como da própria sociedade, com todos os efeitos frutíferos e benéficos, decorrentes de relações assentes na evolução dinâmica dos seus elementos componentes[9]. 7

Nestes termos, a função do direito é ordenadora e criadora de segurança e certeza, que são valores elevados e imprescindíveis para a convivência humana. Mas um valor mais elevado do que a ordem jurídica[10] é a ordem moral. Esta distingue-se daquela tanto quanto ao conteúdo como quanto à sua finalidade. O direito respeita, como vimos, às relações dos homens entre si ou com a sociedade ao ordenar, delimitar e compatibilizar as suas esferas de interesses e de actuação. Assim, o direito visa regular a convivência exterior ao garantir a liberdade de agir. Dentro desta finalidade, a observância das regras jurídicas é coercível, pois um comportamento exterior pode ser fiscalizado e imposto. A ordem moral, por seu lado, aponta para as convicções internas e o aperfeiçoamento ético do homem. Ela resulta da sua consciência e é com base neste "fio condutor interno" que o homem procura (ou deve procurar) pautar os seus actos. Por isso, as normas morais são insusceptíveis de execução coerciva. Porque, se um comportamento exterior pode ser obtido por via coerciva, as convicções internas subtraem-se a semelhante tratamento. Quer dizer, uma lei não obriga "em consciência", mas obriga "por obediência". Todavia, normalmente as condutas dos homens conforme as leis correspondem também às suas convicções morais. 8

[9] Mas isto significa também que só é possível garantir aos indivíduos os seus interesses legítimos se, ao mesmo tempo, são garantidos à comunidade todos os recursos a que esta tem, legitimamente, direito. Henry GEORGE, *Progress and Poverty*, London, 1884.

[10] Para Aristóteles um valor superior ao direito é a amizade entre os homens. Mas este valor transforma-se no seu contrário quando a amizade é colocada acima da lei, segundo o lema "ao amigo é tudo devido e ao inimigo aplica-se a lei".

Dada a sua função de ordenação exterior da convivência humana, o direito possibilita a todos viver em conformidade com as suas convicções interiores de acordo com as suas concepções morais, crenças ou confissões religiosas. Mas isto não quer significar que o direito dê a todos uma carta-branca em assuntos morais (para a qual, aliás, nem teria competência funcional). Acresce que o direito não pode ignorar a moral, não pode abstrair de princípios morais. Estes últimos são, de facto, orientações para ele, apesar das suas finalidades e níveis de actuação diferentes. Contudo, daí não resulta que o direito pode, sem mais, transpor princípios morais para o seu domínio, a não ser em situações específicas, como sucede, por exemplo, quando o Código Civil, nos seus artigos 280.º e 281.º, invoca os "bons costumes" que um negócio jurídico deve respeitar (sob pena de nulidade). O direito não pode juridificar a moral[11], pois isto favorecia a hipocrisia e, pior, a intolerância e seria destruidor da liberdade e, em última análise, totalitário[12]. Nestes termos poderá dizer-se que o direito se *orienta* na moral, na medida em que consagra o "mínimo ético" aceite por todos[13]. Caso isto não suceda, ao verificar-se uma dissonância aguda entre convicções morais generalizadas e a ordem jurídica (ou uma parte sensível da mesma), estamos perante uma crise social em que a ordem jurídica é sentida como um mero sistema de força e não de justiça.

9 Diferentes das normas jurídicas e das exigências morais são os usos e costumes, ou seja, meras normas de conduta social que, sendo observadas de facto pelos homens, em princípio não têm valor jurídico, embora este, segundo o artigo 3.º do Código Civil, lhes possa ser atribuído por lei, como podemos ver nos exemplos do artigo 218.º do Código Civil, que considera o

[11] Conflitos morais podem ser insolúveis para quem os sofrer e o seu desfecho não pode ser imposto pelo direito, mas apenas permitido (por exemplo, em casos de diagnóstico pré-natal, de interrupção da gravidez, da eutanásia, da utilização de embriões para fins terapêuticos).

[12] O mesmo sucede, inexoravelmente, quando se invocam ou aplicam princípios morais desligados ou desenquadrados de regras jurídicas.

[13] Nas sociedades contemporâneas, pluralistas e individualistas (ou indivíduo-centristas), religiosamente divididas e multi-étnicas, os homens partilham cada vez menos convicções morais comuns, de modo que o "mínimo ético" aceite por todos fica cada vez mais reduzido, deixando de dar uma orientação global ou uma base firme de valores comuns aos homens e à sociedade. Nesta medida aumenta a relevância da ordem jurídica e a dificuldade para ela de regular os comportamentos humanos, de estabelecer consensos e de garantir a paz social.

silêncio como um meio declarativo quando este valor lhe é conferido pelos usos do tráfico negocial, e dos artigos 1122.º, 1128.º, 1323.º, 1357.º e 1359.º, que, nas relações de vizinhança, se referem aos usos da terra e suas tradições. À semelhança das normas jurídicas, as normas de conduta social são exteriores ao homem, mas, precisamente por não terem natureza jurídica, não são, como aquelas, judicialmente coercíveis, sendo a sua observância defendida apenas por uma "coerção social". Esta, por seu lado, tanto pode quase não ser sentida, como pode ir mais longe e até ter consequências mais graves do que a inobservância de uma norma jurídica, devido ao isolamento ou marginalização social do infractor em reacção à sua conduta desconforme com as normas sociais vigentes[14].

10 Juridicamente relevantes são, por isso, as normas do direito e, ainda, excepcionalmente, as normas morais e as normas de conduta social quando elas são juridificadas, quer dizer, dotadas de valor jurídico atribuído pelas próprias normas jurídicas, tal como exemplificámos com as disposições dos artigos 280.º, 281.º, 218.º e outros do Código Civil.

Acrescente-se que, quanto à realização ou à observância das normas jurídicas, o homem está submetido a duas exigências: a exigência da justiça, bem como a exigência da equidade (*suum cuique tribuere et neminem laedere*). Mas, em contrapartida, nenhum homem está em relação ao seu próximo numa posição de superioridade (ou de distanciamento) de tal ordem que apenas possa olhar para o (seu) direito, tendo, nesta perspectiva, atitudes de fariseu; também deve ser samaritano[15]. Igualmente podemos dizer que a crescente juridificação das relações inter-humanas não as torna, por causa disso, mais

[14] Na verdade, o medo de reacções provocadas por uma conduta "socialmente não correcta" faz com que, com frequência, as pessoas se abstenham de formular um juízo próprio quando julgam ou sentem que, com isso, contrariam as correntes de opinião dominantes. Desta forma há assuntos em que não se quer tocar, ou por medo de se ser conotado com posições que lhe são atribuídas falsamente, ou por medo de colher aplausos do lado errado. A partir do momento em que uma posição deixa de ser defendida em público, ela está derrotada por já não ter voz.

Mas já não teme o isolamento social quem estiver desintegrado (excluído) da sociedade e, por isso, não considera as consequências do seu comportamento, de modo que as normas de conduta social perderam para ele os seus efeitos integradores e orientadores.

[15] Não é líquida, porém, a delimitação de deveres jurídicos dos actos de solidariedade. Cf. Júlio

humanas; pelo contrário, frequentemente são tristes as situações em que os homens, para se entenderem, nada mais sabem do que invocar direitos e leis.

2. O direito como fenómeno sujeito à evolução

11 As condições de existência e convivência humanas, naturalmente, não são imutáveis (e o mesmo poderá acontecer, talvez, com a própria natureza humana). Elas alteram-se e modificam-se no decurso dos tempos, em conformidade com a evolução social, cultural, económica, religiosa, etc. O fenómeno da evolução foi observado desde há muito: "*panta rhei*" – tudo flui – constatou Heráclito; "*tempora mutantur et nos in illis mutamur*" terão dito os romanos; e Camões escreveu "todo o mundo é composto de mudança, tomando sempre novas qualidades", quer dizer, a constante do mundo é a mudança e a mudança da própria mudança. E Goethe reconheceu que o tempo, no seu eterno avançar, confere a todos os assuntos humanos continuamente uma configuração nova.

12 O direito, necessariamente, acompanha com mais ou menos sintonia a evolução, o que significa que tem uma grande e profunda dimensão histórica com o seu peso e com os seus estímulos. Contudo, o fenómeno da evolução, em que se reflecte e se conserva toda uma experiência, pode conduzir a um desajustamento entre o direito (ou a lei) e uma realidade social entretanto modificada.

De acordo com a sua função criadora de segurança e certeza, o direito define as normas de conduta jurídicas que se dirigem, evidentemente, a comportamentos humanos no presente e no futuro. Mas o processo da evolução faz com que a lei, concebida para o futuro, acabe por vir do passado e seja ultrapassada pelo decorrer do tempo, a não ser que sofra uma actualização contínua. Esta fatalidade, à qual o direito está submetido, pode assumir proporções graves em fases de mudanças sociais rápidas. O direito passa a ser um direito incorrecto. Goethe, que era jurista, traçou o fenómeno com os versos seguintes:

GOMES, «*A controvérsia norte-americana em torno da consagração legal de um dever geral de socorro*», *RDE* XIV (1988), p. 101.

"Leis, direitos,
Como eterna moléstia se transmitem,
De geração em geração se arrastam,
De lugar em lugar. Vem a ser erro
O que já foi verdade, em dom funesto
Se toma o benefício, e és desgraçado
Porque tarde vieste. Do direito
Que connosco nasceu, ninguém cogita"[16].

Uma constante do direito é, portanto, a sua constante renovação[17]. Este 13
facto deve prevenir contra a tentação (fácil) de julgar o direito do passado a partir de conhecimentos e experiências adquiridos posteriormente, com juízos de valor ou concepções ou ideologias (efémeras ou não) ou até modas de hoje. Bem pelo contrário, o direito passado deve ser julgado dentro do seu contexto histórico, como este ficou moldado pela evolução, dentro da realidade social à qual se destinava e de acordo com os conhecimentos na altura existentes. Se assim não acontece, cai-se então, necessariamente, num anacronismo e comete-se, regularmente (e, não poucas vezes, conscientemente), uma falsificação (p. ex., a tortura, hoje mundialmente banida como um procedimento abominável, foi, até à sua proibição, em 1808, pelo *Code d'Instruction Criminelle*, um meio perfeitamente aceite como parte de um processo judicial)[18].

Além disso, é preciso tomar em consideração que não é apenas o direito, o conteúdo das leis, que muda, renovando-se. Também as próprias concepções acerca do direito e da justiça e as suas funções estão sujeitas à evolução conforme as vicissitudes da mesma. Em face disso, também não é possível recorrer sem mais a soluções legais antigas (ou às "tradições legislativas") para defender ou fundamentar posições actuais. As circunstâncias, as concepções ou os modos de abordagem dos problemas, entretanto, podem ter

[16] J. W. GOETHE, *Fausto,* segundo a tradução de Agostinho d'Ornelas, reimpressão de nova edição ao cuidado de Paulo Quintela, Coimbra, 1958.

[17] Rudolf VON JHERING, *Der Kampf ums Recht* (reimpressão da edição vienense de 1874), Darmstadt, 1974, pp. 9-10. Há tradução portuguesa por Fernando LUSO SOARES FILHO com o título *A luta pelo Direito,* Lisboa, 1992.

[18] Contudo, deve ser lembrado que, já antes do impacto causado pela legislação francesa, em Portugal a tortura tinha desaparecido. Ver P. HÜNERFELD, *Die Entwicklung der Kriminalpolitik in Portugal,* Bonn, 1971, p. 32.

mudado; e esta situação faz com que a invocação de soluções anteriores, por si só, nada justifique. Bem pelo contrário, uma disposição actual que apenas reproduz o antigo pode estar inquinada à partida.

14 A denúncia feita a respeito da "inércia" do direito quando este não se sintoniza com a evolução, com as realidades e consensos sociais modificadas e, sobretudo, com as concepções de justiça que, entretanto, se vieram a impor na sociedade, ganha um significado específico quando vista à luz do relacionamento entre o jus-positivismo (ou positivismo jurídico) e o jus-naturalismo.

O jus-positivismo considera a norma legislativa como um acto de vontade do legislador, norma essa que, sendo a única fonte de direito por ela positivado, traz o seu pleno sentido dentro de si. Assim, factores extralegais (p. ex., o pensamento legislativo ou a realidade social, mesmo quando modificada em relação ao tempo da feitura da lei) não são negados, mas nega-se-lhes importância jurídico-dogmática. Deste modo, o jus-positivismo aparece, na sua modalidade mais rigorosa, como método interpretativo de uma fidelidade incondicional à lei, como método que sujeita o jurista à lei sem lhe consentir a pergunta acerca da sua justiça ou da sua moralidade.

15 Mas uma vez que o direito assenta na ideia de justiça e não pode ignorar a moral, a questão da justiça da lei é posta pelos representantes do jus-naturalismo. Estes defendem a existência de um direito supra-legal como fonte última do direito (ou da sua validade), o chamado direito natural, ao qual o direito positivo se há-de aferir, embora não haja um entendimento inequívoco a respeito deste direito. O direito natural gira em volta da natureza essencial do homem. Segundo a concepção do jus-naturalismo, o direito é imutável no que diz respeito a determinados valores fundamentais, inerentes à natureza humana (ou apenas mutável em consequência de convicções jurídicas generalizadas em relação aos valores fundamentais resultantes da natureza do homem, que evoluem em conformidade com as concepções éticas), valores esses, que o direito positivo tem de respeitar.

O direito natural tem sido, ao longo dos tempos, objecto da preocupação de filósofos, historiadores, juristas e teólogos. Podem distinguir-se, na história, três grandes épocas do pensamento jus-naturalista (apresentando cada uma delas cambiantes e correntes diferenciadas): o pensamento da antiguidade (de Hesíodo até Séneca e Marco Aurélio) parte da natureza, da existência de uma ordem natural; o pensamento cristão (de S.to Agostinho até Tomás de Aquino e Francisco Suárez) é pensamento teológico e relaciona o direito com a vontade de Deus; o pensamento do iluminismo, finalmente (de Grotius até Rousseau e Kant), coloca a razão e/ou a natureza do homem no centro das suas reflexões (desviando-se quase do entendimento tradicional)[19].

A função do direito natural, que existe como "direito não factível" independentemente de uma eventual concretização sua no direito positivado, actua como princípio universal em dois sentidos: por um lado serve, afirmativamente, para legitimar o direito positivo vigente, expresso na lei e destinado a ordenar a convivência humana; por outro lado, põe, dubitativamente, como factor de correcção, o direito vigente em causa à procura de um direito ainda mais justo e mais em conformidade com os valores humanos comuns a todos os homens, limitando assim a margem de decisão do legislador. 16

Na medida em que o pensamento jus-naturalista invoca a moral como fundamento do direito, constitui a crítica da moralidade ao direito positivo. É patente que uma contradição generalizada entre o direito positivo e as normas da moral provoca uma crise social (ou é uma expressão da mesma). Em casos extremos esta crise pode resultar numa revolução, como mostra o exemplo da Revolução Francesa, fomentada por exigências jus-naturalistas racionalistas. 17
O pensamento jus-naturalista obteve um êxito enorme nas legislações dos séculos XVIII e XIX, nas quais ganhou a sua expressão ao esgotar-se nelas (de maneira que a antinomia entre direito positivo e direito natural deixou de ser sentida por muito tempo), até ser afastado, ainda no século XIX, pela escola histórica do direito (K. F. von Savigny) e pelo jus-positivismo[20]. Contudo, a seguir à 2.ª Guerra Mundial assistiu-se, em consequên-

[19] Além da bibliografia referida sob I. são muito elucidativos os ensinamentos desenvolvidos no Capítulo "O problema do direito natural" nas pp. 179 a 250 na obra de António Braz Teixeira, *Sentido e Valor do Direito*, 4.ª ed., Imprensa Nacional-Casa da Moeda, Lisboa, 2010.

[20] A partir da escola histórica do direito desenvolveu-se a *jurisprudência dos conceitos* (Puchta), que se distinguiu pela criação de um sistema de conceitos jurídicos apresentando uma grande exactidão lógica e clareza. Contra a jurisprudência dos conceitos pronunciou-se R. von Jhering, defensor de uma concepção realista e pragmática do direito; decisivo para ele era o *objectivo* (*Zweck*) *visado pelo direito*. O *positivismo jurídico* (a partir de Windscheid) tem-se mantido até hoje, embora sempre contestado e com grandes flutuações no que diz respeito à

cia das violações gravíssimas que vitimaram o direito, a uma reconsciencialização da antinomia entre direito positivo e direito natural[21] e, assim, a um renascimento do jus-naturalismo, pensamento que o século XIX julgava poder considerar ultrapassado e dispensável.

Talvez se possa concluir que sempre se chama pelo direito natural e pelos seus princípios quando o direito positivo está em crise por se ter afastado daquele. Quanto maior este afastamento, tanto mais alto soa o grito pelo direito natural. Realmente, a experiência histórica da humanidade – sobretudo quando esta julgou que fossem "factíveis" todas as coisas – mostra que é justificado o pensamento jus-naturalista; mas também parece seguro que não está nas mãos do homem criar um direito ideal e inteiramente justo[22].

3. O direito e a sua função conformadora

18 As funções do direito não se circunscrevem, porém, a ordenar a convivência social e a liberdade individual dos homens e a criar segurança e cer-

sua aceitação. Contra o formalismo da jurisprudência dos conceitos e do positivismo jurídico combateu, entre outras escolas, a *escola do direito livre* (*Freirechtsschule*; KANTOROWICZ e outros), apontando o juiz como criador do direito, o qual seria conduzido pelo seu sentimento jurídico. A *jurisprudência dos interesses* (HECK e outros), por seu lado, procurava encontrar o direito mediante a ponderação dos interesses em jogo. Outras teorias se seguiriam ainda no século XX, como, por ex., a da *sociologia jurídica* (JERUSALEM), a *jurisprudência dos valores*, a defesa de "*sistemas abertos*", etc. A doutrina actual baseia-se assim, em geral, nos ensinamentos do século XIX, mas tenta desenvolvê-los em conformidade com as exigências modernas. Cf. em pormenor, K. LARENZ, *Metodologia da Ciência do Direito*, trad. port. da 2.ª ed. alemã por J. SOUSA E BRITO e José António VELOSO, Lisboa, Fundação Gulbenkian, 1978, pp. 1-207; trad. port. da 5.ª ed. alemã por José LAMEGO, Lisboa, Fundação Gulbenkian, 1989, pp. 9-217.

[21] Cf., apenas, o artigo célebre de G. RADBRUCH, «Gesetzliches Unrecht und übergesetzliches Recht», *Süddeutsche Juristenszeitung*, Nr. 5, August 1946, *e* IDEM, «*Die Erneuerung des Rechts*», de 1947, reimpresso em *Naturrecht oder Rechtspositivismus* (organizado por W. MAIHOFER), Darmstadt, 1962, p. 1. Importante é, também, sobretudo, quanto ao pensamento de G. RADBRUCH, neste contexto, o estudo de A. KAUFMANN, «Die Radbruchsche Formel vom gesetzlichen Unrecht und vom übergesetzlichen Recht in der Diskussion um das im Namen der DDR begangene Unrecht», *NJW*, 1955, p. 81.

[22] No direito penal encontramos uma prova manifesta a respeito da insuficiência da previsão legal humana na figura do "estado de necessidade supra-legal", onde o autor se encontra perante um conflito de consciência insolúvel sem incorrer em culpa. Cf. H. WELZEL, *Das deutsche Strafrecht*, 11.ª ed., Berlin, 1969, § 23 III.

teza, que são as suas tarefas essenciais, mas ao direito cabe ainda o papel complementar de desempenhar uma função educativa e ao direito advém, mais ainda, a possibilidade de exercer uma função conformadora em direcção a determinada sociedade humana, idealizada pelo legislador. Assim, as leis incentivam (ou desincentivam) certas orientações ou comportamentos, com os quais fortalecem (ou enfraquecem) instituições e convicções e procuram modificar e/ou optimizar as instituições morais, culturais, económicas e políticas da sociedade. Estes incentivos externos (heterónimos), vindos do legislador, substituem-se às motivações internas (autónomas) dos homens e condicionam a sua existência individual e social.

Enquanto na sua função ordenadora o direito contempla o homem como ele é, na sua função educativa o direito visa o homem antes como julga que ele deve ser. E, na sua função conformadora, o direito não se limita a acompanhar ou a seguir a evolução, mas é dela parte activa e propulsionador[23]. Assim, as funções ordenadora e conformadora encontram-se, ao mesmo tempo, numa situação de complementaridade e de conflitualidade entre si.

A função educativa do direito já foi conhecida e sublinhada por Aristó- 19
teles. Segundo ele, existem três hipóteses para conseguir que o homem seja valioso: o dom da natureza, o hábito e a instrução. Como o dom da natureza se verifica independentemente de uma qualquer influência humana, só havendo muito poucos homens contemplados por ele, como a palavra instrutiva, só por si, não tem uma influência decisiva, cabe então à lei criar, mediante a sua acção educativa, os hábitos de um homem valioso. Apenas a lei tem a força coerciva para obter este resultado. A lei, que ordena aquilo que é justo e observa a equidade, nem sequer é sentida como pesada. *Vocação para fazer as leis têm apenas os mais experimentados e os melhores.*

Nas sociedades de hoje o direito é chamado, com uma frequência cada 20
vez maior, embora nem sempre com o êxito pretendido, a actuar sobre a realidade social no sentido de incentivar a sua modificação (por exemplo, no campo socialmente sensível das relações familiares[24]). Neste sentido o direito serve como meio de conformação, orientação e direcção da vida

[23] Cf. J. Baptista Machado, *Introdução ao Direito*, cit., pp. 223-224 e 225-226.

[24] Neste contexto, v. Eva Sónia Moreira da Silva, *A Desvalorização (?) do Instituto do Casamento no Direito Português*, Coimbra, Gestlegal, 2019.

social, tendo-se tornado num instrumento do respectivo poder político, que o utiliza para materializar, conscientemente, as decisões tomadas ao seu nível. Desta feita, o direito é um veículo mediante o qual o Estado moderno não só procura moldar a realidade social, mas também as concepções de valores dos seus cidadãos. Em consequência disso, o direito tende a ser – e parcialmente já o é – um meio de supervisão e de planificação da sociedade, conquanto ainda limitado pela autonomia da pessoa e seu direito individual ao livre desenvolvimento. De qualquer maneira, ao ser utilizado pelo respectivo poder político, o direito, em certa medida, acaba por ser confundido com ele, e, deste modo, pode ficar desvalorizado (e até corre o risco de ficar desacreditado)[25].

21 Ao mesmo tempo verifica-se um fenómeno perfeitamente oposto, na medida em que o legislador moderno se vê ultrapassado não apenas pela evolução como também pela sua rapidez: os grandes modificadores das sociedades são hoje os engenheiros e os médicos, tanto no vasto campo da informática e robótica, como, e de modo ainda mais incisivo, no campo da biotecnologia e das ciências da vida. Resta ao legislador, com menor ou maior atraso, tentar estabelecer regras para enquadrar (ou influenciar) esta evolução e criar uma moldura legal para os seus resultados[26]. Na verdade, na impossibilidade de o legislador antever os processos evolutivos, ninguém deve ficar admirado que a realidade se lhe antecipe.

22 Diferente daqueles atrasos legislativos é uma tendência do legislador de se abster de tomar medidas indicadas e reconhecidas como necessárias quando estas são politicamente inoportunas ou até impopulares[27]. Pode-

[25] Neste contexto pode ler-se a *Anotação «A crise da lei»*, de J. J. Gomes Canotilho, *RLJ* 123 (1990/1991), pp. 240-242.

[26] De resto, existe o problema geral de saber se as sociedades no seu todo (as populações) querem todas estas mudanças, e sobretudo a velocidade com que se sucedem, e se estão preparadas para elas ou se não preferem antes viver em condições mais estáveis de acordo com modos ou ritmos de vida aos quais estão habituados.
Além disso, acaba por se abrir um fosso entre a maioria da população e as elites que impulsionam estas mudanças radicais e que possuem conhecimentos e poderes não acessíveis ou compreensíveis pela generalidade das pessoas, uma evolução que põe em causa a coesão das sociedades.

[27] Em certas circunstâncias, o legislador procura "contornar" as dificuldades e resistências com que se depara mediante o recurso a técnicas legislativas destinadas a velar linguistica-

mos referir aqui a ausência de actividade legislativa, durante muito tempo, no vasto campo do direito do arrendamento urbano. Estas abstenções, em benefício de interesses particulares influentes ou poderosos, põem em causa a capacidade do legislador, dependente do voto democrático, para encontrar soluções adequadas em relação ao bem comum, mas que não gozam dos apoios da maioria.

Esta atitude contrasta com uma actividade intensa em alguns outros campos, onde um excesso de leis faz perigar a função ordenadora do direito, tornando-se a lei um factor incalculável e gerador de insegurança. Não sendo as leis calculáveis, é ameaçada a liberdade de decisão do cidadão (para não falarmos dos efeitos nocivos que resultam de uma instabilidade legislativa para a economia quando estão em causa decisões relativas a investimentos a médio ou longo prazo). Neste contexto podem ser mencionadas, designadamente, as alterações constantes das leis fiscais.

4. A não universalidade do direito

No mundo actual co-existem as mais diversas realidades histórico- 23
-culturais, religiosas, linguísticas, económicas e sociais, que caracterizam o contexto específico em que uma determinada ordem jurídica se insere, não sendo aquelas realidades sempre comparáveis e apenas raríssimas vezes idênticas. Todos os povos possuem a sua identidade, moldada pela sua história e língua, a sua cultura e religião, a sua geografia e economia, etc., e todos estes elementos se reflectem no seu direito.

É extremamente difícil (e talvez impossível) conceber um direito que se pudesse basear numa ordem de valores comuns e que, em consequência disso, fosse universalmente reconhecido, tão diversas são as culturas e os seus fundamentos valorativos. Assim, a multiplicidade de culturas dá origem a uma correspondente multiplicidade de configurações do direito.

mente as suas reais intenções ao criar aparências falsas. Pode servir de exemplo o regime legal para a celebração do casamento, consagrado no Código Civil de 1867, onde sob a aparência enganadora do casamento civil subsidiário (em que os católicos são obrigados a observar a forma canónica), foi de facto introduzido o casamento civil facultativo (em que o Estado possibilitou aos católicos escolherem a forma civil), pois ao funcionário do registo civil não era permitido indagar os nubentes sobre a sua religião.

Por outro lado, em áreas em que o factor cultural não sobreleva, como sucede, por exemplo, em matéria de compra e venda internacional[28], do direito cambiário (letras e livranças), da regulamentação dos transportes internacionais, da normalização técnica ou, em certa medida, do direito do desporto, uma certa unificação é possível realizar-se.

24 É o direito comparado, um empreendimento complexo e precário, que se dedica ao estudo e à sistematização das diversas ordens jurídicas e que, para o efeito, fala de várias "famílias de direito". Neste sentido podemos distinguir[29], (1) no mundo ocidental, a vasta família jurídica romano-germânica (designadamente os direitos francês e alemão), e a família jurídica de *Common Law*, com os direitos inglês e americano (com diferenças inter-estaduais importantes entre os Estados Unidos da América do Norte[30]), e, (2) fora do mundo ocidental, a família jurídica muçulmana[31], os sistemas jurídicos africanos[32], o direito hindu e o direito chinês[33].

25 Dentro desta grande diversidade há uma determinante comum a todas as ordens jurídicas e esta determinante é a sua função ordenadora como elemento criador de segurança e estabilidade, seja qual for a realidade histórica e cultural e sejam quais forem os condicionalismos económico-sociais – com excepção da concepção jurídica marxista, posta em prática em países socia-

[28] Sobre esta matéria existe a publicação exaustiva de M. Ângela Bento Soares e Rui Moura Ramos, *Contratos Internacionais*, Coimbra, 1986.

[29] Segundo a exposição muito instrutiva de Dário Moura Vicente, *cit.*, pp. 77 e seguintes; cf. também José de Oliveira Ascensão, *O Direito. Introdução e Teoria Geral*, cit., pp. 141 a 168 (= sistemas actuais de direito).

[30] Por exemplo, no Estado Federado da Louisiana vigora o *Code Civil* francês (adaptado); contudo, daí não resultam problemas de maior, uma vez que as regras do direito processual seguem as da *common law*. O Código Civil da Louisiana, na redacção de 1870, com alterações posteriores, substituiu o anterior de 1825, que, por sua vez, revogou o de 1808.

[31] No pensamento islâmico, todo ele subordinado aos ensinamentos abrangentes do Alcorão, direito, moral e religião formam uma unidade, que se deve aos seus fundamentos religiosos (o qual é, por isso mesmo, um direito supra-estadual). O direito islâmico tem uma referência transcendencial: regula as relações e condições em vida do homem, com vista ao seu destino depois da morte. Um direito islâmico secularizado, em princípio, não pode existir.

[32] Em pormenor, Armando Marques Guedes, *O Estudo dos Sistemas Jurídicos Africanos*, Coimbra, Almedina, 2004.

[33] A hoje reduzida família do direito socialista, baseada no marxismo-leninismo (o caso paradigmático é o direito soviético), não vem mencionada.

listas, onde o direito tem um papel conformador-revolucionário com vista a transformar estes países em sociedades sem classes.

Em todo o caso, sempre valerá a pena conhecer soluções encontradas por direitos estrangeiros. O recurso a ensinamentos, obtidos com base no direito comparado, muitas vezes pode contribuir para resultados adequados no direito nacional, ao passo que "empréstimos" excessivos poderão prejudicar ou mesmo atrofiar as forças criadoras, inerentes e subjacentes a cada ordem jurídica e, ainda, poderão colidir com as sensibilidades dos destinatários da ordem jurídica para a qual foram transplantados.

5. O direito e a língua

O direito apenas consegue desempenhar as suas funções se o conteúdo, 26
a mensagem, das suas normas for acessível a quem ele se dirige, ou seja, uma lei, para poder ser observada, necessita de ser entendida pelos seus destinatários; a sua formulação tem de ser tão precisa que estes percebam o seu sentido e se possam orientar nela. Serve de meio de comunicação a língua. A língua tem de traduzir um entendimento comum e uniforme que é partilhado tanto pelo legislador como pelo destinatário ou o aplicador da norma[34].

Resulta daí a relevância da língua para o direito que está indissociavelmente ligado a ela (como comprova logo a palavra jurisdição [*ius dicere*]). A língua determina o padrão de pensamento de quem fala, sendo cada língua uma obra de arte e, como tal, uma ferramenta perfeita para enfrentar e solucionar os problemas da vida humana: a percepção das coisas, dos pensamentos e dos sentimentos, a conservação do passado e a regulação das relações sociais do presente, *inclusive* as relações determinadas por normas jurídicas.

Acontece, no entanto, que não há – nem pode haver – estabilidade no 27
uso linguístico. Diariamente se empregam palavras, conceitos, formulações e frases cujo sentido perdeu o seu significado original ou a sua antiga clareza, mas com a mesma frequência se utilizam também outras que começam a ser

[34] E. FORSTHOFF, *Recht und Sprache. Prolegomena zu einer richterlichen Hermeneutik*, Darmstadt, 1964 (reimpressão da edição Königsberg, 1940), pp. 1, 11 e ss.; B. GROSSFELD, «Sprache und Recht», *JZ* 1984, p. 1; IDEM, «Sprache, Recht, Demokratie», *NJW* 1985, p. 1577; IDEM, «Der Buchstabe des Gesetzes», *JZ* 1987, p. 1.

introduzidas de novo. O fenómeno é perfeitamente normal, visto que a língua evolui e que, em virtude disso, as palavras ou os conceitos podem alterar o seu significado comum ou o seu sentido corrente conforme a evolução do contexto em que são empregues. Basta ler um texto antigo para nos apercebermos como o uso linguístico, entretanto, mudou, como o sentido de um conceito é agora diferente.

Mas também pode suceder que o significado ou o sentido de palavras ou conceitos sejam conscientemente alterados ou deturpados, sendo, porém, este último fenómeno a expressão de uma deterioração linguística. Tanto um como outro daqueles fenómenos se fazem sentir no campo do direito[35]. De facto, e quanto ao segundo aspecto, podemos observar que, em certas situações, os destinatários de uma norma pretendem, movidos pelos motivos mais variados e interessados em dissimular tais motivos, alterar o conteúdo de uma norma ou mesmo de uma lei mediante uma utilização manipulada da língua (ou utilização intencional da língua). Estamos, neste aspecto, em face de sinais de desagregação da ordem jurídica, moral e social[36].

28 Na medida em que a utilização intencional da língua (*gezielter Sprachgebrauch*) aconteça em casos pontuais, podemos distinguir duas situações: 1.º – a utilização consciente por parte de destinatários da lei, que deste modo procuram realizar "reformas por via interpretativa" ou que pretendem obter um resultado que não se obteria com a leitura normal de uma disposição legal; 2.º – a utilização por parte do próprio legislador, quando lhe falta a coragem para defender abertamente os seus propósitos ou quando lhe faltam as necessárias maiorias parlamentares[37]. Nestes casos, há uma discre-

[35] Estamos aqui perante uma desvirtuação da função originária da linguagem, baseada na *fides* da conduta comunicativa. E compete ao direito tutelar a confiança engendrada nas relações comunicativas de interacção pessoal (expectativas legítimas). Ver J. Baptista Machado, «Tutela da Confiança», cit., *RLJ*, p. 231.

[36] Cf. P. Kirchhof, «Rechtsänderung durch gezielten Sprachgebrauch?», in *GS F. Klein*, München, 1977, p. 227; Idem, *Die Bestimmtheit und Offenheit der Rechtssprache*, Berlin, 1987, pp. 6 a 9, 11 a 14.

[37] Sirva como exemplo o que aconteceu com a "interpretação" do conceito "criação de impostos". Os artigos 167.º, al. *o*), e 106.º, n.º 2, da Constituição (na redacção originária, de 1976) previam que a criação dos impostos era da exclusiva competência da Assembleia da República. A Assembleia Constituinte, ao redigir aqueles artigos, deu à expressão "criação de impostos" o significado tradicional de "estabelecimento de impostos", em plena consciência de que a

pância entre a manifestação verbal e os verdadeiros motivos, não raro de ordem política, que se pretendem velar com uma "camuflagem linguística", habilmente usada[38].

tributação cabe, como prerrogativa mais nobre e mais antiga, ao parlamento. Em Julho de 1976, o I Governo Constitucional publicou o DL n.º 667/76, que no seu artigo 172.º, al. *f*), não só criou um adicional ao imposto complementar (em certa medida o antecessor do actual IRS), como aumentou ainda a sua taxa, sobre rendimentos respeitantes ao ano de 1975, mas sem possuir a necessária autorização da Assembleia da República, prevista no artigo 168.º da Constituição, uma vez que não dispunha de uma maioria parlamentar que o apoiasse.
O Governo, que também é destinatário das normas constitucionais (cf. a actual redacção do artigo 3.º, n.º 3, da Constituição) justificou o seu procedimento, entre outros, com o argumento de que o "simples" aumento de um imposto já existente, por mais elevado que seja, nunca ficaria abrangido pelo conceito "criação de impostos", consagrado na Constituição, pois "criar" significa unicamente "criar de raiz" e assim o mero aumentar dos impostos não podia caber na competência exclusiva da Assembleia da República.
A antiga Comissão Constitucional, na sua função de vigiar pelo cumprimento da Constituição, não aceitou esta argumentação. Se ela a tivesse aceitado teria resultado daí uma modificação substancial do modelo da separação dos poderes (e dos equilíbrios de poder daí resultantes), estabelecido na Constituição, unicamente através de uma manipulação linguística por via da atribuição de um significado restritivo e novo ao conceito constitucional tradicional "criação de impostos", motivada pela necessidade (não confessada) de substituir a falta de maiorias parlamentares.
Na verdade, se se permitisse a alteração da incidência, da taxa, dos benefícios fiscais ou das garantias oferecidas aos contribuintes quanto a um imposto já existente, através de um simples decreto-lei não autorizado pela Assembleia da República, iludia-se por completo a garantia que a Constituição pretendeu manter, ao seguir a orientação tradicional de considerar que o controlo das receitas do Estado através da fiscalidade, ou seja, do estabelecimento dos impostos, é um ponto decisivo do princípio da separação dos poderes e das próprias garantias dos direitos subjectivos dos cidadãos, cabendo em exclusivo à Assembleia da República.

[38] Um exemplo de uma manipulação linguística grave encontrámo-lo na Alemanha por ocasião da discussão acerca da liberalização do aborto, onde os defensores da medida empregavam, sistematicamente, a palavra *Schwangerschafts*unter*brechung* (= suspensão [interrupção] da gravidez), quase como se a gestação interrompida pudesse ser retomada, em vez do conceito *Schwangerschafts*ab*bruch* (= terminação da gravidez), para, com aquela designação eufemista, dissimular o verdadeiro alcance da medida em questão e os seus propósitos reais. Aliás, a palavra correcta para exprimir a realidade seria, à semelhança do termo *Kindestötung* (= infanticídio), que constitui um facto punível como crime, o conceito *Tötung der Leibesfrucht* (= fetocídio) que tornaria claro que não está em causa "apenas" a vida e o destino da mulher grávida, mas ainda a vida de outrem, da criança por nascer. O conceito fetocídio também deixa claro que estamos perante um *caedere*, ou seja, um derrubar, deitar abaixo, matar.

Assim sucede nomeadamente quando – para prosseguir determinados objectivos considerados legítimos e para combater os comportamentos que os podem contrariar – se utilizam conceitos com uma conotação positiva e até com certa carga moral, como acontece, por exemplo, quando se exige "transparência" ou a "não discriminação", sem que os contextos correspondentes sejam rigorosamente circunscritos. Pois é certo que a exigência da transparência pode vir a conflituar com o direito à privacidade ou a necessidade de discrição ou da preservação de segredos científicos ou económicos[39], sendo assim invasiva da esfera privada ou económica das pessoas, e a proibição de discriminar pode muito bem pôr em causa o direito da liberdade de escolha como é consagrado no artigo 405.º.

29 Contudo, a utilização intencional da língua não nos aparece, apenas, em situações pontuais ou ocasionais, mas também de uma maneira sistemática. Pertence aqui sobretudo a chamada aplicação alternativa do direito (*alternative Rechtsanwendung*), cujo método consiste em dar um sentido novo a conceitos jurídicos existentes, criando com isso um *outro* direito (a própria designação "aplicação alternativa do direito" é um eufemismo, pois não se trata de interpretar o direito de uma maneira diferente, mas, sim, de chegar a um direito diferente).

O método da aplicação alternativa do direito alega como justificação o suposto facto de o direito (burguês) em vigor e a sua interpretação tradicional serem inadequados em relação à sociedade do presente, pois existe um desfasamento entre esta e a lei, concebida para um estado de evolução anterior e já ultrapassado pelos avanços da sociedade.

Deste modo, a aplicação alternativa do direito procura encontrar uma resposta "às exigências da sociedade" em relação ao seu direito. Ponto de partida é o facto de que "a transição do velho Estado de Direito Liberal para o Estado de Direito Social se caracteriza por profundas alterações jurídicas". Neste contexto, o direito não é entendido como um sistema de normas, reconhecível e pré-estabelecido, "mas como tarefa para uma conformação responsável".

[39] Como diz a sabedoria popular, "o segredo é a alma do negócio".

Para que esta conformação se faça, é necessária uma actuação devidamente orientada com vista à correspondente realização do direito, mediante a qual são realizadas também as finalidades e objectivos do Estado. A concretização daqueles fins é problemática, dado que "neles se reflectem concepções sócio-políticas diferentes". Transparece nisto a concepção marxista, segundo a qual as normas vigentes do direito burguês não coincidem com a realidade social, mas são apenas a expressão dos interesses da classe dominante.

Por isso, diz-se que as orientações alternativas não infringem o direito vigente e estão em conformidade com as leis, mesmo que, e exactamente quando, contradigam as opiniões tradicionais. Pretende-se uma concretização diferente das leis, "defendendo-se simultaneamente as liberdades democráticas e políticas contra as restrições pelo direito privado" (*sic*!). Quer dizer, pretende-se uma inversão da ordem jurídica mediante uma "aplicação alternativa", ou seja, uma prática jurídica diferente[40], progressista, com a qual os juristas saem da "torre de marfim dos seus preceitos"[41].

Da utilização consciente e intencional da língua com vista à deturpação 30
de conceitos jurídicos ou à inversão da própria ordem jurídica distinguem-se as situações em que o aplicador da norma se afasta inconscientemente do

[40] Consideramos como bastante problemática a argumentação do acórdão do STJ (com cujo resultado concordamos), publicado no BMJ n.º 373 (Fevereiro 1988), pp. 499 ss., em que se lê: "O modelo clássico do «Estado de direito liberal», sob o condicionamento de uma «datada» época histórica (...), teve de elaborar um sistema jurídico (...), segundo critérios de lógica formal, longe dos conteúdos da vida real (*sic*!). (...) Com o desenvolvimento social (...), as categorias jurídicas (...), não constituem *formas* apriorísticas organizadoras da realidade empírica, mas enquadram-se na dialéctica da *praxis*, para se modificarem com as transformações das relações económicas e sociais. (...) O pensamento jurídico encontra a sua matriz na realidade sócio-económica para depois, como operador eficaz, actuar sobre a mesma realidade. (...) É nos saltos qualitativos do pensamento jurídico (...) numa articulação dinâmica com a realidade sócio-económica, que o intérprete tem de apoiar-se para (...) encontrar os operadores jurídicos mais adequados. (...) Se o julgador recusa (...), este procedimento está a inverter o movimento correcto para a solução do conflito, utiliza numa posição apriorística conceitos já envelhecidos e inadequados (*sic*!)."

[41] O primeiro *Alternativer Juristentag* (congresso alternativo de juristas) realizou-se, em 23 a 25 de Novembro de 1990, em Hannover (ver anúncio em NJW 1990, p. XVI), cidade que também acolheu as conferências dos anos seguintes.

conteúdo desta. A este respeito é de mencionar a pré-compreensão jurídica (*rechtliches Vorverständnis*)[42].

Por pré-compreensão jurídica ou pré-entendimento jurídico entende-se a relevância (jurídica) de determinadas reflexões prévias, a escolha prévia de critérios de justiça, a reflexão sobre o problema, qual a decisão que, no caso em conflito, é razoável e justa e ao mesmo tempo conforme à lei, a existência de eventuais prejuízos morais ou preconceitos, etc. A questão quanto à origem e controlo do pré-entendimento jurídico é muito difícil de resolver, visto este último, por via de regra, não ser consciente ou não se tornar consciente e, nem sequer, ser homogéneo ou uniforme, em virtude de resultar de processos de aprendizagem individuais e sociais muito diferentes (basta ter em consideração as várias origens sociais ou as condições masculina e feminina dos aplicadores de uma norma), de modo que não há sequer duas pessoas com uma experiência jurídico-profissional idêntica. Aqueles pré-entendimentos são assim inevitáveis e necessários e nem sequer podem ser qualificados, *a priori*, como negativos, uma vez que até poderão facilitar a abordagem e solução dos problemas.

31 Também a língua faz parte da pré-compreensão jurídica, uma vez que é ela o meio dentro do qual se formam aquelas reflexões prévias. Como já aludimos, a língua é o meio para o homem criar a sua realidade, é o seu meio de pensar, de entender os problemas e de fazer a sua avaliação, influindo nesta as experiências vividas e transmitidas. Mas também é a própria língua que molda e até padroniza ou tipifica o homem. Assim, as modalidades da visão social, próprias da língua, são actualizadas sempre de novo com o uso da mesma, sem que o utilizador se dê conta. Desta feita pode ser influenciada a aplicação de uma norma, não tendo o aplicador consciência do facto. A linguagem das normas jurídicas utiliza normalmente o género gramatical masculino, mas dirige-se de modo igual a mulheres e também é aplicada por elas. Não falta quem ponha este uso linguístico em causa.

[42] Fundamental é a obra de J. ESSER, *Vorverständnis und Methodenwahl in der Rechtsfindung*, Frankfurt, 1972; mas cf. também Franz BYDLINSKI, *Fundamentale Rechtsgrundsätze*, Wien/New York, 1988, pp. 17-18 e 25-26, a partir de uma apreciação crítica do positivismo jurídico. Em português cf. o estudo muito desenvolvido de Ivo Miguel BARROSO, *Para uma reabilitação adequada dos «preconceitos» na metodologia das ciências sociais*, Suplemento da Revista da Faculdade de Direito de Lisboa, Lisboa, s.d.

6. As funções do direito e as responsabilidades do jurista

Face ao exposto é inevitável uma referência às responsabilidades gerais e tarefas profissionais do jurista[43]. A actividade do jurista desenvolve-se tradicionalmente em três esferas: na administração da justiça, ou seja, no campo forense, na administração pública e na economia privada, a que se junta a sua presença e participação em organismos internacionais (podendo ser lembrado ainda o direito canónico, bem como o ensino do direito). Esta diferenciação profissional, naturalmente, estabelece limites às responsabilidades gerais, comuns a todo o jurista. Mas pode exigir-lhe dele que seja, sempre, garante da segurança jurídica, garante da liberdade e garante da justiça: em suma, o jurista é garante de valores humanos fundamentais[44] e das funções do direito. Como garante da segurança, o papel do jurista é susceptível de ser reduzido a um papel meramente servidor de uma ordem estabelecida; mas como garante da liberdade e da justiça o jurista tem de se colocar, muitas vezes, numa posição crítica em relação ao poder político e/ou económico. Não lhe cabe a ele próprio exercer o poder, mas controlar o exercício do poder com os meios do direito. 32

No que respeita neste contexto ao papel da língua, incumbe ao jurista a obrigação elementar de um uso honesto da linguagem jurídica e dos seus conceitos. A linguagem jurídica é elaborada com vista à função social do direito e da ideia da justiça e reforça a certeza e segurança das relações e das normas jurídicas, realizando assim uma das exigências do direito[45]. Por isso mesmo, o jurista não deve "jogar" com os conceitos, cometendo malabarismos que tanto prejudicam a sua reputação e imagem. Para o efeito são necessários um auto-controlo linguístico e uma instrução no sentido do uso correcto da língua juridicamente relevante. Esta tarefa não é fácil. Mas está fora de discussão que fundamento e directiva para ponderações, actuações 33

[43] Ver, L. Raiser, «Aufgabe und Verantwortung des Juristen in unserer Gesellschaft», in *FS Eduard Kern*, Tübingen, 1968, p. 383 (escrito em defesa dos juristas); J. Baptista Machado, *Introdução ao Direito*, cit., pp. 121-123.

[44] Cf., neste contexto ainda, A. Castanheira Neves, *Nótula: A propósito de um estudo sobre a responsabilidade civil, de Guilherme Moreira*, Separata do vol. LIII (1977) do BFD, pp. 3, 9.

[45] J. Baptista Machado, *Introdução ao Direito*, cit., pp. 373 (359-361).

e decisões do jurista[46] é sempre a lei, com os seus conceitos e palavras, de acordo com o seu sentido, o seu sistema intrínseco e os seus objectivos[47]: *o jurista deve fidelidade à lei* (cf. artigo 9.º, n.ºs 1 e 3, CCiv), não lhe sendo permitidos voluntarismos ou arbitrariedades.

O uso acordado da língua, o entendimento linguístico comum, como condição de funcionamento da sociedade humana, deve ficar assegurado. A manipulação da língua procura alterar este entendimento. Ela conduz a um mundo kafkaniano em que reina a divergência entre os conceitos e a realidade, onde os próprios conceitos são equívocos e a certeza e a segurança desapareceram. Impõe-se, por isso, sob pena de se destruir a possibilidade de consenso, a fixação objectiva dos limites de conteúdo na linguagem jurídica e a observação da mesma. A identidade de cada norma tem de ser assegurada para se obter objectividade na aplicação do direito.

34 Finalmente, não pode deixar de ser sublinhado que no sistema jurídico-político actual, que admite um pluralismo de convicções valorativas concorrentes, estas convicções valorativas devem ficar transparentes – portanto não escondidas sob o manto de uma argumentação pseudo-jurídica. Apenas deste modo se farão reconhecíveis todos os elementos que têm influência na aplicação do direito (designadamente as tentativas da aplicação alternativa do direito, mas também a pré-compreensão jurídica mediante a sua consciencialização).

Por isso, num Estado democrático pode e deve ser exigido ao jurista que ele – na medida em que realiza com as suas decisões a ordem social – tome perceptível a objectividade de cada decisão bem como o processo mental que a ela conduziu. Pois é difícil conceber que haja opiniões realmente neutras e é também duvidoso que o uso linguístico possa ser inteiramente neutro[48]. E não há razões que façam pressupor que a neutralidade existe precisamente na figura do jurista.

[46] Quanto aos interesses a ponderar, cf. H. Hubmann, «Die Methode der Abwägung», in *FS Schnorr von Carolsfeld*, Köln, 1973, p. 173.

[47] Para o efeito, a lei deve ser entendida no seu contexto. Veja-se K. Larenz, «Die Sinnfrage in der Rechtswissenschaft», in *FS F. Wieacker*, Göttingen, 1978, p. 411.

[48] "Nenhuma linguagem é inocente pois toda a fórmula verbal tem uma conotação material" (cf. C. A. Mota Pinto, *Cessão da posição contratual*, Coimbra, Almedina, 2003 (reimpr. da ed. de 1970), p. 42).

II. O DIREITO OBJECTIVO EM GERAL

Bibliografia: José de Oliveira Ascensão, *O Direito. Introdução e Teoria Geral*, 13.ª ed., Coimbra, Almedina, 2017 (reimpr. da ed. de 2005), pp. 43 ss., 217 ss., 255 ss. Luís Cabral de Moncada, *Lições de Direito Civil*, 4.ª ed., Coimbra, Almedina, 1995, pp. 25 a 57. Manuel Afonso Vaz, «O conceito de Lei na Constituição portuguesa – uma perspectiva de reflexão», *DJ* III (1987/1988), p. 179. João de Castro Mendes, *Direito Civil Teoria Geral*, [vols. I, II e III, Lisboa, 1978-1979 (edição da Associação Académica da Faculdade de Direito)], vol. I, pp. 17 a 44. C. A. Mota Pinto (actualizada por António Pinto Monteiro e Paulo Mota Pinto), *Teoria Geral do Direito Civil*, Coimbra, Coimbra Editora, 2005, pp. 36 a 46.

Feitas estas observações preliminares sobre as funções do direito e sobre a necessidade de o manter operacional nessas suas funções, convém abrir caminho para situar o direito civil dentro da ordem jurídica geral, que regula a convivência dos homens com força vinculativa e, também, coerciva.

1. Referências às fontes do direito objectivo

O direito objectivo pode ser definido como o conjunto das normas jurí- 35
dicas, regras de conduta entre os homens, legitimado pela função de manter a paz social, baseado em critérios de justiça e munido de coercibilidade pelo poder do Estado em que tem a sua origem. A tarefa do direito consiste em garantir uma ordenação justa das relações (situações) de vida, sendo certo que o critério de justiça é fluido e varia conforme os tempos e os lugares. Deste modo, o direito objectivo atribui aos homens, em abstracto, os seus direitos e as suas obrigações; é ele quem diz o que pertence a uns e o que compete a outros. Informado pelo princípio da justiça, limita-se a definir, segundo um critério objectivo, o teu e o meu, isto é, limita-se a definir a esfera de liberdade de cada um em face dos demais e em face da colectividade[49].

As normas do direito encontram a sua fonte regularmente na lei. Consi- 36
deram-se leis todas as disposições genéricas provindas dos órgãos estaduais

[49] Cf. J. Baptista Machado, *Introdução ao Direito, cit.*, p. 35.

competentes (artigo 1.º, n.º 2, 1.ª parte, CCiv)[50], tendo o Estado o monopólio de fazer as leis. Mas, ao fazer as leis, o legislador é limitado por princípios fundamentais de direito sedimentados na esfera da cultura humana ao longo da história, que estão fora do seu alcance e, como princípios regulativos, predefinem o sentido possível das normas que ele estabelece ao delimitar a sua liberdade de acção. O direito nunca está por inteiro na livre disponibilidade do poder político[51]. As leis referidas no artigo 1.º, n.os 1 e 2, 1.ª parte, CCiv são as fontes imediatas do direito. Não é fonte imediata do direito o costume ou direito consuetudinário.

Além das fontes imediatas do direito existem como fontes mediatas, nos termos dos artigos 3.º e 4.º CCiv, os usos (não os costumes) e a equidade, mas apenas quando a lei o determine ou, em relação à equidade, haja acordo das partes (previsto nas alíneas *b)* e *c)* do artigo 4.º). O antigo artigo 2.º, que permitia que, nos casos declarados na lei (em que havia conflitos de jurisprudência), os tribunais pudessem fixar, por meio de assentos[52], doutrina com força obrigatória geral, foi revogado por não ser conciliável com o princípio

[50] As normas corporativas referidas no artigo 1.º, n.º 1, 2.ª parte, e n.º 2, 2.ª parte, bem como o artigo 3.º, n.º 2, perderam relevância para o futuro, uma vez que, na sequência imediata da Revolução de 1974, os organismos corporativos que representavam os vários interesses sociais, de ordem moral, cultural ou económica como elementos estruturais da Nação (os sindicatos, grémios, ordens profissionais, lavoura, pescas e conservas, transportes e turismo, etc.) foram dissolvidos e deixaram de existir com a sua natureza jurídica de corporações, de modo que já não foram ditadas regras corporativas novas. Em certa medida as corporações encontraram continuidade nas actuais ordens profissionais que são associações públicas no sentido do artigo 267.º, n.º 4, da Constituição.

[51] Cf. J. Baptista Machado, *Introdução ao Direito*, cit., pp. 153-157.

[52] Sobre os Assentos ver: o estudo exaustivo de A. Castanheira Neves, «O instituto dos assentos e a função jurídica dos Supremos Tribunais», publicado ao longo de mais de uma década na RLJ, do Ano 105 (1972/1973), pp. 133 ss. até ao Ano 116 (1983/1984), pp. 8-9; Pires de Lima – Antunes Varela – Henrique Mesquita, *Código Civil Anotado*, Vol. I, 4.ª edição revista e actualizada, Coimbra Editora 1987, anotações ao artigo 2.º (entretanto revogado); e ainda a exposição elucidativa de J. J. Gomes Canotilho na *sua «Anotação»* ao importante acórdão n.º 359/91 do Tribunal Constitucional (RLJ Ano 124 [1991/1992], pp. 294 ss.), na RLJ, Ano 124 (1991/1992), pp. 318 ss.
Contudo com a abolição dos assentos não desapareceram os conflitos de jurisprudência que agora são objecto de "acordãos de uniformização de jurisprudência". Estes não possuem qualquer força vinculativa para além do caso julgado e não constituem precedentes formais que vinculam as instâncias (embora na prática forense possam funcionar como tal) mas, de certa maneira, contribuem para o desenvolvimento do direito judiciário.

da separação dos poderes[53]. Por outro lado, é preciso ter em conta certas decisões do Tribunal Constitucional que, ao declararem a inconstitucionalidade ou ilegalidade de uma norma ou de uma lei, têm força obrigatória geral nos termos dos artigos 281.º e 282.º da Constituição, conduzindo à revogação *ex tunc*, quer dizer, desde a sua entrada em vigor, das normas ou leis em causa.

Não é lei, no sentido do artigo 1.º CCiv, a chamada *lex contractus*, ou seja, o 37
estipulado entre as partes de um negócio jurídico ou de um contrato, destinado a valer entre elas, que obviamente possui natureza jurídica diferente de uma lei estadual. Mas também neste caso o estipulado tem força obrigatória para os contraentes: *pacta sunt servanda*.

Também não provém de um órgão estadual o costume ou direito consuetudinário. Este é a prática contínua e uniforme de uma regra jurídica, apoiada na convicção jurídica geral da comunidade. É o direito nascido da vida da respectiva comunidade e aceite pelo consentimento do homem livre (*lex consensu populi fit*), em sintonia com as convicções sociais de justiça. Pressuposto do direito consuetudinário é, por isso, a convicção da aplicação de uma norma *jurídica* geral já vigente, bem como a aplicação contínua e efectiva desta norma. É desta forma que ele se distingue dos usos e costumes, normas sociais observadas *de facto*. O Código Civil, porém, ao enunciar nos seus artigos 1.º a 4.º as fontes do direito, afasta o direito consuetudinário.

Trata-se de uma decisão não isenta de dúvidas[54]. Não está nas mãos do legislador proibir de todo a formação do costume. Uma lei que admite a existência de lacunas (artigo 10.º), não pode excluir, *a priori*, toda a formação de direito consuetudinário. E, quanto ao direito consuetudinário estrangeiro e local, o Código Civil acolhe-o, cabendo a prova da sua existência àquele que o invocar (artigo 348.º). Contudo, a formação do direito consuetudinário é limitada e, nas condições actuais de legislar, só será possível a respeito da cessação da vigência da lei[55].

[53] DL n.º 329-A/95, de 12 de Dezembro.

[54] J. Baptista Machado, *Introdução ao Direito, cit.*, pp. 161-162 e, muito instrutivo, o estudo de António A. Vieira Cura, *O Costume como Fonte de Direito em Portugal*, Separata do Vol. LXXIV do BFD, Coimbra, 1998.

[55] Cf. J. Baptista Machado, *Introdução ao Direito, cit.*, pp. 161, 165.

38 Efectivamente, as normas jurídicas vigoram dentro de um determinado âmbito espacial – ou seja, o espaço da ordem jurídica a que pertencem – e dentro de certo tempo a partir do qual começam a vigorar (artigo 5.º). Elas deixam de estar em vigor quando são revogadas, afastadas por uma norma posterior (cf. artigo 7.º), mas também quando deixam de ser aplicadas definitivamente. Quer dizer, a não aplicação duradoura de uma norma faz dela letra morta e terá como resultado o nascimento de um direito consuetudinário no sentido da sua caducidade ou extinção.

2. A divisão em direito privado e direito público

39 As normas do direito objectivo podem ser divididas, em atenção ao seu objecto de regulação, em direito privado e direito público. Esta divisão, a chamada *summa divisio*, tem relevância prática, designadamente, para efeitos da responsabilidade e para efeitos da escolha da via judiciária.

O direito privado é – em contraposição ao direito público – aquela parte do direito que regula as relações jurídicas dos particulares entre si. A bipartição, com base neste critério, do direito, aliás não seguida por todos os sistemas jurídicos, remonta ao direito romano (direito esse que constitui, com uma acentuação diferenciada, património jurídico-cultural comum dos povos continental-europeus), onde ela foi observada com grande rigor, sendo este rigor, no entanto, desajustado em relação aos condicionalismos do direito contemporâneo, moderno.

40 O direito privado, ao regular as relações recíprocas entre os particulares, parte da ideia fundamental do princípio da igualdade dos sujeitos intervenientes, igualdade essa que o direito privado e a sua dogmática necessariamente pressupõem. Eram muito claros, neste contexto, as disposições do antigo Código Civil, de 1867 (o Código de Seabra), onde se lia "a lei civil é igual para todos, e não faz distinção de pessoas, nem de sexo, salvo nos casos que forem especialmente declarados[56]" (artigo 7.º) e "se os direitos e obrigações se limitam às relações recíprocas dos cidadãos entre si, como meros particulares, ou entre os cidadãos e o Estado, em questões de propriedade

[56] Estes casos respeitaram à condição jurídica da mulher.

ou de direitos puramente individuais (...), são regidos pelo direito privado contido no Código Civil (...)" (artigo 3.º). Quer dizer, as normas do direito privado contemplam as relações particulares, que respeitam a todos.

Quanto a estabelecimento e conformação das suas relações jurídicas, os particulares são livres: dentro do quadro legal que o direito privado lhes oferece, agem de acordo com a sua *autonomia privada*, quer dizer, conforme a sua livre vontade de firmar relações jurídicas ou não. Fundamento para a criação e ordenação daquelas relações é tão-só a vontade livremente formada. Deste modo, o direito privado visa e protege a preservação da liberdade de actuação do indivíduo. Porém, uma vez que é à própria vontade autónoma que se devem as relações jurídicas, bem como os seus efeitos (a palavra "autonomia" é de origem grega e compõe-se das palavras *autos* e *nomos*, significando por isso, traduzida à letra, estabelecer leis para si mesmo), o indivíduo fica também responsabilizado no que toca às consequências da sua actuação. 41

O direito público, por seu lado, regula as relações das entidades públicas (regularmente dotadas de poder de império) entre si, estabelece as regras orgânicas para o seu funcionamento e regula as suas competências e as relações entre elas e os cidadãos. Aqui, o estabelecimento e a conformação de relações jurídicas necessitam sempre de ter um fundamento legal: as entidades públicas agem com base no *princípio da legalidade* (cf. o artigo 268.º da Constituição e, sobretudo, o seu n.º 3 que realça que os actos administrativos carecem de fundamentação expressa)[57], não tendo relevância jurídica o concurso da vontade do cidadão atingido por uma medida de natureza pública. Na verdade, no direito público o cidadão não dispõe, por via de regra, de um poder de vontade para criar direitos ou contrair obrigações (ficando fora destas breves referências, porém, a figura complexa do contrato administrativo e a proliferação do mesmo). O direito público visa e protege os inte- 42

[57] O n.º 3 do artigo 268.º da Constituição diz o seguinte: "Os actos administrativos estão sujeitos a notificação aos interessados, na forma prevista na lei, e carecem de fundamentação expressa e acessível quando afectem direitos ou interesses legalmente protegidos".
O princípio da legalidade (e a correspondente tutela dos cidadãos) é observado em dois sentidos: (1) pelas garantias dadas pela própria Administração (cujos actos obedecem ao princípio da legalidade e são praticados de forma imparcial e isenta), que criam confiança nos cidadãos e lhes dão protecção e, ainda (2), pelas garantias (defesas) dos cidadãos contra a Administração por via judicial.

resses da comunidade em geral, superiores aos interesses privados, o bem comum e a realização dos objectivos próprios do Estado e da Administração.

43 A divisão do direito em direito privado e público tem um grande significado jurídico-social: delimita a esfera de actuação autónoma e livre (autodeterminada) dos particulares da esfera de actuação do Estado, ao qual, em última análise, todas as entidades públicas podem ser reconduzidas. Conforme a extensão daquelas duas esferas aumenta ou diminui o espaço da liberdade individual[58].

Atendendo ao aspecto estrutural da divisão, podemos dizer que o direito privado apresenta, regularmente, uma estrutura horizontal (= as relações dos particulares entre si, em pé de igualdade), enquanto o direito público é caracterizado por uma estrutura predominantemente vertical (= as relações das entidades públicas, dotadas de poder de império, para com os cidadãos).

44 Além de razões históricas oriundas do direito romano, a distinção entre direito público e direito privado é o resultado da separação do Estado da sociedade civil, defendida pela doutrina com base no condicionalismo político, social e económico da Europa (!) do século XIX. Pretendia-se subtrair a sociedade civil ao pré-domínio do Estado[59] e permitir a sua autonomia face a este. Apenas o direito público dizia respeito ao Estado e aos domínios políticos, enquanto o direito privado regulava a sociedade civil e as relações entre os seus membros, sendo um direito apolítico sem intervenções por banda do Estado. O Estado, por seu lado, estava organizado segundo o princípio da separação dos poderes, de que resultava uma moderação dos mesmos e do poder do Estado. Era este o condicionalismo em que assentava a concepção do antigo Estado de Direito Liberal.

A separação do Estado da sociedade implicava a separação do Estado da economia, sendo esta parte da sociedade que era dominada pela ideia da

[58] São significativas as considerações de F. Bydlinski, *cit.*, pp. 31 a 51, 305 ss., que pretende aplicar o princípio da subsidiariedade para definir as tarefas a assumir pelo direito público.

[59] Nos Estados Unidos da América a situação é precisamente a inversa: a sociedade existia antes do Estado, um facto que influencia decisivamente as mentalidades jurídicas diferentes dos dois lados do Atlântico.

liberdade individual ilimitada[60]. Esta repartição das esferas de competência entre a sociedade civil e o Estado, que nunca foi rigorosa mas sempre maleável, em conjunto com a separação dos poderes, se por um lado criava espaços de liberdade para o indivíduo, dada a existência de vários centros de poder, pressupunha, por outro lado, uma sociedade e uma economia de estruturas lineares e transparentes com empresas dimensionadas de uma maneira comedida, ao alcance da gestão do seu proprietário.

Hoje a doutrina da separação do Estado da sociedade, tal como foi desen- 45
volvida no século XIX, não corresponde à realidade social (e a separação dos poderes adquiriu igualmente uma configuração diferente). O Estado voltou a sobrepor-se à sociedade, podendo ser concebido como comunidade política pré-ordenada ou supra-ordenada em relação à sociedade. Menos do que nunca Estado e sociedade formam compartimentos estanques, separados um do outro: a interpenetração ou participação mútua é cada vez mais intensa. Esta situação é o resultado da evolução do antigo Estado de Direito Liberal para o moderno Estado de Direito Social e para o Estado do Bem Estar Social ou de Providência, com as suas estruturas complexas e altamente diferenciadas[61].

A justaposição de Estado e sociedade contribui, obviamente, para dificultar a delimitação entre o direito público e o direito privado. Porém, as dificuldades não surgem em relação a todo o direito público. É preciso ter em conta que o direito público se divide em vários ramos. São eles: o direito constitucional ou político, os direitos administrativo e fiscal, além do direito internacional público e o direito penal. Contudo, é designada e essencialmente em relação ao direito administrativo que surgem as dificuldades de delimitação.

Não raras vezes, quando o legislador quer ver acautelados interesses da 46
comunidade em geral, mesmo nas relações entre particulares, insere dispo-

[60] Todavia, investigações mais recentes mostram que este entendimento corresponde a um mito e a uma visão ideologicamente distorcida. Cf. a este respeito, Sibylle Hofer, *Freiheit ohne Grenzen? Privatrechtstheoretische Diskussionen im 19. Jahrhundert*, Tübingen, 2001, que chega à conclusão de que a característica da ciência jurídica do século XIX não era a ideia de uma liberdade sem limites, mas sim a de uma liberdade bastante condicionada.

[61] Ver, J. Baptista Machado, *Participação e descentralização. Democratização e neutralidade na Constituição de 1976*, Coimbra, 1982, pp. 1 a 4, 35 a 54, 115 a 120.

sições de natureza pública no direito privado (p. ex., quanto à forma dos negócios jurídicos). Estas normas passam a pertencer ao direito privado e, como normas imperativas, devem ser observadas no estabelecimento das relações jurídicas.

Normalmente, quando se trata de prosseguir interesses públicos, o Estado serve-se dos meios próprios da Administração, que actua em conformidade com os procedimentos legais característicos do direito administrativo. Quer dizer, a Administração socorre-se, de modo geral do "poder de império" do Estado, ou seja, da prerrogativa de produzir unilateralmente efeitos na esfera jurídica dos administrados sem a concordância destes (*maxime* por meio de actos administrativos).

47 Mas também assistimos a uma "actuação administrativa híbrida" da Administração, um fenómeno que ocorre designadamente no âmbito complexo da prestação de serviços aos cidadãos. Aqui acontece que um processo administrativo é "dissecado" em fases (ou degraus), podendo pertencer a fase de decisão (1.º degrau) ao direito administrativo (a decisão é tomada por meio de um acto administrativo, fundamentado na lei, sem o concurso da vontade do cidadão atingido), enquanto a fase seguinte, de execução (2.º degrau), se desenvolve de acordo com o direito privado (celebra-se um contrato de direito privado, como este se aplica entre particulares). Contudo, ainda se verifica a situação inversa: a Administração cria factos com relevância privada que, depois, resolve com meios administrativos públicos.

Além disso, em vez de praticar actos administrativos, a Administração pode também celebrar contratos administrativos[62] ou estabelecer parcerias público-privadas. Estas são reguladas pelo DL n.º 111/2012, de 23 de Maio (alterado pelo DL n.º 84/2019, de 28 de Junho), que no seu artigo 2.º define como parceria público-privada o contrato mediante o qual uma entidade privada se obriga, perante um parceiro público, a assegurar mediante contrapartida, o desenvolvimento de uma atividade tendente à satisfação de uma necessidade coletiva, em que a responsabilidade pelo investimento, financiamento, exploração, e riscos associados, cabem, no todo ou em parte, ao parceiro privado.

[62] A este respeito, cf. Marcelo Rebelo de Sousa e André Salgado de Matos, *Contratos Públicos. Direito Administrativo Geral*, Tomo III, Publicações Dom Quixote, Lisboa, 2008.

De resto, ainda pode suceder que as entidades públicas administrativas actuem como agem os particulares (não se servindo do seu poder de império) para prosseguir os seus fins, aproveitando-se dos meios e formas de conformação jurídica do direito privado para alcançarem os resultados jurídicos ou efeitos práticos que desejam ver produzidos. Para o efeito, as entidades administrativas, organizadas como pessoas colectivas de direito público, têm igualmente capacidade de gozo de direitos privados, embora circunscrita à satisfação de necessidades públicas incluídas no quadro das suas atribuições. É assim que as pessoas colectivas de direito público podem ter património privado, celebrar contratos de direito privado, empregar pessoal provido no regime do contrato individual de trabalho, participar na qualidade de sócios no capital de sociedades comerciais privadas, dar ou receber garantias de direito privado, etc.[63].

Há, deste modo, uma tendência das entidades administrativas para se servirem de formas muito diversificadas do direito privado em ordem à prossecução dos seus fins e interesses públicos (embora não o possam fazer livremente ou de uma maneira incontida, sob pena de descaracterizar o direito privado e, sobretudo, de se subtrair ao princípio da legalidade), invadindo, instrumentalizando e funcionalizando, desta feita, o direito privado e os seus conceitos tradicionais, em vez de criar as respectivas normas e termos próprios de direito público com idoneidade para o efeito.

Como vimos, a actividade em que se consubstancia a função administrativa é multiforme[64]. Nestas circunstâncias não há, e nem pode haver, uma delimitação nítida entre as esferas do direito público, administrativo, e do direito privado e as áreas por eles reguladas. As relações jurídicas podem formar-se em três planos: 48

1.º – relações jurídicas entre particulares;
2.º – relações jurídicas entre entidades públicas;
3.º – relações jurídicas entre entidades públicas e cidadãos, ou entre entidades públicas e particulares.

[63] Afonso Rodrigues Queiró, *Anotação* ao acórdão do TRL, RLJ 113 (1980/1981), pp. 195, pp. 197-198.

[64] A expressão é de Marcelo Rebelo de Sousa e André Salgado de Matos, *Direito Administrativo Geral*, Tomo I, 2.ª ed., Publicações Dom Quixote, Lisboa, 2006, § 2 8, p. 39.

No primeiro plano, as relações jurídicas pertencem ao direito privado, do mesmo modo que no segundo pertencem regularmente ao direito público. Tratando-se do terceiro plano, as relações podem regular-se segundo o direito público (entidade pública-cidadão), mas também conforme o direito privado (entidade pública-particular), se o Estado ou outras entidades públicas, ao lidar com os particulares, agem na sua "veste de particular" apesar de, com esta maneira de actuar, eles nunca se tornarem pessoas privadas nem poderem ser equiparados a estas, dada a sua natureza diferente.

É especialmente a propósito de relações jurídicas estabelecidas no terceiro plano que a distinção entre direito público e direito privado ganha relevo. P. ex., se o Estado estabelece relações jurídicas com o cidadão para cobrar impostos (uma relação jurídica fiscal), estas relações pertencem ao direito público (ao direito fiscal como parte do direito administrativo). Mas se o Estado arrenda um edifício para as suas repartições, as relações pertencem ao direito privado (precisamente ao regime do arrendamento urbano, regulado no Código Civil). Temos, neste último caso, a situação descrita no artigo 3.º do Código de Seabra (ver n.º 40). Esta situação é então tratada juridicamente nos mesmos termos que as relações entre particulares, pertencentes ao primeiro plano.

Na medida em que as entidades públicas procedem por meio de uma "actuação híbrida", esta é regulada, nas suas fases, conforme os casos concretos, pelo direito público (administrativo) e pelo direito privado, contando que aqueles comportamentos possam ser desdobrados em fases públicas e privadas.

49 Face a estas situações multifacetadas não é sempre fácil decidir se uma dada relação pertence ao direito público ou ao direito privado. A doutrina jurídica desenvolveu ao longo dos tempos vários critérios, várias "teorias", com vista a soluções viáveis. Em seguida referir-se-ão as teorias mais significativas.

Segundo a *teoria dos interesses* (*Interessentheorie*), já aflorada no direito romano (*publicum ius est quod ad statum rei Romanae spectat, privatum quod ad singulorum utilitatem*), está-se perante uma relação jurídica ou norma de direito público quando estão em causa a protecção ou a prossecução de interesses públicos. Inversamente, está-se perante uma relação jurídica ou norma de direito privado quando os interesses afectados são interesses individuais, particulares.

Esta teoria – mesmo na sua variante da teoria do interesse predominante – não consegue uma delimitação clara em virtude de ser impossível no Estado moderno fazer uma destrinça daquelas situações de interesse, dada a justaposição frequente de interesses individuais e públicos e a instrumentalização do direito privado pelas entidades públicas.

Segundo a *teoria da sujeição ou infra-ordenação e supra-ordenação* (*Subjektionstheorie*), que atende ao aspecto estrutural das relações jurídicas, as entidades públicas actuam em relação ao cidadão a partir de uma base de supremacia; esta relação de supra-ordenação e infra-ordenação é característica para o direito público, enquanto o direito privado se caracteriza pela relação de igualdade e/ou equivalência dos sujeitos envolvidos. 50

Esta teoria não contempla as diversas relações de igualdade de entidades públicas entre si (p. ex., vários municípios criam uma associação de municípios) e não considera o facto de também no direito privado existirem com frequência relações de supra-ordenação e infra-ordenação (p. ex., em todo o direito privado, quando se trata do exercício dos direitos potestativos; no direito da família, relativamente às responsabilidades parentais a que os filhos estão sujeitos; no direito das associações, em relação às sanções disciplinares aplicáveis aos seus associados; ou no direito do trabalho, no que diz respeito aos poderes de direcção da entidade patronal sobre os trabalhadores). Por isso, também aqui não possuímos critérios distintivos inequívocos.

Por seu turno, a *teoria dos sujeitos* (*Subjektstheorie*; *Sonderrechtstheorie*), maioritariamente aceite pela doutrina, avança como critério de distinção não o interesse nem a relação entre cidadão e Estado, mas a norma invocada e aplicada pelos sujeitos da relação jurídica em causa. 51

Se se trata de uma norma peculiar que *não* possui validade para todos, referindo-se exclusivamente aos titulares do poder de império, ou seja, ao Estado e outras entidades públicas, conferindo-lhes nesta qualidade os respectivos direitos ou poderes (prerrogativas; *Sonderrechte*) ou impondo-lhes as correspondentes obrigações, está-se perante uma norma do direito público. Deste modo, quando uma entidade pública invoca normas deste tipo específico para justificar e fundamentar a sua actuação, as relações jurídicas assim criadas pertencem ao direito público.

Mas quando uma entidade pública, sem recorrer àquelas normas que lhe são peculiares, age com base numa norma geral que pressupõe a igualdade de todos e que pode ser invocada também por todos – embora aja evidentemente no interesse público –, trata-se de uma relação do direito privado. Decisiva é a norma invocada pelo sujeito e destinada a regular a respectiva relação jurídica[65].

A invocação de normas públicas será feita, regularmente, pelas entidades públicas em ordem à fundamentação dos seus actos de acordo com o princípio da legalidade. Mas também os cidadãos podem invocar aquelas normas, p. ex., quando lhes são devidas obrigações por parte de entidades públicas (p. ex., pagamento de prestações sociais; reembolso de impostos indevidamente cobrados; correcção de cadernos eleitorais; etc.).

A teoria dos sujeitos encontra um certo apoio – quando se trata das relações entre particulares ou de relações em que participam entidades públicas à semelhança de particulares – nos antigos artigos 3.º e 7.º do Código de Seabra (ver n.º 40).

Ainda há outros critérios, como o da necessidade ou não de fundamentar um acto, ou o da ligação íntima entre direito material e direito processual, que seria característica do direito público, que num dado caso concreto podem fornecer indicações auxiliares, mas que não precisam de ser aprofundados aqui.

52 Discutido é, finalmente, se além da divisão em direito privado e direito público existe uma terceira divisão (um *tertium genus*) que se situaria no espaço intermédio entre os dois pólos formados por aqueles e que apresentaria características tanto de um como de outro, além de características próprias e específicas que o individualizariam. Refere-se, neste contexto, designadamente, o direito do trabalho. É verdade que o direito do trabalho oferece algumas dificuldades quanto à sua classificação. Estas resultam sobretudo das particularidades existentes a respeito do modo de encontrar soluções e de sanar conflitos no seu domínio. Aqui, a busca de um resultado começa de preferência por intermédio ou por via de organizações colectivas

[65] Gemeinsamer Senat der Obersten Gerichtshöfe des Bundes, *NJW* 1986, p. 2359: "A decisão acerca do problema de saber se um litígio pertence ao direito público ou ao direito privado resulta da natureza da relação jurídica, invocada para fundamentar o pedido. (...) Decisivos para a diferenciação de um contrato de direito público de um contrato de direito privado são, por isso, o objecto e o fim contratuais. A natureza do contrato determina-se em função do facto de o objecto do contrato pertencer ao direito público ou ao direito privado".

(organizações sindicais e patronais), em estreita colaboração com organismos públicos, com o objectivo de estabelecer "acordos económicos e sociais" (= concertação social). Quer dizer, estamos perante "fenómenos mediadores" dos indivíduos, de conciliação difícil com concepções individualistas. Mas estas especificidades do direito do trabalho, de índole neocorporativista, ainda não justificam a sua qualificação como um *tertium genus* entre direito privado e direito público, continuando ele a pertencer ao primeiro.

A divisão do direito objectivo em direito público e em direito privado não 53
significa, de modo nenhum, que exista uma oposição ou contradição entre o direito público, que protege os interesses públicos e o bem comum, por um lado, e o direito privado, que tutela os interesses privados e – indirectamente – também o bem comum, por outro lado. Direito público e direito privado são complementares e servem, ambos, a realização da ideia da justiça e do direito, fomentando desta maneira o bem comum, cada um no seu campo e dentro das suas atribuições[66].

No entanto, a divisão tem relevância prática quanto à via judiciária. A Constituição consagra à organização dos tribunais os artigos 209.º a 214.º. Deixando de fora os tribunais com atribuições específicas (os Tribunais Militares, o Tribunal de Contas e o Tribunal Constitucional), vemos que existem os tribunais judiciais ou comuns, por um lado (artigo 211.º), e os tribunais administrativos e fiscais, por outro (artigo 212.º). Esta divisão dos tribunais é, em parte, devida à dicotomia "direito privado-direito público", muito embora pertençam, por razões de evolução histórica, aos tribunais judiciais ou comuns ainda os tribunais criminais (propriamente ditos, de instrução criminal e de execução das penas), apesar de o direito penal fazer parte do direito público.

Se de uma dada relação jurídica surgir um litígio, é primeiro necessário 54
qualificar e situar a mesma para saber se ela pertence ao direito público ou ao direito privado. Em caso de dúvida, a qualificação é feita com base na teoria dos sujeitos (na maioria dos casos é claro o tipo de relação, de modo que são escusadas quaisquer considerações a propósito da delimitação do

[66] No mesmo sentido, F. A. von Hayek, *Recht, Gesetz und Freiheit*, Tübingen, 2003, pp. 135-137. Sobre o pensamento de Hayek, v. o estudo de Manuel Fontaine Campos, *O Direito e a Moral no Pensamento de Friedrich Hayek*, Porto, Publicações Universidade Católica, 2000.

direito privado do direito público). Se a relação pertence ao direito público, são competentes os tribunais administrativos ou fiscais. Pertencendo a relação jurídica ao direito privado, são competentes os tribunais judiciais ou comuns, mais precisamente os tribunais cíveis (a não ser que haja, dentro dos tribunais judiciais ou comuns, uma competência especializada).

Pode acontecer uma relação jurídica ser mal qualificada e, por conseguinte, ser também mal escolhida a via judiciária[67]. Se se tratar de uma relação jurídica privada, o tribunal administrativo invocado declara a sua incompetência em razão da matéria, mas o interessado pode requerer a remessa do processo ao tribunal competente e, para efeitos de tempestividade, mantém-se a data do registo de entrada do tribunal anterior[68]. Se, pelo contrário, a acção tiver sido intentada no tribunal judicial sendo competente a jurisdição administrativa, em princípio, o réu é absolvido da instância[69], mas o artigo 279.º, n.º 2, do CPC determina que "os efeitos civis derivados da proposição da primeira causa e da citação do réu [se] mantêm (...), quando seja possível, se a nova ação for intentada ou o réu for citado para ela dentro de 30 dias a contar do trânsito em julgado da sentença de absolvição da instância". Desta forma, o autor não será prejudicado nos seus direitos caso a relação jurídica em causa tenha sido mal qualificada.

[67] Sintomático destas dificuldades é o facto de a própria lei prever a possibilidade de conflitos de competência ou de jurisdição, ou seja, estabelecer regras que determinam o que fazer quando ambos os tribunais (administrativo vs. judicial) se consideram competentes ou nenhum deles o faz. V. artigos 109.º e ss. CPC.

[68] Como está previsto no artigo 14.º, n.ºs 2 e 3, da Lei n.º 15/2002, de 22 de Fevereiro, na redacção do DL n.º 214.º-G/2015, de 02 de Outubro (Código de Processo nos Tribunais Administrativos).

[69] Com fundamento na incompetência absoluta do tribunal em razão da matéria (cf. o artigo 99.º, n.º 1); excepcionalmente, se a incompetência for decretada depois de findos os articulados, o artigo 99.º, n.º 2, permite que estes possam aproveitar-se "desde que o autor requeira, no prazo de 10 dias a contar do trânsito em julgado da decisão, a remessa do processo ao tribunal em que a ação deveria ter sido proposta, não oferecendo o réu oposição justificada". Por outro lado, se se tratar de incompetência relativa do tribunal, ou seja, em razão do valor da causa, da divisão judicial do território ou do estipulado em convenção, o artigo 105.º, n.º 3, do CPC determina que "o processo é remetido para o tribunal competente".

3. A divisão em direito imperativo e direito dispositivo

O direito objectivo ainda pode ser dividido a partir da perspectiva da autonomia privada, ou segundo a sua força vinculativa, em normas imperativas e normas dispositivas (também supletivas ou facultativas). 55

As normas imperativas (*ius cogens*) estão subtraídas a qualquer alteração por vontade das partes e devem ser observadas sob pena de nulidade do negócio que as partes concluíram. Deste modo, o regime-regra estabelecido no artigo 294.º diz: "Os negócios celebrados contra disposição legal de carácter imperativo são nulos (...).". Distinguimos entre normas imperativas preceptivas, que impõem um comportamento (por exemplo, em certos negócios é obrigatório utilizar uma determinada forma legal [p. ex., artigos 220.º e 875.º]), e normas imperativas proibitivas, que não permitem a celebração de um negócio (por exemplo, a lei proíbe a venda de pais a filhos [artigo 877.º]). As normas dispositivas (*ius dispositivum*), pelo contrário, estão, como indica a sua designação, à disposição das partes: elas podem aceitá-las ou afastá-las por soluções que se lhes afigurem como mais convenientes. Para o caso de as partes não terem indicado nenhuma solução, podendo fazê-lo, a lei contém normas supletivas (temos como exemplo o artigo 878.º, que decide a cargo de quem ficam as despesas do contrato se ele estiver omisso a este respeito).

O direito público contém, em obediência ao princípio da legalidade, predominantemente normas de natureza imperativa; mas elas existem também no direito privado. Este é constituído, principalmente, por normas de natureza dispositiva. Dentro do direito privado, as normas dispositivas encontram o seu maior campo de aplicação na vasta esfera do direito contratual, designadamente no direito das obrigações e no direito comercial. 56

O aparecimento de normas imperativas no direito privado traduz a existência de um interesse público ou destina-se a acautelar os legítimos interesses de terceiros, afectados por um negócio a que são alheios, ou visa dar protecção à parte mais fraca ou pretende, ainda e excepcionalmente, que certo acto seja devidamente fundamentado para além da sua justificação na vontade. 57

De qualquer modo, normas imperativas no direito privado significam, sempre, uma limitação ao estabelecimento e à conformação autónoma das relações jurídicas entre os particulares. Quanto mais normas imperativas existirem, tanto menos espaço fica para uma conformação autónoma, auto--responsável e livre das relações entre os particulares. Normas imperativas são, de certa maneira, corpos estranhos no direito privado, na medida em que limitam a vontade autónomo-privada; todavia, o direito privado não garante, nem pode garantir, a vontade privada sem limites ou sem balizas seguras. Como vimos os particulares apenas são livres dentro do quadro legal que o direito privado lhes oferece. Por isso mesmo devem existir razões devidamente fundamentadas para justificar a inserção de normas imperativas neste quadro legal, tradicionalmente destinado à preservação da liberdade individual não tutelada pelo poder público.

4. A distinção entre direito material e direito processual

58 Finalmente, segundo as suas funções e de acordo com as concepções modernas, o direito objectivo divide-se em direito material e direito processual (ou formal ou instrumental). Também se fala de direito substantivo, por um lado, e direito adjectivo, por outro. O direito processual contém normas jurídico-formais. Neste sentido, o Código Civil é direito material, enquanto o Código de Processo Civil é direito processual, formal.

O direito material atribui aos homens os seus direitos e as suas obrigações; é ele quem diz o que pertence a uns e o que compete a outros. Desta forma serve para impedir ou sanar ou conciliar conflitos de interesses entre os homens, baseando-se para o efeito em decisões valorativas do legislador. É com base nele que se estabelecem as várias relações jurídicas possíveis (cf. n.º 41), que atribuem às pessoas os seus direitos e obrigações e que determinam qual dos interesses deve prevalecer ou ceder. Mas como em caso de perigo ou de incerteza para o direito assim atribuído está excluída a hipótese de fazer "de qualquer modo" justiça com as próprias mãos (ver n.º 6), é preciso indicar um caminho, um processo, ou seja, um modo jurídico-formal para agir, mediante o qual se assegura a defesa do direito ou da sua existência. A ordem jurídica não se pode contentar em atribuir, por meio do direito material, direitos e obrigações. Também é necessário haver regras respeitantes ao exercício e à defesa dos direitos e ao cumprimento das obrigações. Para este efeito serve o direito processual, que garante a realização adequada das atribuições do direito material.

Nesta ordem de ideias, o direito processual (instrumental) é, como direito formal, um simples instrumento ao serviço do direito material. Serve para a realização das normas do direito objectivo material e os interesses ou direitos nelas fundados[70]. O direito processual não é neutro, isolado ou autónomo, na medida em que apenas adquire sentido a partir do direito material, em função do qual deve ser lido e aplicado[71]. Deste modo, o direito processual serve para obter decisões materialmente justas[72]. O direito processual pertence ao direito público. Na problemática da delimitação do direito público do direito privado, porém, não tem lugar, visto aquela distinção apenas se referir ao direito material e às relações jurídicas por ele determinadas. 59

Entre o direito material e o direito processual não há uma "fronteira" bem traçada. Às vezes, por razões práticas a nível da técnica legislativa, uma separação estrita nem parece aconselhável[73]. Por isso, podem encontrar-se preceitos de natureza material em leis processuais (p. ex., no CRegPred [os artigos 6.º, 17.º, n.º 2, e 122.º a respeito da aquisição ou preservação de direitos]), mas também se descobrem disposições de carácter processual em leis materiais (p. ex., no próprio Código Civil quanto aos pressupostos formais relativos a legitimidades e prazos para invocar a invalidade de um negócio jurídico [cf. os artigos 286.º e 287.º] ou às disposições relativas às provas [os artigos 341.º ss.]). Também pode acontecer que os mesmos preceitos formais 60

[70] Assim, por exemplo, a entrada em vigor do Código Civil, em 1 de Junho de 1967, foi acompanhada por quatro códigos de direito processual, ou seja, o Código de Processo Civil, o Código do Registo Civil, o Código do Registo Predial e o Código do Notariado, códigos esses indispensáveis para a aplicação e execução do próprio Código Civil.

[71] O estudo do direito formal não pode ser feito apenas de uma perspectiva exclusivamente processualista, tratando de questões técnico-processuais e/ou regras estritamente formalizadas, visto ser indispensável o conhecimento e a compreensão das questões jurídico-materiais, de direito substantivo. Cf. José Carlos Vieira de Andrade, *Relatório*, Coimbra, 2002, pp. 22-23.

[72] BVerfG *NJW* 1993, p. 1699.

[73] No que respeita ao relacionamento específico entre direito penal substantivo e adjectivo, cf. M. da Costa Andrade, *Sobre as proibições de prova em processo penal*, Coimbra, 1992, p. 41: "(...) não parece confirmar-se o (...) primado absoluto do direito substantivo face ao ordenamento processual. E que converteria invariavelmente o *out-put* do direito substantivo em premissa do desempenho do direito processual. Em vez de se perspectivarem como unidimensionais e de sentido único, as relações entre os dois ordenamentos devem, com efeito, encarar-se como relações de interpenetração e de codeterminação recíproca".

apareçam tanto em leis materiais como processuais de uma maneira repetida (p. ex., as regras quanto às formalidades do casamento civil urgente que constam do CCiv e do CRegCiv). E ainda pode acontecer que uma mesma norma seja composta por regras materiais e processuais (e temos aqui o exemplo do artigo 291.º CCiv que, além de uma definição legal no n.º 3, reúne nos n.ºs 1 e 2 prioridades formais registrais com o reconhecimento material da aquisição de direitos). Além disso, o direito processual pode conter (e contém-nas, sobretudo em direito processual penal) fortes e importantes garantias formais com efeitos materiais[74].

61 Por outro lado, podem existir casos em que os preceitos de natureza processual-formal ou o direito processual, nomeadamente a sua aplicação errada, em vez de servirem o direito material, contribuem para a sua não realização (p. ex., em consequência de prazos exíguos, da não consideração de provas, do não atendimento de alterações supervenientes ao caso julgado, requisitos formais excessivos ou – e isto é frequente – de custas processuais inacessíveis). Assim, a invocação de aspectos ou pressupostos jurídico-formais pode fazer com que nem se cheguem a abordar os problemas materiais ou substantivos, que ficam precludidos (situações essas que podem levar a um abuso do direito de consciência tranquila ou à negação do direito de ser ouvido em tribunal)[75]. Contudo, a justiça é sempre material e não se basta com a mera aplicação de regras formais. De resto, o melhor direito material não serve para nada se não existirem juízes, conservadores e advogados competentes e em número suficiente e se o direito processual não for adequado e bem elaborado, ou seja, se não existirem condições que permitam a celeridade dos processos em todas as suas fases, isto é, a justiça pronta. Caso contrário, estamos em face de uma recusa de facto da realização ou efectivação do direito material.

[74] Estas garantias resultam *inclusive* da própria estrutura do processo penal e funcionam desde a sua fase preliminar. Ver G. Marques da Silva, *Do processo penal preliminar*, Lisboa, 1990, pp. 61 ss. e, sobretudo, pp. 395 ss.

[75] Ver, BVerfGE 75, p. 183 (191) = NJW 1987, p. 2003; BVerfG NJW 1992, p. 678, p. 679 e p. 680.

III. O DIREITO SUBJECTIVO EM GERAL

Bibliografia: L. CABRAL DE MONCADA, *Lições de Direito Civil. Parte Geral*, 4.ª ed., Coimbra, 1995, pp. 58 a 80.

1. Referências ao conceito de direito subjectivo

Nas considerações feitas até agora, quando falámos de "direito", usámos este conceito praticamente sempre como um conjunto de normas de conduta, ou seja, de uma maneira objectiva. Mas o conceito de direito tem ainda uma outra acepção, já ocasionalmente aflorada, num sentido subjectivo: falamos então do "direito subjectivo". 62

O direito subjectivo é a categoria central do direito privado[76], mas, não obstante, o conceito é controverso[77]. Se o direito objectivo nos diz o que pertence a uns e o que compete a outros, temos um direito subjectivo quando alguém, invocando uma norma precisa que lhe atribui este direito, exige a outrem um determinado comportamento ao apoiar-se para o efeito no conteúdo da norma que invocou (por exemplo, com base no artigo 1311.º, o proprietário pode exigir a restituição da coisa que lhe pertence e, invocando o artigo 483.º, o lesado pode exigir a reparação do dano que sofreu).

O direito subjectivo é tradicionalmente designado como a "faculdade subjectiva que resulta do direito objectivo para o indivíduo". Trata-se de um "poder de vontade", conferido pela ordem jurídica. Mas também há quem defenda que o direito subjectivo corresponde a uma "participação nos bens de vida", participação essa devida ao indivíduo em conformidade com a ordem jurídica[78]. De qualquer maneira, direito subjectivo implica, por isso,

[76] Assim, peremptoriamente, Andreas VON TUHR, *Allgemeiner Teil des Deutschen Bürgerlichen Rechts*, Band 1, Leipzig 1910 (Reimpressão Goldbach 1997), § 1 (p. 53), que inicia a sua obra precisamente com a matéria dos direitos subjectivos, ainda antes de se dedicar aos sujeitos do direito.

[77] WOLF/NEUNER, cit., § 20, Rn. 2 e seguintes; A. VON TUHR, cit., escreve que os juristas romanos, alheios a análises teóricas, não se interessavam pelo problema.
C. A. MOTA PINTO, cit., não se refere à questão.

[78] Heinrich DERNBURG, *Pandekten*, Erster Band, 5.ª ed., Berlin 1896 (Reimpressão Goldbach 1999), § 39 (= p. 88).

sempre, que alguma coisa cabe ou pertence "de direito" a uma pessoa, ao titular do direito subjectivo[79].

63 É controverso se o direito objectivo nasceu primeiro ou se foi o direito subjectivo o primeiro a surgir. Também se discute se o direito objectivo existe em função do direito subjectivo, visando a sua realização, ou se o direito subjectivo é um resultado do direito objectivo. Estas questões têm pouca relevância prática; pode dizer-se que existe uma relação de interdependência, e também uma relação de tensão, entre aquelas duas acepções do direito: um não tem razão de ser sem o outro. Assim sendo, direito objectivo e direito subjectivo nasceram ao mesmo tempo, condicionando-se mutuamente.

64 Por via de regra e dado o princípio da autonomia privada, no contexto do tráfico jurídico negocial geral, a ordem jurídica não impõe ao indivíduo uma obrigação sua no sentido de fazer uso daquela faculdade decorrente do direito objectivo. Assim dizia o Código de Seabra no seu artigo 2.º: "Entende-se por direito, neste sentido, a faculdade moral de praticar ou de deixar de praticar certos actos", frase essa que traduz uma concepção meramente individualista do direito subjectivo, de acordo com a época à qual o Código se destinava (de resto, da filosofia liberal que inspira o Código de 1867 poderá concluir-se que este concebeu o direito objectivo em função dos direitos subjectivos do indivíduo). Todavia, hoje no contexto de relações jurídicas familiares, o exercício de certos direitos subjectivos é um dever (por exemplo, o exercício das responsabilidades parentais [artigo 1882.º])[80].

2. Referências aos vários direitos subjectivos

Aos direitos subjectivos correspondem obrigações de os respeitar. Conforme o círculo das pessoas obrigadas a respeitar os direitos subjectivos, devemos distinguir:

[79] Wolf/Neuner, cit., § 20, Rn. 9.

[80] E o mesmo podemos observar, de certo modo, no que respeita ao exercício do direito da propriedade de animais (cf. artigo 1305.º-A), ou seja, nas relações entre uma pessoa e um objecto.

a) Os *direitos absolutos*, os quais actuam contra todas as pessoas, o que equivale a dizer que são oponíveis a todos os terceiros, tendo efeitos *erga omnes*. Absoluto não significa "ilimitado", ou "isento de vinculações e deveres", ou "incontrolado", mas significa para o seu titular a exclusão de todos os outros, acompanhada pela obrigação de não violar o direito subjectivo. Aos direitos absolutos corresponde assim uma obrigação passiva universal de os respeitar. Os direitos absolutos são direitos de domínio quando significam um poder de domínio sobre um objecto em que incidem. É o que se verifica em relação aos direitos reais de gozo, designadamente em relação ao direito de propriedade que incide sobre coisas corpóreas. 65

Além dos direitos de domínio são ainda direitos absolutos os direitos de personalidade (por ex., o direito à integridade física) e os direitos familiares pessoais na medida em que excluem terceiros (p. ex., as responsabilidades parentais, que pertencem exclusivamente aos progenitores). Portanto, todos os direitos de domínio são direitos absolutos, mas nem todos os direitos absolutos são direitos de domínio.

Em caso de violação de um direito absoluto, o lesante fica obrigado nos termos da responsabilidade extracontratual como está previsto no artigo 483.º (os direitos familiares pessoais, quando violados por um dos cônjuges – e não por terceiros – dão ao cônjuge lesado o direito de pedir reparação dos danos nos termos gerais da responsabilidade civil [artigo 1792.º]).

b) Os *direitos relativos*, os quais não actuam contra todas as outras, mas apenas contra determinadas pessoas, tendo assim efeitos *inter partes*. Os direitos relativos estabelecem obrigações limitadas àquelas pessoas; daí a sua caracterização como relativos. Os direitos relativos são apenas oponíveis a um círculo delimitado de pessoas (p. ex., num contrato bilateral aos dois contraentes). Ao contrário de certos direitos absolutos, não implicam nunca nenhum poder de domínio, mas conferem um direito de crédito, um direito a uma prestação. Eles são direitos obrigacionais, o que vem expresso muito bem no artigo 397.º que diz: "Obrigação é o vínculo por virtude do qual uma pessoa fica adstrita para com outra à realização de uma prestação." As obrigações são civis, quando o titular do direito pode exigir o seu cumprimento judicialmente, e naturais, quando o titular apenas pode pretender o seu cumprimento porque lhes corresponde só um dever de justiça não judicialmente exigível. 66

Ao binómio conceitual "direito absoluto-direito relativo" corresponde, *grosso modo*, o binómio "direito de domínio-direito de crédito".

Em caso de violação de um direito relativo, o lesante constitui-se em responsabilidade contratual (artigo 798.º). Resta acrescentar que, em qualquer dos casos, seja a responsabilidade contratual ou extracontratual, a justificação primordial da responsabilidade é a culpa do lesante.

67 c) Os *direitos potestativos*, que emanam dos direitos subjectivos propriamente ditos. Quer dizer, os direitos potestativos pressupõem por via de regra a pré-existência de um direito subjectivo propriamente dito, a partir do qual podem vir a nascer e a ser exercidos, dando ao seu titular o poder de produzir unilateralmente efeitos jurídicos na esfera de outrem sem que este se possa subtrair ao efeito que lhe é imposto, pois encontra-se num estado de sujeição. Conforme os efeitos que resultam do seu exercício, distinguimos direitos potestativos extintivos, modificativos e constitutivos. Como exemplo de um direito potestativo extintivo temos a resolução de um contrato de arrendamento como reacção ao incumprimento da outra parte; como exemplo de um direito potestativo modificativo temos a alteração do regime de bens em reacção à má administração do outro cônjuge; e a constituição de uma servidão de passagem a favor de um prédio encravado é um exemplo para um direito potestativo constitutivo. Com o seu exercício o direito potestativo extingue-se porque atingiu o seu objectivo: a extinção, modificação ou constituição de uma relação jurídica ou de um novo direito.

68 d) Aproximam-se dos direitos potestativos, quanto à maneira unilateral do seu exercício, certas medidas compulsivas (ou os chamados "direitos oponíveis" [*Gegenrechte*]), p. ex., a excepção do não cumprimento de um contrato bilateral com a recusa da contra-prestação (artigo 428.º, n.º 1), o direito de retenção da entrega enquanto não se concretiza a contraprestação devida (artigo 754.º), a recusa da restituição da coisa ao seu proprietário enquanto este não tiver devolvido ao adquirente o preço que pagou ao comerciante (artigo 1301.º), o direito de reter um animal devido ao receio de que seja vítima de maus-tratos por parte do seu proprietário (artigo 1323.º, n.º 7), ou, ainda, a invocação da prescrição contra a exigência do pagamento de uma dívida (artigo 304.º, n.º 1). Estes direitos têm um alcance mais reduzido do que os direitos potestativos. Apenas bloqueiam a exequibilidade de um direito, contra o qual são invocados.

Podemos sintetizar que o direito subjectivo constitui o poder ou a faculdade, reconhecido ou atribuído pela ordem jurídica (= o direito objectivo) ao seu titular, de exigir (judicialmente) ou de pretender (extrajudicialmente) de outrem um comportamento (activo/positivo ou passivo/negativo) e ainda o poder de produzir unilateralmente efeitos jurídicos na esfera de outrem. 69

3. O direito subjectivo como condição de existência do direito objectivo

Sendo o direito privado orientado pela ideia da liberdade individual (ver n.º 41), é lógico que também o entendimento do direito subjectivo se integre nesta orientação. 70

E, de facto, a ideia fundamental do direito subjectivo assenta na convicção de que o direito privado encontra a sua razão de ser essencialmente na manutenção da liberdade do indivíduo dentro da sociedade, sendo a liberdade individual uma das ideias basilares do direito privado. Assim, a concepção do direito subjectivo exprime que o direito privado é o direito de indivíduos independentes que agem em conformidade com as suas próprias decisões, segundo a sua autonomia privada e em pé de igualdade mútua.

Normalmente, querendo, cada titular exerce os seus direitos subjectivos (*Ausübungsfreiheit*) ou dispõe deles (*Verfügungsfreiheit*), e, de modo igual, estes direitos são respeitados e as obrigações daí decorrentes cumpridas. Caso assim não suceda, ao ocorrer uma violação de um direito subjectivo privado, cabe ao próprio titular a tarefa de fazer valer o mesmo, regularmente no processo civil, se assim o entender por bem e na medida em que o entender por bem.

Cabe, como se disse, ao titular fazer valer os seus direitos subjectivos, e "caber" pode significar tanto "ter legitimidade" como "ter a obrigação". Na verdade, o fazer valer do direito subjectivo pode ser considerado uma obrigação (ou um dever) para com a comunidade, a cujos membros é dado o exemplo que devem seguir para a defesa dos seus direitos, prevenindo-se simultaneamente potenciais infractores que possam praticar actos perturbadores da paz social[81]. Além disso, e aqui já não está em causa uma acção 71

[81] R. von Jhering (n. 17), pp. 20, 21.

espontânea, embora exemplar, do titular do direito subjectivo, o exercício do direito pode ser considerado um dever em casos em que afecta interesses públicos que ultrapassam o mero interesse individual (sem embargo, evidentemente, da ideia fundamental do direito subjectivo como meio de preservação da liberdade individual e da autonomia).

72 Enquanto a realização e a imposição do direito público constituem uma obrigação e um dever para os órgãos do Estado, a realização e a imposição do direito privado dependem da iniciativa e da actuação do particular. A força prática das normas do direito privado reflecte-se na invocação efectiva dos direitos subjectivos concretos, baseada na justa convicção do indivíduo de ser titular dos seus direitos legítimos e não um quezilento que provoca indignação ao denunciar violações cometidas por outrem. Cabe, nessa medida, ao indivíduo a protecção das normas contra a arbitrariedade e violações[82].

Deste modo, a constância das normas do direito objectivo depende do exercício dos direitos subjectivos dele decorrentes[83]. Se estes direitos não forem exercidos, então, em última análise, as próprias normas do direito objectivo poderão acabar por cair em desuso. Quer dizer, o não uso do direito subjectivo pode conduzir ao desuso do próprio direito objectivo.

73 Um primeiro passo naquela direcção é a situação prevista no n.º 3 do artigo 298.º CCiv, onde se lê que o não uso de determinados direitos subjectivos pode levar à sua extinção. O cair em desuso, por seu lado, devido a um não exercício geral e permanente, pode significar o fim do respectivo direito objectivo, o fim do instituto (apesar de o artigo 7.º, n.º 1, só admitir a cessação de uma lei por meio da sua revogação [cf. n.º 38]).

Desta consequência resulta, novamente, a estreita conexão entre direito objectivo e direito subjectivo e a simultaneidade da sua existência (ver n.º 63).

São casos abrangidos pelo n.º 3 do artigo 298.º CCiv as situações reguladas nos artigos 1476.º, n.º 1, *al. c)*, que determina que o usufruto se extingue pelo seu não exercício durante vinte anos; 1536.º, n.º 1, *al. a)*, segundo o qual o direito de superfície se extingue passados dez anos se a obra não tiver sido feita; e 1569.º, n.º 1, *al. b)*, que impõe a extinção das servidões que não foram

[82] R. von Jhering (n. 17), pp. 20, 46-47, 52.
[83] R. von Jhering (n. 17), pp. 47, 49.

usadas durante vinte anos; o artigo 1397.º regula uma situação semelhante, ao admitir a caducidade de direitos sobre águas particulares se forem abandonadas ou não devidamente usadas. Não se prevê, porém, em caso algum, a extinção do direito da propriedade em consequência do não exercício deste direito, uma vez que a propriedade não prescreve nem caduca.

PARTE B

NOÇÃO, PRINCÍPIOS E FUNÇÕESDE DIREITO PRIVADO E CIVIL

I. NOÇÃO E PRINCÍPIOS DE DIREITO PRIVADO E CIVIL

Bibliografia: A. Castanheira Neves, *Nótula a propósito do Estudo sobre a responsabilidade civil de Guilherme Moreira*, Separata do vol. LIII (1977) do BFD, Coimbra, 1980. Jorge F. Sinde Monteiro, *Estudos sobre a Responsabilidade Civil*, Separata da RDE, anos 1978, 1979 e 1980/81, Coimbra, 1983. António Pinto Monteiro, *Cláusulas de Responsabilidade Civil*, Separata do número especial do BFD – "Estudos em Homenagem ao Prof. Doutor Afonso Rodrigues Queiró" – 1986, Coimbra, 1990. Maria da Graça Trigo, *Responsabilidade civil delitual por facto de terceiro*, Coimbra Editora, Coimbra, 2009. Heinrich Ewald Hörster, «A Directiva 2000/43/CE e os Princípios do Direito Privado. Esboço de algumas reflexões», em: Comemorações dos 35 anos do Código Civil e dos 25 anos da Reforma de 1977, Volume III, Coimbra 2005, pp. 159 a 182. Raúl Guichard, «À volta do princípio da boa fé», *Revista de Ciências Empresariais e Jurídicas*, N.º 26 – 2015, p. 33, sobretudo pp. 71 a 87. José Carlos Brandão Proença, «A responsabilidade civil extracontratual nos 50 anos de vigência do Código Civil», em: Elsa Vaz Sequeira/Fernanda Oliveira e Sá (coordenação), *Código Civil. Edição Comemorativa do Cinquentenário*, Universidade Católica Editora, Lisboa 2017, p. 313. C. A. Mota Pinto, *cit.*, pp. 58 a 62, 77 a 81, 95 a 138.

1. Os princípios da igualdade jurídica, da autonomia privada e da protecção dos mais fracos

a) Já referimos, por ocasião da delimitação do direito público do direito privado (ver n.º 40), que este último assenta no princípio da igualdade jurídica dos homens perante a lei. Este princípio constitui, na verdade, a base para a regulamentação e ordenação das relações jurídicas entre os particulares (ou entre estes e entidades públicas quando participam no tráfico jurídico geral formalmente do mesmo modo que os particulares, não obstante as suas características bem diferentes destes). 74

O princípio da igualdade jurídica parte da ideia de que todos os homens (cf. n.º 5) possuem, por via de regra, virtualidades iguais – sendo assim susceptíveis de serem titulares de quaisquer direitos subjectivos ou obrigações, de serem titulares de quaisquer relações jurídicas de direito privado – apesar das suas diferenças naturais ou interesses divergentes ou posições sociais diferentes, uma vez que o direito privado não os deve privilegiar nem discriminar em função dos mesmos. Portanto, as diferenças entre as pessoas e as suas posições sociais não são negadas, mas não devem originar um tratamento desigual perante a lei. A igualdade é, pois, concebida como critério formal.

Se olharmos para o Código Civil, que consagra o direito privado comum, vemos que ele observa o princípio da igualdade jurídica com grande rigor. O artigo 66.º, n.º 1, constata que "[a] personalidade [se] adquire (...) no momento do nascimento completo e com vida", facto esse que a lei considera como evidente, um dado adquirido, que há-de aceitar. Com isso, a personalidade jurídica não está à disposição do legislador do direito privado. Na mesma esteira temos os artigos 67.º (capacidade jurídica), 68.º (termo da personalidade), 70.º (tutela geral da personalidade), 130.º (aquisição e efeitos da maioridade), 1600.º (capacidade para casar), 1671.º (igualdade dos cônjuges), 1850.º (capacidade para perfilhar), 2188.º (capacidade para testar) e outros mais. Todas estas normas valem para todos os homens. Na verdade, à parte as regras do direito internacional privado, o Código Civil só fala uma vez em "portugueses" – e não podia deixar de o fazer – e isto a respeito de um assunto de índole administrativa: o registo do casamento (ver os artigos 1651.º e 1654.º).

75 **b)** Os homens, quando participam no tráfico jurídico privado, fazem-no de acordo com a sua vontade; agem segundo o princípio da autonomia privada (ver n.º 41): a autonomia privada é o princípio da conformação autónoma das relações jurídicas por parte do indivíduo segundo a sua vontade. A autonomia privada decorre do princípio geral da autodeterminação do homem. Este último princípio possui validade geral e representa um valor fundamental para a ordem jurídica. Sendo, como se sabe, o princípio da autodeterminação do homem um postulado a favor e em função da liberdade, é fácil de ver que também o princípio da autonomia privada traduz a ideia da liberdade.

Assim, a ordem jurídica privada reconhece que, dentro dos limites por ela traçados, cada homem possui a faculdade de estabelecer livremente as suas relações jurídicas (contrair obrigações e adquirir direitos mediante negócios jurídicos) como ele o entender por bem.

Deste modo, o direito privado respeita as desigualdades naturais e os interesses individuais e garante a capacidade de agir originária do indivíduo, não integrado em estruturas de dominação e obediência. O direito privado encontra-se assim ao serviço da auto-realização dos homens, salvaguardando a multiplicidade e diversidade de agir dos mesmos, ao conferir-lhes a possibilidade da conformação autónoma das suas relações jurídicas na sua convivência com os outros. Por isso, o direito privado corresponde ao princípio da organização individualista da nossa sociedade.

A autonomia privada não encontra uma menção expressa nas normas 76
jurídicas privadas, uma vez que estas a pressupõem; apenas com base neste pressuposto são realmente entendíveis. Na verdade, a autonomia privada necessita da ordem jurídica como correlativo, visto que o indivíduo estabelece e conforma relações *jurídicas*. Quer dizer, ele actua dentro de uma esfera ordenada pelo direito. Assim, o indivíduo somente pode estabelecer relações na medida em que a ordem jurídica põe à sua disposição certos tipos negociais a utilizar para o efeito[84]. Caso ele não proceda nestes termos, abandona o espaço jurídico-privado e as relações estabelecidas não pertencem ao campo jurídico.

Portanto, a conformação autónomo-privada de relações jurídicas apenas pode fazer-se mediante actos cujos tipos negociais são disponibilizados pela ordem jurídica. Para o efeito, esta estabelece um *numerus clausus* dos tipos negociais e das possíveis relações conformáveis por meio deles. Como ainda veremos, alguns daqueles tipos são muito rígidos, tendo um conteúdo legalmente fixado, enquanto outros se caracterizam por uma extrema elasticidade quanto ao seu conteúdo. Deste modo, o direito privado fornece os instrumentos jurídicos a utilizar para a realização da autonomia privada, instrumentos que existem em função desta e apenas com este objectivo serão apropriados.

[84] Neste contexto seguimos, no essencial, as considerações fundamentais de W. FLUME, *Allgemeiner Teil des Bürgerlichen Rechts*, II, *Das Rechtsgeschäft*, 3.ª ed., Berlin/Heidelberg/New York/Tokyo, 1979, § 1.

77 Por conseguinte, a conformação autónoma de relações jurídicas é determinada, quanto à forma e ao conteúdo possível do negócio, pela ordem jurídica. A autonomia privada e o Direito Privado estão entrelaçados e correlacionados. O indivíduo pode decidir, dentro do âmbito da autonomia privada, se quer estabelecer relações jurídicas e a respeito de que pessoas ou acerca de que objectos e com que finalidade ele o pretende fazer. Mas apenas pode estabelecer as suas relações jurídicas por meio daqueles actos que, como tipos negociais, a ordem jurídica admite e apenas pode conformar estas relações nos moldes reconhecidos por ela. Em contrapartida, a ordem jurídica aceita e protege o que tiver sido estabelecido em conformidade com a vontade, exactamente em virtude do facto de ter assumido como seu o princípio fundamental da autonomia privada[85].

78 O princípio da autonomia privada domina todo o direito privado, sendo, como vimos (n.os 39 ss.), um dos critérios de delimitação entre este e o direito público.

A conformação autónoma das relações jurídicas, estabelecidas nos termos da lei, em princípio não necessita de nenhuma outra justificação senão a vontade do indivíduo (sendo, contudo, desejável que esta vontade seja exercida dentro de vinculações éticas).

Todavia, como a lei que estabelece o quadro (ou marca as balizas) para delimitar a autonomia privada é norteada e orientada pela ideia de justiça, a vontade do indivíduo não pode colocar-se à margem da mesma. Seria na verdade inconcebível que a lei aceitasse um espaço autónomo-privado onde a vontade do indivíduo pudesse ignorar ou contrariar aquela ideia de justiça. Por isso, a frase *stat pro ratione voluntas*, para caracterizar desta maneira o papel da vontade para a autonomia, só pode ser aceite *cum grano salis*: as margens de tolerância da lei não podem ser ultrapassadas. Assim, se a lei aponta para o estabelecimento de consensos justos, a autonomia privada, ao realizar-se nos quadros da mesma, também o deve fazer. É, aliás, esta a ideia que decorre dos artigos 232.º e 405.º a respeito da liberdade contratual.

79 De qualquer maneira, ao levar para o espaço jurídico-privado certas formas de actuar ou de estabelecer relações, o direito privado subtrai as mesmas

[85] Flume, vol. II, *cit.*, §1.

à esfera da actuação humana que se desenvolve num espaço livre de direito, não regulado por normas jurídicas. Daí que exista certa relação de tensão entre a liberdade originária do homem e a ordem jurídica que a delimita quando remete acções humanas para dentro de um quadro jurídico, embora no interesse de todos, no interesse da comunidade (um belo exemplo a este respeito é a evolução da legislação sobre o desporto: no início do século XX as actividades desportivas, sendo quase insignificantes, praticamente não tinham enquadramento legal, enquanto hoje a sua relevância social e económica é de tal ordem que até se fala de um direito do desporto[86]). Por isso, é preciso que haja clareza acerca das razões que exigem a inserção de comportamentos humanos nos quadros da ordem jurídica. Mas ordenar não deve significar espartilhar.

c) A autonomia privada, baseada na premissa da igualdade jurídica de 80
todos os homens, encontra-se desde sempre perante o dilema de, na altura do estabelecimento de uma dada relação jurídica concreta, poder existir um desequilíbrio de poder negocial entre as partes, de tal modo que fique prejudicada a composição adequada dos interesses em jogo. Efectivamente, os princípios de igualdade formal e autonomia privada ostentam, na sua abstracção, alguma ousadia quando comparados com determinadas constelações reais em que as pessoas se encontram.

Na verdade, uns são social ou economicamente mais fortes e outros são, em termos materiais correspondentes, mais fracos. Esta realidade – que, de resto, não existe em todas as circunstâncias e nem é uma característica das relações entre particulares (onde, por via de regra, há justiça comutativa) – não deve, no entanto, ser exagerada ou levar a uma condenação do princípio da autonomia privada. Muito pelo contrário, a autonomia privada deve ser protegida – em resultado de uma análise criteriosa da realidade, aliás bem complexa e dinâmica, levada a cabo com os meios da sociologia empírica (mas não julgada à base de preconceitos simplistas ou ideológicos ou de critérios apriorísticos) – por meio de soluções legais adequadas contra eventuais abusos decorrentes de desigualdades materiais.

[86] Cf. o nosso trabalho «Sportrecht in Portugal» in: *Recht und Sport*, Vol. 11 (Sportrecht in Europa, hrsg. von Michael R. Will), Karlsruhe 1993, pp. 77 a 106.

81 Para este efeito, o princípio da autonomia privada tem vindo a ser corrigido com base em critérios materiais (portanto, visando uma situação de desigualdade material), atendendo a situações típicas ou tipificáveis, que são caracterizadas pela existência de uma parte mais fraca. Neste sentido, a correcção exprime uma preocupação social do legislador e leva a excepções ao princípio da igualdade jurídica formal. Necessitando, como excepção que é, desta maneira, de uma justificação, a concretização do princípio da protecção dos mais fracos constitui um problema extremamente difícil para o direito privado, sobretudo tendo em conta que a protecção, muitas vezes, não é só necessária como é mesmo imprescindível[87].

De outro modo, uma autonomia privada, baseada numa igualdade formal sem limitações, conduziria, em etapas sucessivas, à eliminação dos mais fracos pelos mais fortes e à eliminação da própria autonomia privada. No entanto, a autonomia privada não está à disposição da autonomia privada[88].

82 Em todo o caso, e isto nunca pode ser esquecido, cada limitação da autonomia privada implica uma limitação da liberdade. Quer dizer, liberdade e protecção social encontram-se numa relação de tensão. O problema difícil para o direito privado consiste em encontrar soluções equilibradas, em saber quem são realmente os mais fracos, e como se resolve o problema com os meios do direito privado, uma vez que, ao proteger os mais fracos, são contemplados interesses particulares, não gerais, o que significa um abandono do princípio da igualdade formal. Para o efeito, atende-se a certas situações consideradas *típicas* (p. ex., o lesado em relação ao usurário; o consumidor em relação ao fornecedor monopolista de energia; o trabalhador perante o dador de trabalho; o desempregado à procura de um emprego, mas já não

[87] Ver Otto von Gierke, *Die soziale Aufgabe des Privatrechts*, Frankfurt am Main, 1943; em geral, H. Weitnauer, *Der Schutz des Schwächeren im Zivilrecht*, Karlsruhe, 1975, e a publicação – que obteve uma grande ressonância positiva – de E. von Hippel, *Der Schutz des Schwächeren*, Tübingen, 1982, onde se vai para além do domínio do direito privado. Contudo, no vasto elenco dos mais fracos, de resto sempre susceptível de ser aumentado, faltava um: o nascituro!

[88] Bernd Rüthers, *Allgemeiner Teil des BGB*, 8.ª ed., München, 1991, n.º 40; ver também n.º 24; no entanto, esta formulação drástica não é mantida em Rüthers/Stadler, *Allgemeiner Teil des BGB*, 11.ª ed., München 2001, § 3 6 (= p. 28) ao escrever que a liberdade contratual deve ser protegida contra a liberdade contratual; ver também Helmut Köhler, *BGB Allgemeiner Teil*, 25.ª ed., München, 2001, pp. 40-41. No dizer de Isaiah Berlin, a liberdade dos lobos significa a morte dos cordeiros.

sempre o arrendatário de uma habitação em relação ao senhorio ou o consumidor em relação ao prestador de bens ou serviços[89]).

O que caracteriza a situação do mais fraco é o desequilíbrio de poder em seu desfavor, situação essa que limita a sua liberdade. Mas daí não podemos tirar a conclusão de que o mais fraco, apenas por ser mais fraco, tem desde logo razão. A protecção do mais fraco deve consistir, antes de tudo, num aumento da liberdade decisória deste. Quer dizer, a liberdade do processo negocial deve ser garantida. Para equilibrar a desigualdade de poder não é possível fazer desaparecer o poder; este existe. Contudo, o poder deve ser redistribuído ou deslocado, ou para dar força à própria posição do mais fraco, conferindo-lhe mais liberdade, ou para ser devidamente controlado. O meio clássico é o controlo do conteúdo da relação jurídica jurídica, estabelecido por via judicial, tendo em vista o seu equilíbrio.

Um outro meio clássico no sentido de evitar abusos da autonomia privada são as normas imperativas que limitam a liberdade contratual (ver n.º 57).

Neste contexto é de sublinhar que o Estado não pode obter justiça social 83
por meio da deslocação de tarefas e despesas, próprias da administração social, para as relações jurídico-privadas, querendo proteger e beneficiar, à custa dos particulares considerados mais fortes, os mais fracos. Com este procedimento são adulteradas as funções do direito privado como direito destinado a regular, com base nos princípios da igualdade jurídica e da autonomia privada, as relações negociais entre particulares, precisamente a partir de interesses e vontades privados. Por isso, as medidas legislativas naquele sentido são de rejeitar por razões sistemáticas e dogmáticas, pois apontam para uma descaracterização do direito privado (e, além disso, os custos reais das despesas sociais deixam de ser transparentes, para não falar dos sacrifícios especiais com que estas medidas oneram uma das partes a favor da comunidade e que equivalem a uma tributação dissimulada em violação do princípio da igualdade tributária).

[89] Em relação a este, deve ser lembrado o brocardo romano *emptor curiosus esse debet*, ou seja, cabe ao consumidor procurar primeiro as informações necessárias, antes de se fazer dele um mais fraco que necessita de ser protegido, desresponsabilizado como ficou da obrigação de ser cuidadoso. Sobre este ónus de auto-informação, v. Eva Sónia Moreira da Silva, *Da responsabilidade pré-contratual por violação dos deveres de informação*, Almedina, Coimbra, 2003 (reimpr. 2006), pp. 121 ss.

Não se põe em causa que os desequilíbrios materiais e desigualdades sociais devem ser corrigidos, mas por meio do direito público, com medidas redistributivas da parte do Estado Social com base, sobretudo, nas receitas fiscais obtidas pelos impostos, pagos de acordo com o princípio da justiça contributiva, igual para todos, portanto, por medidas separadas do campo do direito privado. Caso contrário, aqueles "procedimentos sociais" fazem com que os particulares se "defendam", deixando de actuar, como sucedeu, p. ex., no arrendamento urbano, onde, por virtude de uma legislação com características tendencialmente expropriantes, deixou de haver mercado, com a consequente falta de habitações para exactamente aqueles que delas mais careciam (e que o legislador quis proteger!), sem contar com os reflexos negativos que tal facto significa para a mobilidade social das pessoas numa economia de mercado.

2. Liberdade e responsabilidade

a) *Significado e limites da liberdade contratual*

84 A autonomia privada apenas pode ser exercida, como vimos (ver n.os 76 e 77), mediante o recurso aos tipos negociais previstos na lei. O tipo negocial mais importante é o contrato. Quanto a este meio de estabelecimento e conformação de relações jurídicas privadas vigora, na lógica do direito privado, o princípio da liberdade contratual. Na verdade, a autonomia privada encontra a sua expressão por excelência no princípio da liberdade contratual, com a qual, às vezes, chega a ser identificada ou confundida.

aa) *A liberdade de celebração e de fixação do conteúdo do contrato*

85 A liberdade contratual vem regulada nos artigos 405.º, n.os 1 e 2, e 406.º, n.º 1, do Código Civil. Segundo estes preceitos, a liberdade contratual actua "dentro dos limites da lei" em dois sentidos, que são:

a) Primeiro, a liberdade de celebração ou de conclusão de contratos (*Abschlussfreiheit*). Em princípio, ninguém está obrigado a concluir um contrato com outrem. Esta liberdade de celebração decorre da formulação do n.º 1 do artigo 405.º: "as partes têm a faculdade".

Segundo, a liberdade de fixação do conteúdo do contrato *(Gestaltungs-freiheit). Esta* liberdade vem regulada nos dois números do artigo 405.º e significa que as partes podem concluir contratos típicos (que são nominados na lei [= Código Civil ou leis especiais]), podem incluir neles as cláusulas que acharem convenientes, podem celebrar contratos mistos (por via da conjugação de dois ou mais contratos típicos) e ainda podem concluir contratos atípicos, não nominados (que não são regulados na lei).

b) A liberdade de modificar ou até extinguir o contrato por mútuo consentimento das partes contraentes (n.º 1 do artigo 406.º).

Assim, podemos constatar que o tipo negocial "contrato" apresenta uma flexibilidade enorme, deixando um espaço larguíssimo à conformação autónoma das relações jurídicas privadas no que respeita à sua configuração no caso concreto. Mas liberdade contratual não significa liberdade do *contrato (Freiheit vom Vertrag), apenas corresponde à liberdade na escolha do tipo contratual (Vertragstypenfreiheit).*

A liberdade contratual encontra a sua justificação na ideia de ser ela o meio adequado para o estabelecimento de um justo equilíbrio entre os interesses das partes contratantes. Pressupõe que as pessoas intervenientes na formação do contrato encontram o resultado correcto, apropriado para a realização e conciliação dos seus respectivos objectivos e propósitos. Além disso, a liberdade contratual contém uma ideia de justiça (*Gerechtigkeitsgedanke*), justiça essa obtida a partir da auto-regulamentação dos particulares[90]. 86

O princípio da liberdade contratual não pode ser tratado apenas sob um aspecto jurídico, mas deve ser considerado também sob o seu aspecto económico. A liberdade contratual é a base jurídica de uma ordem de economia de mercado e, como tal, um elemento fundamental da concorrência econó- 87

[90] Neste contexto, cf. J. GHESTIN, «L'utile et le juste dans les contrats», *Recueil Dalioz*, 1982, p. 1, bem como o estudo célebre de W. SCHMIDT-RIMPLER, «Grundfragen einer Erneuerung des Vertragsrechts», *AcP*, 147 (1941), p. 130, e ainda os trabalhos de L. RAISER, «Vertragsfreiheit heute», *JZ* 1958, p. 1, e «Vertragsfunktion und Vertragsfreiheit», in *FS 100 Jahre Deutscher Juristentag*, Karlsruhe, 1960, vol. I, p. 101.
Também o princípio oposto à liberdade contratual, o plano obrigatório, contém uma ideia de justiça (*Plangerechtigkeit*), embora de sentido diferente. De resto, também a concepção do homem que subjaz ao princípio da liberdade contratual é diferente daquela em que se baseia o plano obrigatório.

mica[91]. Uma economia de mercado apenas pode funcionar havendo contratos. Assim, a regra aparentemente técnico-jurídica do artigo 405.º contém, por si só, uma decisão importante, de largo alcance jurídico-económico, a favor de uma ordem económica não planificada. A liberdade contratual parte da convicção de que sujeitos económicos que agem livremente conseguem uma produção e distribuição de bens em termos mais racionais e mais vantajosos quanto ao aproveitamento dos recursos disponíveis. Daí que o princípio da liberdade contratual esteja essencialmente ligado a sistemas económicos não dirigidos por um plano.

88 O princípio e a ideia da liberdade contratual pressupõem, no campo da realidade dos factos económicos, ou um certo equilíbrio entre o poder económico (ou o poder negocial) das partes envolvidas ou a hipótese efectiva de se encontrar um equilíbrio entre oferta e procura em virtude da elasticidade do mercado. É função do mercado neutralizar os desequilíbrios de poder económico; assim, o poder do economicamente mais forte, quando visto isoladamente, é anulado pelas regras da concorrência vigentes no mercado (p. ex., os mais rápidos na inovação batem os mais lentos, mesmo quando maiores), *inclusive* a livre formação dos preços. Os preços de mercado são o indicador mais fiável da relativa abundância ou escassez dos bens ou dos serviços disponíveis.

Um mercado que funciona provoca, em resultado disso, acumulações, mas também desacumulações, premiando quem tiver sucesso e castigando quem falhar. Assim, o mercado desempenha, naturalmente, funções de (re-) distribuição de bens, isto é, funções sociais, pois é socialmente justo compensar quem tiver êxito.

Porém, se a distribuição dos bens não for o resultado da actuação regular do mercado, a situação altera-se. De facto, se a elasticidade do mercado não existir, o jogo entre procura e oferta não pode funcionar (p. ex., no caso de combustíveis, onde a procura é inelástica) ou tende a não funcionar (p. ex., no caso de bens não aumentáveis ou não reproduzíveis, onde a oferta tem pouca elasticidade), dando origem a distorções, regularmente suportadas pelos agentes económicos mais fracos. Se acrescentarmos a isso a concentração na economia e o poder negocial (e não só) daí resultante, ambos unidos

[91] Rüthers/Stadler, cit., § 3 2 (= pp. 27-28).

no sentido de influenciar ou desequilibrar o mercado, temos as forças que ameaçam reduzir a liberdade contratual a uma pura formalidade.

É evidente que não se podem contrabalançar os interesses em jogo quando ao menos forte cabe apenas o papel de concordar. Não basta estabelecer uma liberdade contratual formal, ela deve ser também material, no sentido de cada uma das partes poder fazer valer os seus interesses. Neste sentido há legislação importante destinada a garantir o funcionamento do mercado[92].

bb) Os limites da lei à liberdade contratual e as suas justificações

De qualquer modo, de acordo com o disposto no artigo 405.º, n.º 1, a 89
liberdade contratual deve manter-se "dentro dos limites da lei"[93]. Os limites da lei dizem respeito tanto à liberdade de celebração, como à liberdade de fixação do conteúdo do contrato e ainda à sua eventual modificação ou extinção.

a) Podemos enunciar como limites à liberdade de celebração do contrato, por exemplo, as situações em que é proibida a sua própria celebração e aqui temos os artigos 261.º (proibição do negócio consigo mesmo), 579.º (proibição da cessação de direitos litigiosos), 877.º (proibição da venda a filhos ou netos), 946.º, n.º 1 (proibição da doação por morte), 953.º e 2192.º a 2198.º (que determinam a nulidade de disposições a favor de determinadas pessoas, ao consagrar indisponibilidades relativas), 1699.º e 1720.º (restrições ou eliminações do princípio da liberdade de celebrar convenções antenupciais, não tendo a eliminação, imposta pela al. *b)* do n.º 1 do artigo 1720.º por razões morais, justificação jurídica nenhuma), etc.

[92] P. ex., a Lei n.º 19/2012, de 8 de Maio, na redacção da Lei n.º 23/2018, de 5 de Junho, que estabelece o regime jurídico da defesa da concorrência; o DL n.º 166/2013, de 27 de Dezembro, na redacção do DL n.º 220/2015, de 8 de Outubro, que aprova o regime aplicável às práticas individuais restritivas do comércio, alterado pelo DL n.º 128/2019, de 29 de Agosto de 2019; ou o DL n.º 330/90, de 23 de Outubro (Código da Publicidade), na redacção da última alteração introduzida pela Lei n.º 66/2015, de 29 de Abril, que no seu artigo 16.º permite a publicidade comparativa; cf. também K.-H. Fezer, «Verantwortete Marktwirtschaft», *JZ* 1990, p. 657.

[93] Cf., em geral, J. Limbach, «Das Rechtsverständnis in der Vertragslehre», *JuS* 1985, p. 10; G. Hönn, «Entwicklungslinien des Vertragsrechts», *JuS* 1990, p. 953.

Noutros casos, a celebração de um contrato está sujeita a consentimentos de outrem (p. ex., os artigos 1682.º a 1684.º prevêem que um cônjuge precisa, para determinados negócios, do consentimento do outro) ou depende de uma autorização (p. ex., segundo o artigo 145.º, n.º 2, al. *d)*, a prática de determinados actos de um maior acompanhado necessita de autorização prévia do acompanhante; os pais, como representantes dos filhos, precisam da autorização do Ministério Público (na sequência da transferência de competências dos tribunais para este, levada a cabo pelo DL n.º 272/2001, de 13 de Outubro) para alienar bens destes e, enquanto ainda exercem as responsabilidades parentais, também estão proibidos de adquirir bens dos seus filhos sem previamente terem sido autorizados para o efeito, como dispõem os artigos 1889.º e 1892.º, respectivamente).

b) Como exemplos relativos à fixação do conteúdo do contrato, que a lei não consente, temos os artigos 280.º (o negócio é legalmente impossível ou tem um conteúdo contrário à ordem pública ou ofensivo os bons costumes), 282.º a 284.º (que invalidam os negócios usurários), 334.º (segundo o qual o exercício de um direito é ilegítimo quando é abusivo). E também não podem ser afastadas normas imperativas que prescrevem o conteúdo obrigatório de um contrato (p. ex. o artigo 167.º, n.º 1, que define o conteúdo do acto de constituição de uma associação, ou o artigo 1418.º, n.º 1, que estabelece as especificações obrigatórias que devem constar do título constitutivo da propriedade horizontal).

c) E como exemplos limitativos da modificação ou extinção de um contrato temos a legislação que prevê um dever jurídico da manutenção do contrato, imposto a *uma* das partes, um fenómeno que caracteriza o direito de arrendamento urbano, socialmente muito sensível, destinado a proteger os arrendatários contra o despejo[94], *inclusive* nas situações específicas de divórcio ou separação judicial de pessoas e bens, em que a posição do arrendatário é transmitida ao outro cônjuge sem o consentimento do senhorio (cf. artigos 1105.º, 1106.º, n.ºs 1 a 3, e 1793.º).

[94] Cf. a Lei n.º 30/2018, de 16 de Julho, que estabelece um regime extraordinário e transitório para proteção de pessoas idosas ou com deficiência que sejam arrendatárias e residam no mesmo locado há mais de 15 anos ou a Lei n.º 13/2019, de 12 de Fevereiro, que consagra medidas que se destinam a corrigir situações de desequilíbrio entre arrendatários e senhorios, a reforçar a segurança e a estabilidade do arrendamento urbano e a proteger arrendatários em situação de especial fragilidade.

Em muitos e variados casos – para além dos que já foram referidos no n.º anterior – existem leis limitativas e restritivas que se sobrepõem à liberdade de fixação de conteúdo do contrato e que – ao lado de certos objectivos macro-económicos em relação ao mercado – pretendem actuar em dois sentidos: limitação da liberdade contratual, por um lado, e protecção do social e economicamente mais fraco, por outro, sendo a primeira o meio e a segunda o fim[95]. Com estas leis pretende-se corrigir perturbações da justiça comutativa ao promover um equilíbrio das prestações e prevenir contra a usura. 90

Como exemplos podem ser mencionados os diplomas relativos aos diversos regimes de preços, onde se estabelecem preços máximos, controlados, declarados, tarifas sociais, etc. para determinados bens ou serviços considerados essenciais para a população; os diplomas que fixam periodicamente preços de venda ou margens de comercialização para certos produtos agrícolas ou comerciais; as leis do trabalho e do contrato de serviço doméstico na medida em que fixam salários mínimos; a legislação do arrendamento urbano que condiciona o montante das rendas; etc.

A limitação mais importante neste contexto aparece-nos precisamente no direito do trabalho. Aqui vigora o "princípio do tratamento igual" (*Gleichbehandlungsgrundsatz*). Significa este princípio que, na retribuição do trabalho prestado, vale a regra elementar "para trabalho igual, salário igual" (ver artigo 59.º, n.º 1, al. *a)*, Constituição). Deste modo, não é lícito fazer discriminações quanto ao cálculo da remuneração entre o trabalho masculino ou feminino quando o trabalho prestado for efectivamente o mesmo.

Diferentes são os casos em que existe, excepcionalmente (!), um dever jurídico de contratar (*Kontrahierungszwang*). Este dever atinge o cerne da liberdade de celebração do contrato e constitui a quebra mais forte do princípio da liberdade contratual. Em certa medida poderia pensar-se que o dever jurídico de contratar não restringe o princípio, mas nega-o. 91

O dever jurídico de contratar que, bem entendido, se verifica a nível de relações jurídico-privadas, abrange não só a liberdade de celebração como também a liberdade de fixação do conteúdo do contrato. Se assim não fosse,

[95] Estas limitações têm, no entanto, um carácter acentuadamente conjuntural como bem ilustra a lição inaugural, proferida em 1946 em Göttingen, por L. Raiser, «Der Gleichheitsgrundsatz im Privatrecht», publicado em: L. Raiser, *Die Aufgabe des Privatrechts*, Frankfurt/M. 1977, p. 1.

o obrigado a contratar podia furtar-se ao seu dever mediante exigências exorbitantes quanto ao conteúdo do contrato a celebrar, designadamente a respeito do preço, exigências que a outra parte não estaria em condições de satisfazer, de modo que o dever de contratar teria poucos efeitos práticos.

Desta maneira, a conclusão de um contrato não pode ser recusada quando certos bens ou serviços básicos (abastecimento com água, electricidade, combustíveis, transportes colectivos e comunicações, etc.) não podem ser obtidos senão pela conclusão do próprio contrato pretendido. A obrigação de contratar decorre, nas situações em que existe, directamente da lei ou de uma concretização do conceito jurídico indeterminado da ordem pública ou da cláusula geral dos bons costumes. Poderão ser incluídas nestas situações, ainda, o acesso a certos estabelecimentos privados (bibliotecas, museus ou fundações com fins culturais) de acordo com os regulamentos de utilização que devem incluir pagamentos para o efeito.

Outros exemplos encontram-se no direito do trabalho, p. ex., a contratação obrigatória de deficientes, ou a respeito do cumprimento de certos deveres profissionais, como os de não recusar, em situações de emergência, a assistência médica.

Por fim, ainda pode ser mencionada a impossibilidade de recusar os pedidos de inscrição em certas organizações profissionais ou afins (designadamente associações privadas em posição de monopólio), se estiverem preenchidos os requisitos de inscrição[96] e se o exercício da profissão ou actividade depender desta última[97].

92 Os casos mencionados têm em comum que a liberdade de celebração do contrato apenas está excluída de um lado. A liberdade de fixação do conteúdo, porém, é retirada a ambas as partes como meio indispensável para assegurar os objectivos visados. P. ex., o fornecedor de electricidade não pode recusar a conclusão do contrato, mas o consumidor pode decidir se

[96] Este tipo do dever jurídico de contratar encontrámo-lo, p. ex., no artigo 444.º, n.º 1, do Código do Trabalho, que confere aos trabalhadores o "direito" de se inscreverem em sindicatos os quais, exactamente por virtude deste "direito", não podem recusar a inscrição. Contudo, como o dever jurídico de contratar não equivale a uma sujeição, ele só pode existir, neste caso, desde que o trabalhador se identifique com os fins sindicais ou desde que, ao menos, não os ponha em causa. Cf. também, W. Kottner, «Aufnahmezwang für Gewerkschaften», *NJW* 1980, p. 968.

[97] Mais em pormenor, B. Grunewald, «*Vereinsaufnahme und Kontrahierungszwang*», *AcP* 182 (1982), p. 181.

quer celebrar um contrato de fornecimento de energia eléctrica ou não, contentando-se com a luz da vela e o calor da lareira. Tanto o fornecedor como o consumidor não podem negociar o preço da electricidade, mas o consumidor pode negociar a quantidade ao gastar mais ou menos. Por isso, a liberdade contratual mantém ainda relevância para uma das partes a nível da liberdade de celebração, sendo determinada pela elasticidade da sua procura. Deste modo, não se pode afirmar que o dever jurídico de contratar constitui uma negação completa da liberdade contratual.

A justificação para muitas destas limitações e restrições encontra-se numa 93
alegada impossibilidade de obter resultados adequados com base na auto-regulamentação entre as partes interessadas, dada a existência de desequilíbrios materiais entre elas. Na verdade, havendo situações de desequilíbrio, o legislador tem a obrigação de limitar a própria liberdade contratual contra o seu *abuso*, procedimento esse que se reverte num reforço do princípio. A *autonomia privada e a liberdade contratual não existem para explorar o economica ou intelectualmente mais fraco*. Por conseguinte, o direito privado tem a *obrigação de proteger o mais fraco* onde isto se mostrar indicado.

Por outro lado, limitações que vão para além do necessário, além de criarem novos desequilíbrios de sinal contrário, não constituem uma protecção dos mais fracos mas são, isso sim, medidas de tutela, certificados de menoridade permanente, passados a quem não é julgado capaz de defender os seus interesses. A protecção dos mais fracos a nível contratual não pode ir tão longe que desestimule a sua vontade para a auto-ajuda, paralisando a sua iniciativa ao mantê-lo na situação de tutelado. Além disso, a protecção dos mais fracos não pode ter como efeito desincentivar os mais activos e empreendedores. O problema reside precisamente em encontrar os pontos de equilíbrio dentro do princípio da liberdade contratual. De resto, *liberdade pressupõe e significa, necessariamente (!), a assunção de riscos.*

Situa-se a um nível diferente o objectivo da diminuição de certos riscos 94
típicos por meio de contratos de seguro obrigatório, como, p. ex., o seguro automóvel ou o seguro contra incêndios. Nestas situações, os seguradores não podem, quando a sua actividade abrange o respectivo ramo, recusar a conclusão de um contrato de seguro onde este é obrigatório. O segurado, por seu lado, está numa situação mais flexível: pode escolher entre os vários seguradores ou, em alguns casos, podia pagar um imposto em vez de concluir um contrato de seguro (p. ex., no caso do seguro contra incêndios).

Resta dizer que nos casos de utilização de bens ou serviços públicos (p. ex., museus ou bibliotecas ou monumentos nacionais) ou na exigência de inscrições em organizações profissionais com base no direito público (como, p. ex., as associações públicas [ordens ou câmaras profissionais]), o dever de contratar não respeita a relações entre particulares mas situa-se a nível de relações entre entidades públicas e particulares e é a consequência do princípio do tratamento igual que as entidades públicas devem aos cidadãos.

95 São dogmaticamente diferentes e inconfundíveis com os casos anteriores, aqueles em que as próprias partes, livremente, num contrato-promessa (artigo 410.º), estipularam o dever subsequente de contratar: o contrato-promessa é concluído sem a existência prévia de uma obrigação jurídica. Aqui estamos exactamente em face do resultado da auto-vinculação das partes entre si, com os efeitos da execução específica, em caso de não cumprimento da promessa, previstos no artigo 830.º. Por outro lado, as partes podem desvincular-se do contrato-promessa, por mútuo consentimento, nos termos do artigo 406.º, n.º 1.

Novamente diferentes são as situações (em geral tratadas pelos autores como forma de abuso – institucional – de direitos [ver n.º 463]) em que – sob a aparência da liberdade contratual – uma proposta contratual é recusada com fundamentos ou fins inconstitucionais ou violadores da ordem pública ou lesivos dos bons costumes (p. ex., com base em racismo ou fundamentalismo religioso); aqui, o contrato proposto deve ser aceite pela outra parte, não podendo a sua conclusão ser negada com tais fundamentos[98].

cc) Outras limitações à liberdade contratual

96 Mas limitações à liberdade contratual não existem apenas na lei. Também há limitações de facto. São aqui de referir, sobretudo, as "cláusulas contratuais gerais" (ou os contratos de adesão).

Ao contrário do que corresponde à ideia primitiva subjacente aos artigos 405.º e 406.º, pensados para contratos individualmente negociados, as

[98] Sobre a prevenção, a proibição e o combate à discriminação, em razão da origem racial e étnica, cor, nacionalidade, ascendência e território de origem, v. Lei n.º 93/2017, de 23 de Agosto. Ver, ainda, Heinrich Ewald Hörster, «A Directiva 2000/43/CE e os princípios do direito privado», *cit.*, pp. 59 a 182; Nuno Manuel Pinto Oliveira/Benedita Mac Crorie, «O princípio da igualdade no Direito Europeu dos contratos: as Directivas 2000/43/CE e 2004/113/CE», Separata da Revista *O Direito* V, 2006.

cláusulas contratuais gerais (*allgemeine Geschäftsbedingungen*) destinam-se à celebração de contratos cujos conteúdos estão uniformizados ou estandardizados e em que as condições para o negócio se encontram pré-estabelecidas por uma das partes, com vista a um número indeterminado de contratos iguais a concluir no futuro com parceiros diferentes, restando a estes apenas a aceitação das cláusulas pré-fixadas, normalmente sem hipótese de alteração (ou de uma alteração substancial).

As cláusulas contratuais gerais são uma característica da sociedade 97
moderna com os seus fenómenos de massa e aplicam-se a todos os níveis da contratação e entre todos os agentes económicos. Do mesmo modo que a produção de artigos individuais (ou a prestação de serviços individuais) se foi substituindo pela produção de artigos em série, normalizados, vieram a substituir-se os contratos individualmente negociados por contratos estandardizados. Este modo de contratar resulta, portanto, das formas de produção (e de prestação de serviços) modernas[99].

Mas, muitas vezes, a parte que estabelece as cláusulas contratuais, o "contratante determinado", aproveita a sua posição para moldar o conteúdo do contrato no sentido de fazer prevalecer os seus interesses e a sua vontade, como a vontade do mais forte, para, p. ex., impor uma deslocação indevida dos riscos mediante o afastamento dos respectivos preceitos legais dispositivos, ou para excluir, pura e simplesmente, a liberdade da fixação do conteúdo do contrato (há cláusulas que excluem ou diminuem os direitos legais para o caso de defeitos, que reduzem os direitos de garantia previstos na lei, que deslocam os riscos da actividade económica, que fixam o foro judicial em desfavor do aderente, etc.).

[99] O fenómeno foi muito bem descrito, já em 1973, por C. A. Mota Pinto, «Contratos de adesão (uma manifestação jurídica da moderna vida económica)», *RDES* XX (1973), p. 119. Quanto à evolução posterior, cf. Mário Júlio de Almeida Costa, «Nótula sobre o regime das cláusulas contratuais gerais após a revisão do diploma que instituiu a sua disciplina», *Direito e Justiça* XI, 1977, T. 2, p. 21; Miguel Nuno Pedrosa Machado, «Sobre cláusulas contratuais gerais e o conceito de risco», Separata da *Revista da Faculdade de Direito*, Lisboa, 1988; a obra fundamental de Joaquim de Sousa Ribeiro, *O Problema do Contrato. As Cláusulas Contratuais Gerais e o Princípio da Liberdade Contratual*, Almedina, Coimbra, 1999; Nuno Manuel Pinto Oliveira, «A Lei das Cláusulas Contratuais Gerais e a Directiva 93/13/CEE, de 5 de Abril de 1993», *S. I.*, Tomo LIV – N.º 303, Julho-Setembro 2005, pp. 527-558.

98 Nestas circunstâncias é preciso encontrar soluções eficazes ou montar mecanismos de controlo judicial suficientes para impedir que a liberdade contratual, designadamente a liberdade de fixação do conteúdo do contrato, seja abusada quando se recorre à utilização de tais cláusulas (cujo uso, no fundo, é perfeitamente justificável por razões de eficiência económica)[100].

Com este propósito foi elaborado o DL n.º 446/85, de 25 de Outubro[101] [102] (um produto do direito comparado, na medida em que o legislador português se inspirou na experiência estrangeira), que regula o regime das cláusulas contratuais gerais, com vista a proteger o "aderente" que se sujeita a tais cláusulas contra eventuais abusos, tendo sido instituído um controlo judicial. As previsões da lei são muito diferenciadas, podendo a utilização de determinadas cláusulas ser proibida e os contratos serem declarados nulos. Toda a tendência do DL n.º 446/85 vai no sentido de reforçar as protecções resultantes da lei civil geral, nunca no sentido de as enfraquecer. Em princípio, as cláusulas contratuais, no núcleo essencial da sua aplicação, deviam ir ao encontro da situação de interesses de ambas as partes.

Para além das limitações de facto à liberdade contratual decorrentes da utilização de cláusulas contratuais gerais, existem outras situações que resultam das circunstâncias em que o contrato é concluído, pertencendo aqui nomeadamente as vendas realizadas fora dos estabelecimentos comerciais

[100] É de referir, porém, que em certas áreas os próprios agentes económicos procuram encontrar soluções viáveis ao estabelecer "códigos de conduta", a cuja observação se comprometem publicamente.

[101] Já antes, o legislador português tinha dado um passo naquela direcção com a L n.º 29/81, de 22 de Agosto. Esta lei visava a "defesa do consumidor", considerado aparentemente como mais fraco, ao estipular o direito deste à "igualdade e à lealdade na contratação (artigo 7.º). Porém, a protecção garantida pela L n.º 29/81 pouco acrescentava à protecção já existente ao abrigo dos artigos 398.º e 280.º ss. do Código Civil. Entretanto, esta lei foi revogada e substituída pela nova Lei de Defesa do Consumidor (L n.º 24/96, de 31 de Julho), que já lhe vem reconhecendo direitos mais concretizados (cf. artigos 3.º a 15.º). Neste contexto é, ainda, importante referir o DL n.º 57/2008, de 26 de Março, que estabelece o regime jurídico aplicável às práticas comerciais desleais das empresas nas relações com os consumidores. De todo o modo, pode perguntar-se se no contexto destas leis o problema terá sido bem analisado ao considerar, à partida, a situação do "consumidor" em geral como tipicamente mais fraca, sem defesa própria adequada.

[102] Entretanto, o DL n.º 446/85 foi alterado pelo DL n.º 220/95, de 31 de Agosto, pelo DL n.º 249/99, de 7 de Julho e pelo DL n.º 323/2001, de 17 de Dezembro.

e os contratos celebrados à distância, previstos no DL n.º 24/2014, de 14 de Fevereiro[103], que os condiciona a determinadas exigências quanto a forma e conteúdo, proíbe algumas práticas (vendas ligadas e fornecimento de bens não solicitados) e concede até ao particular um direito de livre resolução (cf. artigos 10.º e 11.º). Esta forma de contratação será analisada no contexto da conclusão do contrato (ver *infra* n.os 780 e 781).

dd) As áreas de aplicação da liberdade contratual dentro do direito privado

Estando assim definidos a liberdade contratual, os seus limites como vêm 99
traçados pelo Código Civil ou por outras leis, bem como as suas limitações de facto, convém ainda uma referência aos campos de aplicação daquele princípio.

Como campo de eleição é de mencionar, tanto em relação à liberdade de celebração como quanto à liberdade de fixação de conteúdo, em primeira linha, a vasta área do direito das obrigações, visto o tipo legal "contrato" ser extremamente elástico, seguido do direito comercial e, ainda, do direito do trabalho, não obstante os muitos limites legais que o caracterizam.

No que respeita aos direitos reais, exceptuados os direitos limitados de gozo em que é admitida, está excluída de todo a fixação do conteúdo do contrato (artigo 1306.º, n.º 1), uma vez que eles têm um conteúdo determinado (*Typenfixierung*) e que existe, para além disso, um *numerus clausus* dos tipos legais (*Typenzwang*) permitidos pela lei.

Quanto ao direito da família, são de distinguir os negócios de carácter pessoal e os de carácter patrimonial, nomeadamente a escolha do regime de bens. Em ambos os casos, existe a liberdade de celebração do contrato (havendo capacidade matrimonial). Todavia, a fixação do conteúdo está reduzida ou excluída no primeiro caso (cf. o artigo 1591.º quanto à promessa de casamento, o artigo 1618.º em relação ao casamento e o artigo 1852.º a respeito da perfilhação) e limitada no segundo (cf. os artigos 1698.º, 1699.º e 1718.º, relativamente às convenções antenupciais) – aparte as ilegitimidades conjugais estabelecidas para negócios patrimoniais dos cônjuges na constância do seu casamento (artigos 1682.º a 1687.º).

[103] Já alterado, entretanto, pela L n.º 47/2014, de 28 de Julho, e pelo DL n.º 78/2018, de 15 de Outubro.

No direito sucessório, o princípio da liberdade de celebração do contrato tem uma aplicação reduzida, visto não serem admitidos (exceptuado o regime dos artigos 1700.º ss. para as convenções antenupciais) pactos sucessórios. O princípio da autonomia privada ganha expressão – proibidos como são os pactos sucessórios – num negócio unilateral: o testamento (artigos 2179.º ss.); todavia, a seu respeito o princípio da liberdade de fixação do conteúdo é limitado sobretudo pelas regras da sucessão legitimária, que não permitem ao testador dispor com inteira liberdade do seu património (artigos 2156.º a 2167.º).

100 O tratamento diferenciado, quanto à liberdade da fixação do conteúdo do contrato, entre o direito das obrigações, por um lado, e o direito das coisas e o direito da família, por outro, encontra a sua razão de ser nas exigências do tráfico jurídico. Este necessita de uniformidade quando está em causa a atribuição (*Zuordnung*) de bens ou a determinação do estado familiar. Aqui, o conteúdo deve ser claro, permitindo uma informação definida acerca das situações existentes, o que seria incompatível com um conteúdo flexível dos direitos reais ou dos direitos familiares pessoais.

P. ex., se houvesse liberdade para determinar caso a caso o conteúdo do direito de propriedade, ninguém sabia ao certo o que lhe pertencia nem sabia o que pertencia aos outros, uma vez que cada um podia entender coisa diferente por "propriedade"[104]. Em termos de tráfico jurídico tal situação levaria a um estado de extrema insegurança, senão caótico. E a mesma coisa sucederia quanto aos estados familiares (v. g., quanto aos efeitos do casamento). A necessidade da segurança do tráfico jurídico é tão grande que a ordem jurídica não só estabelece o conteúdo defeso de determinados direitos como até prevê a existência de registos a seu respeito, para proporcionar o conhecimento da situação jurídica por meio da publicidade registral.

Quer dizer, do mesmo modo que o tráfico comercial não pode passar sem uma uniformização de moedas, pesos e medidas, igualmente a segurança do tráfico jurídico exige a tipificação de direitos e relações jurídicas para garantir a sua efectividade[105].

[104] Portanto, tem de haver clareza. Cf. neste contexto, Daniela F. Baptista Passos, «O princípio da tipicidade e os valores mobiliários», in: *Jornadas – Sociedades Abertas, Valores Mobiliários e Intermediação Financeira*, Coimbra, 2007, p. 87.

[105] O mesmo fenómeno encontramos também na padronização da língua, designadamente no

Por isso, o princípio da liberdade contratual, no sentido da fixação do conteúdo do contrato, apenas pode valer quando se trata da constituição ou da modificação de obrigações e créditos (cf. neste sentido, precisamente, o artigo 1306.º, n.º 1, 2.ª parte). Mas assim também se explica que no próprio direito das obrigações o princípio da livre fixação do conteúdo do contrato seja afastado quando se trata de obrigações já constituídas que, em seguida, se pretendem transmitir, quer dizer, atribuir juridicamente a outrem (evidentemente por via contratual, dentro do princípio da liberdade de celebração do contrato). Aqui, as partes são limitadas – no que toca ao conteúdo do contrato – pelos regimes legais existentes (ver os artigos 424.º ss., quanto à cessão da posição contratual, ou os artigos 577.º ss., quanto à transmissão de créditos e dívidas).

b) *Significado e modalidades da responsabilidade civil*

aa) *Considerações gerais; as responsabilidades contratual e extracontratual ou civil; as suas delimitaçõess*

101 Do mesmo modo que a autonomia privada decorre do princípio geral da autodeterminação do homem, está correlacionado com a natureza humana que este responde pelos seus actos: "O homem é um ser que existe com vista à sua auto-responsabilidade"[106]. Portanto, antes de agir, o homem deve ponderar os riscos e os efeitos da sua acção (para ele próprio, para familiares, para terceiros ou até para a comunidade), reflectir sobre as consequências e procurar antever os resultados de acordo com a experiência, os conhecimentos, as informações e os aconselhamentos de que dispõe e dentro do humanamente previsível. De facto, a responsabilidade, ou melhor, a consciência de responder pelos actos que vierem a ser praticados por virtude da inclusão das suas consequências na livre decisão de agir, limita a liberdade do agente no sentido de evitar voluntarismos (irresponsáveis) e abusos de poder. Esta constatação, de acordo, aliás, com o antigo conceito da *liberalitas*, vale como ideia fundamental para todo e qualquer tipo de actividade. Assumir res-

domínio da aplicação técnica, para evitar ambiguidades ou mal-entendidos quanto ao significado ou conteúdo das palavras (p. ex., o "simplified english" na aeronáutica).

[106] Hans Welzel, *Das deutsche Strafrecht*, 11.ª ed., Berlin 1969, § 20.

ponsabilidade e ser responsabilizado são, por isso, prerrogativas e ónus do homem. Vista nestes termos, a responsabilidade tem um fundamento ético.

No entanto, a responsabilidade moral não coincide com a responsabilidade jurídica. Para que possa haver uma responsabilidade jurídica, é necessária a verificação de certos factos danosos, onde os prejuízos não são suportados por quem os sofreu – segundo o princípio *casum sentit dominus,* que significa que quem ficou prejudicado há-de assumir os danos sofridos na sua pessoa ou nos seus bens como efeito do risco geral da sua vida – mas sim são imputados a quem os causou, ou seja, ao agente, segundo *determinados* critérios legais, iguais para todos (ver supra n.º 74). A responsabilidade pressupõe assim a existência de um dano e o dever de indemnizar este dano na medida em que este vai para além do risco geral de vida que cada um deve assumir individualmente ao tomar, sempre que possível, conta da sua pessoa e cuidar dos seus bens e dos seus interesses. Deve indemnizar aquele a quem o facto danoso é imputado por lei. Daí nasce a responsabilidade civil.

102 Os danos podem surgir na sequência de um negócio jurídico, um contrato que não é cumprido ou não devidamente cumprido, ou podem nascer de um comportamento fora do campo negocial. No primeiro caso, a razão última para a responsabilidade reside sempre em vínculos criados por uma vontade autónomo-privada, sendo de ajuizar, por isso, o dano como resultado de uma vontade jurídico-privada; na segunda hipótese, já não se trata de ajuizar vontades autónomo-privadas e seus resultados, mas sim de avaliar condutas desconformes com a lei, às quais esta atribui efeitos sancionatórios, sem atender à vontade[107]. Entendida nestes termos amplos, a responsabilidade civil abrange tanto a responsabilidade contratual, resultante de um negócio jurídico, como a extracontratual, resultante de condutas violadoras da lei e, para abarcamos ambas as modalidades dentro de um conceito, falamos da "responsabilidade civil em sentido amplo".

A sistematização do Código Civil, todavia, diferencia entre as duas modalidades da responsabilidade, atendendo à mencionada diversidade dos factos que estão na sua origem: as eventuais obrigações de indemnizar têm fontes diferentes. Por isso, na sistematização e na terminologia da lei, a responsabilidade extracontratual coincide com a responsabilidade civil em sentido

[107] Neste contexto, ver W. Flume, vol. II, *cit.*, §1 3.

restrito (*stricto sensu*), englobando este conceito, então, a responsabilidade por factos ilícitos, a responsabilidade pelo risco e a responsabilidade por determinados factos lícitos. Para as responsabilidades por factos ilícitos e pelo risco o Código Civil consagra os respectivos regimes, enquanto para a responsabilidade civil por factos lícitos não possui um regime próprio (ao contrário do previsto em determinada fase dos trabalhos preparatórios).

O Código Civil trata deste modo, sistemática e logicamente correcto, as duas modalidades da responsabilidade em lugares diferentes: a responsabilidade contratual, por um lado (cf. a subsecção relativa à falta ou incumprimento das obrigações contratuais [artigos 798.º a 803.º]), e a responsabilidade civil, por outro (cf. a secção respeitante à responsabilidade civil por factos ilícitos e pelo risco [artigos 483.º a 498.º e 499.º a 510.º], entre as fontes das obrigações). De resto, este tratamento diferenciado reflecte também o facto de a responsabilidade contratual atender à violação de direitos relativos, de direitos contratuais (cf. o artigo 798.º), enquanto a responsabilidade extracontratual diz respeito à violação de direitos absolutos e ainda à violação de interesses legalmente protegidos (cf. o n.º 1 do artigo 483.º); as violações de património (danos puramente patrimoniais[108]), como tais, não são abrangidas pelo artigo 483.º.

De qualquer modo, uma vez verificados o dano e a obrigação de o indemnizar, é comum a ambas as modalidades o modo de calcular o dano e a maneira como o obrigado a indemnizar há-de cumprir a sua obrigação de o reparar. Segundo o artigo 562.º CCiv, "[q]uem estiver obrigado a reparar um dano deve reconstituir a situação que existiria, se não se tivesse verificado o evento que obriga à reparação." Vale o princípio da reconstituição natural. Neste contexto "o dever de indemnizar compreende não só o prejuízo causado" (danos emergentes), "como os benefícios que o lesado deixou de obter em consequência da lesão" (artigo 564.º, n.º 1), ou seja, a indemnização abrange ainda os chamados lucros cessantes. Todavia, "a indemnização é fixada em dinheiro, sempre que a reconstituição natural não seja possível, 103

[108] Defendendo a sua ressarcibilidade, Maria João Pestana Vasconcelos, «Algumas Questões sobre a Ressarcibilidade Delitual de Danos Patrimoniais Puros no Ordenamento Jurídico Português», in AAVV, *Novas Tendências na Responsabilidade Civil*, Coimbra, Almedina, 2007, pp. 147 ss.

não repare integralmente os danos ou seja excessivamente onerosa para o devedor" (artigo 566.º, n.º 1).

Para além deste regime comum para ambas as modalidades, há ainda outros pontos que a lei trata da mesma maneira. Assim, a apreciação da culpa, quando a houver, é feita segundo critérios iguais, estabelecidos no artigo 487.º, n.º 2, para a responsabilidade civil e, por remissão, também aplicáveis à responsabilidade contratual (artigo 799.º, n.º 2), ou seja, a culpa é apreciada segundo a diligência de um bom pai de família.

De resto, como ainda veremos melhor, vale como princípio comum que tanto a responsabilidade contratual como a responsabilidade por factos ilícitos pressupõem a existência da culpa do lesante, ou do causador do dano, como pressuposto da sua obrigação de indemnizar o lesado (cf. os artigos 798.º ["o devedor que falta *culposamente* ao cumprimento"] e 483.º, n.º 1 ["aquele que, *com dolo ou mera culpa*, violar o direito de outrem"]).

bb) As responsabilidades contratual e civil por actos próprios

104 À partida, a responsabilidade do lesante é individual e respeita a actos próprios. O princípio-base em que assenta é o facto de o lesante ter agido com culpa, o que exprime, por isso mesmo, uma censura ao seu comportamento. É na culpa, e não tanto na necessidade de reparar os danos causados ao lesado, que reside a justificação originária da responsabilidade. Vista nestes termos, a responsabilidade tem um fundamento ético, decorrente da concepção do homem como um ser auto-responsável[109].

105 De todo o modo, para que o lesante seja obrigado a indemnizar o lesado é necessário que se encontrem preenchidos determinados pressupostos legais, tanto na responsabilidade contratual como na responsabilidade extracontratual.

Em primeiro lugar, evidentemente, é necessário que tenha ocorrido um *dano*. Sem dano, nada há a indemnizar. O dano é o prejuízo sofrido pelo

[109] Todavia, para Josef ESSER, «Grundfragen der Reform des Schadensersatzrechts», *AcP* 148 (1943), p. 121, o primado da culpa não se baseia em motivos éticos, mas sim económicos, ou seja, na preocupação de preservar a liberdade de actuar e o entusiasmo empresarial (*die Sorge um Bewegungsfreiheit und Unternehmungsfreudigkeit*).

lesado. Tanto pode ser patrimonial (se é susceptível de avaliação pecuniária), como não patrimonial (se não é susceptível de avaliação pecuniária).

Em segundo lugar, tem de ter existido um *facto voluntário* do lesante, ou seja, este tem de ter praticado uma conduta que é controlável pela vontade humana. Excluem-se, assim, os factos involuntários (como os danos causados por catástrofes naturais, p. ex.). Esta conduta tanto pode ser positiva (uma acção, pelo que se violou um dever geral de abstenção), como negativa (uma omissão, desde que existisse um dever jurídico de actuar no sentido de evitar o dano, nos termos do artigo 486.º).

Em terceiro lugar, este facto tem de ser *ilícito*. A *ilicitude* decorre de um juízo de censura sobre o facto (portanto, de um ângulo objectivo), por consistir na infracção de um dever jurídico e na correspondente violação de direitos: absolutos, caso se trate de um caso de responsabilidade civil extracontratual[110]; relativos, caso estejamos perante um caso de responsabilidade contratual.

Em quarto lugar, como vimos, tem de ter existido *culpa* do lesante. Dizer-se que alguém é "culpado" implica que se faça um juízo de censura sobre o próprio sujeito (portanto, agora de um ângulo subjectivo) por ter praticado o acto (ou omitido a acção) de que proveio o dano, apesar de o ter podido evitar. Tanto é culpado quem actua com dolo (= intenção de praticar o facto danoso) como quem actua com negligência (também chamada de mera culpa), ou seja, omitindo a diligência que lhe era exigível em face das circunstâncias.

Finalmente, tem de existir um *nexo de causalidade entre o facto e o dano*, no sentido de se poder afirmar que foi o facto que provocou o dano. Este nexo de causalidade deve ser aferido nos termos da teoria da causalidade adequada, ou seja, o facto tem de se mostrar, em face da experiência comum, de acordo com as circunstâncias normais, como idóneo à produção do dano. Portanto, não basta que o facto tenha sido a causa concreta daquele dano, tendo, ainda, de o ser também em abstracto. Assim não estará preenchido

[110] Sendo esta a primeira modalidade de ilicitude da responsabilidade civil extracontratual por factos ilícitos; o artigo 483.º, n.º 1, ainda prevê uma segunda modalidade: a violação de uma norma destinada a proteger interesses alheios (p. ex, normas de direito do ambiente, que não chegam a atribuir aos particulares verdadeiros direitos absolutos, mas que, sendo violadas, permitem que estes possam pedir uma indemnização àqueles que as não cumpram e, com isso, lhes venham a causar danos).

este pressuposto caso o dano apenas tenha surgido em virtude da concorrência de circunstâncias extraordinárias, anómalas e imprevisíveis.

Como já vimos, sendo o dano patrimonial, o lesado é indemnizado mediante a reconstituição natural (artigos 562.º e 566.º, n.º 1) ou, não sendo esta possível ou viável, por equivalente em dinheiro (artigo 566.º, n.º 2); sendo o dano não patrimonial, a indemnização consiste numa compensação, nos termos do artigo 496.º, se o dano, pela sua gravidade, merecer a tutela do direito.

O preenchimento destes pressupostos enunciados tem algumas especificidades, consoante estejamos perante responsabilidade contratual ou extracontratual, como veremos em seguida.

106 **a)** Quanto à responsabilidade contratual, o artigo 798.º determina: "O devedor que falta culposamente ao cumprimento da obrigação torna-se responsável pelo prejuízo que causa ao credor". Em ordem a fortalecer a posição do credor, e ainda tendo em conta a origem autónomo-privada do vínculo obrigacional, o artigo 799.º, n.º 1, acrescenta: "Incumbe ao devedor provar que a falta de cumprimento ou o cumprimento defeituoso da obrigação não procede de culpa sua". Quer dizer, a lei presume a culpa do devedor, cabendo a este o ónus de provar que não a teve. A intenção da lei é a de não permitir ao devedor uma "saída" fácil e de contribuir para que obrigações assumidas sejam também cumpridas, dando força ao princípio *pacta sunt servanda* consagrado no artigo 406.º, n.º 1. A culpa é apreciada nos termos aplicáveis à responsabilidade civil (artigo 799.º, n.º 2, em ligação com o artigo 487.º, n.º 2) como já referimos.

107 **b)** No que respeita à responsabilidade civil por factos ilícitos, encontramos a regra fundamental na cláusula geral do artigo 483.º, n.º 1. Aqui lê-se: "Aquele que, com dolo ou mera culpa, violar ilicitamente o direito de outrem ou qualquer disposição legal destinada a proteger interesses alheios fica obrigado a indemnizar o lesado pelos danos resultantes da violação". Como vimos, a culpa consiste no facto de o agente se ter posto em contradição com a ordem jurídica, sendo esta conduta censurável. A responsabilidade aqui consagrada corresponde a uma responsabilidade por factos ilícitos, baseada na culpa e, por isso, uma responsabilidade subjectiva.

108 O artigo 483.º, n.º 1, estabelece uma sanção: como vimos, o lesante que culposamente, violar de modo ilícito um direito absoluto de outrem fica

obrigado a indemnizar o lesado pelos danos sofridos. Contudo, o lesado, querendo ver os seus danos reparados, não se encontra numa situação muito cómoda. Ao contrário do que sucede ao credor na responsabilidade contratual, é a ele que incumbe provar a culpa do autor da lesão (artigo 487.º, n.º 1, 1.ª parte). O lesado arca, portanto, com o ónus (pesado) da prova.

A culpa é apreciada pela diligência de um bom pai de família, em face das circunstâncias de cada caso (artigo 487.º, n.º 2), de acordo com os cuidados necessários no tráfico jurídico. Além de provar a culpa do lesante, que há-de individualizar para o efeito, o lesado deve provar ainda que existe entre o facto danoso e o dano que sofreu um nexo de causalidade adequada (artigo 563.º), quer dizer, o facto danoso era, dentro do razoável e humanamente previsível, susceptível de provocar o dano sofrido. A ocorrência do dano nestes termos indicia regularmente a ilicitude do facto.

Obviamente, a atribuição do ónus da prova pode dificultar ou mesmo 109
obstar à obtenção de uma indemnização, em princípio devida, se o lesado não consegue provar os pressupostos enunciados no artigo 483.º, n.º 1, designadamente o da culpa. Ter razão (no seu direito) e obter o reconhecimento (do seu direito) não é a mesma coisa. Por isso, em determinadas situações, a própria lei procedeu a uma redistribuição, melhor dizendo, a uma inversão do ónus da prova ao presumir a culpa do lesante (sendo certo que isto não significa o abandono do princípio da culpa).

Temos aqui os casos da responsabilidade das pessoas obrigadas à vigilância de outrem (artigo 491.º)[111], dos danos causados por edifícios ou outras obras (artigo 492.º) e dos danos causados por coisas, animais ou actividades perigosas (artigo 493.º). Se nas situações referidas tiver ocorrido um facto danoso, as pessoas respondem pelos danos causados, salvo se provarem que cumpriram os seus deveres e que nenhuma culpa houve da sua parte. Também não respondem se os danos eram inevitáveis de todo, visto a culpa, eventualmente existente, não ter sido decisiva, de modo que não há razão para uma censura.

Em certas constelações danosas típicas, os tribunais, ao apreciar os factos de acordo com a experiência da vida, procedem a uma prova *prima facie* e,

[111] Ver, Henrique Sousa Antunes, *Responsabilidade Civil dos Obrigados à Vigilância de Pessoa Naturalmente Incapaz*, Universidade Católica Editora, Lisboa, 2000.

presumem, deste modo, a culpa do lesante. Também estas presunções judiciais acabam por facilitar o ónus da prova que incumbe ao lesado.

110 Atendendo ao princípio da culpa, não responde pelas consequências do facto danoso quem, no momento em que o facto ocorreu, estava, por qualquer causa, incapacitado de entender ou querer (artigo 488.º, n.º 1, 1.ª parte). Nestas circunstâncias, uma pessoa não pode agir culposamente e é, por isso mesmo, inimputável. A falta de imputabilidade é presumida nos menores de sete anos (artigo 488.º, n.º 2). A presunção é ilidível mediante prova em contrário (artigo 350.º, n.º 2). Todavia, a lei não ignora que a incapacidade de querer e entender pode ser o resultado de um agir culposo do lesante. E se este se colocou culposamente neste estado, sendo este transitório, responde pelos danos que causou (artigo 488.º, n.º 1, parte final).

Do ponto de vista do lesado, que vê preenchidos todos os pressupostos da responsabilidade por factos ilícitos menos o da culpa, devido à falta da imputabilidade do autor da lesão, a irresponsabilidade do lesante inimputável não é confortante. É difícil argumentar que tal situação faz parte do risco geral de vida do lesado, tanto mais que ele, p. ex., pode não possuir grandes bens, mas o lesante sim. A lei sentiu o problema e dispõe, quanto à indemnização por pessoa não imputável, que "[s]e o acto causador dos danos tiver sido praticado por pessoa não imputável, pode esta, por motivo de equidade, ser condenada a repará-los, total ou parcialmente" (artigo 489.º, n.º 1, 1.ª parte). Todavia, esta solução da lei é subsidiária: apenas se aplica desde que não seja possível obter a devida reparação das pessoas a quem incumbe a vigilância do não imputável (artigo 489.º, n.º 1, 2.ª parte), de acordo com o previsto no artigo 491.º. Mas sempre que estas pessoas não respondem será o não imputável obrigado a reparar os danos nos termos definidos pelo artigo 489.º, n.º 1, 1.ª parte, e n.º 2.

Por outro lado, também o lesante pode sentir que a aplicação rigorosa do princípio da culpa o atinge de uma maneira não merecida. Na verdade, o lesante pode ter agido apenas com culpa leve, houve da parte dele simples negligência, como tantas vezes acontece na vida, mas o prejuízo causado é muito elevado. Todavia, segundo a regra-base do artigo 483.º, em caso de culpa, mesmo de culpa leve, o dever de indemnizar abrange todos os danos causados ao lesado.

Neste contexto, em situações de culpa leve, o artigo 484.º permite uma limitação da indemnização. Diz ele: "Quando a responsabilidade se fundar na mera culpa, poderá a indemnização ser fixada, equitativamente, em montante inferior ao que corresponderia aos danos causados, desde que o grau de culpabilidade do agente, a situação económica deste e do lesado e as demais circunstâncias do caso o justifiquem". Aqui, a lei atenua os efeitos sancionatórios da responsabilidade por factos ilícitos a favor do lesante e à custa do lesado. Mas este deve aceitar o resultado, uma vez que não pode contar, em todas as situações da vida, com a diligência dos outros.

A responsabilidade por factos ilícitos, baseada no princípio da culpa, não 111
tem resposta para os casos em que surgem danos independentemente de culpa, mas em que não é de aceitar como justo que sejam suportados pelo lesado que os sofreu. Para estes casos há um tipo de responsabilidade civil independentemente de culpa, ou seja, a responsabilidade pelo risco, como responsabilidade objectiva[112]. Contudo, de acordo com o artigo 483.º, n.º 2, "só existe obrigação de indemnizar independentemente de culpa nos casos especificados na lei", o que significa que há, a seu respeito, uma tipicidade ou *numerus clausus*[113].

A responsabilidade pelo risco constitui, ao lado da responsabilidade por factos ilícitos, uma modalidade autónoma com fundamentos próprios para a deslocação do dano de quem o sofreu para quem o causou, imputando-o desta maneira ao lesante. Os seus fundamentos não residem na ocorrência de um facto ilícito, mas no raciocínio de que danos resultantes de actividades lícitas, úteis e socialmente aceites por serem indispensáveis, embora incluam riscos inerentes e nem sempre de evitar, devem ser assumidos, caso o risco se concretize, por quem exercer estas actividades, tirando delas os seus proveitos, e não por quem ficar prejudicado pela concretização do risco e os danos daí causados. Aplica-se a velha máxima *ubi commoda, ibi incommoda*: quem pode tirar vantagens da sua actividade deve suportar também as desvantagens.

O Código Civil regula a responsabilidade pelo risco nos artigos 499.º e seguintes, sendo de realçar aqui os artigos 502.º (danos causados por animais que resultem do perigo especial da sua utilização), 503.º (danos provenientes dos riscos próprios de veículos de circulação terrestre) e 509.º (danos

[112] Cf. Erwin DEUTSCH, «Das neue System der Gefährdungshaftungen: Gefährdungshaftung, erweiterte Gefährdungshaftung und Kausal-Vermutungshaftung», *NJW* 1992, p. 73.

[113] Para a responsabilidade pelo risco não há, portanto, uma cláusula geral semelhante à do artigo 483.º, n.º 1, ao contrário do que já acontece no direito brasileiro.

causados por instalações de energia eléctrica ou gás), sendo certo que este último caso se distingue um pouco dos dois primeiros, dado que a responsabilidade não resulta de uma actividade mas é inerente a uma instalação. Há, além do Código Civil, muitas leis especiais que vieram a contemplar novos casos da responsabilidade pelo risco. É o caso da responsabilidade do produtor por produtos defeituosos que coloque no mercado[114].

112 Na verdade, todas as modalidades de responsabilidade civil que foram mencionadas e que têm o seu regime no CCiv se mostram insuficientes quando a responsabilidade individual não pode ser apurada. De facto, o funcionamento de instalações técnicas sofisticadas, a informatização de muitos processos, o fabrico robotizado em grandes séries, a automatização da produção acompanhada por uma cadeia anónima de actos isolados e especializados, os meios de transporte e de distribuição modernos, etc. impossibilitam praticamente sempre a individualização de um lesante e, além disso, impedem de todo o apuramento de culpas pessoais que possam existir.

Nas condições referidas aparece adequado que os danos causados sejam imputados a quem utilizar estes modos de produção e tirar deles os seus lucros. Para este efeito, foi introduzido um regime especial que regula a responsabilidade do produtor como mais uma forma de responsabilidade objectiva que não pressupõe nem culpa nem ilicitude[115]. O produtor é responsável, independentemente de culpa, pelos danos causados por defeitos dos produtos que põe em circulação no pressuposto de o produto ter sido correctamente utilizado[116].

113 Além da responsabilidade por factos ilícitos e da responsabilidade pelo risco, a lei conhece ainda uma outra modalidade de responsabilidade civil, que é a responsabilidade por factos lícitos. Esta última não encontra, como

[114] Prevista no DL n.º 383/89, de 6 de Novembro, alterado pelo DL n.º 131/2001, de 24 de Abril.

[115] Temos, a este respeito, a tese de doutoramento de João Calvão da Silva, *Responsabilidade Civil do Produtor*, Almedina, Coimbra, 1990.

[116] São apenas economias com padrões de evolução muito avançadas que podem admitir este tipo de responsabilidade objectiva cuja extensão, de resto, não pode ser exagerada sob pena de tornar incalculáveis os riscos de certas actividades económicas. Pode dizer-se, contudo, que quanto mais desenvolvida for uma sociedade, mais abrangente será o seu sistema legal de responsabilidade civil.

dissemos, no CCiv um regime geral. Os casos, todos excepcionais, estão regulados de maneira dispersa na lei (ver os artigos 339.º, n.º 2; 1322.º, n.º 1; 1347.º, n.º 3; 1348.º, n.º 2; 1349.º, n.º 3, e 1367.º). Nestes casos, o titular de um direito é obrigado a tolerar determinadas intervenções de outrem, mas obtém, em contrapartida, um direito de ser indemnizado pelos danos sofridos. Pode ser referido como paradigmático o caso do estado de necessidade previsto no art. 339.º.

Segundo o artigo 339.º, n.º 1, "[é] lícita a acção daquele que destruir ou danificar coisa alheia com o fim de remover o perigo actual de um dano manifestamente superior, quer do agente, quer de terceiro". Trata-se de uma situação de emergência. É esta que justifica e torna lícita a acção danosa, destrutiva ou danificadora de uma coisa, da parte do lesante. Todavia, "o autor da destruição ou do dano é obrigado a indemnizar o lesado pelo prejuízo sofrido, se o perigo for provocado por sua culpa exclusiva; em qualquer outro caso, o tribunal pode fixar uma indemnização equitativa e condenar nela não só o agente, como aqueles que tiraram proveito do acto ou contribuíram para o estado de necessidade".

Em muitas circunstâncias sucede que a causação de um dano resulta de actos praticados por vários autores. Se assim for, todos eles respondem civilmente por actos próprios pelos danos que hajam causado (artigo 490.º). De acordo com o disposto no artigo 497.º, n.º 1, a sua responsabilidade perante o lesado é solidária. Como explica o artigo 512.º, n.º 1, 1.ª parte, "[a] obrigação é solidária, quando cada um dos devedores responde pela prestação integral e esta a todos libera". Por isso, "[o] credor tem o direito de exigir de qualquer dos devedores toda a prestação" (artigo 519.º, n.º 1, 1.ª parte). 114

Este regime de responsabilidade solidária coloca o lesado numa posição muito vantajosa: ele pode, de entre os vários autores do facto danoso, escolher aquele onde lhe é mais fácil obter a indemnização pelo prejuízo sofrido. Obviamente, o lesado pode receber a sua indemnização apenas uma vez. Na verdade, a satisfação do seu direito por um dos lesantes responsáveis (artigo 490.º) produz a extinção, em relação ao lesado, das obrigações dos restantes devedores da indemnização (artigo 523.º). Estes hão-de acertar, agora, as contas entre si, o que sucede com o recurso ao direito de regresso regulado no artigo 524.º: "O devedor que satisfizer o direito do credor além da parte que lhe competir tem direito de regresso contra cada um dos codevedores, na parte que a estes compete".

115 *cc) As responsabilidades contratual e civil por actos de outrem*

Além da responsabilidade por actos próprios, há muitas situações em que alguém responde por actos de outrem. A responsabilidade por actos de outrem verifica-se tanto na responsabilidade contratual como na extracontratual.

a) Na responsabilidade contratual compete ao devedor o cumprimento da sua obrigação para com o credor. O devedor cumpre a obrigação quando realiza a prestação a que está vinculado (art. 762.º, n.º 1) ao credor certo (art. 769.º), no lugar certo (art. 772.º, n.º 1) e dentro do prazo certo (art. 777.º, n.º 1). Mas com muita frequência o devedor não pode ou não precisa de cumprir pessoalmente e serve-se de um auxiliar no cumprimento e, consequentemente, há-de assumir a responsabilidade pelos actos deste.

Para este caso, o artigo 800.º, n.º 1, determina que "[o] devedor é responsável perante o credor pelos actos (...) das pessoas que utilize para o cumprimento da obrigação, *como se tais actos fossem praticados pelo próprio devedor*", de modo que o devedor não se pode desculpabilizar. Estamos aqui em face de uma responsabilidade muito severa destinada a assegurar que obrigações uma vez assumidas por efeito de uma vinculação autónomo-privada são também integralmente cumpridas. Afirma-se, de novo, o princípio *pacta sunt servanda* (artigo 406.º, n.º 1, 1.ª parte).

b) Mas também na responsabilidade extracontratual, na responsabilidade civil em sentido restrito, encontramos um exemplo, aliás importante, em que alguém responde por actos praticados por outrem. É o caso da responsabilidade do comitente pelos actos do seu comissário, regulado no art. 500.º, n.º 1: "Aquele (isto é, o comitente) que encarrega outrem de qualquer comissão responde, independentemente de culpa, pelos danos que o comissário causar, desde que sobre este recaia também a obrigação de indemnizar".

116 No artigo 500.º temos um caso da responsabilidade pelo risco no que respeita ao comitente. Este assume, independentemente de culpa sua, o risco de o seu comissário causar danos ao incorrer em responsabilidade civil – ou por factos ilícitos, ou pelo risco, ou por factos lícitos – e ficar em consequência disso obrigado a indemnizar o lesado[117]. Mas esta assunção da obrigação

[117] Em perfeita oposição à doutrina dominante defendemos, portanto, que a responsabilidade do comitente não depende do facto de o comissário ter agido com culpa. Bem pelo contrário,

por parte do comitente de indemnizar o lesado pressupõe, primeiro, que na pessoa do comissário se tenha concretizado uma responsabilidade civil que o obriga a ele próprio a indemnizar o lesado; apenas neste pressuposto a obrigação é assumida, a seguir, pelo comitente em relação ao lesado.

Para o lesado esta solução da lei significa uma melhoria substancial quanto às suas possibilidades de vir a ser indemnizado: além do comissário que lhe causou o dano e lhe é responsável, responde-lhe também o comitente, sendo a responsabilidade de ambos solidária (artigo 497.º, n.º 1). Quer dizer, o lesado pode exigir a indemnização a quem lhe parecer mais oportuno. Normalmente, será o comitente a quem o lesado se vai dirigir, uma vez que ele disporá de mais meios económicos do que o comissário, mas pode não ser assim.

O comitente que tiver indemnizado o lesado tem o direito de exigir do comissário o reembolso de tudo quanto haja pago, excepto se houver, também culpa da sua parte (artigo 500.º, n.º 3, 1.ª parte). Daí resulta que há o direito de reembolso do comitente face ao seu comissário se este tiver agido com culpa. Esta solução da lei está perfeitamente correcta, uma vez que não corresponderia às suas decisões valorativas se o autor de um dano causado culposamente, aqui o comissário, ficasse eximido da sua responsabilidade unicamente em virtude do facto de ter havido alguém que se viu obrigado, por lei, a indemnizar o lesado. O direito de regresso do comitente em relação ao seu comissário culposo evita que assim suceda.

Porém, se houver culpa igualmente do lado do comitente, aplicam-se as 117
regras do artigo 497.º, n.º 2, que determina que o direito de regresso entre vários responsáveis existe na medida das respectivas culpas e das consequências que delas advieram, presumindo-se iguais as culpas das pessoas responsáveis[118].

basta que o comissário tenha praticado um acto danoso que lhe é imputável para que o comitente assuma a responsabilidade. Se assim não fosse, criavam-se lacunas na protecção dos terceiros, insustentáveis, sobretudo, no domínio da responsabilidade das pessoas colectivas ou, também, da responsabilidade civil do Estado, uma vez que o CCiv não contém (ao contrário do BGB, § 31 *versus* § 831; cf. ERMAN/H. P. WESTERMANN, *BGB Handkommentar*, 1. Band, 8.ª ed., Münster, 1989, § 31, n.º 1) uma norma específica para estes casos.

[118] Acrescenta-se que, do disposto nos artigos 500.º, n.º 3, e 497.º, n.º 2, pode entender-se que não há direito de regresso do comitente contra o comissário quando este tiver incorrido em responsabilidade civil por facto não culposo, ou seja, pelo risco ou por facto lícito. Quer dizer,

De qualquer maneira, a responsabilidade do comitente só existe se o facto danoso for praticado pelo comissário no exercício das suas funções (artigo 500.º, n.º 2), mas não por ocasião das mesmas. Quer dizer, o comitente pode desculpabilizar-se e afastar a sua responsabilidade para com o lesado se provar que o comissário agira fora das suas funções, ou seja, fora do âmbito da comissão de que foi encarregado, uma possibilidade que um devedor que no cumprimento da sua obrigação se sirva de um auxiliar (art. 800.º) não tem nem pode ter. Trata-se de situações de interesse não comparáveis, visto na responsabilidade contratual existir uma vinculação do devedor prévia ao acto lesivo do auxiliar no cumprimento, vinculação essa da qual origina uma estrita obrigação de cumprimento.

118 O lesante que for chamado a cumprir a sua obrigação de indemnizar o lesado responde para o efeito com todos os seus bens susceptíveis de penhora (artigo 601.º, 1.ª parte), ou seja, com os activos do seu património, que pode ficar completamente arruinado sob o peso das indemnizações.

Por isso existem caminhos em ordem a limitar a responsabilidade, quer por via negocial quer por via legal[119]. Porém, estas limitações da responsabi-

o comitente só terá direito de ser reembolsado de tudo o que haja pago ao lesado se o comissário tiver agido com culpa. Esta interpretação das referidas normas parte de uma concepção da responsabilidade do comitente como uma responsabilidade directa do comitente face ao lesado; entende-se que o comitente responde em primeira linha pelos danos causados pela actuação do seu comissário. No entanto, caso se entenda que a posição do comitente é apenas a de *garante* da indemnização face ao lesado (cf. ANTUNES VARELA, *Das Obrigações em geral*, 10.ª ed., vol. I, Coimbra, Almedina, 2017 (reimpr. da ed. de 2000), pp. 645 a 646, ele responde imediatamente perante o lesado (nas relações externas), mas, em seguida, nas relações internas, poderá reaver tudo o que pagar, a menos que ele próprio tenha tido culpa (caso em que o direito de regresso dependerá da medida das culpas de cada um, ou seja, se o comissário não tiver culpa alguma e o comitente a tiver, não há direito de regresso); se nenhum dos dois tiver culpa, o comitente terá direito de reaver tudo o que pagou ao lesado; caso o lesado tenha exigido a indemnização ao comissário, a lei não prevê um direito de regresso a favor deste, visto ser ele o lesante (o responsável primeiro pelo dano, e não um mero garante da indemnização a favor do lesado).

[119] A este respeito há uma grande heterogeneidade de soluções que dificulta a sua sistematização. P. ex., nos termos dos artigos 602.º e 800.º, n.º 2, é permitido negociar uma limitação da responsabilidade, sendo certo que a lei manifesta reservas a seu respeito (artigo 809.º). Mas a também lei prevê soluções limitativas da responsabilidade. Aqui temos a culpa do lesado (artigos 570.º e 505.º), os casos de força maior (artigos 505.º e 509.º, n.º 2), os critérios para fixar o montante da indemnização por razões de equidade (artigos 339.º, n.º 2; 489.º,

lidade, nas suas várias configurações e constelações, muitas vezes não satisfazem. Uma protecção eficaz contra as consequências patrimoniais ruinosas que podem decorrer da responsabilidade civil (em sentido amplo) oferecem normalmente os seguros.

Os seguros são quase sempre indicados para os casos de responsabilidade civil objectiva, onde a concretização dos riscos danosos pode dar origem a prejuízos muito avultados ou mesmo incalculáveis que ultrapassam as capacidades económicas do lesante, de qualquer lesante. Por isso, é a lei que em muitas situações deste tipo – e com o objectivo de proteger o lesante e também a sociedade – impõe um seguro obrigatório (p. ex., o seguro automóvel ou o seguro de actividades industriais que envolvem altos graus de risco). Mas também para os riscos gerais de vida (doença, invalidez, desemprego, etc.) e os casos da responsabilidade civil subjectiva ou da responsabilidade contratual, um seguro, mesmo não sendo obrigatório, pode ser vantajoso em atenção às circunstâncias concretas, embora possa não abranger os danos causados com dolo ou culpa grave.

O recurso ao seguro não significa, todavia, a eliminação dos riscos. Os 119
riscos subsistem, uma vez que não podem ser eliminados. Apenas as consequências da sua concretização são deslocadas para o seguro. A protecção patrimonial por meio do seguro, por seu lado, leva a uma colectivização dos danos bem como da responsabilidade, que deixa de ser individual. Esta conclusão põe em causa o sistema valorativo em que assenta a responsabilidade civil. Sendo, porém, indiscutível a necessidade social do seguro, a colectivização daí resultante deve ser atenuada por meio de um sistema de individualização dos prémios de seguro, que beneficia quem não causar danos e onera quem os produzir. O sentimento da responsabilidade individual deve ser preservado e, na medida em que a obrigação de indemnizar constitui uma sanção, o efeito sancionatório não pode ser iludido por completo.

n.º 1; 494.º; 496.º, n.º 3, ou 503.º, n.º 2), a fixação de limites máximos para as indemnizações (p. ex., nos casos previstos nos artigos 504.º, n.os 2 e 3; 508.º e 510.º), a figura da separação dos patrimónios (artigos 601.º, 2.ª parte; 127.º, n.º 1, al. *c)* e 1649.º, n.º 2, 2.ª parte; 198.º; 1695.º e 1696.º ou 2071.º); o estabelecimento mercantil individual de responsabilidade limitada (DL n.º 248/86, de 25 de Agosto) e a sociedade unipessoal por quotas (DL n.º 257/96, de 31 de Dezembro), que limitam a responsabilidade por dívidas aos bens afectos ao estabelecimento ou à sociedade.

Em contrapartida, também deve ser sublinhado que a existência do seguro torna possível correr riscos económicos que, doutra maneira, talvez não fossem assumidos. Sob este aspecto o seguro pode ser encarado como apoio e incentivo a actividades dinâmicas e empreendedoras.

dd) Responsabilidade civil e responsabilidade criminal (só referência)

120 A responsabilidade civil, resumidamente descrita, distingue-se da responsabilidade penal. Enquanto a primeira visa a reparação de danos causados em direitos ou interesses privados e depende da iniciativa do próprio lesado (cf. n.os 71 a 72), a segunda existe no interesse público, ou seja, na defesa da convivência pacífica dos cidadãos na comunidade, protegida pelo direito penal. No primeiro caso, a defesa do direito lesado cabe ao particular, que pode não reagir; no segundo caso, todavia, ela é uma obrigação que compete exclusivamente ao Estado.

Responsabilidade civil e responsabilidade criminal podem surgir simultaneamente quando um ilícito civil constituir ao mesmo tempo um crime (p. ex., violações dos direitos de personalidade [artigos 70.º ss.] podem constituir crimes contra as pessoas [artigos 131.º ss. CPen], a sua integridade física [artigos 143.º ss. CPen] ou a sua honra [artigos 180.º ss. CPen]; lesões do direito de propriedade [artigo 483.º, n.º 1] podem implicar os crimes de furto [artigos 203.º ss. CPen] ou de abuso de confiança [artigo 205.º CPen]; etc.).

ee) A responsabilidade civil do Estado e demais entidades públicas

121 A responsabilidade civil não atinge apenas os particulares, também o Estado pode responder por danos causados. Contudo, o Estado, ao responder, não responde por actos próprios, mas responde por actos de outrem, ou seja, por danos causados a terceiros pelos seus órgãos, agentes ou representantes, actos esses que lhe são imputáveis, de modo que uma eventual acção judicial deve ser dirigida directamente contra o Estado. O mesmo sucede, de resto, com as outras entidades públicas com personalidade jurídica: também estas respondem para com terceiros por danos causados pelos seus órgãos, agentes e representantes. São estes os princípios que resultam, desde já, do artigo 22.º da Constituição.

Mas o Estado e as outras entidades públicas não respondem por todos os danos nos mesmos termos. É preciso distinguir danos causados em actividades de "gestão privada" de danos ocorridos em actividades de "gestão pública". Esta distinção faz-se de acordo com os critérios delimitativos de direito público e direito privado (ver n.os 49 ss.). Há, portanto, duas maneiras de agir, donde resultam dois modos de responder. Nestes termos, os danos podem surgir no âmbito contratual ou extracontratual.

Quando está em causa a responsabilidade extracontratual do Estado ou 122
de outras pessoas colectivas de direito público no domínio da *gestão privada*, ou seja, quando se trata de uma actuação na sua "veste de particular", aplica-se o disposto no artigo 501.º CCiv. Esta disposição prevê que o Estado e demais pessoas colectivas públicas, quando haja danos causados a terceiros pelos seus órgãos, agentes ou representantes no exercício de actividades de gestão privada, respondem civilmente por esses danos nos termos em que os comitentes respondem pelos danos causados pelos seus comissários (artigo 500.º – v. n.os 115 a 117).

A competência para decidir os litígios resultantes desta actuação é dos tribunais administrativos e fiscais, nos termos da al. *f)* do n.º 1 do artigo 4.º do ETAF (ver também n.º 54).

Quando estamos perante casos de responsabilidade contratual do Estado por actos de *gestão privada*, em que o Estado actua como qualquer particular no tráfico jurídico negocial geral (representado pelos titulares dos órgãos, seus funcionários ou agentes) – por meros contratos civis – aplica-se o regime da responsabilidade contratual geral (artigos 798.º ss. do CCiv, nomeadamente o artigo 800.º). Os litígios que resultem desta actuação pertencem à competência dos tribunais comuns.

No que respeita à responsabilidade contratual do Estado por actos de *gestão pública* aplica-se o DL n.º 18/2008, de 29 de Janeiro, que aprova o Código dos Contratos Públicos[120 121].

[120] Sucessivamente alterado, por último pelo DL n.º 33/2018, de 15/05.

[121] Quanto ao regime da responsabilidade civil administrativa contratual, o artigo 325.º, n.º 4, do Código dos Contratos Públicos manda aplicar as normas do CCiv. A este respeito, Marcelo Rebelo de Sousa/André Salgado de Matos, *Responsabilidade Civil Administrativa*, 1.ª ed., Dom Quixote, 2008; v. Marcelo Rebelo de Sousa/André Salgado de Matos, *Direito Administrativo Geral, Actividade Administrativa*, 2.ª ed., Tomo III, Alfragide, D. Quixote, 2010 (reimpr. da ed. 2009), pp. 511 e ss.

123 Pelo contrário, quando está em causa a responsabilidade extracontratual do Estado ou de outras pessoas colectivas públicas no domínio da *gestão pública* (p. ex., o ensino público, a gestão hospitalar[122], a conservação da rede viária, etc.), já não se aplica o artigo 501.º CCiv, mas a Lei n.º 67/2007, de 31 de Dezembro[123], sendo competentes, também os tribunais administrativos e fiscais (als. *f)* e *g)* do n.º 1 do artigo 4.º do ETAF).

Este diploma rege a responsabilidade civil extracontratual do Estado e das demais pessoas colectivas de direito público por danos resultantes do exercício da função legislativa, jurisdicional e administrativa (artigo 1.º, n.º 1), bem como a responsabilidade civil dos titulares de órgãos, funcionários e agentes públicos por danos decorrentes de acções ou omissões adoptadas no exercício das funções administrativa e jurisdicional e por causa desse exercício (artigo 1.º, n.º 2) e a dos trabalhadores ao serviço destas entidades (artigo 1.º, n.º 3).

124 Quanto à responsabilidade por danos decorrentes do exercício da função administrativa distinguimos:

a) Nos termos do art. 7.º, n.º 1, o Estado e as demais pessoas colectivas públicas respondem *exclusivamente* pelos danos causados ilicitamente com culpa leve pelos titulares dos seus órgãos, funcionários ou agentes[124], sendo

[122] Ver, a este respeito, nos termos da lei anterior, o parecer de J. Sinde Monteiro, «Actos de gestão pública. Erro de tratamento médico em hospital», *CJ*, 1986 t. IV, p. 47.

[123] Sobre esta lei, v., por exemplo, Jorge Miranda, «A Constituição e a Responsabilidade Civil do Estado», *Estudos em Homenagem ao Prof. Doutor Rogério Soares*, Coimbra, Coimbra Editora, 2001; José Manuel M. Cardoso da Costa, «Sobre o novo Regime da Responsabilidade do Estado por Actos da Função Judicial», in *Estudos em Homenagem ao Prof. Doutor Manuel Henrique Mesquita*, vol. I, Studia Iuridica 95, pp. 501 a 520; Rui Medeiros, *Responsabilidade Civil dos Poderes Públicos*, Lisboa, Universidade Católica Editora, 2005; Rui Medeiros (org.), *Comentário ao regime da responsabilidade civil* extracontratual *do Estado e demais entidades públicas*, Lisboa, Universidade Católica, 2013; Maria José Rangel de Mesquita, *O regime da responsabilidade civil extracontratual do Estado e demais entidades públicas e o direito da União Europeia*, Coimbra, Almedina, 2009 e ainda os trabalhos preparatórios, Ministério da Justiça, *Responsabilidade Civil Extracontratual do Estado. Trabalhos preparatórios da reforma*, Coimbra, Coimbra Editora, 2002.

[124] O artigo 10.º, n.º 1, determina que "[a] culpa dos titulares de órgãos, funcionários e agentes deve ser apreciada pela diligência e aptidão que seja razoável exigir, em função das circunstâncias de cada caso, de um titular de órgão, funcionário ou agente zeloso e cumpridor". Considerando que esta norma é vazia e deve ser interpretada de acordo com o critério estabele-

que se presume a culpa leve na prática de actos jurídicos ilícitos (art. 10.º, n.º 2). Nos termos do art. 9.º, a ilicitude deriva da violação de "disposições ou princípios constitucionais, legais ou regulamentares" ou da infracção "de regras de ordem técnica ou deveres objectivos de cuidado e de que resulte a ofensa de direitos ou interesses legalmente protegidos". Assim, em caso de culpa leve não há responsabilidade directa dos órgãos, funcionários ou agentes perante o lesado[125].

b) O artigo 7.º, n.º 3, desta lei consagrou, ainda, a possibilidade de o Estado responder *exclusivamente* quando não seja possível provar a autoria pessoal da acção ou omissão ou quando os danos não tenham resultado do comportamento concreto de um titular de órgão, funcionário ou agente determinado, mas devam ser atribuídos a um *funcionamento anormal do serviço* (quando, nos termos do n.º 4, atendendo às circunstâncias e a padrões médios de resultado, fosse razoavelmente exigível ao serviço uma actuação susceptível de evitar os danos produzidos[126]).

c) O art. 11.º, n.º 1, desta lei consagrou, também, a responsabilidade do Estado pelos danos decorrentes de actividades, coisas ou serviços administrativos especialmente perigosos, no que a doutrina tem considerado ser uma cláusula geral de responsabilidade objectiva da Administração Pública[127].

cido no artigo 487.º, n.º 2, CCiv (de acordo com a diligência de um agente médio em face das circunstâncias de cada caso), Marcelo Rebelo de Sousa/André Salgado de Matos, *Direito Administrativo Geral, Actividade Administrativa, cit.*, p. 492.

[125] No entanto, caso haja danos que resultem de acções ou omissões ilícitas cometidas com dolo ou culpa grosseira (com diligência e zelo manifestamente inferiores àqueles a que se encontravam obrigados em razão do cargo), o artigo 8.º, n.º 1, desta Lei responsabiliza directamente os referidos titulares de órgãos, funcionários e agentes, respondendo o Estado e demais pessoas colectivas de direito público solidariamente com eles (n.º 2 do artigo 8.º) e possuindo direito de regresso relativamente a tudo o que tenham vindo a pagar (n.º 3 do artigo 8.º). Além disso, caso haja pluralidade de responsáveis, o artigo 10.º, n.º 4 remete para o artigo 497.º do CCiv (ou seja, há responsabilidade solidária de todos eles).

[126] Considerando que se deve então, fazer um juízo de censura sobre o próprio serviço (e não um juízo de censura subjectivo, individual), Carla Gomes Amado/Ricardo Pedro/Tiago Serrão (coord.), *O regime de responsabilidade civil extracontratual do Estado e demais entidades públicas: comentários à luz da jurisprudência*, 2.ª ed., Lisboa, AAFDL, 2018, p. 535.

[127] Carlos Alberto Fernandes Cadilha, *Regime da responsabilidade civil extracontratual do estado e demais entidades públicas: anotado*, 2.ª ed., Coimbra, Coimbra Editora, 2011, pp. 210-213.

125 Para além da responsabilidade do Estado no âmbito da actividade administrativa, a lei estabeleceu também a responsabilidade do Estado por danos decorrentes da *função jurisdicional*[128] nos artigos 12.º a 14.º, sendo que os juízes e os magistrados do MP (para além da responsabilidade penal em que possam incorrer) não respondem directamente pelos danos decorrentes do exercício das suas funções[129]; contudo, havendo dolo ou culpa grave destes, o Estado terá direito de regresso de tudo o que pagar. O artigo 15.º da lei ainda prevê a responsabilidade do Estado por danos decorrentes da função político-legislativa.

126 Finalmente, no artigo 16.º, está consagrada uma "indemnização pelo sacrifício", ou seja, um caso de responsabilidade por factos lícitos, caso imponham aos particulares encargos ou causem danos especiais e anormais por razões de interesse público[130].

Resta acrescentar que quanto à obrigação de indemnizar, à culpa do lesado e aos prazos de prescrição os artigos 3.º a 5.º desta lei se limitam a remeter para o regime geral do CCiv ou a repetir as suas normas.

[128] Explicando que o artigo 22.º da Constituição, apesar de não o dizer expressamente, abrange também a responsabilidade civil pela função jurisdicional e "vem dar cobertura não só (...) [a] o erro judiciário cível, como também à responsabilidade pelo funcionamento da administração da justiça, quando os danos possam ser imputáveis a magistrados judiciais (...) a outros órgãos de justiça (magistrados do Ministério Público), a funcionários de justiça ou ao serviço judicial considerado globalmente", Carlos Alberto Fernandes Cadilha, *Regime da responsabilidade civil extracontratual do estado e demais entidades públicas: anotado, cit.*, pp. 236-237.

[129] O princípio da irresponsabilidade do juiz tem sido defendido na sequência do princípio da separação dos poderes com a necessidade de independência do poder judicial dos restantes poderes do Estado. Todavia, este princípio e a irresponsabilidade daí resultante – que é plenamente justificada – não pode ser confundido com uma irresponsabilidade pessoal pura e simples. Trata-se de aspectos bens distintos.

[130] Referindo que a indemnização pelo sacrifício é mais vasta do que a mera responsabilidade por factos lícitos (já prevista no artigo 9.º da Lei n.º 48051) no âmbito da prática de actos administrativos materiais, envolvendo todo o tipo de actividade pública e que esta responsabilidade por actos lícitos não se encontra coberta pelo artigo 22.º Constituição mas tem como fundamento constitucional o princípio da igualdade dos cidadãos perante os encargos públicos, *idem*, p. 360. No fundo, trata-se de indemnizar danos colaterais.

3. As funções dinamizadoras e protectoras do direito privado

Baseado nos princípios da autonomia privada e da responsabilidade civil, o direito privado desempenha uma dupla função: por um lado, estimula o "poder de adquirir" (*Erwerbsschutz*) e, por outro lado, protege o "possuir justificado" (*Bestandsschutz*)[131]. 127

As normas do direito privado que legitimam o poder de adquirir (sobretudo as regras da liberdade contratual) têm como objectivo incentivar a produção e a aquisição de bens, fomentando ao mesmo tempo a criatividade individual e compensando o trabalho, os conhecimentos, o capital e o risco investidos. Convém lembrar que o trabalho constitui a fonte histórica, o estímulo e a justificação ética da propriedade[132], sendo certo que a remuneração do trabalho deve ser adequada, de acordo com o contributo de quem trabalha para a criação de riqueza, em ordem a permitir-lhe o acesso à propriedade. A propriedade, por sua vez, estimula as motivações para o desenvolvimento da produção, do comércio, da técnica e do consumo.

Por seu lado, as normas que protegem o possuir justificado (em primeiro lugar, o regime da responsabilidade civil) têm como objectivo garantir que os bens produzidos e adquiridos são (re-)distribuídos apenas por meios conformes com a ordem jurídica e sancionam quem não as respeitar[133].

A simultaneidade, por um lado, do estímulo à produção e aquisição e, por outro, da protecção do adquirido traduz-se, dentro do direito privado, numa relação de tensão que confere à sociedade liberal de concorrência a sua dinâmica específica. 128

[131] Considerações desenvolvidas a partir de RÜTHERS, cit., n.os 21 ss.

[132] R. VON JHERING (n. 17), pp. 34 a 36. Foi a partir de John Locke (1632-1704) que a doutrina veio justificar a aquisição da propriedade como produto do trabalho, conferindo com isso ao trabalho um valor que antigamente não tinha.

[133] Claro, além da responsabilidade civil, o direito civil conhece ainda outros meios para corrigir a obtenção de vantagens patrimoniais não legitimadas pela ordem jurídica. A este respeito temos, p. ex., os artigos 289.º ss., que regulam os efeitos da invalidade dos negócios de atribuição patrimonial, os artigos 473.º ss., que prevêem as restituições devidas na sequência de um enriquecimento sem causa justificativa, o artigo 466.º, que determina a respeito da gestão de negócios, assumida no interesse e por conta de outrem, a responsabilidade do gestor perante o dono do negócio pelos danos causados culposamente, bem como o artigo 334.º, que não aceita proveitos oriundos de um abuso de direitos subjectivos.

Deste modo, o direito privado não quer atrofiar a criatividade individual nem enfraquecer a responsabilidade pessoal, mas pretende fomentá-las. Partindo, com base no princípio da igualdade perante a lei, do pressuposto de que, em princípio, os indivíduos possuem virtualidades iguais para proceder em conformidade com os seus interesses, o direito privado confia na actuação autónoma e auto-responsável dos particulares, e confia ao mesmo tempo numa certa auto-regulamentação da sociedade civil. Assim, um dos valores mais caros do direito privado é a liberdade de profissão, como expressão do direito à auto-determinação e auto-realização do homem. Por isso, é função do direito privado estar ao serviço da liberdade e responsabilidade. Ao mesmo tempo garante com as suas previsões com vista à concretização do princípio da protecção dos mais fracos, condições mínimas condignas para todos.

Contudo, a evolução que se abate sobre a sociedade moderna ameaça atrofiar o indivíduo e os valores de autonomia e auto-responsabilidade, na medida em que cada vez mais decisões e tarefas são entregues a entidades estaduais como entidades previdentes e tutelares.

4. A divisão do direito privado em direito civil e direitos privados especiais

129 Feitas as referências ao direito e às suas funções em geral, situado o direito privado dentro da ordem jurídica e enunciados os seus princípios, devemos determinar o lugar e o papel do direito civil.

O direito civil é uma parte do direito privado. Inicialmente, direito civil e direito privado eram idênticos[134] e as suas designações eram sinónimas (e ainda hoje podem aparecer confundidas). Mas a evolução económica e social ao longo dos séculos levou a diferenciações e ao lado do direito civil apareceram sucessivamente outros ramos, ou seja, os direitos privados especiais.

Nestes termos, o direito civil é o *direito privado comum*, onde estão consagrados os princípios e regras válidos para todos os ramos de direito privado, embora com acentuações diferenciadas, conforme as particularidades dos

[134] O direito civil tem a sua origem no direito romano, designadamente no *Corpus Iuris Civilis* (533/534) do Imperador do Império Romano Oriental Justinianus. O *Corpus Iuris Civilis* é, ao lado da Bíblia, o livro mais relevante no mundo ocidental.

vários direitos privados especiais. E, nesta sua qualidade de direito privado comum, compete ao direito civil regular os institutos privados centrais, ou seja, a relação jurídica e os seus elementos, o direito subjectivo, o negócio jurídico e os pressupostos da participação no tráfico jurídico privado, como personalidade e capacidade.

O direito civil é o ramo do direito privado que mais intensamente acom- 130
panha a vida do homem, a vida de *todos* os homens, desde o seu nascimento até à sua morte, ao regular as suas relações jurídicas pessoais ou os seus negócios normais com os outros, independentemente da sua condição social ou profissional. Deste modo, o direito civil diz respeito aos padrões básicos da vida humana. Ele ordena a vida quotidiana do homem comum, permitindo o prosseguimento dos seus interesses, resolvendo os seus conflitos jurídicos com os outros e garantindo a sua convivência pacífica com os seus pares.

O direito civil vem regulado no Código Civil, que é a sua fonte principal, e além disso, em legislação civil complementar que o legislador (ainda) não quis integrar no Código (como, p. ex., o regime das cláusulas contratuais gerais ou a legislação que protege quem viva em união de facto ou o direito real de habitação periódica), legislação com tendência para aumentar na medida em que também a vida quotidiana se diversifica e se diferencia.

Assim, as matérias abrangidas pelo Código Civil e a legislação complementar reflectem – embora nem sempre da maneira mais completa e actualizada – as realidades sociais, morais e económicas do homem comum a quem estas leis se dirigem e cuja convivência jurídica regulam.

5. Os vários direitos privados especiais

Os direitos privados especiais visam situações de interesse específicas ou 131
referem-se a certas actividades económicas, estando abertos, em princípio, a cada um, em virtude da sua igual capacidade jurídica, todos os múltiplos campos de actuação a que se reportam aqueles ramos do direito privado.

Aos direitos privados especiais pertence o *direito comercial* (ou direito 132
mercantil) que, em atenção ao seu objecto, apresenta características próprias, distintas das do direito civil comum. O direito comercial foi o primeiro direito privado especial a separar-se do direito civil. A dualidade entre o

direito civil e o direito comercial dentro do direito privado existiu por muito tempo e correspondeu a uma tradição legislativa portuguesa.

133 O artigo 1.º CCom define a aplicação da lei comercial pelos actos do comércio, sejam ou não comerciantes as pessoas que neles intervêm, decidindo-se deste modo a favor de um direito do comércio e não de um direito dos comerciantes. Contudo, o artigo 2.º considera como actos do comércio "(1.º) todos aqueles que se acharem regulados neste Código e, além deles, (2.º) todos os contratos e obrigações dos comerciantes, que não forem de natureza exclusivamente civil". Acresce a isso que vários actos de comércio apenas podem ser efectuados por comerciantes.

Com a definição da lei mercantil pelo objecto, o legislador – inspirado pelo princípio da igualdade de todos perante a lei – visava impedir a formação de um direito de classe, respeitante apenas a certa corporação ou classe profissional, neste caso, os comerciantes[135]. Mas o objectivo não foi plenamente atingido, como mostra a conjugação dos artigos 1.º e 2.º CCom, visto o artigo 2.º definir os actos de comércio também em função dos comerciantes. Desta feita, o CCom consagra um sistema misto, dependente de critérios objectivos (artigo 1.º) e subjectivos (artigo 2.º, 2.ª alternativa).

134 O segundo direito privado especial é o *direito do trabalho,* que apresenta formas que o afastam do cariz individualista do direito privado (ver também n.º 52) pois, além do contrato individual de trabalho, temos a contratação colectiva entre os "parceiros sociais" e, em certos casos, ainda a intervenção de órgãos estaduais (o Ministério do Trabalho), aliás frequente e comummente aceite e a coberto das leis.

O direito do trabalho surgiu com a industrialização na segunda metade do século XIX e a sua relevância fica evidente pelo facto de a maior parte da população trabalhar por conta de outrem, estando assim numa situação dependente em relação ao dador do trabalho. Apesar de pertencer ao direito privado (as relações laborais têm a sua origem na autonomia privada das partes que celebram os contratos individuais de trabalho) ele é, como já ficou aflorado, caracterizado por um forte intervencionismo da administração

[135] Entretanto surgiram na doutrina opiniões de relevo que pretendem delimitar o direito comercial a partir da empresa. Cf. neste sentido, embora só de *lege ferenda*, F. BYDLINSKI, *Handels- oder Unternehmensrecht als Sonderprivatrecht,* Berlin, 1990, p. 25.

pública com o objectivo legítimo de garantir condições de trabalho condignas com vista à protecção do trabalhador como a parte contratual mais fraca.

O Código Civil deixa transparecer que não considera o direito do trabalho matéria sua e limita-se a dar uma noção do contrato individual de trabalho (artigo 1152.º), cuja regulamentação confia à legislação especial (artigo 1153.º). À semelhança do artigo 405.º, também o artigo 1152.º idealiza o contrato individualmente negociado. A contratação colectiva nem sequer é aflorada.

O contrato individual de trabalho é celebrado ao abrigo do princípio da 135
liberdade contratual, mas existem normas imperativas em número abundante, subordinadas ao princípio da protecção dos mais fracos (de significado dominante no direito do trabalho) e destinadas a proteger interesses públicos, o que reduz sensivelmente o espaço da liberdade negocial. Além disso, a contratação individual de trabalho está à partida sujeita, quanto à fixação do conteúdo, à regra essencial "para trabalho igual, salário igual" (ver n.º 90).

O fenómeno da contratação colectiva, à primeira vista, não se concilia 136
facilmente com uma perspectiva individualista do direito privado.

A contratação colectiva traduz-se, ao contrário do contrato individual de trabalho celebrado entre o trabalhador e a entidade patronal, numa regulamentação colectiva das relações de trabalho, negociada por via de regra entre associações sindicais e associações patronais ou entre associações sindicais e entidades patronais[136].

A convenção colectiva que tiver sido encontrada prevalece sobre o conteúdo do contrato individual de trabalho em tudo o que for "mais favorável" ao trabalhador, ficando as partes do contrato individual de trabalho num estado de sujeição face à contratação colectiva. Por isso, o contrato individual de trabalho não pode afastar o conteúdo de uma regulamentação colec-

[136] Contratação colectiva de trabalho é todo o processo de negociação que pode dar origem a convenções colectivas de trabalho. Dentro destas podem distinguir-se: a) Contrato colectivo (a convenção celebrada entre associação sindical e associação de empregadores); b) Acordo colectivo (a convenção celebrada entre associação sindical e uma pluralidade de empregadores para diferentes empresas); c) Acordo de empresa (a convenção celebrada entre associação sindical e um empregador para uma empresa ou estabelecimento). Cf. artigo 2.º, n.º 3, do CTrab.

tiva, a não ser para estabelecer condições mais favoráveis para o trabalhador. A liberdade contratual individual fica desta forma restringida, mas apenas nos precisos limites e razões da contratação colectiva na medida em que esta visa proteger a parte mais fraca.

137 Todavia, os contratos ou acordos colectivos de trabalho podem ser reconduzidos à lógica da autonomia privada, e por duas razões: primeiro, as associações sindicais ou patronais representam associados que se filiaram nelas voluntariamente em ordem a uma melhor defesa dos seus interesses económicos individuais; segundo, as associações sindicais e patronais possuem, elas próprias, autonomia privada para chegar a soluções negociadas no interesse dos seus associados.

A contratação colectiva tem a sua razão de ser originária na superação do desequilíbrio económico das partes, individualmente consideradas, na negociação do contrato individual de trabalho. Realmente, o poder de negociação entre o trabalhador e a entidade patronal, formalmente igual de acordo com os pressupostos do direito privado, é caracterizado, na grande maioria dos casos, por um desequilíbrio material em desfavor do trabalhador[137]. Ao unirem-se em associações sindicais, os trabalhadores procuraram contrabalançar o desequilíbrio a nível individual mediante contratos colectivos (sendo o poder negocial dos sindicatos reforçado pela arma colectiva da greve[138]). Assim se justifica que o conteúdo do contrato colectivo prevaleça sobre o conteúdo menos favorável do contrato individual de trabalho. E assim vemos também que os acordos ou contratos colectivos de trabalho podem ser reconduzidos à ideia da autonomia privada[139].

E ainda vemos que é possível superar situações de desigualdade de poderes, muito embora haja igualdade formal, em ordem a proteger o mais fraco,

[137] O BVerfG DB 1991, p. 1678 (1680), fala de uma "inferioridade estrutural" do trabalhador, quando considerado isoladamente, por ocasião da conclusão do contrato individual de trabalho.

[138] O direito de greve está, como qualquer outro direito subjectivo privado, sujeito aos limites que tornam o seu exercício ilegítimo nos termos do artigo 334.º, bem como à regra de que relações entre as partes não podem ser estabelecidas à custa de terceiros (cf. n.º 672).

[139] Desde que as associações sindicais sejam efectivamente representativas dos trabalhadores em causa, claro. E a este respeito podem levantar-se problemas, pois há quem sustente, e não sem razões, que em vez da representação vale a "lei férrea da oligarquia"; P. Schüren, *Die Legitimation der tariflichen Normsetzung*, München, 1990, pp. 180 a 186, 193-194, 230 ss.

com os próprios meios fornecidos pela ordem jurídica privada, neste caso mediante a criação de associações sindicais, com base no princípio da autonomia privada. Mas é de dizer que existem inúmeras leis que regulamentam as relações colectivas de trabalho (incluindo "tectos salariais" directos e indirectos, fixados de forma aberta ou velada), de modo que não há plena autonomia negocial das partes.

Mas como se tudo isto ainda não bastasse, são conferidos à Administração (ao Ministério do Trabalho) meios de intervenção na regulamentação colectiva das relações de trabalho. Quer dizer, a regulamentação colectiva não se faz apenas por convenções colectivas (contratos ou acordos) entre as partes, mas pode fazer-se também por via administrativa, com o recurso a portarias de extensão ou a portarias de regulamentação. 138

Mediante uma portaria de extensão é alargado o campo de aplicação de um dado contrato colectivo de trabalho – ao arrepio das características dos direitos relativos – a quem não participou nas negociações que, desta maneira, acabam por produzir efeitos contra terceiros. Assim, são abrangidos, p. ex., sindicatos que não tomaram parte nas negociações, mas igualmente trabalhadores não filiados em sindicatos. Quer dizer, também um contrato colectivo assim estendido prevalece sobre os respectivos contratos individuais de trabalho.

Mediante uma portaria de regulamentação, por sua vez, são regulamentadas relações colectivas de trabalho quando as respectivas associações sindicais e patronais não chegam a um acordo, quando elas se recusam a negociar ou quando elas só existem de um lado (p. ex., para uma certa profissão em um dado distrito não existe nenhum sindicato). A portaria de regulamentação assume as funções de um contrato colectivo de trabalho que nem sequer chegou a concluir-se. Quer dizer, um acto administrativo na forma jurídica de uma lei material sobrepõe-se, como se de um autêntico contrato colectivo se tratasse, aos contratos de trabalho individualmente negociados.

Vemos assim que são múltiplas e grandes as limitações impostas à autonomia privada no domínio do direito do trabalho. Mas enquanto for possível manter, também neste ramo de direito, a ideia – mesmo que ténue – da autonomia, ele deve continuar integrado no direito privado[140], pois em última

[140] Neste sentido, decididamente, W. ZÖLLNER, «Privatautonomie und Arbeitsverhältnis. Bemerkungen zu Parität und Richtigkeitsgewähr beim Arbeitsvertrag», *AcP* 176 (1976),

análise as relações laborais sempre podem ser reconduzidas à decisão de celebrar um contrato individual de trabalho.

139 Em terceiro lugar deve ser referido como direito privado especial o *direito económico*. O direito económico compreende as leis de direito privado que são relevantes sob o critério da economicidade.

O direito económico autonomizou-se sobretudo do direito comercial e integra, p. ex., o direito das sociedades, o direito industrial, o direito da concorrência, o direito bancário, o direito dos seguros, o direito da propriedade industrial, o direito dos consumidores, o direito dos transportes, mas também o direito fiscal e de contabilidade e demais normas do direito administrativo que, com base no critério da economicidade, regulamentam as actividades económicas privadas e públicas. O direito económico tem a função de orientar a actividade económica (*Wirtschaftsrecht als Steuerungsinstrument*).

140 O conjunto das normas que são relevantes sob o critério da economicidade pode ser subdividido em direito público económico (ou seja, direito administrativo económico e constitucional económico), portanto todas as normas mediante as quais o Estado cria em relação à economia direitos e obrigações de carácter público[141], e direito privado económico.

O direito privado económico engloba todas as normas do direito privado, mesmo havendo uma incidência publicista significativa, que regulam a actividade económica a partir da auto-regulamentação. A delimitação do direito privado económico apresenta-se como bastante fluída, uma vez que é impossível ignorar a incidência de normas administrativas sobre a vasta matéria que abrange[142].

p. 221, que se pronuncia, e bem, a favor de um reforço da autonomia privada no campo do direito laboral.
Sobre as tarefas destinadas ao direito do trabalho, ver também Mário Pinto, «A função do direito do trabalho e a crise actual», *RDES* XXVIII (= n.º 1 da 2.ª série), p. 33.

[141] Neste contexto temos as lições instrutivas de João Pacheco de Amorim, *Direito Administrativo da Economia,* Vol. 1 (*Introdução e Constituição da Economia*), Almedina, Coimbra, 2014; deve ser ainda considerada como fundamental a obra de Ernst Rudolf Huber, *Wirtschaftsverwaltungsrecht,* 2 vols., 2.ª ed., Tübingen 1953 (Vol. 1) e 1954 (Vol. 2).

[142] Mais em pormenor, Manuel Afonso Vaz, *Direito económico,* 4.ª ed., Coimbra, 1999. João Pacheco de Amorim, *cit.* p. 189 ss.

Ainda há outros ramos em fase de autonomização como, designadamente, o direito do desporto que compreende, por um lado, as regras desportivas estabelecidas pelas associações nacionais e internacionais e cujo desrespeito pelos praticantes é sancionado autonomamente pelas próprias instâncias desportivas, e, por outro lado, toda a legislação desportiva que procura estabelecer quadros legais para disciplinar o fenómeno desportivo. Neste ramo do direito privado, cuja importância económica e social é cada vez maior, há muitas situações duvidosas na medida em que o controlo administrativo e judicial das multifacetadas (e nem sempre transparentes) actividades das poderosas organizações desportivas por parte de instâncias estaduais é incipiente.

De qualquer maneira, sempre que se mostra que as regras dos direitos 141
privados especiais não são suficientes, pode ser preciso recorrer às normas do direito civil na sua qualidade de direito privado comum. É exemplarmente claro neste sentido o artigo 3.º CCom: "se as questões (...) não puderem ser resolvidas (...) serão decididas pelo direito civil". O artigo 2.º CSCom diz: "Os casos que a presente lei não preveja são regulados... segundo as normas do Código Civil sobre o contrato de sociedades (...)".

Por seu lado, o regime do contrato individual de trabalho faz apenas uma referência bem limitada à aplicação do Código Civil: "A capacidade para celebrar contratos de trabalho regula-se nos termos gerais do direito e pelo disposto neste Código" (artigo 13.º do Código do Trabalho).

Finalmente temos o Direito Internacional Privado (DIP). Este ramo de 142
direito não regula relações jurídicas, mas procura contribuir para a sua solução quando num caso intervém um direito estrangeiro, ou seja, mais do que um direito nacional. Nestas situações limita-se a indicar o direito privado estrangeiro que considera aplicável para resolver as questões jurídicas entre particulares que tocam em mais do que um direito nacional, em que há por isso um conflito de leis. P. ex., o DIP decide com as suas normas de conflitos qual é o direito privado aplicável a um acidente causado por um português em Espanha em que fica lesado um italiano (segundo o artigo 45.º, n.º 1, aplica-se a lei espanhola); ou diz qual é o direito aplicável, a respeito das formalidades e da capacidade matrimonial no caso de duas pessoas de nacionalidades diferentes quererem casar (segundo o artigo 50.º, a forma do casamento é regulada pela lei do Estado em que o casamento é celebrado,

enquanto o artigo 49.º prescreve que a capacidade para contrair o casamento é regulada pela lei do Estado a que os nubentes pertencem).

6. A análise económica do direito privado (referência genérica)

143 A análise económica do direito[143] que, na sequência dos estudos de Vilfredo Pareto, tem sido desenvolvida nos Estados Unidos donde irradiou em seguida para os países europeus, encara os efeitos decorrentes da aplicação de normas jurídicas não segundo critérios de justiça, mas sob o ponto de vista da chamada "eficiência de alocação". Esta corresponde a um estado de aplicação optimizada dos recursos disponíveis em termos que proporcionam a todos o maior proveito. Ponto de partida é a consideração de que cada indivíduo, o *homo oeconomicus*, ao agir de uma maneira autónoma, racional e reflectida, de acordo com os seus interesses e preferências, procura aumentar as suas próprias vantagens pessoais. O estado optimizado da eficiência, o *pareto optimum*[144], é atingido quando os recursos existentes tiverem sido distribuídos de tal modo que já não é possível a ninguém aumentar as suas vantagens sem prejudicar a situação de outrem.

Sob este aspecto, uma norma jurídica é eficiente quando traz vantagens para todos os interessados ou para alguns sem prejudicar ninguém ou quando os beneficiados por ela ficam em condições de poder indemnizar os prejudicados sem perder as suas vantagens todas. Assim, o princípio da liberdade contratual é economicamente eficiente, uma vez que permite às partes contraentes a troca de bens e serviços em sintonia com as respectivas vantagens pessoais e evita o desperdício de recursos; o regime da representação voluntária é economicamente eficiente na medida em que traz vantagens a uma das partes (a que possibilita a celebração de um contrato por meio de procurador) sem prejudicar a outra; em contrapartida, o regime da

[143] Esta referência segue, muito de perto, as observações concisas na obra de H. Köhler, *cit.*, pp. 30-31. Uma introdução à matéria em língua portuguesa apresenta Vasco Rodrigues, *Análise económica do Direito*, 2.ª ed., 2016, Almedina, Coimbra, 2016.

[144] O conceito refere-se ao economista italiano Vilfredo Pareto (1848-1923) que era defensor do método matemático da economia e cuja obra principal é *Traité de sociologie générale*, Paris, 1917/19 (o original italiano foi publicado em 1916 em Florença).

limitação das rendas urbanas não é economicamente eficiente, pois prejudica as relações de troca à custa de uma das partes.

É evidente, e os exemplos referidos mostram-no, que o critério da eficiência pode servir para efeitos interpretativos de normas, mas não como critério único ou principal dada a ausência da ideia da justiça[145]; e a experiência mostra que normas economicamente ineficientes não são mantidas a longo prazo[146]. Por outro lado, respostas económicas não servem quando são feridos os sentimentos de justiça. E o modelo do *homo oeconomicus*, que actua de maneira estritamente racional em ordem a maximar o seu proveito, sendo teoricamente útil, revela-se como redutor, na medida em que não considera motivações fora da estrita racionalidade.

II. O DIREITO PRIVADO E A ORDEM CONSTITUCIONAL PORTUGUESA

Bibliografia: José Carlos Vieira de Andrade, *Os Direitos Fundamentais na Constituição Portuguesa de 1976*, 6.ª ed., Coimbra, Almedina, 2019, pp. 227-259. J. M. M. Cardoso da Costa, *A Hierarquia das Normas Constitucionais e a sua função de protecção dos Direitos Fundamentais*, Separata do BMJ n.º 396 (Maio 1990), Lisboa, 1990. C. A. Mota Pinto, pp. 71 a 80. Manuel Afonso Vaz et. al., *Direito Constitucional – O Sistema Constitucional Português*, Coimbra, Coimbra Editora, 2012. António Pinto Monteiro/Jörg Neuner/Ingo Sarlet (org.), *Direitos Fundamentais e Direito Privado – Uma perspectiva de Direito Comparado*, Coimbra, Almedina, 2007. J. J. Gomes Canotilho, *Direito Constitucional e Teoria da Constituição*, 7.ª ed., s. d., Coimbra, Almedina, pp. 438 ss.; 448; 1178-1179; 1283 ss. Jorge Miranda/Rui Medeiros, *Constituição Portuguesa Anotada*, Tomo I, 2.ª ed., Coimbra, Wolters-Kluwer/Coimbra Editora, 2010, Anotações III (pp. 123 ss.) e IV (pp. 333 ss.) ao artigo 18.º (Jorge Miranda e Jorge Pereira da Silva). Benedita Mac Crorie, *Os limites da renúncia a direitos fundamentais nas relações entre particulares*, Almedina, Coimbra, 2013. Jorge Reis Novais, *Direitos Fundamentais nas Relações entre Particulares – do dever de protecção à proibição do défice*, Almedina, Coimbra, 2018.

[145] Para a perspectiva económica releva, em última análise, unicamente a eficiência; esta pode ser garantida por meio da concorrência no mercado.

[146] Para mais desenvolvimentos, cf. Ott/Schäfer, «Die ökonomische Analyse des Rechts – Irrweg oder Chance wissenschaftlicher Rechtserkenntnis?», *JZ* 1988, p. 213; K.-H. Fezer, «Nochmals: Kritik an der ökonomischen Analyse des Rechts», *JZ* 1988, p. 223; G. Kirchgässner, «Führt der homo oeconomicus das Recht in die Irre?», *JZ* 1991, p. 104; H.-D. Assmann, «Die Transformationsprobleme des Privatrechts und die Ökonomische Analyse des Rechts», in Assmann/Kirchner/Schanze, *Ökonomische Analyse des Rechts*, Tübingen, 1993, p. 17.

Até agora vimos que pertence ao direito privado regular as relações jurídicas entre os particulares. Mas também a Constituição tem relevância a este respeito, uma vez que constitui, por assim dizer, o "tecto" da ordem jurídica geral, à qual estará supraordenada em termos de algum modo comparáveis à pré-ordenação do Estado em relação à sociedade (ver n.º 45). Deste modo, a Constituição tem, como ordem normativa hierarquicamente superior, força conformadora no direito privado na exacta medida em que as normas deste devem estar em sintonia com a ordem de valores nela expressa.

Ponto de partida é o artigo 1.º da Constituição de 1976[147] que nos diz que a ordem jurídica portuguesa é baseada na dignidade da pessoa humana. Esta pessoa humana é o mesmo homem que é visado pelo direito privado: o "homem universal".

1. O problema da aplicação dos direitos fundamentais (direitos, liberdades e garantias) entre particulares

144 É no seu artigo 18.º, n.º 1, que a Constituição possui uma disposição que se refere, concretamente, à aplicação de normas constitucionais às relações entre particulares, ao dizer que "[o]s preceitos constitucionais respeitantes aos direitos, liberdades e garantias são directamente aplicáveis e vinculam as entidades públicas e privadas". Daí podia concluir-se que estes preceitos possuem, à semelhança das normas do direito privado, uma função reguladora das relações entre os particulares.

Sem dúvida, a Constituição representa, como aflorámos, uma força conformadora de direito privado (*privatrechtsgestaltende Kraft*), muito embora as suas funções principais se destinem, naturalmente, a outros fins. A Constituição é, antes de tudo, o estatuto organizatório do Estado e dos órgãos de soberania com as suas competências específicas e define as relações entre os cidadãos e o Estado; ela estabelece as traves mestres do ordenamento jurídico da comunidade. Portanto, o direito privado não tem, e nem podia ter, um lugar de destaque ou a sua fonte essencial na Constituição. Pelo contrário, o direito privado, moldado por uma evolução de mais de dois mil

[147] A Constituição já foi revista por sete vezes em: 1982, 1989, 1992, 1997, 2001, 2004 e 2005.

anos, possui dogmática e dinâmica próprias e autónomas e até influi sobre o direito constitucional[148].

Realmente, a Constituição consagra institutos, conceitos ou soluções há muito adoptados pela lei privada ou civil (p. ex.: o artigo 13.º, n.º 1, estabelece o princípio da igualdade (formal) de todos perante a lei, ou seja, um dos princípios fundamentais de todo o direito privado e como tal já realçado no Código de Seabra de 1867; os artigos 25.º e 26.º traduzem o pensamento jurídico dos artigos 66.º ss. e 70.º ss. do CCiv quanto à capacidade, personalidade e direitos de personalidade (cujos antecedentes encontramos igualmente no Código Civil de 1867); o artigo 36.º, n.º 7, consagra a protecção da adopção, mais de vinte anos depois da sua reintrodução no direito civil; o artigo 46.º visa a liberdade de associação, já anteriormente prevista nos artigos 157.º ss. e 167.º ss. do CCiv; o artigo 62.º garante o direito à propriedade privada e a liberdade de testar nos precisos termos em que estes institutos são conhecidos, há muito, pela lei civil, sendo o conteúdo do direito de propriedade para efeitos constitucionais ainda mais amplo do que no direito civil; etc.). Por outro lado, uma vez que o direito privado está em posição hierarquicamente inferior à Constituição, é evidente que as suas normas têm de estar em conformidade com esta. Consequentemente, as leis privadas devem obedecer e estar em sintonia com as normas, princípios e valores objectivos consagrados na Constituição, sendo interpretadas de acordo com eles[149]. 145

É neste contexto de interacção normativa e subordenação hierárquica que o artigo 18.º, n.º 1, deve ser situado, e isto em atenção à função tradicional dos direitos que ele evoca. Estes direitos são historicamente direitos de defesa do indivíduo e da sua esfera de liberdade contra o Estado e seu poder de intervenção ao submeter o próprio Estado à lei. É esta protecção do indivíduo contra eventuais prepotências e ingerências do poder estatal que o n.º 1 do artigo 18.º ainda hoje pretende manter. 146

[148] L. Raiser, «Grundgesetz und Privatrechtsordnung», in *Die Aufgabe des Privatrechts*, Frankfurt, 1977, pp. 163, 170 ss.

[149] Quanto à influência dos direitos fundamentais sobre a aplicação e a actualização do direito privado na prática dos tribunais, cf. C.-W. Canaris, «Grundrechtswirkungen und Verhältnismäßigkeitsprinzip in der richterlichen Anwendung und Fortbildung des Privatrechts», *JuS* 1989, p. 161.

Contudo, a liberdade do indivíduo não é apenas ameaçada pelo poder estatal, mas também por diversas forças sociais, grupos de interesses e entidades economicamente potentes, organizados com base no direito privado, cuja actuação (em conjunto ou não) atinge e põe em perigo a liberdade de decisão individual. Estas novas ameaças ou limitações à liberdade podem até ser mais fortes (e incontroladas) do que as ameaças provindas da própria esfera estatal. Também neste contexto o artigo 18.º, n.º 1, quer proteger.

147 O artigo 18.º, n.º 1, aponta para situações de desigualdade e inferioridade de poder (estruturas verticais), defendendo quem estiver ameaçado. A finalidade do artigo 18.º, n.º 1, é, desta maneira, uma função duplamente protectora: contra o poder das entidades estatais e contra os poderes privados superiores, ficando ambos vinculados pelos direitos, liberdades e garantias.

Contudo, os direitos referidos no artigo 18.º, n.º 1, não vinculam as entidades públicas e privadas em termos iguais. Aqui é preciso diferenciar[150]. Partindo da sua premissa histórica e intenção originária, os direitos vinculam as entidades *públicas,* estaduais, regularmente de uma maneira *geral,* enquanto vinculam as entidades *privadas* apenas de uma maneira *especial,* ou seja, quando elas estão numa situação de poder superior, ameaçadora de autonomia, liberdade e igualdade jurídica.

Significa isto que o artigo 18.º, n.º 1, tem ao mesmo tempo uma orientação *conservadora* e *renovadora,* ao querer manter a defesa das liberdades individuais uma vez conquistadas contra o poder político do Estado (os direitos fundamentais são, em primeira linha, direitos de defesa do cidadão contra o Estado), e ao querer, além disso, preservar e defender o espaço das liberdades individuais, actualmente ameaçadas também por poderes alheios ao Estado (ou confundidos com ele...[151]).

Sendo assim, o artigo 18.º, n.º 1, não se aplica directamente às relações normais e habituais entre particulares no tráfico jurídico privado, onde os participantes negoceiam em pé de igualdade (e as suas relações apresen-

[150] Pode ver-se, ainda, V. Pereira da Silva, «A vinculação das entidades privadas pelos direitos, liberdades e garantias», *RDES* XXIX (1987), p. 259.

[151] O prémio nobel da literatura Mario Vargas Losa vai ao ponto de afirmar, com preocupação, que hoje o sistema é caracterizado por alianças recíprocas entre o *Big Business* e o *Big Government.*

tam uma estrutura horizontal) e aquela ameaça falta, visto que tal solução – tendo em conta as finalidades da disposição – nem sequer fazia sentido.

Na verdade, por via de regra, é desnecessária uma aplicação imediata das normas respeitantes aos direitos, liberdades e garantias às relações entre particulares. Isto resulta, sem mais, da subordinação hierárquica do direito privado à Constituição; além disso, nos direitos fundamentais está expressa uma ordem objectiva de valores[152]. Esta impõe-se, naturalmente, a todos os domínios de direito e actua sobre o direito privado de uma maneira *mediata* através das disposições de carácter obrigatório, por meio das cláusulas gerais e por intermédio dos conceitos jurídicos indeterminados, todas elas também moldadas pelo espírito dos valores constitucionais. 148

De qualquer modo, na medida em que os valores, expressos nas normas respeitantes aos direitos fundamentais, se tornam relevantes no âmbito da autonomia privada, a sua relevância é de uma natureza diferente da que existe na relação do Estado para com o cidadão. Como no âmbito da autonomia privada apenas fica vinculado por uma regulamentação jurídico-negocial aquele que nela consentiu, podem ser estabelecidas, de uma maneira *limitada*, por via negocial, restrições relativas àqueles direitos que, todavia, não podiam ser impostas ao indivíduo pelo poder estadual por causa do respeito que este deve aos direitos fundamentais (p. ex., quanto ao direito de liberdade de expressão ou de profissão). Porém, se uma regulamentação jurídico-negocial excede os limites dentro dos quais uma pessoa pode consentir em restrições àqueles direitos, ela é abusiva, constituindo um abuso do direito, ou é contrária aos bons costumes. Desta forma, a ordem objectiva de valores da Constituição acaba por actuar de uma maneira mediata, indirecta, sobre as relações jurídico-privadas em questão[153]. 149

Sendo apreciado neste contexto geral e constitucional, pode concluir-se que o n.º 1 do artigo 18.º prevê a aplicação imediata dos preceitos relativos 150

[152] É fundamental, neste contexto, BVerfGE 7, p. 198 = NJW 1958, p. 257 (Lüth-Urteil), que constitui o ponto de partida de uma jurisprudência estável e permanente do Tribunal Constitucional Federal alemão a este respeito.
[153] Cf. W. Flume II, § 1.10.

aos direitos, liberdades e garantias entre entidades privadas, vinculando-as, com duas ressalvas lógicas:

1.º – a aplicação directa só se verifica na medida em que ela é compatível com o seu carácter defensivo contra o Estado (orientação conservadora do artigo 18.º, n.º 1) ou contra os poderes particulares superiores com força comparável (orientação renovadora do artigo 18.º, n.º 1);

2.º – a aplicação imediata só se dá se o direito privado, com as suas próprias normas e princípios já moldados pelos valores da Constituição, não encontrar uma solução adequada (a lei privada está em contradição com a Constituição, não possui princípios em conformidade com ela ou está lacunosa de todo)[154].

Deste modo, para as relações entre particulares ou entidades privadas, o artigo 18.º, n.º 1, da Constituição consagra um regime de recurso. Caso contrário, uma aplicação incontida da regra do artigo 18.º levaria a uma destruição da autonomia privada. Ora, a Constituição nunca pode ter querido este efeito se ela mesma aceitou, ao recebê-los enquanto tais, princípios e conceitos informadores centrais do direito civil, como, p. ex., personalidade, capacidade e propriedade. Para compreender isto basta ler o artigo 36.º, n.º 1, da Constituição. Ao contrário do texto deste preceito, aplicável por força do artigo 18.º, n.º 1, nem "todos" têm o direito de contrair casamento, como é óbvio.

151 Contudo, diferente e muito difícil é a situação nos casos em que o próprio Estado ou outras entidades públicas intervêm, na sua veste civil, na esfera do direito privado, e já vimos que o podem fazer (ver n.º 47), instrumentalizando o direito privado em função dos seus fins públicos. Neste contexto, o disposto no n.º 1 do artigo 18.º da Constituição pode assumir uma relevância que nas relações entre particulares (autênticos) não necessita de ter.

[154] É exemplar a decisão do BVerfG NJW 1990, p. 1469 (= JuS 1990, p. 930, com a análise de M. Sachs) a respeito do controlo de conteúdo de um contrato marcado por um desequilíbrio acentuado entre as partes como resultado da aplicação de uma norma do direito ordinário, desrespeitadora dos valores constitucionais quanto à garantia da autonomia privada, sendo a norma declarada inconstitucional.

Um meio importante de intervenção na esfera do direito privado, constituem-no as empresas públicas[155]. Estas empresas – que actuam de preferência nas áreas económicas vedadas à iniciativa privada, mas não só – obedecem a regras próprias, desenvolvidas em atenção à sua especificidade. 152

Desta maneira, não possuem autonomia – quando muito pode falar-se da ("livre") iniciativa económica pública[156] – e muito menos autonomia *privada*. Mesmo assim, diz-nos o artigo 14.º do DL n.º 133/2013: "[s]em prejuízo do disposto na legislação aplicável às empresas públicas regionais e locais, as empresas públicas regem-se pelo direito privado, com as especificidades decorrentes do presente decreto-lei, dos diplomas que procedam à sua criação ou constituição e dos respetivos estatutos". De resto, a situação não se altera substancialmente, mas apenas formalmente, quando o Estado se socorre de empresas constituídas sob a forma de sociedades anónimas ou quando transforma empresas públicas neste tipo de sociedades com capitais (exclusiva ou maioritariamente) públicos.

Efectivamente, os autênticos problemas relacionados com o artigo 18.º 153
residem neste âmbito, onde as regras tradicionais do direito privado falham. Por isso, a disposição do artigo 18.º, n.º 1, deve valer sempre que o Estado actua, directa ou indirectamente, exercendo poderes políticos e económicos. Convém lembrar que é precisamente mediante a separação dos poderes político e económico que se defende a liberdade e para a ameaça à liberdade nenhuma diferença faz se é o poder político que se apodera da economia ou se é o poder económico que se assenhoreia do Estado; decisivo para a ameaça à liberdade do indivíduo é o facto da acumulação dos poderes. Este facto ainda é agravado pela "fungibilidade das pessoas dirigentes", que são frequentemente as mesmas, apenas mudando o lugar concreto da sua actividade, "oscilando" entre as suas funções públicas e privadas[157].

[155] Reguladas, primeiro, pelo DL n.º 260/76, de 8 de Abril. Actualmente vigora o regime jurídico do sector público empresarial, aprovado pelo DL n.º 133/2013, de 03 de Outubro, alterado pela Lei n.º 75-A/2014, de 30 de Setembro, e pela Lei n.º 42/2016, de 28 de Dezembro.

[156] Assim a expressão de João Pacheco de Amorim, *cit.*, pp. 193 ss.; sobre o regime anterior, de acordo com o DL n.º 558/99, de 17 de Dezembro, cf. do mesmo autor, *As Empresas Públicas do Direito Português*, Almedina, Coimbra, 2000.

[157] Em França o fenómeno é designado, aliás de forma expressiva, por "*pantouflage*". Para obviar a estas situações é necessário um sistema rigoroso de incompatibilidades a exemplo das obrigações de não concorrência previstas na legislação comercial.

Por estas razões, pensamos que os preceitos constitucionais respeitantes aos direitos, liberdades e garantias se aplicam às empresas públicas ou às empresas privadas com capitais públicos, vinculando-as directamente nas suas relações com os particulares, a não ser que estas empresas se movimentem estritamente em conformidade com as regras do mercado.

2. Perspectivas de evolução

154 A Constituição – na medida em que é uma força conformadora de direito privado – contém, para além da defesa da pessoa, sua auto-responsabilidade e esfera privada, ainda uma perspectiva programática cujos objectivos não podem ser realizados facilmente sem ser à custa do princípio da autonomia privada e da liberdade contratual. São de referir aqui as disposições sobre as tarefas fundamentais do Estado (artigo 9.º, al. *d)*), e sobre a orientação da economia (artigos 80.º ss. e 90.º ss.), sendo certo, porém, que o poder económico deve estar subordinado ao poder político democrático (artigo 80.º, al. *a)*). Estes preceitos apontam para um fortalecimento dos domínios abrangidos pelo direito administrativo.

Assim, o Estado participa directamente nas actividades económicas por meio das empresas públicas e fiscaliza com medidas administrativas o comportamento dos outros agentes económicos. Ele orienta e dirige a economia por meio de instrumentos muito variados (p. ex., a política de crédito, incentivos ou penalizações fiscais, subsídios para apoiar empreendimentos, e demais instrumentos financeiros), em ordem a assegurar um crescimento económico permanente que é o pressuposto para garantir as prestações sociais e criar segurança (eliminar os riscos) a favor dos cidadãos que as recebem. A concepção do indivíduo, autónomo e livre nas suas decisões pelas quais responde, solidário para com os outros, está ameaçada de ser subvertida pelo homem tutelado, dependente de decisões e prestações da administração estadual (ou social[158]) sob a responsabilidade desta.

[158] Este "acompanhamento social", que alimenta expectativas cada vez maiores, só dificilmente pode ser questionado, exactamente por ser "social", em virtude de a palavra "social" se encontrar protegida por um forte tabu positivo. Mas nem tudo o que vem rotulado de "social" está, por isso mesmo, isento de reflexões e críticas: o Estado Social que exagera o acompanhamento social da pessoa torna-se desumano porque pode retirar ao homem aquilo que o

Todavia, desta evolução não resulta que a ideia fundamental do direito privado, o princípio da autonomia privada (acompanhado pela propriedade privada), se tivesse tornado obsoleto. Sucede que, em simultâneo, este foi progressivamente complementado pelo princípio da responsabilidade social dos agentes particulares. De uma concepção mais individualista passou-se para uma concepção individual-social. 155

Esta concepção faz-se sentir, p. ex., no papel de relevo atribuído ao princípio da boa fé; na preocupação de assegurar no direito contratual a justiça comutativa (material); na vinculação social da propriedade privada; na consagração da figura do abuso do direito; no alargamento da responsabilidade pelo risco; nas múltiplas formas de protecção do consumidor; etc.

Também a estandardização e massificação nas relações contratuais deixam as suas marcas: já vimos que, muitas vezes, o conteúdo do contrato individualmente negociado cede o lugar ao conteúdo estabelecido por meio de cláusulas contratuais gerais (cf. n.os 96 ss.), o contrato individual de trabalho é substituído, no que toca ao seu conteúdo, por uma regulamentação colectiva (cf. n.os 52, 136 ss.) e a responsabilidade extracontratual é alargada por indemnizações fundamentadas em causas objectivas (cf. n.os 110 ss.).

Apesar de toda esta evolução, não nos quer parecer que os princípios do direito privado, designadamente o princípio básico da autonomia privada, estejam ultrapassados. O princípio da autonomia não pode ser identificado só com o liberalismo e individualismo dos séculos XVIII e XIX, uma vez que é anterior a estes séculos. Acontece que no século XIX, em que o conceito "autonomia privada" ainda não existia, se sobrevalorizou a concepção individualista do direito privado em reacção aos vínculos e limitações da época feudal anterior. Mas é precisamente na correlação entre a liberdade e solidariedade que se afirma e põe à prova o princípio da autonomia privada (ver n.º 101). Nunca a autonomia privada foi entendida como "absoluta" em relação à ordem jurídica em que se desenvolvia. Também o conflito entre a liberdade individual (expressa na autonomia privada) e a solidariedade social (concretizada na protecção dos mais fracos) sempre foi sentido[159]. As solu- 156

valoriza: a sua autonomia, a sua individualidade, a sua capacidade de actuar de forma solidária e a sua dignidade.

[159] Cf., neste contexto, Werner FLUME, *cit.*, § 1 9.

ções é que variavam conforme os ideais, os conhecimentos e as experiências da respectiva época.

Para o futuro do direito privado (e civil), como uma parte vigorosa da ordem jurídica, é decisivo que os ideais da liberdade, auto-determinação e auto-responsabilidade do homem, ideais esses que são os fundamentos das instituições do direito privado, mantenham a sua força como princípios orientadores, e, consequentemente, é decisivo que uma sociedade que aceita estes princípios esteja disposta a reconhecer uma margem de iniciativa e de actuação ao indivíduo, para que este possa produzir e adquirir livremente os seus bens e dispor deles[160]. Onde aqueles princípios são afastados, apagou-se a ideia de um direito privado vivo e forte dentro da ordem jurídica[161].

III. A DIMENSÃO POLÍTICA DO DIREITO PRIVADO

Bibliografia: Jacques Bellon, *O Direito Soviético* (trad. port. de Elísio Baldinho), Coimbra, 1975. J. Avelãs Nunes, *Os Sistemas Económicos*, Separata do vol. XVI do Boletim de Ciências Económicas, Coimbra, 1975. S. N. Bratous, *As ideias de Lenine acerca do Direito Soviético e da Legalidade Socialista* (trad. port. de M. Leonor), Coimbra, 1976. E. Pasukanis (Pachucanis), *A teoria geral do Direito e o Marxismo* (trad. port. de Soveral Martins), Coimbra, 1977. Luzia Cabral Pinto, *A Constituição no Estado Socialista*, Vértice 1980, pp. 124 ss. L. Cabral de Moncada, *Projecto de um novo Código Civil alemão (Volksgesetzbuch)*, BFD, vol. XIX (1943), pp. 212 ss. Massimo La Torre, *La lotta contro il diritto sogettivo*, Milano, 1988.

1. A inserção no respectivo sistema jurídico-político

157 De tudo o que ficou exposto resulta que o direito privado e o seu âmbito de actuação dependem do sistema jurídico-político em que estão inseridos[162]. Em sistemas políticos de cunho individualista, o espaço destinado ao

[160] Cf. Ludwig Raiser, *Die Zukunft des Privatrechts*, Berlin-New York, 1971, pp. 24 e ss.

[161] Quer dizer, entrou-se naquilo a que F. A. von Hayek chamou, já em 1944, *"The Road to Serfdom"*, tradução alemã, *Der Weg zur Knechtschaft*, Zürich, s. d. (por volta de 1945), de Eva Röpke.

[162] A relevância política do direito privado é realçada e sublinhada por B. Rüthers, continuamente, desde a 1.ª edição do seu livro. São as tomadas de posição deste último autor (n.os 4, 11 a 20, 149 e 150) que influenciaram e marcaram a exposição seguinte.

direito privado tende a ser grande. Em sistemas socializantes, aquele espaço reduz-se, sucessivamente, em sintonia com o avanço da realização dos propósitos socialistas, e acaba por ficar eliminado, praticamente, nos sistemas socialistas colectivistas, que pressupõem uma integral coincidência dos interesses individuais com os interesses colectivos e sociais, de modo que para a liberdade individual apenas ficam espaços residuais.

Desta maneira, o direito privado é parte-componente inseparável do respectivo sistema político, jurídico e social. Não se pode encarar o direito privado apenas como meio de regulamentação das relações jurídicas entre os particulares. O direito privado não se limita a desempenhar essa função que é a sua tarefa primordial e mais importante, mas ele é também um elemento material da ordem constitucional: a decisão de delimitar o espaço de regulamentação do direito privado constitui uma decisão jurídico-política de largo alcance e de grande significado para a respectiva comunidade. 158

Tendo em atenção que não é possível subtrair o direito privado às influências do direito público porque não é possível manter a separação da sociedade do Estado e considerando o facto de que este pretende moldar a sociedade por meio do direito (ver n.º 20), a inserção do direito privado no respectivo sistema jurídico-político significa, inevitavelmente, a sua "instrumentalização" pelo legislador, em obediência às suas decisões políticas. 159

Esta instrumentalização encontra (ou melhor, devia encontrar) os seus limites nos princípios informadores e orientadores do direito privado, de importância fundamental e de largo alcance, uma vez que representam os limites inultrapassáveis traçados à actuação conformadora do legislador[163]. A sua ideia comum visa a conservação da liberdade e da igualdade de todas as pessoas, de todos os homens: eles reagem contra a experiência da perversão desumana do direito nas várias épocas da História (e é interessante constatar o facto de que todas as ditaduras modernas começaram precisamente com o ataque à propriedade privada[164]).

[163] Muito instrutivo, neste contexto, Ernst Wolf, «Das BGB, eine unverzichtbare Grundlage des Rechtsstaats», *ZRP* 1983, pp. 241, 243 ss.

[164] Cf. R. von Jhering (n. 17), p. 70; Rüthers, n.º 15. Sobre o significado essencial da propriedade privada, veja-se G. Dietze, *Zur Verteidigung des Eigentums,* Tübingen, 1978 (trad. da 4.ª

Dentro do sentido referido da inserção no respectivo sistema jurídico-político cabe ao direito privado, em virtude da sua substância dogmática própria, orientada pela liberdade, uma tarefa importante na conformação jurídico-política da respectiva comunidade. Quem quiser entender o direito e aplicá-lo correctamente tem de dominar mais do que o conteúdo dos preceitos legais; deve conhecer a matéria social que se pretende regular (ou conformar) através da lei. Deve saber, além disso, qual o objectivo jurídico-político que é visado por uma determinada regulamentação, e por que razões uma dada questão foi resolvida num sentido e não noutro. É também por meio do direito privado que são caracterizadas e realizadas decisões básicas da sociedade.

2. O direito civil em sistemas jurídicos colectivistas

160 A interligação e a inserção do direito privado no respectivo sistema político encontram múltiplas provas ao longo da história. Estas provas contêm-nas, com singular clareza, os sistemas políticos colectivistas, onde o direito privado fica desprovido de qualquer substância ou autonomia própria, encontrando-se numa situação de perfeita instrumentalização e total descaracterização[165].

Enquanto a finalidade da ordem jurídica em sistemas políticos de cunho individualista consiste em garantir ao indivíduo uma esfera privada, subtraída ao Estado, esfera essa ordenada por direito privado e direito civil, onde

edição americana), pp. 46 a 76 (propriedade, liberdade e direitos cívicos) e pp. 112 a 152 (o declínio da propriedade no século XX), sendo certo que o autor assume posições extremadas.

[165] Esta parte das lições orienta-se pelo exemplo alemão, e isto não tanto por virtude do acesso linguístico imediato ou por causa de um entendimento mais fácil da realidade social, mas antes devido ao facto de ter sido na Alemanha que os modelos colectivistas e individualistas foram teorizados e, depois, também praticados.

"É preciso reconhecer que as fontes de muitas das forças mais nocivas no mundo com frequência não são homens maus, mas sim idealistas generosos, e que foram sobretudo sábios honestos e bem-intencionados que criaram os fundamentos para a barbárie totalitária... Em nenhum lugar a situação é mais nítida do que na Alemanha, que não só forneceu em larga medida ao mundo as ideias filosóficas que produziram os regimes totalitários como foi também um dos primeiros países que se rendeu a este produto de ideias alimentadas no domínio abstracto" (F. A. von Hayek, I, p. 101).

o homem estabelece de livre vontade as suas relações jurídicas e responde pelos seus actos, as ordens jurídicas colectivistas possuem outros objectivos, orientados por uma concepção diferente do homem.

Estas ordens integram-se em sistemas ideológicos que negam ao indivíduo autonomia originária e própria face ao Estado e à sociedade. Quer dizer, não se lhe nega a individualidade, mas a sua natureza originária e autónoma. Por isso, o indivíduo constitui, sempre e apenas, uma parte de um todo ao qual é relativo e em que se insere, sem tensões ou fricções, e donde deduz o seu valor.

Em termos correlativos, a ordem jurídica visa o estabelecimento e a manutenção de uma coincidência absoluta entre interesses públicos e privados (que, no fundo, deixam de se verificar), ao negar a existência de tensões entre interesses colectivos e interesses particulares. Na verdade, as tensões não têm razão de ser, visto o indivíduo não ter autonomia originária, de modo que, como ser inserido num todo (Estado e sociedade), não pode opor-se a este mesmo todo de que é somente parte e não também contraparte.

Por isso, os sistemas políticos colectivistas possuem ordens jurídicas para as quais a separação entre sociedade civil e Estado não existe, onde assim desaparece a divisão entre o direito privado e o direito público, sendo o direito unitário[166].

Em certa medida, e encarando o problema sob um aspecto histórico, a 161
colectivização do direito privado poderá ser entendida como uma resposta radical à individualização extrema do direito privado na época do liberalismo individualista. Ao convite do "*enrichissez-vous*" é dada a resposta em sentido contrário: "*Eigentum ist Diebstahl*"[167].

Contudo, tal como o liberalismo individualista e a sua expressão jurídica nas leis são fenómenos históricos, ultrapassados, também as suas respostas colectivistas já o são ou tenderão a sê-lo. A alternativa "liberalismo individualista – colectivismo" é errada por não corresponder, nem nunca ter correspondido, à realidade social. A realidade social não é unidimensional num

[166] A este respeito pode ler-se, ainda hoje, o estudo de L. Dikoff, «L 'évolution de la notion de contrat», in *Études de Droit civil à la mémoire de Henri Capitant*, Vaduz-Paris, 1977 (reimpressão da edição de 1939), pp. 201, 204 s., 212 s., onde se contrapõe o "indivíduo isolado" ao "membro harmoniosamente integrado na comunidade nacional".

[167] Assim Pierre-Joseph Proudhon.

sentido ou noutro porque também os homens não são unidimensionais (ver n.os 3 a 7).

162 Como exemplos de sistemas políticos colectivistas vão ser referidos (e apenas referidos!) o nacional-socialismo alemão, como cambiante mais radical do fascismo europeu, e o marxismo-leninismo de tipo soviético, na medida em que aparecem como reacção ao liberalismo individualista.

É evidente que nacional-socialismo (com uma forte dose de irracionalidade) e marxismo-leninismo (como produto perfeito do racionalismo ou, no dizer de F. A. von Hayek, do construtivismo) apresentam entre si diferenças assinaláveis. Mas eles revelam traços decisivos em comum, ou seja, o colectivismo – que em ambos os casos visa um determinado tipo de "homem concreto", quer dizer, o homem-raça e o homem-classe, respectivamente – a organização das estruturas de poder, designadamente estruturas partidárias que se sobrepõem às estruturas organizatórias do Estado[168], a legitimação do recurso à violência, tanto física como psíquica e verbal, para a realização dos seus fins[169], bem como a subordinação da ciência à ideologia, cabendo-lhe não a procura de conhecimento e verdade científicos, mas sim o papel da defesa da ideologia dominante[170].

Por isso, justifica-se o tratamento em conjunto daqueles dois sistemas políticos colectivistas no que diz respeito à funcionalização de direito privado e civil, com vista à realização dos seus objectivos políticos de índole colectivista.

[168] Temos como exemplo a *Gesetz zur Sicherung der Einheit von Partei und Staat* (a Lei para assegurar a unidade de Partido e Estado), de 1 de Dezembro de 1933, que proclama a NSDAP (Partido dos Trabalhadores Alemão Nacional-Socialista) como portadora da concepção ideal do Estado).

[169] Aliás, é interessante ver que o teórico da violência, Georges Sorel, *Réflexions sur la violence*, 1.ª ed. 1906 (utilizámos a 11.ª ed., Paris 1950), serviu como fonte de inspiração tanto a Antonio Gramsci, o fundador do partido comunista italiano, como a Benito Mussolini, o "*duce*" fascista da Itália.

[170] Neste contexto, mas não só, é digno de leitura o trabalho de J. W. Stalin, «*Über den Marxismus in der Sprachwissenschaft*», in *Marxismus und Literatur* (hrsg. V. F. Raddatz), Reinbek bei Hamburg, 1969, vol. 3, p. 7.

a) O direito civil na ordem jurídica nacional-socialista

A ordem jurídica nacional-socialista tinha por base a ideologia nacional-socialista (uma "*Weltanschauung*"), que assentava sobre duas componentes fundamentais: o elemento de raça ou de povo (*völkische Lebensordnung*) e o elemento colectivista[171]. Os objectivos a realizar a este respeito constavam do programa do partido nacional-socialista – e com toda a clareza desejável. Os n.os 4 e 5 do programa do partido postulavam: "Apenas pode ser cidadão (*Staatsbürger*) quem for camarada do povo (*Volksgenosse*). Camarada do povo apenas pode ser quem for de sangue alemão (...) Quem não é cidadão, apenas pode viver na Alemanha como hóspede e estará sujeito à legislação para estrangeiros". 163

Consequentemente, foi proposta a substituição do conceito de *Rechtsfähigkeit* (capacidade jurídica) do § 1 BGB, concebido para cada homem, o homem universal, por um conceito novo, apenas concebido para o homem germânico.

Em execução do programa apareceu, em 1942, para o campo do direito privado, o projecto de um Código do Povo (*Volksgesetzbuch*)[172] que mantinha aquelas distinções, dirigindo-se unicamente aos cidadãos. Apenas a estes foi atribuída (!), não a capacidade jurídica (*Rechtsfähigkeit*), mas somente uma posição jurídica (*Rechtsstellung*) de pleno direito, dentro da comunidade do povo (*Volksgemeinschaft*), enquanto aos outros foi concedida uma posição jurídica limitada, inferior. Deste modo, violou-se o princípio fundamental da igualdade jurídica dos homens, ou seja, um dos pilares do direito privado. 164

Mas o projecto do *Volksgesetzbuch* – apresentados foram as "Regras de base" e o Livro I – patenteou também a componente colectivista, de resto já expressa na referida atribuição de uma posição jurídica dentro da comunidade do povo, onde não há lugar para a personalidade originária. Nas regras de base lê-se, p. ex., que "lei suprema é o bem-estar do povo" ou "primeira 165

[171] Cf. a este respeito, p. ex., B. Rüthers, *Die unbegrenzte Auslegung*, Tübingen, 1968 (2.ª edição, Frankfurt, 1973); M. Stolleis, «Die Rechtsordnung des SS-Staates», *JuS* 1982, p. 645.

[172] *Volksgesetzbuch. Grundregeln und Buch I. Entwurf und Erläuterungen*, Vorgelegt von J. W. Hedemann-H. Lehmann- W. Siebert, *Arbeitsberichte der Akademie für Deutsches Recht*, Nr. 22, München und Berlin, 1942.

obrigação de cada camarada do povo é empenhar as suas forças plenamente em prol da comunidade do povo" ou "o bem da comunidade está sempre acima do bem particular".

A componente colectivista ficou saliente na própria sistematização e no articulado do Livro I do projecto do *Volksgesetzbuch*, que começava por afirmar, logo no seu primeiro preceito, o § 1: "Cada camarada do povo tem de prestar, na sua pessoa e com o seu património, à comunidade do povo o que for necessário à existência e prosperidade desta". Portanto, o indivíduo por si não tem valor; decisiva é a comunidade do povo, o bem-estar do povo, como o mais alto valor ou a lei suprema a que se devem achar subordinados todos os outros interesses.

O projecto não chegou a ser transformado em lei, mas a interpretação do direito privado foi adaptada, em todas as questões de alguma importância, à ideologia nacional-socialista tal como ela constava do programa do partido[173].

166 Assim, no que diz respeito ao contrato, este não foi entendido como meio da conformação autónoma de relações jurídicas individuais, mas, pelo contrário, como "um meio de conformação da ordem do povo", para a qual a comunidade necessitava da colaboração dos camaradas do povo, inserindo-se aquele meio conformador de uma maneira positiva na ordem do povo. O contrato visava, nestes termos, a perfeita interpenetração mútua e unidade concreta da vontade individual e da vontade comum, deixando de ser um assunto dos contraentes para se transformar numa parte da vida comunitária. Desta forma, não se tratava de meras limitações à liberdade contratual, mas de uma alteração do conceito "contrato". Caminhava-se da autonomia privada para a direcção estatal. Na verdade, o conceito da autonomia privada e aquilo que ele representa foram designados por inadequados.

Também a propriedade privada estava subordinada ao entendimento que o nacional-socialismo tinha do Estado e da sociedade. Este entendimento

[173] Em 1934 Carl SCHMITT escreveu, *JW* 1934, p. 713, 717: "Todo o direito alemão vigente deve ser dominado exclusiva e unicamente pelo espírito do nacional-socialismo. Toda a interpretação há-de ser uma interpretação no sentido nacional-socialista". Nesta lógica, o § 1 da *Steueranpassungsgesetz* (Lei de adaptação fiscal), de 1934, determinou: "As leis fiscais serão interpretadas de acordo com a concepção nacional-socialista" e o § 2, n.º 3, ditou que também as questões da equidade e utilidade deviam ser decididas segundo os mesmos critérios ideológicos. Ver a este respeito, em pormenor, Bernd RÜTHERS, *Die unbegrenzte Auslegung, cit.*

não concebia o indivíduo como titular autónomo e auto-responsável de direitos subjectivos, mas apenas como membro de uma "ordem de vida do povo", uma ordem que, repetidas vezes, foi interpretada como sendo um socialismo alemão[174]. O proprietário não era o titular de direitos próprios em relação a outros proprietários ou ao Estado, mas apenas estava dotado de uma "posição jurídica de camarada do povo" (*volksgenössische Rechtsstellung*). Daí pode deduzir-se que a propriedade, ou os outros direitos subjectivos privados, não eram reconhecidos a título de direitos individuais, cujo respeito só por isso se impõe à lei, mas como elementos de vida da comunidade, estando à disposição desta. Todo o regime da propriedade estava sob a reserva da sua compatibilidade com os objectivos do sistema.

Em tudo isso se reflecte o carácter totalitário da ordem jurídica nacional-socialista como instrumento ao serviço do poder político que procura a dominação completa dos seus súbditos[175].

b) O direito civil na ordem jurídica marxista-leninista

A mesma instrumentalização do direito ao serviço do poder político 167
reencontrámo-la na concepção jurídica da ideologia marxista-leninista (uma "*wissenschaftliche Weltauffassung*"), aliás, com alguns vestígios na Constituição portuguesa vigente. Também o marxismo-leninismo assenta sobre duas componentes fundamentais: o elemento de classe e o elemento colectivista[176].

[174] Ernst Rudolf HUBER, *Die Gestalt des deutschen Sozialismus*, Hanseatische Verlagsanstalt Hamburg, 1934.

[175] A equiparação do "*Volksgesetzbuch*" a uma codificação (tradicional) de direito civil, feita por F. Wieacker, é uma mistificação – talvez explicável pelo facto de ele ter sido um dos colaboradores do Livro I daquele projecto; cf. a este respeito, F. WIEACKER, «Das bürgerliche Recht im Wandel der Gesellschaftsordnungen», in F. WIEACKER, *Industriegesellschaft und Privatrechtsordnung*, Frankfurt, 1974, p. 38.

[176] Cf. ainda J. M. BOCHENSKI, O. P., *Die kommunistische Ideologie*, 3.ª ed., Bonn, 1957; E.-W. Böckenförde, *Die Rechtsauffassung im kommunistischen Staat*, 2.ª ed., München, 1967; W. A. KUTSCHINSKI, *Persönlichkeit, Freiheit, Recht* (trad. alemã do original russo), Berlin, 1980; N. A. ALEXANDROV, *O Estado e o Direito* (trad. port. do original russo), 2 vols., Amadora, 1978 e 1980; Peter RÖMER, *Rechtliche Grundlagen der Politik*, DuR 1973, p. 232; G. EGLER – u.a., *Staatsrecht der DDR*, Berlin, 1978, p. 113 ss. (o livro segue, como vem explicado no prefácio, em larga medida as experiências soviéticas), Jürgen LÖBBE, *Sozialistische Rechtsanwendung*, Hamburg 1998; Michael STOLLEIS, *Sozialistische Gesetzlichkeit. Staats- und Verwaltungsrechtswissenschaft in der DDR*, München, 2009.

Os homens pertencem, segundo o seu papel na produção económica, a classes diferentes que se combatem mutuamente e sem tréguas: a classe exploradora e a classe explorada. As classes distinguem-se de uma maneira qualitativa; assim, os membros de cada classe apresentam graus de existência humana *essencialmente* diferentes. Resulta daqui, como princípio, a desigualdade essencial entre os homens enquanto existirem classes. É necessário chegar à sociedade sem classes para haver igualdade entre os homens. Enquanto esta sociedade não tiver sido atingida, o direito tem de tratar os homens de uma maneira desigual, em função da classe a que pertencem. Portanto, também aqui é violado o princípio fundamental da igualdade jurídica de todos os homens.

No que diz respeito, neste contexto, à relação "classe-indivíduo", ela caracteriza-se pela concepção dialéctica do indivíduo. Este é sempre pensado como parte ou momento de um todo ao qual é relativo, como parte da sociedade ou, então, mais concretamente, como parte de uma classe em que se insere: o homem-classe (não o homem universal). Por seu lado, o ser do homem (homem em sentido de humanidade) é o conjunto das relações sociais (*das menschliche Wesen (...) ist das Ensemble der gesellschaftlichen Verhältnisse*) que se reflecte no indivíduo, nunca pensado autonomamente, mas dentro de um todo ou por meio de um todo.

168 Para exemplificar a componente colectivista do sistema jurídico, citam-se em seguida alguns exemplos legislativos que mostram a inserção total e a subordinação completa da lei civil aos objectivos colectivistas.

O preâmbulo do Código Civil (ZGB) da antiga República Democrática Alemã, de 19 de Junho de 1975, estabelece de entre as finalidades da lei civil, a seguinte: "(...) O direito da República Democrática Alemã serve, na sua totalidade, à realização da política empenhada no bem-estar do povo. A tarefa do direito civil socialista, como parte do direito unitário, consiste em conformar (...) relações sociais (...)". Por conseguinte, "o direito civil visa a garantia da concordância dos interesses individuais e colectivos com as exigências sociais" (§ 2). "Os direitos e deveres dos cidadãos, nas suas relações abrangidas pelo direito civil, são determinados pelas condições sociais socialistas (...)" (§ 6, n.º 1). "O exercício de um direito não é admitido se isto significar a prossecução de objectivos que contradigam os preceitos legais ou os princípios da moral socialista" (§ 15, n.º 2).

Decorre daí que o direito socialista, em conformidade com a doutrina marxista-leninista da unidade do sistema jurídico, não distingue entre direito público e direito privado, podendo os "cidadãos" apenas fazer uso dos seus direitos em concordância completa com os objectivos da sociedade. Aliás, segundo o § 1, n.º 1, ZGB é sua tarefa essencial desenvolver os "cidadãos" (a lei evita falar em "pessoas" ou "homens") aos quais se atribui personalidade jurídica, em direcção a personalidades socialistas plenamente formadas. Desta maneira, o direito civil é um instrumento da direcção estatal e visa apenas relações sociais, não sendo um ordenamento com que se regulamentam relações privadas[177]. 169

Esta constatação significa para o contrato o seguinte: como na sociedade socialista as exigências gerais da sociedade e os interesses colectivos e individuais estão em plena concordância, o contrato constitui apenas a forma jurídica mediante a qual os cidadãos estabelecem, conformam e cumprem as suas relações jurídicas recíprocas tanto no interesse geral da sociedade como no interesse mútuo. Este aspecto do "método de direcção civilística" não pode ser entendido, pois, como uma igualdade jurídica dos participantes à procura de um equilíbrio dos seus interesses privados (muito embora aquela conformação contratual obedeça a uma "auto-responsabilidade comum"). 170

A propriedade constitui uma relação *social* complexa que abrange as relações dos homens entre si a respeito das condições de produção *e* dos produtos. O direito de propriedade incide sobre aspectos significativos daquelas relações, na medida em que deles resultam as faculdades que caracterizam as relações entre titulares e não titulares a respeito dos objectos sobre os quais recai o direito de propriedade. A propriedade socialista, colectiva, abrange os meios de produção e os solos, enquanto a propriedade pessoal (não propriedade "privada") incide sobre bens de consumo ou de uso pessoal. A propriedade pessoal é garantida, objectivamente, pela existência e pelo desenvolvimento da propriedade socialista. Nestes termos, a propriedade pessoal é limitada e funcionalizada, de acordo com os objectivos gerais do direito civil.

[177] Em pormenor, Valentin Petev, *Sozialistisches Zivilrecht,* Berlin-New York, 1975; Georg Brunner, *Zivilrecht der Deutschen Demokratischen Republik,* Textsammlung mit Einleitung und Verweisungen, München, 1977; J. Göhring/M. Posch/et. al., *Zivilrecht,* 2 vols., Berlin, 1981.

171 Tendo em conta que a economia é dirigida por um Plano e que o direito civil apenas se refere a certas relações de valor pecuniário (o direito da família não faz parte do direito civil), verifica-se que o conteúdo material do direito civil é extremamente limitado: ele consiste apenas em conformar as relações sociais no âmbito do abastecimento da população com bens e serviços diários (arrendamento urbano, compra e venda, prestação de serviços, contas bancárias, auxílio mútuo e doações, responsabilidade civil, direito sucessório, etc.). Mesmo assim, são frequentes as intervenções da administração pública, podendo acontecer que sejam criadas relações civis por meio de actos administrativos. Por conseguinte, o direito civil serve para atingir, quanto às poucas matérias por ele abrangidas, as metas do Plano (cf., p. ex., §§ 96 e 134 ZGB); trata-se unicamente da escolha do instrumento mais racional, dentro de uma sociedade centralmente dirigida, mediante o qual são realizados determinados objectivos socialistas. Nestes termos, as funções do direito civil limitam-se a atribuir e distribuir certos bens e serviços.

Assim, a ideia básica das regulamentações civis é aparentemente a de proteger e satisfazer, mas também de orientar e limitar, as necessidades dos cidadãos por parte do Estado[178], não sendo preciso que estes satisfaçam grandes exigências quanto à sua capacidade negocial. Neste sistema não há, como é evidente, um lugar para a autonomia privada ou para a garantia de uma esfera privada de exercício de direitos. Não há sequer um aspecto residual de privacidade no direito civil. Deste modo, a função do direito civil socialista é essencialmente diferente da função do direito civil num sistema individualista-personalista. Estamos em face de uma outra concepção jurídica[179]. Resta acrescentar que esta concepção tem, evidentemente, profundas repercussões no papel dos tribunais, cuja função consiste em realizar a política socialista[180].

172 Fazendo, agora e por fim, uma comparação dos direitos civis dos vários sistemas políticos em questão de uma maneira estrutural, poderá dizer-se, então, que nos sistemas políticos colectivistas o direito civil apresenta – tal

[178] Georg Brunner, *cit.*, p. 18, fala do *Versorgungsrecht des kleinen Mannes.*

[179] Cf. neste contexto F. Bydlinski, pp. 72-80 e 297-298, que aponta sobretudo para o critério da liberdade, respectivamente da sua falta.

[180] Por isso tem razão F. A. von Hayek, I, p. 124, quando diz que um juiz socialista é uma *contradictio in adiecto.*

como o direito público – uma estrutura vertical (um meio de direcção estatal de relações sociais, visando o abastecimento da população com bens e serviços dentro de uma economia superior e centralmente planificada), enquanto que nos sistemas políticos individualistas o direito civil apresenta – ao contrário do direito público – uma estrutural horizontal (regulamenta as relações privadas, subtraídas ao Estado, entre os particulares que agem segundo a sua vontade e interesses em pé de igualdade mútua, dentro de uma economia de mercado).

Deste modo, o direito civil nas sociedades colectivistas desconhece autonomia e iniciativa privadas: o que existe é uma "iniciativa organizada". Não há dinâmica individual, mas dinâmica planificada. Os impulsos vêm da burocracia que estabelece as metas a atingir em execução do Plano[181].

[181] Este sistema, para poder funcionar (e para poder trazer resultados optimizados) pressupõe naturalmente uma concentração dos conhecimentos numa entidade só, que será o "*bureau central*" do plano. Ora bem, esta concentração do saber (com capacidade de prever o futuro) não é possível. Cf. F. A. von Hayek, I, pp. 27 a 33.

PARTE C

FONTES DO DIREITO CIVIL PORTUGUÊS

I. A LEGISLAÇÃO ANTERIOR AO CÓDIGO CIVIL DE 1966. RESENHA HISTÓRICA

Bibliografia: A. M. Hespanha, O jurista e o legislador na construção da propriedade burguesa liberal em Portugal, em: O século XIX em Portugal (= vol. 9 da Colecção Análise Social), Lisboa, s. d., p. 211. G. Braga da Cruz, *O direito subsidiário na história do direito português*, Coimbra, 1975. A. Braz Teixeira, *O pensamento filosófico-jurídico português*, Lisboa, 1983. M. Reis Marques, O liberalismo e a codificação do Direito Civil em Portugal, Separata do vol. XXIX do Suplemento ao BFD, Coimbra, 1987, pp. 155 a 196. M. J. de Almeida Costa, História do Direito Português, Coimbra, 1989, pp. 345 a 417.

Depois de termos situado o direito civil dentro do "espaço" do direito, nomeadamente dentro do campo do direito privado, vamos fazer uma pequena resenha histórica, ao situar o direito civil no "tempo", em ordem a completar, na medida do estritamente necessário, algumas considerações a partir de uma perspectiva diferente.

Na verdade, muitas soluções legais compreendem-se melhor a partir da evolução que a elas conduziu. Além disso, tornam-se conscientes os problemas que resultam da justaposição sucessiva de várias "camadas legais", oriundas às vezes – em consequência dos ensinamentos do direito comparado – de lugares diferentes, necessitando, por isso, de uma articulação harmoniosa e sistemática com o tecido legislativo existente onde são acolhidas.

1. As origens romanas

173 Já ficamos a saber que a divisão entre direito público e direito privado remonta ao direito romano (cf. n.º 39). De facto, o direito privado romano constitui, com acentuações diferenciadas, um património jurídico-cultural comum dos povos europeus.

Como todo o direito, também o direito romano apenas pode ser entendido dentro e a partir da evolução cultural e estadual em que está inserido. Para o efeito, temos de considerar que o tempo que medeia entre a sua primeira fixação escrita (portanto, não o tempo da sua criação, mas o da sua publicação como o direito vigente transmitido como direito consuetudinário) na Lei das Doze Tábuas (por volta de 450 a.C.) e as últimas codificações abrange um milénio (a *Lex Romana Visigothorum* do rei visigodo Alarico II, relativa ao direito vigente numa parte ocidental do antigo império, publicada em 506 d.C., e o *Codex Justinianus*, posteriormente designado por *Corpus Iuris Civilis*, relativo ao direito romano vigente no império romano oriental, publicado entre 530 e 534).

Podem distinguir-se quatro períodos históricos: o reino (até 510 a.C.), a república (510 até 31 a.C.), a época imperial (31 a.C. até 300 d.C.) e o período dos imperadores absolutos até Justinianus (300 até 565).

A época imperial, especialmente os seus dois primeiros séculos, coincide com o período clássico do direito romano. Deste tempo ficaram conservados as *institutiones* do jurista Gaius e – além dos fragmentos de outros trabalhos jurídicos – os trabalhos de Ulpianus. Eles ingressaram, numa dimensão apreciável, no *Corpus Iuris Civilis*. Foi essencialmente por intermédio desta codificação que o direito romano nos foi transmitido[182].

174 O *Corpus Iuris Civilis* está dividido em duas partes[183].

[182] A continuação das linhas de força do direito romano nas instituições, e mesmo nas soluções concretas, do direito civil moderno, mostra-nos muito bem o livro de estudo de Th. Mayer-Maly, *Römisches Privatrecht*, Wien-New York, 1991.

[183] Ver: *Corpus iuris civilis*, Editio stereotypa (Krueger-Mommsen), Berlin 1911 (I, 1.º e 2.º), 1915 (I, 3.º), 1912 (II); Sebastião Cruz, *Direito Romano*, Coimbra, 1973; Cf. também José de Oliveira Ascensão, *O Direito. Introdução e Teoria Geral*, *cit.*, pp. 125 a 137.

I. A Codificação é composta por:

(1.º) as *Institutiones* ou *Institutas*, divididas em quatro livros, um compêndio com 56 páginas, que constituem uma pequena introdução à ordem jurídica, com força de lei, principalmente com base no sistema do jurisconsulto Gaius (2.º séc. d.C.), sendo a matéria exposta segundo a ordem *personae* (situação pessoal e familiar), *res* (direito das coisas e sucessões), *actiones* (direito das obrigações e acções);

(2.º) o *Digesta* ou *Pandectae* ou Digesto ou Pandectas que reúnem extractos de obras de juristas romanos clássicos sobre direito processual, direito privado, direito penal e direito administrativo, distribuídos por 50 livros com 926 páginas; os *digesta* ou *pandectae* estão divididos do modo seguinte: 1.ª secção – princípios gerais sobre o direito e a jurisdição; 2.ª secção – protecção jurídica da propriedade e dos outros direitos reais; 3.ª secção – obrigações e contratos; 4.ª secção – obrigações e família; 5.ª secção – herança, legados, fideicomissos; finalmente há ainda mais duas secções, sem denominação especial, que se referem a diversos institutos heterogéneos;

(3.º) o *Codex Iustinianus*, ou seja, as Constituições, dividido em 12 livros com 488 páginas, que reúne uma compilação actualizada de leis do imperador, de Adriano a Justiniano.

Estas três obras referidas constituem uma unidade legislativa.

II. (4.º) as Novelas ou *Novellae*, com 803 páginas, não pertencem à própria codificação e respeitam a leis imperiais publicadas posteriormente (± 535-575); já estão redigidas predominantemente em língua grega, e foram acrescentadas mais tarde.

O *Corpus Iuris Civilis* – depois de um período de esquecimento – veio a 175
obter um êxito e um significado enormes na Europa continental, irradiando a partir da Universidade de Bolonha (situada no antigo Estado da Igreja), que granjeou uma grande reputação por causa do estudo científico do direito romano, sendo a mais célebre Universidade de Direito da Idade Média.

São de distinguir duas grandes escolas: os glosadores, entre 1100 e 1250, cujo último representante é Accursius, o qual concluiu o trabalho dos glosadores (glosa de Acúrsio); os postglosadores ou comentadores, entre

1250 e 1450, cujos representantes principais são Cinus, Bartolus e Baldus. Enquanto os glosadores transmitiram, através das suas *glosas,* o domínio do *Corpus Iuris Civilis,* coube aos postglosadores, mediante os seus *comentários,* modernizá-lo e adaptá-lo ao direito medieval italiano, bem como ao direito canónico. Entre os postglosadores, Cinus e Bartolus foram profundamente influenciados pela escolástica francesa do século XIII.

176 Além disso, foi muitas vezes por intermédio do direito da Igreja, do direito canónico[184], que o pensamento jurídico romano foi introduzido nas ordens jurídicas europeias, influenciando-as e modificando-as profundamente. E assim, não apenas o direito privado, mas também os outros ramos de direito, com destaque para o direito processual, e até a moderna administração pública, muito devem ao exemplo do direito canónico.

177 Com início no século XII, mas designadamente a partir dos séculos XV e XVI, o direito romano do *Corpus Iuris Civilis* (na sua configuração medieval moderna) foi recebido como direito vigente em vários países europeus, tendo sido objecto da ciência jurídica praticamente em todos eles, onde se formaram as respectivas escolas.

Devem ser mencionadas a chamada "escola francesa", dos séculos XVI e XVII, uma escola imbuída do espírito humanista e renascentista, cujos representantes mais distintos eram franceses (p. ex., Cuiacius e Donellus); a "escola prática", dos séculos XVI a XVIII, que adaptou o direito romano às necessidades práticas alemãs, combinando-o com elementos do direito germânico, e que levou ao "*usus modernus pandectarum*" (enquanto os humanistas ensinaram o direito romano como direito mundial, a ciência da escola prática tinha um cunho nacional, dada a sua orientação na aplicação prática); a "escola do direito natural", dos séculos XVII e XVIII, que sublinhava, ao lado do direito positivo, um direito supra-legal, fundamentado na razão e na

[184] Temos, nomeadamente, o *Decretum Gratiani* que por volta de 1140/1150 foi concebido em Bolonha como livro de ensino que mais tarde obteve autoridade de lei; os *Decretales* (ou *Liber Extra*) que foram publicados em 1234 pelo Papa Gregório IX; o *Liber Sextus,* de 1298; as *Clementiae,* de 1317; e os Extravagantes de 1325. Todos os elementos referidos fazem parte do chamado *Corpus Iuris Canonici* (1532). Depois, os decretos do Concílio Tridentino (1545-1563). Ver em pormenor o *praefatio* do *Codex Iuris Canonici,* de 1917, que veio a ser substituído pelo Código actual, de 1983.

natureza humana (cf. supra, n.º 15); a "escola histórica do direito", do século XIX, que procurava o conhecimento do direito romano "puro", consagrado no *Corpus Iuris Civilis*, levando a um afastamento do "*usus modernus pandectarum*" (= o direito comum vigente na Alemanha), e que tinha como representantes mais distintos Savigny (obra principal: *System des heutigen römischen Rechts* (sistema do direito romano hodierno) e o seu aluno Puchta.

Em consequência desta evolução, o direito romano tornou-se, indirectamente (p. ex., na França) ou directamente (na Alemanha), um dos fundamentos de todas as ordens jurídicas privadas continentais. Mas em nenhum outro país o direito romano teve um êxito tão grande como na Alemanha, onde se verificou uma recepção quase completa de todo o direito privado romano, tendo sido afastados os direitos germânicos (o facto pode ser explicado com a necessidade prática de possuir um direito uniforme que se substituísse à grande diversidade dos direitos germânicos, vigentes nos numerosos Estados territoriais).

De resto, a evolução referida encontra a sua expressão nas codificações 178
nacionais do direito civil, elaboradas no decurso do século XIX. Todas elas (p. ex., os códigos francês, austríaco, português, espanhol, alemão) se inserem naquela tradição europeia – apesar de rejeitarem o "universalismo romano" e de apresentarem características nacionais específicas, condicionadas pela época em que foram feitas – estando de acordo com os interesses de uma burguesia mercantil e empreendedora que nelas traduziu o seu credo filosófico-político liberal. Basta ver a sistematização do *Code Civil* francês – orientada na exposição das *institutas* do *Corpus Iuris Civilis* (o sistema de Gaius) – ou a do BGB alemão – que seguiu no essencial a divisão das *pandectas* – para ter uma ideia da influência exercida pelo direito romano. Assim, pode dizer-se que o direito privado constitui sem dúvida a grande realização jurídica dos romanos, realização essa que permaneceu e, ao permanecer, mostra uma continuidade evolutiva de mais de dois mil anos. E talvez seja na sua base que as tentativas para a criação de um direito civil europeu ganham novos impulsos[185].

[185] O Parlamento Europeu pediu, na sua resolução de 26 de Junho de 1989 (J.O. C 158/40), a criação de um Código Civil comunitário. Entretanto, a *Commission of European Contract Law* analisa as possibilidades de uma codificação do direito europeu dos contratos, que está em sintonia com o peso económico da Comunidade e se insere na tradição das codificações civis históricas, tais como o *Corpus Iuris Civilis*, o *Code Civil*, o BGB e o ABGB. Cf., ainda, R. Zim-

2. As Ordenações

179 A influência do direito romano também teve o seu peso em Portugal. Nos primeiros tempos depois da independência, ainda continuava em vigor o direito do reino de Leão. Mas com o renascimento do direito romano a partir da Escola de Bolonha (n.º 175), o direito português começou a autonomizar-se do direito leonês e castelhano (sem que tivesse havido um renascimento jurídico alimentado na *Lex Romana Visigothorum* ou legislação visigoda posterior, como, p. ex., o *Liber Judiciorum*). Para o efeito, os juristas portugueses apoiaram-se no *Corpus Iuris Civilis* e na doutrina e dogmática do direito canónico. Contudo, continuavam a usar-se, como fontes subsidiárias de direito, algumas obras de origem castelhana. Entre estas teve uma enorme aceitação a colectânea "*Siete Partidas*", que mais tarde viria a ser uma importante fonte das Ordenações Afonsinas.

180 As *Ordenações Afonsinas* constituem uma colectânea sistemática e actualizada do direito vigente na sua época e foram promulgadas em 1446 ou 1447, ou seja, durante o reinado de Afonso V. Deste modo, Portugal possuía já bastante cedo, em comparação com outros países europeus, um direito uniforme.

As Ordenações – não limitadas, portanto, ao direito privado ou civil, mas abrangendo todo o direito vigente – estão divididas em cinco livros. O livro I contém os regimentos dos diversos cargos públicos, tanto régios como municipais; o livro II oferece um conteúdo bastante heterogéneo, ao ocupar-se dos acordos celebrados entre o rei e as autoridades eclesiásticas (referentes a direitos e privilégios da Igreja), dos direitos da Coroa, dos impostos e da sua cobrança, dos privilégios da nobreza e dos donatários régios e da legislação especial para mouros e judeus; o livro III contém as normas do processo civil; o livro IV trata do direito civil substantivo (faz-se portanto a distinção entre direito formal e material), enquanto o livro V é dedicado ao direito e processo criminal. Mesmo sendo assim estruturadas, as Ordenações Afonsinas não podem ser comparadas com codificações modernas, estando longe de

MERMANN, «Das römisch-kanonische ius commune als Grundlage europäischer Rechtseinheit», *JZ*, 1992, p. 8: impõe-se uma "europeização" (e com isso uma "desprovincialização") de investigação e ensino, mas não necessariamente uma codificação uniforme.

constituírem um sistema completo; mas comparadas com outras legislações da época eram uma obra notabilíssima.

Entre 1512 e 1521 foram publicadas as *Ordenações Manuelinas* que introduziram alterações materiais de vulto nas Ordenações Afonsinas, mantendo embora a estrutura destas e distribuindo as matérias tratadas aproximadamente pela mesma ordem.

Posteriormente surgiram, em 1602 ou 1603, as *Ordenações Filipinas* (cuja 181
organização fora ordenada pelo rei Filipe I[186] e que entraram em vigor no reinado do rei Filipe II), que actualizaram as Ordenações Manuelinas dentro do espírito nacional português, mantendo a sua sistematização. Depois da Restauração foram confirmadas, em 1643, constituindo assim a base do direito português até à promulgação dos respectivos códigos no século XIX, muito embora tivessem sofrido, entretanto, numerosas alterações, e não obstante várias tentativas da sua reforma (no Brasil, as Ordenações só em 1 de Janeiro de 1917 foram definitivamente revogadas com a entrada em vigor do novo Código Civil brasileiro – o qual, em muito, se manteve fiel à tradição jurídica portuguesa, apesar de influências nítidas do direito comparado).

3. O direito subsidiário e a legislação extravagante

Em muitos pontos as Ordenações eram lacunosas – especialmente em 182
matéria de direito civil. Para preencher as lacunas, as Ordenações conheciam um mecanismo próprio: as remissões para o direito subsidiário, aplicável em casos de silêncio daquelas. Este direito subsidiário tinha as suas fontes no direito romano e no direito canónico. As Ordenações Afonsinas mandavam aplicar – no caso de elas próprias serem omissas – aos problemas jurídicos de ordem espiritual o direito canónico. Se o caso omisso não pudesse ser resolvido daquela maneira, aplicava-se a glosa do Accursius e, sendo esta insuficiente, recorria-se à opinião de Bartolus. Esta regulamentação do problema do direito subsidiário manteve-se, nas suas linhas gerais, nas Ordenações Manuelinas e nas Ordenações Filipinas e só foi alterada, de uma maneira substancial e radical, pela Lei da Boa Razão. Convém notar, porém, que as

[186] O rei Filipe I (na genealogia espanhola Felipe II) era filho do imperador Carlos V e sua mãe era uma princesa portuguesa.

Ordenações Manuelinas já tinham reduzido a importância tanto do direito canónico (a favor das normas do direito romano – cuja aplicação assentava na sua autoridade intrínseca, na "boa razão" pela qual são fundadas) como da glosa do Accursius e da opinião de Bartolus (a favor da "opinião comum dos doutores").

183 A *Lei da Boa Razão*, de 18 de Agosto de 1769 – a qual consagrou as ideias do jusnaturalismo racionalista[187] e o *usus modernus pandectarum* – integra-se na actividade legislativa do Marquês de Pombal e significa uma viragem decisiva no pensamento jurídico português: foi no campo do direito privado que a lei provocou uma revolução, aliás acompanhada e completada pela reforma radical do ensino de direito na Universidade, ministrado até então ainda dentro do espírito da Escolástica. O processo adoptado era o de uma "redefinição" do conceito de "boa razão".

Por "boa razão" devia entender-se, para o futuro, os "princípios inalteráveis que o direito natural (ver n.º 15) prescreve para servirem de regras morais e cívicas entre os povos cristãos" e ainda "as regras que, de unânime consentimento, estabeleceu o direito das gentes para a direcção e governo de todas as nações civilizadas". Por outras palavras, ser conforme à "boa razão" é o mesmo que ser conforme aos princípios do direito natural (a *recta ratio* dos jusnaturalistas racionalistas) e do direito das gentes.

184 Com esta nova definição do conceito "boa razão" (uma utilização consciente da língua) e com medidas legislativas complementares eliminou-se a aplicação subsidiária do direito canónico nos tribunais civis, afastou-se a autoridade da glosa de Accursius e a opinião de Bartolus (e juntamente com ela o espírito da Escolástica) e reduziu-se a importância do direito romano antiquado. Por outro lado, foram introduzidas como direito subsidiário as mais modernas doutrinas europeias, na altura *o usus modernus pandectarum.*

A partir daí, o pensamento jurídico português acompanhou toda a evolução europeia posterior e quando o Código Civil, de 1867, veio a consagrar o pensamento liberal e individualista, as suas soluções jurídicas já eram familiares aos juristas portugueses. Em qualquer caso, pode constatar-se uma continuidade ininterrompida, embora com um peso decrescente, da pre-

[187] Cf. Chr. Link, «Menschenrechte und bürgerliche Freiheit. Zum Grundrechtsdenken im Aufklärungszeitalter», in FS W. Geiger, Tübingen, 1974, p. 277.

sença do direito romano, como direito subsidiário, na ordem jurídica portuguesa até à entrada em vigor do Código Civil de 1867.

4. O Código Civil de 1867

As leis que actualizaram as Ordenações nunca foram compiladas; chegou-se a uma situação insustentável que exigia reformas[188]. Contudo, uma tentativa no século XIX, durante o reinado de D. Maria I, para elaborar uma nova colectânea sistemática, o chamado "Novo Código", falhou. A situação ficou agravada com novas leis em consequência da revolução liberal (p. ex., as leis constitucionais a partir de 1822; as leis de Mouzinho da Silveira, feitas até 1832). Em face disso, as Cortes estabeleceram, em 1822, um prémio para o melhor projecto de um Código Civil. No entanto, com o fracasso da revolução liberal nem sequer se chegou a apresentar um projecto e assim continuou a actualizar-se a legislação civil das Ordenações por meio de leis avulsas. 185

Quanto à legislação não civilística, porém, foi codificado, em 1833, o direito comercial, que seguiu como modelo o *Code de Commerce*, de 1807, aliás, uma lei fundamental para a evolução do direito comercial nos países europeus. Em 1888, o diploma de 1833 foi substituído pelo Código Comercial, conhecido por Código de Veiga Beirão, que tomou em conta a mais recente legislação francesa, espanhola e italiana e que ainda hoje continua em vigor, embora muito mutilado. 186

Também se conseguiu, até relativamente cedo no contexto europeu, uma codificação moderna do direito administrativo. Data de 1836 o primeiro Código Administrativo (chamado de Passos Manuel), ao qual várias outras leis viriam a suceder, sendo problemática permanente, até hoje, a questão da descentralização administrativa.

Um Código Penal entrou em vigor no ano de 1852 e, em seguida a duas reformas, foi substituído pelo Código Penal de 1886. Modificado por várias alterações significativas, este último diploma foi substituído pelo actual

[188] Não deixa de ser interessante, neste contexto, a leitura de J. H. Saraiva, *História concisa de Portugal*, 1.ª ed., Mem Martins, 1978, pp. 271 s., um livro que conheceu inúmeras edições posteriores.

Código Penal, de 1982 (vigorando hoje uma versão consolidada posterior a 1995, igualmente com muitas alterações).

187 Em 1850, o Visconde António Luís de Seabra, juiz do Tribunal da Relação do Porto e professor da Universidade de Coimbra, foi incumbido de elaborar um projecto de Código Civil. Os trabalhos preparatórios geraram uma grande polémica, designadamente em volta do regime do casamento. O problema era o da admissão ou não do casamento civil, até então desconhecido na legislação portuguesa[189]. A solução legal encontrada admitiu o casamento civil, aparentemente apenas para os não católicos; na realidade, porém, também os católicos podiam contrair um casamento civil, desde que o quisessem (ver n.º 22, nota 27). O Código Civil, concluído em 1867 e também designado por "Código de Seabra", entrou em vigor em 1868.

O Código combinava – exceptuados casamento e divórcio – as tradições e a doutrina portuguesas com as soluções mais modernas do *Code Civil* francês, de 1804. Deste modo, algumas palavras são devidas a este último[190].

188 Quando, em 1804, 15 anos depois da Revolução Francesa, foi publicado o *Code Civil*, ele encontrava-se em sintonia com a orientação político-económica mais influente da época (p. ex., Adam Smith) e estava de acordo com uma determinada realidade social, a sociedade burguesa e a evolução económica correlacionada em França. Sendo assim, o *Code Civil* correspondeu em larga medida ao carácter individualista e burguês dos franceses, tendo sido criado para um sistema económico simples, sem os problemas da industrialização e de uma economia moderna. Naquele sistema económico, o Estado francês, tradicionalmente centralista e burocrático, já não interfere tanto, não intervém, deixando os assuntos económicos à resolução dos particulares (ver n.º 44).

Na sua sistematização o *Code Civil* denuncia a influência de *Gaius* e das *institutiones* (*personae, res, actiones*), embora não haja coincidência completa quanto às matérias tratadas. A sua linguagem é clara e simples, mas simultaneamente precisa e elegante. Pertencem aos seus pontos fracos a termino-

[189] Cf. Samuel Rodrigues, A *polémica sobre o casamento civil (1865-1867)*, Lisboa, 1987.

[190] A exposição seguinte orienta-se, no essencial, pela obra de Murad Ferid, *Das französische Zivilrecht*, vol. 1, Frankfurt am Main, 1971, § 2 (= pp. 119 ss.).

logia e conceituologia jurídicas, o que se manifesta na ausência de conceitos essenciais como, p. ex., direito absoluto ou negócio jurídico.

A influência e a projecção internacionais do *Code Civil* foram enormes, nunca tendo sido atingidas, nem aproximadamente, por nenhuma codificação posterior. O facto deve-se a várias causas, tais como, a divulgação da língua francesa como língua de uma nação culturalmente predominante, o domínio napoleónico sobre praticamente toda a Europa Continental[191], mas antes de mais o seu conteúdo exemplar e progressivo para a época de então[192].

O conteúdo do *Code Civil* – caracterizado por "*modération et sagesse*" – tra- 189
duz as ideias duradouras da Revolução Francesa, ou seja, a consagração da igualdade formal perante a lei (como reacção contra os desequilíbrios de poder resultantes dos privilégios de estado[193], o fundamento de uma ordem económica liberal (como reacção contra vinculações feudais e limitações corporativas, expressa designadamente no artigo 544 onde se lê, em ruptura com as antigas formas da propriedade dividida, que "*la propriété est le droit de jouir et disposer des choses de la manière la plus absolue...*"), a limitação dos poderes arbitrários do Estado (como reacção contra o absolutismo), a vinculação do juiz à lei (não obstante a existência de cláusulas gerais muito latas e adaptáveis) e a separação dos direitos matrimoniais eclesiástico e estadual

[191] Assim, p. ex., o *Code Civil* vigorava, com adaptações, em vários Estados da Alemanha, tais como o Grão-Ducado de Berg, o Reino da Vestefália, o Grão-Ducado de Baden, para além dos territórios da Renânia que durante duas décadas ficaram incluídos na França e onde o *Code Civil* continuava a vigorar até à entrada em vigor do BGB. O grande manual do direito civil francês (4 vols.) é da autoria de Karl Sal. ZACHARIÄ VON LINGENTHAL, *Handbuch des Französischen Zivilrechts*, 1.ª ed. Leipzig, 1808, 7.ª ed. Freiburg i. Br., 1886, que acabou por ter grande aceitação na própria França.

[192] Como prova mais elucidativa a este respeito poderá considerar-se, talvez, o *Code Civil* da Louisiana. Modelado a exemplo do *Code Civil* de que constitui, em parte, uma tradução, conseguiu afirmar-se no meio do ambiente "hostil" da *common law*, vigorando, bem enraizado nas suas origens francesas, ainda hoje. Cf. nota 30 (n.º 24).

[193] Mas as desigualdades materiais, essas não desapareceram! Ver, neste contexto, Pio Caroni, *"Privatrecht": Eine sozialhistorische Einführung*, Basel, 1988, pp. 53 a 85. Na verdade, não chega garantir apenas liberdade e igualdade formais a quem não está em condições de tirar proveito delas. E há muitos exemplos históricos a este respeito: nem a abolição da escravatura, em seguida à guerra da secessão, nem o fim do "socialismo realmente existente" fizeram com que os libertados tivessem logo acesso à fruição dos bens...

(por meio da consagração do casamento civil obrigatório – sendo o direito da família caracterizado por concepções marcadamente patriarcais).

Em muitos pontos o *Code Civil* ficou, como não podia deixar de ser, ultrapassado pelo decurso dos tempos; outras instituições obtiveram, desde o início, uma regulamentação pouco feliz como, p. ex., a representação, o tratamento insuficiente do erro ou a matéria da conclusão dos contratos. De uma maneira geral, porém, trata-se de uma codificação bem sucedida, ou melhor, grandiosa, praticável e –como nunca se pretendeu (o que, aliás, seria ilusório) a plenitude do sistema ou a ausência de lacunas – actualizável e, por isso mesmo, duradoura.

190 Quando, em 1820, se deu a revolução liberal em Portugal, o estado de evolução estava longe do nível atingido pela França. Contudo, na altura da codificação feita por Seabra, as realidades científicas (devido à actuação de, p. ex., Borges Carneiro, Correia Telles e Coelho da Rocha), sociais e económicas em Portugal já permitiam uma legislação civil sob o signo do liberalismo burguês.

O Visconde de Seabra era adepto do liberalismo e assim é natural que o conteúdo do Código Civil, de 1867, reflicta, além de influências tradicionais portuguesas, do direito romano e do jusnaturalismo setecentista, em primeiro lugar, os ideários do liberalismo individualista que caracteriza a Revolução Francesa sob os aspectos político, económico e social. Desta maneira, há uma coincidência muito grande entre o conteúdo material do *Code Civil* e o Código de 1867, coincidência essa que também existe em algumas partes onde as soluções do *Code Civil* são menos felizes.

191 O fundo filosófico-cultural do Código de Seabra é, portanto, o individualismo. Daí resulta a sua sistematização, que toma o indivíduo como critério decisivo ao apresentar uma "visão antropocêntrica"[194]. O artigo 1.º do Código de Seabra determina: "Só o homem é susceptível de direitos e obrigações. Nisto consiste a sua capacidade jurídica ou a sua personalidade", e os artigos 2.º a 5.º traduzem a ideia de uma primazia do direito subjectivo em relação ao direito objectivo em cujas normas aquele ingressou.

[194] Assim a expressão de Luís Cabral de Moncada, *cit.*, p. 120.

Assim, o Código difere essencialmente do exemplo francês e de outras codificações da época nele inspiradas, tanto no estilo como na sistematização, não adoptando nem o sistema das *institutas* nem o das *pandectas*, resolvendo aquela problemática de uma maneira nova, diferente de todas as codificações civis europeias.

O critério fundamental para a divisão sistemática foi, como ficou dito, o 192
indivíduo, mais precisamente o sujeito activo da relação jurídica. Quer dizer, Seabra optou por uma sistematização em torno da pessoa e dos seus direitos subjectivos. E a pessoa-modelo para Seabra era o homem autónomo, dotado de razão e responsável, que, em pé de igualdade com os outros, procurava a sua realização de acordo com os desígnios do direito privado, adquirindo direitos subjectivos, nomeadamente a propriedade, ou seja, o *homo iuridicus civilis* para Seabra era o proprietário e a sua vida, de modo que foi em volta daquele que ele desenhou o seu código: a pessoa e a sua luta pela aquisição e defesa dos seus bens[195].

A sistematização do Código de Seabra, dividido em quatro partes, com a 193
segunda parte subdividida em três livros, era a seguinte:

Parte I (artigos 1.º a 358.º) – Da capacidade civil.

Parte II (artigos 359.º a 2166.º) – Da aquisição dos direitos.

Livro I (artigos 359.º a 640.º) – Dos direitos originários e dos que se adquirem por facto e vontade própria independentemente da cooperação de outrem.

Livro II (artigos 641.º a 1722.º) – Dos direitos que se adquirem por facto e vontade própria e de outrem conjuntamente.

Livro III (artigos 1723.º a 2166.º) – Dos direitos que se adquirem por mero facto de outrem, e dos que se adquirem por simples disposição da lei.

Parte III (artigos 2167.º a 2360.º) – Do direito de propriedade.

Parte IV (artigos 2361.º a 2338.º) – Da ofensa dos direitos, e da sua reparação.

[195] Cf., neste contexto, A. Braz Teixeira, «Sobre os pressupostos filosóficos do Código Civil português de 1867», in *Fides – Direito e Humanidades*, Vol. III (1994), p. 137.

Em virtude desta sistematização unidimensional, e não tanto por causa do seu conteúdo – que, de resto, só muito rudimentarmente aflorava o fenómeno social, em coerência, aliás, com o credo liberal da época, como reacção contra o feudalismo, o absolutismo e o corporativismo – o Código Civil, de 1867, foi alvo de muitas críticas, as quais admitiam, porém, o rigor lógico da sistematização em si.

194 Ao longo da sua vigência, o Código de Seabra seria objecto de numerosas alterações, algumas das quais já ocorridas no século XIX.

Com o surgimento do regime republicano, em consequência da revolução de 5 de Outubro de 1910, o Código sofreu uma série de modificações importantíssimas, especialmente no campo da legislação familiar (p. ex., introdução do divórcio, introdução do casamento civil obrigatório, obrigatoriedade do registo civil).

Uma reforma profunda do Código Civil verificou-se em 1930 (pelo DL n.º 19.126, de 16 de Dezembro de 1930), que afectou inúmeras disposições. No entanto, não deixa de ser interessante ver-se que nesta reforma, levada a cabo pelo regime nascido da revolução de 28 de Maio de 1926, se tenha mantido inteiramente intacta a sistematização antropocêntrica do Código. O legislador considerou, neste ponto, "que se deve respeitar quanto possível a sua estrutura e sistema, pois que se trata de um verdadeiro monumento de glória nacional".

Em virtude da Concordata entre Portugal e a Santa Sé, de 1940, introduziram-se novamente alterações no direito da família (DL n.º 30.615, de 25 de Julho de 1940).

Outras alterações através de legislação avulsa vieram a surgir posteriormente, sendo de sublinhar a legislação sobre o arrendamento urbano pela Lei n.º 2030, de 22 de Junho de 1948.

II. O CÓDIGO CIVIL DE 1966 E A SUA SISTEMATIZAÇÃO

Bibliografia: A. Vaz Serra, «A revisão geral do Código Civil», *BFD* XXII (1946), p. 451 = *BMJ* n.º 2 (Setembro 1947), p. 24. J. Antunes Varela, «Comunicação sobre o Projecto de Código Civil», *BMJ* n.º 156 (Maio 1966), p. 8. Orlando de Carvalho, «A Teoria Geral da Relação Jurídica. Seu sentido e limites», *RDES* XVI (1969), p. 55; reimpresso em livro, Coimbra, 1981. Almeno de Sá, «*A* revisão do Código Civil e a Constituição», *RDE* III (1977), p. 425. A. Menezes Cordeiro, *Teoria geral do direito civil. Relatório*, Lisboa, 1987 p 331 a 397. Raúl GUICHARD, «A elaboração do Código Civil de 1966. Sua génese, sistematização e técnica legislativa. Em especial, a adoção de uma Parte geral», in Elsa VAZ SEQUEIRA/Fernanda OLIVEIRA E SÁ (coordenação), *Código Civil*. Edição Comemorativa do Cinquentenário, Universidade Católica Editora, Lisboa, 2017, pp. 69 ss. A. MOTA PINTO, *cit.*, pp. 17 a 22, 81 a 94. António PINTO MONTEIRO (Coordenador), *Código Civil. Edição Comemorativa dos 50 Anos 1966- 2016*, Almedina, Coimbra, 2016. Heinrich Ewald HÖRSTER, «A propósito da Lei n.º 8/2017, de 3 de Março: os animais ainda serão coisas (objectos da relação jurídica)?», *Revista Jurídica Portucalense*, n.º 22, 2017, pp. 55 ss.

Em face da legislação avulsa e dispersa, bem como em virtude da inadequação, apresentada pelo Código de Seabra, em parte desde o início, em vários pontos, tornou-se necessária uma reforma geral. 195

Vozes no sentido de explorar e aproveitar as virtualidades do Código mediante uma doutrina adaptada não encontraram ressonância. No que diz respeito ao direito da família, os respectivos trabalhos já começaram em 1942. No entanto, foi o DL n.º 33.908, de 4 de Setembro de 1944, que fez iniciar oficialmente os trabalhos preparatórios para uma revisão geral do Código Civil[196]. Os trabalhos ficaram concluídos em 1966, de modo que foi publicado o DL n.º 47.344, de 25 de Novembro de 1966, que aprovou o novo Código Civil para entrar em vigor em 1 de Junho de 1967.

Com a entrada em vigor, em 1 de Junho de 1967, do novo Código Civil, ficou revogada toda a legislação civil anterior que não foi expressamente ressalvada. Esta ressalva foi feita em relação à Lei n.º 2030 relativa ao arrendamento urbano. De resto, muita doutrina civilística de hoje ainda tem a sua origem e justificação nas soluções do Código de Seabra, carecendo assim de ser repensada à luz das inovações do Código actual.

1. Os trabalhos preparatórios

Os trabalhos preparatórios para o Código Civil vigente desenvolveram-se no seio de uma comissão composta por professores das Faculdades de Direito de Coimbra e de Lisboa, Escolas de Direito com métodos e estilos diferentes. 196

[196] No início da elaboração do CCiv, o DL n.º 33.908 figurou a possibilidade de nele se englobar também o direito comercial. Mas logo se optou por manter a distinção formal entre os dois ramos do direito privado (cf. o preâmbulo ao DL n.º 262/86 [= CSC], n.º 2 e, ainda, 4).

De acordo com uma sistematização pré-estabelecida para a nova codificação, foram elaborados numerosos anteprojectos relativos a matérias limitadas. No dizer de Marcello Caetano, o Código foi feito "por subscrição". Os anteprojectos ou eram simples articulados ou eram articulados acompanhados por um comentário ou por uma exposição dos motivos que os justificavam. Alguns anteprojectos foram apresentados a título provisório, nunca tendo surgido a versão definitiva, e para outros nunca chegou a oferecer-se uma justificação doutrinal. Todos estes trabalhos preparatórios encontram-se publicados no Boletim do Ministério da Justiça (a partir do n.º 2, n.ºs 13 e ss.)[197].

[197] Os trabalhos preparatórios referentes à Parte Geral do Código são os seguintes:

A. Ferrer Correia, «Pessoas colectivas – Anteprojecto de um capítulo do novo Código Civil», *BMJ* n.º 67 (Junho 1957), p. 247;

A. Vaz Serra, «Culpa do devedor ou do agente», *BMJ* n.º 68 (Julho 1957), pp. 13, 140;

A. Vaz Serra, «Resolução ou modificação dos contratos por alteração das circunstâncias», *BMJ* n.º 68 (Julho 1957), pp. 293, 380;

Rui de Alarcão, «Simulação – Anteprojecto para o novo Código Civil», *BMJ* n.º 84 (Março 1959), p. 305;

Rui de Alarcão, «Interpretação e integração dos negócios jurídicos – Anteprojecto para o novo Código Civil», *BMJ* n.º 84 (Março 1959), p. 329;

Rui de Alarcão, «Forma dos negócios jurídicos», *BMJ* n.º 86 (Maio 1959), p. 177;

Rui de Alarcão, «Reserva mental e declarações não sérias – Anteprojecto para o novo Código Civil», *BMJ* n.º 86 (Maio 1959), p. 225;

Rui de Alarcão, «Declarações expressas e declarações tácitas, o silêncio – Anteprojecto para o novo Código Civil», *BMJ* n.º 86 (Maio 1959), p. 233;

F. A. Pires de Lima, «Filiação, poder paternal, tutela de menores, emancipação e maioridade – Projecto de reforma», *BMJ* n.º 89 (Out. 1959), pp. 23, 116;

Rui de Alarcão, «Invalidade dos negócios jurídicos – Anteprojecto para o novo Código Civil», *BMJ* n.º 89 (Out. 1959), p. 199;

F. A. Pires de Lima, «Das coisas, Anteprojecto», *BMJ* n.º 91 (Dez. 1959), p. 207;

Manuel A. Domingues de Andrade, «Esboço de um Anteprojecto de Código das pessoas e da família (na parte relativa ao começo e termo da personalidade jurídica, aos direitos de personalidade, ao domicílio)», *BMJ* n.º 102 (Jan. 1961), p. 153;

Rui de Alarcão, «Erro, dolo e coacção – Representação – Objecto negocial – Negócios usurários – Condição – Anteprojectos para o novo Código Civil», *BMJ* n.º 102 (Jan. 1961), p. 167;

A. Vaz Serra, «Perfeição da declaração de vontade – Eficácia da emissão da declaração – Requisitos especiais da conclusão do contrato», *BMJ* n.º 103 (Fev. 1961) pp. 5, 146;

A. Vaz Serra, «Prescrição e caducidade», *BMJ* n.º 105 (Abril 1961), p. 5; *BMJ* n.º 106 (Maio 1961), p. 45; *BMJ* n.º 107 (Junho 1961), pp. 159, 163 e 279;

Os anteprojectos foram fundidos num Projecto do Código Civil que foi publicado, em 1.ª revisão ministerial, também no Boletim (n.os 107, 119, 120, 124, 126 e 129). As respectivas actas da Comissão Revisora que discutiu os anteprojectos estão parcialmente publicadas, igualmente no Boletim (n.os 133 e ss.). Muitas actas continuam por publicar.

Posteriormente, houve uma 2.ª revisão ministerial que apenas foi publicada em folhas policopiadas, com circulação restrita (unicamente os professores das duas Faculdades de Direito existentes na altura, Juízes dos Supremos Tribunais e outros juristas escolhidos para o efeito obtiveram exemplares desta 2.ª revisão).

Os trabalhos preparatórios culminaram com a publicação do "Projecto do 197
Código Civil", em Maio de 1966 (edição em livro do Ministério da Justiça). O Projecto foi, durante os três meses subsequentes, objecto de discussão pública, tendo sido criticado severamente, até violentamente, em especial no que diz respeito às soluções encontradas no Direito da Família, ramo em que se traduzia, de uma maneira mais reconhecível, a ideologia do regime político então vigente. Parcialmente, as críticas foram tidas em conta.

O conhecimento dos trabalhos preparatórios pode ser importante, ou até decisivo, para uma interpretação correcta do Código Civil (cf. o artigo 9.º, n.º 1, que indica, e bem, os critérios para a interpretação da lei e, entre eles, o elemento histórico).

Rui de Alarcão, «Do negócio jurídico – Anteprojecto para o novo Código Civil», *BMJ* n.º 105 (Abril 1961), p. 249;

M. Gonçalves Pereira, «Ausência (Anteprojecto para o novo Código Civil)», *BMJ* n.º 105 (Abril 1961), pp. 281, 293;

A. de Campos Costa, «Incapacidades e formas do seu suprimento – Anteprojecto do Código Civil», *BMJ* n.º 111 (Dez. 1961), p. 195;

A. Vaz Serra, «Provas (direito probatório material)», BMJ n.º 110 (Nov. 1961), p. 61; *BMJ* n.º 111 (Dez. 1961), p. 5; BMJ n.º 112 (Jan. 1962), p. 33;

M. D. Gomes da Silva, «O direito de família no futuro Código Civil – IV parte», *BMJ* n.º 123 (Fev. 1963), p. 285;

M. D. Gomes da Silva e F. Pessoa Jorge, «O direito da família no futuro Código Civil (quinta parte) – Anteprojecto», *BMJ* n.º 124 (Março 1963), p. 251;

Rui de Alarcão, «Breve motivação do anteprojecto sobre o negócio jurídico na parte relativa ao erro, dolo, coacção, representação, condição e objecto negocial», *BMJ* n.º 138 (Julho 1964), p. 71.

2. A sistematização do Código Civil

198 O Código Civil segue, nas suas linhas gerais, a sistematização do BGB alemão. Esta sistematização, por sua vez, remonta, igualmente nas suas linhas gerais, ao sistema das *pandectas*. Por isso, são feitas algumas referências também à codificação germânica[198].

O BGB – elaborado quase cem anos depois do *Code Civil* (entre 1874 e 1896, com a entrada em vigor em 1 de Janeiro de 1900) dentro de um contexto histórico-político diferente do francês (um Estado centralizado e unitário não faz parte das tradições germânicas, sendo a história alemã profundamente marcada pelos interesses particulares dos diversos poderes territoriais e religiosos), mas também dentro de um outro contexto económico-social (a era da revolução industrial já entrara numa fase de expansão) – tinha por finalidade a criação de um direito civil uniforme em todos os Estados federados que compunham o *Reich* nascido em 1871[199].

199 A sua técnica legislativa recorre a normas gerais e abstractas e distingue-se por uma sistematização lógica e clara e por uma conceitualização precisa. A redacção geral, utilizando conceitos jurídicos indeterminados e cláusulas gerais, aliada aos métodos de interpretação e de desenvolução do direito, fizeram com que fosse possível encontrar decisões também para situações originariamente não previstas[200]. O BGB é a expressão jurídica de uma ordem económica privada, baseada nos direitos e liberdades do indivíduo, embora estas liberdades tenham limites sociais, como foi desde sempre reconhecido pelo direito privado alemão.

Seguindo as melhores tradições do direito romano, há normas que, ao imporem os princípios da boa fé e os bons costumes do tráfico jurídico, permitem conciliar interesses divergentes, ir ao encontro das necessidades do caso concreto, preencher lacunas e encontrar soluções justas e adequadas.

[198] Uma exposição muito boa a respeito do BGB dá-nos Helmut Köhler na sua *Einführung* (introdução) à colectânea *BGB Bürgerliches Gesetzbuch*, 82.ª ed., dtv, München, 2018. Para o efeito das nossas referências seguem-se as linhas traçadas por K. Larenz, *Allgemeiner Teil des deutschen Bürgerlichen Rechts*, 7.ª ed., München, 1989, § 1 II, IV.

[199] A respeito da história e elaboração do BGB pode ver-se W. Schubert, *Materialien zur Entstehungsgeschichte des BGB*, Berlin/New York, 1978, pp. 27 ss., 125 ss.

[200] Ver Helmut Coing, «Erfahrungen mit einer bürgerlich-rechtlichen Kodifikation in Deutschland», *ZVglRwiss* 8 (1982), p. 1.

Junta-se a isso a tendência moral da lei, expressa, nomeadamente, nas proibições de violar os bons costumes, na obrigação de indemnizar quem sofrer danos causados dolosamente e em ofensa aos bons costumes e na proibição de abusar dos direitos subjectivos.

No seu Livro I, o BGB contém uma Parte Geral, estabelecendo regras gerais para o negócio jurídico, e dispensando, além disso, um tratamento incompleto a pessoas, coisas e várias outras matérias pontuais. Não é feita a mínima referência à relação jurídica. A divisão da própria Parte Geral ainda lembra a velha tríade "*personae, res, actiones*" das *institutas* (do sistema de *Gaius*). Sobre a categoria central do BGB, o direito subjectivo da pessoa, a Parte Geral nada diz[201].

Além das suas fontes romanas o BGB tem, evidentemente, raízes germâ- 200
nicas e insere-se na política legislativa desenvolvida pelos Estados alemães ao longo do século XIX, bem como nas correntes de pensamento alemãs. Sobressai aqui a filosofia kantiana com o seu personalismo ético. O entendimento do homem que resulta desta filosofia influenciou a elaboração do BGB do mesmo modo que o jus-naturalismo influenciava as codificações da era de transição do século XVIII para o século XIX.

O personalismo ético de Kant tem como imagem do homem o "homem universal" e reconhece ao homem, por ser uma pessoa em sentido ético, um valor em si e, portanto, uma dignidade própria. Cada homem tem o direito, em relação ao outro, de ser respeitado como pessoa, na sua existência e na sua esfera própria; mas cada homem tem também a obrigação de respeitar, do mesmo modo, o outro (ver *infra*, n.os 217 ss.).

Não é assim por acaso que, à semelhança do Código de Seabra, logo o primeiro preceito do BGB, o § 1, contempla a pessoa humana, ao dizer que "a personalidade jurídica do homem – de todo o homem – começa com o nascimento completo", e que os preceitos seguintes se dedicam à capacidade jurídica, à sua aquisição e à sua perda.

Devido ao facto de a linguagem do BGB ser em alto grau técnico-jurídica 201
e abstracta, destinada a ser entendida apenas por juristas, e dado que a sistematização da lei, elaborada com muito cuidado, atinge níveis elevados de

[201] Ver, mais em pormenor, F. Wieacker, *História do Direito privado moderno* (trad. port. por A. M. Hespanha), Lisboa, 1980, pp. 558 a 561.

abstracção (sendo assim linguísticamente pouco atractiva, sem a elegância do *Code Civil*), a base ética que lhe serve de fundamento, os princípios e pressupostos valorativos e as preocupações sociais em que se baseia deixam de estar transparentes. O código, devido à sua qualidade técnico-jurídica, presta-se a servir (ou a ser utilizado) em realidades políticas e sociais nunca imaginadas pelo legislador originário. Em consequência da sua perfeição técnica, a lei torna-se "fungível" (encaramos o fenómeno da fungibilidade do abstracto[202]), quase como abstraindo das suas inspirações básicas, e dá a falsa aparência de uma "neutralidade científica".

Este fenómeno poderá explicar que o BGB tenha servido tanto durante o Império Guilhermino (até 1918), a República de Weimar (até 1933), o regime nacional-socialista (até 1945), a Administração pelas potências vencedoras da 2.ª Grande Guerra (até 1949), a República Democrática Alemã (até 1975, embora no fim muitíssimo desfigurado), a República Federal da Alemanha (até 1990) e, por fim, a Alemanha reunificada sob a mesma designação (desde 1990), regimes políticos diferentes e até inconciliáveis entre si, mas que faziam influir a sua doutrina no BGB por via das cláusulas gerais e dos conceitos jurídicos indeterminados, cujos conteúdos foram "moldados" e aplicados pelos tribunais de acordo com critérios político-ideológicos, servindo-se, de resto, da qualidade técnica da lei, que se revelou fungível e dócil, aliás à semelhança dos juristas que, como meros técnicos legalistas, o aplicavam.

Assim como o BGB foi – tendo sempre em conta as respectivas particularidades nacionais – adoptado noutros países (p. ex., na Grécia), também podia ser seguido pelo legislador português, sem comprometer o regime político. Aliás, destino comparável coube-o, em tempos, ao *Corpus Iuris Civilis* que, como vimos, prestou os seus serviços no império bizantino, na alta idade média europeia, no mercantilismo e no liberalismo clássico.

202 Seguindo o exemplo germânico, o Código Civil português está, deste modo, dividido em 5 livros (I – Parte geral; II – Direito das Obrigações; III – Direito das Coisas; IV – Direito da Família; V – Direito das Sucessões), embora não haja uma coincidência completa com o modelo alemão quanto ao conteúdo dos mesmos.

[202] *Die Austauschbarkeit des Abstrakten.*

O Livro I – Parte Geral – tem originariamente a sistematização seguinte:

Título I – Das leis, sua interpretação e aplicação (fontes de direito, vigência, interpretação e aplicação das leis; direitos dos estrangeiros e conflitos de leis)

Título II – Das relações jurídicas
Subtítulo I – Das pessoas (pessoas singulares, pessoas colectivas; associações sem personalidade jurídica e comissões especiais)
Subtítulo II – Das coisas
Subtítulo III – Dos factos jurídicos (negócio jurídico; actos jurídicos; o tempo e a sua repercussão nas relações jurídicas)
Subtítulo IV – Do exercício e tutela dos direitos.

A Lei n.º 8/2017, de 3 de Março, "completou" os quatro subtítulos do Título II com mais um: o Subtítulo I-A, com a denominação "Dos Animais".

Diferente do modelo alemão, temos aqui uma Parte Geral tendencialmente completa, feita à base da relação jurídica, tendo o legislador ordenado a matéria de uma forma parecida com a de um livro de estudo.

Com a adopção deste modelo de exposição, favorecido pela aceitação 203
crescente que a civilística alemã encontrou no século XIX em Portugal, nomeadamente a partir dos ensinamentos de Guilherme Alves Moreira, verifica-se uma justaposição de influências francesas e germânicas (o *Code Civil* não teve efeitos significativos sobre o conteúdo do BGB) em cima do elemento básico português, dando origem a algumas dificuldades sistemáticas e dogmáticas, mas também a estímulos específicos e frutíferos. No entanto, não foram estas sobreposições de "várias camadas de matéria jurídica", com as fricções positivas e férteis daí resultantes, mas apenas aspectos exteriores, que motivaram reflexões e críticas, designadamente a respeito da Parte Geral.

De facto, a arrumação da matéria de acordo com a relação jurídica foi alvo de críticas por, segundo se disse, não ter posto a pessoa humana na base sistemática da lei. Na realidade, o Código Civil – aparentemente – coloca tudo ao mesmo nível: pessoas, coisas, factos jurídicos e tutela dos direitos, todos eles como elementos estruturais da relação jurídica.

204 Deste modo, chegou a ser defendido num texto denso de lições eruditas, movidas por intenções ideológicas[203] (na altura não expostas aos alunos), que daquela sistematização resultaria, necessariamente, uma desumanização do direito civil, uma desumanização do homem, sendo a pessoa reduzida ao mero nível de uma pura e simples abstracção: a relação jurídica. Além disso, a inclusão de uma Parte Geral no Código Civil não seria a maneira mais indicada e mais adequada para chegar a soluções satisfatórias.

As lições começam por tecer observações acerca da dicotomia direito objectivo-direito subjectivo (ou seja, norma-faculdade) e do correlacionamento entre eles, inclinando-se a favor da primazia do direito objectivo, o qual, na zona civilística, deveria partir da pessoa e do seu poder de autogestão. De resto, a primazia do direito objectivo não obsta à aceitação de uma zona específica em que a vontade espontânea conduz à composição dos interesses. Afirma-se que "mesmo nos sistemas socialistas... se admite uma zona de actuação da 'igualdade jurídica' (...) identificada (...) com a esfera da 'independência dos sujeitos de direito' (...) um mundo em que o indivíduo é como que criador de Direito (...)".

Seguidamente, as lições falam dos Códigos humanistas, antropocêntricos, de origem latina, cujo modelo é o *Code Civil*. Contudo, o "*homo iuridicus*" deste não seria tanto o homem, mas "o burguês já devorado pelas suas possessões, o burguês sedentário e proprietário, um homem que resume todos os seus direitos a possuir e a saber como possuir" (quase como sugerindo que uma propriedade tão nociva para o homem e tão despertadora da inveja apenas merece ser legitimamente tirada)[204]. Contrasta com esta atitude

[203] Orlando DE CARVALHO, *cit.*; só na "nota prévia" à 2.ª edição, em 1981, o autor esclarece a situação: "Sem dúvida, a minha crítica é ideológico-política e não podia conscientemente não o ser, porque todo o Direito é ideológico-político (e tanto mais quando menos o mostra...) como ideológico-político é o seu sistema de exposição" (p. 15).

[204] Cf. a seguinte definição de K. MARX: "O efeito prático (*praktische Nutzanwendung*) do direito de homem da liberdade é o direito de homem da propriedade privada. Em que consiste o direito de homem da propriedade privada? (...) O direito de homem da propriedade privada é, portanto, o direito de gozar o seu património e de dispor do mesmo arbitrariamente (*à son gré*), sem uma relação com outros homens, independentemente da sociedade: o direito do proveito próprio (*Eigennutz*). Aquela liberdade individual bem como este efeito prático da mesma constituem o fundamento da sociedade burguesa. (...) Nenhum dos chamados direitos do homem vai para além do chamado homem egoísta, para além do homem como é membro da sociedade burguesa, ou seja, um indivíduo recolhido sobre os seus interesses

humanizante a pandectística alemã, fechada a toda a penetração de humanismo jusnaturalista. Mas, "entre o Code civil e a pandectística alemã não há, no fundo, uma diferença de projectos: servem os interesses da mesma e única classe" (donde se pode deduzir que a sistematização é um aspecto secundário e a atitude do *Code Civil* uma fachada), "o que há é uma diferença (...) de estilos (...) o sistema das Pandectas opõe um estilo teórico (...) como se o Direito não fosse de homens para homens. No centro do direito (...) estão conceitos (...) no direito civil o conceito da relação jurídica". Este sistema converteu-se em lei, no BGB de 1900, a que "preside uma teoria geral (*Allgemeiner Teil*) centrada na relação jurídica civil (...) em que o homem é um elemento ao lado de outros elementos (...) nem sequer possuindo, na qualidade de sujeito, qualquer específica posição de privilégio (...)".

Por isso, continuam as lições, era preciso reagir contra tal sistema, distinguindo-se na "recuperação humana" contra o "anti-humanismo" do mesmo, o Código Civil Húngaro, de 1959 (três anos após o esmagamento sangrento do levantamento popular contra o sistema marxista-leninista aí imposto)[205], cujos motivos afirmam "pôr (...) o direito das pessoas à cabeça do Código exprime (...) o facto de que é o homem que tende a satisfazer a sua necessidade de produção que está no centro do Código, e que o Código quer servir antes de tudo os interesses dos homens e das colectividades humanas e, logo, os interesses da sociedade democrática popular" (isto é, da sociedade comunista).

Por fim, as lições sustentam que o Código Civil português não foi suficientemente sensível a todas aquelas preocupações e perigos e assim "se julga oportuna uma repersonalização do direito civil". Deste modo, "sem compromisso (...) com qualquer forma de liberalismo económico e com qualquer espécie de retorno a um individualismo metafísico, urge repor-se o indivíduo e os seus direitos no topo da regulamentação *iure civili*, não simplesmente como actor que aí privilegiadamente intervém mas, sobretudo,

particulares e a sua arbitrariedade privada, segregado da colectividade (*Gemeinwesen*)". *Marx--Engels-Werkausgabe*, vol. 1, Berlin, pp. 364 a 366.
Esta definição que a seu tempo, em certos segmentos da sociedade, não estava de todo injustificada, não corresponde à realidade dos nossos dias.

[205] A respeito da jurisprudência de vingança, praticada a partir de 1957, cf. Annerose GÜNDEL, «Zur ungarischen Justizpolitik in den fünfziger Jahren», in Georg BENDER/Ulrich FALK (Hrsg.), *Recht im Sozialismus*, Band 2, *Justizpolitik*, Frankfurt am Main, 1999, pp. 83-107.

como o móbil que privilegiadamente explica a característica técnica dessa regulamentação" (portanto, uma sistematização antropocêntrica em torno do homem colectivizado).

Ou seja, pretende-se impor ao legislador português a estrita obrigação de reconhecer a natureza sem par, a singularidade do Homem. Todavia, não foi isso que veio a acontecer mais tarde. Bem pelo contrário, coube à Lei n.º 8/2017, de 3 de Março, já mencionada (n.º 202), "completar" os quatro subtítulos do Título II da Parte Geral com mais um: o Subtítulo I-A, com a denominação "Dos Animais". Daí resulta uma alteração sistemática da estrutura fundamental da relação jurídica, que faz com que o novo Subtítulo I-A se situe rigorosamente ao mesmo nível que o Subtítulo I "Das Pessoas"; portanto, visto de um ângulo tão somente estrutural, a Lei n.º 8/2017, acabou por conseguir um efeito de que a Parte Geral foi tão injustificadamente acusada: o Homem, na qualidade de sujeito, não possui qualquer específica posição de privilégio; situa-se ao nível dos animais, de quaisquer animais.

205 Esta crítica à sistematização adoptada – que parte de uma concepção pandectística já ultrapassada quando se elaborou o BGB [206], que diz respeito a uma Parte Geral deste que na forma criticada não existe, nem nunca existiu, visto a sua figura central ser o negócio jurídico[207], e que falsifica o papel central do homem atribuído pelo BGB[208] – foi rebatida, numa nota de pé de página, pelo responsável Ministro da Justiça, entre outros, com os seguintes argumentos:

"Não é o esquema (didáctico ou legislativo) da relação inter-subjectiva que elimina ou reduz sequer o papel capital que, entre os elementos da *relatio*, compete aos seus sujeitos. A tendência para tratar todo o direito em

[206] A sistematização erradamente atribuída ao BGB encontramos em F. Regelsberger, *Pandekten*, Erster Band, Leipzig 1893, que organizou a matéria da parte geral da seguinte maneira: as leis, sua vigência e aplicação, o direito internacional privado e, a seguir, a relação jurídica com os seus elementos externos. Quer dizer, há aqui uma sistematização quase idêntica à do Livro I do Código Civil de 1966 (mas totalmente ao contrário da Parte Geral do BGB, que tem como figura central o negócio jurídico).

[207] Assim o sublinha Werner Flume já na 1.ª edição, de 1964, da sua obra fundamental *Allgemeiner Teil des Bürgerlichen Rechts*. II *Das Rechtsgeschäft*.

[208] Thomas Duve explica o entendimento reinante nos trabalhos preparatórios para o BGB de que o indivíduo humano é o ponto de fuga (*Fluchtpunkt*) do sistema. *Historisch-kritischer Kommentar zum BGB*, Band I *Allgemeiner Teil*, HKK/Duve, §§ 1-14, Rn. 1, 11, 12.

função do sujeito (...) é, afinal, (...) característica de toda a teoria da relação jurídica em geral, dentro da qual todo o direito se resolve nas relações entre sujeitos de direitos garantidas pela lei. (...) A figura técnica da relação jurídica continua a mostrar-se mais apta não só para retratar a dimensão social típica de toda a ordem jurídica, como para captar o acento comunitário e o profundo sentido de solidariedade humana que, no plano do Direito, constituem marca irreversível da nossa época"[209].

De facto, avaliar uma codificação pressupõe captar os reais problemas de ordenação e conformação que ela enfrenta, e significa ter clareza acerca dos meios jurídicos disponíveis na altura para o efeito; deve perguntar-se pelos ideários do legislador, pelos valores que o orientaram e pelo modelo social a que aspira. Por outras palavras, em última análise, é decisiva a concepção do homem do legislador. A este respeito não há, todavia, os mais leves indícios – nem nos trabalhos preparatórios nem nos cientistas que neles colaboraram – de que o legislador pretendesse admitir, sequer de forma hipotética, uma desumanização do direito civil. 206

Seguramente, não é o esquema externo, adoptado pela técnica legislativa, que determina as concepções da lei civil. Para este efeito é preciso considerar o sistema interno, ou seja, a totalidade dos seus princípios conformadores e dos seus pensamentos fundamentais. E, quanto ao sistema interno, não se pode dizer que o valor da pessoa humana em si tenha sido subestimado. Pelo contrário, até se verificou que o Código Civil, com destaque para a sua Parte Geral, facilmente se adaptou, depois de 1974/1976, à nova ordem constitucional, a qual tem como *ratio legis* exactamente o primado da dignidade da pessoa humana[210].

De resto, uma dada sistematização é também escolhida por razões práticas. A sistematização de uma lei – muito em especial de uma codificação – é um dos problemas mais difíceis que se colocam ao legislador. O legislador tem de resolvê-lo, de uma maneira ou de outra, de modo que todas as maté-

[209] J. ANTUNES VARELA, *Das obrigações em geral*, 2.ª ed., Coimbra, 1973, Vol. I. p. 39, nota 2.

[210] De facto, o tempo é o poder superior: a seguir a todas as palavras e actos há um amanhã que os submete a um exame através do distanciamento (György KONRÁD). O Código Civil e a sua Parte Geral, esses sim, passaram no exame como ficou patente nas comemorações por ocasião do seu cinquentenário e sublinhado com a *Edição Comemorativa* organizada por A. PINTO MONTEIRO, *cit.*

rias a incluir no diploma o sejam em termos úteis para o aplicador da lei, visando, ainda, manter a unidade do sistema normativo geral e dos seus complexos normativos. Por isso, fazer da sistematização legal adoptada o ponto central de uma crítica quanto ao conteúdo valorativo da lei não parece ser o método mais convincente.

Mas a relevância de uma sistematização legal não pode ser menosprezada ao ponto tal de pôr em causa a posição cimeira da pessoa humana. Tem de ficar claro o princípio essencial de que só o Homem possui a exclusiva posição como sujeito de direitos. Este princípio foi posto em causa pela Lei n.º 8/2017, de 3 de Março, já referida (n.º 202), ao alterar a estrutura fundamental da relação jurídica, situando o homem ao nível dos animais.

207 No que diz respeito à *técnica legislativa*, utilizada pelo Código Civil à semelhança do BGB, é de dizer que a lei recorre a normas abstractas e gerais, além da ordenação da matéria em termos de uma abstracção e generalização crescentes, resultantes, em primeiro lugar, da existência da Parte Geral. Esta técnica repete-se, embora de modo diferente, em cada um dos restantes quatro livros, onde há sempre primeiro um título ou capítulo com disposições gerais. A adopção desta técnica legislativa, aperfeiçoada por remissões frequentes, tem a vantagem de conseguir uma codificação concisa e expressiva. Por outro lado, dificulta o acesso à compreensão da lei, ao não tratar os fenómenos sociais no seu respectivo contexto orgânico e natural.

208 Quanto à *linguagem* do Código Civil, é de admitir que a redacção final não conseguiu uma perfeita uniformização linguística e conceitual, não eliminando por completo todas as divergências provenientes dos numerosos anteprojectos. Mas, em geral, a linguagem é precisa, com conceitos definidos pela doutrina jurídica. O mérito, e é de um mérito que se trata, desta precisão conceitual – e a consequente segurança jurídica por ela obtida – deve ser atribuído ao legado que a "jurisprudência dos conceitos", do século XIX, nos deixou. Na verdade, o legislador não pode passar sem conceitos claros e formulações precisas. E, em ordem a contribuir para a segurança jurídica, conferindo estabilidade e previsibilidade à aplicação das suas normas, o Código Civil recorre com frequência a definições legais (noções). À perda da precisão conceitual corresponde uma perda equivalente de segurança jurídica.

No entanto, conceitos com o seu conteúdo definido, implicam algumas desvantagens, sobretudo um virtual desfasamento da lei em relação à realidade social, em constante mutação e evolução, a que se destina. Para atenuar ou evitar estes efeitos, o Código Civil inclui no seu texto conceitos jurídicos indeterminados e cláusulas gerais. A existência deste tipo de normas é indispensável para a evolução do direito codificado, articulando-o e ligando-o às alterações permanentes da realidade social.

Conceitos jurídicos indeterminados são "conceitos abertos", sem um conteúdo fixado em definitivo. Sirvam como exemplos os conceitos de "bem comum" (o que é entendido por "bem comum" varia conforme a situação histórica, económica e social) ou a "ordem pública" (cf. os artigos 271.º, n.º 1; 280.º, n.º 2, ou 281.º), que é constituída por normas de carácter jurídico e princípios gerais que se deduzem de um sistema de normas imperativas. Outros conceitos jurídicos indeterminados são, p. ex., "qualquer interessado" (artigo 286.º) ou "a prudência normal" (artigo 621.º) ou "o bom pai de família" (artigo 799.º, n.º 2) ou "o superior interesse da criança", aliás definidos por terceiros (artigo 1794.º). Mas pertencem aqui também os conceitos gradativos como, p. ex., "a pequena importância" (artigo 127.º, n.º 1, al. *b)*) ou "a mera culpa" (artigo 483.º). Os conceitos jurídicos indeterminados necessitam da fixação do seu conteúdo no caso concreto, podendo esta ser feita também com o recurso a critérios de valor. 209

Critérios de valor ganham expressão nas cláusulas gerais. O exemplo clássico são os "bons costumes", que são normas de conduta de carácter não jurídico que reflectem os valores morais positivos gerais vigentes na sociedade numa determinada época, às quais o Código Civil (cf. os artigos 271.º, n.º 1, 280.º, n.º 2, ou 281.º) dá relevância jurídica que elas, como meras normas de conduta social, não possuem (cf. n.º 9). Mas há também outros exemplos como "a justa causa" (artigo 1170.º, n.º 2) ou "a violação culposa dos deveres para com os filhos" (artigo 1915.º, n.º 1).

Outro exemplo é a "boa fé", um princípio geral para todo o direito, que perpassa o Código Civil quase como um fio condutor[211]. Mas o conceito é empregue em sentidos diferentes. 210

[211] Em geral, António MENEZES CORDEIRO, *Da boa fé no direito civil*, 4.ª reimpr. da edição de 1985, Almedina, Coimbra, 2011; Raúl GUICHARD, «À volta do princípio da boa fé», *Revista de Ciências Empresariais e Jurídicas*, N.º 26 – 2015, pp. 33-87.

Por um lado, o conceito é entendido como um padrão de conduta, uma atitude que as pessoas devem assumir, é uma regra de comportamento (*Treu und Glauben*) que exige observância e, neste sentido, a boa fé é um critério normativo, um conceito jurídico indeterminado. P. ex., quem negoceia para a conclusão de um contrato deve proceder segundo as regras da boa fé (artigo 227.º) e no cumprimento de uma obrigação as partes igualmente devem proceder de boa fé (artigo 762.º, n.º 2). A este respeito falamos da boa fé em sentido objectivo.

Por outro lado, o conceito de boa fé pode corresponder também a um estado de espírito de uma pessoa, como saber ou ignorar, ter ou não ter conhecimento, confiar ou acreditar (*gutgläubig ou bösgläubig*). Aqui falamos da boa fé subjectiva e temos uma cláusula geral. Assim sucede, p. ex., nos artigos 179.º e 892.º, onde o conceito é verdadeiramente geral; mas já nos artigos 243.º, n.º 2, ou 291.º, n.º 3, ou 1260.º, n.º 1, a lei considerou, e bem, delimitar, no interesse da segurança jurídica, o sentido do conceito.

211 O recurso a conceitos jurídicos indeterminados e cláusulas gerais permite adaptar o conteúdo dos textos legais à evolução e a novas concepções e realidades que a lei deve acompanhar[212]. Para o efeito, confia-se na aplicação honesta da lei – e da língua – pelo julgador (o juiz), a quem se confere um grau apreciável de flexibilidade na aplicação da lei. Ao mesmo tempo introduz-se alguma insegurança e dificulta-se a previsibilidade das decisões judiciais (ou administrativas), na medida em que pode haver entendimentos não coincidentes. Em termos práticos dão poderes aos tribunais, que acabam por intervir na ordem jurídica como um quase-legislador. De facto, uma jurisprudência estabelecida num certo sentido pode ter os mesmos efeitos que a lei[213].

[212] Pode ler-se, neste contexto, J. BAPTISTA MACHADO, *cit.*, pp. 101-105, 110-111, 113-114, 116--118, 119-123.

[213] Falamos do direito judiciário (ou direito jurisprudencial): trata-se de complexos normativos ou sistemas construídos a partir de conceitos jurídicos indeterminados e/ou de cláusulas gerais ou, ainda, de preenchimentos de lacunas na lei. Com base em muitos casos decididos, obtemos concretizações sucessivas do conteúdo de conceitos jurídicos indeterminados ou de cláusulas gerais, das quais com o tempo acabam por resultar tais sistemas (algumas vezes *praeter legem*). Nesta evolução incluímos ainda a jurisprudência fixada ou estabelecida pelos Supremos Tribunais que na prática – embora não vincule obrigatoriamente o julgador – serve de precedente, em que se orientam novas decisões (o fenómeno não está isento de dúvidas

Sobretudo em períodos de rápida mudança social (ou de crise social), as cláusulas e os conceitos indeterminados – se, por um lado, conferem um grande grau de flexibilidade à aplicação das leis ao permitir a adaptação da sua rigidez normativa a novas realidades – incluem, por outro lado, o perigo enorme da sua utilização baseada em critérios políticos e ideológicos e não de justiça (como, aliás, no passado já sucedeu em larga escala. O juiz será funcionalizado como executor das ordens de valores, politicamente dominantes, em que se baseia o respectivo sistema de Estado. Em casos extremos, uma aplicação política abusiva daquelas cláusulas pode levar a uma autêntica subversão de um dado sistema legislativo.

3. A reforma de 1977: a sua elaboração e o seu conteúdo material

A seguir à mudança do regime político, em 25 de Abril de 1974, o Código Civil sofreu alterações em alguns campos socialmente sensíveis: no domínio das pessoas colectivas (pelo DL n.º 594/74, de 7 de Novembro, respeitante à liberdade das associações), no domínio do direito da família (pelo DL n.º 261/75, de 27 de Maio, relativamente à admissão geral do divórcio, precedido pela alteração da Concordata com a Santa Sé, de 1940, por meio do Protocolo Adicional de 1975, que alterou o seu artigo XXIV que impossibilitara o divórcio dos casados catolicamente) e no domínio do arrendamento rural (pelo DL n.º 201/75, de 15 de Abril, que revogou os artigos 1064.º a 1082.º CCiv, sendo esta matéria retirada e jamais reintegrada pela legislação subsequente). Também o arrendamento urbano foi regulado em legislação avulsa e, após várias alterações, acabou por ser reintegrado no Código Civil. Além disso, o DL n.º 195-A/76, de 16 de Março, e o DL n.º 233/76, de 2 de Abril, aboliram o instituto da enfiteuse respeitante a prédios rústicos e urbanos, 212

porque, por definição, não é tarefa do juiz construir soluções legais e, com isso, actuar como um legislador. Ao juiz advém um poder que, em princípio, não lhe compete.) Por outro lado, conceitos jurídicos indeterminados e cláusulas gerais, indiciam precisamente esta evolução. De qualquer maneira, o juiz está sempre vinculado pelas finalidades, princípios, critérios e decisões valorativas da lei, a começar pela Constituição (cujas normas, princípios e finalidades influenciam a concretização dos conceitos indeterminados e das cláusulas gerais). Seja como for, devido à evolução referida, o juiz passa de um "simples" aplicador de normas a um agente activo do Direito e da sua evolução dinâmica.

visto a enfiteuse, uma modalidade da propriedade dividida, ter sido encarada como um modo de produção feudal.

213 A entrada em vigor da nova Constituição, em 25 de Abril de 1976, tornou necessária uma reforma mais profunda em virtude do disposto no artigo 293.º, n.ºs 1 e 3, da Constituição, na sua redacção de 1976. Dizem estes preceitos:

1. O direito anterior à entrada em vigor da Constituição mantém-se, desde que não seja contrário à Constituição ou aos princípios nela consignados.
2. (...)
3. A adaptação das normas anteriores atinentes ao exercício dos direitos, liberdades e garantias consignados na Constituição estará concluída até ao fim da primeira sessão legislativa.

A Constituição entrou em vigor em 25 de Abril de 1976 e a primeira sessão legislativa acabou em 15 de Junho de 1977. A respectiva reforma do Código Civil foi levada a cabo pelo DL n.º 496/77, de 25 de Novembro.

Quanto ao processo de elaboração do DL n.º 496/77, o Governo encarregou uma comissão de revisão dos trabalhos preparatórios, com base nos quais formulou depois uma proposta de lei que, em Junho de 1977, foi apresentada à Assembleia da República. Aí, a proposta foi objecto de apreciação em várias comissões parlamentares, tendo sido ouvidos alguns representantes de profissões jurídicas. Em Julho de 1977, em seguida a um "pequeno debate" em que cada grupo parlamentar dispunha de 20 minutos, a Assembleia aprovou a proposta do Governo. Não houve uma discussão pública; quase não existem publicações dos trabalhos preparatórios ou das discussões nas comissões parlamentares. Apenas um relatório preambular, de 54 números, que precede o DL n.º 496/77, dá uma informação genérica sobre as intenções e os motivos do legislador. Atendendo às matérias em causa, o mínimo que se pode dizer é que o processo legislativo da elaboração do DL n.º 496/77 merece as maiores reservas.

214 No que diz respeito ao conteúdo material da reforma, globalmente positivo e com alguma visão para o futuro, mas com falhas redaccionais a

mais[214], pode referir-se que apenas poucas alterações trouxe na Parte Geral: baixou-se a idade da maioridade de 21 para 18 anos, alterou-se o domicílio legal dos menores e da mulher casada, modificou-se o sistema da emancipação e fortaleceu-se (na esteira do DL n.º 594/74) a liberdade de associação. Deixando de parte algumas alterações no campo da revogabilidade das doações, nada foi modificado no Direito das Obrigações e mesmo nenhuma alteração houve no Direito das Coisas.

Alterações profundas sofreram-nas o Direito da Família e o Direito das Sucessões, sendo de destacar a situação jurídica da mulher casada e dos filhos nascidos fora do casamento, onde o regime anterior se encontrava em aberto contraste com o princípio da igualdade, consagrado nos artigos 13.º e 36.º da Constituição. Também deixou de haver, na sequência do DL n.º 261/75, discriminações relativamente ao divórcio, originadas pela forma canónica da celebração do casamento.

A reforma entrou em vigor em 1 de Abril de 1978, portanto mais tarde do 215
que o preconizado pelo artigo 293.º, n.º 3, da Constituição. Isto significa para as relações entre esta e o Código Civil o seguinte: até à entrada em vigor da Constituição, em 25 de Abril de 1976, valia o Código Civil, com as alterações, entretanto, havidas. Entre o dia 25 de Abril de 1976 e o dia 31 de Março de 1978 vigorou o Código Civil, com a interferência directa da Constituição em virtude dos artigos 293.º, n.º 1, e 18.º da mesma. A partir do dia 1 de Abril de 1978 vigora o Código Civil, em princípio sem interferência directa da Constituição, uma vez que, depois da reforma de 1977, é de presumir que está em conformidade com esta. A actuação das normas constitucionais sobre o direito civil desenvolve-se nos moldes já tratados (cf. n.os 144 ss.)[215].

[214] A displicência que se verificou neste contexto veio a ser uma constante nas inúmeras alterações que o Código veio a sofrer em seguida. Por isso, impõe-se uma revisão do Código com o *único* propósito de eliminar as incongruências redaccionais que se foram acumulando ao longo dos anos. Temos como exemplo flagrante a alteração do conceito de "poder paternal" para "responsabilidades parentais", pelo DL n.º 61/2008, de 31 de Outubro, que alterou as disposições do Direito da Família, enquanto na Parte Geral o conceito continua a "vigorar" por esquecimento do legislador.

[215] Quanto à aplicação da lei no tempo, em termos gerais, cf. o assento n.º 4/80 (precedido de parecer da PGR com o mesmo teor [BMJ n.º 299 – Outubro 1980 – p. 116]).

Após a reforma efectuada em 1977 houve muitas alterações posteriores, nem sempre no melhor sentido, sobretudo no campo instável e sensível do direito da família.

III. AS FONTES ALÉM DO CÓDIGO CIVIL

Bibliografia: R. Capelo de Sousa – J. A. de França Pitão, *Código Civil e Legislação Complementar*, 2 vols., Coimbra, 1978 (1.º vol.) e 1979 (2.º vol.).

216 Não obstante a relevância fundamental do Código Civil, continua a haver muita legislação avulsa fora do mesmo, uma vez que a reforma de 1977 não se destinava a reunir no Código Civil a legislação civil dispersa.

Entre a legislação civil avulsa podem ser referidos, em virtude da sua importância para a vida do homem comum, a Lei de Defesa dos Consumidores[216], o Regime das Cláusulas Contratuais Gerais[217], as Medidas de Protecção das Uniões de Facto[218], o Testamento Vital[219], o Direito Real de Habitação Periódica[220], o Regime do Arrendamento Rural[221], a Lei de Bases da Atividade Física e do Desporto[222], a Lei de Bases Gerais da Caça[223], a Disciplina dos Jogos de Fortuna ou Azar[224], as Regras da Responsabilidade do Produtor[225] e o Código da Publicidade[226]. Toda esta legislação – à qual se podia juntar ainda o regime do contrato de serviço doméstico[227] – diz respeito ao direito civil, não pertencendo assim aos direitos privados especiais (contudo, as Regras da Responsabilidade do Produtor e o Código da Publicidade ainda fazem parte do direito económico).

[216] Lei n.º 24/96, cuja última alteração consta da Lei n.º 47/2014, de 28 de Julho.

[217] DL n.º 446/85, cuja última alteração consta do DL n.º 323/2001, de 17 de Dezembro.

[218] Lei n.º 7/2001, cuja última alteração consta da Lei n.º 71/2018, de 31 de Dezembro.

[219] Lei n.º 25/2012, de 16 de Julho, na redacção da Lei n.º 49/2018, de 14 de Agosto.

[220] Instituído pelo DL n.º 355/81, de 31 de Dezembro (já revogado), vigorando o DL n.º 37/2011, de 10 de Março, na redacção do DL n.º 245/2015, de 20 de Outubro.

[221] DL n.º 294/2009, de 13 de Outubro.

[222] Lei n.º 5/2007, de 16 de Janeiro, na redacção da Lei n.º 74/2013, de 6 de Setembro.

[223] Lei n.º 173/99, cuja última alteração consta do DL n.º 2/2011, de 6 de Janeiro.

[224] DL n.º 422/89, cuja última alteração consta do DL n.º 98/2018, de 27/11.

[225] DL n.º 383/89, na redacção dada pelo DL 131/2001, de 24 de Abril.

[226] DL n.º 330/90, cuja última alteração consta do DL n.º 66/2015, de 29 de Abril.

[227] DL n.º 235/92, de 24 de Outubro, na redacção da Lei n.º 114/99, de 3 de Agosto.

Capítulo 2.º

Os instrumentos centrais do Direito Privado: a relação jurídica, o direito subjectivo, o negócio jurídico

OBSERVAÇÃO PRÉVIA

No Capítulo 1.º estudámos os princípios fundamentais de direito privado e civil. Partindo destes princípios, concluímos que compete aos direitos privado e civil garantir a liberdade de acção do homem dentro de uma esfera jurídica subtraída à intervenção do Estado.

Neste Capítulo 2.º vamos saber quais são os instrumentos principais de que o direito privado dispõe em ordem à realização das suas funções.

Para o efeito, aparece-nos, em primeiro lugar, a *relação jurídica* como uma relação intersubjectiva, como o reconhecimento do facto de o homem apenas poder viver em comunidade com os seus pares.

Depois, vem o *direito subjectivo*, como meio posto nas mãos da pessoa do seu titular, o sujeito activo da relação jurídica, em ordem a prosseguir os seus interesses individuais. Para este prosseguimento de interesses individuais valerá, no entanto, o mesmo que observámos a respeito da autonomia privada (*maxime*: liberdade contratual). Tal como esta não pode ignorar a ideia de justiça da ordem jurídica que a envolve, também o direito subjectivo não está isento de vinculações.

Em terceiro lugar, surge o *negócio jurídico* como o meio principal para adquirir e exercer direitos subjectivos, sendo o contrato o negócio jurídico de longe mais importante.

Como é óbvio, o direito civil não se destina a indivíduos isolados, mas a pessoas cujos actos se dirigem a outras e que, para além disso, podem afectar terceiros ou a comunidade; estes aspectos sociais, necessariamente, têm que ser considerados pelo direito civil por meio dos seus instrumentos e institutos.

Assim, estudaremos primeiro a relação jurídica, seguida pelo estudo do direito subjectivo. Mas, tendo em conta o significado transcendente das pessoas, como sujeitos da relação jurídica, e do negócio jurídico, como figura que reflecte "um dos aspectos mais frisantes do princípio individualista que está na base da nossa organização social"[228], tanto o direito das pessoas como o regime do negócio jurídico terão ainda um tratamento pormenorizado em dois capítulos autónomos, o Capítulo 3.º e o Capítulo 4.º, que lhes são destinados.

[228] Manuel de Andrade, Vol. II, *cit.*, p. 27.

PARTE A

A RELAÇÃO JURÍDICA

I. A RELAÇÃO JURÍDICA FUNDAMENTAL E O CÍRCULO DE DIREITOS[229]

1. A relação jurídica fundamental

Já vimos que o homem é um ser autodeterminado e auto-responsável que 217
pode, dentro dos mais variados circunstancialismos, embora sempre relacio-

[229] Esta secção I orienta-se na exposição de Karl LARENZ, *Allgemeiner Teil des Bürgerlichen Rechts*, 1.ª ed., München, 1967, § 5 (= *Die Person und ihr Rechtskreis*); a partir da 2.ª edição, de 1972, a temática passou para o § 2, onde se manteve nas edições seguintes (= *Der ethische Personalismus als geistige Grundlage des BGB*). Uma concepção comparável encontrámos em Franz BYDLINSKI, *Fundamentale Rechtsgrundsätze*, Wien/New York, 1988, pp. 171 ss. (= *Der "moralische Standpunkt" gleicher Rücksichtnahme auf jeden Menschen und seine Konsequenzen: Personenwürde und Lebensschutz*), pp. 186 ss. (= *Die Grundsätze der Freiheit und der sozialen Gerechtigkeit nach einer aktuellen Gerechtigkeitstheorie)* e pp. 291 ss. (= *Die fundamentalen Rechtsgrundsätze)*.

Na 1.ª edição de 1967, Karl Larenz ainda dedicou um capítulo inteiro ao modelo estrutural, teórico-jurídico, do direito privado. O capítulo englobava as seguintes matérias: § 5. A pessoa e o seu círculo de direitos; § 6. A responsabilidade civil; § 7. O contrato; § 8. As pessoas colectivas do direito privado; § 9. Casamento, família e direito sucessório e § 10. O direito subjectivo no processo.

Na 2.ª edição de 1972 o capítulo foi eliminado e o autor desenvolveu as suas reflexões na obra *Richtiges Recht. Grundzüge einer Rechtsethik*, München, 1979, sobretudo às pp. 45 ss.

Não obstante a influência exercida por este modelo estrutural, *inclusive* em Portugal, as nossas lições não têm seguido o modelo referido; além disso, também os restantes ensinamentos de K. LARENZ não possuem um peso muito grande nelas, facto esse que corresponde a uma opção consciente.

A obra fundada por Karl Larenz é actualmente continuada por Jörg Neuner. Na edição WOLF/NEUNER, *Allgemeiner Teil des Bürgerlichen Rechts*, 11.ª ed., München, 2016, os princípios fundamentais do BGB são desenvolvidos no § 10.

nado com os outros, moldar livremente as suas condições de vida, prosseguindo e defendendo os seus interesses particulares, mas também respondendo pelos actos praticados. Portanto, ele pode estabelecer as metas e os limites da sua actuação, bem como escolher os meios para o efeito.

Autodeterminação e auto-responsabilidade e a liberdade daí resultante bem como as relações assim estabelecidas são, no seu conjunto, as características que distinguem o homem como "pessoa". As relações entre várias pessoas são, necessariamente, recíprocas: o homem tem de estabelecer relações com outras pessoas para que ele próprio também possa ser pessoa.

Este entendimento do homem tem as suas raízes na religião cristã, na filosofia, bem como nas experiências feitas pela humanidade, tendo encontrado a sua expressão no personalismo ético de Kant e, em seguida, na filosofia de Hegel.

218 O personalismo ético de Kant atribui ao homem, pela razão de ele ser "pessoa" em sentido ético, um valor em si – não tendo valor como meio para os objectivos dos outros – e, neste sentido, "dignidade". A dignidade, que resulta do facto de o homem representar um valor em si, é reconhecida pelas outras pessoas, que a respeitam.

Decorre daí que cada homem tem, em relação a todos os outros, um direito no sentido de ser respeitado como pessoa e de não ser violado na sua existência (vida, corpo, saúde) e na sua esfera própria, que envolve a sua existência (propriedade, direitos de crédito, etc.), bem como uma obrigação no mesmo sentido em relação a todos os outros. Quer dizer, os homens devem-se respeito mútuo como pessoas, como seres autodeterminados e auto-responsáveis[230].

219 A relação de respeito que cada um deve a todos e pode exigir de todos é designada como *relação jurídica fundamental*[231], que consiste em que "cada um é respeitado e tratado pelos outros como um ser livre", podendo assim ser designada como uma relação de respeito (ou de reconhecimento) mútuo. Esta conclusão significa, necessariamente, que o homem também se deve respeito

[230] Na verdade, o entendimento que o homem tem de si próprio (p. ex., sendo filho de Deus, ou um macaco desenvolvido, ou um amontoado de células vivas, ou o produto de reacções químicas) repercute-se no modo como encara os outros.

[231] Karl Larenz, *cit.*, § 12.

a si próprio como homem. Por conseguinte, são incompatíveis com a "relação jurídica fundamental" situações de extrema dependência que excluam por completo autodeterminação e liberdade (como, p. ex., a escravatura, a situação de servo da gleba, contratos perpétuos, trabalhos forçados, etc.[232]), mas também o uso linguístico indigno – mas generalizado – que fala, a propósito da transferência de profissionais de desporto, da "venda" de jogadores ou de "jogadores negociáveis". Na verdade, nada deve ser exigido ao homem que possa diminuir o seu valor ético (e, por isso, são também inadmissíveis os discursos que falam de "material humano" ou de "capital humano")[233].

Nestes termos, a exigência de respeitar o outro não se refere apenas a um 220
comportamento exterior, mas implica também uma atitude interior. Quer dizer, o respeito pela pessoa do outro deve ser o resultado de uma atitude moral correcta, positiva. Contudo, exigências da moral não são normas de direito (ver n.º 8). O direito, para ser realizável ou coercível, deve limitar-se a impor um determinado comportamento exterior (deixando ao agente a liberdade de consciência que lhe serve de suporte ou não para este comportamento). Por isso, a exigência de respeitar o outro tem como norma *jurídica* apenas o conteúdo ou o sentido de *não* violar o outro na sua pessoa ou na sua dignidade humana. Interessa menos a convicção moral do que a observância efectiva da norma jurídica. A norma jurídica do não violar, por seu lado, encontra a sua fundamentação positiva no direito originário de ser respeitado: a pessoa não deve ser violada porque lhe é devido respeito.

Implicando a relação jurídica fundamental deste modo (1.º) o direito de 221
cada um a ser respeitado por todos os outros como "pessoa" e (2.º) a obrigação de cada um de respeitar, de modo igual, todos os outros como pessoas,

[232] Ver EGMR (Tribunal Europeu dos Direitos Humanos), *NJW* 2007, p. 41, que julgou o caso de uma empregada doméstica, menor, que foi mantida durante anos numa situação de servidão, semelhante à escravatura (*Haushaltshilfe in Leibeigenschaft*).

[233] Também é perfeitamente incompatível com a relação jurídica fundamental a concepção marxista que reduz o homem, na sua qualidade de trabalhador, a um "factor de produção", ou seja, a um objecto do contrato de trabalho. Pode ver-se, a este respeito, H. Seixas Meireles, *Marx e o Direito Civil*, Coimbra, 1990, pp. 289 a 386 (= para a crítica da ideia da pessoa "platónica-cristã" como fundamento do Direito Civil). A concepção referida, supostamente destinada a fazer justiça ao trabalhador ao garantir-lhe o direito ao trabalho como direito existencial e não dissociável da pessoa, acaba por diminuí-lo.

resulta daqui que são os elementos básicos desta relação o direito subjectivo e a obrigação jurídica. Ambos os elementos se referem à mesma relação jurídica. Nesta, o direito de uma pessoa é aquilo que lhe cabe ou pertence, como pessoa, de modo que os outros são obrigados ou vinculados a conceder-lhe ou a deixar-lhe isso mesmo; a obrigação é aquilo a que alguém se acha vinculado por força de uma norma ou aquilo que alguém deve fazer ou não fazer em virtude de tal norma.

Todas as relações jurídicas, independentemente do facto jurídico que lhes deu origem, podem ser reconduzidas ao modelo-padrão da relação jurídica fundamental. Sempre existem os direitos e os deveres das pessoas nelas envolvidas. Mas apenas na relação jurídica fundamental é igual para cada um o conteúdo de direito e obrigação: cada um pode exigir respeito ao outro nos mesmos termos em que deve mostrar respeito para com qualquer pessoa.

Por outro lado, todas as relações jurídicas devem ser compatíveis com a relação jurídica fundamental, na medida em que são conciliáveis com a exigência de prestar respeito (sendo assim, uma sistematização legal com base na relação jurídica não pode levar a uma desumanização do direito civil).

2. O círculo de direitos

222 Direitos tem uma pessoa apenas em relação a outras pessoas que estão obrigadas ou vinculadas pela ordem jurídica no sentido de os respeitar e não violar e de agir em conformidade com eles. Quem não agir nestes termos, procede de uma maneira ilícita.

A totalidade de tudo aquilo que representa e identifica a pessoa e que lhe cabe ou pertence em dado momento, ou seja, a soma de todos os seus direitos ou bens legalmente protegidos, poderá ser designada como constituindo o seu "círculo de direitos" (*Rechtskreis*). Esta figura tem certa tradição no pensamento jurídico alemão, aparecendo-nos, p. ex., em Goethe (*"der Kreis, den meine Wirklichkeit erfüllt*), R. v. Jhering[234] e Larenz cujos ensinamentos fizeram com que o conceito também aparecesse em Portugal.

[234] Rudolf von Jhering, *Der Kampf ums Recht,* cit. na nota 17, pp. 39 ss., cujas considerações, aliás, são perfeitamente actuais.

O círculo de direitos é a consequência do facto de os homens se encontrarem, por serem "pessoas", numa relação jurídica fundamental com os outros, facto que envolve a existência daquele círculo, cuja extensão concreta será variável – e que garante a todos um certo mínimo inalienável: o direito fundamental ao respeito e à não violação da pessoa (quanto à sua vida, saúde, liberdade) e o direito à sua livre autodeterminação, de acordo com os princípios do direito privado. 223

A pessoa pode, assim, ser pensada como representando o centro de um círculo de direitos que dela fazem parte ou que necessariamente lhe pertencem. Deste modo, compõem o círculo de direitos a própria existência da pessoa, os direitos de personalidade inerentes à mesma, os seus direitos patrimoniais e os interesses legalmente protegidos. A pessoa, conjuntamente com os seus direitos de personalidade, é o centro daquele círculo, envolta pelos outros direitos e interesses protegidos por lei.

Sendo assim, não é possível pensar a pessoa de forma separada ou desligada do seu círculo de direitos. Isto faz com que a violação dos seus direitos atinja em simultâneo também a própria pessoa (p. ex., a violação da honra de um militar, ao pôr em dúvida a sua coragem; a destruição do bom nome de um comerciante, ao questionar a sua solvabilidade; a violação da reputação de um professor, ao pôr em causa a sua honestidade científica; a ameaça à propriedade e à existência de um agricultor, a quem se cortam as águas; etc.). Por isso, a verdadeira causa de um litígio não é, muitas vezes, apenas uma, questão jurídica ou um objecto material (mesmo de valor reduzido), mas simultaneamente ou até em primeiro lugar, a dignidade e a vontade de auto-afirmação da pessoa, que vê violados os seus direitos subjectivos[235]. 224

Contudo, uma vez que os direitos que integram o círculo oferecem carácter e natureza muito diversos, a figura é um conceito técnico-jurídico pouco preciso. O conceito tradicional na doutrina portuguesa, é a "esfera jurídica". Por esfera jurídica designa-se "o conjunto de direitos e obrigações de certo e determinado titular em certo momento". Dentro desta esfera jurídica distingue-se, depois, entre direitos e deveres de carácter pessoal e de carácter patrimonial.

[235] V. VON JHERING, *cit.* na nota anterior.

II. CONCEITO E ESTRUTURA DA RELAÇÃO JURÍDICA

Bibliografia: Manuel A. DOMINGUES DE ANDRADE, *Teoria Geral da Relação Jurídica*, vol. I, 4.ª reimpr., Coimbra, 1974, pp. 1 a 6, 19 a 27. Luís CABRAL DE MONCADA, *cit.*, pp. 229 a 248. C. A. MOTA PINTO, *cit.*, pp. 177 a 191. J. DE CASTRO MENDES, *cit.*, vol. I, pp. 133 a 160.

Tal como os princípios gerais do direito privado necessitam da sua concretização em normas, também os fundamentos gerais no que toca à convivência entre pessoas precisam de ser tornados "operacionais" em termos jurídicos. A este respeito, as considerações de ordem geral que acabam de ser feitas ajudam agora a analisar o conceito e a estrutura da relação jurídica. Para o efeito seguimos em primeira linha os ensinamentos de Manuel de Andrade. A relação jurídica é uma figura tecnicamente mais apta para concretizar na realidade jurídica aquela "relação jurídica fundamental" e o "círculo de direitos" de que acabamos de falar.

1. O conceito da relação jurídica

225 Num *sentido amplo* pode designar-se por relação jurídica toda a situação ou relação da vida real (social) que é juridicamente relevante, de modo que é disciplinada pelo direito. A relação jurídica não abrange, por isso, todas as relações da vida social, mas apenas aquelas que, sendo susceptíveis de regulamentação jurídica, são ordenadas pelo direito. Trata-se de um vínculo jurídico, de um vínculo normativo.

Deste modo, existem relações sociais, espaços sociais, livres de direito, não obstante a sua relevância essencial para a convivência humana como, p. ex., a amizade, o namoro, a colegialidade no lugar de trabalho, as actividades nos tempos de lazer (p. ex., o desporto amador), confraternizações, conselhos entre amigos, etc., onde a liberdade originária do homem não é ordenada juridicamente, mas através de meras regras de comportamento social. Por outro lado, há relações jurídicas que não abrangem todos os aspectos ou facetas da respectiva relação inter-humana, visto esta não ser susceptível de ser captada apenas mediante uma abordagem jurídica, como acontece, p. ex., com as relações jurídicas familiares de carácter pessoal. De qualquer forma, a delimitação entre relações jurídicas e não jurídicas nem sempre é fácil de fazer, sendo necessário, na dúvida, o recurso às concepções dominantes do tráfico social e jurídico[236]. Mas há uma tendência no sentido de juridificar, de sujeitar às regras do direito, cada vez mais áreas, com o objectivo invocado de contribuir para a justiça social.

Assim, a relação jurídica é a relação da vida social disciplinada pelo direito, 226
sendo atribuído a uma pessoa um direito subjectivo e imposta a outra pessoa uma obrigação correspondente de respeitar aquele direito.

Muito genericamente pode dizer-se que existe uma relação jurídica quando ao(s) direito(s) de um (sujeito) ou ao(s) de vários sujeitos corresponde uma obrigação de respeitar este(s) direito(s) por parte de outro(s) sujeito(s), seja(m) este(s) último(s) determinado(s) ou não.

Os direitos protegidos pela relação jurídica são os direitos subjectivos, já mencionados de uma maneira geral (cf. n.os 62 ss). Efectivamente, pode afirmar-se que a ideia central da relação jurídica é a ideia da realização e defesa do direito subjectivo, adstrito ao seu titular. A relação jurídica é funcional a respeito do(s) direito(s) subjectivo(s), cuja efectivação procura assegurar. O direito subjectivo pertence, em última análise, sempre a homens. Sendo assim, é a própria pessoa, como titular dos seus direitos, que está na base da relação jurídica, facto que justifica a existência daquela figura de direito.

As relações jurídicas, aqui em causa, são apenas as de direito privado, quer dizer, as relações entre particulares ou aquelas em que o Estado (ou uma outra entidade pública) intervém sem a sua veste de soberania, na posição formal (!) de um particular.

O conceito de relação jurídica em sentido amplo, apesar de ser já mais 227
concretizado em comparação com o de relação jurídica fundamental, ainda não é um conceito operacional. Por isso, surge a relação jurídica em sentido restrito.

Num *sentido restrito* pode designar-se por relação jurídica toda a relação da vida social disciplinada pelo direito, mas só quando esta relação apresenta uma *determinada* fisionomia típica. Como sabemos, a ordem jurídica contém

[236] Nas relações sociais ou ajurídicas (não reguladas pelo direito) não há controlo estadual (judicial ou administrativo); as relações não jurídicas funcionam com base em regras próprias e controlos sociais e, muitas vezes, são assumidas com mais convicção do que relações jurídicas; estas relações humanas não têm qualquer menos-valia, antes pelo contrário.

para a conformação das relações jurídicas no âmbito da autonomia privada um *numerus clausus* de tipos. Desta maneira, a ordem jurídica condiciona, relativamente à forma e conteúdo, embora em grau variável, a conformação de relações jurídicas, constituídas no exercício da autonomia privada (cf. n.os 76 e 77), ao remeter os particulares para o emprego dos seus tipos negociais. Estas relações tipificadas na lei como esquema ou modelo, as relações jurídicas em sentido restrito, serão visadas daqui em diante.

228 Como se disse, mediante uma relação jurídica são atribuídos direitos subjectivos, aos quais correspondem obrigações. *Deste modo, as relações jurídicas aparecem-nos como relações de poder*[237].

Direito subjectivo é, neste contexto, *a)* a faculdade ou o poder, reconhecido ou atribuído pela ordem jurídica ao seu titular, de exigir ou pretender de outrem um determinado comportamento positivo (fazer) ou negativo (não fazer)[238], ou *b)* a faculdade, respectivamente o poder, de produzir determinados efeitos jurídicos que se impõem à outra parte. A produção daqueles

[237] Neste sentido, o direito subjectivo até pode ser entendido (ou utilizado) como uma espécie de "arma" para melhorar a posição jurídica de um e para piorar, em termos correspondentes, a posição jurídica do outro.

[238] A este respeito o § 194, n.º 1, BGB fala de um *Anspruch* (vulgarmente traduzido por "pretensão") ao defini-lo como "*Das Recht von einem anderen ein Tun oder ein Unterlassen zu verlangen*" (= o direito de pedir de outrem um fazer ou não fazer), abrangendo a palavra "verlangen" tanto o "exigir" como o "pretender". No seguimento desta definição podem distinguir-se, nomeadamente, as seguintes pretensões *(Ansprüche):*

1.º pretensões contratuais, primárias (p. ex., artigo 879.º, als. *b)* e *c)*) e secundárias (p. ex., artigo 914.º, 1.ª parte);
2.º pretensões baseadas em negócios unilaterais (p. ex., artigo 459.º);
3.º pretensões quase-contratuais (p. ex., artigo 227.º);
4.º pretensões resultantes da lei (p. ex., artigo 526.º);
5.º pretensões reais e possessórias (p. ex., artigos 1276.º ss., 1311.º e 1315.º);
6.º pretensões baseadas na gestão de negócios (p. ex., artigo 466.º) ou na execução de um mandato (artigo 1181.º);
7.º pretensões extracontratuais, resultantes da responsabilidade civil (p. ex., os artigos 483.º e 500.º);
8.º pretensões baseadas no enriquecimento sem causa (p. ex., artigo 476.º).

Tendo sido invocado um direito subjectivo (uma pretensão), é de perguntar:

1.º o direito constituiu-se validamente e existe com eficácia jurídica (p. ex., havia capacidade; o direito constituído é oponível)?

efeitos que se impõem à outra parte pode resultar do exercício de um direito potestativo directamente, por meio de um acto de vontade do próprio titular (com ou sem formalidades), ou indirectamente, por decisão judicial (provocada pela vontade do titular).

A situação da pessoa contra a qual se dirige o poder jurídico do titular do direito subjectivo pode designar-se por obrigação (em sentido lato), tendo esta obrigação o nome de dever jurídico (quando corresponde ao poder de exigir ou pretender) ou o nome de sujeição (quando corresponde ao poder de produzir um efeito). 229

O dever jurídico que corresponde ao direito de exigir chama-se obrigação civil; o seu cumprimento pode ser obtido judicialmente. O dever jurídico que respeita a um direito de pretender diz-se obrigação natural; ela não é exigível em tribunal.

De entre as relações jurídicas deve distinguir-se a relação jurídica em sentido abstracto e a relação jurídica em sentido concreto. A relação jurídica em sentido abstracto é uma relação virtual que equivale a determinado tipo (à sua fisionomia típica), tal como ele está regulamentado na lei, quer dizer, corresponde ao tipo negocial legal (p. ex., as normas que regulam o contrato do arrendamento urbano ou o contrato de compra e venda). A relação jurídica concreta é uma relação jurídica em que as regras da relação em sentido abstracto ganham vida num caso concreto, aplicando-se a pessoas concretas que se relacionam ao utilizar o tipo negocial, regulamentado na lei, que lhes convém. 230

"Quando falamos da relação jurídica em sentido abstracto, não consideramos nenhuma relação jurídica efectivamente constituída e portanto individualmente determinada, mas apenas uma relação jurídica figurada, ideal: um esquema, um modelo, um arquétipo de que a realidade da vida jurídica nos oferecerá, depois, um maior ou menor número de exemplares concretos. Será o caso da relação jurídica por virtude da qual o vendedor pode exigir

2.º o direito continua a existir e não se extinguiu (p. ex., em virtude do cumprimento ou por ter caducado)?

3.º o direito pode ser exercido (p. ex., não há, em relação a ele, direitos oponíveis ou excepções)?

Sobre esta matéria, com todo o pormenor, cf. Medicus/Petersen, *Bürgerliches Recht. Eine nach Anspruchsgrundlagen geordnete Darstellung zur Examensvorbereitung*, 26.ª ed., München, 2017.

do comprador o preço, uma vez que se não tenha em vista um determinado comprador e um determinado vendedor, mas todos e quaisquer possíveis compradores e vendedores.

Quando falamos da relação jurídica em sentido concreto, aludimos a uma relação jurídica realmente existente e individualizada – a uma relação entre pessoas determinadas, procedente de um certo facto jurídico, efectivamente verificado ou produzido e não apenas possível. Será concreta a relação jurídica por virtude da qual, por exemplo, certo vendedor A pode exigir de certo comprador B o preço de dada coisa que lhe vendeu.

Sintetizando, pode dizer-se que a relação jurídica abstracta é uma relação virtual ou em potência; ao passo que a relação jurídica concreta é uma relação jurídica real ou em acto"[239].

231 Algumas relações jurídicas bastam-se num único poder jurídico e na correspondente obrigação (p. ex., no comodato, artigo 1129.º: a obrigação de restituir); mas a maior parte das relações jurídicas contém uma pluralidade de poderes que podem existir a favor da mesma pessoa (p. ex., no mútuo oneroso, artigos 1142.º, 1145.º, n.º 1: a obrigação de restituir e a de pagar juros) ou a favor de pessoas diferentes (p. ex., no contrato de compra e venda, artigos 874.º e 879.º, als. *b)* e *c)*: a obrigação de entregar a coisa e a obrigação de pagar o preço [direitos e obrigações de parte a parte]).

Por isso, é preciso distinguir entre a relação jurídica una ou simples e a relação jurídica múltipla ou complexa. Se a um determinado direito subjectivo corresponder apenas um dever jurídico ou uma sujeição, está-se perante uma relação jurídica simples ou una. Se de um dado facto jurídico resultar uma pluralidade de direitos e/ou obrigações (deveres ou sujeições), está-se perante uma relação jurídica complexa ou múltipla. A muito grande maioria das relações jurídicas são relações jurídicas complexas (*zusammengesetzte Rechtsverhältnisse*). Na contraposição de relação jurídica una ou simples e relação jurídica múltipla ou complexa baseia-se a distinção entre o direito de crédito e a relação obrigacional como organismo.

A distinção entre relações jurídicas simples e complexas sobrepõe-se à distinção entre relações jurídicas concretas e abstractas, valendo para ambas.

[239] Manuel DE ANDRADE, vol. 1, *cit.*, pp. 3-4.

Cabe referir ainda a distinção entre relação jurídica e instituto jurídico. 232
Instituto jurídico designa o conjunto dos preceitos legais relativamente às relações jurídicas de um determinado tipo. Estes preceitos dão-nos assim uma imagem daquilo que todas as relações jurídicas deste tipo possuem em comum, ou seja, uma forma-padrão (*Grundform*) definidora de todas elas. Institutos jurídicos são, p. ex., o casamento, a propriedade, a compra e venda, o mútuo, a sucessão[240]. Visto nestes termos, o instituto jurídico corresponde à relação jurídica em sentido abstracto.

Pode diferenciar-se entre relação jurídica em sentido abstracto e instituto jurídico da forma seguinte:

"A relação constitui a matéria ou objecto regulado; o instituto, por seu lado, virá a ser no fim de contas a própria regulamentação ou disciplina jurídica desse objecto, nas normas ou princípios que a integram. Os dois termos designam, portanto, dois aspectos da mesma realidade, para não dizer até a mesma realidade encarada de dois pontos de vista diversos. Compreende-se que, por isso, na linguagem jurídica corrente eles sejam usados promiscuamente"[241].

De qualquer modo, os diversos institutos jurídicos não existem de uma maneira desconexa, mas articulam-se entre si para constituírem institutos jurídicos mais gerais, os quais se ligam, por sua vez, com outros institutos jurídicos, formando no último grau a unidade do sistema jurídico. O conhecimento da conexão interna que perpassa toda a "pirâmide" eleva (embora não por si só) o tratamento científico do direito para além da rotina que considera apenas a regra singular.

2. A estrutura da relação jurídica

Quanto à estrutura da relação jurídica, é de distinguir entre estrutura 233
interna e externa. Por estrutura interna da relação jurídica designa-se aquilo a que se chama também conteúdo da relação jurídica. Este conteúdo é determinado por todo o conjunto dos elementos da relação que definem o vínculo jurídico daí resultante.

[240] Cf. mais em pormenor, J. Baptista Machado, *Introdução, cit.*, pp. 14 ss.

[241] Manuel de Andrade, vol. 1, *cit.*, p. 5.

O vínculo é o centro da relação jurídica, o nexo que se estabelece entre os seus sujeitos, ligando-os. Este vínculo é caracterizado pela obrigação que corresponde ao respectivo direito subjectivo. O vínculo existe, por conseguinte, com vista à observação de direitos subjectivos e as obrigações que lhes correspondem; ele determina como, por força dele, os direitos subjectivos devem ser respeitados. Resulta daqui que não pode haver relação jurídica sem o correspondente direito subjectivo. Por outro lado, cada direito subjectivo cria um vínculo de acordo com a maneira como reclama a sua observância.

234 Os elementos que, no seu conjunto, definem o conteúdo da relação jurídica, contribuem todos para o estabelecimento do vínculo, mas não fazem parte dele, sendo-lhe assim exteriores. Uma coisa é o próprio vínculo, uma outra são os elementos que concorrem para que este se constitua. Os *elementos*, no seu conjunto, representam a *estrutura externa* da relação jurídica.

Os elementos da relação jurídica são, e já o vimos a propósito da sistematização da Parte Geral, os sujeitos, os objectos, os factos jurídicos e a garantia.

Numa imagem sugestiva "podemos representar a relação jurídica por uma linha recta. Os pontos terminais dessa linha serão as pessoas entre as quais a relação jurídica se estabelece. São os *sujeitos* da relação jurídica. Por outro lado, essa relação jurídica (...) pode incidir sobre determinado *objecto* (...) Além disso, ela deriva de determinada causa, (...) o chamado *facto jurídico*. Finalmente, para que o poder jurídico, facultado ao titular do direito subjectivo, (...) tenha sequência, (...) predispõe a ordem jurídica meios coercitivos adequados, tendentes a que tal poder obtenha (...) a sua realização efectiva. É a *garantia*"[242].

Daqui se vê, de novo (cf. n.º 228), que "a relação (...) se traduz numa posição de preponderância (...) jurídica atribuída a um dos sujeitos e na correspondente posição de (...) subalternidade jurídica imposta ao outro"[243].

Os sujeitos da relação jurídica são, assim, o titular do direito subjectivo, por um lado, e o titular da obrigação correspondente (dever ou sujeição), por outro. O titular do direito subjectivo é o sujeito activo da relação jurídica, o titular da obrigação o seu sujeito passivo. De cada lado da "linha recta" pode

[242] Manuel DE ANDRADE, vol. 1, *cit.*, p. 6.
[243] Manuel DE ANDRADE, vol. 1, *cit.*, p. 18.

haver um ou mais titulares. No último caso, que representa uma das formas de relação jurídica complexa, fala-se de pluralidade subjectiva.

Os sujeitos da relação jurídica, assim entendida, são *sempre* pessoas – pessoas em sentido jurídico – mas nunca coisas (ou animais). Trata-se de relações interpessoais ou intersubjectivas. Está excluída desta concepção uma relação jurídica entre uma pessoa, por um lado, e uma coisa (ou animal), por outro. A relação entre uma pessoa e uma coisa é uma relação jurídica de índole e natureza bem diferentes, que se caracteriza por um direito de domínio ou um vínculo de pertença (*lien de appartenance*) entre uma pessoa e uma coisa[244]. 235

Objecto (imediato) da relação jurídica é o direito subjectivo com a correspondente obrigação, os quais contribuem ambos para determinar o seu conteúdo. Assim, o objecto decompõe-se nas duas posições jurídicas em que se encontram os respectivos sujeitos: posição activa = o direito subjectivo; posição passiva = a obrigação. É em atenção a estas posições que a lei regula a transmissão de direitos, de obrigações ou de direitos e obrigações em conjunto (cf., mais em pormenor, n.ºs 250 ss.). 236

Por facto jurídico entende-se todo o acontecimento (acontecimento natural ou comportamento humano) que desencadeia ou produz efeitos jurídicos. Com vista àqueles factos estão prefiguradas na lei, em abstracto, todas as relações jurídicas que ela admite, todos os tipos negociais. Contudo, nenhuma relação jurídica pode efectivamente constituir-se sem que intervenha o respectivo facto jurídico, considerado idóneo pela lei, para a produção de efeitos jurídicos. O facto jurídico é o elemento causal que leva a relação jurídica abstracta, idealizada como tipo na lei, para o campo da realidade concreta, da relação jurídica concreta. 237

Embora a ordem jurídica conte, em princípio, com o cumprimento espontâneo das obrigações resultantes de uma relação jurídica (cf. n.º 6), ela não pode limitar-se a esta posição de confiança. É preciso colocar meios adequados à disposição do titular do direito subjectivo para os casos em que a confiança é desiludida porque o direito subjectivo foi violado, ou corre o 238

[244] Assim a concepção realista (ou clássica) dos direitos reais. De resto, o artigo 1305.º-A não deixa a mínima dúvida de que os animais são *objectos*, objectos da propriedade.

risco – mais ou menos iminente – de vir a ser violado, ou é contestado ao seu titular. Portanto, é preciso ou reparar a violação de direito ocorrida ou prevenir contra a ameaça da violação do direito. Na verdade, de pouco ou nada valem os direitos subjectivos quando o titular não dispõe de meios adequados para se defender. Para este efeito surge a garantia da relação jurídica.

239 A garantia destina-se, deste modo, "a dar efectividade aos poderes do titular do direito subjectivo (...) permitindo àquele titular fazer valer o seu direito mesmo que o obrigado não queira cumprir espontaneamente"[245].

Tratando-se de direitos subjectivos que se traduzem num poder de "exigir", o titular do direito dispõe para efeitos de garantia de uma acção judicial.

Quanto aos direitos subjectivos que se limitam a conferir um "pretender", a garantia é mais fraca. Aqui, o cumprimento do direito subjectivo não pode ser conseguido por via judicial. Mas se o devedor efectuou espontaneamente a sua prestação, não pode reaver (repetir) o que foi prestado (artigo 403.º). Nisto, quer dizer, nesta posição jurídica inatacável do titular do direito depois da prestação por parte do devedor, consiste a garantia de um direito de pretender.

Novamente diferente é a situação quando se trata de direitos subjectivos potestativos. Em relação a estes, o obrigado não pode furtar-se ao cumprimento, uma vez que os efeitos se lhe impõem, de modo que fica pura e simplesmente sujeito a eles. Desta maneira, o direito potestativo é garantido de modo infalível: a garantia apresenta-nos aqui uma configuração *sui generis* (até se podia dizer que os direitos potestativos não possuem garantia, como elemento distinto deles, sendo esta já abrangida pelo seu exercício).

240 Para resumir o que ficou dito, talvez se possa recorrer ao seguinte esquema da relação jurídica:

[245] Manuel DE ANDRADE, vol. I, *cit.*, p. 23.

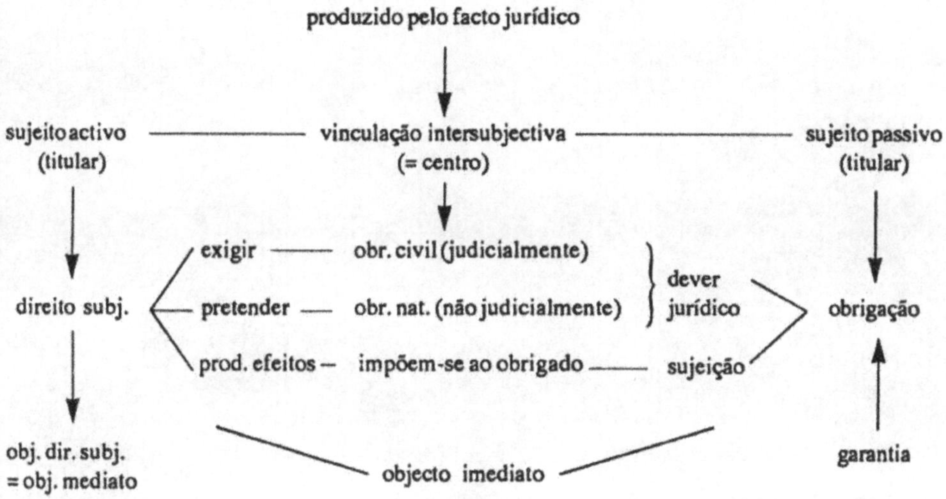
produzido pelo facto jurídico
sujeito activo
(titular)
vinculação intersubjectiva
(= centro)
sujeito passivo
(titular)
exigir
obr. civil (judicialmente)
dever
jurídico
direito subj.
pretender
obr. nat. (não judicialmente)
obrigação
prod. efeitos
impõem-se ao obrigado
sujeição
obj. dir. subj.
= obj. mediato
objecto imediato
garantia

PARTE B

OS ELEMENTOS DA RELAÇÃO JURÍDICA. O CONTEÚDO DA PARTE GERAL

Sabendo que a Parte Geral do Código Civil está sistematizada com base na relação jurídica, acabamos de conhecer o conceito e a estrutura da mesma e referimos os elementos que a compõem.

De acordo com a sistematização da Parte Geral, que seguiremos para o efeito, vamos agora estudar o articulado da lei relativamente a cada um dos elementos da relação. Mas o estudo não é feito, nesta Parte B, com a mesma intensidade quanto a todos os elementos: como já anunciámos, os sujeitos da relação jurídica, as pessoas, apenas serão referidos de uma maneira breve, pois terão um capítulo próprio (o Capítulo 3.º); e o mesmo acontece com o negócio jurídico, como fenómeno mais significativo entre os factos jurídicos (que será objecto do Capítulo 4.º).

I. AS PESSOAS EM SENTIDO JURÍDICO (SUJEITOS DA RELAÇÃO JURÍDICA) E OS SEUS DIREITOS IMANENTES; REMISSÃO

Como vimos, a relação jurídica apenas pode estabelecer-se entre pessoas, 241
que são os seus sujeitos activos ou passivos. Mas esta relação, sendo jurídica, não se estabelece entre pessoas em sentido ético, mas sim entre pessoas em sentido jurídico, que representam, conceitualmente, realidades diferentes. Pessoa em sentido jurídico é quem possuir personalidade jurídica.

A personalidade jurídica consiste na susceptibilidade de ser sujeito (titular) de direitos e obrigações ou, por outras palavras, na possibilidade de ser sujeito – activo ou passivo – de relações jurídicas, quer dizer, de todas as relações jurídicas privadas.

242 As duas realidades conceituais de pessoa em sentido ético e pessoa em sentido jurídico coincidem, existem ao mesmo tempo, no caso do homem: o homem é pessoa em sentido ético e é-o também, e sem mais, necessariamente, em sentido jurídico. Este entendimento de que cada homem possui personalidade jurídica não existiu sempre, mas – especialmente a partir do pensamento jus-naturalista da época das luzes (cf. n.º 15) – é hoje uma aquisição incontestada, considerada normal e natural entre praticamente todos os povos (sirva como exemplo a escravatura para mostrar que o homem, pelo simples facto de o ser, não possuía sempre personalidade jurídica, já que esta era negada ao escravo)[246].

O Código Civil – ao tratar no subtítulo I do título II da Parte Geral "das pessoas" – designa, dentro de uma visão estrutural e pouco feliz, as pessoas em sentido jurídico, que são homens, por "pessoas singulares". O regime das pessoas singulares contêm-no os artigos 66.º a 156.º, simultaneamente com o regime dos direitos de personalidade (artigos 70.º a 81.º), que são – no círculo de direitos que o envolve – direitos imanentes ao homem, quase como fazendo parte dele (embora não todos com a mesma intensidade).

243 Os homens possuem personalidade jurídica por si, sem qualquer necessidade de uma concessão ou de um reconhecimento ou de uma outra atribuição expressa pela lei, pois a sua personalidade resulta do simples facto do nascimento com vida (artigo 66.º, n.º 1).

Mas pessoa em sentido jurídico e, como tal, sujeito virtual de direitos privados, não é apenas a pessoa singular. Igual qualidade possuem-na as chamadas pessoas colectivas, organizações erigidas pelos homens e às quais a ordem jurídica atribuiu personalidade. As pessoas colectivas têm fundamentalmente como substrato ou organizações de pessoas (de tipo corporativo: sociedades, associações) ou conjuntos de bens, massas patrimoniais (fundações, institutos), que se encontram estruturados e organizados em função de um fim comum a realizar, fim comum esse que regularmente transcende as potencialidades individuais. Trata-se, portanto, de determinadas realidades

[246] E a escravatura, que implicava também a negação dos direitos políticos, não era apenas um fenómeno da antiguidade: a primeira Declaração dos Direitos do Homem, de Junho de 1776, a *Virginia Bill of Rights*, foi proclamada num Estado que aceitava a escravatura com naturalidade (subentendia-se que "all men" eram apenas os "free men"). Nos domínios portugueses a escravatura foi abolida a partir do ano 1836.

sociais destinadas a prosseguir interesses humanos, às quais a ordem jurídica concede, por isso mesmo, personalidade.

Sendo, pois, a pessoa colectiva uma criação do direito, há ordenamentos jurídicos que a designam por pessoa jurídica, ou também por pessoa moral (p. ex., o Código de Seabra a respeito das associações e corporações fundadas com algum fim de utilidade pública [artigos 32.º e 37.º]). Além disso, existe doutrina que lhe chama pessoa fictícia (p. ex., em Itália). Ao contrário da pessoa singular, que adquire a personalidade pelo nascimento, a pessoa colectiva não possui esta qualidade sem mais, só por si. Não basta a formação e organização do respectivo substrato na realidade social: é preciso ainda o reconhecimento, mediante o qual a ordem jurídica concede ou atribui a personalidade. Contudo, a partir do momento em que esta lhe é atribuída, a nova pessoa colectiva passa a ser uma pessoa em sentido jurídico perfeitamente autónoma, tanto em relação a todas as outras pessoas, como no que diz respeito aos componentes do seu próprio substrato. 244

Quer dizer, a pessoa colectiva torna-se o centro de uma esfera jurídica própria ou o centro de um círculo de direitos próprio. O regime das pessoas colectivas é tratado, logo em seguida ao regime das pessoas singulares, nos artigos 157.º a 194.º.

Na sequência do regime das pessoas colectivas, os artigos 195.º a 201.º-A referem ainda certas formações colectivas que, ao apresentarem afinidades com aquelas (p. ex., o prosseguimento de um fim comum), não possuem, no entanto, personalidade jurídica. Estas formações são as associações sem personalidade jurídica e as comissões especiais. Trata-se de substratos personificáveis, mas não personificados, portanto, não de pessoas em sentido jurídico (muito embora a sua colocação sistemática seja provavelmente em atenção aos seus componentes pessoais e às correspondentes razões prático-legislativas – a par das mesmas). 245

Deste modo, podem ser sujeitos (activos ou passivos) de uma relação jurídica tanto as pessoas singulares como – em virtude de um reconhecimento que as faz nascer – as pessoas colectivas. Assim, uma relação jurídica privada pode existir apenas entre pessoas singulares ou apenas entre pessoas colectivas ou entre pessoas singulares de um lado e pessoas colectivas do outro. 246

I-A. DOS ANIMAIS

247 Quanto aos animais, o código limita-se a dizer que são seres vivos dotados de sensibilidade e objecto de protecção jurídica em virtude da sua natureza (artigo 201.º-B[247]). A protecção jurídica conferida aos animais opera-se por via das disposições do Código Civil e de legislação especial (artigo 201.º-C)[248]. Na ausência de lei especial, são-lhes aplicáveis subsidiariamente as disposições relativas às coisas, desde que não sejam incompatíveis com a sua natureza (artigo 201.º-D).

II. AS COISAS EM SENTIDO JURÍDICO (OBJECTOS DA RELAÇÃO JURÍDICA)

Bibliografia: MANUEL DE ANDRADE, *cit.*, vol. I, p. 187 a 204, 227 ss., 205 a 226. C. A. MOTA PINTO, *cit.*, p. 341 a 353. Pedro PAIS DE VASCONCELOS, *cit.*, pp. 197 a 216. J. DE CASTRO MENDES, *cit.*, vol. II, p. 163 a 258. Luís Manuel TELES DE MENEZES LEITÃO, Direitos Reais, 7.ª ed., Coimbra, 2018, pp. 55 a 76.

1. Os possíveis objectos da relação jurídica em geral

248 Depois das breves referências aos sujeitos da relação jurídica, a nossa atenção vai para os objectos da relação – aliás, de acordo com a sistematização seguida pelo Código Civil. Todavia, este nem fala na epígrafe do subtítulo II do título II da Parte Geral – que regula a matéria nos artigos 202.º a 216.º – do "objecto da relação jurídica", mas apenas "das coisas", parecendo querer dizer com isso que elas são, na verdade, os objectos.

A expressão "objecto" designa, na sua acepção filosófica mais geral, aquilo que se "contrapõe" ao homem como sujeito conhecedor – um qualquer dado existente, para onde ele pode dirigir a sua consciência, quer dizer, aquilo que pode constituir objecto de representação intelectual[249]. Num sentido físico,

[247] Introduzido pela Lei n.º 8/2017, de 3/03, *lei esta que deixou o regime das coisas sem a mínima alteração* (!).

[248] Veja-se, a título de exemplo, a Lei n.º 15/2018, de 27 de Março, que possibilita a permanência de animais de companhia em estabelecimentos comerciais.

[249] Cf. K. LARENZ, *cit.*, § 16 I.

já mais restrito, objecto é apenas aquilo que é perceptível pelos sentidos do homem.

Em ambas as acepções, o objecto enfrenta um sujeito, o homem, ao qual se opõe: como objecto do seu conhecer, pensar e agir. Corresponde a isto o sentido linguístico (p. ex., em latim *obiectus* significa "exposto" e em alemão *Gegenstand* significa "o que está em oposição" [o conceito de *subiectus*, esse, mudou de sentido]).

Estas acepções de objecto pouco significado terão para o jurista: nem tudo que pode ser objecto nos sentidos mencionados pode ser também objecto de relações jurídicas. Por isso, tal como o direito conhece a pessoa em sentido jurídico, há também o objecto em sentido jurídico. Mas o direito, ao adoptar o seu conceito de objecto, observa a lógica que contrapõe sujeito e objecto, de modo que as duas qualidades se excluem. Por conseguinte, ao sujeito da relação jurídica opõe-se o objecto da mesma em termos de incompatibilidade: o mesmo fenómeno não pode ser, simultaneamente, sujeito e objecto. 249

a) O objecto imediato da relação jurídica; remissão

Para efeitos de determinação do objecto da relação jurídica devemos distinguir entre o objecto imediato e o objecto mediato. 250

O objecto imediato da relação jurídica já foi referido (cf. acima n.º 236) como sendo o conjunto "direito subjectivo-obrigação", aliás parecido com o próprio conteúdo da relação, conjunto que se decompõe na sua posição activa, o direito subjectivo, e na sua posição passiva, a obrigação. É, de facto, sobre estas posições, os direitos subjectivos e/ou as correspondentes obrigações, que versam as relações jurídicas, como nos mostram as mais variadas disposições legais.

Vejamos, p. ex.: o artigo 407.º considera como objectos de certa relação jurídica os "direitos sobre a coisa" (e não a coisa); o artigo 408.º refere a "transferência de direitos reais sobre a coisa"; o artigo 420.º contempla uma "transmissão do direito e da obrigação"; o artigo 424.º, n.º 1, visa a "transmissão da posição contratual"; o artigo 431.º fala da substituição dos contraentes "nos seus direitos e obrigações"; o artigo 446.º, n.º 1, refere o "dispor do direito à prestação"; os artigos 874.º e 879.º (e os artigos 940.º e 954.º) regu- 251 lam a transmissão da propriedade da coisa ou da titularidade do direito"; o artigo 680.º apenas admite o penhor de direitos quando estes tenham por objecto coisas; o artigo 1302.º determina que as coisas corpóreas e os animais podem ser objeto do direito da propriedade; o artigo 1305.º-A trata da propriedade de animais; o artigo 1736.º, n.º1, estabelece uma presunção da propriedade dos móveis dos cônjuges; os artigos 2024.º e 2032.º, n.º 1, referem-se à "titularidade das relações jurídicas patrimoniais"; etc.

252 Nos exemplos referidos podemos observar que a lei distingue – e algumas vezes com clareza exemplar (ver os artigos 408.º, 446.º ou 879.º e 680.º) – entre o direito e a correspondente obrigação, por um lado, e entre aquilo sobre que o próprio direito subjectivo incide, por outro. Este "aquilo" é o objecto mediato da relação jurídica.

Deixando de parte, por ora, o tratamento dos direitos subjectivos como objectos imediatos da relação (que serão estudados não nesta Parte B, mas sim na subsequente Parte C deste Capítulo), vamos ver a situação do objecto mediato.

b) O objecto mediato da relação jurídica

253 Objecto mediato da relação jurídica (na terminologia jurídica alemã: *Rechtsgegenstand* = objecto de direito), apenas pode ser o que é susceptível de estar sujeito ao domínio do homem e que é susceptível de lhe ser atribuído pela ordem jurídica em termos tais que a sua vontade é *juridicamente* decisiva para o objecto assim atribuído[250]. Assim, objecto de direito é "um *quid* (etwas), diferente da própria pessoa, que está de uma maneira ou de outra – em conformidade com o direito – sujeito à sua disposição, que depende da sua vontade"[251] ou "objecto do direito (é) aquilo sobre que recai o poder do sujeito"[252].

O poder do sujeito traduz-se, juridicamente, num direito subjectivo. Por isso, objecto mediato é aquilo sobre que podem incidir os poderes que caracterizam o direito subjectivo. Assim, o objecto de direito está atribuído ao elemento activo da relação jurídica, ao sujeito activo, que é o titular do direito subjectivo (uma pessoa em sentido jurídico). Deste modo, objecto de

[250] RÜTHERS/STADLER *cit.*, § 11 n.º 1.
[251] Cf. também WOLF/NEUNER, *cit.*, § 24.
[252] Luís CABRAL DE MONCADA, *cit.*, pp. 390 ss.

direito, ou mais concretamente, objecto de direitos subjectivos, é a mesma coisa que o objecto mediato da relação jurídica.

As mais diversas realidades podem ser objecto – substrato de incidência – de um direito subjectivo, quer dizer, objecto mediato da relação jurídica. Assim, uma coisa, um produto intelectual, uma prestação e até um direito podem ser os seus objectos. Também uma pessoa pode aparecer como objecto, desde que não se trate de uma pessoa singular. É de todo em todo inadmissível que uma pessoa singular, que coincide com a pessoa em sentido ético, possa ser objecto de uma relação jurídica ou de um direito subjectivo. Antigas posições doutrinais em sentido contrário (p. ex., no direito das obrigações ou no direito da família) são obsoletas por não corresponderem à lei. 254

Portanto, não podem ser objecto da relação jurídica, como relação inter- 255
subjectiva, as pessoas singulares: o homem não pode ser objecto de direito "porque apenas pode fazer parte de uma relação jurídica conforme a sua condição de sujeito (...), não como mero objecto de decisões de outrem"[253], aliás de acordo com o modelo da relação jurídica fundamental. Objecto de um direito não é, por isso, nem a própria pessoa, nem uma pessoa alheia, nem o corpo de uma pessoa viva.

Também a personalidade não é objecto de direito, apesar de ser possível – e o Código Civil assim faz – isolar ou concretizar ou autonomizar certas manifestações da pessoa, tornando estas "objectivações" objecto de direito. Estes bens, protegidos pelos direitos de personalidade, estão intimamente ligados à pessoa. Por isso, os direitos de personalidade destinam-se (como também resulta claramente da sua colocação sistemática junto da personalidade), no seu núcleo essencial, a proteger a própria pessoa no seu direito de ser respeitada e de não ser violada.

Flui daquilo que ficou dito que também no âmbito do direito da família a pessoa não é objecto de direitos subjectivos de uma outra.

Isto decorre com toda a naturalidade da lei, que concebe as relações jurídicas familiares pessoais como relações intersubjectivas, como vínculos que unem pessoas (cf. as respectivas noções nos artigos 1577.º, 1578.º, 1584.º e 1586.º), uma vez que o homem não pode fazer parte de uma relação jurídica senão na condição de sujeito.

[253] Rüthers/Stadler, cit., § 11 n.º 1 (p. 72); § 14 n. 1 (p. 82).

256 O protótipo dos objectos de direito, dos objectos mediatos da relação jurídica, são as coisas corpóreas. Sobre estas pode recair um poder de domínio, além do poder da exclusão de todos os terceiros. Quando se trata de coisas não corpóreas, existe um poder de utilização exclusiva (p. ex., em relação a criações intelectuais, que são objectos da propriedade intelectual ou industrial, como patentes, programas de computador, obras literárias, composições musicais, etc.).

257 Já não pertencem às coisas corpóreas os animais[254], que devem ser considerados objecto *sui generis* do direito, visto serem criaturas às quais a lei confere especial protecção. Os artigos 201.º-B e 201.º-C não permitem concluir que os animais sejam um *tertium genus*[255]. Não há dúvida nenhuma de que os animais são objectos do direito de propriedade (artigo 1305.º-A) e, como tal, logicamente, só podem ser qualificados como objectos de direito.

[254] O § 90a BGB, introduzido em 1990 naquela lei, dispõe: "Animais não são coisas. Eles são protegidos por leis especiais. Aplicam-se-lhes as disposições relativas às coisas com as necessárias adaptações enquanto outro não seja determinado". Com o § 90a BGB a lei alemã segue o exemplo austríaco ao considerar os animais criaturas com sensibilidade, sendo depois seguido pela legislação suiça e, mais tarde, pela francesa. Estas alterações legislativas podem ser entendidas como sinal do início de uma atitude diferente do homem para com o animal, até então reduzido, em virtude de uma visão unilateralmente antropocêntrica, à condição de mera coisa móvel, sujeita à livre disponibilidade do dono [p. ex., para experiências científicas ou para a criação mecanizada de produtos alimentícios]).
Estas legislações excluíram os animais do conceito de "coisa", mas é importante referir que este conceito nestas ordens jurídicas é diferente do conceito de coisa da ordem jurídica portuguesa. Nos termos do artigo 201.º, n.º 1, do CCiv português, coisa é "tudo aquilo que pode ser objecto de relações jurídicas", enquanto naquelas ordens jurídicas, o conceito de coisa está circunscrito unicamente às coisas corpóreas (que cabem no conceito abrangente de objecto de direitos). Estas diferenças quanto ao conteúdo de "coisa" deviam ter sido perfeitamente do conhecimento de quem participou na elaboração da Lei n.º 8/2017, de 3 de Março, uma vez que Orlando de Carvalho, *Direito das Coisas*, Coimbra 1977, pp. 40 (com a nota 60), 90, 192 (com a nota 2) e 222 (com a nota 7), insistiu neste facto, sendo certo ainda que a obra foi reeditada em 2012.

[255] Como afirma L. M. Teles de Meneses Leitão, *Direitos Reais*, 7.ª edição, Coimbra, 2018, pp. 75 e 76, que trata os animais como objecto de direitos reais e admite que o legislador, com o novo subtítulo I-A, pareceu considerar os animais como um *tertium genus*. Em sentido contrário, Heinrich Ewald Hörster, «A propósito da Lei n.º 8/2017, de 3 de Março: os animais ainda serão coisas (objectos da relação jurídica)?», *Revista Jurídica Portucalense*, n.º 22, 2017, pp. 55 a 62.

A estes aplicam-se as disposições do CCiv sobre as coisas (artigo 201.º-D). Mantém-se, assim, a dicotomia pessoa-objecto (e é no objecto que se inserem os animais).

O CCiv não consagra nem um único preceito que reconheça direitos próprios aos animais, mas confere direitos e deveres aos seus proprietários (donos), que têm o domínio sobre eles. Isto resulta dos artigos 493.º-A (indemnização em caso de lesão ou morte de animal), 1793.º-A (que dispõe sobre o destino dos animais de companhia em caso de divórcio ou separação e que coloca, quanto aos critérios a atender para o efeito, o bem-estar do animal em último lugar) e 1733.º, n.º 1, al. *h)*, (que determina a incomunicabilidade dos animais de companhia que cada um dos cônjuges tiver ao tempo da celebração do casamento[256]). A mesma preocupação encontramos na alínea *g)* do artigo 736.º do Código do Processo Civil, segundo o qual os animais de companhia não são susceptíveis de penhora. Quer dizer, a Lei n.º 8/2017, cuja finalidade proclamada é a protecção jurídica dos animais, não descuida de proteger também alguns interesses dos seus defensores.

Também são objecto mediato das relações jurídicas as prestações, ou seja, 258
um determinado comportamento, uma acção ou uma omissão (cf., p. ex., os artigos 397.º, 398.º, 1152.º, 1154.º e ss.).

De modo igual, não existem dúvidas de que um direito pode ser objecto de relações jurídicas. A lei prevê esta situação em muitos preceitos. P. ex.: penhor de direitos (artigos 679.º ss.), compra e venda (artigo 879.º, al. *a)*, 2.ª alternativa), doação (artigo 954.º, al. *a)*, 2.ª alternativa), usufruto de direitos de crédito (artigos 1439.º, 1446.º, 1463.º e 1464.º), usufruto de acções ou partes sociais (artigo 1467.º) e hipoteca sobre direitos (artigo 688.º, n.º 1, als. *d), c), e e)*).

Há quem defenda que nem todos os direitos podem ser objecto mediato da relação jurídica: um direito, para ser objecto de um direito subjectivo, necessitaria de apresentar certo valor patrimonial.

[256] Sobre esta matéria, v., ainda, Cristina Dias, «O divórcio e o novo estatuto jurídico dos animais, introduzido pela Lei n.º 8/2017, de 3 de março – quem fica com o animal de companhia?», in AAVV, *Família e Pessoa: uma questão de princípios, Atas do V Congresso Iberoamericano de Direito da Família e das Pessoas,* São Paulo, YK Editora, 2018, pp. 287-300, que também considera os animais apenas como objectos de direito.

c) *Observações finais*

259 Para finalizar esta abordagem geral dos objectos de direito, menciona-se, ainda, que possuem significado jurídico e económico em virtude do facto de integrarem o património do devedor e, como tais, servem de garantia geral das suas obrigações (cf. artigo 601.º). O credor pode contentar-se com a constituição de uma fiança (artigo 627.º), mas muitas vezes não se quererá limitar a esta segurança pessoal e preferirá como garantia a constituição de um penhor (artigos 666.º e 669.º ss.) ou de uma hipoteca (artigos 686.º, 688.º, 689.º e 691.º). É o valor dos objectos sobre os quais recai esta garantia, *rectius*, o direito real de garantia, que serve então para a satisfação do credor, caso o devedor não cumpra a sua obrigação. Por outro lado, tendo sido constituída uma consignação de rendimentos (artigo 656.º), o credor é garantido através dos rendimentos gerados por coisas sujeitas a registo, que lhe são encaminhados.

260 E ainda deve ser lembrado mais um aspecto: embora o uso linguístico nem sempre distinga, chama-se a atenção para o facto de a lei proteger não o objecto mediato da relação jurídica, mas o objecto imediato, ou seja, o respectivo direito subjectivo: os direitos subjectivos são invocados num litígio (artigos 1.º e 2.º CPC), ou constituem o fundamento de uma acção directa (artigo 336.º), ou colidem com outros (artigo 335.º), ou podem ser limitados no seu exercício por meio de consentimento (artigo 340.º); são também os direitos subjectivos que podem ser violados por um facto ilícito (artigo 483.º), que prescrevem, caducam ou se extinguem pelo não uso (artigo 298.º), ou aos quais o seu titular pode renunciar (artigos 527.º, 809.º ou 1569.º, n.º 1, al. *d)*); são igualmente os direitos subjectivos que podem ser exercidos de uma maneira abusiva (artigo 334.º).

2. As coisas como objectos mediatos da relação jurídica

a) *A noção de coisa no sentido do artigo 202.º, n.º 1*

261 Às coisas dedica a Parte Geral do Código Civil, como foi referido, os artigos 202.º a 216.º, preceitos esses já criticados como sendo a expressão de

um "imobilismo legislativo", de uma "arqueologia" que traduz "uma visão idilicamente ruralista"[257], etc.

O n.º 1 do artigo 202.º contém a noção de coisa ao definir: "Diz-se coisa *tudo* aquilo que pode ser objecto de relações jurídicas". Também esta definição foi alvo de críticas que a consideraram desnecessária, de tipo manualístico[258] e inadequada por "excessivamente ampla"[259].

Contudo, o n.º 1 do artigo 202.º também encontrou quem o defendesse, embora com pequenas reservas. "A definição do artigo 202.º é de um modo geral exacta (...) [Ela] tem de ser cotejada com as classificações do artigo 203.º. A soma dos dois termos de cada uma destas classificações reconstitui a figura na sua totalidade e permite desenhar os seus contornos. [Pois], temos de interpretar o "tudo aquilo que" pelo qual começa a definição dentro do seu domínio de plausibilidade (...) Uma realidade acerca da qual seja absurdo pensar-se em qualificá-la de imóvel ou móvel, fungível ou não fungível, etc. (...) desse modo se vê que não é de considerar-se coisa para efeitos jurídicos (...) [Consequentemente], coisa é a realidade estática dotada de relevância jurídica (...) no plano do objecto (...) Nesse campo não está a pessoa (...)"[260]. 262

Este entendimento é correcto, embora incompleto. Porque, além de ser cotejado com o artigo 203.º, o n.º 1 do artigo 202.º ainda deve ser lido em ligação com o n.º 2 do mesmo artigo. O n.º 2 contempla as coisas da perspectiva do comércio jurídico, dizendo que se consideram "fora do comércio todas as coisas que não podem ser *objecto* de *direitos* privados (...)". Portanto, em virtude da exclusão determinada pelo n.º 2, o n.º 1 apenas diz respeito às coisas "dentro do comércio". Significa isto que as coisas referidas no n.º 1 do artigo 202.º só podem ser as que correspondem aos negócios do comércio (tráfico) jurídico (*Verkehrsgeschäfte*), ou seja, precisamente aos negócios por meio dos quais se transmitem direitos e obrigações que incidem sobre estas 263

[257] Orlando DE CARVALHO, *ob. cit.* (nota 2), pp. 90 e 94.

[258] Carlos Alberto DA MOTA PINTO, *Teoria Geral do Direito Civil*, Coimbra Editora, Coimbra, 1976, p. 229.

[259] J. DIAS MARQUES, *Noções Elementares de Direito Civil*, 3.ª ed., Livraria Petrony, Lisboa, 1969, pp. 35-36.

[260] J. DE CASTRO MENDES, vol. II, *cit.*, pp. 160-170.

coisas. Coisas que não existem em função do comércio jurídico privado, não são abrangidas pela disposição do n.º 1 do artigo 202.º.

264 Coisa no sentido do n.º 1 do artigo 202.º é, por isso, apenas todo e qualquer objecto a respeito do qual se podem estabelecer ou transmitir direitos privados. Daí podermos concluir que o preceito "diz-se coisa tudo aquilo que pode ser *objecto* de *relações* jurídicas", conjugado com a disposição "consideram-se (...) fora do comércio todas as coisas que não podem ser *objecto* de *direitos* privados", diferencia em função da dicotomia "objecto imediato – objecto mediato", abrangendo tão-só o segundo elemento. Por isso, coisa no sentido do artigo 202.º corresponde ao objecto mediato da relação jurídica, ao objecto do direito subjectivo, ou seja, ao substrato sobre que recai o poder do sujeito.

265 Sendo assim, também se torna compreensível a epígrafe do subtítulo II, que – numa aparente contradição com as epígrafes dos subtítulos I, III e, parcialmente, IV que mencionam ou referem o correspondente elemento da relação jurídica – não fala "do objecto", mas só das coisas, formulação essa que, à primeira vista, podia levar à conclusão de ele ter equiparado as coisas ao objecto (= objecto imediato) da relação jurídica.

Mas esta equiparação não foi feita. O artigo 202.º como, aliás, todo o subtítulo II, apenas diz respeito a uma *parte* dos objectos da relação jurídica: os objectos mediatos. Quer dizer, à definição do artigo 202.º, n.º 1, concretizada pela determinação do n.º 2 e completada pelo artigo 203.º, subjaz o seguinte esquema: coisa (= objecto mediato) ← direito subjectivo (= objecto imediato) ← pessoa em sentido jurídico (= titular do direito subjectivo = sujeito activo da relação jurídica).

Ficam, por isso, não abrangidos pelo conceito de coisa aqueles fenómenos que não podem ser objectos de direitos, tais como as pessoas singulares, a personalidade, os direitos familiares pessoais e ainda os direitos sem valor patrimonial. Na verdade, aplicar a pessoas singulares ou a direitos familiares pessoais ou, ainda, a direitos sem qualquer valor patrimonial a distinção entre coisas dentro ou fora do comércio é absurdo.

266 Deste modo, podemos dizer que é exacta a definição do artigo 202.º, n.º 1, muito embora o seu conceito de coisa em sentido jurídico não corresponda ao conceito de coisa na linguagem corrente. Mas esta falta de coincidência também a verificámos a respeito das pessoas em sentido jurídico. O con-

ceito de coisa em sentido jurídico (artigo 202.º, n.º 1), ou seja, tudo aquilo que pode ser objecto de direitos privados (= dentro do comércio jurídico), engloba, por conseguinte, direitos, prestações, coisas corpóreas e não corpóreas, quer dizer, todos aqueles fenómenos já referidos como objectos mediatos da relação jurídica em geral. Constituem um caso à parte os animais, que são objectos de direito *sui generis*, uma vez que o legislador os excluiu explicitamente do conceito de coisa, embora sem lhes retirar a qualidade de objecto do direito da propriedade (ver n.º 257).

Não é preciso, para haver coisa em sentido jurídico, que esta apresente um valor mercantil (basta um valor afectivo, como acontece, p. ex., com as lembranças familiares) ou que se trate de coisas efectivamente apropriadas (contanto que sejam susceptíveis de apropriação, como os objectos abandonados pelo antigo titular do direito sobre a coisa). 267

Decisivo para sabermos se estamos em face de uma coisa em sentido jurídico, no sentido do artigo 202.º, é a sua idoneidade ou aptidão para ser objecto de direitos subjectivos privados que sobre ela possam incidir.

b) As coisas fora do comércio de acordo com o artigo 202.º, n.º 2

As coisas referidas no n.º 1 do artigo 202.º dizem respeito aos objectos de relações jurídicas privadas. Deste modo, determina o n.º 2 do mesmo artigo que se consideram fora do comércio – muito embora se trate conceitualmente de coisas! – todas as coisas que não podem ser objecto de direitos privados. Estas coisas são, como a lei esclarece logo em seguida, as que se encontram no domínio público ou as que são, por sua natureza, insusceptíveis de apropriação individual. Daí que o n.º 2 do artigo 202.º não retire a qualidade de coisa, apenas assinala a sua inaptidão momentânea para o comércio jurídico privado. 268

Ao domínio público pertencem as coisas que são objecto de relações jurídicas públicas, melhor dizendo: objecto de direitos públicos. Estas coisas são propriedade do Estado ou de outras pessoas colectivas de direito público e estão abrangidas pelo n.º 2 do artigo 202.º, aplicando-se-lhes, ainda assim, o regime dos direitos reais em tudo o que não contrarie a sua natureza (artigo 1304.º). 269

Contudo, o Estado e as demais pessoas colectivas de direito público possuem, além do domínio público, ainda coisas de natureza privada: o Estado ou as outras entidades públicas podem participar, como sabemos (cf. n. 47), na sua "veste de civil (ou particular)" no tráfico jurídico privado. Ora bem, as coisas de que o Estado se serve para o efeito ou que adquire na ocasião estão sujeitas às regras do direito privado, inseridas como estão no tráfico jurídico geral privado. Aqui trata-se de coisas dentro do comércio (artigos 202.º, n.º 1), não integradas no domínio público.

Para que uma coisa pertença ao domínio público, é necessário um acto específico: uma afectação (que pode ser uma lei, um acto administrativo, o uso imemorial)[261]. Mas logo que a coisa seja, de acordo com as circunstâncias, desafectada do domínio público (expressa ou tacitamente) pode ingressar (ou re-ingressar, se for caso disso) nas coisas dentro do comércio jurídico referidas no artigo 202.º, n.º 1.

270 Para efeitos de inventário geral do património do Estado, o DL n.º 477/80, de 15 de Outubro, distingue entre domínio público (artigos 3.º, 4.º e 7.º, n.º 1), domínio privado (artigos 3.º, 5.º e 7.º, n.ºs 2 e 3) e património financeiro (artigos 3.º e 6.º). Segundo este DL, integram o domínio público, p. ex., as águas territoriais; lagos, lagoas, rios e outros bens do domínio público hídrico; os portos; as camadas aéreas superiores aos terrenos e às águas do domínio público; os jazigos minerais e petrolíferos; obras e instalações militares; palácios, monumentos, etc.; todos os outros bens sujeitos por lei ao regime do domínio público. Estes bens são coisas fora do comércio jurídico, no sentido do artigo 202.º, n.º 2. Fora do comércio jurídico encontram-se também os bens de produção e meios afectos às actividades vedadas à iniciativa privada[262].

271 Fora do comércio estão também os baldios ("os terrenos com as suas partes e equipamentos integrantes, possuídos e geridos por comunidades locais"), como resulta do artigo 6.º, n.ºs 3 e 4, da Lei n.º 75/2017, de 17 de Agosto: "Os terrenos baldios encontram-se fora do comércio jurídico, não podendo, no

[261] Quanto ao uso imemorial, cf., p. ex., o acórdão do STJ, *BMJ* n.º 299 (Outubro 1980), p. 337. Mais tarde, o STJ formulou, contra dois votos de vencido, o seguinte assento: "São públicos os caminhos que, desde tempos imemoriais, estão no uso directo e imediato do público" (DR I n.º 126, de 2-6-1989, p. 2162). A respeito desta matéria v. o texto instrutivo de Rui Pinto Duarte, «Caminhos públicos – comentário de jurisprudência», *CDP*, n.º 13, 2016, pp. 3 a 98; idem, *Curso de Direitos Reais*, 3.ª ed., Cascais, Principia, 2013, pp. 100 e ss.

[262] Nos termos do artigo 3.º da Lei n.º 88-A/97, de 25 de Julho (já alterada pela Lei n.º 17/2012, de 26 de Abril, e pela Lei n.º 35/2013, de 11 de Junho.

todo ou em parte, ser objeto de apropriação por terceiros por qualquer forma ou título, incluindo por usucapião". Deste modo, os actos ou negócios jurídicos de apropriação ou apossamento, por terceiros, tendo por objeto terrenos baldios, bem como da sua posterior transmissão, são nulos, nos termos gerais de direito, exceto nos casos expressamente previstos na referida lei[263].

Ainda estão fora do comércio as coisas por sua natureza insusceptíveis de apropriação individual – como, p. ex., as nuvens, as gotas da chuva, mas também o cadáver do homem. Elas mantêm a sua qualidade de coisa e são conceitualmente diferentes dos fenómenos que nem sequer são coisas e, por isso, não podem ser objecto de direitos privados. 272

Estes fenómenos (as não-coisas) não fazem parte da dicotomia "objecto de direitos privados – coisas fora do comércio" (por exemplo, os direitos familiares pessoais, os direitos de personalidade, etc.). Aqui, o direito subjectivo (o objecto imediato da relação jurídica) não incide sobre um objecto, só tem conteúdo.

As coisas fora do comércio, referidas no n.º 2 do artigo 202.º, não vêm reguladas no Código Civil, ou por pertencerem ao domínio público, ou por existir legislação especial (p. ex., o caso dos baldios). Legislação especial existe também para as coisas incorpóreas (cf. artigo 1303.º, n.º 1: o Código da Propriedade Industrial; o Código de Direitos de Autor), para determinadas coisas corpóreas (legislação referente à protecção de plantas, ambiente, etc.) e, ainda, sobre os animais. 273

c) *A classificação das coisas*[264]

Se a noção de coisa vem definida no artigo 202.º, a classificação das coisas resulta dos artigos 203.º a 211.º. O Código Civil diferencia, assim, entre coisas imóveis e móveis (artigos 203.º, 204.º e 205.º), simples ou compostas (artigos 203.º e 206.º), fungíveis ou não fungíveis (artigos 203.º e 207.º), consumíveis ou não consumíveis (artigos 203.º e 208.º), divisíveis ou indivisíveis (artigos 274

[263] A Constituição integra os baldios (que pertencem aos meios de produção comunitários) no sector cooperativo e social (artigo. 82.º, n.º 4, al. *b)*).

[264] Para um estudo desenvolvido, cf. Luís Manuel Teles de Menezes Leitão, *ob. cit.*, pp. 55 a 76.

203.º e 209.º), principais ou acessórias (artigos 203.º e 210.º) e, por fim, coisas presentes ou futuras (artigos 203.º e 211.º).

Sem o dizer expressamente, a lei inclui no elenco da sua classificação, desde que logicamente possível, tanto as coisas corpóreas e incorpóreas (artigos 207.º e 208.º), como as prestações (artigos 207.º, 209.º), como os direitos que podem ser objecto de direitos subjectivos (artigos 209.º a 211.º).

Coisas corpóreas são aquelas que podem ser apreendidas, entendidas ou captadas pelos sentidos (*quae tangi possunt*); coisas não corpóreas são as que não podem ser captadas pelos sentidos (*quae tangi non possunt*), mas sim pela representação intelectual e pela imaginação. Coisas não corpóreas são designadamente aquelas sobre que incidem os direitos de propriedade intelectual. Objecto de tais direitos (direitos de propriedade industrial, direitos de autor) são os respectivos produtos ideais, desde que tenham ganho expressão, mas já não os produtos subsequentes ou os suportes materiais em que as concepções idealizadas e figuradas se manifestam (p. ex., o livro, disco, máquina, etc.), que são coisas corpóreas. Também programas para computadores, *software*, etc., são coisas não corpóreas, bens imateriais, e – ao contrário de outros produtos ideais – até separáveis dos seus suportes materiais (p. ex., *pen drive*), podendo ser utilizados ou transferidos autonomamente.

275 Quanto às coisas corpóreas, tem um significado fundamental a distinção entre coisas imóveis e móveis, uma vez que a lei submete, por via de regra, coisas imóveis e móveis a regimes diferentes.

Contudo, o CCiv não define as coisas móveis e limita-se a dizer que são móveis todas as coisas que não pertencem à categoria das coisas imóveis (artigo 205.º, n.º 1). As coisas imóveis vêm definidas, taxativamente, no artigo 204.º, o qual dispõe:

"1. São coisas imóveis:

a) Os prédios rústicos e urbanos;

b) As águas;

c) As árvores, os arbustos e os frutos naturais, enquanto estiverem ligados ao solo;

d) Os direitos inerentes aos imóveis mencionados nas alíneas anteriores;

e) As partes integrantes dos prédios rústicos e urbanos.

2. Entende-se por prédio rústico uma parte delimitada do solo e as construções nele existentes que não tenham autonomia económica, e por prédio urbano qualquer edifício incorporado no solo, com os terrenos que lhe sirvam de logradouro.
3. É parte integrante toda a coisa móvel ligada materialmente ao prédio com carácter de permanência".

A enumeração constante do n.º 1 do artigo 204.º é importante para a 276
extensão da hipoteca (cf. artigos 688.º, n.º 1, al. *a)*, e 691.º, n.º 1), não ficando abrangidas apenas as águas (artigo 204.º, n.º 1, al. *b)*).

Os direitos inerentes ao próprio imóvel, referidos no artigo 204.º, n.º 1, al. *d)*, são, p. ex., as servidões, as quais podem, conforme os casos, aumentar ou diminuir o conteúdo do direito da propriedade sobre o prédio (cf. artigo 1543.º), sendo inseparáveis dos prédios a que pertencem (artigo 1545.º). Não são direitos inerentes ao imóvel os outros direitos reais limitados (como o usufruto, direito de uso e habitação, direito de superfície, e o direito real de habitação periódica), que estão ligados a uma pessoa, conferindo-lhe o direito de gozar uma coisa ou um direito alheio.

Apesar de o n.º 2 do artigo 204.º não o dizer, são também prédios urbanos as fracções autónomas da propriedade horizontal (artigos 1414.º ss.) e as unidades de alojamento sobre as quais incide um direito real de habitação periódica[265].

Para uma coisa móvel ser parte integrante, no sentido do n.º 3 do artigo 277
204.º, é preciso, além da ligação material, uma ligação específica ao imóvel em função e de acordo com os fins deste (por exemplo, sistemas de irrigação instalados em terrenos agrícolas, para efeitos de rega, ou em edifícios urbanos, como medida de prevenção contra incêndios). A parte integrante, como coisa móvel, liga-se de tal foma ao imóvel, que deixa de ser um objecto autónomo de direitos, passando a partilhar por inteiro o destino jurídico do

[265] Regulado pelo DL n.º 275/93, de 5/8, entretanto sucessivamente alterado, estando em vigor a redacção do DL n.º 245/2015, de 20/10. Quanto à introdução da figura no direito português, cf. M. Henrique Mesquita, «Uma nova figura real: o direito de habitação periódica», *RDE*, 8 (1982), pp. 38 a 48.

imóvel ao fazer parte dele (al. *e)* do n.º 2 do artigo 204.º), de modo que o proprietário do imóvel fica igualmente proprietário da parte integrante[266] [267].

Da qualificação de uma coisa como parte integrante ou não depende se ela é abrangida pela execução imobiliária ou mobiliária. Não são partes integrantes as partes componentes da coisa (tijolos, telhas, azulejos, etc.), que perderam a sua individualidade ao compô-la; sem as partes componentes esta coisa fica incompleta para os fins a que se destina.

Não obstante, apesar de a lei ligar partes integrantes a imóveis, também se podem considerar como partes integrantes certas coisas móveis ligadas com carácter de permanência a outras coisas móveis (por exemplo, o rádio instalado nos automóveis; já o volante ou os pedais serão partes componentes).

278 Nem sempre é fácil decidir se uma coisa é móvel ou imóvel. "Pressuposto essencial de uma classificação como coisa imóvel é a incorporação no solo de qualquer edifício ou construção, sendo certo que a base da destrinça entre coisas móveis e imóveis é a circunstância de poderem ou não ser transportadas de um para outro lugar sem se deteriorarem (...) A incorporação no solo supõe uma ligação material por meio de alicerces ou colunas"[268].

Para as coisas imóveis existe um registo, o registo predial, dada a importância económica e social das mesmas. Há assim um interesse em saber a quem pertencem e quais são os direitos que nelas incidem ou as afectam. Diz o artigo 1.º do CRegPred[269]: "O registo predial destina-se *essencialmente* a dar publicidade à situação jurídica dos prédios, tendo em vista a segurança do comércio jurídico imobiliário", subentendendo-se que a lei visa o tráfico

[266] Assim, a propriedade, reservada num contrato de fornecimento e instalação de um elevador, extingue-se logo que a instalação do elevador seja concluída. A cláusula de reserva de propriedade acaba por se tornar ineficaz. Cf. Assento do STJ, *BMJ* n.º 453 (Fevereiro de 1966), pp. 46 e 56.

[267] Segundo o BGH (*NJW* 2009, p. 1078), depende das concepções do tráfico jurídico, em constante mutação, a qualificação das cozinhas de encastrar como partes integrantes ou coisas acessórias. Já os armários embutidos, fazendo parte da estrutura dos quartos, terão de ser qualificados como partes componentes.

[268] STJ *BMJ* n.º 192 (Jan. 1970), p. 243 (= casas desmontáveis são coisas móveis; o mesmo sucede às instalações flutuantes, que não são prédios).

[269] DL n.º 224/84, de 6 de Julho, republicado na redacção do DL n.º 125/2013, de 30 de Agosto, já com várias alterações posteriores, sendo a última a da Lei n.º 89/2017, de 21 de Agosto).

jurídico realizado por via negocial. Sendo assim, o registo assume uma função de publicidade.

Além dos prédios contemplados pelo CRegPred, há ainda certas coisas 279
móveis sujeitas a registo. Por isso é de distinguir, dentro das coisas móveis, entre as que estão sujeitas a registo e as que não estão (e estas últimas constituem a larguíssima maioria, como, aliás, é evidente). O registo de coisas móveis é regulado por leis específicas (referentes ao registo de automóveis, navios e aeronaves e participações sociais)[270] e é um indício da importância económica destes bens. Em certa medida está ultrapassada, hoje em dia, a ideia de que os bens imóveis têm, quase por natureza, mais importância do que os móveis. Às coisas móveis sujeitas a registo aplica-se o regime das coisas móveis "normais", a não ser que haja regulamentação especial (artigo 205.º, n.º 2). Neste contexto é de suma importância o artigo 291.º que consagra regimes profundamente diferentes para coisas imóveis e coisas móveis sujeitas a registo em comparação com as restantes coisas móveis.

Acrescenta-se que existem também registos para determinadas coisas não corpóreas, como, p. ex., o registo da propriedade industrial (a respeito das patentes), que ilustra bem a relevância económica de tais produtos ideais e intelectuais.

Como coisas compostas (ou universalidades de facto) designa o artigo 280
206.º uma pluralidade de coisas móveis que, pertencendo à mesma pessoa, têm um destino unitário. São exemplos de coisas compostas: um rebanho[271], uma colecção de arte, uma biblioteca, as cadeiras de um cinema, mas já não um cadeiral (que é uma coisa singular). Apesar de aquelas coisas terem um destino comum, quer dizer, serem susceptíveis de constituírem, no seu con-

[270] O registo de automóveis encontra-se regulado no DL n.º 54/75, de 12/2, com alterações posteriores; o registo de navios, no DL n.º 42 644, de 14/11/1959; o registo de aeronaves, no DL n.º 20 062, de 25/10/1930; o registo de participações sociais, nos artigos 29.º-A e 29.º-B do Código de Registo Comercial (DL n.º 403/86, de 03/12, sucessivamente alterado, sendo a última redacção a do DL n.º 24/2019, de 01/02). Em relação a estes bens existe, todavia, um Código de Registo de Bens Móveis (DL n.º 277/95, de 25/10), que não chegou a entrar em vigor por falta de regulamentação. Ao registo dos bens móveis aplica-se, como regime supletivo, o CRegPred.

[271] Como sucede também com uma matilha, uma vara, um cardume, etc., que, sendo um conjunto de animais, devem ser equiparados a coisas compostas nos termos do artigo 201.º-D.

junto, o objecto unitário de direitos ou de relações jurídicas, podem ser, no entanto, objecto de relações jurídicas próprias. A classificação das coisas em simples e compostas é assim uma classificação jurídica, não natural, e, além disso, não absoluta mas relativa, variando desta maneira a classificação conforme a situação concreta.

281 Por coisas fungíveis designa a lei (artigo 207.º) as coisas que se determinam pelo seu género, qualidade e quantidade, quando constituam objecto de relações jurídicas. Segundo a lei, a distinção refere-se apenas às coisas móveis (sendo de admitir que também as prestações possam ser fungíveis ou não fungíveis). A classificação de uma coisa móvel como fungível ou não deve fazer-se em atenção a cada relação jurídica. Há coisas que normalmente são fungíveis e outras que normalmente são infungíveis. Quando coisas fungíveis constituem o objecto de obrigações, estamos em face de uma obrigação genérica (artigos 539.º ss.); a indemnização por danificações de uma coisa fungível consiste na sua substituição por uma outra coisa fungível (= restituição natural), enquanto em relação às coisas não fungíveis a indemnização é feita por meio de dinheiro. O conceito de fungibilidade aplica-se também às prestações de facto (artigo 828.º). O contrato de empréstimo de coisa não fungível diz-se comodato (artigo 1129.º: restituição da mesma coisa); o de coisa fungível, mútuo (artigo 1142.º: restituição de coisa do mesmo género). O depósito de coisa fungível – é o caso do depósito bancário – chama-se depósito irregular (artigos 1205.º e 1206.º) e é no fundo um caso de mútuo.

282 O artigo 208.º contém o conceito de coisa consumível ao dizer que são coisas consumíveis aquelas cujo uso regular importa a sua destruição ou a sua alienação. Também este conceito é jurídico e não físico. Tem interesse a este respeito a fundamentação dada no respectivo anteprojecto, onde se lê:

"Supõe-se (...), para a atribuição da qualidade de consumíveis às coisas, o seu uso regular, porque fora do seu uso normal tudo pode, afinal, ser consumido ou destruído. Um livro é uma coisa não consumível, e, todavia, o seu proprietário pode aproveitá-lo como fonte de energia ou de calor, queimando-o num fogão.

O Código alemão fala especialmente nas coisas cujo uso regular consiste na sua alienação (§ 91) e cita as coisas mobiliárias que pertencem a um estabelecimento comercial ou a outra universalidade de coisas destinadas à venda. Igual doutrina está expressamente formulada no artigo 952.º do

Código grego. É sem dúvida exacto o princípio e por isso nos referimos no texto às coisas cujo uso normal é a sua alienação. Um livro, por exemplo, é uma coisa não consumível pois destina-se normalmente à leitura. Porém, os livros destinados à venda numa livraria são já coisas consumíveis. O seu uso regular é a venda, pelo que desaparecem do património do livreiro quando são usados"[272].

Coisas divisíveis são as coisas móveis ou imóveis que podem ser fraccio- 283
nadas (ou partilhadas): (1.º) sem alteração da sua substância, (2.º) sem diminuição do seu valor e (3.º) sem prejuízo para o uso a que se destinam (artigo 209.º). Faltando uma daquelas circunstâncias, a coisa é indivisível. Em certos casos a indivisibilidade pode ser convencionada (artigos 1412.º e 2101.º, n.º 2), mas ela pode também resultar da lei (artigos 696.º, 1546.º e, especialmente, 1376.º, uma disposição de índole publicista, destinada a proteger os interesses da comunidade numa utilização racional dos terrenos de cultura, mesmo contra a vontade dos particulares).

Quanto às coisas acessórias determina o artigo 210.º: 284

"1. São coisas acessórias, ou pertenças, as coisas móveis que, não constituindo partes integrantes (ver artigo 204.º, n.º 3), estão afectadas por forma duradoura ao serviço ou ornamentação de uma outra.

2. Os negócios jurídicos que têm por objecto a coisa principal não abrangem, salvo declaração em contrário, as coisas acessórias" (enquanto que as partes integrantes são abrangidas pelos negócios acerca da coisa principal).

Ao contrário das partes integrantes, que, em regra, são coisas móveis ligadas a um imóvel, as coisas acessórias são coisas móveis que podem estar ao serviço tanto de coisas imóveis como de outras coisas móveis.

Além disso, ao contrário das partes integrantes, que estão materialmente ligadas à coisa principal, as coisas acessórias estão economicamente ligadas a ela. É essencialmente a forma de ligação que distingue as partes integrantes das coisas acessórias. Estas últimas não são abrangidas pela hipoteca (artigo 691.º). Mas também no caso das coisas acessórias é necessária, à semelhança

[272] Pires de Lima, «Das Coisas», Anteprojecto. Exposição de motivos, *BMJ* n.º 91, p. 216.

do que acontece com as partes integrantes, uma ligação específica à coisa principal, de acordo com os fins desta.

Como coisas acessórias devem considerar-se, p. ex., o macaco de um automóvel, as alfaias agrícolas afectadas à exploração de certo prédio rústico[273], ou os móveis, adornos e utensílios pertencentes a certo prédio urbano, como, p. ex., as instalações de limpeza montadas em cima de prédios para as lavagens exteriores de janelas ou paredes, mas não incorporadas na sua estrutura, e os contentores de lixo privados, afectados ao uso de condomínios.

285 Segundo o artigo 211.º são coisas futuras as que (ainda) não estão em poder do disponente, ou a que este (ainda) não tem direito, ao tempo da declaração negocial. São, por exemplo, coisas futuras os frutos ainda não colhidos, as acções de uma sociedade anónima ainda não emitidas ou não adquiridas por quem já as vendeu, os juros ainda não vencidos, a comissão prometida por um acto ainda não realizado, mercadorias ainda não fabricadas, o petróleo (crude) ainda não extraído, etc. Quer dizer, as coisas nem existem ou são coisas alheias.

d) Os frutos e as benfeitorias

286 Todas aquelas coisas têm, como coisas "dentro do comércio", uma finalidade económica (cf. n.º 259): destinam-se a dar rendimentos ou, pelo menos, a dar algum proveito económico ao titular do direito que nelas incide. A estes rendimentos a lei chama frutos. Mas, para darem frutos, é preciso que as coisas conservem um "estado frutífero", ou seja, elas precisam de manutenção, cuidados, tratamentos, etc. Às despesas feitas com tais medidas chama a lei benfeitorias.

Os frutos vêm regulados nos artigos 212.º a 215.º e as benfeitorias no artigo 216.º, contendo a lei preceitos relativamente à noção de frutos (artigo 212.º), à sua partilha enquanto resultado de uma exploração ordeira ou regular (artigo 213.º), bem como à sua restituição (artigos 214.º e 215.º), pressupondo o artigo 214.º, ao prescrever a restituição dos frutos colhidos prematuramente, uma actuação voluntária do obrigado a restituir que colheu antes do tempo (o anteprojecto até dizia "colher por dolo").

[273] De acordo com o a artigo 201.º-D, devem ser equiparados, para todos os efeitos, a coisas acessórias, os animais afectados à exploração de prédios rústicos.

Fruto é tudo aquilo que uma coisa – que pode ser corpórea (imóvel ou móvel) ou não corpórea – produz, ela própria, periodicamente e, além disso, sem prejuízo da sua substância (artigo 212.º, n.º 1). Sendo o conceito de fruto um conceito jurídico-económico, já se sustentou que também era fruto o minério extraído de uma mina, a pedra tirada de uma pedreira, a areia removida dos lugares onde criou sedimentos, etc., desde que a extracção se processasse dentro de uma exploração económica, regular e normal, apesar de ela afectar a substância. Nestes termos, há quem fale de "produtos" da coisa, à semelhança do que se faz quando falta a periodicidade (por exemplo, corte de madeira na sequência de uma tempestade ou de um incêndio). Tendo em conta a falta de um conceito legal próprio (o direito alemão fala de "*Ausbeute*"), e apesar de o texto da lei e dos trabalhos preparatórios ser inequívoco, este alargamento do conceito de fruto é infeliz, mas parece necessário. 287

Segundo o n.º 2 do artigo 212.º, os frutos são naturais ou civis: dizem-se naturais os que provêm directamente da coisa, e civis as rendas ou interesses que a coisa produz em consequência de uma relação jurídica. Deste modo, não são frutos as acessões nem os produtos acidentais que provêm de uma coisa. Mas são de incluir no conceito de frutos naturais no sentido do artigo 212.º, n.º 2, e também do artigo 204.º, n.º 1, al. *c)*, como já se disse, as riquezas do solo que não são abrangidas pelo próprio conceito de prédio, na medida em que são objecto regular de uma actividade extractiva[274]. 288

O n.º 3 do artigo 212.º determina ainda que se consideram frutos das universalidades de animais (ver artigo 206.º) as crias não destinadas à substituição das cabeças que por qualquer causa vierem a faltar (esta norma é aplicável aos animais por força do artigo 201.º-D), os despojos, e todos os proventos auferidos, ainda que a título eventual, abstraindo a lei deste modo da exigência da periodicidade.

Quanto às benfeitorias, o artigo 216.º dispõe o seguinte: 289

"1. Consideram-se benfeitorias todas as despesas feitas para conservar ou melhorar a coisa.

[274] P. Lima – A. Varela – H. Mesquita, anotação 2. ao artigo 212.

2. As benfeitorias são necessárias, úteis ou voluptuárias.

3. São benfeitorias necessárias as que têm por fim evitar a perda, destruição ou deterioração da coisa; úteis as que, não sendo indispensáveis para a sua conservação, lhe aumentam, todavia, o valor; voluptuárias as que, não sendo indispensáveis para a sua conservação nem lhe aumentando o valor, servem apenas para recreio do benfeitorizante".

Neste último tipo de benfeitorias falta a finalidade económica, pois sob este aspecto são perfeitamente dispensáveis ou supérfluas.

O conceito de benfeitorias tem importância em vários institutos: p.ex., na locação (cf. os artigos 1036.ºe 1046.º); no comodato (artigo 1138.º); na posse (artigos 1273.º a 1275.º); na compropriedade (artigo 1411.º); no usufruto (artigo 1450.º); na colação (artigo 2115.º); na redução de liberalidades inoficiosas (artigo 2177.º); em matéria de legados (artigo 2269.º); etc.

3. O património e a empresa (referências)

290 O Código Civil não se pronuncia, na Parte Geral, "sobre o problema difícil das universalidades de direito, complexos de coisas, móveis ou imóveis, que estão sujeitas por lei a um regime distinto dos vários elementos que as constituem, e com dívidas próprias (...)"[275], limitando-se a regular as universalidades de facto (ver artigo 206.º). Às universalidades de direito pertencem o património (*inclusive* as formas do património separado) e a empresa ou estabelecimento. Em seguida fazem-se algumas referências a ambos.

a) O património; as suas acepções

291 O conceito "património" não tem uma acepção única e aparece-nos em três sentidos diferentes[276]:

[275] Assim as palavras de F. A. Pires de Lima, «Das Coisas», *BMJ* n.º 91 (Dez. 1959), pp. 207, 214.

[276] Cf. Manuel de Andrade a este respeito (vol. I, *cit.*, pp. 205 a 207), a quem pertencem as citações que se seguem.

a) "Num primeiro e mais amplo sentido o património vem a ser (...) o conjunto das relações jurídicas (direitos e obrigações) com valor económico, isto é, avaliável em dinheiro, de que é sujeito activo e passivo uma dada pessoa – singular ou colectiva (património global) (...) Neste sentido o património compreende um lado activo (direitos) e um lado passivo (obrigações ou dívidas). Mas só abrange as relações jurídicas efectivamente constituídas (...) [e apenas] entram no património as relações jurídicas susceptíveis de uma apreciação pecuniária (...) A acepção de património aqui definida é a que se tem em vista quando se diz que o património dum indivíduo falecido passa aos seus herdeiros, pois estes não sucedem só nos direitos do hereditando (activo da herança), mas ainda nas suas obrigações ou dívidas (passivo da herança)". Portanto, o património é o conjunto composto pelo lado activo e pelo lado passivo.

b) "Noutro sentido, já mais restrito, o património significa a soma dos direitos computáveis em dinheiro que pertencem a uma pessoa – o seu activo global – abstracção feita das dívidas correspondentes (património bruto). Tal é o alcance do termo do artigo 735.º, n.º 1, CPC. (Só o património pode ser objecto de execução. Em regra está sujeito à execução todo o património do devedor e unicamente esse património)". No mesmo sentido vai também o disposto nos artigos 601.º ss. quanto à garantia geral das obrigações. Portanto, o património reduz-se ao lado activo das relações jurídicas.

c) "Noutro sentido ainda, o mais limitado de todos, o património é apenas a soma dos direitos redutíveis a um valor pecuniário que competem a dada pessoa, mas depois de abatido o montante das dívidas que os oneram (património líquido)". Portanto, o património é apenas o saldo entre o lado activo e o lado passivo.

O património líquido tem a sua importância para efeitos da insolvência, como resulta do artigo 3.º, n.º 1, CIRE: "É considerado em situação de insolvência o devedor que se encontre impossibilitado de cumprir as suas obrigações vencidas", quer porque o seu património líquido é negativo (e não lhe seja concedido crédito), quer porque não disponha de liquidez, mesmo que o seu património líquido não seja negativo (porque também aqui não obtém crédito e por isso não pode pagar).

O n.º 2 do art. 3.º esclarece que o património líquido negativo é, todavia, o único critério atendível para a determinação da situação de insolvência (não podendo recorrer-se ao crédito) no caso de pessoas colectivas ou patrimónios autónomos não terem nenhuma pessoa singular que responda por forma directa ou indirecta pessoal e ilimitadamente pelas suas dívidas.

292 Em qualquer destas três acepções do conceito de património, a alienabilidade, a penhorabilidade ou a hereditabilidade não são características essenciais dos direitos que o compõem ou formam, muito embora se trate de características normais dos mesmos. Característica essencial dos direitos patrimoniais é apenas a sua pecuniaridade.

293 Por isso, não fazem parte do património certas qualidades de uma pessoa (p. ex., inteligência, capacidade de trabalho, qualificações profissionais, habilidades artísticas ou literárias, aspecto ou condições físicas, etc.), as suas possíveis oportunidades ou expectativas (p. ex., a esperança de vir a ser herdeiro de um tio rico), ou o seu crédito pessoal (p. ex., a hipótese de contrair um grande empréstimo para começar uma *start up*). Trata-se aqui de qualidades susceptíveis de criarem valores patrimoniais, mas ainda não existem as respectivas relações jurídicas. Por outro lado, lesões que afectam aquelas qualidades dão origem a direitos de indemnização – e estes já possuem um valor pecuniário. Assim também se compreende que mesmo a declaração da insolvência não abrange as qualidades referidas, visto elas não constituírem valores que possam integrar a massa insolvente.

De modo igual, não fazem parte do património certas situações de facto (p. ex., a particular localização de um prédio, a clientela de um estabelecimento comercial, a reputação de um estabelecimento) ou outros factores aumentativos de valor do mesmo tipo (não se trata aqui de direitos – muito embora possa haver interesses juridicamente protegidos, cuja violação estará na base de indemnizações).

294 Por outro lado, não interessa para efeitos de património o modo como os direitos que o compõem foram adquiridos (seja por um negócio jurídico, por lei, em virtude de um facto ilícito, ou por outras razões). Interessa, sim, que todos esses direitos tenham a mesma titularidade. Temos de atender apenas ao titular do património, tal como este é integrado por vários direitos subjectivos e obrigações com valor económico ou pecuniário, mas já não importa a maneira como estes direitos chegaram às mãos do titular.

Uma vez que o património de um titular é composto apenas por direitos ou relações jurídicas susceptíveis de uma apreciação pecuniária, facilmente ele se distingue do círculo de direitos de uma pessoa (ou, talvez melhor, da sua esfera jurídica).

O círculo de direitos de uma pessoa abrange todos os direitos de um titular, tanto os de carácter familiar, como os direitos de personalidade, como os direitos patrimoniais; ou, em comparação com a esfera jurídica: (ela) vem a ser "a totalidade das relações jurídicas de que é sujeito uma dada pessoa. Trata-se, pois, de um conceito mais amplo que o de património ou esfera patrimonial. Compreende todo o património e ainda quaisquer outros direitos e obrigações de que a pessoa seja titular ou sujeito. Transportando para aqui uma imagem clássica relativa à distinção entre o direito e a moral (Bentham), podemos dizer que o património e a esfera jurídica são dois círculos concêntricos, sendo o primeiro o de menor raio"[277]. 295

O património é, assim, uma unidade baseada no facto de todos os direitos patrimoniais que o compõem pertencerem ao mesmo titular. Contudo, aqueles direitos mantêm a sua individualidade (ao contrário das coisas que formam uma universalidade de facto), ficando cada direito sujeito às regras para ele vigentes no que diz respeito à sua aquisição, alienação ou substituição. O património como tal não é objecto de um direito subjectivo; ele é composto por vários direitos subjectivos que, por seu lado, incidem sobre os seus respectivos objectos de carácter patrimonial. 296

"O património, portanto, a não ser talvez para efeitos hereditários, permanecerá uma simples pluralidade atomística de elementos patrimoniais, não erigida em unidade abstracta, e individualizada apenas pela comum pertinência de todos esses elementos ao mesmo titular"[278].

b) *As modalidades de patrimónios separados (autónomos e colectivos)*

Acontece, no entanto, que existem complexos patrimoniais, distintos do resto do património, com escopos específicos comuns (*gemeinsamer Zweck*) e para efeitos especiais, nomeadamente para efeitos da responsabilidade 297

[277] Manuel DE ANDRADE, *cit.*, vol. I, p. 210.
[278] Manuel DE ANDRADE, *cit.*, vol. I, p. 216.

por dívidas. A estes complexos patrimoniais chama-se património separado (*Sondervermögen*). O património separado pode aparecer em duas modalidades, não sendo uniforme o tratamento jurídico das mesmas.

Na primeira modalidade temos duas ou mais massas patrimoniais entre si distintas, que pertencem ao *mesmo titular.* Quer dizer, além do seu património geral, uma pessoa pode ter ainda outras massas patrimoniais, separadas – ou autonomizadas – dele. A estas massas patrimoniais chama-se património *autónomo.*

Na segunda modalidade, por sua vez, temos um património que cabe a um conjunto de titulares (ou aos titulares em conjunto), aos quais pertence *globalmente,* estando autonomizado dos diversos patrimónios que os titulares possuem ainda a título individual. Quer dizer, além de possuir o seu património geral e individual, uma pessoa ainda pode participar conjuntamente na titularidade de outras massas patrimoniais, separadas, e pertencentes a um conjunto de pessoas, em que também ele se integra, em comum. A este fenómeno chama-se património *colectivo* (*Gesamthandsvermögen*).

A administração dos patrimónios separados pertence, na primeira modalidade, ao único titular dos vários patrimónios (a não ser que tenha ficado privado daqueles poderes); na segunda modalidade aos vários titulares no seu conjunto em relação ao património colectivo.

298 Quanto à responsabilidade por dívidas é unicamente o património separado quem responde (pelas dívidas que lhe dizem respeito). Esta responsabilidade circunscrita e limitada ao património separado é o resultado da criação de um complexo patrimonial com uma finalidade, uma afectação ou um escopo especiais, "com dívidas próprias e privativamente suas, com dívidas que nele e só nele se localizam, e que ao mesmo tempo se conserva imune a quaisquer outras responsabilidades do titular"[279].

A figura vem referida no artigo 601.º: "Pelo cumprimento da obrigação respondem todos os bens do devedor susceptíveis de penhora (facto que já aflorámos; ver n.os 259 e 291 al. *b*)), sem prejuízo dos regimes especialmente estabelecidos em consequência da separação de patrimónios" (factos que vamos ver em seguida).

[279] Manuel DE ANDRADE, *cit.*, vol. I, p. 220.

Como já referimos, fala-se – dentro dos patrimónios separados – de um património autónomo quando uma pessoa, sendo já titular dos direitos pecuniários que integram o seu património geral, é ainda, além disso, titular de outros direitos patrimoniais que, no seu conjunto, obedecem, em virtude de formarem um património separado, a um regime jurídico diferente daquele que vigora para o seu património geral. Quer dizer, o património de uma pessoa pode ser composto por uma ou mais massas patrimoniais distintas, sujeitas a regimes jurídicos diferentes. As várias massas patrimoniais, separadas, destinam-se a finalidades diferentes, de modo que são entre si compartimentos estanques, sobretudo quanto à responsabilidade por dívidas. 299

É no caso da herança que nos aparece a figura do património autónomo com clareza exemplar. Pelas dívidas da herança não responde o património geral (pessoal) do herdeiro, mas respondem apenas os bens pertencentes à própria herança, como património separado. 300

Diz-nos o artigo 2071.º: "1. Sendo a herança aceita a benefício de inventário, *só respondem* pelos encargos respectivos os *bens* inventariados, salvo se os credores ou legatários provarem a existência de outros bens. 2. Sendo a herança aceita pura e simplesmente, a responsabilidade pelos encargos também *não excede o valor* dos bens herdados, mas incumbe, neste caso, ao herdeiro provar que na herança não existem valores suficientes para cumprimento dos encargos".

Significa isto que, na hipótese prevista pelo n.º 1 do artigo 2071.º, respondem os *bens* da herança que forem inventariados, cabendo aos credores ou legatários o ónus da prova da existência de outros bens. O património anterior do herdeiro fica sempre intocado. O n.º 1 do artigo 2071.º refere o património separado como um conjunto de bens.

Na hipótese abrangida pelo n.º 2 do artigo 2071.º, a situação é algo diferente. Não tendo sido feito o inventário dos bens porque a herança foi aceite pura e simplesmente, a responsabilidade fica limitada pelo *valor* dos mesmos. E em princípio, o herdeiro não responde para além deste valor. Todavia, o ónus da prova inverte-se: incumbe agora ao herdeiro provar que o valor da herança é insuficiente para fazer face aos encargos. Esta solução da lei – onde o património separado não é constituído pelos bens em si, mas apenas pelo valor dos mesmos – pode ter como efeito que o herdeiro acabe por responder com o seu património pessoal caso não consiga provar a inexistência de valores suficientes no património que herdou.

301 Ainda há outros casos, menos importantes no Código Civil e mais importantes fora dele, de patrimónios autónomos:

a) Aos primeiros pertence a situação prevista no n.º 2 do artigo 127.º, que limita a responsabilidade do menor aos bens de que tiver a livre disposição quando se trata de actos relativos à profissão, arte ou ofício e de actos praticados no exercício daquelas actividades para as quais o menor possui capacidade.

b) Um outro exemplo será o fideicomisso (ver os artigos 2286.º e 2292.º), que impõe ao herdeiro fiduciário o encargo de conservar a herança de modo separado em benefício de um herdeiro posterior, o fideicomissário, ao qual a herança será devolvida[280].

c) Fora do Código Civil é de referir como constituindo um património separado (autónomo) a massa insolvente – que, de resto, não abrange todos os bens do devedor mas apenas os bens susceptíveis de penhora, de maneira que o devedor insolvente continua a dispor de algumas posses que lhe são necessárias para garantir a sua subsistência.

A massa insolvente só responde pelas dívidas contraídas pelo devedor anteriormente à sua insolvência ou pelas dívidas contraídas, depois, pelo administrador da massa insolvente em benefício da própria massa e dos credores; mas já não responde por dívidas contraídas posteriormente pelo devedor declarado insolvente, a não ser em algumas situações pontuais. Na insolvência a separação dos patrimónios é acompanhada por uma privação dos poderes de administração do devedor insolvente. Este perdeu o poder de disposição dos seus direitos patrimoniais, que passa a caber ao administrador da insolvência, que assume a representação do devedor para todos os efeitos de carácter patrimonial que interessem à insolvência[281].

302 Por fim, pode mencionar-se a separação dos patrimónios resultante da constituição de um estabelecimento mercantil individual de responsabili-

[280] Ainda pode ser lembrado no direito da família uma figura, aliás em vias de desaparecimento (cf. artigo 180.º DL n.º 496/77), que é a massa patrimonial constituída pelos bens dotais da mulher.

[281] A matéria encontra-se regulada no DL n.º 53/2004, de 18 de Março, sucessivamente alterado, por último pelo DL n.º 84/2019, de 28 de Junho (CIRE = Código da Insolvência e da Recuperação de Empresas).

dade limitada (e.i.r.l.)[282], uma figura com pouca aceitação na prática. Aqui, o interessado afectará ao estabelecimento mercantil uma parte do seu património, que responde unicamente pelas dívidas contraídas no desenvolvimento das actividades mercantis compreendidas no âmbito da empresa, não respondendo, para além dele, os outros bens do interessado que não foram afectados. Daí resulta que, em princípio, os patrimónios geral e mercantil são separados um do outro, e isto em termos estanques. Contudo, no mundo dos negócios, em vez do e.i.r.l. para limitar a responsabilidade, recorre-se normalmente à figura da sociedade unipessoal, ficando a responsabilidade circunscrita ao património desta. Assim, ao contrário do que sucede com as sociedades em geral, a razão de ser das sociedades unipessoais não é a prossecução de um fim comum (que não existe), mas essencialmente a limitação da responsabilidade dos agentes económicos.

O património autónomo de que acabamos de ver alguns exemplos é, 303
como dissemos, uma das modalidades do património separado; a outra modalidade é a do património colectivo. O Código Civil, no seu artigo 601.º, 2.ª parte, parece ter englobado as duas modalidades de património separado no seu conceito único da "separação dos patrimónios", mas convém distinguir entre elas, pois correspondem a realidades diferentes. Fala-se de património colectivo, quando várias pessoas são, no seu conjunto, titulares de um património que lhes pertence globalmente e que é distinto dos patrimónios que cada um dos titulares ainda possui a título individual.

A figura do património colectivo apresenta uma estrutura colectivística: trata-se de um património de mão comum (ou de mãos reunidas). A este respeito parece adequado dizer que "as mãos reunidas" são titulares no seu conjunto. O património pertence em bloco, e só em bloco, a todos os titulares ou, o que deve ser o mesmo, à colectividade, ao conjunto, por eles formado e em que participam[283]. Deste modo, ao património colectivo subjaz

[282] Regulado pelo DL n.º 248/86, de 25 de Agosto, cuja última redacção decorre do DL n.º 8/2007, de 17 de Janeiro.

[283] Sob este ponto de vista, que é precisamente o da titularidade, o património colectivo podia ser inserido entre os sujeitos da relação jurídica como "comunidade de mãos reunidas" *(Gesamthandsgemeinschaft)* e, na verdade, parte importante da doutrina alemã (sobretudo Flume) assim o entende. Estão em confronto duas perspectivas ou doutrinas: a doutrina patrimonial *(vermögensrechtliche Lehre)*, que é tradicional, e a doutrina pessoal *(personenrechtli-*

a ideia (e a realidade) da participação igualitária, "comunista", em que tudo pertence a todos em termos de fruição iguais[284].

304 O património colectivo não pode ser confundido com a compropriedade (embora, como sempre, possam surgir dificuldades de delimitação). A compropriedade caracteriza-se por uma estrutura individualística. A compropriedade existe quando duas ou mais pessoas são simultaneamente titulares do direito da propriedade sobre a mesma coisa (artigo 1403.º). Temos uma comunhão relativa a um *único* direito de propriedade que incide sobre uma coisa comum; este direito único é compartilhado segundo quotas ideais dos titulares (ou consortes), às quais, contudo, não corresponde uma divisão real da coisa; há uma co-titularidade só do direito da propriedade. Cada comproprietário pode dispor da sua quota (mas não da coisa sobre que incide o direito de propriedade comum), mas em caso de venda a estranhos os outros comproprietários gozam de um direito de preferência (artigos 1408.º e 1409.º). A quota ideal do direito da compropriedade (não do seu objecto) integra o património de cada comproprietário. As regras da compropriedade, como regime padrão da comunhão de direitos, são aplicáveis à comunhão de quaisquer outros direitos (artigo 1404.º) como, por exemplo, o co-usufruto, a co-habitação ou a compropriedade em quotas sociais[285].

305 O património colectivo distingue-se da compropriedade (ou de outras formas de comunhão de direitos) por uma concepção profundamente diferente de encarar os respectivos "conjuntos": temos uma concepção colectivística (germânica), que contrasta com a concepção individualística (romana) da compropriedade. Além disso, a compropriedade, como simples comunhão de direitos, é uma realidade estática, referente a uso e adminis-

che Lehre). Em pormenor, G. E. BREUNINGER, *Die BGB-Gesellschaft als Rechtssubjekt*, Köln, 1991; K. LARENZ, *cit.*, § 9 II 6.

[284] Um exemplo do comunitarismo agro-pastoril é descrito por Jorge DIAS, *Vilarinho da Furna. Uma aldeia comunitária*, Imprensa Nacional-Casa da Moeda, Lisboa, 2.ª reimpressão, Maio de 1983. (Hoje a aldeia está submersa na barragem da Caniçada.)

[285] Por isso, os fundos de investimento, apesar de constituírem patrimónios autónomos, de modo que não respondem pelas dívidas nem da respectiva sociedade gestora, nem da entidade depositária dos valores integrados nos fundos e nem dos seus participantes, não são patrimónios colectivos, de mão comum, mas sim patrimónios em regime de compropriedade dos participantes. Cf. DL n.º 229 – C/88, de 4 de Julho.

tração (artigos 1406.º e 1407.º), enquanto o património colectivo está ligado a uma realidade dinâmica: a prossecução de um fim comum.

Em não poucos casos há entre os vários titulares do património colectivo relações de ordem jurídico-pessoal, de maneira que a vinculação colectivística constitui um reflexo daquelas relações pessoais[286]. No entanto, pode haver grandes diferenças entre as várias formas (p. ex., cônjuges nos regimes da comunhão de bens, co-herdeiros, membros de uma associação sem personalidade jurídica, sócios de uma sociedade civil ou de uma sociedade em nome colectivo). De qualquer modo, é pela pré-existência daquelas relações, seja como for a sua configuração concreta[287], que se explica que nenhum dos titulares possa pedir a divisão enquanto essas relações subsistirem (salvo, quanto à comunhão conjugal, as situações da simples separação judicial de bens [artigos 1767.º ss.] ou da separação judicial de pessoas e bens [artigos 1794.º ss.]), nem dispor, sob pena de nulidade, de um bem que integra o património (artigo 280.º, n.º 1).

Exemplos de um património colectivo são o fundo comum das associa- 306
ções sem personalidade jurídica (artigo 196.º. Ver n.º 245 e n.os 658 ss.)[288] ou a herança indivisa (artigos 2079.º, 2097.º e 2101.º, n.º 2).

[286] Erman/H. P. Westermann, *BGB Handkommentar*, *cit.*, Vor § 21, n.º 8; cf. também Vor § 705, n.º 24.

[287] Esta vinculação pessoal (colectivística) que está na origem do património separado pode, nas sociedades em nome colectivo e por quotas, entrar em conflito com uma outra vinculação pessoal, igualmente geradora de um património separado, ou seja, com a comunhão conjugal. É a partir destas situações que se pode compreender a solução, aliás correcta, do artigo 1714.º, n.º 3, bem como a do artigo 8.º CSC: "É lícita a participação dos dois cônjuges na mesma sociedade de capitais (onde falta regularmente a vinculação pessoal entre os sócios capitalistas) ou desde que só um deles assuma responsabilidade ilimitada; mas, quando uma participação social for, por força do regime matrimonial de bens, comum aos dois cônjuges, será considerado como sócio, nas relações com a sociedade, aquele que tenha celebrado o contrato de sociedade ou, no caso de aquisição posterior ao contrato, aquele por quem a participação tenha vindo ao casal". Cf. neste contexto, Rita Lobo Xavier, *Reflexões sobre a posição do cônjuge meeiro em sociedades por quotas*, Separata do BFD, Coimbra, 1992.
De resto, é também perfeitamente possível que, devido à separação dos patrimónios, alguém tome parte num património colectivo, sendo simultaneamente credor do mesmo e, nesta qualidade, terceiro em relação à massa patrimonial comum (cf. artigo 872.º).

[288] É interessante ver que o Código Civil insere na sua sistematização as comissões especiais [ao lado do fundo comum das associações sem personalidade jurídica] no Subtítulo I (Das pessoas) do Título II do Livro I, aproximando-as dos sujeitos da relação jurídica.

Quanto à sua estrutura e quanto à sua titularidade apresentam-nos características de um património colectivo também os baldios (cf n.º 271)[289], geridos por comunidades locais que não possuem personalidade jurídica[290].

Uma forma incompleta de um património colectivo é a comunhão conjugal. A comunhão conjugal é integrada pelos bens que os cônjuges, ao lado dos respectivos bens próprios (cf. artigos 1722.º e 1733.º), possuem em comum (cf. artigos 1724.º e 1732.º). Esta comunhão não apresenta todas as características de um património colectivo: por um lado, a comunhão conjugal não é, em relação aos bens próprios, um complexo estanque no que diz respeito às responsabilidades por dívidas (cf. os n.os 1 e 2 dos artigos 1695.º e 1696.º); por outro lado, a comunhão conjugal não tem uma estrutura perfeitamente colectivística, pois a lei fala em meação para individualizar as "entradas" de cada um dos cônjuges na comunhão (artigo 1696.º, n.º 1, última parte) e, mais ainda, no artigo 1767.º até lemos que um cônjuge pode requerer a simples separação judicial de bens quando estiver em perigo de perder "o que é seu".

Encontramos outras formas, mais ou menos incompletas, de patrimónios colectivos ainda no campo da autonomia patrimonial das sociedades civis e comerciais. Aqui, os bens sociais estão afectados, rigorosamente, a um fim comum, estando este fim na origem da sua autonomia patrimonial, muito embora os patrimónios nem sempre estejam perfeitamente separa-

[289] Esta opinião não é partilhada por Rogério Ehrhardt Soares, «Sobre os baldios», *RDES* XIV (1967), p. 259, para quem "os baldios constituem bens do património das autarquias sujeitos à afectação especial de suportar certas utilizações tradicionais pelos habitantes de uma dada circunscrição ou parte dela" (p. 308).
Contra a posição de Rogério Ehrhardt Soares, em defesa dos baldios dos povos serranos, Manuel Rodrigues, *Os baldios*, Editorial Caminho, Lisboa, 1987. E também a legislação posterior contraria este entendimento. Cf. ainda, por exemplo, a exposição instrutiva de Jaime Gralheiro, *Comentário à(s) lei(s) dos baldios*, Livraria Almedina, Coimbra, 1990, pp. 20 a 72, idem, *Comentário à Nova Lei dos Baldios*, Livraria Almedina, Coimbra, 2002.
Hoje os baldios são regulados pela Lei n.º 75/2017, de 17 de Agosto, que estabelece o regime aplicável aos baldios e aos demais meios de produção comunitários.

[290] Determina o artigo 4.º, n.º 1, da Lei n.º 75/2017: "As comunidades locais não têm personalidade jurídica, sem prejuízo de terem personalidade judiciária, serem titulares de direitos e deveres e de se poderem relacionar com todos os serviços públicos e entidades de direito público e privado para o exercício de todos os direitos reconhecidos às entidades privadas que exercerem atividades económicas que não sejam contrárias à sua natureza comunitária."

dos no que diz respeito à responsabilidade por dívidas. Na verdade, há tipos de sociedades em que os sócios podem vir a ser responsabilizados, subsidiariamente, em caso de insuficiência do património (ou capital) social (cf., quanto à sociedade civil, o artigo 997.º). Por outro lado, os credores particulares dos sócios nunca podem responsabilizar, directamente, a sociedade pelas dívidas particulares dos seus sócios (ver, quanto à sociedade civil, o artigo 999.º). Quanto à componente colectivística, resta dizer que encontra, de acordo com o respectivo tipo de sociedade, uma expressão bastante fraca.

Para completar estas considerações quanto aos patrimónios separados (autónomos e colectivos), falta fazer duas referências: 307

a) os frutos de um património separado pertencem, por via de regra, a este, acontecendo o mesmo, sempre, nos casos de sub-rogação real, ou seja, quando se verifica a substituição de um substrato do direito patrimonial por um outro substrato que entra no lugar daquele;
b) o património separado deixa de existir quando cessar a sua base jurídica. Isto significa, no caso da herança ou da massa insolvente, o fim da liquidação; no caso do artigo 127.º, n.º 2, a maioridade ou emancipação; no caso do fundo comum, o fim da associação; no caso da comunhão conjugal, a separação e a dissolução do casamento; no caso das sociedades, a sua dissolução seguida pela liquidação do património; etc.

c) A empresa como objecto de negócios (referência sumária)

Também a empresa pertence às universalidades de direito, embora apresente as suas particularidades específicas. Deve dizer-se que um conceito de "empresa" comummente aceite, no sentido de ela ser um objecto de direito, não existe. Segundo uns, a empresa constitui o conjunto de direitos, situações de facto, experiências (*chances, goodwill*) que, mediante um sujeito de direito, o titular da empresa, agindo sozinho ou com os seus colaboradores, se encontram ligados numa unidade organizatória, tendo como desígnio uma finalidade comum, económica ou também ideal[291]. Segundo outros, a 308

[291] Por exemplo, ENNECCERUS-NIPPERDEY, *Allgemeiner Teil des Bürgerlichen Rechts*, Tübingen, 1959, I 2 § 133; cf. também, Th. RAISER, «Theorie und Aufgaben des Unternehmensrechts

empresa é, pese embora a diversidade dos elementos que a compõem, uma verdadeira unidade jurídica que surge como objecto de negócios, como "coisa unitária (composta) incorpórea, de tipo especial". Esta especial natureza traduz-se no facto de a empresa não se reduzir a um "*quid*" incorpóreo, mas radicar em algo concreto: uma organização de pessoas e bens tendo em vista um determinado escopo económico[292].

Como conjunto de valores a empresa aproxima-se do património, na medida em que ambos são, não um simples objecto de um direito, mas uma soma de direitos, todos eles com os seus objectos próprios. Por outro lado, o conceito é mais vasto do que o do património, porque não se limita a direitos com valor pecuniário mas abrange também factos como localização privilegiada, clientela, comercialização de produtos e serviços, reclame, *chances*, *goodwill*, fama, reputação, colaboradores, segredos, organização apropriada e adequada, *know how*, espírito de inovação, capacidade de gestão (*management*), etc. Estes factores, e não só os bens materiais, determinam em larga medida o valor da empresa.

O Código da Insolvência e da Recuperação de Empresas contém no seu artigo 5.º a noção seguinte de empresa: "Para efeitos deste Código, considera-se empresa toda a organização de capital e de trabalho destinada ao exercício de qualquer actividade económica".

A empresa nem sequer constitui um património separado quando o seu titular, o empresário, for uma pessoa singular: neste caso não há uma separação jurídica entre os patrimónios empresarial e particular, existindo apenas um património[293]. Contudo, é possível chegar a uma separação patrimonial mediante o recurso à figura específica do estabelecimento mercantil individual de responsabilidade limitada (ver n.º 302).

309 De resto, deve fazer-se uma distinção nítida entre (1.º) a empresa, ou seja, o referido conjunto organizatório com fins económicos enquanto objecto de direito, (2.º) o titular (a pessoa singular ou colectiva) a quem a empresa,

in der Marktwirtschaft», *ZRP* 1981, p. 30, ou as discussões doutrinais referidas em Werner Flume, *Allgemeiner Teil des Bürgerlichen Rechts. Die Juristische Person*, Berlin u.a., 1983, pp. 43 ss.

[292] Cf. A. Ferrer Correia e Almeno de Sá, «Compra e venda de empresa», *CJ* 1993, t. 2, pp. 15 (18 a 21); ainda hoje continua a ser relevante a obra de Orlando de Carvalho, *Critério e estrutura do estabelecimento comercial*, Atlântida Editora, Coimbra, 1967, pp. 183 ss.

[293] Cf. Enneccerus-Nipperdey, *cit.*, na nota 291.

como objecto, pertence, (3.º) a forma jurídica sob a qual a empresa se encontra constituída e participa no tráfico comercial (p. ex., uma empresa individual ou uma sociedade comercial ou uma empresa pública). Na verdade, da forma jurídica distingue-se o titular da empresa (*Unternehmensträger*), ou seja, o sujeito a quem pertence[294]. (4.º) A separação do património da empresa do património do seu titular (a não ser que se trate de uma empresa individual).

III. OS FACTOS JURÍDICOS E OS NEGÓCIOS JURÍDICOS (ORIGENS DA RELAÇÃO JURÍDICA E DA SUA EVOLUÇÃO)

Bibliografia: Manuel DE ANDRADE, *cit.*, vol. II, pp. 1 a 11, 439 a 467. C. A. MOTA PINTO, *cit.*, pp. 355 a 358, 379 a 384, 659 a 662. J. DE CASTRO MENDES, *cit.*, vol. III, pp. 3 a 45. Luís CABRAL DE MONCADA, *cit.*, pp. 500 a 532. Pedro PAIS DE VASCONCELOS, *cit.*, pp. 335 a 352, 353 a 368.

Referidos como foram, em obediência ao conteúdo e à sistematização da Parte Geral, os sujeitos da relação jurídica e tendo sido tratadas as coisas como os objectos mediatos da mesma, vamos estudar os factos jurídicos.

1. Os factos jurídicos em geral

Num sentido muito amplo podemos dizer que factos jurídicos são todos 310
os factos que levam à produção de efeitos jurídicos. Como tais dão origem à constituição, modificação ou extinção de relações jurídicas ou, o que vai dar ao mesmo, à aquisição, modificação ou extinção de direitos subjectivos e das correspondentes obrigações.

Portanto, uma coisa é o facto jurídico em si e uma outra coisa são os efeitos jurídicos que o facto jurídico produz ou provoca.

[294] É muito importante, nestes aspectos, a sentença do Tribunal Constitucional Federal acerca da lei sobre a co-gestão (*Mitbestimmungsgesetz*), BVerfGe 50, p. 346 = NJW 1979, p. 699 = DB 1979, p. 593, com «Anotação» de G. MÜLLER, *Beilage* 5-79; W. FLUME, I 2, § 2 (= pp. 31 a 63).

Neste sentido é facto jurídico (*Rechtstatsache*) todo o acto humano ou todo o acontecimento natural juridicamente relevante, na medida em que produz efeitos jurídicos[295]. Actos humanos (comportamentos sociais) ou acontecimentos naturais sem efeitos jurídicos são factos ajurídicos, com o seu respectivo significado social ou real, mas juridicamente sem relevância, uma vez que se verificam no espaço livre de direito[296].

311 O Código Civil fala "dos factos jurídicos" no subtítulo III do título II da Parte Geral, depois de ter tratado "das coisas". Este subtítulo III está subdividido em três capítulos. O primeiro capítulo (artigos 217.º a 294.º) contém o regime do negócio jurídico; o segundo (composto apenas pelo artigo 295.º) refere-se aos actos jurídicos; e o terceiro (artigos 296.º a 333.º) contém as normas relativas à repercussão do tempo nas relações jurídicas.

Desta subdivisão resulta, sem mais, que o Código Civil não trata, nesta sede, de todos os factos jurídicos, pois estão dela excluídos, dentro da mesma lógica que separa a responsabilidade contratual da extracontratual (cf. n.º 102), os factos ilícitos e afins e, além disso, certos factos involuntários (legais e naturais), distribuídos por vários lugares da lei, tais como o nascimento, a aquisição da maioridade, os efeitos da morte, a acessão natural, etc.

312 Assim, torna-se claro que o subtítulo III, cuja epígrafe porventura sugere o tratamento completo dos factos jurídicos, não é exaustivo. Estamos face a uma situação de certo modo comparável à do subtítulo II, o qual, ao dedicar-se às "coisas", também não abrange todos os objectos da relação jurídica, mas apenas os seus objectos mediatos, as "coisas dentro do comércio", sobre as quais podem incidir direitos subjectivos privados. Portanto, deixando de fora, neste preciso contexto, o fenómeno da repercussão do tempo nas relações jurídicas, podemos constatar que os factos jurídicos contemplados no capítulo I e – até certo ponto – no capítulo II do subtítulo III são precisamente aqueles que se destinam à realização da autonomia privada, factos esses que aqui encontram o seu regime geral e que versam, na sua maioria, sobre coisas dentro do comércio jurídico privado.

[295] Cf. Manuel DE ANDRADE, *cit.*, p. 11.
[296] Cf. ainda ENNECCERUS-NIPPERDEY, *cit.*, I 2 §§ 136, 137.

2. A relevância da vontade a respeito dos factos jurídicos e da sua classificação; os actos jurídicos

a) A classificação geral em função da vontade

Como acabamos de ver, são os factos jurídicos destinados à realização da autonomia privada, ou seja, os factos correspondentes a uma actuação de acordo com a vontade da pessoa, aqueles que o subtítulo III põe em relevo. Na verdade, a vontade humana tem um significado decisivo para a qualificação dos factos jurídicos. 313

Conforme o seu relacionamento com a vontade humana, os factos jurídicos podem ser divididos em factos jurídicos voluntários (acções humanas; todos os actos jurídicos resultantes da vontade, ainda que deficiente, de uma pessoa) e em factos jurídicos involuntários (factos legais; factos naturais; uma eventual vontade coincidente com um facto legal ou natural é juridicamente irrelevante).

Nos factos jurídicos involuntários o próprio facto produz-se independentemente da vontade humana. Uma vontade que porventura possa coexistir não tem relevância jurídica nenhuma. Pertencem aos factos jurídicos involuntários, p. ex., o decurso do tempo, o nascimento, a aquisição da maioridade, a morte, a acessão natural, o perecimento natural de uma coisa, etc. 314

Nos factos jurídicos voluntários, pelo contrário, é a vontade que provoca o próprio facto ao qual se dirige. Para que um facto jurídico seja voluntário não é preciso que a vontade abranja, de modo igual, os seus efeitos. Quanto a estes últimos, a vontade pode abrangê-los ou não, ser relevante ou irrelevante para eles. Decisiva para a voluntariedade do facto jurídico é a vontade a seu respeito (e não a respeito dos seus efeitos), mesmo que se trate de uma vontade apenas natural ou, de algum modo, deficiente ou incompleta.

Os factos jurídicos voluntários são subdivididos em factos lícitos (que estão de acordo com a ordem jurídica) e em factos ilícitos (que são contrários à ordem jurídica), existindo, portanto, ambas as modalidades em função da vontade. Neste contexto pode acontecer que um facto lícito seja antecedido ou influenciado por um comportamento ilícito, comportamento esse não proveniente do agente, mas de outrem (p. ex., coacção moral, dolo, negócio usuário, etc.). Este comportamento do outro não tira a qualidade de lícito à 315 actuação do próprio agente, que está em conformidade com a lei, mas afecta a validade do facto jurídico.

É diferente o alcance da vontade, quanto aos efeitos dos factos jurídicos voluntários, conforme se trata de factos lícitos, por um lado, ou de factos ilícitos, por outro.

316 Os efeitos jurídicos produzidos por um facto ilícito traduzem-se numa sanção; esta, por seu lado, é com toda a regularidade contrária à vontade do agente. E mesmo que o agente tivesse querido provocar aquela sanção, a sua vontade é, neste aspecto, juridicamente sem relevância.

Como vimos, a sanção civil procura restabelecer os interesses privados da pessoa ofendida, ou seja, reparar os danos sofridos. Para o efeito distingue-se entre a restauração natural e a restituição por equivalente. Aquela traduz-se no estabelecimento, ou melhor, no restabelecimento, do estado anterior; esta consiste numa indemnização pecuniária quando o restabelecimento não é possível ou viável. De facto, são estas as características da reparação dos danos ocorridos, tendo eles natureza patrimonial. No caso de danos morais, porém, a indemnização pecuniária tem carácter reparatório e de compensação.

Nos factos lícitos, por seu lado, os efeitos não se traduzem numa sanção, pois nunca vão contra a vontade de quem provoca os factos. "Nos factos voluntários lícitos as consequências jurídicas que lhes são atribuídas podem não ter sido queridas pelo autor do facto, mas em todo o caso não estão (...) em flagrante oposição ou contraste com a sua vontade"[297].

b) Os actos jurídicos (em sentido restrito)

317 Os factos voluntários lícitos também são chamados actos jurídicos em sentido lato. Este conceito compreende os negócios jurídicos (*Rechtsgeschäfte*) e os simples actos jurídicos (*Rechtshandlungen*), os quais são designados por actos jurídicos em sentido restrito. A lei regula os primeiros nos artigos 217.º a 294.º e os segundos no artigo 295.º.

Negócio jurídico e acto jurídico em sentido restrito são, não obstante o facto de provirem ambos da vontade humana, em certa medida conceitos em

[297] Manuel DE ANDRADE, *cit.*, p. 3.

oposição. A oposição entre negócios jurídicos e actos jurídicos (em sentido restrito) reside na diferença quanto ao alcance e significado da vontade no que diz respeito aos efeitos produzidos.

O negócio jurídico produz os seus efeitos, que são efeitos jurídicos 318
(*rechtlicher Erfolg*), porque estes foram queridos pela vontade. O negócio jurídico é um acto volitivo-final quanto aos efeitos previstos; é um acto criador a respeito da conformação de relações jurídico-privadas.

O acto jurídico em sentido restrito, pelo contrário, produz os seus efeitos independentemente da vontade, embora não raras vezes exista coincidência entre os efeitos produzidos e a vontade do agente. Mas a esta vontade falta o elemento volitivo-final quanto aos efeitos, visto ela se dirigir, normalmente, a um efeito real (*tatsächlicher Erfolg*). Os efeitos de um acto jurídico produzem-se por lei, em virtude de normas imperativas, sejam os efeitos abrangidos pela vontade ou não.

O próprio acto jurídico em si depende sempre da vontade, podendo esta ser o resultado de uma simples capacidade natural de agir. Muitas vezes, porém, se exige mais, ou seja, o discernimento suficiente para querer e entender o acto.

Assim, a origem, o conteúdo e as consequências de um negócio jurídico 319
são o resultado da *vontade,* mesmo que as partes do negócio não tenham pensado em todos os efeitos possíveis, visto estes poderem ser reconduzidos à sua origem volitiva (cf., p. ex., os efeitos de um contrato de compra e venda, enunciados no artigo 879.º).

Pelo contrário, no caso de um acto jurídico (em sentido restrito), as consequências resultam apenas da lei, embora possa haver uma vontade coincidente do agente. Sirva como exemplo, aliás clássico, a interpelação do devedor pelo credor, devido à mora (artigo 805.º). O momento decisivo para a constituição em mora não é a interpelação, mas sim a anterior não efectivação da prestação no tempo devido por causa imputável ao devedor; é por causa desta situação, e não em virtude do acto da interpelação, que a ordem jurídica prevê os efeitos da mora[298]. A interpelação, para poder ser feita, pressupõe esta situação, como ilustra bem a comparação entre os n.os

[298] W. FLUME, vol. II, *cit.*, § 9 I.

1 e 2 do artigo 805.º, pois nos casos previstos no n.º 2 há mora sem o acto da interpelação. Assim, os efeitos da mora não podem ser reconduzidos a uma vontade, expressa no acto da interpelação pelo credor e dirigida a um fim (que seriam aqueles efeitos), uma vez que já resultam da lei[299].

320 Há, contudo, os mais diversos actos jurídicos. Ao ter em conta o alcance e o papel da vontade na produção dos mesmos, distinguem-se os actos reais (*Realakte*) e os actos quase-negociais (*geschäftsähnliche Handlungen*). Nos actos reais, para provocar o acto, é normalmente necessária e suficiente uma simples vontade natural de agir; pelo contrário, nos actos quase-negociais já é preciso que o agente queira e entenda o acto a produzir.

Os actos reais podem ser subdivididos em[300]:

a) Actos que consistem na produção de um resultado material ou técnico. A este resultado a ordem jurídica atribui determinados efeitos jurídicos (p. ex., a composição artística, o achado de um tesouro [artigo 1324.º], a acessão industrial [artigos 1325.º ss.], a confusão [artigo 1333.º] e a especificação [artigo 1336.º]).

b) Actos que visam o efeito da aquisição ou perda da posse (artigos 1263.º, al. *a)*, e 1265.º, n.º 1, al. *a)*), portanto, actos praticados com aquelas finalidades que visam efeitos de facto (*tatsächlicher Erfolg*), mas não efeitos de direito (*rechtlicher Erfolg*).

c) Actos reais nos quais o elemento da vontade se autonomiza em relação ao próprio acto. Pertencem aqui a adopção do domicílio voluntário geral[301], a gestão de negócios[302], etc.

321 Não são actos reais mas *actos quase-negociais* certos casos de consentimento e certas comunicações ou notificações que se aproximam de negócios jurídicos. Pertencem aqui, p. ex., a referida interpelação do devedor, a notifi-

[299] Em sentido diferente, J. de Castro Mendes, «Natureza jurídica da interpelação», *DJ* II (1981/1986), p. 23.

[300] W. Flume, vol. II, *cit.*, § 9 2; Manuel de Andrade, *cit.*, p. 9, designa os *Realakte* por "operações jurídicas".

[301] Quanto ao domicílio, os artigos 82.º ss. apresentam soluções diferenciadas que abrangem tanto domicílios legais como negociais.

[302] Segundo Manuel de Andrade (*cit.*, p. 9), trata-se de actos jurídicos quase-negociais.

cação da cessão (artigo 583.º, n.º 1), a usucapião (artigos 1287.º, 1289.º, n.º 2), etc. De algum modo parecido com um acto quase-negocial é o perdão, uma figura específica, por meio da qual se exprimem uma atitude ou sentimentos e ao qual a lei atribui efeitos, como a exclusão do direito de requerer o divórcio (cf. o artigo 1780.º, al. *b)*, entretanto revogado pela Lei n.º 61/2008, de 31 de Outubro, que eliminou a culpa como causa de divórcio). Os actos praticados em cumprimento de uma obrigação (artigo 764.º) são quase-negociais quando a prestação constitui um acto de disposição (caso do n.º 1), mas podem bastar-se também em meros actos reais ou factos materiais (casos abrangidos pelo n.º 2) quando a prestação não actua directamente sobre a existência ou conteúdo de um direito.

Aos actos jurídicos aplicam-se as disposições sobre os negócios jurídicos 322
na medida em que a analogia das situações, ou seja, as razões determinantes dos respectivos preceitos legais o justifiquem (artigo 295.º) e isto tanto em relação ao negócio jurídico como em relação ao acto jurídico. Esta aplicação das disposições sobre os negócios jurídicos aos actos jurídicos faz-se fundamentalmente de acordo com o significado da vontade para uns e para outros.

Daí decorre como consequência lógica que as normas dispositivas ou supletivas a respeito dos efeitos dos negócios jurídicos que são pretendidos pela vontade ou atribuídos a ela não podem ter aplicação quando estão em causa os efeitos dos actos jurídicos, pois estes resultam da lei; temos efeitos volitivos no primeiro caso e efeitos legais no segundo.

Resta assim apenas a possibilidade de aplicar as regras legais sobre os negócios jurídicos aos actos jurídicos no que diz respeito à própria produção destes últimos enquanto factos voluntários. Neste contexto pode dizer-se que o recurso às regras do negócio jurídico é tanto mais indicado quanto mais decisivo for o alcance da vontade como elemento causador do facto jurídico (ou seja, o acto jurídico em sentido restrito). Deste modo aumentará a aplicação das disposições sobre o negócio jurídico gradualmente a partir do simples acto que consiste na produção de um resultado material em direcção ao acto jurídico quase-negocial.

c) O esquema classificativo; distinções complementares

Esquematicamente, a classificação dos factos jurídicos voluntários pode 323
ser apresentada da seguinte maneira:

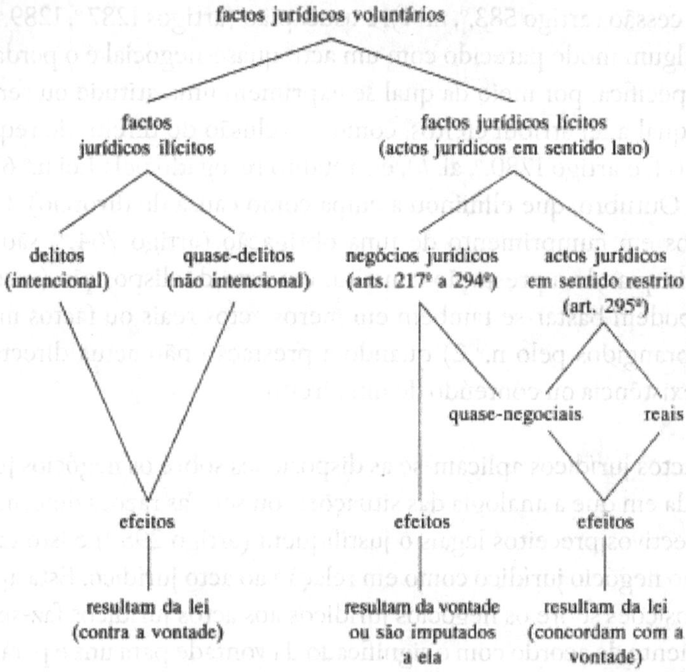

324 Além das classificações feitas em função da vontade, ainda é possível proceder a outras distinções, menos importantes, ou seja: a distinção entre factos jurídicos positivos (que, sendo acções e não simples omissões, se traduzem numa alteração de um estado de coisas ou situação de facto preexistentes) e factos jurídicos negativos (que, não sendo acções, consistem na perduração ou manutenção do estado de coisas anterior); a distinção entre factos jurídicos simples (que consistem num só elemento) e factos jurídicos complexos (que se compõem de uma pluralidade de elementos). Os factos jurídicos complexos, por seu lado, podem ser de formação simultânea (p. ex., um contrato entre presentes) ou de formação sucessiva (p. ex., um contrato entre não presentes; negócios que pressupõem a intervenção de terceiros, v. g., das autoridades públicas, do representante legal, etc.).

325 Finalmente, e tendo em conta os princípios da autonomia privada e da auto-responsabilidade da pessoa, impõe-se mais uma distinção: factos jurídicos resultantes de um agir em nome próprio e factos jurídicos resultantes de um agir em nome alheio (representação). Agir em nome alheio na for-

mação de relações jurídicas significa agir dentro de vinculações originadas pela autonomia do representado. É em vista ao papel desta autonomia que a distinção ganha um relevo específico.

3. O negócio jurídico como facto jurídico voluntário (enunciado geral)

326 De entre os factos jurídicos, o papel mais importante, melhor, o papel verdadeiramente central, cabe ao negócio jurídico. O Código Civil, apesar de dedicar – como já foi referido – um capítulo inteiro (artigos 217.º a 294.º) a esse negócio jurídico, precisamente sob a epígrafe do conceito "negócio jurídico", não nos dá, porém, uma definição do mesmo. Contudo, esta definição pode ser tentada.

a) O negócio jurídico como produtor de efeitos volitivos ou pretendidos (efeitos volitivo-finais)

327 Conforme o esquema classificativo, atrás enunciado, o negócio jurídico pertence aos factos jurídicos voluntários, sendo eles lícitos. Nos trabalhos preparatórios para o BGB – o qual, de resto, também não consagra uma definição de negócio jurídico – lê-se o seguinte: "Negócio jurídico (no sentido do projecto) é uma declaração de vontade privada que visa a produção de um efeito (*Erfolg*) jurídico que se verifica conforme a ordem jurídica por causa de ter sido querido (pelas partes)"[303]. O negócio jurídico mais importante é o contrato.

328 Em correspondência com o princípio da autonomia privada e da liberdade contratual daí resultante, o negócio jurídico (ou melhor, os vários tipos de negócios reconhecidos pela ordem jurídica) apresenta-se como o meio de auto-determinação da pessoa na criação e na formação das suas relações jurídicas. O negócio jurídico é, por assim dizer, o instrumento imprescindível, o meio por excelência, para a realização e a concretização da vontade dentro dos princípios da autonomia privada. E, assim, se pode afirmar: "(...) o negócio jurídico reveste, no conjunto das instituições do direito privado, uma sig-

[303] Cf. RÜTHERS/STADLER, *cit.* § 16, n.º 1, p. 104.

nificação particular que é necessário pôr em evidência, visto reflectir um dos aspectos mais frisantes do princípio individualista que está na base da nossa organização social (...). Em todos estes domínios do direito privado há lugar a exercitar-se, por meio dos negócios jurídicos e com maior ou menor amplitude, a livre autodeterminação dos particulares"[304].

329 Nestes termos, os efeitos jurídicos do negócio podem ser queridos directamente, porque foram previstos em todos os pormenores, e também indirectamente, na medida em que não foram previstos mas são imputados à vontade por meio de normas dispositivas (exactamente na sua função como normas supletivas, como complemento da vontade autónoma do agente) ou, menos frequentemente, também por normas imperativas (como acontece nos negócios jurídicos familiares).

Daí que, nos negócios jurídicos os efeitos se produzam em função da vontade do agente ou sejam atribuídos ou imputados a esta vontade quando o agente não previu todas as consequências.

b) As consequências de uma vontade deficiente para os efeitos pretendidos

330 Se um negócio jurídico, na sua *formação,* não apresenta nenhumas "deficiências" (p. ex., intervenções ilícitas de outrem), ele é *válido* e como tal produz os seus efeitos. A validade de um negócio jurídico corresponde à situação normal e regular. Porém, os efeitos de um negócio jurídico podem vir a ser prejudicados quando ocorrer uma invalidade (uma "deficiência *genética*").

Deficiência genética significa, em termos muito genéricos, que a vontade, dirigida ao facto jurídico, ou seja, à formação do negócio jurídico *e* à produção dos seus efeitos, é afectada por "imperfeições" (não existiam os pressupostos naturais ou legais para a formação de uma vontade capaz; a vontade em si formou-se mal, ou então não se manifestou da maneira correcta ou na forma devida; ou a vontade versou sobre objectos ou fins desaprovados pela ordem jurídica). Nestes casos, não é possível ao negócio jurídico cumprir a sua missão como instrumento da livre autodeterminação dos particulares. Por isso mesmo, a ordem jurídica não pode proteger os efeitos nascidos de uma vontade imperfeita. A ordem jurídica privada, concebida em função e

[304] Manuel DE ANDRADE, *cit.*, p. 27.

com a finalidade da realização da autonomia privada (ver n.os 75 ss.), e isto em termos autênticos, pretende que a pessoa prossiga os seus interesses de maneira autodeterminada e auto-responsável. Para tal, a pessoa precisa, naturalmente, de uma "vontade em condições". Ora, nos casos da invalidade esta não existe. Daí que não funcione, pelo menos não sem mais, a garantia do efeito produzido.

Em consonância com a gravidade que a deficiência genética apresenta, 331
a lei conhece, em geral, duas modalidades de invalidade: a anulabilidade e a nulidade. No caso da anulabilidade, o negócio jurídico produz, desde logo, todos os seus efeitos pretendidos, embora de uma maneira provisória, sujeitos à possibilidade da anulação; no caso da nulidade, pelo contrário, o negócio jurídico, desde o início, não produz nenhum dos efeitos jurídicos previstos e intencionados, podendo, no entanto, dar origem a alguns efeitos jurídicos laterais determinados por lei (!), ou a certas situações de facto. Há, portanto, uma dupla diferença entre as consequências de um negócio anulável e as de um negócio nulo: produção de todos os efeitos pretendidos, por um lado, ausência completa dos efeitos pretendidos, por outro; provisoriedade quanto aos efeitos produzidos, num caso, certeza quanto aos efeitos volitivos não produzidos, noutro – sem prejuízo de eventuais efeitos jurídicos laterais, verificados por lei.

Como, dentro da categoria dos negócios inválidos, o negócio anulável 332
produz desde o início os seus efeitos pretendidos, estes apenas podem ser destruídos, retroactivamente, mediante uma acção de anulação, proposta nos termos dos artigos 285.º e 287.º CCiv. Por outro lado, no caso do negócio nulo, que nem sequer começou a produzir os seus efeitos jurídicos pretendidos, não é possível destruir retroactivamente os mesmos; por isso, é apenas proposta uma acção visando a declaração de nulidade do negócio nos termos dos artigos 285.º e 286.º. Na primeira hipótese, a sentença de anulação, ao destruir os efeitos provisoriamente produzidos, modifica uma situação jurídica existente; na segunda hipótese, a sentença, ao constatar a não produção dos efeitos pretendidos, é essencialmente declarativa.

De acordo com estes preceitos referidos, a invalidade pode ser invocada, no caso da nulidade, por "qualquer interessado" (mas também pode ser declarada oficiosamente pelo tribunal); no caso da anulabilidade, porém, apenas têm legitimidade para a invocar "as pessoas em cujo interesse a lei a estabelece".

333 Não obstante de, em face do exposto, a anulação do negócio jurídico e a declaração da sua nulidade dizerem respeito a duas realidades diferentes, o Código Civil trata os negócios inválidos – quanto à cessação dos seus efeitos – em um único preceito, no seu artigo 289.º.

Reza o n.º 1 deste artigo: "Tanto a declaração de nulidade como a anulação do negócio têm (1.º) efeito retroactivo, devendo (2.º) ser restituído tudo o que tiver sido prestado (...)".

Quer dizer, o negócio jurídico invalidado perde todos os seus efeitos, jurídicos ou apenas de facto, desde o início. Estas consequências compreendem-se, uma vez que estão em causa deficiências genéticas do negócio. Por isso, as consequências do artigo 289.º não só se referem às partes do negócio, mas abrangem também, de modo igual, todos os terceiros que, entretanto, hajam adquirido com base no negócio inválido, quer dizer, os subadquirentes. O artigo 289.º coloca, portanto, as coisas em princípio no estado *quo ante*, como se o negócio nunca se tivesse realizado.

334 Na verdade, quem não adquiriu nada, em virtude da nulidade do negócio precedente, também não pode transmitir nada a um subadquirente. Todavia, e pelo contrário, quem possuir provisoriamente, em resultado da anulabilidade do negócio concluído, pode transmitir a sua "situação de provisoriedade" (= uma situação de algum modo comparável com aquela que existe quando alguém transmite um direito condicional [artigo 274.º, n.º 1]). Por isso, a posição dos subadquirentes em seguida a um negócio invalidado não é exactamente a mesma. De qualquer maneira, o artigo 289.º, n.º 1, sempre destrói as aquisições dos terceiros (os subadquirentes), sejam as aquisições na sequência de um negócio anulável, sejam as aquisições em virtude dos efeitos laterais que a lei atribui a um negócio nulo.

Contudo, para atenuar as consequências resultantes da aplicação das regras do artigo 289.º, n.º 1, em relação a *terceiros*, que são os subadquirentes, a lei, no artigo 291.º estabelece excepções em que é protegida a aquisição de um terceiro por causa da sua boa fé (!) contra os efeitos retroactivos e restitutivos estando em causa coisas sujeitas a registo (cf. n.º 278). Nessa medida, os efeitos de um negócio subsequente a um negócio inválido que o precede são mantidos (ver n.os 443 e 1031 ss).

4. O tempo e sua repercussão nas relações jurídicas (prescrição, caducidade, não uso)

Para finalizar a matéria dos factos jurídicos, o Código Civil, no capítulo III do subtítulo III da Parte Geral ocupa-se do tempo e da sua repercussão nas relações jurídicas (artigos 296.º a 333.º), regulando aqui os institutos da prescrição, da caducidade e do não uso do direito. Na medida em que estes três institutos são determinados pelo decurso do tempo, trata-se de factos jurídicos involuntários. 335

Prescrição, caducidade e não uso referem-se a direitos subjectivos e à legitimidade para os invocar. A sua verificação conduz a um enfraquecimento ou à extinção do direito em causa. Em sentido contrário funciona a usucapião que, como "prescrição aquisitiva", conduz à aquisição de um direito nos termos dos artigos 1292.º, 1287.º ss.

No que diz respeito à contagem dos prazos respeitantes ao decurso do tempo, aplicam-se as regras do artigo 279.º (artigo 296.º). 336

A prescrição vem regulada nos artigos 298.º, n.º 1, 300.º a 327.º e tem como efeito que o beneficiário (= o devedor) tem a faculdade de se opor ao exercício do direito prescrito (artigo 304.º, n.º 1) sem, no entanto, este direito se extinguir (artigo 304.º, n.º 2): apenas acontece que o direito de exigir (obrigação civil) fica reduzido a um direito de pretender (obrigação natural). A prescrição constitui uma excepção peremptória (= importa "a absolvição total ou parcial do pedido e consiste na invocação de factos que impedem, modificam ou extinguem o efeito jurídico dos factos articulados pelo autor", cf. artigo 576.º, n.º 3, CPC), que, todavia, o tribunal apenas considera se o interessado a tiver invocado (artigos 579.º CPC e 303.º do CCiv). Portanto, o tribunal não pode suprir, *ex officio*, a prescrição (artigo 303.º).

O prazo ordinário da prescrição é de vinte anos (artigos 309.º, 311.º, n.º 1), conhecendo a lei prazos inferiores (artigo 310.º; artigos 316.º, 317.º para as prescrições presuntivas); todos os prazos começam a correr a partir do momento em que o direito podia ser exercido (artigo 306.º). Uma vez iniciada, a prescrição continua a correr, ainda que o direito passe a um novo titular (artigo 308.º, n.º 1). Em certas circunstâncias a prescrição pode ficar suspensa (artigos 318.º a 322.º) ou ser interrompida (artigos 323.º a 327.º). A suspensão faz com que o período durante o qual ela se verifica não seja incluído no cálculo da contagem do prazo da prescrição; pelo contrário, em consequência da interrupção o tempo decorrido fica inutilizado, começando o prazo integral a correr novamente a partir do acto interruptivo (artigo 326.º). Os direitos passíveis de prescrição são nomeadamente os direitos de crédito.

337 A caducidade é regulada nos artigos 298.º, n.º 2, 328.º a 333.º e tem como efeito que o direito se extingue a partir do momento em que expirou o prazo dentro do qual tinha que ser invocado (*Ausschlussfrist*). Deste modo, a caducidade é apreciada oficiosamente pelo tribunal (artigo 333.º, n.º 1). Na verdade, a situação jurídica é diferente da da prescrição. Enquanto o direito prescrito continua a existir, o direito caducado perdeu a sua existência. Ora, uma acção só pode ser julgada procedente se o direito invocado, ao menos, existe. É tarefa do tribunal verificar a existência do direito invocado perante ele. Como a caducidade extingue o direito, ela será conhecida oficiosamente, não precisando de ser invocada. Para o efeito, apenas é necessário que a matéria de facto apresentada ao tribunal contenha todos os dados necessários para possibilitar a decisão.

Contudo, quando a caducidade está à disposição das partes (p. ex., artigo 416.º, n.º 2), ela constitui uma excepção peremptória que, de acordo com o artigo 333.º, n.º 2, necessita de ser invocada, à semelhança do que dissemos a respeito da prescrição (artigo 303.º CCiv; artigos 576.º, n.º 3, e 579.º CPC)[305]. São, designadamente, os direitos potestativos que estão sujeitos à caducidade (cf., p. ex., o artigo 287.º, n.º 1, com a consequência do artigo 291.º).

338 O não uso do direito, já mencionado por ocasião do relacionamento entre direito objectivo e direito subjectivo (n.º 73), diz respeito a direitos reais que não prescrevem e apenas vem referido no n.º 3 do artigo 298.º, que remete para os casos especialmente previstos pela lei. Esta contém, para o efeito, as disposições dos artigos 1476.º, n.º 1, al. *c)*; 1536.º, n.º 1, al. *a)*; 1569.º, n.º 1, al. *b)*, quanto à extinção dos direitos de usufruto, de superfície e das servidões, respectivamente.

O direito de propriedade, além de não prescrever, não se extingue em virtude do seu não uso. Contudo, esta situação é de certo modo contrabalan-

[305] Quanto às causas impeditivas da caducidade, ver acórdão do STJ *BMJ* n.º 222 (Jan. 1973), p. 372 = *RLJ* 107 (1974/1975), p. 20, com a *Anotação* de A. Vaz Serra às pp. 23 ss.

çada pelo instituto da usucapião, que actua contra o proprietário desinteressado ou ausente.

IV. DO EXERCÍCIO E DA TUTELA DOS DIREITOS (GARANTIA DA RELAÇÃO JURÍDICA)

Bibliografia: Manuel DE ANDRADE, *cit.*, vol. I, pp. 24 a 26. J. DE CASTRO MENDES, *cit.*, vol. III, pp. 797 a 817. MOTA PINTO, *cit.*, pp. 663 a 669.

1. Generalidades

O último dos quatro elementos da relação jurídica é a garantia. Deste modo é correcta na sistemática da lei a epígrafe do subtítulo IV do título II da Parte Geral do Código Civil, que fala – em dois capítulos – "do exercício e tutela dos direitos" resultantes de uma relação jurídica. O primeiro dos capítulos mencionados (artigos 334.º a 340.º) contém as disposições gerais, enquanto o segundo (artigos 341.º a 396.º) se refere, como corresponde à tradição legislativa, às provas (uma matéria processual que se encontra na lei substantiva). 339

As disposições gerais constantes do primeiro capítulo, aliás em estrutura e conteúdo parecido com a 7.ª secção da Parte Geral do BGB, contemplam duas situações distintas, mas simultaneamente correlacionadas: o exercício dos direitos dentro dos seus limites legais e consensuais (artigos 334.º, 335.º e 340.º), bem como a tutela dos direitos por meio do recurso a força própria (artigos 336.º a 339.º). É esta segunda situação que vamos analisar agora.

Sob pena de valerem pouco ou nada, os direitos subjectivos necessitam de ser protegidos, ou preventivamente contra a possibilidade da sua violação, ou, tendo-se esta verificado, posteriormente, pela atenuação ou eliminação dos efeitos da mesma e/ou pela reparação dos danos causados pela violação. Há, portanto, a necessidade da tutela dos direitos. Os meios correspondentes são a autotutela (= fazer justiça pelas próprias mãos) e a heterotutela (= a protecção incumbe a órgãos estaduais). 340

A heterotutela é o caso normal num Estado de Direito; ela é o resultado da evolução social que acabou por afastar a "justiça privada". O Estado possui o monopólio de fazer as leis (o direito objectivo, na medida em que juridifica normas de conduta), de impor a sua observância e de proteger os direitos subjectivos por via coerciva (= dar-lhes a garantia jurídica). A estes monopólios do Estado corresponde o direito ou a garantia fundamental e não limitada de todos, consagrada no artigo 20.º da Constituição, que proclama que "[a] todos é assegurado o acesso ao direito e aos tribunais para a defesa dos seus direitos e interesses legalmente protegidos", sendo este acesso reforçado ainda pela afirmação "não podendo a justiça ser denegada por insuficiência de meios económicos".

Isto significa, sob pena de inconstitucionalidade, que as custas judiciais devem ser socialmente adequadas e obedecer ao princípio da proporcionalidade e não podem ser proibitivas, inviabilizando de facto o acesso aos tribunais. Por isso, em caso de insuficiência de meios, é por via do instituto do apoio judiciário (que engloba, em complemento de outras medidas, o patrocínio judiciário e a assistência judiciária[306]) que o recurso aos tribunais é viabilizado em ordem a garantir, também aqui, a realização da justiça.

341 Sendo a heterotutela o caso normal num Estado de Direito, ela pressupõe regularmente o recurso aos tribunais (como vem enunciado, por exemplo, no artigo 817.º para o caso do incumprimento de uma obrigação). Aqui distinguimos duas fases: (1.º) o processo declarativo, que condena o devedor; se a parte condenada ainda não cumpre, segue-se (2.º) o processo executivo, em que se apreendem os seus bens patrimoniais susceptíveis de penhora (ver o princípio geral estabelecido no artigo 601.º) e o produto da sua venda destina-se a satisfazer o credor.

Neste contexto legal a relevância da autotutela não pode deixar de ser residual. O artigo 1.º CPC é peremptório ao dizer que ninguém pode recorrer à força própria, a não ser nos casos e nos limites previstos na lei. Por isso, a autotutela é uma excepção e, como fenómeno residual, só é permitida em casos extraordinários, anormais, especificamente previstos na lei.

[306] Cf. Lei n.º 34/2004, de 29 de Julho, na mais recente redacção do DL n.º 120/2018, de 27 de Dezembro, cujo artigo 1.º, n.º 1, afirma: "O sistema de acesso ao direito e aos tribunais destina-se a assegurar que a ninguém seja dificultado ou impedido, em razão da sua condição social ou cultural, ou por insuficiência de meios económicos, o conhecimento, o exercício ou a defesa dos seus direitos".

À parte dois casos específicos[307], a autotutela aplica-se entre particulares. Estamos sempre perante actos unilaterais de defesa.

A extensão em que a lei admite e concede a hipótese de uma intervenção directa dos titulares do direito subjectivo corresponde a uma decisão fundamental a nível jurídico-político. Porém, no que diz respeito à utilização mais ou menos frequente daquela concessão, é ela um indicador do estado da sociedade em geral, das convicções jurídicas individuais e do funcionamento dos órgãos judiciais competentes, chamados a proteger os direitos dos cidadãos[308].

Neste condicionalismo restritivo, a lei prevê três casos em que o recurso à força própria é admitido: 1.º, a acção directa; 2.º, a legítima defesa; 3.º, o estado de necessidade.

2. A defesa do direito subjectivo mediante o recurso à força própria

A acção directa (*Selbsthilfe*), regulada nos artigos 336.º e 338.º, permite o recurso à força com o fim de realizar ou assegurar o próprio direito, quando for indispensável, pela impossibilidade de recorrer em tempo útil aos meios coercivos normais, para evitar a inutilização prática desse direito, desde que o agente não exceda o que for necessário para evitar prejuízo, sendo a acção ilícita quando sacrifique interesses superiores aos que o agente visa defender. Tudo o que exceda o estritamente necessário para a defesa do direito torna a acção directa ilícita. A acção directa, que não se aplica aos direitos de pretender (antes da prestação) e aos direitos potestativos, constitui na maioria dos casos uma antecipação ao recurso aos meios coercivos normais que, no caso concreto, já não podiam ser accionados a tempo pelos órgãos competentes do Estado[309]. 342

307 O direito da resistência previsto no artigo 21.º da Constituição, um direito que assiste a todos, e o direito da desobediência dos funcionários em relação aos superiores hierárquicos em face de ordens cujo cumprimento implica a prática de um crime, previsto no artigo 271.º, n.º 3, da Constituição.

308 Apesar de terem sido concebidas e desenvolvidas perfeitamente fora do âmbito do processo civil, não deixam de ter interesse as considerações de J. de Figueiredo Dias e M. da Costa Andrade, *Criminologia*, Coimbra, 1984, pp. 501 ss. (= sociologia da acção jurisdicional).

309 Um caso curioso foi decidido pelo OLG Karlsruhe, NJW 1992, p. 1329: A gerência de um restaurante pediu e obteve a autorização da entidade administrativa competente para fazer, à

343 Existindo os pressupostos referidos, o agente pode (1.º) apropriar-se, destruir ou deteriorar uma coisa ou (2.º) eliminar a resistência irregularmente oposta ao exercício do direito por parte de uma pessoa[310] ou (3.º) praticar outro acto análogo.

Contudo, quem agir por meio de acção directa, supondo erradamente que os seus pressupostos estão preenchidos, é obrigado a reparar os danos causados, a não ser que o erro seja desculpável. Não parece feliz esta solução. Quem recorre à acção directa assume um risco especial, onde todos os cuidados são poucos e devia estar obrigado a indemnizar sempre que os pressupostos não existem, independentemente da desculpabilidade do erro. Com a solução adoptada a lei não contribui para a paz social, uma vez que não distribui da melhor maneira o risco entre os intervenientes, fazendo arcar com ele a vítima de uma actuação não justificada e cujos interesses nem sequer são afectados[311].

344 A legítima defesa (*Notwehr*), prevista nos artigos 337.º e 338.º, destina-se a afastar uma agressão *humana*, actual e contrária à lei, contra a pessoa ou o património do agente ou de terceiro (!), desde que não seja possível fazê-lo pelos meios normais e contanto que o prejuízo causado pelo acto não seja manifestamente superior ao que pode resultar da agressão.

noite, um concerto musical ao ar livre. Na verdade, porém, tratava-se de um concerto "rock". Os vizinhos chamaram em vão pela polícia que, devido à autorização, julgou não poder intervir. A gerência do restaurante a quem os vizinhos se dirigiram não lhes deu ouvidos. Em face disso, um dos vizinhos cortou os cabos do amplificador. Na primeira instância, este vizinho foi condenado, com base em facto ilícito, a indemnizar os prejuízos causados. O vizinho recorreu da sentença e, na segunda e última instância, o pedido de indemnização foi julgado improcedente. De entre outras considerações, o tribunal argumentou que a autorização administrativa de um concerto musical não afectava o direito (privado, civil) à acção directa de um vizinho perturbado por tal concerto.

No mesmo sentido encontrámos um acórdão da Rel. Porto, *BMJ* n.º 455 (Abril 1996), p. 569: "(...) o licenciamento (...) pela autoridade administrativa (...) não isenta de responsabilidade civil (...) por qualquer violação de direitos privados de outrem, *maxime* dos direitos de personalidade".

310 Por exemplo, remover um automóvel estacionado num pátio privado, em frente à garagem e que impedia o acesso do proprietário, com a consequência de o dono do automóvel suportar as despesas de remoção.

311 No mesmo sentido, J. F. RODRIGUES BASTOS, *Das Relações Jurídicas*, vols. I a V, Viseu, 1967 a 1969, observações ao artigo 336.º.

Nestes termos, a legítima defesa é justificada quando existirem os seguintes pressupostos: (1.º) uma agressão humana actual; (2.º) a sua contrariedade à lei[312]; (3.º) a necessidade da defesa; (4.º) a proporcionalidade da defesa. Mesmo que haja excesso, a legítima defesa considera-se justificada se o excesso for devido à perturbação ou medo não culposo. Mas quem agir em legítima defesa na suposição errónea de se verificarem os seus pressupostos justificativos é obrigado a indemnizar os prejuízos causados, salvo se o erro for desculpável.

Finalmente, o estado de necessidade (*Notstand*), cujo regime consta do 345
artigo 339.º, pode existir em duas situações de perigo, às quais correspondem duas actuações diferentes. Num primeiro caso, que podemos designar por estado de necessidade defensivo (*defensiver Notstand*), o perigo parte de uma coisa alheia, ou de um animal (artigo 339.º, em ligação com o artigo 201.º-D), cuja destruição ou danificação é necessária para obstar a um dano manifestamente superior, quer do agente quer de terceiro. Num segundo caso, no estado de necessidade agressivo ou ofensivo (*aggressiver Notstand*), é permitida a destruição ou danificação de uma coisa alheia para afastar um perigo que parte de outra fonte, sendo um perigo actual de um dano manifestamente superior e, portanto, não tem a sua origem na coisa de que o agente se serve. Por exemplo, utilizar um extintor de outra pessoa para apagar um incêndio; partir uma bengala pertencente a outra pessoa para se defender de um ataque de um animal. Esta situação é, no fundo, uma limitação legal de direitos subjectivos de outrem (*maxime*, da propriedade; artigo 1305.º, última parte), obrigado a tolerar a intervenção.

Em ambas as situações em que a acção desenvolvida para o efeito é lícita trata-se, portanto, de afastar um dano manifestamente maior. Mas o autor da destruição ou da danificação é, não obstante a licitude da sua acção, obrigado a indemnizar o prejuízo causado, se o perigo for provocado por sua culpa exclusiva. Em qualquer outro caso, o tribunal pode fixar uma indemnização equitativa e condenar nela não só o agente, como aqueles que tiraram proveito do acto ou contribuíram para o estado de necessidade.

[312] Por isso, uma agressão pode partir também de inimputáveis. Cf. José Oliveira Ascensão, *A teoria finalista e o ilícito civil*, Separata da Revista de Faculdade de Direito de. Lisboa, 1987.

PARTE C

O DIREITO SUBJECTIVO, OBJECTO IMEDIATO DA RELAÇÃO JURÍDICA, EM PORMENOR

Os direitos subjectivos já por diversas vezes foram abordados ao longo destas lições: de uma maneira geral, em contraposição ao direito objectivo (n.os 62 a 73); a seguir, como parte-componente do círculo de direitos da pessoa (n.os 222 a 224); depois, já mais em especial, como fenómeno inserido no contexto da relação jurídica (n.os 228, 233, 236), designadamente como objecto imediato da mesma (n.os 250 a 252); e, além disso, noutros aspectos da matéria. Em bom rigor, e sendo o direito subjectivo objecto imediato da relação jurídica, ele devia ter sido tratado mesmo antes do objecto mediato, que são as coisas, sobre que incide[313]. Porém, em obediência à sistematização da Parte Geral, mas também para tomar mais acessível o entendimento do direito subjectivo em pormenor, optou-se pela apresentação inversa, inserida no contexto geral da protecção dos interesses privados.

I. OS INTERESSES PRIVADOS E A SUA PROTECÇÃO; O DIREITO SUBJECTIVO E AS SUAS FUNÇÕES

Bibliografia: J. Baptista Machado, «Tutela da confiança e "venire contra factum proprium"», *RLJ* 117 (1984/1985), p. 229. Manuel de Andrade, *cit.*, vol. I, pp. 7 a 19. C. A. Mota Pinto, pp. 178 a 184. J. de Castro Mendes, *cit.*, vol. II, pp. 5 a 28, 147 a 161.

[313] Assim, é logicamente correcta (embora mais abstracta) a apresentação da matéria por J. de Castro Mendes, *Direito Civil (Teoria Geral)*, Volume II, AAFDL, 1979, ao tratar, primeiro, do direito subjectivo, como objecto imediato da relação jurídica, e só depois das coisas, das prestações e de outros possíveis objectos mediatos da relação jurídica.

1. As várias situações de interesse protegidas pelo direito; as expectativas jurídicas

346 Já sabemos que uma das tarefas essenciais do direito privado consiste em proteger os interesses dos particulares, assegurando-lhes espaços de liberdade e garantindo-lhes a sua auto-realização. O direito privado confere esta protecção por meios diversos e com intensidades diferentes. Um meio de protecção, senão *o* meio de protecção, é o direito subjectivo.

Um direito subjectivo é sempre a expressão de uma posição fortalecida ou de uma atribuição estável e duradoura ao seu titular. Nesta medida, o direito subjectivo (quer exista na esfera do direito privado, quer tenha sido atribuído pelo direito público), uma vez reconhecido, poderá acarretar certo antidinamismo[314] por dificultar evoluções ou modificações numa ordem social que se deseja dinâmica. Como é sempre difícil retirar um direito a um titular, atingindo o seu estatuto (*Besitzstand*), poderá ser preferível que a ordem jurídica, em vez de atribuir um direito subjectivo, se baste com o reconhecimento de um interesse legalmente protegido. E, na verdade, assim sucede muitas vezes: a lei não protege apenas direitos subjectivos (e por meio deles os interesses dos particulares), mas também há situações em que protege apenas (ou já) o interesse.

É esta a situação genericamente pressuposta pelo n.º 1 do artigo 483.º: "Aquele que (...) violar ilicitamente o direito (isto é, um direito absoluto) de outrem ou qualquer disposição legal destinada a proteger interesses alheios fica obrigado a indemnizar (...)".

347 Os casos em que existem *interesses legalmente protegidos* são muitos e, além disso, muito diversificados. Trata-se aqui de leis que visam directamente a protecção de interesses da comunidade e, simultaneamente, interesses particulares sem que estes sejam tutelados por direitos subjectivos. São, p. ex., determinadas normas que prescrevem a observância das regras de trânsito,

[314] Como será o caso quanto a alguns direitos de preferência ou também no que respeita ao regime da sucessão legitimária. Quanto a este último ponto, cf., p. ex., Rita Lobo Xavier, «Para quando a renovação do Direito sucessório português?», in Elsa Vaz Sequeira/Fernanda Oliveira e Sá (coordenação), *Código Civil. Edição Comemorativa do Cinquentenário*, Universidade Católica Editora, Lisboa, 2017, p. 593.

que proíbem a poluição das águas, que visam, aliás sob múltiplas formas, a protecção do ambiente, que obrigam à vacinação obrigatória, etc.

Aqui, nenhum particular possui um direito subjectivo no sentido de poder exigir que os outros cumpram aquelas leis; mas, se do seu incumprimento resultar um prejuízo para um particular, fica o infractor da lei obrigado a indemnizá-lo pelos danos causados, na medida em que da análise da lei violada resulta que esta visava também proteger os interesses do particular que ficou lesado.

Também pertencem a este contexto as normas "que protegem apenas interesses particulares, mas não chegam a atribuir um direito subjectivo ao respectivo titular, para não ferirem um outro interesse particular mais qualificado. É típico o exemplo da disposição legal do artigo 1391.º, que faculta aos proprietários dos prédios inferiores o aproveitamento das águas sobejas provindas das fontes ou nascentes existentes em prédios superiores (mas que, em contrapartida, já não impõe aos proprietários dos prédios superiores que desviem dos terrenos inferiores, p. ex., as águas pluviais caídas em excesso). Conquanto tal aproveitamento não corresponda a um verdadeiro direito, mas a uma situação de mera tolerância, a sua violação por parte de terceiros pode, sem dúvida, constituir o infractor em responsabilidade"[315].

Diferentes dos interesses legalmente protegidos são as situações em que alguém é favorecido por um *mero reflexo* de um direito pertencente a outrem. A estes reflexos a lei não dispensa protecção nenhuma. Na mesma ordem de ideias, por via de regra também não possui um direito à indemnização quem sofrer, reflexamente, um dano (*Reflexschaden*), por exemplo por ocasião de lesões que atingem os parentes mais próximos ou um animal de companhia. Todavia, em situações deste tipo a lei pode prever, a título de excepção, uma reparação (*Genugtuung*) pelos danos sofridos[316] (cf., a este respeito, os artigos 348

[315] Assim, Pires de Lima-Antunes Varela-Henrique Mesquita, anotação ao artigo 1391.º CCiv. Contudo, a privação do uso por efeito de novo aproveitamento que faça o proprietário da fonte ou nascente não constitui violação de um direito (artigo 1391.º, 2.ª parte).

[316] Ver a respeito dos "danos reflexos", Rute Teixeira Pedro, «Os danos não patrimoniais (ditos) indiretos: uma reflexão *ratione personae* sobre a sua ressarcibilidade», in Mafalda Miranda Barbosa e Francisco Muniz (coordenação), *Responsabilidade Civil. Cinquenta Anos em Portugal, Quinze Anos no Brasil*, Instituto Jurídico da Faculdade de Direito da Universidade de Coimbra, 2017, pp. 239-269; Gerhard Wagner «Schadensersatz in Todesfällen – Das neue Hinterbliebenengeld», *NJW* 2017, p. 2641; Cristina M. Araújo Dias, «Responsabilidade e

496.º, n.º 4, 2.ª parte, e 493.º-A, n.º 3). Os reflexos de direitos possuem importância no direito administrativo (por exemplo, reflexos [uma vista soberba] resultantes de um planeamento urbanístico, concebido, como é evidente, no interesse público ou um maior grau de conhecimento social devido ao nome de rua escolhido pela autarquia local em honra de um familiar), mas também aparecem no direito privado (por exemplo, o favorecimento de um edifício como efeito do seu enquadramento harmonioso entre as vivendas e parques dos vizinhos). Mas já não se trata de um mero reflexo de um direito quando o proprietário de um bem cultural, um edifício classificado de interesse público, faz valer "interesses difusos" destinados a salvaguardar o envolvimento paisagístico do edifício em causa. Aqui trata-se de interesses legalmente protegidos[317].

349 Igualmente sem protecção está quem alimenta *expectativas*, p. ex., a expectativa do sucessível (artigo 2133.º) de ser efectivamente chamado à sucessão, ou seja, de ser herdeiro de alguém. Na verdade, o futuro autor da sucessão é, até à sua morte, titular pleno e autónomo de todos os seus direitos patrimoniais, podendo dispor deles por meio de negócios jurídicos como bem entender, muito embora esteja limitado, nos negócios gratuitos (doações entre vivos ou deixas testamentárias *mortis causa*), pelas regras relativas à legítima dos herdeiros legitimários (artigos 2156.º, e 2162.º, n.º 1; 2157.º a 2161.º).

Mas pode acontecer que a lei proteja, a título verdadeiramente excepcional, também expectativas. Podemos encontrar um exemplo a este respeito no n.º 2 do artigo 81.º, que prevê indemnizações para prejuízos causados às legítimas expectativas no caso da revogação de limitações voluntárias ao exercício dos direitos de personalidade, ou também no n.º 2 do artigo 242.º. Diz este preceito: "A nulidade [de um negócio simulado] pode (...) ser invocada pelos herdeiros legitimários que pretendam agir em vida (!) do autor da sucessão contra os negócios por ele simuladamente feitos com o intuito de os prejudicar". Aqui, a lei protege a expectativa devido à grande relevância social com que o Código Civil ainda encara a sucessão legitimária.

indemnização por perda do direito ao débito conjugal – Considerações em torno do artigo 496.º do Código Civil», *Scientia Ivridica*, Tomo LXI, 2012, n.º 329, pp. 391 a 420.

317 Cf. STJ, *BMJ* n.º 373 (Fevereiro 1980), p. 499.

Diferem das situações mencionadas aquelas em que não existe uma mera expectativa, mas sim uma autêntica *expectativa jurídica* ou um direito em expectativa (*Anwartschaftsrecht*). A esta expectativa jurídica corresponde, p. ex., a posição do comprador de uma coisa vendida sob reserva de propriedade (artigo 409.º) ou a situação do fideicomissário de uma herança (artigos 2286.º ss.). Aqui já começou um processo aquisitivo, acautelado por lei, com a atribuição de direitos subjectivos à semelhança do que sucede geralmente em casos da aquisição de direitos sob condição suspensiva (artigos 272.º a 274.º). 350

Quando se verificarem os pressupostos legais, o direito em expectativa concretiza-se na aquisição plena do direito subjectivo (p. ex., a coisa "adquirida" por meio de uma venda a prestações, sob reserva de propriedade, passa a ser propriedade plena do adquirente no momento em que é paga a última prestação do preço da compra; quer dizer, tendo sido já cumprida pelo vendedor a obrigação da al. *b)* do artigo 879.º, a entrega da coisa vendida, o efeito da al. *a)*, a transferência da propriedade, depende do cumprimento pelo comprador da obrigação da al. *c)*, o pagamento do preço[318]).

Por outro lado, estamos perante um autêntico direito subjectivo nos casos de contratos de opção. Aqui, o contrato (frequentemente um contrato de compra e venda) está perfeitamente concluído, dependendo a produção dos seus efeitos do exercício unilateral do direito de opção (de adquirir ou alienar, conforme o caso) por parte de um dos intervenientes no contrato dentro de certo prazo[319]. No caso dos *direitos de preferência* (p. ex., artigos 414.º ss. e 1409.º, 1410.º) a situação é novamente diferente – pois, para já, nada se consubstanciou na pessoa do preferente – visto o exercício do direito ser 351

[318] Quem possuir apenas uma expectativa jurídica, acompanhada pela posse, e vender o bem como se tivesse um direito pleno, realiza uma venda de coisa alheia e como tal nula (artigo 892.º). O adquirente de boa fé não pode ficar protegido contra a acção de reivindicação do proprietário originário nos termos do artigo 291.º, uma vez que a venda a prestações é válida de modo que não há invalidades subsequentes. Conforme o caso concreto, o adquirente de boa fé poderá ter a protecção precária conferida pelo artigo 1301.º.

[319] Ver, Helmut Köhler, *cit.*, pp. 130-132; Manuel Henrique Mesquita, *Obrigações reais e ónus reais,* Coimbra, 1990, pp. 231 a 264; igualmente no caso regulado pelo artigo 413.º já temos um direito subjectivo.

da parte dele meramente virtual[320]: o direito de preferência é um direito concedido ao seu titular, o preferente, ou por contrato ou por lei, tendo este direito efeitos meramente potenciais, ainda não concretizados. A sua efectivação depende de dois factores, ou seja, (1.º) a conclusão prevista ou já realizada de um contrato de compra e venda entre o sujeito à preferência e um terceiro e (2.º) a seguir, o exercício unilateral e aprazado do direito de preferência pelo preferente, caso este queira preferir e assumir os direitos e obrigações nos precisos termos daquele contrato a concluir ou já concluído. Aliás, só depois da combinação ou celebração do contrato é que o direito de preferência adquire valor patrimonial[321].

2. Noção de direito subjectivo; aspectos evolutivos; funções

352 Ao contrário dos interesses legalmente protegidos, os direitos subjectivos traduzem-se num poder conferido ao seu titular. Este poder determina aquilo que o titular do direito pode exigir ou pretender de outrem ou define os efeitos que ele pode produzir na esfera deste. Quer dizer, um direito subjectivo implica, como sabemos (n.os 228 e 229), que o seu titular enfrenta outros sujeitos aos quais cabem as obrigações (deveres e sujeições) que cor-

[320] Não obstante, o artigo 1722.º, n.º 2, al. *d)*, considera bens próprios dos cônjuges, embora tenham sido adquiridos já na constância do matrimónio, os bens adquiridos no exercício de direito de preferência fundado em situação já existente à data do casamento; desta forma, no regime da comunhão de adquiridos estes bens não se comunicam. Por maioria de razão também são próprios os bens adquiridos na sequência de um contrato-promessa celebrado antes do casamento.

[321] Contudo, a situação apresenta-se de modo diferente no caso de o próprio direito convencional de preferência ter sido constituído a título oneroso, em troca de pagamento. Cf. BFH DB 1995, p. 73. No que respeita aos precisos pormenores do regime dos direitos de preferência, quando eficazes *erga omnes*, aderimos à posição de Manuel Henrique Mesquita, *ob. cit.*, pp. 187 a 229. Sobre a problemática dos direitos de preferência em geral cf. António Cardoso Guedes, *A natureza jurídica do direito de preferência*, bem como *O exercício do direito de preferência*, Edição da Universidade Católica Portuguesa (Porto), Distribuição Coimbra Editora, 1999 e 2006, respectivamente, e «Pacto de Preferência e Direitos Legais de Preferência. Os Efeitos da Acção de Preferência (Em Busca do Artigo Esquecido)», in Elsa Vaz Sequeira/Fernanda Oliveira e Sá (coordenação), *Código Civil. Edição Comemorativa do Cinquentenário*, Universidade Católica Editora, Lisboa, 2017, p. 215.

respondem precisamente ao direito do titular. Como os direitos subjectivos são muito diferenciados entre si, também o são os poderes que eles atribuem.

Assim, p. ex., o artigo 701.º, n.º 1, confere ao credor hipotecário o direito de exigir ao devedor o reforço da hipoteca; o artigo 762.º, n.º 2, diz que o credor tem o direito ao cumprimento da obrigação; o artigo 763.º, n.º 2, reza que o credor tem a faculdade de exigir uma parte da prestação; os artigos 827.º e 828.º concedem ao credor, na execução específica, a faculdade de requerer a entrega ou a prestação do facto; o artigo 1305.º determina os amplos direitos de uso, fruição e disposição que o proprietário tem sobre a coisa; o artigo 1311.º determina que o proprietário, em defesa da sua propriedade, pode exigir judicialmente o reconhecimento do seu direito e a entrega do bem que lhe pertence; o artigo 1677.º, n.º 1, confere ao cônjuge o poder de acrescentar aos seus apelidos os do outro; o artigo 1792.º, n.º 1, prevê que o cônjuge lesado tem o direito de pedir a reparação dos danos não patrimoniais causados pelo outro cônjuge; o artigo 1795.º, n.º 2, diz que os pais devem compensar o filho pelo seu trabalho, mas o cumprimento deste dever não pode ser exigido judicialmente; o artigo 1886.º prevê que pertence aos pais decidir sobre a educação religiosa dos filhos; o artigo 1896.º dispõe que os pais podem utilizar os rendimentos dos bens dos filhos; o artigo 2075.º, n.º 1, proclama que o herdeiro pode pedir judicialmente o reconhecimento da sua qualidade sucessória; o artigo 2101.º, n.º 1, consagra para cada herdeiro o direito de exigir a partilha, etc.

Estes poderes ou faculdades, de que referimos alguns exemplos, determinam o conteúdo do respectivo direito subjectivo, aquilo que compete ou pertence ao seu titular.

Para além destes poderes e faculdades, o conteúdo dos direitos subjec- 353
tivos pode incluir também certos deveres (*Pflichtgehalt*). Devem referir-se aqui nomeadamente os chamados "direitos-deveres". Já a designação citada deixa transparecer que existe, além do poder do titular, um interesse de outrem ou até da comunidade que interfere no conteúdo do próprio direito subjectivo. Temos aqui, nomeadamente, as responsabilidades parentais (artigos 1877.º, 1878.º). Em relação a estas, as autoridades públicas competentes intervêm quando os titulares dos direitos-deveres não os exercem de maneira adequada (cf. os artigos 1915.º, 1918.º e 1920.º). Nestes casos, são os poderes e deveres no seu conjunto que definem o conteúdo exacto dos

respectivos direitos subjectivos[322]. Na doutrina há quem considere os direitos-deveres apenas como poderes funcionais, reduzindo deste modo o seu significado. Esta doutrina não é de seguir. Os direitos-deveres não podem deixar de ser qualificados como direitos subjectivos, embora sujeitos a vinculações específicas.

354 Além do seu conteúdo, o direito subjectivo tem por via de regra um objecto, ou seja, tudo aquilo sobre que recaiem os poderes do seu titular; este "tudo aquilo" são – como sabemos – as coisas em sentido jurídico. Mas também pode acontecer que o direito subjectivo não tenha um objecto. É o caso dos direitos de personalidade, dos direitos familiares pessoais, dos direitos potestativos e outros que não representam um valor patrimonial. De qualquer modo, mesmo que o direito não tenha objecto, há-de ter sempre um conteúdo.

355 De forma semelhante como o direito subjectivo incide sobre um objecto, está-lhe subjacente um interesse que o justifica. Na verdade, ao encarar o direito subjectivo como um poder, é considerado o seu aspecto estrutural. Contudo, o direito subjectivo tem também o seu lado funcional. Este aspecto funcional abrange a protecção jurídica dos interesses do sujeito do direito e, com isso, da sua liberdade individual como ser autodeterminado.

De facto, a ordem jurídica confere o direito subjectivo tendo em conta o interesse do titular; o interesse é uma razão em virtude da qual a lei atribui esse poder. No entanto, não existe uma identidade entre o interesse e o direito: uma coisa é o direito subjectivo em si mesmo, uma outra coisa é o interesse para cuja protecção tal direito foi concedido. O interesse constitui o "móbil" do direito subjectivo, mas não faz parte dele. Não diz respeito à sua estrutura, apenas se refere à sua função: é uma função do direito subjectivo proteger o interesse. Por isso, os conceitos de interesse e de direito subjectivo não são idênticos.

356 De resto, a lei, ao reconhecer um poder jurídico a uma pessoa (= o titular do direito subjectivo) para o prosseguimento de um determinado interesse seu, não a vincula necessariamente para exercer o poder conferido apenas

[322] Encontramos uma situação semelhante no artigo 1305.º-A, que impõe aos proprietários de um animal assegurar o seu bem-estar.

na estrita medida deste mesmo interesse. O titular pode ficar aquém do interesse, mas também não está de todo inibido de utilizar o direito para um fim diverso (p. ex., o credor pode facilitar ao devedor o pagamento da dívida se este lhe proporcionar outro negócio favorável). Além de não coincidirem, interesse e direito subjectivo também não existem necessariamente ao mesmo tempo ou na mesma pessoa ou só nesta. P. ex., o exercício dos direitos-deveres não é feito no interesse do seu titular, mas no interesse de outrem. Assim, claramente o artigo 1878.º, n.º 1: as responsabilidades parentais são exercidas "no interesse dos filhos". Desta maneira, os âmbitos do direito e do interesse não se sobrepõem; o domínio do direito subjectivo não está circunscrito exactamente ao âmbito do interesse.

Mas pode verificar-se uma desconformidade inaceitável entre o exercício 357
do direito subjectivo e o interesse em virtude do qual foi conferido. Nesses casos trata-se de um abuso do direito, não consentido pela ordem jurídica, que tem de atender também aos interesses gerais da comunidade e da outra parte da relação jurídica contra quem o direito é ilegitimamente exercido, bem como aos fins fundamentais que subjazem à atribuição de direitos subjectivos (ver *infra* n.ºs 449 ss.).

A ordem jurídica protege o direito subjectivo sempre de acordo com o seu 358
respectivo conteúdo, *inclusive* os deveres nele integrados, e em função dos interesses legítimos do seu titular, mas já não de acordo com o seu objecto, aliás nem sempre existente. Todavia, esta protecção não tem em todos os casos a mesma intensidade. Sabemos que o direito subjectivo se pode traduzir num exigir ou num pretender. O poder de exigir é a situação regular a que corresponde uma obrigação civil, cujo cumprimento pode ser pedido judicialmente. Diferente, porém, é a situação em que os direitos subjectivos conferem ao titular apenas o direito de pretender ao qual corresponde uma obrigação natural.

As obrigações naturais são reguladas, em termos gerais, nos artigos 402.º 359
a 404.º[323]. O artigo 404.º é claro ao afirmar que às obrigações naturais corres-

[323] A doutrina portuguesa, tradicionalmente, costuma dedicar muita atenção às obrigações naturais. Ver, a este respeito, J. Ribeiro de Faria, *Direito das Obrigações*, vol. 2, Porto, 1988, pp. 114 a 157.

pondem direitos subjectivos (de pretender) quando diz: "As obrigações naturais estão sujeitas ao regime das obrigações civis em tudo o que não se relacione com a realização coactiva da prestação (...)". Daí que a violação de um direito resultante de uma obrigação natural acarrete um dever de indemnizar, *inclusive* a nível da responsabilidade extracontratual (cf. artigo 495.º, n.º 3).

Casos de obrigações naturais encontram-se nos artigos 304.º (efeitos da prescrição); 1245.º (jogo e aposta); 1895.º, n.º 2 (compensação do trabalho dos filhos). Da promessa do casamento (artigo 1591.º) não resulta uma obrigação natural e o rompimento da promessa dá origem aos direitos de exigir as restituições dos donativos e de pedir indemnizações, sendo estas últimas limitadas em ordem a evitar que, pelo seu valor, pudessem afectar a liberdade de casar.

Neste contexto é preciso distinguir as obrigações naturais de certas liberalidades (doações, deixas). Aqui existem deveres morais ou sociais, mas não se trata de obrigações. Por exemplo, a doação remuneratória, prevista no artigo 941.º, não constitui uma obrigação natural, mas sim uma liberalidade. No caso das liberalidades não existem interesses protegidos do lado do eventual contemplado, mas apenas expectativas (como sucede com as gorjetas ou outras pequenas atenções).

360 O direito subjectivo é um dos conceitos centrais e fundamentais do direito privado, que dele não pode prescindir[324]. Mas apesar de ser uma categoria central do direito privado, o conceito é controverso. Deste modo que para cada época é preciso repensar o direito subjectivo, suas funções e seu conteúdo, e isto muito embora se tenha evidenciado como impossível dar uma definição unanimemente aceite, dada a grande diversidade de que se revestem as varias modalidades do direito subjectivo.

No século XIX – o qual, ao reagir de uma maneira vigorosa contra a anterior ordem corporativa e feudal, realizou a emancipação mental, política e económica do indivíduo numa medida apreciável e contribuiu, ao mesmo tempo, mediante a individualização radical do direito privado para o enfraquecimento da responsabilidade social – neste século XIX foi considerada

[324] Andreas von Tuhr, ob. cit. (nota 71); em geral, H. Coing, *Zur Geschichte des Privatrechtssystems*, Frankfurt am Main, 1961, pp. 29 ss.; L. Raiser, *Der Stand der Lehre vom subjektiven Recht im deutschen Zivilrecht*, JZ 1961, p. 465; J. Aicher, *Das Eigentum als subjektives Recht*, Berlin, 1975, com a recensão crítica de Jan Schapp, AcP 176 (1976), p. 90.

tarefa principal do direito privado respeitar este mesmo indivíduo como personalidade autónoma ao garantir juridicamente o seu livre desenvolvimento dentro da sociedade. Assim colocou-se o indivíduo, o sujeito do direito, no topo do sistema jurídico-privado, atribuindo-lhe os direitos subjectivos como "espaços de liberdade" (*Freiheitsräume*)[325].

O direito subjectivo era, tal como o negócio jurídico ou, mais concreta- 361
mente, a liberdade contratual, um meio destinado à autodeterminação do indivíduo livre. Deste modo, o direito subjectivo constituiu o conceito central do direito privado e a ordem jurídica (o direito objectivo) apenas serviu de fundamento para o direito subjectivo, garantindo a sua efectividade.

É significativa, neste contexto, a sistematização do Código de Seabra (ver n.º 193) em torno da pessoa e dos seus direitos subjectivos. Mas também o BGB considerava como sua categoria central o direito subjectivo, negligenciando ou quase ignorando o instituto da relação jurídica, visto os direitos subjectivos terem sido considerados isoladamente, na sua ligação ao indivíduo.

Quanto à definição do conceito "direito subjectivo" partiu-se da vontade 362
do indivíduo; este ponto de partida deve ser considerado como correcto, uma vez que se tratava de realizar, mediante a ordem jurídica, o valor da personalidade autodeterminada, eticamente autónoma e livre, cujo espaço de actuação se pretendia garantir. Nesta base, as tentativas de definição do conceito "direito subjectivo" e as discussões em volta deste conceito dizem respeito a problemas fundamentais do conhecimento jurídico. Savigny e Puchta (e primeiro também Windscheid) consideraram o direito subjectivo como uma *garantia* jurídica do poder de vontade do indivíduo, modificando Windscheid esta concepção posteriormente no sentido de o direito subjectivo representar um poder de vontade *atribuído* pela ordem jurídica. Em ambas as concepções o poder de vontade continuava a ser o momento essencial do conceito. Jhering, por sua vez, criticou aquela definição, limitada à estrutura do direito subjectivo, por nada dizer relativamente ao fim, ao objectivo, em vista do qual é atribuído o poder de vontade. Afirmando que

[325] Sibylle Hofer, *Freiheit ohne Grenzen? Privatrechtstheoretische Diskussionen im 19. Jahrhundert*, Tübingen, 2001, chega à conclusão de que a característica da ciência jurídica do século XIX não era a ideia de uma liberdade sem limites, mas sim a de uma liberdade dentro de limites (de resto, de natureza muito variada e obedecendo a interesses muito diversos).

a finalidade dessa vontade seria um interesse, definiu deste modo o direito subjectivo como interesse juridicamente protegido. Mas como as definições referidas não se excluíram e antes se apresentavam como complementares, foram reunidas numa fórmula só, que falava de "um poder de vontade (ou de um poder jurídico) destinado a proteger interesses". Esta fórmula manteve-se, durante os tempos seguintes, embora com ligeiras variações num ou noutro sentido, sendo de realçar a posição de Enneccerus-Nipperdey que falam de "uma relação de poder estável, atribuída à pessoa" (*ein festes, der Person zugeeignetes Machtverhältnis*), posição essa retomada por Rüthers[326].

363 É complementar a posição de Larenz[327], o qual – prescindindo de uma definição do conceito de direito subjectivo – se limita a descrever o mesmo. Diz ele que quando alguém possuir um direito subjectivo, significa isto que alguma coisa lhe pertence ou lhe cabe "de direito" (*rechtens*). Esta "alguma coisa" pode apresentar-se das maneiras mais variadas. Daí resultam os vários tipos de direitos subjectivos.

Aquilo sobre que o direito subjectivo incide, aquilo que cabe ao titular, deve ser algo de concreto. O titular deve ser legitimado, em relação a uma coisa determinada ou a uma pessoa determinada, de impor ou de pedir, de acordo com a ordem jurídica, um determinado comportamento. O conteúdo do direito subjectivo resulta da lei ou, na medida do alcance da autonomia privada, do acordo entre as partes por via de um negócio jurídico.

364 A discussão teórica em torno do direito subjectivo estendeu-se também à França, uma vez que as ideias aí desenvolvidas por Léon Duguit (em conexão com a sociologia francesa da época: Auguste Comte, Durkheim) não tiveram seguidores no campo do direito privado. Léon Duguit pretendeu substituir o direito subjectivo pela função social que cabe ao indivíduo. Tudo quanto é realizado no cumprimento daquela função é protegido pela sociedade. Porém, como a função social não depende de critérios de justiça, a posição de Duguit aproxima-se da atitude daqueles para quem o direito é aquilo que aproveita ao povo, tornando-se o direito subjectivo a sombra dos interesses do Estado.

[326] Rüthers, *cit.*, § 4 II. 2 (= p. 40).

[327] K. Larenz, *cit.*, § 13 I; Wolf/neuner, § 20 9 (= p. 232). Sobre as várias posições doutrinais referidas, cf. com mais pormenor João Castro Mendes, *cit.*, pp. 5-25.

Se, por um lado, o direito subjectivo não pode ser substituído por uma função social, é indiscutível, por outro lado, que o próprio direito subjectivo possui uma função social que influi na sua definição e no seu exercício. Como acabamos de ver, no século XIX esta função consistia exactamente em garantir ao indivíduo os espaços de liberdade para o seu desenvolvimento como pessoa autónoma.

O entendimento individualista do direito subjectivo, como direito do homem isolado (= o homem não vinculado por laços feudais ou inserido numa ordem corporativa, definidora do seu estado jurídico), sofreu ainda no século XIX contestações com a crescente "socialização" do direito privado. Na verdade, uma ordem jurídica, centrada no direito subjectivo, tende a considerar estes direitos isoladamente, sem atender em pormenor aos contextos sociais nos quais estão inseridos. Na medida em que ganharam terreno as ideias da responsabilidade social e da vinculação dos direitos, tanto em relação aos outros indivíduos como em relação à própria comunidade, tornou-se necessário procurar as soluções correspondentes. 365

Nesta procura, porém, não deve ser esquecida a função fundamental e perene do direito subjectivo: ele continua a ser a expressão da liberdade e personalidade da pessoa, da liberdade individual de pessoas independentes que agem – apesar das vinculações inerentes aos direitos subjectivos – segundo as suas próprias decisões, pelas quais assumem a sua responsabilidade. 366

Daí que podemos afirmar que subjaz ao conceito de direito subjectivo uma opção de valores específica: nos limites e nas formas da ordem jurídica privada é reconhecido ao titular do direito subjectivo – ao sujeito activo do direito – um "poder" que, embora tenha vinculações inerentes, não depende da sua posição social dentro da comunidade. Desta maneira e nestes termos é reconhecida e garantida a livre actuação da vontade do indivíduo, bem como a protecção jurídica dos seus interesses.

3. Faculdades, poderes, legitimidades, ónus

O conteúdo de um direito subjectivo determina-se de acordo com os poderes ou as faculdades que o definem, não tendo todavia as respectivas definições legais (as noções) autonomia, porque uma definição, por si só, 367 não prescreve nada; apenas contribui para a aplicação da hipótese legal, da prescrição, que acolhe a definição.

Além dos poderes e faculdades definidores do conteúdo do direito subjectivo, a lei ainda conhece outros poderes, faculdades ou direitos.

Temos aqui, p. ex., o artigo 405.º, que consagra o princípio da liberdade contratual, conferindo o seu n.º 1 a "faculdade" de celebrar contratos e o seu n.º 2 o "poder" de reunir nele as regras pretendidas; o artigo 1698.º reconhece aos nubentes o "poder" de fixar o seu regime de bens; o artigo 444.º, n.º 1, do Código do Trabalho atribui aos trabalhadores o "direito" de se inscreverem em sindicatos; etc.[328]. Nestes casos não se trata de direitos subjectivos, embora quanto à liberdade contratual haja quem entenda que sim, mas de situações antecedentes ou causadoras de direitos que resultam com toda a naturalidade da capacidade jurídica da pessoa para livremente praticar os actos referidos ao abrigo do seu direito de autodeterminação, no uso da sua liberdade geral de agir (*allgemeine Handlungsfreiheit*).

Ainda não existem as respectivas relações jurídicas; pretende-se o estabelecimento das mesmas. Na perspectiva da lei fluem da capacidade jurídica os poderes, faculdades ou direitos que (havendo capacidade de exercício ou, se for caso disso, o suprimento da incapacidade) conduzem à aquisição de direitos subjectivos, cujo conteúdo, por sua vez, se define em função dos correspondentes poderes ou faculdades (os quais, como ainda veremos, se podem "prolongar" ou autonomizar em direitos potestativos).

368 Para além dos referidos poderes ou faculdades ou direitos, aparece-nos em muitos preceitos a expressão "legitimidade" (p. ex., artigo 71.º, n.º 2: legitimidade para requerer as providências adequadas em defesa dos direitos de personalidade; artigo 141.º: legitimidade para requerer o acompanhamento do maior; artigos 286.º e 287.º: legitimidade para invocar a nulidade ou a anulabilidade de um negócio jurídico; artigo 976.º: legitimidade para propor a acção de revogação por ingratidão do donatário; artigo 1281.º: legitimidade para intentar a acção da manutenção da posse; artigo 1769.º: legitimidade para a acção de separação judicial de bens; artigo 1785.º: legitimidade para

[328] Mas quando está em causa a inscrição obrigatória numa ordem profissional, dependendo dela o exercício da respectiva actividade na profissão (cf. n.º 91, *in fine*), a situação é diferente; aqui já existe efectivamente um direito subjectivo à inscrição.

requerer a acção de divórcio; artigo 1839.º: legitimidade para impugnar a paternidade presumida do marido da mãe; artigo 1991.º: legitimidade para pedir a revisão da sentença de adopção; etc.).

Trata-se, neste preciso uso da palavra "legitimidade", de uma expressão com efeitos processuais: a posição de invocar, por via processual, um direito, ou seja, a possibilidade de ser parte no processo civil. A legitimidade, neste sentido, é um pressuposto processual e como tal pode coincidir, como sucede normalmente, com a titularidade do direito subjectivo invocado, caso em que se verifica a chamada "legitimação substancial", como pode não coincidir com a titularidade (cf. a este respeito o disposto no artigo 73.º: "(...) legitimidade (...) não só o titular (...) como (...) as pessoas referidas no n.º 2 do artigo 71.º[329]).

369

Ainda devem ser mencionadas – quase como constituindo uma espécie de "correctivo" aos poderes ou faculdades que definem o conteúdo do direito subjectivo – os ónus, ou seja, as incumbências (*Obliegenheiten*) que constituem "obrigações para consigo próprio" de um titular do direito subjectivo. O conceito das *Obliegenheiten* foi desenvolvido a partir do direito dos seguros. Trata-se aqui, de alguma maneira, de um "ónus" imposto ao próprio titular no sentido de cuidar dos seus interesses (mas sem que exista qualquer direito que permita a alguém exigir-lhe este comportamento), sob pena de o titular do direito que não cumpre o ónus poder sofrer desvantagens jurídicas.

No caso de o titular do direito não actuar em conformidade, verifica-se uma culpa para consigo próprio, que é uma culpa em sentido não técnico: não existe nenhuma infracção a uma obrigação jurídica, mas tão-só um negligenciar ou um descuidar de interesses ou direitos próprios. Esta displicência para com direitos ou interesses próprios – o causar prejuízos a si mesmo – não pode chegar ao ponto de prejudicar outros que, desta forma, arcariam com desvantagens criadas de maneira unilateral por descuidos de outrem.

[329] Quanto ao conceito de legitimidade, cf. J. Antunes Varela, «Anotação», *RLJ* 114 (1981/1982), pp. 138 (139 a 142).

370 Situações deste tipo estão previstas, p. ex., no artigo 570.º, n.º 1 (para o caso de um facto culposo do lesado ter contribuído para o agravamento de danos já produzidos pela actuação danosa do lesante)[330]. Em princípio, todas as pessoas têm a liberdade e o direito de cometer erros desde que não afectem os outros ou a comunidade; cada um pode tratar da sua pessoa, das suas coisas ou dos seus interesses com o cuidado ou com a negligência que entender por bem (p. ex., fumar ou não fumar; comer saudavelmente ou não; praticar ou não desportos perigosos; tirar ou não a chave de ignição do carro estacionado; registar ou não o imóvel adquirido; pôr ou não o cinto de segurança; observar ou não a velocidade indicada; cruzar ou não um cheque a enviar pelo correio; chamar ou não os bombeiros; etc.).

Mas se ocorrer um facto danoso e a conduta ou a negligência do lesado tiver contribuído para ele ou para aumentar ainda mais o prejuízo já verificado, então o lesado não agiu de acordo com as suas "incumbências" ou o ónus de cuidar dos seus interesses ou de tratar dos seus direitos; ele não será indemnizado na medida em que o facto danoso ou o dano resultam da sua negligência[331].

Mas que fique bem claro: a "culpa para consigo próprio" do lesado não faz, de modo nenhum, do lesante que causou o dano um credor do lesado, uma vez que o lesante não possui direito algum que lhe permita exigir a observação das incumbências pelo lesado.

Daí decorre que as "incumbências" não podem ser confundidas com os deveres que integram o conteúdo do direito subjectivo, uma vez que é exigível, em relação a estes, um comportamento correspondente do titular. Por outro lado, como nos mostram os exemplos referidos, os ónus ou incumbências apresentam pontos de contacto com os interesses legalmente protegidos (ver n.os 346 ss.).

[330] Cf. em pormenor José Carlos BRANDÃO PROENÇA, *A conduta do lesado como pressuposto e critério de imputação do dano extracontratual*, Almedina, Coimbra 1997, pp. 512 a 525.

[331] Encontramos um pensamento legislativo, de certo modo comparável, no artigo 432.º, n.º 2. O n.º 1 do artigo permite a resolução do contrato com fundamento na lei ou em convenção. Todavia, a parte contratual que não estiver em condições de restituir o que houver recebido (p. ex., a coisa ficou destruída por sua negligência) não tem o direito de resolver o contrato.

II. OS VÁRIOS DIREITOS SUBJECTIVOS

Bibliografia: J. ANTUNES VARELA, «Alterações legislativas do direito ao nome», *RLJ* 114 (1981/1982), p. 207. M. VILHENA DE CARVALHO, *O nome das pessoas e o direito*, Coimbra, 1989. David DE OLIVEIRA FESTAS, *Do Conteúdo Patrimonial do Direito à Imagem. Contributo para um Estudo do seu Aproveitamento Consentido e Inter Vivos*, Coimbra Editora, 2009. Manuel Henrique MESQUITA, *Obrigações reais e ónus reais*, Coimbra, 1990, pp. 41 a 81, (98), 187 a 229. C. A. MOTA PINTO, *cit.*, pp. 178 a 189; 207 a 220. J. DE CASTRO MENDES, *cit.*, vol. I, pp. 75 a 88; vol. II, pp. 121 a 146.

1. Os possíveis critérios classificativos

Os direitos subjectivos podem ser classificados ou sistematizados de 371
maneira diferente, conforme os critérios ou a perspectiva adoptados. Assim, é possível sistematizar os direitos subjectivos de acordo com:

a) os poderes ou faculdades que conferem, ou seja, em função do seu conteúdo (direitos de domínio, direitos de crédito, direitos potestativos);
b) o bem jurídico que lhes subjaz ou o objecto em que incidem (direitos de personalidade e de família; direitos sobre bens materiais e imateriais);
c) o alcance da sua oponibilidade ou dos seus efeitos em relação a terceiros (direitos absolutos e direitos relativos);
d) o facto jurídico que está na sua origem (direitos originários e direitos derivados);
e) a sua mobilidade ou a sua ligação ao titular (transmissíveis – patrimoniais – e intransmissíveis – pessoais).

Os critérios adoptados em seguida são – como já ficou de algo modo pré-enunciado (cf. n.os 65 ss.) – os dos efeitos ou da oponibilidade em relação a terceiros. Estes critérios são completados com o recurso às outras perspectivas em ordem a evitar uma visão unidimensional.

2. Os direitos reais como direitos de domínio e/ou de exclusão

Os direitos reais são direitos absolutos e como tais oponíveis a todos os 372
outros, quer dizer, eles possuem efeitos *erga omnes*, correspondendo-lhes

assim uma "obrigação passiva universal" de os respeitar. Na medida em que conferem a posse constituem também direitos de domínio, ou seja, eles criam um *lien d'appartenance* entre a pessoa e o bem jurídico, respectivamente um *pouvoir de maîtrise* da pessoa em relação a este bem, ficando excluídos todos os outros[332]. Por isso, os direitos reais de domínio conferem ao seu titular o direito de sequela, ou seja, o direito de seguir a coisa por onde quer que ela se encontre e pedir ao possuidor ou detentor a sua restituição na sequência de uma acção de reivindicação (a não ser que o possuidor ou detentor da coisa possa invocar posições jurídicas que o protegem contra a restituição [p. ex., um direito de retenção]).

Atendendo ao seu conteúdo e à sua função, os direitos reais podem ser divididos em:

a) direitos reais de gozo (que conferem a posse),
b) direitos reais de garantia (que conferem aos credores o direito à satisfação dos seus créditos pelos rendimentos [artigo 656.º, a consignação de rendimentos] ou pelo valor de uma coisa [artigo 666.º, o penhor, e artigo 686.º, a hipoteca]; todos eles são acessórios à dívida e expiram pela extinção da obrigação a que serviam de garantia)[333] e
c) os direitos reais de aquisição (mediante o exercício de um direito deste tipo é adquirido um direito real de gozo ou de garantia [p. ex., a aquisição de um direito em consequência de um contrato-promessa com eficácia real celebrado para este efeito aqusitivo], estando a

[332] Utilizámos as expressões de J. Dabin. Quer dizer, há uma relação de natureza pertinencial entre a pessoa e o objecto (portanto, um relacionamento de índole diversa da relação intersubjectiva que se estabelece entre os sujeitos de direitos). Ver, em pormenor, M. Henrique Mesquita, *ob. cit.*, pp. 41 ss., designadamente pp. 58 a 71.

[333] O "clássico" direito real de garantia, o penhor, pressupõe a perda da posse da coisa *móvel* empenhada na pessoa do devedor que a tem de entregar ao credor (cf. os artigos 666.º, n.º 1, 669.º, n.º 1, e 671.º, al. *a)*, CCiv). Pelo contrário, a hipoteca, mais apropriada a uma economia dinâmica, deixa a posse nas mãos do devedor, que pode continuar a utilizá-la e gerar rendimentos com ela, tratando-se de coisas imóveis ou móveis sujeitos a registo; aqui não há uma entrega do bem, mas a inscrição da hipoteca no registo (cf. os artigos 686.º, n.º 1, 688.º, n.º 1, al. *f)*, e 687.º). A hipoteca sobre *móveis* sujeitos a registo substitui-se ao penhor com o seu antidinamismo económico.

doutrina dividida quanto à qualificação destes direitos como direitos reais)[334].

Todos os direitos reais, sejam eles direitos de domínio em relação a um 373
objecto ou não, são ao mesmo tempo direitos de exclusão, na medida em que afastam todos os terceiros. Não pode haver dois ou mais direitos reais com o mesmo conteúdo sobre o mesmo objecto. Trata-se de uma situação legalmente impossível. Neste preciso sentido, os direitos reais possuem carácter de exclusividade.

Por outro lado, pode haver vários direitos reais com conteúdos diferentes sobre o mesmo objecto (p. ex., sobre o prédio que é da propriedade de A constitui-se uma hipoteca a favor de B, credor de A, bem como um direito de usufruto a favor de C), como também pode haver direitos reais e direitos obrigacionais sobre mesmo objecto (p. ex., A, proprietário de um automóvel, hipotecado a favor de B, aluga este a C). Estamos aqui perante um concurso de direitos que é perfeitamente possível.

O carácter de exclusividade dos direitos reais tem, naturalmente, expres- 374
são legal. Neste sentido determina o artigo 892.º que "[é] nula a venda de bens alheios", pois é objectivamente impossível transmitir uma propriedade que não se tem, como é impossível haver dois proprietários, com plena propriedade, quanto à mesma coisa (cf. no mesmo sentido também o artigo 280.º, n.º 1, que prevê a nulidade quando o objecto do negócio – aqui a transferência da propriedade – é legalmente impossível).

Preceitos correspondentes ao artigo 892.º são o artigo 956.º, n.º 1, quanto à doação de bens alheios, e o artigo 939.º, no que diz respeito a contratos onerosos que não sejam os de compra e venda sobre bens alheios, que determinam igualmente a nulidade dos respectivos negócios[335].

[334] Cf. a este respeito, M. Henrique Mesquita, *ob. cit.*, pp. 194 ss., pp. 239 ss., e a doutrina e jurisprudência aí referidas. Contudo, levados os argumentos de M. Henrique Mesquita até ao fim, quer-nos parecer que não há, no fundo, direitos reais de aquisição; o que há, são direitos potestativos dirigidos à possibilidade de adquirir.

[335] O artigo 892.º tem ainda relevância no contexto da compropriedade: segundo o n.º 2 do artigo 1408.º, a disposição ou oneração *de parte especificada* sem consentimento dos consortes é havida como disposição ou oneração de coisa alheia. Todavia, sobre a sua *quota* o comproprietário pode dispor (n.º 1 do artigo 1408.º).

375 O direito real de gozo mais importante e ao mesmo tempo a matriz dos direitos reais de gozo é o direito da propriedade (artigos 1302.º, 1305.º e 1305.º-A) que pode incidir sobre coisas móveis e imóveis e sobre animais. Dispõe o artigo 1305.º: "O proprietário goza de modo pleno e exclusivo dos direitos de uso, fruição e disposição das coisas que lhe pertencem, dentro dos limites da lei e com observância das restrições por ela impostas" (uma ressalva, aliás, com correspondência no artigo 405.º n.º 1: "dentro dos limites da lei (...)"). São estes dois preceitos legais que garantem a maior liberdade das pessoas, mas garantem-na, como vemos, sempre e apenas dentro dos quadros legais, os limites estabelecidos pela lei de acordo com o seu sentido útil em defesa da liberdade individual.

376 A Constituição da República, depois de ter consagrado o direito ao trabalho (artigos 58.º, n.º 1, ss.), assinalando assim a sua primazia, contempla o direito de propriedade no seu artigo 62.º e afirma que "[a] todos é garantido o direito à propriedade privada". Ela acolhe, à partida, o conceito de propriedade no mesmo sentido que lhe é dado pelo direito civil, muito embora para a Constituição o conceito seja ainda mais abrangente.

A propriedade é um direito subjectivo privado e, à semelhança de qualquer outro direito subjectivo, está sujeita às finalidades subjacentes ao seu reconhecimento ou à sua atribuição pela ordem jurídica. Deste modo tem à partida limites intrínsecos, imanentes, que decorrem da razão da sua existência e condicionam o seu conteúdo e exercício (com vem bem expresso no artigo 334.º CCiv, que sublinha o fim económico e social dos direitos subjectivos). O artigo 334.º, ao referir-se às funções económico-sociais dos direitos subjectivos privados, torna claro que está ultrapassada a concepção meramente individualista da propriedade (do mesmo modo que o estão as suas "contraconcepções" colectivistas), submetendo-a às regras do abuso do direito.

A lei estabelece os limites materiais da propriedade dos imóveis no artigo 1344.º e no artigo 84.º da Constituição; nos artigos 1345.º ss. regula as limitações que resultam das situações de vizinhança e no artigo 1309.º (e outros mais) determina restrições em atenção aos interesses da comunidade. De qualquer modo, as vinculações da propriedade são normalmente mais intensas no caso de imóveis do que no de móveis (embora a situação possa ser diferente quando um bem móvel pertence ao património artístico-cultural de acordo com a Lei n.º 107/2001, de 8 de Setembro (que estabelece as bases da política e do regime de protecção e valorização do património cultural). Vinculações sociais da propriedade resultam designadamente de leis protectoras dos valores culturais, da natureza, do meio ambiente, etc. (cf., p. ex., a Lei n.º 19/2014, de 14 de Abril, que "define as bases da política de ambiente").

O direito de propriedade é entre os direitos reais de gozo um direito sobre uma coisa própria. As formas de propriedade reguladas no Código Civil são, além da propriedade em geral, a compropriedade e a propriedade horizontal. 377

A compropriedade (artigo 1403.º) é uma comunhão relativa a um único direito de propriedade que incide sobre uma coisa comum; este direito único é compartilhado entre os consortes ou comproprietários segundo quotas ideais, às quais não corresponde uma divisão real da coisa. Os comproprietários podem dispor da sua quota, mas não de partes da coisa comum.

Na propriedade horizontal (artigos 1414.º e ss.) coexistem, de modo incindível, as propriedades distintas e individuais (as fracções autónomas) dos condóminos (artigos 1415.º e 1420.º) e a compropriedade destes condóminos nas partes comuns do edifício (artigo 1421.º)[336].

Além da propriedade, que é o direito pleno, há outros direitos reais de gozo, mas limitados, sendo eles direitos sobre uma coisa alheia. Estes direitos são: o usufruto (artigo 1439.º), o direito de uso e habitação (artigo 1484.º), o direito de superfície (artigo 1524.º), e as servidões prediais (artigo 1543.º)[337], bem como o direito real de habitação periódica[338] [339]. 378

O usufruto é o direito de gozar temporária e plenamente uma coisa alheia, imóvel ou móvel, ou um direito alheio, sem alterar a sua forma ou substância.

[336] As fracções que compõem os centros comerciais são fracções autónomas no regime da propriedade horizontal. Assim: STJ *BMJ* n.º 359 (Outubro 1986), p. 713.

[337] Ver C. A. Mota Pinto, «Compropriedade, propriedade horizontal, direito de superfície, servidões prediais, usufruto, uso e habitação (Registo de seis lições)», *RDES* XXI (1974), p. 93.

[338] Originalmente instituído pelo DL n.º 355/81, de 31 de Dezembro, actualmente regulado pelo DL n.º 275/93, de 5 de Agosto, sucessivamente alterado, por último pelo DL n.º 245/2015, de 20 de Outubro.

[339] Veja-se, M. Henrique Mesquita, «Uma nova figura real: o direito de habitação periódica», *RDE* VIII (1982), p. 39. No mesmo contexto, D. Strauch, «Das geteilte Eigentum in Geschichte und Gegenwart», *FS H. Hübner*, Berlin, 1984.

O direito de uso consiste na faculdade de se servir de certa coisa alheia e haver os respectivos frutos, mas só na medida das necessidades, quer do titular, quer da sua família. Quando o direito de uso se refere à casa da morada, chama-se direito de habitação.

O direito de superfície consiste na faculdade de (1°) construir ou manter, perpétua ou temporariamente, uma obra (construção num sentido amplo) em terreno alheio ou (2°) de nele fazer ou manter plantações e ainda (3°) de construir sobre edifício alheio (artigo 1526.°).

Servidão predial é o encargo imposto num prédio (serviente) em proveito exclusivo de outro prédio (dominante) que pertence a dono diferente, sendo os prédios inseparáveis.

O direito real de habitação periódica é constituído sobre unidades de alojamentos integrados em empreendimentos turísticos e confere o direito de gozo da unidade limitado a um período certo de tempo de cada ano.

379 Os direitos reais de gozo limitados resultam da autonomização, com relevância jurídica, de direitos ou poderes que constituem o conteúdo do direito de propriedade a favor de um titular diferente do proprietário, com que fica reduzido ou limitado o conteúdo do mesmo. Trata-se de parcelas ou de "fraccionamentos" do direito da propriedade e, como esta representa o direito real pleno, de "direitos reais menores", melhor dizendo, de direitos reais limitados. Todavia, no caso da extinção de um direito real limitado, a propriedade readquire, sem mais, a sua anterior forma devido à sua "elasticidade" que, tal como permite a sua restrição, possibilita a sua reconstituição.

380 Em relação a todos os direitos reais existe o princípio da tipicidade taxativa, ou seja, um *numerus clausus* (*Typenzwang*) como resulta do artigo 1306.°, n.° 1: "Não é permitida a constituição, com carácter real, de restrições ao direito de propriedade ou de figuras parcelares deste direito senão nos casos previstos na lei". Além disso, os direitos reais têm regularmente um conteúdo defeso, determinado pelas respectivas definições (noções) legais (*Typenfixierung*). Estes princípios são exigidos pela segurança do tráfico jurídico; está em causa a atribuição ou a pertença de bens, e não uma simples obrigação no sentido de os transferir ou de efectuar uma prestação.

P. ex., se houvesse liberdade para fixar o conteúdo do direito de propriedade, ninguém sabia ao certo o que lhe pertencia nem sabia o que pertencia aos outros, uma vez que cada um podia entender coisa diferente por propriedade. Em termos de tráfico jurídico tal situação levaria a um estado de extrema insegurança senão caótico.

Portanto, o tráfico jurídico necessita de clareza e certeza quanto aos direitos reais, certeza essa completada pelo princípio da publicidade que impõe, em relação a terceiros, a posse ou o registo destes direitos. É precisamente esta lógica que, nas relações negociais ou trocas comerciais, subjaz à estandardização de pesos, medidas e qualidades ou à fixação de normas industriais ou padrões.

De resto, estes requisitos existem também em relação à definição dos sujeitos de direito (as pessoas singulares e seu estado civil e o *numerus clausus* a respeito dos tipos das pessoas colectivas), obrigatoriamente inscritos em registos, civil, comercial e outros, bem como no que respeita ao conteúdo ou aos efeitos dos direitos familiares pessoais (por exemplo: artigos 1618.º, 1671.º ss., artigos 1877.º e 1878.º).

381 Os direitos sobre bens imateriais não são direitos de propriedade em sentido próprio, visto não incidirem sobre coisas corpóreas (cf. artigo 1302.º). A coisa sobre a qual o direito incide é aqui uma determinada concepção ou configuração ideal de uma obra, uma invenção, etc., tendo elas ganhado expressão. Este tipo de direitos formou-se a exemplo da propriedade, facto que justifica a norma do artigo 1303.º, n.º 2, que submete os direitos sobre bens imateriais às disposições do Código Civil "quando se harmonizem com a natureza daqueles direitos e não contrariem o regime para eles especialmente estabelecido". Este regime especial encontra-se nas disposições do Código de Direito de Autor e do Código de Propriedade Industrial. Todavia, nem todos os bens protegidos pelo último destes dois códigos correspondem a direitos de domínio; em parte são apenas direitos de exclusão. Assim, a patente é um direito de domínio, enquanto nome e insígnias de um estabelecimento comercial conferem somente um direito ao uso, sob exclusão de todos os outros.

3. Os direitos obrigacionais como direitos a uma prestação ou um comportamento

382 Os direitos obrigacionais são direitos relativos. Como tal produzem efeitos e são oponíveis apenas entre determinadas pessoas. Os direitos obriga-

cionais não conferem um poder de domínio, mas um direito a uma prestação ou utilização, respectivamente a um comportamento determinado, activo ou passivo. A obrigação devida pode resultar de um contrato, que é a situação mais frequente, de um comportamento unilateral, quando a lei excepcionalmente o permitir, e ainda – em situações muito variadas – da própria lei (p. ex., o vendedor de uma coisa alheia não pode opor a nulidade desta venda ao comprador de boa fé que, por virtude disso, tem o direito de exigir àquele a observação de uma atitude positiva). Desta maneira, os direitos obrigacionais são direitos de crédito.

Enquanto os direitos reais, como direitos absolutos com efeitos *erga omnes* são oponíveis a todos os outros, correspondendo-lhes uma obrigação passiva universal de os respeitar, os direitos obrigacionais, como direitos relativos, não o são. Eles têm efeitos *inter partes* e, em princípio, apenas são oponíveis dentro de determinada relação jurídica entre determinadas pessoas. Actuam normalmente entre estas pessoas, de modo que só elas têm o direito de os invocar e a possibilidade de os violar. Só em casos específicos certas obrigações contratuais beneficiam terceiros, p. ex., quando possuírem "efeitos protectores a favor de terceiros".

Basta compararmos o texto do artigo 1305.º (conteúdo do direito de propriedade), atrás referido, com o texto do artigo 397.º, que nos dá a noção de obrigação como sendo "o vínculo jurídico por virtude do qual uma pessoa fica adstrita para com a outra à realização de uma prestação", para vermos confirmadas as diferenças essenciais entre direitos reais e direitos obrigacionais.

383 Os direitos obrigacionais, como direitos de crédito, existem com vista a um fim: o seu cumprimento, ou, como diz o artigo 397.º, destinam-se "à realização de uma prestação". Se o devedor cumprir a obrigação mediante a realização da prestação a que está vinculado, o direito extingue-se (cf. artigos 762.º, n.º 1, 770.º, proémio). Assim, os direitos obrigacionais são, em grande parte, direitos de curta duração (cf. artigo 777.º, n.º 1).

Mas os direitos obrigacionais também podem revestir-se de certa durabilidade (obrigações duradouras), da qual resulta, como aliás é óbvio, uma "economia contratual" diferente, específica. É este o caso, p. ex., no que diz respeito aos direitos resultantes de um contrato de sociedade (artigos 980.º ss.), de uma relação de trabalho (artigos 1152.º e 1153.º), de um contrato de seguro, de um contrato de fornecimento contínuo, de uma empreitada (artigo 1207.º), etc., ou, ainda, no que toca aos direitos obrigacionais que conferem a posse (*rectius*, uma posse precária ou detenção) ou o gozo de uma coisa em virtude de uma transferência de utilização ou de uso (*Gebrauchsüberlassungsvertrag*) e que, com isso, conduzem à constituição de direitos pessoais de gozo. Pertencem a estes últimos mormente os contratos de locação (artigos 1022.º ss.), de comodato (artigos 1129.º ss.) e, mais nítido ainda, o contrato da locação financeira, onde até o risco corre por conta do locatário (artigo 15.º do DL n.º 149/95, de 24 de junho, na actual redacção do DL n.º 30/2008, de 25 de Fevereiro).

Nestas situações os direitos obrigacionais apresentam, dado o seu fortalecimento pelo poder de facto sobre a coisa, certas características de direitos reais, sendo o seu poder efectivo garantido pelos meios de defesa da posse (artigos 1037.º, n.º 2; 1133.º, n.º 2; artigos 1276.º ss.). Contudo, o facto de um direito conferir o gozo ou o poder de facto sobre uma coisa não faz dele logo um direito real, como inversamente a mera ausência da posse não retira ao direito real esta sua característica. De qualquer maneira, há aqui alguma aproximação entre direitos reais e direitos obrigacionais na exacta medida em que ela resulta da existência do poder, do gozo da coisa, em relação a ambos[340].

Ao contrário dos direitos reais, onde está em causa a pertença ou a atribuição de um bem, os direitos obrigacionais "apenas" implicam um compromisso relativo à realização de uma prestação (no futuro) e, por isso mesmo, não afectam a pertença ou o domínio sobre uma coisa. Daí que não possuam o carácter de exclusividade que é próprio dos direitos reais. É perfeitamente concebível a existência de dois ou mais direitos de crédito a favor de titulares distintos, mas com idênticos objecto e conteúdo. 384

Assim, se A promete vender (artigo 410.º) o mesmo prédio a B e C, e não havendo vícios, os dois contratos-promessa são válidos e as obrigações neles assumidas podem existir simultaneamente, embora não possam ser ambas cumpridas de modo específico. A mesma situação verifica-se, em princípio, se X arrenda o mesmo terreno a Y e Z. Também aqui as duas obrigações, respectivamente os dois direitos, coexistem. Quer dizer, não há, nem pode

340 Cf. M. Henrique Mesquita, *ob. cit.*, pp. 175-176: "o direito do locatário não chega a autonomizar-se da sua matriz contratual", pois aqui não há uma relação de soberania do mesmo tipo que caracteriza os direitos reais de gozo: o domínio, nos direitos pessoais de gozo, é disciplinado pelo contrato.

haver, para direitos obrigacionais um preceito equivalente ao artigo 892.º (e aos artigos 939.º e 956.º, n.º 1) que determina a nulidade de uma segunda disposição, porque disposições sucessivas com o mesmo conteúdo sobre o mesmo bem são legalmente impossíveis. Mas, pelo contrário, pode haver validamente compromissos sucessivos.

Daqui resulta um conflito de prioridades entre direitos obrigacionais válidos, uma vez que o devedor não pode cumprir todas as obrigações que assumiu, mas apenas uma delas. Este conflito é decidido, mas unicamente (!) quando os direitos conflituantes são direitos pessoais de gozo, pelo artigo 407.º: "Quando, por contratos sucessivos, se constituírem, a favor de pessoas diferentes, mas sobre a mesma coisa, direitos pessoais de gozo incompatíveis entre si, prevalece o direito mais antigo em data, sem prejuízo das regras próprias do registo". Quer dizer, a prioridade cabe ao direito mais antigo se outra prioridade não resultar das leis registrais (que dão prevalência ao contrato que tiver sido registado em primeiro lugar e que pode não ser o contrato mais antigo). Não se tratando de direitos pessoais de gozo e não se aplicando as regras de prioridade do registo, prevalece sempre o direito que tiver sido cumprido primeiro e, quanto às restantes obrigações, o devedor, naturalmente, falta ao cumprimento, arcando com os correspondentes deveres de indemnizar os credores preteridos.

385 A violação de um direito relativo tem como consequência que o devedor incorre em responsabilidade contratual, uma vez que as obrigações contratuais assumidas não foram devidamente cumpridas. Como os direitos relativos têm efeitos *inter partes*, só podem ser violados por estas (salvo algumas situações muito específicas). Da violação de um direito absoluto resulta a responsabilidade extracontratual, que na terminologia do Código Civil se chama responsabilidade civil. Ao contrário dos direitos relativos e atendendo aos seus efeitos *erga omnes*, os direitos absolutos podem ser violados por todos os outros que os deviam respeitar.

Ambas as formas da responsabilidade obrigam a parte faltosa ou o lesante a reparar o dano causado. Em princípio deve ser reconstituída a situação que existiria se não se tivesse verificado o evento que causou o dano (artigo 562.º).

Em qualquer caso, a justificação originária da responsabilidade reside na culpa, um comportamento censurável que justifica uma sanção (ver artigos 798.º e 483.º), embora, sobretudo no campo da responsabilidade extracontratual, haja cada vez mais casos em que existe responsabilidade independentemente de culpa. Aqui temos a chamada responsabilidade pelo risco: quem tira proveitos de uma actividade lícita que implica riscos responde, independentemente de culpa sua, pelos danos nos casos em que o risco se concretiza.

4. Os direitos potestativos como direitos a uma modificação jurídica; os "direitos oponíveis"[341]

Os direitos absolutos e relativos são designados, como sabemos, como direitos subjectivos propriamente ditos. Deles, ou melhor, dos poderes e faculdades definidores do seu conteúdo, autonomizaram-se os direitos potestativos, que representam posições de poder próprias adquiridas a partir ou com base naqueles direitos. Os direitos potestativos constituem uma espécie de "prolongamentos" (e não apenas "fraccionamentos", como sucede com os direitos reais limitados ou menores em relação ao direito pleno da propriedade) de direitos pré-existentes ou, o que vem a ser o mesmo, de relações jurídicas pré-existentes[342]. 386

O exercício de um direito potestativo é feito de maneira unilateral, de modo que os seus efeitos se impõem à outra parte. Estes efeitos traduzem-se, conforme os casos, na constituição, modificação ou extinção de relações jurídicas, ou seja, de direitos subjectivos propriamente ditos. Desta forma, os direitos potestativos são direitos a uma modificação jurídica. 387

Enquanto um negócio jurídico em geral encontra a sua justificação essencial num acordo de vontade das partes (*stat pro ratione voluntas*), portanto em resultado de um consenso entre elas, sendo os seus efeitos reconhecidos ou protegidos pela lei só em virtude do facto de terem sido queridos por elas,

[341] Esta parte das lições baseia-se no nosso trabalho «Nótula referente a alguns aspectos pontuais dos direitos potestativos», *RDE* XV (1989), p. 347.

[342] Sobre a estrutura e o modo de actuar dos direitos potestativos, cf. E. Bötticher, *Gestaltungsrecht und Unterwerfung im Privatrecht*, Berlin, 1964 (que mais influenciou o nosso trabalho); F. M. Pereira Coelho, *«Caducidade do direito ao divórcio ou à separação de pessoas e bens»*, *RLJ* 104 (1971/1972), p. 51; João Baptista Machado, «Resolução do contrato de arrendamento comercial», *CJ* 1984 (IX)-II-p. 15; Assento do STJ *BMJ* n.º 337 (Junho 1984), p. 182.

o exercício, unilateral, de um direito potestativo por via de regra carece de fundamentação, carece, portanto, de uma *ratio* que o justifique e sem a qual os seus efeitos não se produzem ao não serem protegidos pela lei. O exercício de um direito potestativo não se contenta com uma vontade unilateral, mas exige sempre outros pressupostos – fora da vontade – e só existindo estes pressupostos o direito pode ser exercido. A regra é que qualquer solução que não resulte de um acordo, de um consenso, há-de ser fundamentada, atendendo à sua unilateralidade.

388 Por isso, o nascimento de um direito potestativo necessita da verificação ou concretização de um determinado condicionalismo, previsto na lei ou no negócio jurídico de que emana e sem o qual o direito potestativo nem sequer chega a nascer por falta de um pressuposto que o justifique. Contudo, ao verificar-se o condicionalismo que faz nascer o direito potestativo, fica também legitimado o seu exercício. Quer dizer, o nascimento e a legitimação do exercício de um direito potestativo decorrem ambos dos mesmos fundamentos ou pressupostos, dos mesmos factos.

389 Verificado o condicionalismo que leva ao nascimento do direito potestativo, o exercício deste faz-se, como já foi dito, de maneira unilateral, por meio de uma "declaração": um negócio jurídico, um acto jurídico quase-negocial ou, ainda, uma acção judicial. Nestes termos, a declaração pode ser feita pelo próprio titular do direito potestativo, conforme o caso concreto sem ou com formalidades, ou pode resultar de uma decisão judicial, provocada pelo titular do direito por meio de uma acção.

Quando a declaração for feita por meio de um negócio jurídico ou um acto jurídico quase-negocial, é necessário que ela – tal como se exige para um negócio em geral – não enferme de quaisquer deficiências que a tornem inválida, prejudicando assim os seus efeitos pretendidos e a sua imposição à outra parte; por outro lado, quando a declaração deve ser feita por meio de acção, como acto processual, apenas será válida se a acção for devidamente proposta em termos processuais.

390 De qualquer modo, os direitos potestativos, designadamente os extintivos, estão rodeados de cautelas especiais, tanto em relação ao seu nascimento e à legitimação do seu exercício, como a respeito do modo do seu exercício válido. Estas cautelas explicam-se, uma vez que não há um equilíbrio obtido

por meio de um consenso. Daí que haja, sob vários aspectos, uma preocupação da lei em chegar a soluções equilibradas, assentes em premissas normativas, e em dar a protecção devida (mas não mais) aos interessados, *inclusive* como resultado de motivações sociais ao abrigo do princípio da protecção dos mais fracos.

Portanto, para que o exercício de um direito potestativo produza os seus efeitos é preciso o preenchimento, ao mesmo tempo, dos seguintes pressupostos:

a) A verificação do condicionalismo justificativo (previsto na lei ou no respectivo negócio jurídico) que faz nascer o direito e legitima o seu exercício;

b) A validade da declaração mediante a qual se exerce o direito potestativo existente;

c) A observação das cautelas especiais quanto ao exercício de direitos potestativos e, ainda, como é evidente, das regras relativas ao abuso do direito.

Se não se verificar o condicionalismo (legal e/ou negocial) que justifica o nascimento do direito potestativo, ele nem chega a nascer.

Por outro lado, se – ao verificarem-se os pressupostos – faltar apenas a validade da declaração negocial (p. ex., por incapacidade ou inobservância da forma legal), a declaração pode ser renovada de maneira válida nos termos devidos.

O exercício eficaz do direito potestativo consome o direito; o direito 391
cumpriu a sua missão e, com isso, esgotou-se. A situação jurídica anterior ficou modificada: constituiu-se um direito novo ou modificou-se uma relação jurídica ou extinguiu-se um direito que existia.

Destas consequências do exercício de um direito potestativo, aliadas à necessidade de deixar as situações definidas, criando-se segurança, resulta que, à semelhança de outros actos carecidos de certeza, os direitos potestativos são por sua própria natureza inaprazáveis, irrevogáveis e incondicionáveis (exceptuadas as condições potestativas ou de querer em que a vontade de quem está no estado de sujeição acaba por ser decisiva).

O exercício eficaz de um direito potestativo também se pode fazer pela negativa, ou seja, pela renúncia à sua invocação ou por outros comportamentos nesse sentido (p. ex., o perdão), desde que aquele "exercício negativo" tenha sido feito de maneira válida.

392 Porém, não é apenas pelo seu exercício eficaz que os direitos potestativos se extinguem. Também o seu não exercício conduz ao mesmo resultado se a utilização do direito tinha de efectuar-se dentro de um determinado prazo e não foi. A razão para este desenlace é simples: verificado o condicionalismo justificativo para o direito potestativo, inicia-se um período de incerteza, na medida em que o seu titular está agora perante a decisão de o exercer ou não, ao passo que o sujeito àquele exercício está à espera dos eventuais efeitos que se lhe hão-de impôr. Aqui, o prazo destina-se a pôr termo à insegurança (p. ex., à insegurança resultante da provisoriedade de um negócio anulável). Por isso, o direito não exercido dentro do prazo extingue-se por caducidade. Sirva como exemplo o artigo 287.º, n.º 1, segundo o qual a anulabilidade de um negócio jurídico deve ser invocada "só (!) dentro do ano subsequente à cessação do vício que lhe serve de fundamento", sob pena de se extinguir aquele direito.

393 Em certas situações, porém, o direito potestativo pode ser exercido de uma maneira sucessiva. A estas situações correspondem principalmente determinadas relações (obrigacionais) de carácter duradouro, nomeadamente a relação de trabalho, a relação do arrendamento, certos contratos de empreitada ou de prestação de serviços, os vários tipos de associação ou de sociedade e até a própria relação matrimonial.

Mediante o seu exercício – ou não exercício que o faz caducar – o direito potestativo esgota-se, extingue-se. Mas, com a verificação repetida ou continuada dos respectivos pressupostos justificativos, renascem, extintos os anteriores, novos direitos potestativos com base na mesma relação jurídica pré-existente e duradoura. Este renascimento de novos direitos potestativos possibilita, agora, de novo o exercício dos mesmos, possibilidade essa que tem como razão permitir uma adaptação permanente e flexível a circunstâncias repetidas ou continuadas ou a situações modificadas, em sintonia com os interesses intrínsecos da relação jurídica duradoura (decorrentes do relacionamento entre os direitos e obrigações que foram acordados entre as partes), precisamente para manter actualizáveis aqueles interesses e garantir assim o equilíbrio e a normalidade do funcionamento e da economia da relação.

394 Por isso, o prazo de caducidade corre separadamente em relação a cada um dos factos susceptíveis de fazer renascer o direito potestativo e justificar

o seu exercício; mas tratando-se de facto continuado, só corre a partir da data em que o facto tiver cessado. Neste contexto podemos citar o artigo 1085.º que determina no seu n.º 1 que a resolução do contrato de arrendamento urbano (artigo 1083.º) deve ser efectivada dentro do prazo de um ano a contar do conhecimento do facto que lhe serve de fundamento, sob pena de caducidade. No seu n.º 3 acrescenta que "quando se trate de facto continuado ou duradouro, o prazo não se completa antes de ter decorrido um ano da sua cessação". E embora o artigo 1085.º não os mencione expressamente, o seu n.º 1 deve também abranger os factos repetidos os quais, para efeitos de caducidade do direito de os invocar, serão de considerar separadamente.

Como já foi aflorado, corresponde ao direito potestativo da parte daquele 395
contra quem o seu exercício se dirige uma sujeição. Quer dizer, mal se acaba de concretizar o condicionalismo justificativo, previsto na lei ou no respectivo negócio jurídico, o qual não só faz nascer o próprio direito potestativo como, simultaneamente, legitima também o seu exercício, fica a outra parte sujeita à possibilidade de o direito vir (ou não vir) a ser exercido. Porém, uma vez exercido pelo seu titular, os efeitos do direito impõem-se imediatamente à outra parte que se encontra naquele estado de sujeição.

Deste modo, o atingido pelo exercício de um direito potestativo não pode 396
subtrair-se ao mesmo, não pode violá-lo; apenas pode, isso sim, fazer valer a falta dos pressupostos ou fundamentos para o seu exercício eficaz, ou seja, a não verificação do condicionalismo justificativo (quer por este nunca se ter dado, quer por, entretanto, já se ter extinguido) ou a invalidade da maneira como o direito (existente) foi invocado ou, eventualmente, ainda, o carácter abusivo com que foi exercido. Como não pode deixar de ser, o exercício ineficaz do direito não produz os efeitos pretendidos, ficando as coisas, em princípio, no estado *quo ante*.

Devido ao seu modo de actuar, o direito potestativo e a correspon- 397
dente sujeição (ou estado de sujeição) apresentam formas de supra/infra-ordenação (estruturas verticais) dentro do direito privado. Este modo de actuar mediante um exercício unilateral, embora baseado numa fundamentação (neste aspecto a semelhança com um acto administrativo é manifesta), faz com que nem todas as ordens jurídicas privadas admitam direitos potestativos.

Em certos casos o direito potestativo "desliga-se" da relação ou do direito de onde procede ao ganhar existência autónoma, como acontece, p. ex., com os direitos de opção (cf. n.º 351), nomeadamente as opções (de compra e venda) de um determinado activo financeiro (acções, títulos de índices, etc.), que podem ser transaccionadas isoladamente. Nestes casos, os direitos potestativos possuem a idoneidade de circular no tráfico jurídico (*Verkehrsfähigkeit*).

E é de todo um caso à parte a aquisição da propriedade por ocupação, permitida pelo artigo 1318.º, 1.ª parte, onde se trata, excepcionalmente, de um direito potestativo autónomo, não dependente da existência de uma relação jurídica anterior.

398 Por meio de direitos potestativos constitutivos são produzidos, a partir de relações jurídicas pré-existentes, novos direitos subjectivos.

Assim, havendo relações de vizinhança em circunstâncias que deixam um prédio encravado, tem o proprietário deste prédio a faculdade de exigir a constituição de uma servidão de passagem sobre os prédios rústicos dos vizinhos (artigo 1550.º), ou por via negocial ou por sentença judicial (artigo 1547.º, n.º 2). A servidão constituída é o novo direito real limitado (artigo 1543.º), enquanto o direito potestativo se extinguiu[343].

Este exemplo mostra-nos também que nem todas estas relações pré-existentes que possibilitam o exercício subsequente de direitos potestativos encontram necessariamente a sua origem em negócios jurídicos anteriores, pois podem resultar também de outros factos, aqui a situação de encravamento numa relação de vizinhança.

399 Mediante o exercício de direitos potestativos modificativos é alterada uma relação jurídica, respectivamente um direito subjectivo. A relação, ou o direito, continua, mas de maneira modificada. O direito potestativo, por seu lado, extingue-se na sequência do seu exercício.

Deste modo, e voltando ao exemplo da relação de vizinhança, com um prédio encravado, tendo havido a constituição de uma servidão, pode a

[343] Podemos encontrar outros exemplos para direitos potestativos constitutivos a respeito da comunhão forçada de prédios confinantes com parede ou muro alheio (artigo 1370.º) ou relativamente a direitos de preferência (nos termos dos artigos 414.º ss., 1380.º, 1409.º, 2070.º ou 2130.º) ou, ainda, quanto à aceitação da herança (artigos 2050.º, 2056.º e 2059.º).

mesma ser mudada, caso já não corresponda ao evoluir da situação e aos interesses das partes envolvidas, tanto por virtude de exigência do proprietário do prédio serviente como a requerimento do proprietário do prédio dominante (artigo 1568.º), sendo aquelas faculdades de adaptação e actualização irrenunciáveis e insusceptíveis de limitações por via negocial.

Outro exemplo, aliás algo curioso, é a modificação dos negócios usurários, prevista no artigo 283.º. Em vez da anulação do negócio usurário, o lesado pela usura pode requerer a modificação do negócio segundo juízos de equidade.

Também pertence aqui a separação judicial de pessoas e bens, que não dissolve o casamento, mas extingue os deveres de coabitação e assistência (artigo 1795.º-A), mantendo-se os deveres de respeito, fidelidade e cooperação entre os cônjuges.

Aos direitos potestativos modificativos pertencem também os chamados "direitos de direcção". Estes aparecem no direito do trabalho entre os poderes da entidade patronal[344] sobre os trabalhadores[345]. O exercício dos direitos de direcção é, a níveis sucessivos, limitado pelas leis em geral, por disposições de convenções colectivas de trabalho ou estipulações no contrato individual do trabalho e, ainda, pela própria posição do trabalhador dentro da sua empresa, podendo o direito apenas ser exercido segundo as regras da equidade. Consequentemente, o direito de direcção é, como direito, bastante fraco, mas muito importante na prática para o bom funcionamento efectivo de uma empresa. Os direitos de direcção, esclareça-se, têm como correspondência, naturalmente, uma sujeição e não um dever de obediência da parte do trabalhador, pois, caso contrário, estaríamos perante direitos relativos. Em virtude do exercício de um direito de direcção nascem obrigações ou surgem concretizações anteriormente não definidas (embora em certa medida já latentes e implícitas na relação laboral), que modificam de alguma forma a prestação de trabalho, de uma maneira unilateral. Nestes termos, os direitos de direcção – como, aliás, também outros direitos potes- 400

[344] Reza o artigo 1152.º: "Contrato de trabalho é aquele pelo qual uma pessoa se obriga, mediante retribuição, prestar a sua actividade intelectual ou manual a outra pessoa sob a autoridade e *direcção* desta" (itálico nosso).

[345] Fundamental a este respeito, A. Nikisch, *Arbeitsrecht*, vol. 1, 3.ª ed., Tübingen, 1961, pp. 255 ss.

tativos modificativos susceptíveis de emergir a partir de relações jurídicas duradouras –, podem renascer e vir a ser exercidos de modo sucessivo, ao manter-se a relação jurídica laboral de cuja evolução dinâmica emanam.

401 Através de direitos potestativos extintivos, finalmente, procede-se à extinção de um direito subjectivo, ou seja, de uma relação jurídica.

A este respeito podem ser aduzidos como exemplos a anulação de um negócio jurídico (artigo 287.º), a referida resolução do contrato de arrendamento (artigos 1083.º e 1085.º), a dissolução do casamento sem consentimento do outro cônjuge (artigo 1781.º) e, ainda, a extinção da servidão por meio de renúncia (artigo 1569.º, n.º 1, al. *d)*, e n.º 5).

Atendendo à relevância dos efeitos do exercício do direito – que podem ter um significado existencial para o atingido –, podemos observar que a lei estabelece premissas normativas claras, delimitadas e taxativas, não só quanto ao condicionalismo justificativo do próprio direito, como também em relação às regras formais que regulam o seu exercício por meio de declaração negocial ou de acção judicial e, ainda, a respeito da sua caducidade em virtude de não invocação, sempre e na medida em que tais premissas e cautelas sejam necessárias para a protecção da outra parte, à qual os efeitos do exercício do direito se impõem, sem acordo seu.

402 Em atenção à severidade dos efeitos incisivos que resultam, p. ex., da anulação de um negócio jurídico (artigo 289.º, n.º 1) ou da resolução de um contrato de arrendamento (sobretudo para o arrendatário) compreendem-se todas as cautelas da lei que estão, aliás, em perfeito contraste com o regime da extinção da servidão por renúncia, onde basta para o efeito uma simples declaração negocial (um negócio unilateral) que nem necessita – como o n.º 5 do artigo 1569.º refere quase de forma redundante – da aceitação do proprietário do prédio serviente, a quem a renúncia à servidão apenas traz benefícios[346].

Acrescente-se ainda que, naturalmente, também no quadro dos direitos potestativos extintivos é possível o renascimento de um tal direito caso ele tenha caducado e, em seguida, surja com base na mesma relação duradoura

[346] Temos situações semelhantes no caso da renúncia da hipoteca por parte do credor (artigo 730.º, n.º 1, al. *d)*) ou da restituição da coisa empenhada por parte do credor pignoratício (artigo 679.º).

outra vez o respectivo condicionalismo que justifica o direito e legitima o seu exercício.

Não podem ser confundidos com os direitos potestativos, embora se lhes aproximem designadamente pela maneira unilateral como são exercidos, determinados "direitos oponíveis". Pertencem aqui o direito de retenção, a recusa da contraprestação ou a invocação da prescrição. Os efeitos destes direitos, quando invocados, são mais fracos ou menos incisivos do que os efeitos resultantes do exercício de direitos potestativos. 403

Mediante o seu exercício, os direitos potestativos atingem imediatamente, como vimos, a existência ou configuração de um direito subjectivo ou de uma relação jurídica, sobre os quais actuam, conforme os casos, de modo constitutivo, modificativo ou extintivo, alterando com isso a realidade jurídica daqueles direitos ou relações.

Nada disto acontece em consequência da invocação de "direitos oponíveis". Estes apenas obstam, temporariamente ou não, à efectivação de um direito subjectivo, à qual se opõem, mas sem atingir em nada a existência deste direito que, como tal, não é posto em causa. Assim, correspondem aos "direitos oponíveis" certos direitos ou pretensões, ainda susceptíveis de serem cumpridos, enquanto aos direitos potestativos correspondem sujeições, insusceptíveis de qualquer hipótese de não cumprimento.

5. Os direitos familiares pessoais como direitos de estrutura complexa

Os direitos de família são direitos subjectivos influenciados e moldados pelas relações jurídicas familiares dentro das quais existem. Como tais não possuem estruturas uniformes ou simples. A seu respeito é de distinguir entre os direitos familiares pessoais e os direitos familiares patrimoniais. Estes últimos são direitos reais ou obrigacionais, como os conhecemos, mas subordinados a uma relação familiar que faz com que eles tenham um tratamento jurídico específico. Assim, os artigos 1678.º ss. consagram regras relativas à administração, alienação e oneração dos bens pertencentes aos cônjuges em comum ou a cada um deles, os artigos 1888.º ss. ocupam-se com a administração dos bens pertencentes aos filhos menores e os artigos 1690.º ss. estabelecem o regime respeitante às dívidas dos cônjuges e os bens que por elas respondem. 404

405 De acordo com a lei e com o respectivo regime de bens que tiver sido adoptado, os cônjuges necessitam para a alienação ou oneração de certos bens do consentimento do outro. A alienação ou oneração sem este consentimento constitui uma ilegitimidade conjugal. Os actos praticados no âmbito de uma ilegitimidade conjugal são inválidos (artigo 1687.º), mais precisamente, são anuláveis nos casos previstos no n.º 1 do artigo 1687.º e nulos nos casos contemplados pelo n.º 4 do artigo 1687.º (artigo 892.º). A necessidade do consentimento do outro cônjuge, sob pena de ilegitimidade, visa a defesa dos "fundamentos patrimoniais" do agregado familiar, formados pelos bens próprios de cada um e, se o regime de bens for de comunhão (temos os regimes da comunhão de adquiridos [artigos 1721.º ss.] e da comunhão geral [artigos 1732.º ss.]), ainda pelos bens comuns.

406 Se os direitos familiares patrimoniais, como direitos subordinados a uma relação jurídica familiar, apenas apresentam certas particularidades que, de resto, não afectam a sua natureza de direitos reais ou obrigacionais, já os direitos familiares pessoais possuem características específicas.

Os direitos de família pessoais foram concebidos, em tempos, como direitos sobre outras pessoas, sendo elas os objectos daqueles direitos. Hoje esta concepção é de todo insustentável: ninguém se torna, por meio de relações jurídicas familiares, num objecto de direito, dominado por outrem; um cônjuge não é objecto de direito do outro, nem os filhos são objecto de direito dos pais.

Esta orientação corresponde também ao direito civil português: o Código Civil enumera no artigo 1576.º as relações jurídicas familiares e define, no artigo 1577.º, o casamento como o "contrato celebrado entre duas pessoas que pretendem constituir família mediante uma plena comunhão de vida (...)", enquanto a filiação, abrangida pela noção de parentesco, aparece no artigo 1578.º como o "vínculo que une duas pessoas, em consequência de uma descender de outra (...)". Estas noções concebem as relações familiares como relações entre sujeitos, entre pessoas. Deste modo, está logicamente excluído que uma das pessoas, que por definição da própria lei é sujeito, possa ser objecto da relação. Este entendimento, aliás, está em plena sintonia com a concepção expressa na relação jurídica fundamental (ver n.º 219): os direitos familiares pessoais não possuem um objecto.

Afastada a concepção dos direitos familiares pessoais como direitos de domínio, resta defini-los de uma maneira positiva. A este respeito podemos constatar que eles correspondem a um dado estado familiar (p. ex., o estado de casado) e, em relação a terceiros, possuem, à semelhança dos direitos reais, carácter de exclusividade, sendo neste sentido direitos absolutos (cf. os artigos 1577.º: o casamento implica uma "plena comunhão de vida entre duas pessoas"; 1601.º al. *c)*: o "casamento anterior não dissolvido" é um impedimento dirimente absoluto [em defesa do casamento monogâmico]; 1878.º, n.º 1: compete aos pais, e só a eles, exercer as "responsabilidades parentais"; artigo 36.º, n.º 6, da Constituição: "os filhos não podem ser separados dos pais (...)"; etc.). 407

Nas relações internas, porém, eles apresentam-se-nos de forma diferente, como direitos obrigacionais de carácter duradouro, ou seja, como direitos relativos (cf. a este respeito, p. ex., os artigos 1672.º: "os cônjuges estão reciprocamente vinculados pelos deveres (...)"; 1874.º, n.º 1: "pais e filhos devem-se mutuamente respeito (...)").

Todavia, este último aspecto ainda precisa de ser completado, pois nas relações internas os direitos familiares pessoais oferecem-nos também características de direitos potestativos na sua configuração de direitos de direcção (cf., quanto a este aspecto, p. ex., os artigos 1877.º: "os filhos estão sujeitos às responsabilidades parentais (...)"; 1878.º, n.º 1: "compete aos pais, no interesse dos filhos, dirigir a sua educação (...)"; 1886.º: "pertence aos pais decidir sobre a educação religiosa (...)"). Verificamos assim, que os direitos familiares pessoais assumem uma estrutura complexa.

Mas a este respeito é de perguntar, ainda, se o sempre necessário vínculo pessoal, não jurídico, o afecto que une os familiares não se sobreporá à concepção de relações jurídicas obrigacionais entre eles, "desnaturando-as" no sentido de aos deveres não corresponderem direitos subjectivos, mas apenas incumbências ou ónus; é duvidoso que assim seja, mas é também evidente que aquelas relações familiares não podem ser captadas somente a partir de uma perspectiva jurídica.

Para além da sua estrutura complexa, os direitos familiares pessoais possuem natureza específica no que respeita ao seu conteúdo. Significa isto que o seu conteúdo não consiste apenas em poderes e faculdades, mas que ele comporta também deveres. Os direitos familiares pessoais são autênticos "direitos-deveres" (ver n.º 353). O seu titular não é apenas auto-responsável, 408 também é responsável, com força igual, por outrem (p. ex., pela educação dos filhos). Ele não pode exercer o seu direito de "livre vontade", mas apenas dentro das funções a que este se destina, sendo o exercício controlado pela ordem jurídica (cf. o artigo 36.º, n.º 6, Constituição e o artigo 1915.º, n.º 1, CCiv).

Convém acrescentar que – segundo a doutrina dominante na época, mas já na altura dificilmente justificável – uma violação dos direitos familiares pessoais não acarretava para o infractor a obrigação de indemnizar o lesado. Por isso, falava-se da "fragilidade da garantia" para este tipo de direitos[347]. Contudo, a legislação posterior veio contrariar esta doutrina e hoje afirma o artigo 1792.º, n.º 1, que "[o] cônjuge do lesado tem o direito de pedir a reparação dos danos causados pelo outro cônjuge, nos termos gerais da responsabilidade civil e nos tribunais comuns". Além disso, o cônjuge que pediu o divórcio com o fundamento da alteração das faculdades mentais do outro cônjuge (artigo 1781.º, al. *b)*), deve reparar-lhe os danos não patrimoniais causados pela dissolução do casamento (artigo 1792.º, n.º 2).

[347] A doutrina dominante defendia que as regras da responsabilidade civil (em sentido lato) não se aplicavam aos direitos familiares pessoais (como nos relata F. M. Pereira Coelho, *Curso de Direito da Família*, Coimbra, 1986, pp. 110 e 113; diferente, G. Beitzke, *Familienrecht*, 25.ª ed., München, 1988, pp. 76 a 79, e, ao que parece, STJ *BMJ* n.º 354 [Março 1986], pp. 567, 568-569). Neste contexto, cf. M. Lipp, *Die eherechtlichen Pflichten und ihre Verletzung*, Bielefeld, 1988, pp. 59-60, 207-209 e 265 ss., que se afasta de muitas soluções tradicionais.
Mesmo na época, quando a lei era omissa a este respeito, entendíamos que não seria assim: as normas do direito da família não excluem as disposições da responsabilidade civil. Aliás, não se vê bem por que razões uma pessoa vinculada por uma relação contratual (artigo 1576.º) deve ficar irresponsável apenas em virtude do facto de esta relação se apresentar como uma relação jurídica familiar. Além disso, não se compreende facilmente que se sancione criminalmente, e com razão, a violação dentro do casamento, sem admitir, ao mesmo tempo, indemnizações civis. Fora do domínio contratual (interno) corresponde aos direitos familiares pessoais um estado civil com efeitos absolutos (*erga omnes*), cuja violação goza da protecção conferida pelo artigo 483.º. A este respeito v. o nosso pequeno texto «A respeito de responsabilidade civil dos cônjuges entre si,» *Scientia Iuridica*, 1995, t. 44 (n.ºs 253-255), pp. 113-124. Também, Ângela Cristina da Silva Cerdeira, *Da Responsabilidade Civil dos Cônjuges entre Si*, Coimbra Editora, Coimbra, 2000.
Desde a Lei n.º 61/20008, de 31 de Outubro, a doutrina mudou de posição. Cf., por todos, F. M. Pereira Coelho/Guilherme de Oliveira, *Curso de Direito da Família*, Vol. I, *Introdução – Direito Matrimonial*, 5.ª ed., Coimbra, Coimbra Editora, 2016, pp. 182-184.

6. Os direitos de personalidade como direitos destinados a proteger a própria pessoa

a) *Considerações gerais*

Também os direitos de personalidade pertencem aos direitos absolutos como direitos de exclusão, oponíveis a todos (sendo neste aspecto parecidos com os direitos familiares pessoais). 409

Estes direitos emanam da própria pessoa cuja protecção visam garantir e encontram o seu fundamento no princípio do respeito que os homens se devem mutuamente (cf. n.os 217 ss.). É a partir destes pressupostos que o artigo 70.º protege os indivíduos – independentemente da culpa do lesante! – contra qualquer ofensa ilícita ou ameaça de ofensa à sua personalidade física ou moral, ou seja, a lei protege os direitos mais chegados à pessoa dentro do seu círculo de direitos. Esta protecção visa o homem naquilo que ele é e como valor em si. Contudo, o objecto da relação jurídica que se estabelece entre lesante e lesado nunca é o indivíduo ou a pessoa ou a sua personalidade, mas sempre o direito de personalidade que lhe pertence e de que é titular.

A ideia da protecção da pessoa humana, da sua personalidade e dignidade, encontra expressão jurídica em vários preceitos constitucionais (p. ex., o artigo 1.º fala da "dignidade da pessoa humana" como fundamento da sociedade e do Estado; o artigo 13.º, n.º 1, refere-se à igual "dignidade social" dos cidadãos; o artigo 24.º, n.º 1, declara que "a vida humana é inviolável "; o artigo 25.º garante o "direito à integridade pessoal" ; o artigo 26.º consagra "outros direitos pessoais" que vão do direito à identidade pessoal até à reserva da intimidade da vida privada; o artigo 34.º assegura a "inviolabilidade do domicílio e da correspondência" e o artigo 35.º regula a "utilização da informática" em ordem a proteger o cidadão contra os seus abusos). Em sintonia com estes preceitos encontram-se os artigos 70.º a 81.º CCiv (os quais, de resto, continuam o caminho já aberto pelos artigos 359.º a 363.º, 368.º do Código de Seabra, que aí tratava os direitos originários) que transpõem a ideia "constitucionalizada" da protecção da pessoa humana para o campo do direito civil. 410

O Código Civil, contudo, não contém uma definição geral ou uma noção de "direito de personalidade". Há quem os defina "como direitos subjectivos, 411 privados, absolutos, gerais, extrapatrimoniais, inatos, perpétuos, intransmissíveis, relativamente indisponíveis, tendo por objecto os bens e as manifestações interiores da pessoa humana, visando tutelar a integridade e o desenvolvimento físico e moral dos indivíduos e obrigando todos os sujeitos de direito a absterem-se de praticar ou de deixar de praticar actos que ilicitamente ofendam ou ameacem ofender a personalidade alheia, sem o que incorrerão em responsabilidade civil e/ou na sujeição às providências cíveis adequadas a evitar a consumação da ameaça ou a atenuar os efeitos da ofensa cometida"[348]. Esta definição cinge-se aos efeitos civis, sendo certo, porém, que nem todos os direitos de personalidade são inatos ou intransmissíveis (especialmente o direito ao nome) e que também podem apresentar efeitos fora do âmbito civil[349].

Seja como for, a doutrina considera na sua maioria que a lei consagra no artigo 70.º, n.º 1, o direito geral de personalidade[350]. Em seguida, os artigos 72.º a 80.º regulam vários direitos de personalidade especiais, estabelecendo o artigo 81.º os limites até onde o *exercício* dos direitos de personalidade está à disposição dos seus titulares. Embora os direitos de personalidade tenham em vista, em primeiro lugar, a defesa de pessoas vivas, todos eles protegem também as pessoas já falecidas (artigo 71.º), desde que a protecção seja logicamente possível. No fundo, garante-se com isso a integridade moral e a privacidade da pessoa falecida.

b) O direito geral de personalidade; os meios de defesa contra as violações de um direito de personalidade

412 Quanto ao direito geral de personalidade, o já referido artigo 70.º determina, no seu n.º 1, como princípio elementar, que todo o indivíduo tem o

[348] A definição é da autoria de Rabindranath Capelo de Sousa.

[349] P. ex., no processo penal poderá existir uma proibição da prova quando esta violar um direito de personalidade; ver M. da Costa Andrade, *Sobre as proibições de prova em processo penal*, Coimbra, 1992, pp. 46 ss., 146 ss. e 237 ss.

[350] Ver neste sentido também a «Anotação» de A. Vaz Serra ao acórdão do STJ in *RLJ* 108 (1975/1976), pp. 315, 318 ss.: "O artigo 70.º, dizendo que 'a lei protege os indivíduos contra qualquer ofensa ilícita ou ameaça de ofensa à sua personalidade física ou moral', reconhece a existência de um direito *geral* da personalidade;(...) Assim, além dos direitos especialmente referidos nos artigos 72.º e ss., decorrem do princípio geral do artigo 70.º outros direitos da personalidade, cuja admissão e delimitação são deixadas pela lei à jurisprudência e à doutrina".

direito de ver protegida a sua personalidade física e moral. Este direito visa a realização da autodeterminação da pessoa, defende contra intervenções ou limitações injustificadas e abrange todos os casos que não são especialmente protegidos pelos artigos 72.º a 80.º. Assim, refere-se ao direito à vida, ou seja, o direito de não ser privado da vida contra a vontade, à liberdade e integridade de consciência, à integridade física e psíquica, à liberdade, à honra, à imagem social e de carácter, à saúde e ao repouso, à autodeterminação quanto aos dados pessoais *inclusive* a respeito do seu estado de saúde[351], à protecção contra a manipulação genética e, por fim, ainda, a uma morte digna[352].

No que respeita aos direitos de personalidade especiais temos os artigos 72.º a 74.º (direito ao nome; pseudónimo), 75.º a 78.º (cartas-missivas confidenciais e não confidenciais), 79.º (direito à imagem), bem como o artigo 80.º (direito à reserva sobre a intimidade da vida privada).

Em caso de violação de um direito de personalidade deve procurar-se, 413
primeiro, se é possível subsumir o facto da violação a uma das hipóteses legais dos artigos 72.º a 80.º, relativas aos direitos especiais de personalidade; e apenas no caso da sua inaplicabilidade recorre-se ao direito geral de personalidade do n.º 1 do artigo 70.º.

[351] A L n.º 67/98, de 26 de Outubro (antiga Lei da Protecção de Dados Pessoais, que transpunha para a ordem jurídica portuguesa a Diretiva n.º 95/46/CE, do Parlamento Europeu e do Conselho, de 24 de outubro de 1995), consagrava no seu artigo 7.º, n.º 1, que era proibido o tratamento de dados pessoais referentes a convicções filosóficas ou políticas, filiação partidária ou sindical, fé religiosa, vida privada e origem racial ou étnica, bem como o tratamento de dados relativos à saúde e à vida sexual, incluindo os dados genéticos. O artigo 6.º, n.º 1, determinava, ainda, que só se podia proceder ao tratamento de dados pessoais com o consentimento inequívoco da pessoa a quem os dados se referem; o n.º 2 desta norma colocava excepções à necessidade deste consentimento. Entretanto, a União Europeia, visando actualizar o regime de protecção dos dados pessoais, adoptou um regulamento sobre a matéria (o RGPD: Regulamento Geral de Protecção de Dados). Actualmente vigora uma nova Lei de Protecção de Dados Pessoais (Lei n.º 58/2019, de 8 de Agosto), que veio assegurar a execução do RGPD na ordem jurídica nacional. Sobre estas questões, v., por todos, Sónia Moreira, «A protecção das Pessoas Singulares no Novo Regulamento Geral de Protecção de Dados Pessoais», in Clara Calheiros/Mário Ferreira Monte/Maria Assunção Pereira/Anabela Gonçalves, *Direito na Lusofonia – Direito e novas tecnologias*, Braga, Escola de Direito da Universidade do Minho/Centro de Investigação em Justiça e Governação (JusGov), 2018, pp. 485-492, disponível em http://hdl.handle.net/1822/59737.
Cf. também o *Volkszählungsurteil*, BVerfG NJTW 1990, pp. 2761 ss.

[352] Cf., Jean-Pierre Wils, *ars moriendi. Über das Sterben*, Frankfurt am Main und Leipzig, 2007.

De acordo com a lei, todos estes direitos são protegidos duplamente:

(1.º) contra qualquer ofensa ilícita. Não é preciso haver culpa para se poder verificar uma ofensa. Também não é necessária a intenção de prejudicar o ofendido: decisivo é o dado objectivo da ofensa em si. Esta solução, baseada no facto objectivo da violação, compreende-se perfeitamente, uma vez que a lei pretende dar a protecção mais ampla possível;

(2.º) contra uma ameaça de ofensa, sendo esta ameaça concreta (p. ex., hipótese da repetição de uma ofensa já realizada; antecedentes na pessoa do autor da ameaça) e não apenas pensável.

414 Tendo ocorrido uma ofensa ilícita ou existindo uma ameaça de ofensa ilícita, a lei prevê uma dupla reacção:

(1.º) o n.º 2 do artigo 70.º prevê, em primeiro lugar e sempre, "as providências adequadas às circunstâncias do caso". Estas providências, que a lei não especifica, deixando-as ao critério do julgador do caso concreto de acordo com o regime do direito em causa, destinam-se, no caso da concretização da ofensa, a atenuar os seus efeitos e, no caso de ameaça de ofensa, a evitar a sua consumação (apenas no artigo 75.º, n.º 2, a lei indica as providências a tomar com vista à manutenção da reserva quanto ao conteúdo de cartas confidenciais).

(2.º) além das providências adequadas poderá haver lugar à responsabilidade civil, caso se verifiquem também os pressupostos da responsabilidade ou por factos ilícitos (designadamente a culpa e a existência de um dano [artigo 70.º, n.º 2, em ligação com os artigos 483.º ss.])[353] ou pelo risco, ou seja, houve a concretização do risco e a existência de um dano (artigo 70.º, n.º 2, em ligação com os artigos 499.º ss.)[354].

[353] Ver STJ *BMJ* n.º 266 (Maio 1977), p. 165 (ofensa ao direito à saúde e ao repouso por virtude das vibrações e ruídos causados pela construção, culposamente muito à superfície, de um túnel de circulação do Metropolitano de Lisboa).

[354] Segundo a jurisprudência estabelecida pelo BGH (cf. *NJW* 1992, pp. 2084, 2085) a violação de um direito de personalidade, p. ex., a utilização comercial do retrato de uma pessoa

Cabe sempre ao lesado a legitimidade (= legitimidade activa) para reque- 415
rer as providências adequadas ou para pedir uma indemnização. Legitimidade passiva possui-a quem for o autor da violação ou da ameaça da violação. O meio processual para pedir as indemnizações é o processo comum; para requerer as providências adequadas, porém, aplicam-se as regras de um processo especial, ou seja, os artigos 878.º a 880.º CPC.

No caso de ter havido uma ofensa a pessoas já falecidas, a legitimidade activa para requerer as providências adequadas, e só essas (!)[355], cabe segundo o artigo 71.º, n.º 2, ao cônjuge sobrevivo ou qualquer descendente, ascendente, irmão, sobrinho ou herdeiro do falecido. A protecção dos direitos de personalidade depois da morte visa em primeira linha a defesa do falecido e apenas indirectamente contempla também os interesses dos respectivos familiares. Não obstante, os familiares, ao reagirem contra uma ofensa a pessoas falecidas, exercem um direito próprio (embora no interesse de outrem: *de mortuis nihil nisi bene*, diziam os romanos). Além disso, agem independentemente de uma eventual qualidade sua de sucessores por morte. Este facto resulta da enumeração feita no artigo 71.º, n.º 2, onde o herdeiro é apenas um legitimado entre outros.

É evidente que também os direitos de personalidade de um ausente gozam da protecção legal prevista nos artigos 70.º ss. Mas – a não ser que tenha sido declarada a morte presumida (que tem os mesmos efeitos que a morte [artigo 115.º, 1.ª parte]) – parece problemático se no caso da ausência está excluído, à semelhança do n.º 2 do artigo 71.º, o direito de exigir uma indemnização. De qualquer modo, a legitimidade para o efeito não cabe nas funções do curador do ausente, que estão limitadas a cuidar dos seus bens, mas deve competir às pessoas referidas no artigo 71.º, n.º 2.

sem o seu consentimento, pode dar origem, na falta de indemnização por responsabilidade civil, a uma obrigação de restituição com base no enriquecimento sem causa.

[355] Esta solução parece duvidosa, em termos jurídico-políticos, visto as ofensas *post mortem* estarem sujeitas a sanções mais leves, uma vez que não pode haver lugar para a responsabilidade civil, um facto que favorece injustificadamente o lesante. Para evitar que as pessoas legitimadas, mediante exigências de uma indemnização, possam fazer um "negócio" à custa da personalidade de uma pessoa falecida, a lei podia ter previsto que a indemnização seria paga a uma instituição de solidariedade social. Desta maneira, tinha-se evitado a situação privilegiada, e de certo modo impune, de quem profere ofensas a pessoas falecidas.

c) *Os vários direitos de personalidade especiais*[356]

416 Entre os direitos de personalidade especiais o mais importante para efeitos práticos normais é o direito ao nome, regulado no artigo 72.º. O nome, no sentido deste artigo, é aquele que consta do assento do nascimento, lavrado nos termos do Código do Registo Civil, designadamente em obediência às regras e condicionalismos dos seus artigos 101.º a 104.º e 108.º.

Este nome, composto de nomes próprios (até ao máximo de dois) e apelidos (até ao máximo de quatro)[357], individualiza a pessoa bem como a sua família dentro da comunidade e determina ao mesmo tempo a própria individualidade do seu titular. O entendimento individualista ou personalista faz com que o direito ao nome seja abrangido pela disposição do artigo 26.º, n.º 1, da Constituição como um direito fundamental da pessoa à sua identidade[358]. De resto, é precisamente este o entendimento que subjaz ao regime do artigo 72.º.

O nome também integra, designadamente no que toca aos apelidos, o seu titular na família a que pertence, facto que se traduz na sua composição por elementos normalmente provindos das linhas paterna e materna, e constitui, além disso, um elo de ligação sentimental do seu titular ao património moral da família. Os nomes próprios, todavia, terão uma função mais individualizante que integrante[359].

[356] A este respeito há a obra, muitíssimo bem documentada, de J. Helle, *Besondere Persönlichkeitsrechte*, Tübingen, 1991.

[357] Quanto à composição do nome, o artigo 103.º CRegCiv determina que o nome completo deve compor-se, no máximo, de seis vocábulos gramaticais, simples ou compostos, dos quais só dois podem corresponder ao nome próprio e quatro a apelidos, não devendo os nomes próprios suscitar dúvidas sobre o sexo da pessoa. Os apelidos são escolhidos entre os que pertençam a ambos ou só a um dos pais ou a cujo uso qualquer dos pais tenha direito. A lei não regula o uso das partículas.

Quanto à escolha dos apelidos não existe qualquer tipo de prioridade, seja ela matrilínica ou patrilínica, e todos os apelidos de que o nome se compõe têm o mesmo valor jurídico e não há nenhuma prevalência entre eles. O actual uso privilegiado do(s) último(s) apelido(s) corresponde a hábitos sociais, mas não tem o mínimo fundamento legal.

[358] Na verdade, o nome respeita à identidade do homem e tem força simbólica e emocional. Por isso mesmo, ataques dirigidos contra o seu nome podem visar a destruição da personalidade do seu titular como o mostram ao longo dos tempos, p. ex., as agressões verbais contra os judeus, destinados a estigmatizá-los e marginalizá-los dentro da sociedade em que viviam.

[359] A respeito da função do nome: BVerfG *NJW* 2002, pp. 1256, 1257.

O nome é, portanto, o primeiro e fundamental elemento de identificação da pessoa, de modo que quem mudar de nome sofre com isso uma violação (que, de resto, pode ser consentida) de um dos direitos essenciais mediante os quais se afirma. Assim, o direito ao nome é, em princípio, inseparavelmente ligado à pessoa do seu titular, cuja identidade define, e é – com excepção do n.º 2 do artigo 72.º – também ilimitado. O n.º 2 do artigo 72.º determina que "[o] titular do nome não pode, especialmente no exercício de uma actividade profissional, usá-lo de modo a prejudicar os interesses de quem tiver nome total ou parcialmente idêntico". 417

Nestes termos, o titular do nome tem direito ao seu uso e à sua conservação (cf. o artigo 1677.º, n.º 1, 1.ª alternativa) e tem, em consequência disso, o direito a opor-se a quem o usar ilicitamente (artigo 72.º, n.º 1). Este uso ilícito tanto pode referir-se à identificação de pessoas como a fins diferentes da identificação (p. ex., aplicação do nome a mercadorias)[360]. Para defender os seus direitos, o lesado tem à sua disposição duas acções, uma chamada de reclamação (quando o direito ao nome lhe é negado) e outra de usurpação – também designada por acção de reivindicação – (quando um outro usa o nome indevidamente, usurpando-o).

Não é pressuposto legal do artigo 72.º que haja – simultaneamente com o uso ilícito – ainda uma diminuição da personalidade do titular[361]. Exigir isto significaria reduzir a protecção ampla pretendida pela lei para o direito de personalidade em causa, que se refere ao simples uso ilícito. 418

O artigo 72.º protege, deste modo, o mero uso do nome, ao contrário do artigo 484.º que protege o crédito e o bom nome contra procedimentos lesivos e prejudiciais. O artigo 484.º é simultaneamente aplicável com o artigo 72.º se a ofensa do crédito ou do bom nome resulta do uso ilícito e culposo deste mesmo nome. Fora desta coincidência, os artigos 72.º e 484.º visam bens jurídicos diferentes. Mas parece também possível fazer uma leitura dos dois artigos no sentido de permitir que o artigo 484.º possa ser considerado *lex specialis* em relação ao artigo 72.º. De qualquer maneira, o direito

[360] Neste sentido STJ *BMJ* n.º 241 (Dezembro 1974), p. 280 = *RLJ* 108 (1975/1976), p. 315, com a *Anotação* de A. VAZ SERRA às pp. 318, 324 ss.

[361] Em sentido contrário, STJ, cit. na nota anterior. A referida *Anotação* de A. VAZ SERRA é perfeitamente inconclusiva quanto à questão.

ao bom nome e reputação sobrepõe-se ao direito de informação e crítica da imprensa[362].

419 O nome é, em princípio, imutável dadas as suas funções sociais e jurídicas. Assim, sem prejuízo das hipóteses da alteração do nome, há grande estabilidade no que diz respeito aos nomes próprios e uma estabilidade relativa quanto aos apelidos.

Estes últimos podem sofrer alterações, em parte consentidas, em consequência do estabelecimento ou da extinção de relações jurídicas familiares. Podem ver-se, a este respeito, p. ex., o artigo 1677.º, n.º 1, 2.ª alternativa (que prevê que cada um dos cônjuges pode acrescentar aos seus até dois apelidos do outro; mas, em princípio, volta a perdê-los em caso de divórcio [*argumentum a contrario* artigo 1677.º-B, n.º 1, 2.ª parte); os artigos 1875.º, n.º 3, e 1876.º, n.º 2 (que regulam casos em que se alteram os apelidos dos filhos); o artigo 1988.º, n.º 1 (que determina a perda dos apelidos originários do adoptado a quem se atribuem apelidos novos); artigo 1988.º, n.º 2 (que permite a modificação, a título excepcional, do nome próprio do adoptado; esta alteração do nome próprio só é possível se ela salvaguarda o direito à identidade pessoal do adoptado e favorecer a sua integração na família do adoptante).

Em geral, o nome fixado no assento de nascimento só pode ser modificado mediante autorização do conservador dos Registos Centrais (artigo 104.º CRegCiv), a não ser que o próprio artigo 104.º estabeleça excepções como, p. ex., a alteração do nome próprio em virtude da mudança de sexo[363].

Os apelidos adquiridos na sequência da alteração do estado familiar (p. ex., como efeito do casamento) são-no a título originário, em exercício de um direito potestativo próprio, ou seja, uma faculdade conferida ao cônjuge por lei.

420 Não há apenas interesses individuais ou particulares relacionados com o nome. É preciso ter em consideração que a respeito do nome existe também um interesse público: trata-se da necessidade social de individualizar o cidadão, através do nome, dentro da sociedade e perante o Estado em relação ao

[362] Assim, STJ *CJ* II (1994), t. II, p. 54, cuja decisão aplaudimos.

[363] Ver neste contexto também a Lei n.º 38/2018, de 7 de Agosto, a respeito do direito à autodeterminação da identidade de género e expressão de género e à proteção das características sexuais de cada pessoa.

qual tem deveres (p. ex., cumprir a escolaridade obrigatória, submeter-se a controlos médicos, participar em eleições ou pagar impostos). Assim, ao lado do direito que assiste a todo o cidadão de usar, com exclusão de outrem, o seu próprio nome, impõe-se-lhe a obrigação de o possuir e conservar, sem a possibilidade de, arbitrariamente, o alterar. Consequentemente, a atribuição de um nome é obrigatória e compete aos pais (artigo 1875.º, n.º 2, 1.ª parte) ou ao juiz (artigo 1875.º, n.º 2, 1.ª parte); ou ao funcionário do registo civil (no caso dos nascidos abandonados ou de crianças desamparadas, como prevêem os artigos 105.º e 108.º CRegCiv) e a sua alteração só é permitida nos termos da lei (ver n.º 419).

De algum modo parecido com o nome é o pseudónimo. Daí que o artigo 421
74.º lhe confira – desde que tenha notoriedade – protecção idêntica à do nome (artigo 72.º, n.º 1). O pseudónimo é um nome convencional ou fictício que, sem necessidade da observação de regras legais, foi livremente escolhido por uma pessoa, ou para disfarçar a sua personalidade (p. ex., o "nome de guerra", os nomes usados na clandestinidade) ou para identificar a sua personalidade num sector determinado da sua actividade (p. ex., nas lutas laborais, ou nas actividades artísticas ou literárias; mas também o "nome de guerra" pode ter a função da identificação). São formas correntes do pseudónimo o heterónimo e o anagrama, embora não sejam as únicas formas usadas para o efeito. Ao contrário do nome, o pseudónimo não é – em virtude da sua formação à margem das regras legais – susceptível de ser objecto de registo civil. Contudo, embora o artigo 104.º CRegCiv não o preveja expressamente, será possível incluí-lo entre os apelidos por meio de um processo de alteração do nome. Os nomes literários e artísticos são protegidos por legislação especial. Por esta razão o significado prático do artigo 74.º será reduzido.

Na medida em que o Código Civil protege pelo seu artigo 74.º, por remissão ao n.º 1 do artigo 72.º, o pseudónimo, deve considerar-se aplicável a este também o disposto no n.º 2 do artigo 72.º quanto a um conflito entre utilizadores do mesmo pseudónimo. Num conflito entre o direito ao nome e o pseudónimo, porém, o n.º 2 do artigo 72.º é interpretado e aplicado de acordo com o disposto no artigo 335.º, n.º 2, que, em caso de colisão de direitos, dá prevalência ao direito considerado superior e este é normalmente o direito ao nome.

Do pseudónimo distingue-se a alcunha. A alcunha é atribuída a uma pessoa e salienta determinados aspectos característicos ou inconfundíveis do visado. Todavia, este pode fazer uso da alcunha que lhe foi criada e atribuída, e então esta passa a ser um pseudónimo, com os consequentes efeitos legais quanto à sua protecção. Neste caso, o pseudónimo reveste-se regularmente de formas diferentes das do heterónimo ou do anagrama.

422 A seguir aos artigos 72.º a 74.º a lei dedica-se ao direito à palavra escrita, ou seja, às cartas-missivas. Quanto a estas é de distinguir entre as cartas-missivas confidenciais (artigos 75.º a 77.º) e as não confidenciais (artigo 78.º). Só no último caso o destinatário pode fazer uso da carta desde que não contrarie as expectativas do autor.

Nas cartas-missivas existe um conflito entre o direito de propriedade do destinatário que as recebeu e o direito de autor da carta do que a escreveu[364]. Mas enquanto no caso das cartas-missivas não confidenciais prevalece o direito de propriedade do destinatário, como decorre do artigo 78.º, no caso das cartas-missivas confidenciais prevalece o direito do autor em ser respeitada a confidencialidade da sua mensagem, como resulta dos artigos 75.º, n.º 1 (o destinatário deve guardar reserva), 76.º, n.º 1, 1.ª alternativa (publicação apenas com o consentimento do autor), e 75.º, n.º 2 (restituição da carta confidencial ao autor no caso da morte do destinatário). Por isso, compete ao próprio autor da carta-missiva prescindir do carácter confidencial da mesma. O artigo 76.º, n.º 1, 2.ª alternativa, por seu lado, determina que, quando se trate de utilizar cartas confidenciais como documento literário, histórico ou biográfico não há lugar ao suprimento judicial do consentimento do seu autor. Finalmente, determina o artigo 77.º que o disposto no artigo 76.º é também aplicável a memórias familiares (p. ex., um diário) e outros escritos confidenciais.

423 Quanto ao direito à imagem, regulado no artigo 79.º, vale o princípio de que o retrato de uma pessoa não pode ser exposto, reproduzido ou lançado no comércio sem o consentimento dela.

Este princípio, expresso no n.º 1 do artigo 79.º, está, porém, como se depreende do n.º 2 do artigo 79.º, sujeito a limitações. Não é necessário o consentimento da pessoa retratada quando assim o justifica a sua notoriedade, o cargo que desempenha, exigências de polícia ou de justiça, finalidades

[364] Cf. J. F. Rodrigues Bastos, *cit.*, vol. I, Observações aos artigos 75.º a 78.º.

científicas, didácticas ou culturais, portanto no caso de pessoas com lugar de destaque na vida pública (política, cultural, literária, científica, desportiva, social, etc.); também não é necessário o consentimento quando a reprodução da imagem vier enquadrada na de lugares públicos, ou na de factos de interesse público ou que hajam decorridos publicamente (p. ex., manifestações, comícios, concertos ao ar livre, etc.); mas já não é assim no caso de pessoas envolvidas em acontecimentos que geram interesses (ou curiosidades) públicos (p. ex., acidentes, catástrofes, crimes, etc.), onde o consentimento da pessoa, retratada na sua infelicidade, é em princípio exigível[365].

As limitações, que variam conforme o caso concreto, resultam do *legítimo* 424
interesse do respectivo público em ser informado, tarefa que cabe nomeadamente aos meios de comunicação social no justo exercício das suas funções ao serviço do público, e unicamente deste, dentro do princípio elementar e essencial da liberdade de imprensa. Contudo, a estrita esfera íntima da pessoa está *sempre* protegida, independentemente do seu grau de notoriedade, tanto em vida como a seguir à sua morte[366].

A este respeito determina o artigo 3.º da Lei da Imprensa[367] o seguinte: "A liberdade de imprensa tem como únicos limites os que decorrem da Constituição e da lei, de forma a salvaguardar o rigor e a objectividade da informação, a garantir os direitos ao bom nome, à reserva da intimidade da vida privada, à imagem e à palavra dos cidadãos e a defender o interesse público e a ordem democrática".

De qualquer forma, o retrato de uma pessoa não pode ser reproduzido, exposto ou lançado no comércio, se do facto resultar prejuízo para a honra, reputação ou simples decoro da pessoa retratada (n.º 3 do artigo 79.º).

[365] A respeito da publicação, sem o consentimento dos pais que se opuseram, das imagens da sua filha que morreu num acidente o BGH *NJW* 2012, p. 1728 (= JuS 2012, p. 646), decidiu que os pais não tinham o direito a uma indemnização em dinheiro, uma vez que a publicação das imagens no contexto da notícia do acidente não tinha utilização comercial. Sob o aspecto da protecção post mortem dos direitos de personalidade, a decisão deixa muitas dúvidas.

[366] Assim o BG (*Bundesgericht*/Tribunal Federal) suíço, 6 S. 392/1991, de 10-07-1992. A decisão do BG suíço é fundamental no sentido de colocar entraves, por meio de medidas jurídico-penais sensíveis, à actuação sensacionalista de certo tipo de imprensa.

[367] Lei n.º 2/99 de 13 de Janeiro, rectificada pela Declaração de Rectificação n.º 9/99, de 4 de Março, e alterada pela Lei n.º 18/2003, de 11 de Junho, pela Lei n.º 19/2012, de 08 de Maio, e pela Lei n.º 78/2015, de 29 de Julho.

425 Parecido com o direito à imagem e muitas vezes interligado com ele é o direito à reserva sobre a intimidade da vida privada, regulado no artigo 80.º. Segundo o n.º 1 do artigo 80.º, todos devem guardar reserva quanto à intimidade da vida privada de outrem. Esta imposição actua em dois sentidos: por um lado, proíbe que alguém invada por qualquer meio – *inclusive* os meios audio-visuais – o espaço da privacidade alheia ("*my home is my castle*")[368] [369]; por outro lado, proíbe que alguém divulgue factos ocorridos na intimidade da vida privada dos outros[370].

A extensão da reserva é definida conforme a natureza do caso e a condição das pessoas (n.º 2 do artigo 80.º). A esta formulação genérica corresponde um pensamento legislativo análogo ao dos n.os 2 e 3 do artigo 79.º, e não significa nenhuma protecção mais reduzida. Pelo contrário, que as leis querem salvaguardar a intimidade da vida privada, resulta sem mais da antiga L n.º 3/73, de 5 de Abril, destinada, expressa e unicamente, à protecção da intimidade da vida privada, e dos artigos 190.º ss. do CPen que, entre outros, punem a violação do domicílio e a perturbação e a devassa da vida privada.

[368] Esta velha regra jurídica significa que a casa própria garante protecção a quem nela se retirar, *inclusive* a protecção contra os credores. Hoje, ela implica, p. ex., que às transmissões televisivas, dirigidas ao público (indefeso) em geral nas suas casas, não é permitida a mesma "liberdade de programação" que assiste à exibição de filmes em cinemas ou em emissões codificadas, onde o expectador faz uma selecção activa ao escolher o que lhe agrada pessoalmente.

[369] Por outro lado, o Estado não pode limitar o direito de todos receberem os programas radiofónicos ou televisivos que se encontrem no ar. Neste sentido a decisão fundamental da EGMR, EuGRZ 1990, p. 261 = NJW 1991, p. 620. Mas igualmente nas relações contratuais entre particulares não se podem impor, sem mais, limitações deste tipo. Cf. BVerfG NJW 1994, p. 1147 (protege o direito de um inquilino estrangeiro de montar uma antena parabólica para receber os programas do seu país)

[370] Corresponde a uma tendência da moderna "sociedade dos mass-media" invadir todos os domínios da existência humana com o fim de os expor ao público. No entanto, uma pessoa privada pode recusar-se a dar informações aos meios de comunicação social. Cabe ao indivíduo, apoiado no seu direito de personalidade, decidir ele próprio como se quer ver apresentado ao público. Deste modo, a liberdade de imprensa não existe para atribuir afirmações a uma pessoa que nunca as fez (cf. BVerfG DÖV 1980, p. 760) ou para proteger citações falsas (cf. BVerfG DÖV 1980, p. 762), visto os meios de comunicação social estarem obrigados a uma recolha cuidadosa das suas informações. O risco de uma informação errada (e as indemnizações daí resultantes) deve ser suportado pelos meios de comunicação social.

d) A limitação voluntária ao exercício dos direitos de personalidade; o consentimento do lesado

Dadas as suas características particulares, os direitos de personalidade não estão à disposição do seu titular. Por isso, este também não pode renunciar a eles. Apenas pode consentir em limitações quanto ao seu exercício. A esta possibilidade de consentimento referem-se especialmente, como vimos, os artigos 76.º, n.º 1, e 79.º, n.ºs 1 e 2. 426

A lesão de um qualquer direito sem o consentimento do titular provoca a ilicitude do acto lesivo. Contudo, o consentimento, quando validamente prestado, faz com que a violação passe a ser lícita e limita a invocação do direito em causa. Esta consequência resulta, em termos gerais, do artigo 340.º (consentimento do lesado) que dispõe: "1. O acto lesivo dos direitos de outrem é lícito, desde que este tenha consentido na lesão. 2. O consentimento do lesado não exclui, porém, a ilicitude do acto, quando este for contrário a uma proibição legal ou aos bons costumes. 3. Tem-se por consentida a lesão, quando esta se deu no interesse do lesado e de acordo com a sua vontade presumível". Contudo, neste contexto, só se pode falar de um consentimento numa lesão em caso de uma heterolesão. Esta ocorre quando alguém comete um acto lesivo que fere um direito de outrem contra ou sem a vontade deste, sendo desta maneira ilícita. É esta ilicitude que o consentimento elimina.

Mas não se trata de lesão nenhuma, apesar de ter havido uma "intervenção" de alguém, quando esta é necessária para a auto-realização da pessoa e do seu direito, sendo esta apenas possível com a colaboração de outrem (p. ex., o cortar a um caloiro os cabelos na "praxe" constitui uma heterolesão [não consentida], enquanto o cortar do cabelo pelo barbeiro contribui para a auto-realização da pessoa)[371]. 427

Também as situações em que alguém está a agir por risco próprio ao praticar actos, conscientemente, de que podem resultar lesões ou prejuízos para ele, não são abrangidas pela figura do consentimento.

[371] Fazemos esta distinção na esteira da obra de Manuel da Costa Andrade, *Consentimento e Acordo em Direito Penal*, Coimbra, 1991, pp. 204 ss. (autolesão e heterolesão consentida), pp. 400 ss. (intervenções e tratamentos médico-cirúrgicos arbitrários) e 507 ss. (acordo: estrutura teleológica, normativas e dogmática).

O consentimento, por seu lado, pode ser prestado, como se deduz no artigo 340.º, de forma unilateral ou por acordo, de maneira expressa ou tácita e, além disso, ainda pode ser presumido, mas não fictício.

428 No que diz respeito precisamente à limitação voluntária ao exercício dos direitos de personalidade, o artigo 81.º, n.º 1 – uma *lex specialis* em relação ao artigo 340.º, n.º 2 – parte da premissa de que ela é, em princípio, possível, mas determina que ela é sempre nula quando for contrária aos princípios da ordem pública; não basta assim para esta sanção imediata uma violação dos bons costumes, muito embora também esta possa ser um fundamento da nulidade. Em todo o caso, tendo em conta, p. ex., a moderna produção publicitária, cinematográfica, literária e jornalística, para não falar das diversas manipulações com medicamentos, drogas, etc., é cada vez mais difícil concretizar aqueles princípios com base numa aceitação ou convenção geral[372].

P. ex., o consentimento para a aplicação de medicamentos ou ingestão de produtos estimulantes que não têm efeitos manifestamente nocivos para o corpo ou para a saúde, para aumentar a capacidade de trabalho, a resistência física ou psíquica, a concentração, etc., que é muito frequente em profissões de alta competição, nem sequer é contrário aos bons costumes por ser socialmente aceite (com excepção do desporto profissional onde a prática do *doping* é frequente, embora continue a ser rejeitada e combatida). Mas o consentimento em lesões corporais (ou a utilização consentida de produtos que as provoquem) para provocar a inaptidão para o serviço militar é contrário à ordem pública.

Para ser válido, o consentimento que implica a limitação voluntária, além de legal, deve ser consciente, isto é, resultante de uma vontade esclarecida, livre (de qualquer tipo de coacção), devidamente ponderado e concreto, tendo em vista situações determinadas; a liberdade de decisão deve ser garantida. Por via de regra, o consentimento será prestado de maneira expressa e não pode ser deduzido de um comportamento anteriormente observado.

429 O consentimento na lesão não exige sempre capacidade negocial (ver n.os 483 a 485). Por isso, também os menores podem consentir numa limitação voluntária ao exercício dos seus direitos de personalidade quando possuí-

[372] Neste contexto, muito interessante, Norbert HOERSTER, «Zur Bedeutung des Prinzips der Menschenwürde», *JuS* 1983, pp. 93, 95 s.

rem, conforme a gravidade do caso concreto, uma capacidade natural suficiente para entender plenamente o significado do seu acto. Neste contexto adquire especial relevância o artigo 1878.º, n.º 2, segundo o qual os pais, de acordo com a maturidade dos filhos, devem reconhecer-lhes autonomia na organização da própria vida. Mais problemática, porém, afigura-se a decisão legal que faculta aos menores (aos "jovens") o livre acesso ao planeamento familiar, de acordo com a L n.º 3/84, de 24 de Março[373].

O consentimento à limitação voluntária nem sempre necessita de ser 430
prestado de maneira expressa, podendo ser dado também tacitamente, implicitamente. P. ex., os praticantes de um desporto perigoso consentem nas lesões que possam acontecer, não obstante a observação das respectivas regras; quem aceitar um transporte gratuito ("boleia") consentirá em lesões sofridas apesar de terem sido observadas as regras de trânsito (aliás, apenas neste caso pode haver consentimento válido); por outro lado, quem pratica desportos violentos ou perigosos ou quem aceitar um transporte gratuito, correndo riscos patentes (p. ex., o condutor está bêbado; o meio de transporte visivelmente não oferece condições de segurança; etc.), age por risco próprio e neste caso já não se pode falar em consentimento[374].

[373] Um problema extraordinariamente grave é o de saber se uma menor pode, sem autorização dos seus representantes legais, consentir na interrupção da gravidez. Esta possibilidade é admitida, dentro de determinadas limitações, pelo U. S. Supreme Court, EuGRZ 1979, p. 577. O artigo 142.º, n.º 5, do CPen determina que "[n]o caso de a mulher grávida ser menor de 16 anos ou psiquicamente incapaz, respectiva e sucessivamente, conforme os casos, o consentimento é prestado pelo representante legal, por ascendente ou descendente ou, na sua falta, por quaisquer parentes da linha colateral".
Por outro lado, o artigo 10.º, n.º 1, da L n.º 3/84 dispõe que a esterilização voluntária só pode ser praticada por maiores de 25 anos, mediante declaração devidamente formalizada.
Têm relevância neste contexto ainda a Lei n.º 120/99, de 11 de Agosto de 1999 (que reforça as garantias do direito à saúde reprodutiva), e o Decreto-Lei n.º 259/2000, de 17 de Outubro (que regulamenta a Lei n.º 120/99, de 11 de Agosto, fixando condições de promoção da educação sexual e de acesso dos jovens a cuidados de saúde no âmbito da sexualidade e do planeamento familiar).

[374] A esta qualificação do consentimento do transportado corresponde o regime estabelecido nos n.ºs 2 e 3 do artigo 504.º quanto à responsabilidade civil do transportador. Este responde em relação ao transportado gratuitamente, tendo culpa ou não, pelos danos causados à pessoa deste (artigo 504.º, nº 3). (Em relação a terceiros aplica-se, como não pode deixar de ser, o disposto no artigo 503.º, que faz responder pelos danos provenientes dos riscos próprios de um veículo quem tiver a sua direcção efectiva). As cláusulas que limitam esta responsa-

431 Também o tratamento médico carece de consentimento, regularmente expresso, da parte do paciente ou do seu representante legal no caso de o paciente ser menor ou, no caso de um maior acompanhado, expresso por ele próprio (artigo 147.º, n.º 1) ou pelo seu acompanhante (artigo 145.º, n.º 2, al. *b)*) se o tribunal lhe tiver cometido esta função. O médico não pode pressupor um consentimento tácito se o tratamento a aplicar exceder aquilo que o doente, segundo a sua condição, é capaz de prever. Assim, o médico tem, em princípio, a obrigação de esclarecer o paciente com a devida antecedência, respeitando a sua autodeterminação e o seu estado de pessoa doente, relativamente a diagnóstico, processo, risco e consequências do tratamento ou das suas alternativas, embora com a excepção dos casos em que as circunstâncias objectivas não o permitam (p. ex., estado de inconsciência) ou em que o doente possa ficar psiquicamente afectado[375]. Nestes casos é necessário assumir um consentimento presumido com base no n.º 3 do artigo 340.º: "Tem-se por consentida a lesão, quando esta se deu no interesse do lesado e de acordo com a sua vontade presumível." Os pressupostos para um consentimento presumido dependem de critérios rigorosos[376].

432 Contudo, o recurso à figura do consentimento presumido nunca é possível quando se trata de participar em experiências terapêuticas. Quem participar em experiências deste tipo apenas pode fazê-lo no quadro da Lei n.º 21/2014, de 16 de Abril[377], que aprova a lei da investigação clínica.

O artigo 3.º desta lei consagra o primado da pessoa humana (epígrafe) e proclama como princípio geral que "[o]s direitos dos participantes nos estudos clínicos prevalecem sempre sobre os interesses da ciência e da sociedade." Nestes termos, o consentimento deve ser livre, esclarecido, expresso e, em princípio, dado por escrito, sob pena de ser considerado ineficaz, sendo, de resto, livremente revogável a todo o tempo, sem qualquer obrigação de indemnizar os prejuízos daí decorrentes (artigo 6.º, n.os 1 (als. *a)*, *b)* e *d)*), 4

bilidade são nulas (artigo 504.º, n.º 4). Contudo, esta nulidade das cláusulas limitativas não afecta as regras legais (artigo 570.º) da concorrência de culpas (quando o transportado age por risco próprio).

375 Ver Guilherme de Oliveira, «O fim da "arte silenciosa" (o dever de informação dos médicos)», *RLJ* 128 (1995/1996), p. 70.

376 BGH NJW 1995, p. 204.

377 Já alterada pela L n.º 73/2015, de 27 de Julho e pela L n.º 49/2018, de 14 de Agosto.

e 6 e artigo 2.º, al. *j*)). Tratando-se de menores com idade inferior a 16 anos, este será prestado pelos seus representantes legais e deverá refletir a vontade presumível do menor (artigo 7.º, n.º 1, al. *a*), 2.ª parte). Os menores com idade igual ou superior a 16 também têm de consentir no estudo clínico, juntamente com o representante legal (artigo 7.º, n.º 1, al. *a*), 1.ª parte). Todavia, o estudo clínico só pode ser realizado sendo respeitada a vontade expressa do menor que seja capaz de formar uma opinião e avaliar as informações, podendo este recusar-se a participar ou retirar-se do estudo clínico a qualquer momento (artigo 7.º, n.º 1, al. *c*)). Tratando-se de maiores incapazes de prestar o seu consentimento, este será prestado pelo seu acompanhante com poderes de representação especial, devendo refletir a vontade presumível do participante; no entanto, ao maior serão sempre prestadas as informações adequadas à sua capacidade de compreensão, sendo sempre considerada a sua vontade expressa quando seja capaz de formar uma opinião (artigo 8.º, n.º 2, als. *a*), *b*) e *c*)).

De qualquer modo, para evitar a eventualidade de abusos é sempre indispensável o parecer das comissões de ética antes da realização dos ensaios (artigos 2.º, als. *g*), *h*) e *i*), 16.º, 35.º, n.º 1, al. *e*), e 36.º, al. *a*)).

Quanto à colheita de órgãos para efeitos de transplantação, em que o 433
dador consentiu, o consentimento deve obedecer à garantia constitucional da dignidade da pessoa humana (artigo 1.º da Constituição), do direito à vida e integridade pessoal (artigos 24.º e 25.º da Constituição) e da liberdade de consciência (artigo da 41.º Constituição) e deve ainda respeitar o direito geral de personalidade e os seus limites. O mesmo vale, naturalmente, também em relação à pessoa em que o órgão colhido é implantado.

O regime do transplante de órgãos encontra-se regulado pela Lei n.º 12/93, de 22 de Abril[378], que distingue entre a colheita em vida (no seu Capítulo II) e a colheita em cadáveres (no seu Capítulo III) e estabelece o regime dos actos que tenham por objecto a dádiva ou colheita de órgãos, tecidos e células de origem humana, para fins terapêuticos ou de transplante, bem como às próprias intervenções de transplante, obedecendo a selecção de dadores vivos a critérios rigorosos de avaliação (previstos no artigo 6.º).

[378] Alterada pelas Leis n.ºs 22/2007, de 29 de Junho, 36/2013, de 12 de Junho (esta alterada pela Lei n.º 2/2015, de 8 de Janeiro), e pelo DL n.º 168/2015, de 21 de Agosto, completada pelo DL n.º 168/2015, de 21 de Agosto, no que respeita a indemnizações dos dadores.

Tratando-se da colheita em vida, o médico deve informar, de modo leal, adequado e inteligível, o dador e o receptor dos riscos possíveis, das consequências da dádiva e do tratamento e dos seus efeitos secundários, bem como dos cuidados a observar ulteriormente (artigo 7.º), devendo o consentimento, tanto o do dador como o do receptor, ser livre, esclarecido, informado e inequívoco e o dador pode identificar o beneficiário (artigo 8.º, n.º 1). Tratando-se de dadores menores, o consentimento deve ser prestado pelos pais, desde que não inibidos do exercício das responsabilidades parentais, ou, em caso de inibição ou falta de ambos, pelo tribunal (artigo 8.º, n.º 3).

Quando se trata da colheita de órgãos por um dador em relação ao qual foi determinada a morte cerebral (nos termos previstos na Lei n.º 141/99, de 28 de Agosto) o consentimento prévio do falecido, enquanto dador de órgãos, não é exigido; todavia, ele pode, em vida, manifestar expressamente a sua indisponibilidade para a dádiva de certos órgãos ou para todos eles ou limitá-la a certos fins, ficando a constar do registo dos não doadores (ver n.º 463).

434 Em qualquer caso, toda a limitação voluntária ao exercício dos direitos de personalidade é sempre livremente revogável, embora desta revogação possa nascer uma obrigação de indemnizar os eventuais prejuízos causados às legítimas expectativas da outra parte (artigo 81.º, n.º 2).

Com esta solução, a lei quer realçar o carácter vincadamente pessoal dos direitos de personalidade, superiores mesmo ao princípio do *pacta sunt servanda* (ver artigo 406.º, n.º 1, 2.ª alternativa). Fica fortalecida a posição do titular no sentido de poder fazer valer sempre estes seus direitos, constituindo a limitação ao seu exercício uma situação precária ou mesmo excepcional.

III. A LIGAÇÃO DOS DIREITOS SUBJECTIVOS AO SEU TITULAR; A AQUISIÇÃO E A TRANSMISSÃO DE DIREITOS

Bibliografia: Manuel DE ANDRADE, *cit.*, vol. I, pp. 34 a 41; vol. II, pp. 13 a 23. C. A. MOTA PINTO, *cit.*, pp. 359 a 372. J. DE CASTRO MENDES, *cit.*, vol. I, pp. 163 a 167; vol. II, pp. 29 a 75.

1. As modalidades da ligação ao titular

435 Da descrição dos direitos subjectivos que acaba de ser feita resulta que eles estão *sempre* ligados a um sujeito. Não há direitos subjectivos sem sujeito.

Esta afirmação não exclui, porém, que não possa haver certas situações em que exista uma espécie de ligação latente, ainda não activa, a um sujeito que não se conhece e que há-de surgir, podendo estas situações ser tuteladas pela ordem jurídica.

Pertencem aqui, p. ex., o património de um ausente (artigos 89.º ss.), a herança jacente (artigos 2046.º ss.), os direitos dos nascituros (artigos 66.º, n.º 2, 952.º, 1855.º, 1878.º, 2033.º e 2240.º), os direitos constantes de títulos emitidos com o titular do direito em branco (p. ex., uma livrança em branco), os direitos de títulos ao portador que foram abandonados ou que se perderam sem hipótese da sua recuperação por parte de quem os perdeu, etc.

Dado que o direito subjectivo confere um poder ao seu titular, é logica- 436
mente necessário haver alguém que o exerça. Esta lógica exclui direitos sem sujeito. A realidade comprova esta afirmação imediatamente a respeito dos direitos ligados a determinada pessoa. No caso da morte do seu titular, estes direitos (p. ex., direitos de personalidade, direitos familiares pessoais), em virtude de serem estritamente pessoais, extinguem-se e não se transmitem a qualquer outro sujeito, visto serem intransmissíveis. Os direitos patrimoniais, por seu lado, também não podem existir sem sujeito, mas não estão ligados, por via de regra, a uma determinada pessoa. Daí que, na grande maioria dos casos, não se extingam por morte ou pela mudança do seu titular, sendo assim transmissíveis.

Deste modo, vê-se que a ligação do direito ao seu sujeito, a chamada titularidade, pode ser incindível (como o é, regularmente, no caso de direitos familiares pessoais e direitos de personalidade) ou cindível (como sucede na maioria dos direitos patrimoniais). Sendo a ligação cindível, o direito pode ser renunciável e transmissível (transmissível por acto entre vivos significa alienável; transmissível por morte significa hereditável). Mas se a ligação é incindível, o direito é irrenunciável, inalienável e inhereditável.

A ligação do direito ao seu titular pode também ser directa (imediata) 437
ou indirecta (mediata). A ligação é directa quando nada se interpõe entre o titular e o seu direito. A ligação é indirecta quando há um direito intermédio ou um facto mediador que "fazem a ponte" entre o titular e o direito. O caso mais frequente é o da ligação directa (p. ex., a titularidade da propriedade).

Um exemplo para uma ligação indirecta encontramos no caso da servidão constituída no prédio serviente em benefício do prédio dominante. Aqui, a propriedade do prédio dominante é o direito intermédio, necessário para a titularidade da servidão. Como a servidão é inerente – de maneira aumentativa – ao prédio dominante, é preciso ter-se a titularidade do direito de propriedade deste para se poder ser titular da servidão. A ligação entre prédio dominante e o prédio serviente (em que se constituiu a servidão), por seu lado, é uma ligação incindível (artigo 1545.º, n.º 1).

Outro exemplo para uma ligação indirecta é o caso do direito de crédito incorporado num título emitido ao portador (p. ex., um cheque passado ao portador ou uma livrança na posse do credor). Nestes casos pode exigir a satisfação do crédito quem tiver a posse (que é o facto mediador) do título.

2. A aquisição e a transmissão de direitos[379]

a) *As formas de aquisição de direitos*

438 O acto de ligação do direito ao seu sujeito, ao titular do direito, chama-se aquisição. A aquisição coincide muitas vezes com a constituição do direito, ou seja, com o momento em que o direito surge de novo. Mas a aquisição pode dar-se, e assim acontece inúmeras vezes, sem que surja simultaneamente um direito novo, isto é, sem que haja a constituição de um direito. Aqui, o direito já constituído e existente é transmitido a um adquirente.

Portanto, correspondendo a constituição do direito ao seu nascimento, ela coincide sempre com a aquisição simultânea do direito, uma vez que não existem direitos sem sujeito. Não pode haver constituição sem aquisição. Mas pode haver, isso sim, aquisição sem constituição, facto esse que se verifica quando um direito já constituído é transmitido, por se tratar de uma ligação cindível, de um titular para outro. Para compreendermos isso, precisamos de distinguir os vários tipos de aquisição.

A aquisição originária faz nascer o direito *ex novo* na pessoa do adquirente. Casos de aquisição originária (referidos no artigo 1316.º) são: a usucapião (artigos 1287.º ss.), a ocupação (artigos 1318.º ss.), a acessão natural (ao contrário da acessão industrial; artigos 1325.º ss.), a aquisição do direito de autor (artigo 11.º do Código do Direito de Autor e dos Direitos Conexos[380]) e

[379] Cf., além da bibliografia citada, Enneccerus-Nipperdey, *cit.*, 12, §§ 139 a 142.

[380] DL n.º 63/85, de 14 de Março, na versão mais recente (DL n.º 100/2017, de 23 de Agosto).

outros casos menos importantes. Podem ser incluídos aqui também as aquisições ao *não* titular (aquisições *a non domino*: artigo 892.º em ligação com o artigo 291.º *ou* em ligação com as regras do registo; artigo 956.º, n.º 1, em ligação com as regras do registo; artigo 939.º em ligação com o artigo 291.º *ou* com as regras do registo). A aquisição originária dá-se independentemente ou contra a preexistência de um outro direito. Não há qualquer transmissão.

Em todos estes casos, o direito surge de novo: ou porque não havia um direito anterior, ou porque o direito anterior é afastado pela aquisição originária (p. ex., o usucapiente adquire o seu direito, afastando o direito do proprietário anterior; ele adquire, por assim dizer, o seu direito contra o direito deste; o mesmo sucede, *mutatis mutandis,* com a aquisição ao não titular). Portanto, na aquisição originária o direito não se filia num direito anterior; deste modo há uma coincidência entre a aquisição e a constituição do direito.

A aquisição derivada é, em comparação com a aquisição originária, a modalidade mais relevante e processa-se por via de um acto de transmissão (por contrato [compra e venda; doação] ou por sucessão *mortis causa* [artigo 1316.º]) em virtude do qual o direito passa – total (aquisição derivada translativa) ou parcialmente (aquisição derivada constitutiva: constitui-se a parte transmitida) – de um titular para um novo titular. Este processo conduz à extinção do direito na pessoa do antigo titular (caso da aquisição derivada translativa) ou dá origem a uma limitação do direito na sua pessoa (caso da aquisição derivada constitutiva, na medida em que o direito se vê diminuído pela autonomização em um direito próprio de parte sua sobre que o direito transmitido se constituiu). 439

Assim, na aquisição derivada o direito transmite-se de um titular para outro titular. Há uma relação entre o titular anterior e o novo: o direito adquirido filia-se no direito precedente. Há sempre um nexo causal entre a extinção (ou entre a limitação), do direito do primeiro titular e a aquisição do direito por parte do segundo. O direito passa do transmitente para o adquirente. Concorre para o efeito aquisitivo a vontade do próprio transmitente. Na aquisição derivada translativa o direito adquirido pelo novo titular é exactamente o mesmo que pertencia ao titular precedente.

Enquanto na aquisição derivada translativa o direito transmitido mantém a idêntica configuração que já existia antes, na aquisição derivada constitutiva, as coisas não se passam da mesma maneira. Aqui, o direito adquirido pelo novo titular filia-se no direito anterior, mas não é idêntico a ele, visto ser apenas uma sua parte ou fraccionamento que se autonomizou como direito próprio ao ser constituído no momento da aquisição (p. ex., a constituição de direitos reais limitados pelo titular do direito de propriedade a favor de outrem; ver n.º 378). Deste modo, como o direito não existia antes, pois apenas nasceu em virtude do fraccionamento de um direito pré-existente, há simultaneidade entre a aquisição e a constituição de um direito novo.

Finalmente, temos ainda a aquisição restitutiva, que corresponde à situação inversa da aquisição derivada constitutiva. O direito real limitado reingressa (por acto unilateral do seu titular ou por contrato) no direito de propriedade, do qual fora separado, sendo reabsorvido por aquele (ver n.º 379).

440 Ligada ao conceito da aquisição está a figura da sucessão, que pode ser uma sucessão singular ou uma sucessão universal. Sucessão significa o subentrar numa relação jurídica anterior (p. ex., o herdeiro na sucessão por morte; o adquirente na aquisição derivada translativa e constitutiva; o novo devedor na assunção de dívidas). É o adquirente que sucede na relação jurídica anterior.

Neste contexto distingue-se ainda (como os exemplos referidos deixam antever) entre a sucessão entre vivos e a sucessão por morte.

A sucessão entre vivos é uma sucessão singular: o adquirente sucede, a título singular, na titularidade do direito adquirido ou na posição jurídica do devedor quanto à dívida assumida. A sucessão singular processa-se por meio de negócios jurídicos que especificam devidamente o direito ou a obrigação.

A sucessão por morte pode ser uma sucessão universal, em que o herdeiro sucede na totalidade, ou numa parte alíquota, das relações jurídicas patrimoniais (património global) da pessoa falecida (o *de cujus*), ou uma sucessão singular, quando um legatário sucede em bens ou valores determinados (artigo 2030.º)[381].

A sucessão universal apenas se verifica por ocasião da morte e pode resultar de um negócio jurídico (testamento) ou de disposição legal. Podemos considerar como um caso específico de sucessão universal a criação dos bens comuns como efeito da celebração do casamento no regime da comunhão geral de bens (artigo 1732.º).

[381] A decisão se, face à disposição testamentária, um sucessor *mortis causa* deve ser qualificado como herdeiro ou legatário pode levantar dúvidas; cf. Cristina Araújo Dias, *Lições de Direito das Sucessões*, Livraria Almedina, Coimbra, 5.ª ed., 2017, pp. 61 a 69.

b) As modalidades e as regras para a transmissão de direitos

Tendo em conta as modalidades da aquisição, vemos que os direitos subjectivos podem ser transmitidos por via de um negócio jurídico nos casos da aquisição derivada translativa, nas hipóteses da aquisição derivada constitutiva e, ainda, na aquisição restitutiva ou na constituição de um legado. 441

Para todas estas situações vale o princípio da transmissão singular. A transferência dos direitos subjectivos por transmissão singular constitui a regra: os direitos são transmitidos um por um e de acordo com o regime estabelecido para o efeito (p. ex., a necessidade da observância de uma forma ou não). O princípio da transmissão singular beneficia a determinação do conteúdo do acto de transmissão e, com isso, a segurança do tráfico jurídico bem como a protecção dos intervenientes. Apenas assim pode ser assegurado que o transmitente não transmita mais direitos do que possui e que o adquirente não receba menos do que foi acordado.

Em algumas situações específicas a lei prescinde da transmissão singular; assim, quanto ao ingresso de bens no fundo comum de uma associação sem personalidade jurídica (artigo 197.º n.º 2) ou a respeito da comunicação dos bens em virtude da celebração do casamento no regime da comunhão geral de bens, que se assemelha, como vimos, a uma sucessão universal entre vivos.

Com o acto de transmissão, o direito transmite-se tal como existe (ou, no caso da aquisição derivada constitutiva, tal como foi constituído) ao respectivo sucessor na titularidade. O direito muda de titularidade e desloca-se, como existiu ou como foi constituído, do transmitente para o adquirente. Subjaz a este efeito o princípio que se impõe de modo objectivo, independentemente do conhecimento das partes e/ou da sua boa fé, de que ninguém pode transmitir um direito que não possui ou um direito mais forte do que aquele que possui (*nemo plus iuris in alium transferre potest quam ipso habet*). 442

No entanto, a lei admite excepções ao princípio *nemo plus iuris* em três situações (já referidas nos n.os 333 e 334), quando protege determinados adquirentes de *boa fé*. Em duas das três situações falamos de uma *aquisição a non domino*, quer dizer, de uma aquisição a um não titular. Aqui, os adquirentes acreditam, justificadamente, na titularidade aparente do seu transmitente, não obstante as aparências estarem em desconformidade com a situação jurídica verdadeira. 443

O primeiro caso da protecção de terceiros adquirentes, de boa fé, resulta do regime consagrado no artigo 291.º, concebido para afastar os efeitos retroactivos e restitutivos da declaração de nulidade de um negócio jurídico *nulo* celebrado antes do negócio em que o terceiro adquirente fundamenta a sua aquisição. Estes efeitos retroactivos e restitutivos decorrem do artigo 289.º, n.º 1, e não se limitam às partes do negócio anterior declarado nulo, mas atingem de modo igual também os adquirentes subsequentes (os terceiros). O artigo 291.º protege a aquisição deles, que justificam a sua boa fé com o desconhecimento, sem culpa, da nulidade do negócio anterior.

O segundo caso da protecção de terceiros adquirentes verifica-se no caso da falta do registo de um negócio anterior *válido*, realizado pelo alienante que a seguir dispôs de novo, agora a favor de outrem (o terceiro), realizando deste modo uma alienação de coisa alheia e nula, mas, devido à falta do registo do negócio válido anterior, o terceiro ignorava este negócio. O terceiro justifica a sua boa fé ao basear-se nas presunções do registo, que continua a mostrar o alienante como sendo o titular.

A última excepção ao princípio *nemo plus iuris*, muito embora *não* se trate de uma aquisição *a non domino*, dá-se no caso da protecção de terceiros adquirentes de boa fé pelo artigo 291.º, em ordem a afastar os efeitos retroactivos (e restitutivos) da anulação de um negócio jurídico. Aqui, a lei garante ao adquirente um direito estável e definitivo, muito embora o seu transmitente, o anterior titular, apenas o fosse em termos precários ou provisórios. Nos casos da anulação, a protecção do terceiro, enquanto excepção ao princípio *nemo plus iuris*, tem um carácter menos incisivo, diferente da protecção que se dá aos terceiros adquirentes *a non domino* nos casos em que os seus negócios aquisitivos são nulos.

Como todas estas três excepções são, na sistemática da lei, excepções aos efeitos da invalidade de um negócio jurídico de atribuição patrimonial, elas serão tratadas dentro do regime da invalidade (ver, *infra*, n.os 1031 ss.).

IV. O ABUSO DO DIREITO SUBJECTIVO

Bibliografia: F. A. Cunha de Sá, *Abuso do Direito*, Lisboa, 1973. J. M. Coutinho de Abreu, *Do abuso do Direito*, Coimbra, 1983. A. Menezes Cordeiro, *Da boa fé no Direito Civil*, vol. II, Coimbra, 1984, pp. 670-671, 719-901. Jorge Sinde Monteiro, *Responsabilidade por conselhos, recomendações ou informações, Coimbra*, 1989, pp. 179-181, 535-582. J. de Castro Mendes, *cit.*, vol. II, pp. 96-120. Luís Cabral de Moncada, *cit.*, pp. 748-753.

1. Os poderes individuais e as vinculações imanentes e sociais dos direitos subjectivos

Ao analisar a estrutura da relação jurídica (n.os 233 ss.) e a noção do direito subjectivo (n.º 362) vimos que ambos traduzem poderes, postos nas mãos de particulares, que são os seus sujeitos ou titulares. Estes poderes individuais ou privados correm o perigo – como, aliás, todo e qualquer poder, pois trata-se de um perigo típico, mesmo que o poder esteja institucionalizado – de um exercício abusivo[382]. Contudo, a ordem jurídica privada procura combater este perigo. Para o efeito, ela toma em conta que, duma maneira ou doutra, a atribuição de um direito subjectivo privado pelo direito objectivo é feita em função das finalidades do direito privado, da liberdade e personalidade do seu titular, sendo nesta intencionalidade o resultado de uma correspondente decisão de valores do legislador (cf. n.º 366 e também o n.º 58). Flui daí que os direitos subjectivos e o seu exercício não são garantidos sem limites. Pelo contrário, eles devem manter-se dentro da sua função útil, intencionada pelo direito privado. 444

Na verdade, cada norma do direito (objectivo) visa atingir ou tem como ponto de partida determinados objectivos ou valores, em função dos quais delimita os interesses dos particulares, reconhecendo-lhes ou atribuindo-lhes os respectivos direitos subjectivos. Daí resultam limites de conteúdo quando se invoca uma norma para fazer valer o respectivo direito subjectivo. Quer dizer, os valores, finalidades e objectivos subjacentes à norma justificam, mas também condicionam, a invocação e o exercício de um determinado direito subjectivo, por ela atribuído. Implica isto que os direitos subjectivos são, à partida, de uma maneira ou outra, "vinculados" de forma imanente[383].

As vinculações imanentes aos direitos subjectivos privados podem revestir formas e intensidades diferentes. Mas nunca podem ir ao ponto de contradizer ou subverter a finalidade normativa, isto é, de se substituir à vontade autónoma do titular ou de esvaziar o direito subjectivo dos seus conteúdos e poderes específicos. A vinculação não pode suplantar-se à liberdade, pela 445

[382] Segundo o filósofo grego Panajotis KONDYLIS (1943-1998) a verdadeira questão é que *toda a actuação humana é determinada pelo poder*.

[383] Cf. RÜTHERS/STADLER, § 7 2 (= pp. 50-51); Helmut KÖHLER, *cit.*, § 17 35 (= p. 277: Todos os direitos são limitados quanto ao seu conteúdo e o titular tem que respeitar estes limites).

simples razão de isto significar um resultado contrário à ideia justificativa do direito subjectivo.

Por isso, não se podem contrapor, porventura, "autênticos" direitos subjectivos, dependentes unicamente da vontade do seu titular, a chamados "direitos-deveres", a exercer de acordo com determinadas tarefas, ou a "poderes funcionais", funcionalizados de acordo com meras finalidades normativas. O que existe são apenas formas e intensidades diferentes de vinculações imanentes dos vários direitos subjectivos que, nesta medida, e apenas nesta, constituem, todos eles, direitos de certo modo vinculados. Daí que se possa afirmar que os direitos subjectivos se devem exercer por virtude da vontade autónoma do seu titular e conforme a sua vinculação imanente, como resultado da razão e intencionalidade justificativa do direito, sem lesar os legítimos interesses dos outros. O exercício de direitos individuais deve ser medido pelos efeitos que dele resultam para os outros.

446 Mas uma coisa é a vinculação, uma outra é a funcionalização ou instrumentalização do direito subjectivo (que são características das ordens jurídicas colectivistas e também de legislações tutelantes e paternalistas em vista a indivíduos que são tidos como inaptos de exercer os seus direitos correctamente): o direito subjectivo constitui, sempre e em primeiro lugar, um poder de vontade atribuído ao indivíduo, um poder pertencente à pessoa. Fazer depender o direito subjectivo de uma função acabaria por substituí-lo pela própria função, obtendo-se assim um "ofício" que caberia ao indivíduo desempenhar na sociedade de acordo com os interesses pré-definidos por esta.

447 Além das vinculações imanentes que implicam limites intrínsecos de conteúdo, ao determinar os limites internos da livre vontade do seu titular, os direitos subjectivos conhecem ainda vinculações sociais, limites extrínsecos, que resultam do facto de haver também direitos subjectivos dos outros particulares ou da comunidade em geral[384]. De facto, todas as posições juridicamente protegidas têm limites externos que resultam da protecção que a ordem jurídica garante a outros bens jurídicos. Existe uma vinculação social de todos os direitos subjectivos. As vinculações sociais são de direito privado ou de direito público, nem sempre sendo fáceis as delimitações entre elas.

[384] Helmut Köhler, *cit.*, § 17, n.os 36 e ss. (= pp. 277-279).

Assim, p. ex., as limitações do direito da propriedade decorrentes dos artigos 1346.º a 1352.º e dos artigos 1360.º a 1365.º, constituem vinculações de carácter privado, justificadas pelos direitos dos vizinhos, mas as limitações previstas no artigo 1309.º (é permitida a requisição temporária de coisas) ou no artigo 1376.º (que condiciona o fracionamento de terrenos aptos para cultura no sentido de eles manterem uma superfície mínima) são restrições no interesse da comunidade; disposições fiscais que penalizam o subaproveitamento económico de terrenos ou o não arrendamento de casas devolutas ou normas legais que combatem o mau uso dos solos agrícolas já são limitações impostas pelo direito público; o mesmo vale para as leis que proíbem a plantação de eucaliptos nas proximidades de nascentes e de terrenos cultivados.

Com estes exemplos mostra-se de novo (cf. n.º 376) como a propriedade privada, não obstante constituir um corolário imprescindível da liberdade, está socialmente vinculada por exigências legítimas de outros e da comunidade[385].

2. Colisão de direitos e abuso do direito

O Código Civil acolhe estas reflexões, que são válidas para todos os direi- 448
tos subjectivos (absolutos, relativos e potestativos), ao consagrar os institutos do "abuso do direito" e da "colisão de direitos" nos seus artigos 334.º e 335.º. O artigo 334.º tem em vista, principalmente, mas não só, as vinculações imanentes aos direitos subjectivos; o artigo 335.º visa antes os limites externos, resultantes da necessidade de respeitar os direitos dos outros.

Nestes termos, o n.º 1 do artigo 335.º dispõe de uma maneira geral que "[h]avendo colisão de direitos iguais ou da mesma espécie, devem os titulares ceder na medida do necessário para que todos produzam igualmente o seu efeito, sem maior detrimento para qualquer das partes". Vem aqui expresso que os limites exteriores de um direito legítimo se encontram nos

[385] A delimitação entre vinculações imanentes (internas ou intrínsecas) e vinculações sociais (externas ou extrínsecas) nem sempre é fácil e isenta de dúvidas; mas também não é fácil traçar uma fronteira entre as vinculações sociais e as obrigações reais, ou seja, os deveres de conteúdo positivo que incidem sobre o *titular* de direitos subjectivos reais (cf. a este último respeito Manuel Henrique Mesquita, *Obrigações reais e ónus reais*, Coimbra, 1990, pp. 1 ss., 29-30, 299 ss.).

direitos legítimos dos outros. Nenhum dos direitos em causa pode sobrepor-se ao outro. Mas regra diferente contém-na o n.º 2 do artigo 335.º no caso de direitos desiguais. Aqui prevalece o direito superior.

As regras gerais do artigo 335.º são concretizadas em muitos preceitos específicos, tais como os artigos 72.º, n.º 2 (para os casos de homonímia), 407.º (conflito entre direitos pessoais de gozo), 422.º (conflitos entre direitos de preferência legais e contratuais), 506.º (repartição dos danos resultantes da colisão entre dois veículos com base no critério do risco se nenhum dos condutores teve culpa), 745.º ss. (concurso de créditos privilegiados pela ordem legalmente estabelecida), etc. No que respeita a um eventual conflito entre direitos reais e obrigacionais não pensamos, como sustenta a doutrina maioritária, que em regra o direito real prevalece[386]. O conflito deve ser resolvido caso a caso de acordo com o n.º 1 do artigo 335.º. Deste modo, é apenas na falta de uma disposição especial que o artigo 335.º ganha relevância. Em todo o caso, a violação das regras estabelecidas no artigo 335.º pode redundar em abuso do direito.

449 A respeito do abuso do direito diz o artigo 334.º que "[é] ilegítimo o exercício de um direito quando o titular exceda manifestamente os limites impostos (ou) pela boa fé, (ou) pelos bons costumes ou pelo fim social e económico desse direito". É com estas três hipóteses que a lei procura obter um controlo ou uma moderação do poder, fazendo com que o exercício do direito subjectivo por parte do seu titular se efectue dentro do quadro resultante do fim para o qual foi atribuído. O instituto do abuso do direito representa, antes de tudo, o controlo institucional da ordem jurídica quanto ao exercício dos direitos subjectivos privados, garantindo a autenticidade das suas funções[387].

[386] Cf. p. ex., Orlando de Carvalho, *Direito das Coisas*, Coimbra Editora, Coimbra, 2012, pp. 226 ss.; José Luís Bonifácio Ramos, *Manual de Direitos Reais*, AAFDL Editora, Lisboa 2017, p. 90; Luís Manuel Teles de Menezes Leitão, *Direitos Reais*, 7.ª ed., Almedina, Coimbra, 2018, pp. 51; indeciso Rui Pinto Duarte, *Curso de Direitos Reais*, 3.ª ed., Edição Principia, Cascais, 2013, pp. 41-42; quem neste contexto nem se refere à prevalência é José Alberto Vieira, *Direitos Reais*, Almedina, Coimbra, 2016. Efectivamente, não há disposição legal que confirme o princípio da prevalência dos direitos reais sobre os direitos de crédito.

[387] Por isso, não pensamos que o abuso do direito seja uma forma da responsabilidade civil, ao contrário do que sustenta certa doutrina (cf., p. ex., J. Ribeiro de Faria, *Direito das obrigações*, vol. I, Porto, 1987, pp. 428-433), uma vez que, fundamentalmente, está em causa o exercício

Quer dizer, a lei considera, e bem, que a moderação voluntária no exercício de poderes é uma virtude na qual não se pode confiar em demasia. De resto, é uma característica do abuso do direito que este, na aparência, até existe. Quem age em abuso do direito invoca um poder que formal ou aparentemente lhe pertence, embora não tenha fundamento material. Esta situação dificulta a defesa contra o abuso pois, à primeira vista, as aparências falam contra o lesado, de maneira que este, em certas circunstâncias, necessita também de alguma "coragem civil" para invocar os seus direitos[388].

Daí que na sua concepção do abuso do direito, o artigo 334.º parta, em cada uma das suas três hipóteses, de critérios objectivos. Significa isto, em primeiro lugar, que o excesso cometido no exercício do direito tem de ser manifesto. Quer dizer, o julgador do caso está perante um abuso do direito quando constata que este foi exercido, em termos objectivos, inequivocamente em ofensa da justiça ou quando se trata de uma conduta clamorosamente ofensiva da justiça ou de uma afronta ao sentimento jurídico dominante[389]. 450

Se a concepção do abuso atendesse preferentemente a critérios subjectivos, resultaria daí uma protecção daqueles que não conhecem escrúpulos. Por isso, não é necessária a consciência do abuso, é suficiente o excesso objectivo. Por outro lado, o artigo 334.º não ignora, e nem podia ignorar, considerações de ordem subjectiva. Estas considerações têm relevância nos casos em que se excedem os limites impostos pela boa fé ou pelos bons costumes, mas não no caso em que se vai para além do "fim social ou económico" do direito, caso esse em que a lei se limita à consagração de um critério puramente objectivo.

O artigo 334.º é complementado, de certa maneira, pelo disposto no n.º 2 do artigo 340.º. Este preceito proíbe, como sabemos (n.º 428), que alguém

de um direito próprio, não a violação de um direito de outrem. – O exercício abusivo de um direito caberá, por via de regra, na categoria dos negócios desaprovados pela ordem jurídica e, como tais, nulos. O abuso do direito é fonte da obrigação de indemnizar (STJ *BMJ* n.º 221 [Dezembro 1972], pp. 253, 254) apenas nos casos em que exista, ainda, a violação de direitos alheios.

388 De resto, todos sabemos, que é muito mais fácil fazer uma afirmação com aparência de veracidade do que deduzir a prova (moedora ou trituradora) da sua incorrecção.

389 Cf., por todos, P. Lima-A. Varela-H. Mesquita, nota 3. ao artigo 334.º, louvando-se em Manuel de Andrade e Adriano Vaz Serra.

abdique dos seus direitos, mediante consentimentos na sua lesão, ao dizer que "o consentimento não exclui a ilicitude do acto lesivo, quando este for contrário a uma proibição legal ou aos bons costumes". Também neste artigo 340.º, n.º 2, transparece a ideia geral das vinculações imanentes dos direitos subjectivos, pois fica expresso que ela é determinante não só quanto ao seu (ab)uso positivo (ou activo) como igualmente negativo (ou passivo).

Em sintonia com o texto do artigo 334.º e das hipóteses nele enunciadas, o abuso do direito apresenta-se sob duas formas básicas que poderão ser designadas por "abuso institucional" e "abuso individual"[390]. É preciso diferenciar entre as duas formas.

451 Fala-se de um abuso institucional, quando o direito subjectivo é invocado para fins que estão fora dos objectivos ou funções para os quais foi atribuído pela intencionalidade da norma. Esta conexão funcional deve ser considerada já na interpretação do conteúdo da norma. Se a interpretação levar ao resultado de que a norma não confere o direito invocado (ou não confere um direito com o conteúdo invocado), então estamos, no fundo, não perante um abuso do direito, mas em face do exercício de um direito subjectivo aparente, não existente na realidade (p. ex., os casos da chicana, ou seja, os casos em que alguém exerce um direito com o único objectivo de causar danos a outrem).

É característico para o abuso institucional que ele contraria, num sentido ou noutro, a ordem pública ou contradiz os princípios fundamentais do direito privado ou da ordem jurídica, económica ou social ou desvirtua a função e os objectivos de um dado instituto jurídico. É esta a situação prevista pelo artigo 334.º quando se refere ao "fim social ou económico" do direito. Este tipo de abuso do direito deve ser apreciado oficiosamente pelo tribunal, uma vez que lhe compete verificar os limites imanentes a um direito subjectivo que acaba de ser invocado, para poder decidir da justeza desta mesma invocação[391]. Trata-se, em termos processuais, de uma situação paralela à da caducidade de um direito subjectivo (cf. n.º 337).

[390] A diferenciação foi feita sob a influência de ESSER-SCHMIDT, *Schuldrecht Allgemeiner Teil*, Teilband 1, Heidelberg und Karlsruhe, 1976, pp. 45, 46 ss., 49 ss., mas sem que haja concordância com os autores em todos os aspectos.

[391] Cf. também STJ *BMJ* n.º 364 (Março 1987), pp. 787, 790, com algumas referências doutrinais: "No caso do abuso do direito está em jogo um princípio de ordem e interesse público,

Diferentes são os casos do abuso individual. Aqui, o exercício do direito estaria em princípio a coberto da norma. Todavia, no caso concreto existem circunstâncias especiais que contribuem para que o exercício do direito, a invocação da norma, incorra em contradição com a ideia de justiça. Em princípio, aparte os direitos-deveres, quem possuir um direito está livre de exercê-lo ou não; mas, ao exercê-lo, deve fazê-lo de maneira correcta e também na altura devida. Caso contrário, o exercício do direito pode ser abusivo. São situações deste tipo que o artigo 334.º tem em vista, ao designar por ilegítimo o exercício de um direito, quando o titular exceda manifestamente os limites impostos "pela boa fé" ou, ainda, os limites impostos "pelos bons costumes". Como exemplos do abuso individual do direito podem ser referidos[392]: 452

a) A falta de um interesse protegido (cf. n.º 356) que justifique o exercício do direito[393] (caso não se queira incluir esta situação na figura do abuso institucional). Um exemplo a este respeito será o exercício do direito de preferência, previsto no artigo 1380.º, n.º 1, por parte de um proprietário de um terreno confinante, apto para cultura, mas em perfeito estado de abandono[394]: aqui é contrariada a função económica e social do direito potesta-

não dependendo da invocação das partes a apreciação da questão (...) o uso abusivo de um direito além de antijurídico surge em certos casos equivalente, em seus efeitos, à carência dele".

392 A este respeito, as soluções classificativas adoptadas pelos vários autores não são uniformes e, em parte, divergem dos nossos.

393 É exemplar o caso, que se aproxima da chicana, decidido pela Rel. de Coimbra, *BMJ* n.º 213 (Fev. 1972), p. 285: "Abusa do direito de impedir que o vizinho abra na casa dele janelas sobre o seu terreno, sem o intervalo de metro e meio, aquele cujo terreno já está devassado por outras duas janelas existentes na mesma casa e não passa duma estreita língua de terra, apenas cultivável manualmente, onde não é possível fazer qualquer construção e que provavelmente vai ser incorporada na estrada municipal com que confina".

394 Por outro lado, "o direito de preferência conferido pelo artigo 1380.º do Código Civil não depende da afinidade ou identidade de culturas nos prédios confinantes". Assento do STJ *BMJ* n.º 355 (Abril 1986), p. 121. Todavia, não goza do direito de preferência o proprietário confinante quando o prédio rústico vendido se destina a um fim diferente de cultura, mesmo que no acto da venda ainda não esteja afectado àquele fim diverso do de cultura. Assim STJ *CJ* II (1994), t. II, p. 154.

tivo, destinado a melhorar a estrutura agrária (à semelhança do artigo 1376.º, que proíbe fracionamentos de terrenos de cultura)[395].

b) O *venire contra factum proprium* (ou comportamento contraditório), aliás uma forma de abuso frequente, onde foi adoptado pelo titular do direito um comportamento positivo no sentido de ele já não o querer invocar com a consequência de disposições correspondentes da outra parte que, em virtude deste comportamento, confiou e acabou por se sentir livre da obrigação ou sujeição. Pertencem aqui, p. ex., as situações criadas na sequência de negócios nulos e – como tais – sem os efeitos pretendidos, mas em que as partes, ou uma delas, procedem como se o negócio fosse válido, criando com esta sua conduta, subsequente ao negócio nulo, a confiança de que a nulidade não seria invocada (é o caso de um inquilino que paga a nova renda, apesar de o senhorio lhe ter comunicado o aumento sem a observância das formalidades legalmente prescritas, e que depois invoca a nulidade por falta de forma)[396]. Aqui pode chegar-se a uma situação de confiança, em que uma parte ou um terceiro faz fé, que impede a outra parte, devido à estabilidade da sua conduta durante certo prazo, de se fazer valer do seu direito potestativo de invocar a nulidade do negócio. Estes casos têm, no entanto, o seu "quê" na medida em que é ilidida a sanção da nulidade e desconsiderada a razão na qual ela está fundada. Por outro lado, deve ser evitado que se invoquem meras posições formais, já sem fundamento material justificativo[397].

[395] Em geral pertencem aqui os casos em que direitos potestativos são exercidos de uma maneira que os desvirtua das suas funções. P. ex., o exercício do direito de anular uma deliberação social que não seja invocado para defender a legalidade dentro da sociedade, mas sim para obter vantagens patrimoniais em troca da renúncia ao direito de pedir a anulação.

[396] Também a invocação da nulidade de um contrato que as partes, ao desconhecer a nulidade, cumpriram, depois de terem decorrido 15 anos, é contrária à boa fé e mina a segurança jurídica (BGH *NJW* 2012, p. 2024).

Por outro lado, as partes de um negócio nulo, por inobservância da forma legal, mas executado por ambas como se fosse válido, não podem invocar a nulidade para evitar a tributação decorrente da realidade económica (BFH *DB* 1994, p. 510.

[397] Uma decisão no contexto desta problemática encontra-se em *CJ* XIV (1989), t. 3, p. 192 (contrato verbal de arrendamento comercial; abuso do direito).

Também um terceiro não deve poder invocar a nulidade de um negócio, por inobservância da forma legal a seu favor, se as partes, na convicção da sua validade, o cumpriram e executaram sem nunca ter posto em causa as prestações efectuadas entre elas.

Quanto à doutrina, ver FLUME, vol. II, *cit.*, § 13 4.

Sobretudo quando critérios formais são invocados depois de ter passado muito tempo poder-se-á desconfiar que as verdadeiras razões (subjacentes) à invocação são diferentes das invocadas.

c) A perda do direito (*Verwirkung*; corresponde aproximadamente à caducidade). O titular do direito, estando em perfeitas condições para o fazer, não invoca o mesmo durante bastante tempo, sem que se tenha preenchido o prazo de prescrição, e observa simultaneamente um comportamento através do qual o devedor podia legitimamente concluir que o direito já não seria exercido. A perda do direito pode ter lugar quando se trata de prazos de prescrição compridos. Em qualquer caso, são sempre necessárias circunstâncias especiais que justifiquem a sua invocação, sob pena de esvaziamento das regras da prescrição.

d) A exigência injustificada (*dolo agit, qui petit, quod statim redditurus est*). Esta situação dá-se quando um titular invoca o direito a uma prestação apesar de uma obrigação sua de devolver imediatamente esta mesma prestação; uma situação deste tipo está prevista nos dois n.os do artigo 764.º: anulado o acto do cumprimento, este terá de ser feito de novo.

e) Um comportamento desleal que resulta do aproveitamento de uma posição jurídica, ela própria adquirida por dolo ou abuso do direito, se daí provir um prejuízo que doutra maneira não se teria verificado; pode servir de exemplo a invocação da prescrição (ou o aproveitamento da caducidade) por parte de quem tiver obstado, com a sua conduta anterior e enganadora, a que o titular do direito intentasse a tempo a acção indicada para evitar o decurso do prazo[398]. Na verdade, um comportamento desleal de uma parte de um contrato pode ter como efeito que lhe é negado o exercício de um direito se este direito foi precisamente adquirido pelo comportamento desleal[399].

f) A inobservância dos princípios gerais do cumprimento das obrigações, a respeito dos quais o artigo 762.º, n.º 2, dispõe: "No cumprimento da obrigação, assim como no exercício do direito correspondente, devem as partes proceder de boa fé".

[398] Assim, A. Vaz Serra, «Anotação», *RLJ* 107 (1974/1975), pp. 23, 25.
[399] BGH *NJW* 1971, p. 2226.

453 Atendendo à sua "função moderadora" (ou de controlo, respectivamente de correcção) quanto ao exercício dos direitos subjectivos privados, pode perguntar-se se o campo de aplicação do artigo 334.º não deve ser alargado também às faculdades, liberdades, poderes, etc. que fluem da capacidade jurídica das pessoas ao abrigo da sua liberdade geral de agir (cf. n.º 367), designadamente no que respeita à liberdade contratual[400]. Tal alargamento, que uma maioria na doutrina quer aceitar, não está isento de dúvidas, pois contribui para esvaziar o conceito "direito", utilizado pelo artigo 334.º num sentido estrito e preciso, e a transformá-lo num conceito sem rigor. Quanto muito poderá pensar-se numa aplicação análoga do artigo 334.º ao emprego, melhor dizendo, ao mau emprego, daquelas faculdades, poderes ou "direitos" de que as pessoas dispõem para poderem agir.

Mas também aqui as dúvidas subsistem, uma vez que o artigo 334.º não contém nenhuma directriz de conduta geral com vista ao uso da liberdade de agir (onde o "controlo" começará, antes, com a aplicação do artigo 227.º)[401], mas se destina, tão-só, a corrigir a conduta especial, observada aquando do exercício de direitos subjectivos, para evitar situações de abuso. Na verdade, limitações à liberdade geral de agir são essencialmente diferentes dos limites existentes no exercício de um direito já constituído que se faz valer.

Poderá considerar-se, porém, como indicada, a aplicação das regras do abuso do direito a certas funções ou ofícios, como a curadoria, o acompanhamento de maior, a tutela, a testamentaria ou administração da insolvência. Nestas situações, a aplicação das regras do abuso do direito poderá acarretar uma protecção mais eficiente para quem estiver abrangido por semelhante medida.

454 Também deve haver cautela em recorrer ao artigo 334.º, para fundamentar obrigações de indemnização "nas hipóteses em que não existe violação de direitos subjectivos, nem os respectivos interesses estão protegidos por disposições legais de protecção (artigo 483.º, n.º 1), portanto, para o sector de danos puramente patrimoniais" quando alguém "de uma forma ofensiva

[400] Neste sentido, inequivocamente, A. Ferrer Correia e V. Lobo Xavier, «Efeito externo das obrigações; abuso do direito; concorrência desleal», *RDE*, 1979 (V), pp. 3, 10-12.

[401] Ou também com o DL nº 446/85, que contém o regime das cláusulas contratuais gerais, ou, de uma maneira ainda mais geral, com os limites jurídicos à liberdade de contratar (cf. n.os 89 ss.).

para os bons costumes causa intencionalmente, ou de maneira negligente, um dano a outrem", feita uma ponderação global das circunstâncias do caso concreto[402]. A previsão do artigo 334.º não abrange directamente situações deste tipo e, muito embora uma obrigação de indemnizar possa ser justificável, ela não pode ser obtida por via do artigo 334.º. Precisamente normas da índole e da função das que caracterizam e delimitam (!) o artigo 334.º não devem ser interpretadas, mesmo na falta de melhor, de uma maneira que as transforme em preceitos elásticos: sanções para determinadas condutas, não lícitas, têm de ser previsíveis com base em normas que as tipificam. Daí que o artigo 334.º se deva cingir à tarefa para a qual foi concebido e que consiste em evitar abusos no exercício de direitos subjectivos[403], ou seja, uma tarefa já por si só ambiciosa e de realização não fácil.

Atendendo à falta de uma norma que, no sistema legal dos factos ilícitos, estabeleça uma, aliás justificada, obrigação de indemnizar quando alguém "de uma forma ofensiva para os bons costumes causa intencionalmente, ou de maneira negligente, um dano a outrem", esta lacuna deve ser preenchida de acordo com as regras do artigo 10.º CCiv.

[402] Neste sentido, porém, J. Sinde Monteiro, *cit.*, sobretudo nas pp. 180-181, com a nota 13, 547, 552, 560, 572 e 581, com muitos exemplos interessantes.

[403] Ver, muito bem, J. F. Rodrigues Bastos, *cit.*, vol. V, Observações 1 e 2 ao artigo 334.º.

Capítulo 3.º

O Direito das Pessoas

OBSERVAÇÃO PRÉVIA

No Capítulo 1.º ficámos a saber quais são os princípios fundamentais e as linhas de evolução geral do direito privado; no Capítulo 2.º estudámos os seus institutos primordiais em conjunto com uma visão global sobre o conteúdo da Parte Geral do Código Civil.

Neste Capítulo 3.º vamos estudar o direito das pessoas em sentido jurídico (o direito dos sujeitos da relação jurídica). Para o efeito, analisaremos os modos de aquisição da personalidade e os pressupostos necessários para que as pessoas possam – de acordo com os princípios do direito privado, utilizando os seus instrumentos – participar no tráfico jurídico.

De entre as pessoas em sentido jurídico, as pessoas singulares vão receber um tratamento preferencial, uma vez que o direito das pessoas colectivas ainda será objecto da disciplina do Direito Comercial.

PARTE A

AS PESSOAS SINGULARES

I. PERSONALIDADE, CAPACIDADE E ESTADO DE PESSOA

Bibliografia: Diogo Leite de Campos, *A indemnização do dano da morte,* Separata do vol. L (1974) do BFD, Coimbra, 1980. Idem, «A vida, a morte e a sua indemnização», *BMJ* n.º 365 (Abril 1987), p. 5 e Separata. Augusto Lopes Cardoso, *Alguns aspectos jurídicos da eutanásia,* Separata do BMJ n.º 401, Lisboa, 1991. Rabindrabath Capelo de Sousa, *Direito das Pessoas, Relatório,* Coimbra Editora, Coimbra, 2005. Carlos Alberto da Mota Pinto, *Teoria Geral do Direito Civil,* 4.ª ed. (actualizada por António Pinto Monteiro e Paulo Mota Pinto), Coimbra, Coimbra Editora, 2005, pp. 201-234. José Alberto González, *Wrongful Birth Wrongful Life. O Conceito de Dano em Responsabilidade Civil,* Lisboa, 2014. Manuel A. Carneiro da Frada, «A protecção Juscivil da Vida Pré-Natal. Sobre o Estatuto Jurídico do Embrião, A própria Vida como Dano? Dimensões Civis e Constitucionais de uma Questão-Limite», in *Forjar o Direito,* Coimbra, 2016, pp. 229-252 e 253-288.

1. O começo da personalidade

As pessoas singulares adquirem personalidade, quer dizer, surgem como 455
pessoas em sentido jurídico, no momento do nascimento completo e com vida (artigo 66.º, n.º 1). Não há, além destes pressupostos naturais, qualquer reconhecimento ou atribuição por parte da ordem jurídica ou do Estado. De facto, a personalidade (bem como os direitos do homem) não é conferida ou concedida pelo Estado; ela é-lhe pré-existente, é inata ao homem, cabendo ao Estado apenas a sua protecção e garantia. Ela adquire-se, pura e simplesmente, pelo nascimento. Isto é hoje perfeitamente pacífico: visto as pessoas singulares possuírem personalidade, aparecem como pessoas em sentido jurídico, exactamente em virtude do facto de já serem pessoas em sentido ético. O direito positivo limita-se a aceitar tal facto. Na medida em que o artigo 66.º, n.º 1, aceita a personalidade, perfeita e indivisa, de toda a pessoa humana, reconhece e garante simultaneamente a condição elementar de igualdade e dignidade da mesma.

No domínio do direito privado, o âmbito da personalidade é igual para todos os homens. Cada um é susceptível de ser titular de todos os direitos privados que existem dentro da ordem jurídica privada ou que venham a ser admitidos por ela. São estas as consequências do princípio fundamental da igualdade jurídica que norteia todo o direito privado, estabelecendo para todos igual capacidade[404].

Foram lapidares, a este respeito, as fórmulas encontradas nos artigos 1.º e 6.º do Código de Seabra: "Só o homem é susceptível de direitos e obrigações. Nisto consiste a sua capacidade jurídica ou a sua personalidade (...) A capacidade jurídica adquire-se pelo nascimento (...)".

456 Nas ordens jurídicas colectivistas, por seu turno, a personalidade não é uma qualidade inata da pessoa, mas é atribuída aos homens (cf. n.º 164 e 169), de acordo, aliás, com o carácter positivista daquelas ordens. Assim, a afirmação de que o homem possui personalidade tem apenas significado (ou valor) normativo. O facto de as pessoas (ou cidadãos) possuírem personalidade explica-se unicamente pela necessidade da sua participação e inserção no tráfico jurídico. A personalidade é atribuída no momento de um nascimento com vida e está à disposição do legislador.

Fica, assim, de todo evidente a interdependência existente entre o regime jurídico da personalidade consagrado por uma dada ordem jurídica e a concepção do homem que está subjacente a esta mesma ordem[405]. O regime jurídico da personalidade encontrado pelo direito privado é a expressão da concepção do homem que está vigente na respectiva ordem social e constitucional[406], estando aí necessariamente incluídas valorações éticas e morais[407].

[404] Esta afirmação não exclui que possa haver situações particulares em que certos direitos patrimoniais são negados a estrangeiros. Rui Moura Ramos, *Estrangeiro*, Pólis, Enciclopedia da Sociedade e do Estado, vol. III.

[405] Acerca do significado da concepção do homem, ver Arno Baruzzi, *Europäisches "Menschenbild" und das Grundgesetz für die Bundesrepublik Deutschland*, Freiburg/München, 1979, sobretudo, pp. 100 ss.

[406] Cf. BVerfGE 4, pp. 7 (15-16): "A concepção do homem, subjacente à Lei Fundamental, não é a concepção de um indivíduo isolado e soberano; A Lei Fundamental resolveu a tensão existente entre o indivíduo e a comunidade no sentido da pessoa orientada e vinculada pela comunidade mas sem prejuízo do seu valor individual. (...) Isto significa que o indivíduo há-de aceitar (...) limites legais à sua liberdade de agir (...) suposto que fique reservada a autonomia da pessoa".

[407] Quanto a significado e conteúdo do conceito de personalidade pode ver-se, com muito

A aquisição da personalidade segundo o n.º 1 do artigo 66.º pressupõe, 457
portanto: (1.º) o facto do nascimento; (2.º) que o nascimento seja completo; (3.º) que o nascimento seja com vida.

1.º – O nascimento é a separação, ou por expulsão ou por extracção, do feto do corpo materno, não tendo relevância para o efeito o período de duração da gravidez.

2.º – O nascimento é completo no momento em que o feto se separou inteiramente do corpo da mãe. Separação inteira não significa que também o cordão umbilical deve estar cortado. Para haver uma separação inteira do corpo da mãe é suficiente que o feto tenha saído completamente do ventre materno.

3.º – O nascimento é com vida quando, depois da sua separação do corpo materno, a criança tenha vivido. Se a criança morrer depois do início dos trabalhos de parto e antes da separação completa, não adquire personalidade. Está-se perante o nascimento com vida quando a criança respire ou manifeste quaisquer outros sinais de vida, tais como pulsações do coração ou do cordão umbilical ou contracção efectiva de qualquer músculo sujeito à acção da vontade, quer o cordão umbilical tenha sido cortado, quer não, e quer a placenta esteja ou não retida. Nestas condições fala-se de um "nado vivo"[408].

Em caso algum é necessário que a criança nascida tenha hipótese de sobrevivência e nem importa que a sua morte seja previsível dentro de uns poucos instantes (p. ex., depois de um parto prematuro ou aquando do nascimento de uma criança total ou parcialmente acéfala). Basta a criança ter vivido um curtíssimo espaço de tempo[409]. Também é sem relevância jurídica o facto de a criança apresentar ou não deformações. Não se exige o nascimento com "figura humana" (como o faziam os artigos 110.º e 1776.º, § único,

proveito, Th. Ramm, *Jugendrecht*, München, 1990, § 23 I e IV; cf. também H. Hattenhauer, «"Person" – Zur Geschichte eines Begriffs», *JuS* 1982, p. 405.

[408] Cf. DL n.º 44.128, de 28 de Dezembro de 1961, alterado pelo DL n.º 27/80, de 29 de Fevereiro.

[409] Há, no entanto, quem considere este entendimento como demasiadamente lato. Neste sentido, A. Bücher, *Natürliche Personen und Persönlichkeitsschutz*, Basel, 1986, pp. 68 a 71.

do Código de Seabra e ainda o artigo 13.º do Decreto n.º 2, de 25 de Dezembro de 1910, que reproduz o citado artigo 110.º[410].

Estas soluções do direito português correspondem à maioria das legislações civis contemporâneas. Entre estas há, no entanto, algumas que exigem que a criança tenha vivido durante um certo espaço de tempo depois do nascimento ou que pressupõem que o recém-nascido seja viável (assim, p. ex., o artigo 318[411] e 725[412] do *Code Civil* francês[413]).

É, igualmente, irrelevante que a criança nasça na sequência da utilização de técnicas de procriação medicamente assistida (PMA)[414], que devem

[410] Os antigos autores cristãos, como Tertuliano e Sto. Agostinho, faziam depender a protecção da vida da existência de uma "figura humana" do embrião. S. Jerónimo apontava como decisivo o momento em que o embrião se tornou numa "imagem humana". Talvez seja aqui que os textos dos artigos citados encontrem a sua origem, juntamente com a crença de que as mulheres podiam dar à luz monstros. A este respeito escreveu M. A. Coelho da Rocha, *Instituições de Direito Civil Portuguez,* Tomo I, 7.ª edição, Lisboa, 1907, § 56., p. 36: "Reputa-se incapaz de viver não só 1.º o feto, que nasceu morto, ou monstruoso, como tambem 2.º o abortivo, isto é, aquelle que nasceu vivo, mas antes do periodo sufficiente da gestação, e que por esta causa não póde continuar a viver." Por seu lado, Guilherme Alves Moreira, *Instituições do Direito Civil Português,* Volume Primeiro, *Parte Geral,* Coimbra, 1907, p. 166, sustentou que "para a aquisição do direito de personalidade (é condição) o nascimento com vida e não a viabilidade (...). O nosso codigo, porém (...) ainda admitte monstros, pelo reconhecimento da existência de seres que, embora nascidos de uma mulher, não tenham figura humana e não sejam portanto susceptiveis de direitos o obrigações. O código hespanhol tambem nega aos monstros o direito de personalidade. Os outros codigos modernos rejeitam esta doutrina, que é considerada completamente erronea, porque, segundo as leis physiologicas, é impossível que da mulher nasça um ser que não seja humano."

[411] O artigo 318 do *Code Civil* determina o seguinte: "Aucune action n'est reçue quant à la filiation d'un enfant qui n'est pas né viable."

[412] O artigo 725 estabelece: "Pour succéder, il faut exister à l'instant de l'ouverture de la succession ou, ayant déjà été conçu, naître viable."

[413] Sobre a aquisição da personalidade jurídica no direito francês, v. Fanny Hartman, *Le début de la personnalité juridique,* disponível em https://iej.univ-paris1.fr/openaccess/libertes-famille/lecon1/sect1/i/, consultado em 3/05/2019.

[414] Nos termos da Lei n.º 32/2006, de 25 de Julho (alterada pela Lei n.º 59/2007, de 4 de Setembro, pela Lei n.º 17/2016, de 20 de Junho, pela Lei n.º 25/2016, de 22 de Junho, pela Lei n.º 58/2017, de 25 de Julho, pela Lei n.º 49/2018, de 14 de Agosto, e pela Lei n.º 48/2019, de 26 de Julho). A Lei n.º 32/2006, de 26 de Julho encontra-se actualmente regulamentada pelo Decreto Regulamentar n.º 6/2016, de 29 de Dezembro). Sobre a PMA e algumas das questões que esta levanta, v., por exemplo, Rute Teixeira Pedro, «Uma Revolução na Conceção Jurídica da Parentalidade? Breves Reflexões sobre o Novo Regime Jurídico da Procriação Medicamente Assistida», in Luísa Neto e Rute Teixeira Pedro (investigadoras responsáveis),

respeitar a dignidade humana. O desenvolvimento das técnicas de PMA surge em resposta a um problema de saúde pública que afecta as sociedades modernas desenvolvidas: a infertilidade ou esterilidade em razão de os casais deixarem para cada vez mais tarde os seus projectos de parentalidade.

2. A situação do nascituro

Sob a epígrafe "começo da personalidade", o n.º 2 do artigo 66.º regula ainda a situação jurídica dos nascituros ao dispor: "Os direitos que a lei reconhece aos nascituros dependem do seu nascimento"[415]. O conceito de "nascituro" do n.º 2 do artigo 66.º inclui duas situações: o nascituro propriamente dito, isto é, a criança em gestação (*nasciturus*), e o ainda não concebido (*nondum conceptus* ou *concepturus*). Em nenhuma das situações o nascituro possui personalidade, nem sequer uma personalidade condicionada pelo nascimento, sendo certo, todavia, que daqui não pode resultar, em caso algum, que a sua vida e integridade física se encontrem desprotegidas. 458

Os casos em que a lei se refere expressamente aos nascituros ou aos seus direitos constam dos artigos 952.º (doações a nascituros), 1855.º (perfilhação de nascituros), 1878.º (responsabilidades parentais quanto aos nascituros), 2033.º, n.º 1, e n.º 2, alínea *a)* (capacidade sucessória dos nascituros) e 2240.º (administração da herança ou legado a favor de nascituro). Dentro destes casos, os artigos 1855.º e 2033.º, n.º 1, pressupõem a existência de nascituros já concebidos[416].

Debatendo a Procriação Medicamente Assistida, Faculdade de Direito da Universidade do Porto, 2017, pp. 149-167; Ac. do Tribunal Constitucional n.º 225/2018, Processo n.º 95/17, Diário da República, 1.ª série – N.º 87 – 7 de maio de 2018; Eva Sónia Moreira da Silva, *A desvalorização (?) do instituto do casamento no direito português, cit.*, pp. 220 e ss.; Sónia Moreira, «Igualdade de género e parentalidade», *Scientia Ivridica*, n.º 346, Tomo LXVII, 2018, pp. 89 a 110.

[415] O Código de Seabra tinha uma disposição correspondente na 2.ª parte do seu artigo 6.º. Também outras legislações reconheceram direitos dos nascituros, desde a sua concepção, como, p. ex., o ALR (de 1794) I 2 § 10, o § 22 do ABGB (1811), os §§ 10 e 322 do *Privatrechtliches Gesetzbuch für den Kanton Zürich* (1854), o § 32 S. 2 do BGB da Saxónia (de 1863) e, muito em especial, o Código Civil da Louisiana (de 1870) que no seu artigo 26.º até prevê que um nascituro que não chegou a nascer vivo devido a um crime é considerado nascido para efeitos de uma acção de indemnização.

[416] Problemas radicalmente novos surgiram, neste contexto, com a chamada "procriação medicamente assistida". Cf., por todos, W. Selb, *Rechtsordnung und künstliche Reproduktion des*

459 Mas há casos, muito delicados e controversos, que a lei não refere, em que o nascituro poderá invocar direitos a exercer por intermédio dos seus representantes legais – depois de ter nascido. Pertencem aqui as situações em que, ainda antes da concepção, a mãe sofreu lesões que afectaram depois o nascituro, ou aquelas em que o nascituro é lesado no ventre materno devido a actos danosos cometidos contra a grávida (ou praticados por ela própria) ou, ainda, os casos em que o nascituro apresenta deficiências genéticas tão graves que se pode argumentar que seria melhor não ter nascido, situações essas que fizeram com que nascesse uma criança doente, deformada ou até sem viabilidade. Estas situações, às quais se juntam aquelas em que, devido a agressões que sofreram no ventre materno, as crianças acabaram por nascer já sem vida, ou aquelas em que nasceram mas com os seus progenitores mortalmente lesados, suscitam imensos problemas (*inclusive* os criados pela legalização do aborto)[417], que apenas podem ser aflorados, sendo, porém, uma coisa certa: no momento em que ocorreu a lesão, a criança, em virtude do facto de ser "apenas" um nascituro, face ao disposto no artigo 66.º, n.º 1, não possuía personalidade[418], de modo que, na altura da lesão, não era titular

Menschen, Tübingen, 1987. Entretanto, a legislação atendeu a estas questões através da Lei n.º 32/2006, de 26 de Julho, sobre a Procriação medicamente assistida (já referida).

[417] Pela Lei n.º 6/84, de 11 de Maio. Entretanto, esta lei foi revogada. Vigora hoje a Lei n.º 16/2007 (já alterada pela Lei n.º 136/2015, de 07 de Setembro), que altera o Código Penal, permitindo agora, além dos casos anteriormente já previstos (violação; má formação do feto; risco de vida para a mãe ou perigo quanto à sua saúde física ou psíquica – nestes casos há limites temporais), à mulher abortar sem o concurso de outro motivo para além da sua vontade, desde que a IVG seja realizada nas primeiras dez semanas da gravidez.

[418] Cf. R. Zippelius, «An den Grenzen des Rechts auf Leben», *JuS* 1983, p. 659: "A evolução do indivíduo, da fecundação do óvulo até à morte cerebral, é um processo contínuo que, à parte o rompimento do cordão umbilical ou lesões catastróficas da saúde, não apresenta cisões biológicas nítidas. Contudo, o direito tem que encontrar, dentro deste processo contínuo, critérios manuseáveis para o início e o fim da vida bem como para as graduações da sua dignidade de protecção. Ponto de partida é que, de acordo com a Constituição, a protecção da vida se estende a todo o processo, sendo por isso já a vida da criança não nascida vida no sentido da nossa ordem constitucional, colocada sob a protecção do artigo 2.º, n.º 2, da Lei Fundamental. O direito, porém, estatui uma cisão com o nascimento (...) O direito civil traça a fronteira com a perfeição do nascimento; apenas com a perfeição do nascimento o homem possui capacidade jurídica civil, pode ter, portanto, direitos e obrigações e sobretudo ser titular do direito geral de personalidade". Ver ainda, neste sentido, H. Lübbe-P. Schölmerich- R. Zippeliu-G. Müller e G. Funke, *Anfang und Ende des Lebens als normatives Problem*, Stuttgart, 1988.

de direitos, que seriam aqui direitos de personalidade, cuja violação lhe atribuiria o direito de ser indemnizada[419] [420].

Deixando de parte o problema da causalidade entre o facto lesivo e a própria lesão, que pode existir em todos estes casos, uma vez que a medicina moderna não está sempre em condições de poder fazer afirmações exactas acerca da evolução pré-natal, mas olhando para o resultado, a questão de saber se as lesões sofridas são susceptíveis de indemnização, deverá ser respondida, na maioria dos casos, em sentido afirmativo[421].

Sem dúvida o nascituro é digno de protecção e, atendendo ao princípio da protecção dos mais fracos, até por maioria de razão. Por isso, uma parte relevante da doutrina, com o objectivo de proteger a identidade física e os direitos de personalidade do nascituro, reconhece-lhe uma personalidade limitada (*Teilrechtsfähigkeit*) que lhe permite fazer valer ainda *in statu nascendi*, independentemente do posterior nascimento[422], os seus direitos a este respeito por meio dos seus representantes legais ou de um curador[423].

[419] Sobre a problemática, ver em pormenor W. SELB, «Schädigung des Menschen vor der Geburt – ein Problem der Rechtsfähigkeit?», *AcP* 166 (1966), pp. 76, 90 ss; ver ainda: Eduard PICKER, *Schadensersatz für das unerwünschte eigene Leben «Wrongful life»*, Tübingen, 1995; José Alberto GONZÁLEZ, *Wrongful Birth – Wrongful Life, ob. cit.*; Manuel A. CARNEIRO DA FRADA, «A protecção Juscivil da Vida Pré-Natal. Sobre o Estatuto Jurídico do Embrião. A própria Vida como Dano? Dimensões Civis e Constitucionais de uma Questão-Limite», *in Forjar o Direito*, Coimbra, 2016, pp. 229-252 e 253-288, Sónia MOREIRA, «O direito do nascituro à compensação por morte de um dos progenitores – Anotação ao Acórdão do STJ de 3/04/2014», *Cadernos de Direito Privado*, n.º 50, 2015, pp. 63 a 87; Rita LOBO XAVIER, «O respeito pela vida não nascida no ordenamento jurídico português», *in Actas do Colóquio de Bioética*, Braga, 2005, pp. 139-162.

[420] É possível, ainda, verificar-se a situação de o nascituro ainda não ter nascido na altura da morte do seu progenitor, pondo-se em causa a possibilidade de lhe ser atribuída uma indemnização nos termos do artigo 496.º. V. acórdão do STJ de 3/04/2014, disponível em http://www.dgsi.pt/jstj.nsf/954f0ce6ad9dd8b980256b5f003fa814/28aff17cdabb90e880257cb00034dcc2?OpenDocument&Highlight=0,nascituro, consultado a 3/5/2019.

[421] Foi a decisão BGHZ 8, p. 243, que abriu o caminho neste sentido a respeito de uma criança que nasceu com sífilis devido ao contágio anterior da mãe, enquanto grávida, por virtude de uma transfusão de sangue contaminado.

[422] Podemos aduzir o exemplo do Código Civil da Louisiana, que proclama: "Natural personality commences from the moment of live birth and terminates at death" (artigo 25.º) e "An unborn child shall be considered as a natural person for whatever relates to his interests from the moment of conception. If the child is born dead, it shall be considered never to have existed as a person, *except for purposes of actions resulting from its wrongful death*" (artigo 26.º).

460 Não se considerando possível em face da lei atribuir ao nascituro uma personalidade limitada ou fazer retroagir a personalidade da criança nascida ao momento da lesão, visto não se encontrar nenhum fundamento legal expresso para o efeito, a ordem jurídica não pode, porém, negar o facto evidente de que, face à realidade biológica, o nascituro e a criança nascida são idênticos. Assim, do mesmo modo que a lei estabelece uma conexão entre o nascimento e a personalidade, deve estabelecer também uma ligação entre o nascimento e as lesões anteriormente verificadas. No momento do nascimento, as lesões sofridas pelo nascituro tornam-se lesões da própria criança, ou seja, de um ser com personalidade. Nestes termos, ao ter nascido, a criança adquiriu um direito à indemnização, e isto em conformidade com a lei que faz depender a personalidade do nascimento completo e com vida[424].

[423] Uma solução prevista já em 1854 pelo § 322 do Privatrechtliches Gesetzbuch für den Kanton Zürich.

[424] As situações em que a criança é lesada, enquanto embrião ou feto, por um facto ilícito são de distinguir das outras em que já o próprio feto sofre de doenças ou de deformações congénitas, mas onde a criança acaba por nascer, uma vez que não se recorreu à interrupção (lícita, segundo o direito português) da gravidez. Aqui, a criança nascida não tem um direito à indemnização com o fundamento da "*wrongful life*". Neste sentido, BGH *NJW* 1983, p. 1370 (*Rötelfall*) e NJW 1984, p. 658 (*Mongoloidenfall*). Contudo, o BGH admitiu um direito à indemnização dos pais, na medida em que tiveram obrigações alimentares superiores às normais por virtude das diminuições da criança, para os casos em que o médico, culposamente, não se apercebeu do estado do feto e, por isso, não deu aos pais a possibilidade de se decidirem a favor da interrupção da gravidez. As decisões foram criticadas sob vários pontos de vista. No âmbito do direito português, v., por exemplo, Manuel A. Carneiro da Frada, «A própria vida como dano? Dimensões civis e constitucionais de uma questão-limite», in *Estudos em honra do Professor Doutor José de Oliveira Ascensão*, vol. I, Almedina, 2008, pp. 165-199; Luís M. T. Menezes Leitão, «O dano da vida», *Cadernos de Direito Privado*, número especial 02/2012, pp. 3-15; António Pinto Monteiro, «Direito a não nascer» (anotação ao Acórdão do STJ de 19 de Junho de 2001), *Revista de Legislação e de Jurisprudência*, ano n.º 134 (n.º 3933), pp. 371-384; Paulo Mota Pinto, «Indemnização em caso de nascimento indevido e de vida indevida ("wrongful birth" e "wrongful life"), *in Nos 20 anos do Código das Sociedades Comerciais. Homenagem aos Profs. Doutores A. Ferrer Correia, Orlando de Carvalho e Vasco Lobo Xavier*, Vol. III, Coimbra, Coimbra Editora, 2007, pp. 915-946.
Novamente diferentes são os casos em que se dá o nascimento de uma criança em consequência de uma esterilização falhada. O BGH considera, desde as suas decisões em *NJW* 1980, p. 1450 e p. 1452, que as correspondentes obrigações alimentares constituem um prejuízo, susceptível de ser indemnizado em caso de culpa por parte do médico. Também esta jurisprudência não teve aceitação pacífica.

Mas pode suceder que a criança não chegue a nascer porque as lesões que sofreu no ventre materno foram tão graves que provocaram a sua morte. Nesta hipótese, a lógica da continuidade da vida não é viável, porque não há um nascimento de que resulte a aquisição da personalidade. Chegaríamos assim ao resultado de que se uma criança fosse lesada na sua integridade física no ventre materno, mas sobrevivesse, teria direito a ser ressarcida; se, pelo contrário, não sobrevivesse, não teria direito algum e ninguém seria responsabilizado pela sua morte. E a pergunta que se impõe é: se a lesão infligida à criança é mais grave, como se justifica que nesta hipótese não haja tutela e o causador da lesão mortal não seja responsabilizado[425]? Pois, não se justifica[426]. Contudo, parece que a lei tem uma solução, e ela é a aplicação do artigo 496.º, n.º 2, também a situações como esta. O n.º 2 do artigo 496.º estabelece para o caso da morte da vítima que a indemnização cabe (não à vítima, uma vez que esta, por causa do facto danoso que a atingiu, nem chegou a nascer), mas aos seus pais ou outros ascendentes; e, ainda, aos irmãos ou sobrinhos que os representem (sobre o artigo 496.º, n.º 2, cf. também *infra* n.º 468). Com a aplicação desta norma obtém-se a responsabilização do causador do dano da morte da criança.

3. O termo da personalidade

461 Quanto ao termo da personalidade, o artigo 68.º, n.º 1, constata que ela cessa com a morte, e apenas com a morte. A maior parte das legislações (entre elas, o Código de Seabra) não conhece uma disposição equivalente: por um lado, supõe-se que a morte está subtraída à vontade do homem (não se pode consentir válida e legalmente numa lesão de que resulta a morte [cf. artigos 81.º e 340.º, n.º 2]), por outro lado, o efeito jurídico da morte, naturalmente, não pode ser outro que o fim da personalidade.

[425] Ver Sónia Moreira, «O direito (?) constitucional à vida do embrião», in AAVV, *Direito na Lusofonia – Diálogos Constitucionais no Espaço Lusófono*, 3.º Congresso Internacional de Direito na Lusofonia, Vol. II, Braga, Escola de Direito da Universidade do Minho, 2017, pp. 175-182.

[426] Voltamos a citar o Código Civil da Louisiana: "If the child is born dead, it shall be considered never to have existed as a person, except for purposes of actions resulting from its wrongful death" (artigo 26.º).

462 A morte pode ser natural – caso do artigo 68.º, n.º 1 – ou pode ser uma morte presumida – caso dos artigos 114.º e 115.º. A declaração da morte presumida, feita nos termos dos artigos 114.º a 119.º, produz os mesmos efeitos que a morte natural, embora não dissolva o casamento (artigo 115.º); apenas o torna dissolúvel, ou por divórcio (artigo 1781.º, al. *c*)), ou por um novo casamento do cônjuge do ausente (artigo 116.º, 1.ª parte)[427 428]. Este casamento, por sua vez, tem como efeito automático o divórcio do primeiro casamento na data da declaração da morte presumida no caso de o ausente regressar ou de haver notícias de que ainda estava vivo na altura da celebração do segundo casamento (artigo 116.º, 2.ª parte).

A morte natural verifica-se quando temos cumulativamente a paragem do coração (e da circulação do sangue), da respiração e das actividades cerebrais (isto é, quando o cérebro deixou de trabalhar por completo). Na grande maioria dos casos são estes os sintomas que indicam a morte: os órgãos, num processo mais ou menos moroso, acabam por deixar de funcionar. Contudo, há casos em que a irrigação sanguínea se mantém, apesar de lesões do sis-

[427] A possibilidade de um novo casamento civil existe tanto no caso de o casamento anterior ter sido celebrado civilmente como no de o ter sido realizado catolicamente. As opiniões em contrário, aparentemente fundadas na letra do artigo 116.º (p. ex., J. ANTUNES VARELA, *Direito da Família*, Lisboa, 1982, pp. 171-172 [e P. LIMA -A. VARELA – H. MESQUITA, anotação ao artigo 116.º do CCiv], seguido por J. ROBALO POMBO, *Código do Registo Civil anotado e comentado*, Coimbra, 1991, p. 35), carecem de fundamento legal. A redacção do artigo 116.º, idêntica à do n.º 1 do artigo 116.º na versão primitiva, resulta de um lapso por demais manifesto: a reforma de 1977, ao eliminar o n.º 2 do artigo 116.º, que fazia depender qualquer novo casamento das leis canónicas no caso de ser católico o primeiro casamento do ausente, cometeu o descuido de não adaptar devidamente o texto do n.º 1, ou seja, do novo artigo 116.º, pois não cortou aí a palavra "civilmente" como se impunha com naturalidade. Basta conferir as duas redacções do artigo 116.º! Cf. também F. M. PEREIRA COELHO, *Curso de Direito da Família*, Coimbra, 1986, pp. 269-270. De resto, a leitura referida não faz sentido nenhum, pois contraria frontalmente o artigo 36.º, n.º 2, da Constituição, sendo certo que foi objectivo da reforma adaptar a lei civil a esta! Agora, um novo casamento católico do cônjuge do ausente só se pode celebrar se as leis canónicas o permitirem. Ver a este respeito, além do artigo 1625.º, o c. 1707 do CIC e a respectiva anotação em P. LOMBARDÍA e J. I. ARRIETA, *Código de Direito Canónico*, edição anotada, Braga, 1984; e, ainda, EICHMANN-MÖRSDORF, *Kirchenrecht*, vol. II, 11.º ed., München--Paderborn-Wien, 1967, pp. 189-190.

[428] A declaração da morte presumida também não leva a um registo (ou assento) de óbito real da pessoa, mas é apenas averbada aos assentos de nascimento e de casamento (cf. J. Robalo Pombo, *cit.* na nota anterior, pp. 260-261 [= anotação 35]).

tema nervoso central irreversíveis e incompatíveis com a continuação da vida humana[429].

Neste contexto surge o problema difícil da determinação do momento a partir do qual é lícita a colheita de órgãos do corpo de uma pessoa falecida, sem incorrer no risco de a pessoa em causa ainda estar viva. Para este efeito foi criado o conceito da morte cerebral. Segundo o artigo 2.º da Lei n.º 141/99, de 28 de Agosto, a morte corresponde à cessação irreversível das funções do tronco cerebral; a determinação desta é da competência dos médicos de acordo com os critérios definidos pela Ordem dos Médicos (artigo 3.º da Lei n.º 141/99).

Verificada a morte cerebral pelos médicos, a colheita dos órgãos, ainda vivos, de quem foi declarado juridicamente morto, é possível. O consentimento prévio do falecido, enquanto dador de órgãos, não é exigido. Apenas nos casos em que tenha havido oposição expressa em vida pelo próprio falecido (que tem de ser registada no Registo Nacional de Não Dadores), a colheita de órgãos não é lícita[430], uma solução legal que parece altamente questionável. É evidente e não necessita de ser enfatizado que nem a colheita de órgãos nem as circunstâncias em que ela é feita devem violar a dignidade pessoal (artigo 1.º da Constituição) e os direitos de personalidade do dador falecido (artigo 71.º).

Com a morte, definida nos termos anteriores, cessa a personalidade, 463
como resulta do texto do artigo 68.º, n.º 1. Mas esta decisão da lei, vinda de uma altura em que ainda não se conhecia a figura da morte cerebral (e tendo

[429] Não obstante, a medicina moderna já repetidas vezes se mostrou capaz de manter ao longo de várias semanas a irrigação sanguínea (juntamente com uma alimentação artificial) de uma mulher grávida, cujo cérebro deixara de funcionar, para evitar a interrupção da gravidez e possibilitar o nascimento de uma criança viável.

[430] A este respeito, v. Decreto-Lei n.º 244/94, de 26 de Setembro (Registo Nacional de não Dadores) e, ainda, o Decreto Regulamentar n.º 67/2007, de 29 de Maio (institui o Conselho Nacional de Transplantação), já revogado e substituído pelo Decreto-Lei n.º 39/2012, de 16 de Fevereiro, que aprova a orgânica do Instituto Português do Sangue e da Transplantação. Em relação à problemática que envolve a decisão de não querer ser dador é muito instrutiva a versão em língua portuguesa da dissertação apresentada, em 2000, no Instituto Universitário Europeu de Florença, de Nuno Manuel Pinto Oliveira, *O Direito Geral de Personalidade e a "Solução do Dissentimento" – Ensaio sobre um Caso de "Constitucionalização" do Direito Civil*, Coimbra, Coimbra Editora, 2002.

em conta que desde então a medicina de transplantação de órgãos evoluiu muito), hoje deixa dúvidas. Em casos normais, a morte não é súbita, mas o resultado de um processo ao longo do qual os órgãos vitais começam a falhar sucessivamente. Tendo em conta este facto, e também os conhecimentos médicos ainda limitados a respeito do processo de morrer, bem como à fase a seguir à morte cerebral, há quem sustente que, do mesmo modo que a aquisição da personalidade se inicia com um único sinal, uma única função de vida, e nem pressupõe actividades cerebrais, também o seu termo só se deve verificar com a extinção da última função central da vida, a paragem do coração, e não antes[431].

Convém lembrar que a colheita de órgãos apenas faz sentido se ainda possuem as suas funções vitais, o que significa que a morte cerebral é um conceito utilitarista para permitir colher órgãos vivos a uma pessoa já suficientemente morta para o efeito; portanto, por outras palavras, enquanto houver órgãos que mantêm funções vitais, a morte cerebral é uma ficção da morte. Basta pensar nos casos em que uma grávida com morte cerebral ainda teve um filho "nado vivo".

Por outro lado, e por mais difícil ou mesmo dramática que seja a situação de quem necessitar da doação de um órgão, devemos reconhecer que não há um direito subjectivo de receber transplantes de órgãos.

464 Finalmente, no contexto da morte, o artigo 68.º estabelece ainda duas presunções importantes. Quanto à comoriência, o n.º 2 da norma diz: "Quando certo efeito jurídico depender da sobrevivência de uma a outra pessoa (p. ex., só pode ser herdeiro quem sobreviver ao *de cujus*: artigos 2031.º e 2033.º, n.º 1; artigos 1705.º, n.º 4, e 1703.º, n.º 2; ou quem, na altura da sua morte, for havido como nascido: artigo 66.º, n.º 2), presume-se, em caso de dúvida sobre o momento da morte, que uma e outra faleceram ao mesmo tempo". Portanto, nenhuma delas é herdeira da outra.

Por seu lado, o n.º 3 do mesmo artigo prevê a situação diferente em que não existem dúvidas da morte: "Tem-se por falecida a pessoa cujo cadáver não foi encontrado ou reconhecido, quando o desaparecimento se tiver dado em circunstâncias que não permitam duvidar da morte dela" (p. ex., a queda

[431] Neste sentido, Wolf/Neuner, cit., § 11 10; cf. também, Oliver Tolmein, *Wann ist der Mensch ein Mensch?*, München und Wien, 1993, pp. 97 e ss. (*Tot aber nicht gestorben?* = morto mas não falecido?).

de um avião que explodiu no ar; tsunamis ou terramotos que fazem desaparecer povoações inteiras sem possibilidades de resgatar as pessoas que ficam soterradas; actos terroristas, sendo impossível identificar as vítimas). Não se trata, nestes casos, de uma probabilidade da morte, mas sim de uma situação que não permite dúvidas relativas à morte, embora não seja possível encontrar o cadáver ou identificar o mesmo. Aqui não estamos em face de uma situação de morte presumida[432].

4. Efeitos tardios da personalidade

A personalidade dá também origem a alguns efeitos tardios, efeitos, esses, com uma natureza jurídica muito diferente dos efeitos que resultam da situação do nascituro. Enquanto a aquisição da personalidade é antecedida por um período de gestação em virtude do qual a ordem jurídica – sem possibilidade de ignorar aquele facto biológico – reconhece certos direitos ao nascituro (embora normalmente condicionados pelo nascimento), o termo da personalidade não é seguido de um período semelhante. A situação biológica é radicalmente diversa. Quando o artigo 68.º, n.º 1, dispõe que "[a] personalidade cessa com a morte", fala de um facto a todos os títulos definitivo. Não há quaisquer "prolongamentos" da personalidade para depois da morte[433]. Por isso, quando se pondera admitir efeitos da personalidade de quem faleceu, é preciso ter em conta que, em consequência do artigo 68.º, n.º 1, esta personalidade deixou de existir. Para um morto não pode haver nenhum preceito correspondente ao artigo 66.º, n.º 2. 465

Feitas estas ressalvas, deve ser analisada a disposição do artigo 71.º, n.º 1, que reza: "Os direitos de personalidade gozam igualmente de protecção depois da morte do respectivo titular". A doutrina tem revelado dificuldades para explicar como se concretiza esta protecção. Há quem afirme que o 466

[432] Por isso, ao contrário do que sucede em caso da morte presumida, nestas situações é feito, após as necessárias justificações judiciais (artigos 204.º, 207.º e 208.º CRegCiv), um registo (assento) de óbito real (cf. também P. Lima -A. Varela – Henrique Mesquita, anotação 3. ao artigo 68.º, e J. Robalo Pombo, cit. pp. 760-762).

[433] Em sentido diferente, J. F. Rodrigues Bastos, *cit.*, vol. I, Observação 1. ao artigo 68.º; Pires de Lima – Antunes Varela – Henrique Mesquita, anotação 1. ao artigo 71.º.

n.º 1 do artigo 71.º significa, em certa medida, um desvio à regra do artigo 68.º, n.º 1, pois, podendo reagir-se contra ofensas a pessoas falecidas, tal significa que a sua personalidade ainda não terminou em definitivo. Também há quem entenda que os direitos do falecido subsistem para além da sua morte ou constituem objectos de protecção próprios.

Mas estas posições não são de seguir. Uma vez que o morto já não se pode defender, o artigo 71.º, n.º 2, outorga direitos próprios às pessoas legitimadas para proteger o falecido contra ofensas, nomeadamente contra a sua integridade moral, direitos esses a serem exercidos precisamente no interesse deste, sendo certo todavia que as pessoas legitimadas não são obrigadas a fazê-lo. Mas, quando o fazem, agem no interesse do falecido, como resulta também do facto de elas apenas poderem exigir que se tomem "as providências adequadas", não podendo exigir que se paguem indemnizações.

467 Uma outra questão, sempre discutida de novo, é a de saber se o dano da morte, provocada por um facto ilícito, dá origem a um direito de indemnização, pela perda da vida, na pessoa da própria vítima, transmitindo-se este direito em seguida aos seus herdeiros. As correntes doutrinal e jurisprudencial claramente maioritárias pronunciam-se pela afirmativa[434]. A premissa lógica sobre a qual se baseia a opinião maioritária é a de que o dano nasce com o início da acção causadora da morte. Quer dizer, o dano da própria morte nasce quando o mortalmente lesado ainda está... vivo. Ora, isso não parece lógico; o dano nasce apenas com a ocorrência da morte, ou seja, no fim dos efeitos da acção. Portanto, para haver dano da morte, é preciso que a pessoa lesada tenha efectivamente morrido. Sendo apenas a morte o facto causador do dano, este dano nasce depois de ter findado a personalidade.

Deste modo, "é inadmissível reconhecer o nascimento do direito com o facto jurídico de que deriva, para o pretenso titular, a incapacidade para o

[434] Cf. os acórdãos do STJ in *BMJ* n.º 222 (Janeiro 1973), p. 392; n.º 233 (Fevereiro 1974), p. 82; n.º 241 (Dezembro 1974), p. 204; n.º 262 (Janeiro 1977), p. 150 – todos no sentido da corrente maioritária, fixada na jurisprudência a partir do acórdão, proferido em reunião de todas as secções, do STJ in *BMJ* n.º 205 (Abril 1971), p. 150. Este último acórdão foi tirado com 9 votos contra 5 votos de vencido e afastou-se da jurisprudência em sentido contrário, estabelecida no acórdão do STJ in *BMJ* n.º 184 (Março 1969), p. 151.
No sentido da corrente maioritária, à qual acrescenta ainda uma posição original própria, D. Leite de Campos, *A indemnização do dano da morte*, Coimbra, 1975.

adquirir"[435], visto a morte que causa esta incapacidade fazer cessar a personalidade por completo. O direito à indemnização apenas pode ter nascido quando verificada a morte. A morte é o pressuposto para o próprio dano. Sem a morte, o dano da morte não existe. Deste modo, é impossível que o dano da morte faça parte da herança: segundo o artigo 2031.°, a sucessão abre-se no momento da morte do seu autor, mas apenas sobre os direitos patrimoniais de que já era titular em vida.

Contudo, o dano da morte é perfeitamente susceptível de ser indemnizado, uma vez que esta solução decorre sem mais da conjugação dos artigos 495.°, n.° 1, e 496.°. Diz o n.° 2 do último preceito: "Por morte da vítima, o direito à indemnização por danos cabe [não à vítima, uma vez que esta morreu, mas], em conjunto, ao cônjuge não separado de pessoas e bens e aos filhos ou outros descendentes; na falta deles aos pais ou outros ascendentes; e, por último, aos irmãos ou sobrinhos que os representem". Se a vítima vivia em união de facto, o n.° 3 do artigo determina que "o direito de indemnização cabe, em primeiro lugar, em conjunto, à pessoa que vivia com ela e aos filhos ou outros descendentes." Podem ser atendidos não só os danos não patrimoniais sofridos pela vítima, como os sofridos pelas pessoas com direito a indemnização nos termos referidos (artigo 496.°, n.° 4, última parte). 468

Assim fica claro que a lei não nega o direito à indemnização do dano da morte. Contudo esta indemnização não cabe a quaisquer herdeiros na qualidade de herdeiros, mas pertence aos familiares *por direito próprio*, na medida em que a indemnização lhes foi atribuída pelo disposto no artigo 496.°, n.os 2 a 4. É esta solução que parece a única correcta[436].

Ainda podem ser mencionadas, como efeitos tardios da personalidade, as várias hipóteses de disposição para depois da morte. Trata-se, nestes casos, de manifestações da vontade, expressas em vida do seu autor, mas destinadas a produzir os seus efeitos patrimoniais somente depois da sua morte: pertencem aqui o testamento (artigos 2179.° e ss) e a nomeação de um testamenteiro (artigos 2320.° e ss.). O testamenteiro fica encarregado de vigiar 469

[435] Assim o voto de vencido do juiz ARALA CHAVES, in *BMJ* n.° 205 (Abril 1971), p. 150 (164).

[436] PIRES DE LIMA – ANTUNES VARELA – Henrique MESQUITA, anotação 4. ao artigo 496.° CCiv; no mesmo sentido, *de lege ferenda* (!), W. ODERSKY, *Schmerzensgeld bei Tötung naher Angehöriger*, München, 1989.

o cumprimento do testamento e das disposições nele contidas, tendo as atribuições que o testador lhe conferir, dentro dos limites da lei.

Em contrapartida, não pertencem a este contexto as directivas pelas quais uma pessoa maior (que não esteja em situação de acompanhamento em que lhe tenha sido vedado o exercício do direito de testar) manifesta antecipadamente a sua vontade no que concerne aos cuidados de saúde que deseja receber ou não receber no caso de se encontrar, por qualquer razão, incapaz de expressar a sua vontade autónoma e pessoalmente (Directivas Antecipadas de Vontade e Testamento Vital)[437], visto que estas directivas antecipadas são feitas para valer em vida do seu autor[438].

5. Os direitos de personalidade (remissão)

470 A aquisição da personalidade (artigo 66.º, n.º 1) dá simultaneamente origem aos direitos de personalidade (artigos 70.º a 81.º) na medida em que são direitos inatos, direitos originários, da pessoa. Eles pertencem-lhe como manifestações da sua personalidade, facto esse também acentuado pela sua colocação sistemática na lei. Nesta qualidade não sofrem restrições, podendo sofrê-las apenas quanto ao mero exercício. O bem jurídico protegido pelos direitos de personalidade é – em última análise – o próprio ser (*Selbstsein*) da pessoa. Neste sentido, os direitos de personalidade são direitos subjectivos e como tal foram tratados (ver n.os 409 ss.).

6. Personalidade e estado de pessoa; a sua prova e atendibilidade

471 A situação jurídica de uma pessoa singular não se define apenas em função da personalidade que adquiriu com o nascimento. O nascimento determina ainda, nas suas linhas fundamentais, o estado de pessoa ou o seu estado

[437] Cf. a Lei n.º 25/2012, de 16 de Julho, na redacção da Lei n.º 49/2018, de 14 de Agosto.

[438] O artigo 2.º da Lei n.º 25/2012 define as DAV, "designadamente sob a forma de testamento vital" como "o documento unilateral e livremente revogável (...), no qual uma pessoa (...) manifesta antecipadamente a sua vontade (...) no que concerne aos cuidados de saúde que deseja receber, ou não deseja receber, no caso de, por qualquer razão, se encontrar incapaz de expressar a sua vontade pessoal e autonomamente".

civil. O estado de pessoa define o lugar que o indivíduo ocupa juridicamente dentro da comunidade e influencia o estabelecimento e o conteúdo das suas relações jurídicas. Este lugar varia, por exemplo, conforme uma pessoa se encontrar no estado de menoridade, de maior acompanhado, de solteiro ou casado ou de viuvez, etc.

Podemos definir como estado de pessoa (ou estado pessoal), num sentido lato, "a qualidade que condiciona a atribuição de um conjunto pré-determinado de direitos e vinculações cuja titularidade ou não titularidade é um aspecto fundamental da situação jurídico-civil da pessoa"[439].

É o registo civil que nos informa sobre o estado da pessoa, ao qual dá 472
publicidade. O instituto do registo civil, como registo geral, foi criado em Fevereiro de 1911 e hoje vigora – com sucessivas alterações significativas – o Código aprovado pelo DL n.º 131/95, de 6 de Junho. Na altura da sua criação os factos cuja inscrição era obrigatória eram limitados[440], mas hoje a sua enumeração pelo artigo 1.º, n.º 1, CRegCiv esgota quase as letras do alfabeto e permite obter uma espécie de retrato – bastante amplo e fiel – do estado pessoal, familiar, social e até económico do cidadão nacional e, com isso, o seu controlo[441].

De acordo com o artigo 1.º, n.º 1, CRegCiv constam obrigatoriamente do registo civil, entre muitos outros factos, o nascimento, a filiação, a adopção, o casamento, as convenções antenupciais, o óbito, o acompanhamento de maiores e a tutela e administração de bens, as providências quanto às responsabilidades parentais, a declaração de insolvênvia e a inabilitação e a inibição do insolvente para o exercício do comércio e de determinados cargos, etc. Igualmente estão sujeitos a registo obrigatório os factos modificativos ou extintivos dos factos registados.

Apesar de ser modificável, o estado civil caracteriza-se pela sua relativa estabilidade (uma qualidade própria, aliás, de todas as relações jurídicas

[439] J. de Castro Mendes, *Direito Civil. Teoria Geral*, Lisboa 1978, AAFDL, pp. 203-214, designadamente, p. 210.

[440] Era obrigatória a inscrição no registo civil dos factos essenciais relativos ao indivíduo e à família, e à composição da sociedade, nomeadamente dos nascimentos, casamentos e óbitos (artigo 2.º CRegCiv 1911).

[441] Uma descrição muito boa da evolução histórica do instituto do registo civil em Portugal é feita pelo preâmbulo ao DL n.º 41 967, de 22 de Novembro, que aprovou o CRegCiv de 1958.

familiares). Atendendo à sua relevância, tanto para a pessoa a que diz respeito como para a comunidade jurídica, exige-se-lhe transparência. É precisamente para dar satisfação a esta exigência que existe a publicidade do registo civil.

473 Sendo o seu estado um aspecto fundamental da situação jurídico-civil da pessoa à qual diz respeito, condiciona, naturalmente, o "modo de estar no mundo jurídico" dessa mesma pessoa, podendo influenciar aquele "estar" de maneiras diversas e em conformidade com a sua evolução ao longo da vida. Contudo, o estado da pessoa em nada afecta a sua personalidade, uma vez que tem unicamente relevância para o estabelecimento de relações jurídicas (1.º) na medida em que influi sobre a capacidade das pessoas (assim, p. ex., quem é menor carece de capacidade para o exercício de direitos [artigo 123.º]; quem está casado não tem capacidade para contrair novo casamento sem o primeiro se encontrar dissolvido [artigos 1600.º; 1601.º, al. *c)*]) ou (2.º) na medida em que cria casos de ilegitimidades (p. ex., um cônjuge não pode dispor sobre determinados bens sem o consentimento do outro [artigo 1687.º]) ou (3.º) na medida em que afecta a validade ou eficácia do negócio concluído (assim, p. ex., o insolvente está inibido de dispor dos direitos patrimoniais que integram a massa insolvente, sendo por isso ineficazes os actos do insolvente em relação à massa insolvente [artigo 81.º CIRE]).

474 A prova dos factos sujeitos a registo civil só pode ser feita pelos meios previstos no próprio CRegCiv (artigo 4.º), ou seja, pelo acesso à base de dados do registo civil ou por meio de certidões ou, ainda, pela disponibilização da informação constante da certidão em sítio da Internet (artigo 211.º, n.ºs 1 e 2). Segundo o artigo 3.º, n.º 1, CRegCiv, esta prova resultante do registo civil quanto aos factos que a ele estão obrigatoriamente sujeitos e ao estado civil correspondente só pode ser ilidida mediante acções de estado (que respeitam aos factos registados) ou mediante acções de registo (que respeitam aos actos registrais pelos quais se inscreveram aqueles factos no registo civil).

Agora, é de suma importância o disposto no artigo 2.º CRegCiv. Esta norma consagra o princípio da inatendibilidade dos factos não registados, ao enunciar que "[s]alvo disposição legal em contrário[442], os factos cujo registo

[442] Constituem excepções ao princípio da inatendibilidade os artigos 1711.º, n.º 1 (não está em causa o estado civil dos cônjuges mas o seu regime de bens, sujeito à lógica dos registos

é obrigatório só podem ser invocados depois de registados". Isto significa que, não havendo registo, os factos não produzem efeitos, não podem ser invocados por ninguém, nem pelas pessoas a que respeitam. É quase como se os factos não registados não existissem; eles apenas produzem efeitos latentes, mas não atendíveis. Feito o registo, porém, os factos passam a ser atendíveis e os seus efeitos retrotraem-se à data em que ocorreram.

7. A situação jurídica do cadáver

Depois do termo da personalidade, o cadáver da pessoa passa a ser, segundo uns, uma coisa, embora uma coisa fora do comércio, por ser insusceptível, por sua natureza, de apropriação individual (artigo 202.º, n.º 2), segundo outros, deve ser visto como uma "pessoa presente ou passada" ou como uma "extensão da pessoa" ou como um "*tertium genus*", situado entre pessoa e coisa. Estas últimas opiniões carecem de fundamento legal. Ainda há quem defina o cadáver como pertencente aos objectos jurídicos, mas negue a sua qualidade de coisa corpórea em virtude de ele ser simultaneamente "resíduo" de uma pessoa. A opinião dominante é aquela que considera o cadáver como uma coisa, embora com as características específicas devidas. 475

Em todas as opiniões referidas há acordo quanto à extra-comercialidade do cadáver e, por isso, as divergências existentes têm poucos efeitos práticos. De qualquer modo, pode afirmar-se que a posição perante o cadáver está ainda influenciada por um respeito ancestral que o homem tem em relação aos restos mortais humanos. Cabe aos familiares mais próximos tomar certas disposições acerca do cadáver (p. ex., quanto ao enterro). Em qualquer caso, o cadáver não faz parte da herança e está subtraído, por razões de piedade, ao tráfico jurídico. 476

relativos a bens [*maxime*, do registo predial]), 1601.º, al. *c)* (pretende-se impedir a bigamia e defender, por razões de ordem pública, o princípio do casamento monogâmico), e 1920.º-C (visa a protecção do interesse superior das crianças).

No que diz respeito ao aproveitamento do cadáver para efeitos da colheita de órgãos, existe a legislação própria da Lei n.º 12/93, de 22 de Abril[443]. Para esta colheita de órgãos o consentimento dos familiares não é necessário e a sua eventual oposição não releva. Unicamente nos casos em que tenha havido oposição expressa em vida pelo próprio falecido, a colheita de órgãos não é lícita (ver n.º 462).

No que respeita ao direito mortuário, é o Decreto-Lei n.º 411/98, de 30 de Dezembro[444], que determina o regime jurídico da remoção, transporte, inumação, exumação, trasladação e cremação de cadáveres, bem como de alguns desses actos relativos a ossadas, cinzas, fetos mortos e peças anatómicas, e ainda da mudança de localização de um cemitério.

II. A CAPACIDADE JURÍDICA, AS CAPACIDADES DE AGIR

Bibliografia: Raúl Guichard Alves, «Observações a respeito da incapacidade de exercício dos menores e sua justificação», *RDE* XV (1989), pp. 359. C. A. da Mota Pinto, *cit.*, p. 193 a 196, 201 a 234. Eva Sónia Moreira, «A capacidade dos menores para consentir actos médicos na ordem jurídica portuguesa», *RDFAS (Revista de Direito da Família e das Sucessões)*, Ano 4, vol. 13, jul.-set., 2017, pp. 88-113 – disponível em http://adfas.org.br/2018/04/10/rdfas-13/.

1. A personalidade e a capacidade jurídica

477 A aquisição da personalidade (Rechts*persönlichkeit*) nos termos do artigo 66.º, n.º 1, dá origem à capacidade jurídica (Rechts*fähigkeit*). Segundo o artigo 67.º, a capacidade jurídica significa que "as pessoas podem ser sujeitos de quaisquer relações jurídicas, salvo disposição legal em contrário". Por

[443] Relativa à Colheita e Transplante de órgãos e tecidos de origem humana, alterada, entretanto, pela Lei n.º 22/2007, de 29 de Junho (que transpõe parcialmente para a ordem jurídica nacional a Directiva n.º 2004/23/CE, do Parlamento Europeu e do Conselho, de 31 de Março), pela Lei n.º 12/2009, de 26 de Março, pela Lei n.º 36/2013, de 12 de Junho, e pelo DL n.º 168/2015, de 21 de Agosto.
Neste contexto é ainda relevante o velho trabalho, mas não envelhecido, de Manuel Duarte Gomes da Silva, *Esboço de uma conceção personalista do direito. Reflexões em torno da utilização do cadáver humano para fins terapêuticos e científicos*, Lisboa, 1965.

[444] Repetidas vezes alterado, por último pela Lei n.º 14/2016, de 9 de Junho.

outras palavras, a capacidade jurídica corresponde à susceptibilidade de uma pessoa ser titular de todos os direitos subjectivos que a ordem jurídica privada conhece, bem como das respectivas obrigações. A capacidade jurídica é, deste modo, uma qualidade estática, ou seja, precisamente a idoneidade de se *ser* titular de direitos e obrigações. A capacidade jurídica é inerente à personalidade. Quem tiver personalidade tem também capacidade jurídica, à qual não pode renunciar (artigo 69.º).

No entanto, à luz dos textos dos artigos 66.º, n.º 1, e 67.º os dois conceitos não são rigorosamente idênticos[445]. De facto, ao contrário do conceito de capacidade jurídica, a personalidade não é abrangida pela restrição "salvo disposição em contrário" feita pelo artigo 67.º. A personalidade é insusceptível de quaisquer limitações ou ressalvas, bem diferente da capacidade jurídica, que pode ser mais ou menos circunscrita, ou cuja medida exacta pode variar segundo as circunstâncias da vida do indivíduo, assumindo assim uma dimensão quantitativa[446]. Por meio da diferenciação técnico-jurídica entre personalidade e capacidade jurídica evita-se que eventuais limitações à capacidade possam afectar a pesonalidade.

O artigo 67.º estabelece a regra da capacidade, que é uma capacidade de gozo: todas as pessoas, sendo iguais perante a lei, gozam da possibilidade de serem titulares de direitos e obrigações, isto é, de serem sujeitos de quaisquer relações jurídicas privadas, a não ser que essa possibilidade lhes esteja expressamente vedada por lei ou por decisões judiciais a que a lei atribui este efeito. 478

As disposições que impedem o gozo de certos direitos têm carácter de excepção e, por isso, são devidamente justificadas. As excepções ocorrem quando se verificam certas "qualidades minguantes" inerentes à própria pessoa a respeito de determinados direitos estritamente pessoais. Assim, elas podem surgir em relação ao casamento, à perfilhação e à feitura do testamento. Como excepções que são, constam expressamente da lei.

[445] O texto do artigo 1.º do Código de Seabra equiparava os dois conceitos, dizendo Manuel DE ANDRADE, *cit.*, vol. I, pp. 30-31, que "são mesmo conceitos idênticos."

[446] Contudo, escreve Manuel DE ANDRADE, *cit.*, vol. I, "quando se alude à possibilidade deste fenómeno e aos termos em que ele se verifica, usa falar-se antes de capacidade que personalidade". E João DE CASTRO MENDES, *cit.*, Vol. I, cit., pp. 169-182, sublinha que a personalidade não admite graus, enquanto a capacidade é tendencialmente quantitativa (p. 175).

2. A capacidade negocial, de gozo e de exercício

479 Da capacidade jurídica, como capacidade de gozo, distingue-se a capacidade negocial (*Geschäftsfähigkeit*). Enquanto a lei nos define, no artigo 67.º, claramente, o que entende por capacidade jurídica (ou capacidade de gozo), o mesmo já não sucede com a capacidade negocial; o conceito não é utilizado pela lei. Podemos dizer que a capacidade negocial consiste na idoneidade de *adquirir* ou *exercer* direitos ou de *assumir* e *cumprir* obrigações por acto próprio e com eficácia jurídica (incluindo a possibilidade de agir por meio de um representante voluntário, isto é, um procurador).

A capacidade negocial diz respeito à *participação* no tráfico jurídico por meio de actos autónomo-privados e refere-se, nesta medida, tanto a negócios estritamente pessoais (em que ninguém se pode substituir ao próprio agente) como a actos ou negócios do comércio jurídico geral (em que essa substituição, normalmente, é possível). A capacidade negocial pressupõe a capacidade jurídica. Uma pessoa pode ter capacidade jurídica sem possuir simultaneamente a capacidade negocial. Contudo, a situação inversa está excluída. Tal como a capacidade jurídica, também a capacidade negocial é uma qualidade da pessoa.

480 Enquanto a capacidade jurídica, como capacidade de gozo, significa a susceptibilidade de *ser* sujeito de relações jurídicas ou de *ter* direitos subjectivos, a capacidade negocial respeita à idoneidade de se *tornar* sujeito de relações jurídicas ou titular de direitos subjectivos e de exercer os mesmos. A capacidade de gozo é assim um elemento estático (= o estar no mundo jurídico como titular), enquanto a capacidade negocial representa o elemento dinâmico (= o agir no mundo jurídico como praticante de actos jurídicos negociais).

Efectivamente, de nada serve a capacidade jurídica, como elemento estático, se não for completada com meios técnico-jurídicos que a dinamizem, isto é, meios de agir para adquirir e exercer direitos ou assumir obrigações. Os direitos adquirem-se e as obrigações assumem-se mediante a participação no tráfico jurídico, de acordo com o princípio da autonomia privada ou autonomia da vontade; para esta participação no tráfico jurídico é necessária a capacidade negocial, que serve para dar sentido à capacidade jurídica: quem participa no tráfico jurídico faz uso da possibilidade de adquirir direitos, uma vez que já é susceptível de ser o seu titular.

A participação no tráfico jurídico, de acordo com o princípio da autonomia privada, pressupõe que as pessoas estão em condições de agir com base na sua vontade, pressupõe, portanto, que elas possuem o discernimento necessário para querer e entender os negócios que praticam, bem como os efeitos pretendidos com eles. Apenas as pessoas nestas condições têm capacidade negocial para participar no tráfico jurídico e adquirir assim o gozo de direitos. 481

Se estes direitos forem de natureza estritamente pessoal, de modo que não podem ser assumidos por outrem em nome e em vez do titular, a capacidade para se tornar titular daqueles direitos chama-se capacidade negocial de gozo. É este tipo de capacidade que está previsto no artigo 1600.º (capacidade de casar e – eventualmente – capacidade para fazer a promessa de casamento: artigo 1591.º [447]), no artigo 1850.º (capacidade para perfilhar) e no artigo 2188.º (capacidade testamentária).

Nos outros casos, a capacidade para participar no tráfico jurídico geral chama-se capacidade (negocial) de exercício. Segundo a convicção da lei, esta capacidade é adquirida quando se atinge a maioridade. Por isso, o homem normal e maduro, sendo maior, possui plena capacidade de exercício (artigo 130.º), ou, por outras palavras, está no pleno exercício dos seus direitos.

Antes da maioridade, as pessoas carecem, em princípio, desta capacidade, precisamente por serem menores. Mas pode haver casos em que os maiores se vejam impossibilitados, por razões de saúde, deficiência, ou pelo seu comportamento, de exercer plena, pessoal e conscientemente, os seus direitos ou de, nos mesmos termos, cumprir os seus deveres. Nestas situações fala-se de maiores que beneficiam de medidas de acompanhamento.

Ao contrário da capacidade negocial, de gozo e de exercício, a capacidade jurídica não pressupõe nem discernimento, nem a vontade de entender e querer, uma vez que diz respeito à mera susceptibilidade de ser titular, a uma simples condição de gozo[448] e não se refere à idoneidade da participação no tráfico jurídico. Faltando a alguém a capacidade negocial de gozo, o negócio nunca pode realizar-se validamente; mas, faltando a alguém a capacidade de 482

[447] A lei não é perfeitamente clara se, para fazer uma promessa de casamento, é necessária a capacidade negocial de gozo ou a capacidade negocial de exercício.

[448] Ferrara, *Trattado di diritto civile, apud* Manuel de Andrade, *cit.*, vol. I, p. 32.

exercício, de modo que não pode agir validamente por acto próprio ou por meio de um representante voluntário, há, em vez dele, um representante legal que age em seu nome, suprindo assim a falta da capacidade de exercício, ou há um assistente que viabiliza, mediante a sua autorização, os actos a praticar. Também se recorre ao instituto da assistência no contexto de um negócio estritamente pessoal, ou seja, a autorização para o casamento de um nubente menor que possui a idade núbil[449] (artigos 1604.º, al. *a)*, e 1612.º) e que fica emancipado pelo casamento.

A capacidade negocial (de gozo e de exercício) não faz parte do conceito jurídico de pessoa ou do conceito de personalidade, visto referir-se somente ao agir da pessoa.

3. A capacidade natural e de consentir

483 Diferente da capacidade negocial (de gozo e de exercício) é a capacidade da pessoa para consentir que a sua integridade física seja violada. Como vimos (cf. n.os 426 ss.), é pelo consentimento da pessoa que a ilicitude desta violação é afastada, nos termos dos artigos 340.º e 81.º do CCiv.

A doutrina entende que não é necessária a existência de capacidade negocial. O que está em causa é o "consentimento tolerante", não sujeito aos princípios que regem a capacidade em matéria de negócios jurídicos. Assim, pode ser prestado por um menor, mesmo não sendo emancipado, "desde que tenha a suficiente maturidade para a avaliação das respectivas consequências"[450], ou por um maior acompanhado, nos termos do art. 147.º. Basta, portanto, uma capacidade natural para consentir, se tiverem maturidade suficiente para "entender plenamente o significado do seu acto" (cf. n.º 431), conforme a gravidade do caso concreto.

484 O CCiv, no entanto, é omisso a este respeito[451], pelo que há autores que consideram que, atendendo à unidade do sistema jurídico, se poderá lan-

[449] Cf. Manuel DE ANDRADE, *cit.*, vol. II, p. 72.

[450] Orlando de Carvalho afirma, também, que é esta "a doutrina que defende o Código Penal vigente" (artigo 38.º, n.º 3). Cf. Orlando DE CARVALHO, *Teoria Geral do Direito Civil*, Coimbra, Coimbra Editora, 3.ª ed., 2012, pp. 205 e 206.

[451] Ao contrário do que sucede, por exemplo, no CCiv de Macau (v. artigo 69.º, n.os 2 e 3) ou em outras ordens jurídicas. V. André Gonçalo DIAS PEREIRA, *O consentimento informado na rela-*

çar mão do artigo 38.º, n.º 3, do CPenal[452] (sobre o regime geral do consentimento em sede penal), que determina que o consentimento exclui a ilicitude do acto desde que o menor em causa tenha *mais de dezasseis anos* e possua "o discernimento necessário para avaliar o seu sentido e alcance no momento em que o presta". É desta forma que a lei estabelece dois requisitos cumulativos: a capacidade natural para consentir e a idade mínima da pessoa[453].

Estes devem ser os critérios quando esteja em causa, por exemplo, a realização de actos médicos de relevo, bem como intervenções cirúrgicas, transfusões de sangue, etc.

Por outro lado, para actos médicos e de enfermagem de pequena relevân- 485
cia, como a desinfecção de uma ferida, poderá aplicar-se analogicamente a estes actos de natureza pessoal o art. 127.º, n.º 1, al. *b)*, em princípio concebido para actos de natureza patrimonial, considerando que o menor também terá uma excepcional capacidade para neles consentir, de acordo com a sua capacidade natural.

ção médico-paciente, Coimbra, Coimbra Editora, 2004, pp. 291 a 302; Rosa Cândida Martins, «A criança, o adolescente e o acto médico. O problema do consentimento», in *Comemorações dos 35 anos do Código Civil e dos 25 anos da reforma de 1977*, Vol. I, *Direito da Família e Sucessões*, Coimbra, Coimbra Editora, 2004, p. 818.

452 V., p. exemplo, Orlando de Carvalho, *Teoria Geral do Direito Civil, cit.*, pp. 205 e 206; Guilherme de Oliveira, «O acesso dos menores aos cuidados de saúde», in *Temas de Direito da Medicina*, Coimbra, Coimbra Editora, 1999, pp. 227-230; Figueiredo Dias/Sinde Monteiro, *Responsabilidade Médica em Portugal, separata do BMJ*, 1984, p. 38; João Vaz Rodrigues, *O consentimento informado para o acto médico no ordenamento jurídico português*, Coimbra, Coimbra Editora, 2001, p. 203; Capelo de Sousa, *O Direito Geral de Personalidade*, Coimbra, Coimbra Editora, 2011 (reimpr.), p. 412, n. 1040.

453 Considerando, por isso, que esta norma não consagra uma maioridade especial, Eva Sónia Moreira, "A capacidade dos menores para consentir actos médicos na ordem jurídica portuguesa", *cit.*, p. 107. Sublinha-se, ainda, que tendo sido reconhecida capacidade para consentir ao menor, terá de se respeitar a sua decisão se este dissentir (*Idem*, p. 110). No mesmo sentido, André Gonçalo Dias Pereira, *O consentimento informado na relação médico-paciente, cit.*, pp. 320 a 322, e Geraldo Rocha Ribeiro, «Quem decide pelos menores? (Algumas notas sobre o regime jurídico do consentimento informado para actos médicos», *Lex Medicinae*, ano 7, n.º 14 (2010), p. 126. Em sentido contrário, contudo, André Teixeira dos Santos, «Do consentimento dos menores para a realização de actos médicos terapêuticos», *Revista do Ministério Público*, n.º 118 (Abril/Junho 2009), p. 153.

4. A capacidade delitual

486 Além de se vincular por actos praticados de acordo com a autonomia privada, por via negocial, a pessoa pode também ser obrigada em consequência de um facto ilícito que cometeu. Chama-se capacidade delitual a idoneidade de uma pessoa praticar e responder por factos ilícitos. Esta situa-se no campo da responsabilidade extracontratual, não negocial, e resulta da violação culposa de um direito absoluto ou de um interesse legalmente protegido, isto é, da não observância de uma norma legal que protege também interesses particulares.

A capacidade delitual é, para o campo extracontratual, o equivalente da capacidade negocial para o âmbito contratual. Não obstante de se situarem em esferas de actuação diferentes, os conceitos de capacidade negocial (de gozo e de exercício) e de capacidade delitual podem ser reunidos num só conceito geral, desenvolvido pela doutrina, que abarca ambos: a capacidade civil de agir (*Handlungsfähigkeit*)[454].

487 Os pressupostos da capacidade delitual são autónomos e independentes dos da capacidade negocial, visto referirem-se a um tipo de responsabilidade essencialmente diferente (ver n.os 102, 104 e 113). Pode haver uma, mas faltar outra. Ao contrário da capacidade de exercício e também dos vários casos da capacidade negocial de gozo, a lei define a capacidade delitual de uma maneira negativa, não dizendo quem a possui, mas explicando quem a não tem e, assim, não responde por um facto ilícito praticado.

A este respeito dispõe o artigo 488.º: "Não responde pelas consequências do facto danoso quem, no momento em que o facto ocorreu, estava, por qualquer causa, incapacitado de entender ou querer, salvo se o agente se colocou culposamente nesse estado, sendo este transitório. (...) Presume-se falta de imputabilidade nos menores de sete anos". Nos casos em que os maiores estão impossibilitados de cumprir os seus deveres (cf. n.º 481), não há – independentemente da gravidade de que a sua situação possa revestir – nenhuma presunção da sua inimputabilidade[455].

[454] Cf., Manuel de Andrade, *cit.*, vol. I, p. 31 e ainda, por todos, Helmut Köhler, *cit.*, § 60, n.º 6.

[455] Não se percebe por que a lei não incluiu nas presunções os casos mais graves em que os

Como vemos, também aqui a lei exige, para que haja capacidade, o pressuposto do entender ou querer, ou seja, do discernimento de quem actua, embora não exija capacidade negocial de exercício e estabeleça um limite de idade muito inferior ao desta, variável conforme o caso concreto. A razão desta diferenciação explica-se, sobretudo, pelo alcance desigual da vontade no caso da capacidade negocial, por um lado, onde a vontade do agente abrange os factos jurídicos, incluindo os efeitos pretendidos, e no caso da capacidade delitual, por outro, onde a vontade provoca o facto, enquanto os efeitos resultam da lei e se traduzem numa sanção que ela estabelece. A sanção consiste numa indemnização que, em certos casos, pode ser limitada por motivos de equidade, como consta dos artigos 489.º, 494.º e 496.º (ver nota 119). 488

Por fim acrescenta-se que não se exige qualquer capacidade delitual para se poder verificar a responsabilidade pelo risco ou a responsabilidade por factos lícitos. Estes casos não estão logicamente conexos com a capacidade civil de agir. Podem verificar-se independentemente daquela capacidade, em virtude da simples titularidade de um direito, resultante da capacidade jurídica (p. ex., uma criança de dois meses herda uma fábrica de pólvora). A responsabilidade pelo risco e por factos lícitos baseia-se em princípios autónomos (cf. n.º 123). 489

5. Observações finais ao regime da capacidade

Resumindo de uma maneira esquemática o que foi exposto, poderá fazer-se a figura seguinte: 490

maiores beneficiam de medidas de acompanhamento, como sucedia no regime anterior com os dementes interditos por anomalia psíquica.

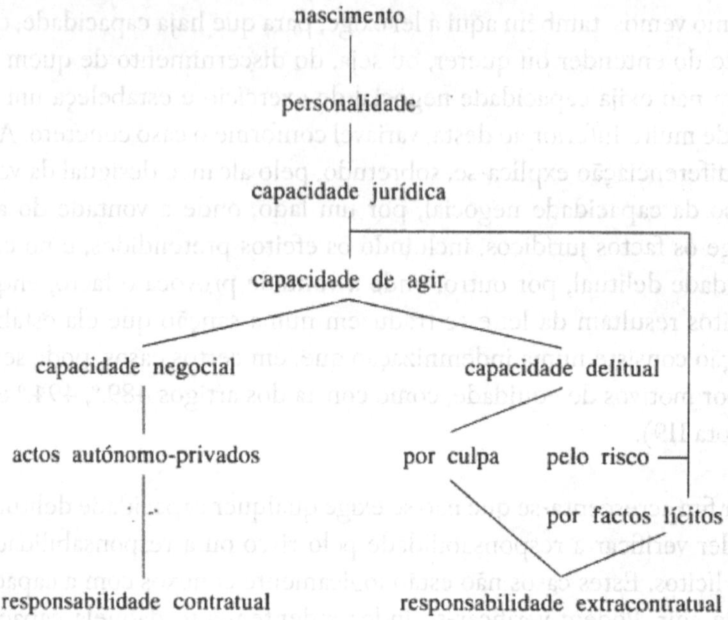

491 Ficando assim as estruturas transparentes, vê-se que existe uma interdependência entre a personalidade da pessoa, que se pretende autónoma e auto-determinada, e a sua capacidade negocial como instrumento dinâmico de que a pessoa se serve para tomar efectiva a sua auto-realização.

Ao delimitar-se o campo de actuação da capacidade negocial (p. ex., mediante normas imperativas; por meio de restrições à liberdade contratual; em virtude do alargamento do domínio público, aumentando-se assim as coisas fora do comércio; como efeito de exigências de autorizações ou pedidos de justificações por parte de entidades administrativas e fiscais ou de tribunais; mediante formalidades exageradas para a conclusão de negócios; com medidas de controlo e supervisão, etc.), atinge-se indirectamente a pessoa, cujo direito à autodeterminação é ordenado, limitado, dificultado, esvaziado ou impedido, o que pode paralisar o seu espírito de iniciativa e de empreender, de acordo com o grau e a intensidade daquelas medidas (de) limitativas.

492 Neste contexto, a fixação da idade regular em que se adquire a plena capacidade de exercício deve ser feita em atenção às exigências do tráfico jurídico

privado em que as pessoas participarão (p. ex., uma economia socialista, por um lado [cf. n.º 171], uma economia de mercado, por outro). Deste modo, e de acordo com o espaço deixado à conformação autónoma das relações jurídicas privadas no respectivo sistema jurídico-político, tanto a exigência de uma idade elevada como a admissão de um limite etário baixo podem infringir o direito à livre autodeterminação da pessoa: no primeiro caso, priva-se a pessoa de um direito que ela está em condições de realizar; no segundo caso, conferem-se poderes a uma pessoa que nem sequer os sabe usar adequadamente, precisando de quem a ajude. Por outras palavras, se o limite de idade for fixado excessivamente para baixo, criam-se, sem necessidade, os "mais fracos" que, então, precisam de protecção e de apoio, de preferência conduzidos e tutelados pelo "Estado-providência". Assim, a decisão sobre a fixação da idade em que se adquire a plena capacidade de exercício é uma decisão fundamental, característica para o estado evolutivo de certa sociedade e o grau de autonomia que ela reconhece aos agentes de direito privado[456].

No processo civil, em que a pessoa legitimada (ver n.º 368) faz valer os 493
seus direitos subjectivos, corresponde à personalidade ou capacidade jurídica a personalidade judiciária (n.º 2 do artigo 11.º CPC). A personalidade judiciária consiste na susceptibilidade de ser parte do processo (artigo 11.º, n.º 1, CPC). À capacidade de exercício corresponde em processo civil a capacidade judiciária, que consiste na susceptibilidade de estar, por si, em juízo (artigo 15.º, n.º 1, CPC). Como dispõe o artigo 15.º, n.º 2, CPC: "A capacidade judiciária tem por base e por medida a capacidade do exercício de direitos".

Existe um regime específico para o processo de trabalho. Aqui, o n.º 1 do artigo 2.º do Código de Processo do Trabalho confere capacidade judiciária activa a menores com mais de dezasseis anos. Esta norma está em sintonia com a excepção do artigo 127.º, n.º 1, al. *a)*, CCiv na medida em que reconhece ao menor a capacidade para administrar e dispor dos bens que haja adquirido pelo seu trabalho.

[456] São de ponderar as dúvidas expressas por Pires de Lima-Antunes Varela-Henrique Mesquita, anotação ao artigo 122.º, a respeito da fixação da maioridade em dezoito anos.

III. AS INCAPACIDADES NEGOCIAIS E A INCAPACIDADE DELITUAL

494 À capacidade negocial (ver n.os 479 e 480) contrapõem-se as correlativas incapacidades negociais. Estas incapacidades resultam de insuficiências, de "qualidades minguantes", da própria pessoa que afectam ou diminuem, em última análise, de uma maneira ou doutra o seu discernimento ou as suas capacidades volitivas. Elas respeitam à condição da própria pessoa.

Assim corresponde à capacidade negocial de gozo a incapacidade negocial de gozo; esta incapacidade é insuprível; à capacidade de exercício corresponde a incapacidade de exercício, que, todavia, é suprível.

1. As incapacidades de gozo

495 Como não pode deixar de ser, por via de regra, todas as pessoas são capazes de gozar a titularidade de quaisquer direitos privados, salvo disposição legal em contrário (artigo 67.º). Estas restrições surgem nos casos em que existe uma proibição absoluta de celebração de negócios de natureza estritamente pessoal, encontrando-se as razões para a proibição numa *capitis deminutio*, quer dizer, na falta das qualidades necessárias para a pessoa poder ser titular daqueles direitos. A incapacidade reside na própria pessoa do incapaz. Trata-se de situações excepcionais em que as pessoas por elas abrangidas não podem ascender à titularidade de direitos e obrigações de carácter pessoal por virtude das suas próprias insuficiências. As pessoas são incapazes porque lhes falta, regularmente, o discernimento mínimo necessário, porque haverá, em última análise, sempre uma deficiência da vontade que lhes veda, em termos absolutos, a aquisição de certos direitos pessoais, situação que conduz à não activação da sua capacidade de gozo. O incapaz não pode celebrar validamente o negócio com ninguém.

Como se trata de negócios de natureza estritamente pessoal a incapacidade não é suprível: não há quem se possa substituir ao incapaz concluindo o negócio e assuma a titularidade em vez dele. Não há meio para o incapaz vir a ser validamente titular da relação jurídica. E, assim, a consequência normal para um negócio celebrado por quem não tiver capacidade negocial de gozo é sua nulidade.

496 Os casos das incapacidades de gozo são apenas três:

1.º – As incapacidades resultantes dos impedimentos dirimentes absolutos que obstam ao casamento da pessoa a quem respeitam com *qualquer* outra (artigo 1601.º), a saber: *a)* a idade inferior a dezasseis anos; *b)* a demência notória, mesmo durante os intervalos lúcidos, e a decisão de acompanhamento, quando a sentença respectiva assim o determine; *c)* o casamento anterior não dissolvido (apenas neste caso a incapacidade não pode ser reconduzida necessariamente a uma deficiência da vontade!);

2.º – A incapacidade para perfilhar (artigo 1850.º, n.º 1), que se verifica nos casos: *a)* dos menores de dezasseis anos; *b)* dos maiores acompanhados, com restrições ao exercício de direitos pessoais; *c)* dos afectados por perturbação mental notória no momento da perfilhação;

3.º – As incapacidades de testar (artigo 2189.º), a respeito: *a)* dos menores não emancipados (portanto, com a idade inferior a dezoito anos [artigo 130.º]; *b)* dos maiores acompanhados, nos casos em que a sentença de acompanhamento assim o determine.

Em todos estes três casos, que a lei tipifica taxativamente em função da idade ou de deficiências volitivas da pessoa (exceptuado o casamento anterior não dissolvido), fica perfeitamente clara a sua natureza de preceitos de excepção. São elucidativos a este respeito tanto o princípio geral do artigo 1600.º ("*[t]odos* têm capacidade para contrair casamento a não ser que exista um impedimento"), como o conteúdo do artigo 1850.º, n.º 1 ("[t]êm capacidade para perfilhar [*todos*] os indivíduos (...) se não (...)") e a regra geral do artigo 2188.º ("[p]odem testar *todos* (...) que a lei não declare incapazes (...)").

A redacção dos preceitos em causa mostra com nitidez que a lei, para 497
excluir a titularidade daqueles direitos pessoais, não actua directamente sobre a capacidade jurídica, mas recorre ao expediente técnico-jurídico de coarctar, por completo, a possibilidade de agir. A lei não nega a titularidade como tal; limita-se a impossibilitar de todo que ela possa vir a dar-se. Sendo assim, no fundo a figura da incapacidade negocial de gozo parece dispensável: podia distinguir-se entre incapacidades negociais insupríveis (apenas referentes a negócios estritamente pessoais) e supríveis (referentes aos negócios do tráfico jurídico negocial que, não são estritamente pessoais).

Todavia, em apenas um dos três casos a lei decreta, seguindo o princípio geral, a nulidade: no caso do testamento, feito por um incapaz (artigo 2190.º). Nos outros dois casos os actos são anuláveis (artigos 1631.º, al. *a)*, e 1861.º, n.º 1). Estes desvios à regra da nulidade explicam-se pelo facto de estar em causa o estado civil das pessoas e pela necessidade de manter estáveis as relações respeitantes ao estado civil até haver a respectiva decisão judicial de anulação do negócio invalidamente celebrado, pois seria inadmissível que "qualquer interessado" pudesse invocar, ao abrigo do artigo 286.º, a invalidade, isto é, uma nulidade, de um casamento ou de uma perfilhação, pondo assim em causa as respectivas relações jurídicas familiares.

Em princípio, as incapacidades negociais de gozo são todas elas temporárias (com o passar dos anos as pessoas adquirem naturalmente as faculdades volitivas necessárias e também as deficiências que justificam medidas de acompanhamento podem vir a ser curadas). Desta maneira, a situação normal e regular é que uma pessoa adulta e maior possui a plena capacidade negocial de gozo e, por conseguinte, não sofre limitações nenhumas quanto à sua susceptibilidade de ser titular de quaisquer relações jurídicas, ou seja, titular dos direitos subjectivos que a ordem jurídica privada conhece, bem como das respectivas obrigações.

2. A incapacidade de exercício do menor e os meios de suprimento da incapacidade

a) Considerações prévias gerais

498 Do mesmo modo que as pessoas têm plena capacidade negocial de gozo, também possuem, desde que tenham atingido a maioridade, a plena capacidade negocial de exercício. É a partir do momento da aquisição da maioridade que, na convicção da lei, as pessoas têm o discernimento mínimo e necessário para poderem participar no tráfico jurídico geral. A aquisição da capacidade de exercício, feita em termos "tipificados" mediante a sua ligação à maioridade, é, além do pressuposto da maturidade da pessoa, ditada por exigências de segurança do tráfico jurídico. Seria intolerável se a averiguação da capacidade de exercício fosse feita, caso a caso, antes ou depois de cada acto de participação no tráfico jurídico negocial.

O artigo 130.º (efeitos da maioridade) é claro: "Aquele que perfizer dezoito anos de idade adquire plena capacidade de exercício de direitos, ficando habilitado a reger a sua pessoa e a dispor dos seus bens". Esta aquisição da capacidade faz-se por simples comando da lei, independentemente de um acto de vontade do sujeito e sem a necessidade de qualquer contrapartida por parte deste. 499

Excepcionalmente, porém, a capacidade de exercício já se adquire antes da maioridade: trata-se do caso em que um menor é emancipado pelo casamento (artigo 132.º) como mero efeito legal decorrente da sua celebração. Consta do artigo 133.º: "A emancipação atribui ao menor plena capacidade de exercício de direitos (...) salvo o disposto no artigo 1649.º" e, com o registo do seu casamento, acaba também por constar do registo civil[457], havendo assim a necessária publicidade para o tráfico jurídico negocial. Contudo, o emancipado pelo casamento, não obstante a sua capacidade de exercício, continua a ser menor até ter completado dezoito anos (artigo 122.º), embora para efeitos negociais seja tratado como se fosse maior (artigo 133.º). 500

Menor é quem não tiver completado dezoito anos de idade (artigo 122.º) e, salvo disposição legal em contrário, os menores, como já referimos (ver n.º 481), carecem de capacidade de exercício de direitos (artigo 123.º). A incapacidade do menor é geral. O menor não pode reger a sua pessoa nem dispor dos seus bens. Como sabemos, a incapacidade de exercício (ao contrário da incapacidade negocial de gozo da pessoa) não diz respeito a negócios estritamente pessoais e é por isso suprível. 501

Por meio das incapacidades (e isto vale tanto para as incapacidades negociais de gozo como para a de exercício) a lei visa proteger o incapaz contra as suas insuficiências, as quais lhe podem causar prejuízos. A ordem jurídica parte do pressuposto de que ele não está em condições para celebrar certos negócios estritamente pessoais ou para reger a sua pessoa ou cuidar devidamente dos seus bens ao participar no tráfico jurídico geral. Quer dizer, ele 502

[457] O CRegCiv de 1967 previu ainda o registo da emancipação como um facto autónomo, uma vez que a emancipação podia resultar também da concessão dos pais ou do conselho de família ou de decisão judicial. A partir do CRegCiv de 1978 esta previsão legal tornou-se desnecessária porque a emancipação do menor é unicamente o efeito do seu casamento.

ainda não possui a idoneidade de adquirir ou exercer direitos ou de assumir e cumprir obrigações por acto próprio e com eficácia jurídica[458].

Mas como a incapacidade de exercício do menor é geral – ele efectivamente carece da capacidade de exercício de direitos – ele acabaria por ser excluído de todo do tráfico jurídico negocial e por ser impedido de adquirir direitos ou assumir obrigações, ficando deste modo a sua capacidade jurídica sem qualquer efeito útil, um resultado intolerável para a ordem jurídica, se esta não dispusesse de meios para suprir a sua incapacidade e para viabilizar essa participação. Precisamente para evitar este resultado existem meios de suprimento da incapacidade de exercício. Apenas nos negócios estritamente pessoais não há tais meios.

503 A protecção dada ao incapaz tem que ser conciliada com as exigências do tráfico jurídico moderno. Deste modo, as soluções da lei tanto em relação ao regime das incapacidades (*maxime*, a fixação de limites etários) como a respeito dos meios do seu suprimento são, necessariamente, soluções de compromisso. A ordem jurídica consagra dois meios, dois institutos, para o suprimento da incapacidade de exercício. Estes dois institutos são a representação legal e a assistência.

"1) Pelo instituto da representação é admitida a agir em lugar do incapaz uma outra pessoa, designada não pelo próprio incapaz, mas pela lei ou por certa entidade (pública ou mesmo particular) nos termos da lei. Essa outra pessoa vem a ser o representante legal do incapaz, agindo umas vezes com inteira independência, precisando outras vezes de autorização de outra entidade.

2) Pelo instituto da assistência o incapaz pode agir ele mesmo. Simplesmente, para poder realizar validamente os respectivos negócios, é-lhe necessário o consentimento de certa outra pessoa ou entidade. Onde funciona a assistência, a entidade a quem ela compete não pode concluir ela mesma, só por si, os respectivos negócios, sendo essencial que o incapaz delibere realizá-los. Não assim quanto intervém a representação. A função do representante é activa. A do assistente é apenas inibitória ou completiva da vontade do assistido"[459].

[458] Incluindo a possibilidade de agir por meio de um representante voluntário (um procurador).
[459] Manuel DE ANDRADE, *cit.*, vol. II, pp. 71-72.

Como dissemos, por meio das incapacidades, a lei pretende proteger o incapaz e, sendo assim, de modo igual os meios de suprimento funcionam precisamente com a mesma finalidade. Por isso, a actuação de representantes legais e assistentes, em cuja escolha e nomeação o próprio menor não intervem, nunca o pode colocar numa situação jurídica inferior àquela que teria sem essa intervenção.

Para além do suprimento da incapacidade do menor no tráfico jurídico 504
negocial geral, a lei recorre, como já foi dito, ao instituto da assistência ainda no contexto da celebração de um negócio estritamente pessoal: trata-se de autorizar o casamento de um nubente menor que possui a idade núbil[460] (artigos 1604.º, al. *a)*, e 1612.º) e que fica emancipado pelo casamento. Finalmente, os institutos da representação e da assistência são novamente chamados no contexto do regime do maior acompanhado (ver *infra* n.ºs 542 ss.).

b) O regime da menoridade em pormenor

Sabemos que os menores (artigo 122.º) carecem da capacidade de exercí- 505
cio de direitos (artigo 123.º, 2.ª parte) e que esta incapacidade é geral: eles não estão habilitados a *reger a sua pessoa* (incapacidade de praticar actos pessoais) e a *dispor dos seus bens* (incapacidade para realizar negócios jurídicos patrimoniais) e não têm capacidade para adquirir direitos ou assumir obrigações por acto próprio (ou por meio de um representante voluntário). A não ser que a lei abra excepções (artigo 123.º, 1.ª parte), esta incapacidade só termina, para todos os efeitos, com a maioridade ou a emancipação pelo casamento, caso este tenha sido devidamente autrorizado (artigos 129.º e 132.º).

A incapacidade de exercício dos menores é suprida pelo agir dos seus 506
representantes legais, ou seja, pelos detentores das responsabilidades parentais (artigos 124.º[461], 1877.º ss., nomeadamente, artigo 1881.º, n.º 1) e,

[460] Manuel DE ANDRADE, *cit.*, vol. II, p. 72.

[461] A Lei n.º 61/2008, de 31 de Outubro, que introduziu um novo regime do divórcio ao eliminar o pressuposto da culpa, alterou o conceito "poder paternal" para "responsabilidades parentais", tendo o seu artigo 3.º, n. º 2, determinado o seguinte: "A expressão «poder paternal» deve ser substituída por «responsabilidades parentais» em todas as disposições da secção II do capítulo II do título III do livro IV do Código Civil." No entanto, dos artigos do CCiv que

subsidiariamente, pela tutela (artigos 124.º, 1921.º ss.), devendo os menores, em tudo quanto não seja ilícito ou imoral, obedecer a seus pais ou tutor e cumprir os seus preceitos (artigo 128.º). Contudo, nos casos previstos no artigo 1888.º, n.º 1, als. *a)-c)*, bem como no artigo 1922.º, há lugar a uma administração de bens que funciona, relativamente aos bens por ela abrangidos, ao lado das responsabilidades parentais ou da tutela.

As responsabilidades parentais, a tutela e a administração de bens são formas de representação legal do menor com âmbitos diferentes. As responsabilidades parentais dizem respeito à pessoa, com excepção dos actos estritamente pessoais, e aos bens do menor (cf. artigos 1885.º ss.; artigos 1888.º ss.) e o mesmo acontece com a tutela (artigo 1935.º), sendo os poderes do tutor menos amplos do que os dos pais; a administração de bens, por seu lado, refere-se apenas aos bens do menor a ela confiados (artigo 1971.º), existindo ao lado de quem é representante legal quanto à sua pessoa ou ao lado daquele cuja representação relativamente aos bens do menor tiver sido restringida (cf. artigo 1888.º).

507 Em alguns casos especialmente previstos (artigos 1889.º; 1892.º; 1938.º; 1971.º, n.º 1), os respectivos representantes legais necessitam da autorização do Ministério Público[462] para poderem validamente celebrar determinados actos quanto aos bens do menor. Além disso, aos tutores e administradores de bens (mas não a quem exerce as responsabilidades parentais) certos actos estão proibidos (artigos 1937.º; 1971.º, n.º 1). É apenas com estas medidas de precaução que a lei considera suficientemente acautelados os interesses

se encontram no livro I, isto é, na Parte Geral (nomeadamente, os artigos que se referem à menoridade como incapacidade negocial de exercício) ninguém se lembrou (até hoje).

[462] Apesar de a redação das normas referidas indicar como entidade competente o tribunal, o DL n.º 272/2001, de 13 de Outubro (rectificado pela Declaração n.º 20-AR/2001, de 30 de Novembro, e alterado pelo DL n.º 324/2007, de 28 de Setembro, pela Lei n.º 61/2008, de 31 de Outubro, pelo DL n.º 122/2013, de 26 de Agosto, e pela Lei n.º 49/2018, de 14 de Agosto) transferiu estas competências para o Ministério Público, ao qual os representantes legais devem agora requerer a autorização para a prática dos actos referidos nos artigos mencionados (cf. artigos 1.º, 2.º, n.º 1, al. *a)*, al. *b)*, al. *d)*; artigo 4.º do DL n.º 272/2001). O artigo 16.º deste diploma estabelece que as referências à competência dos tribunais judiciais, relativas aos processos nele previstos, devem passar a ser consideradas efectuadas ao Ministério Público. Terá havido tempo suficiente, e oportunidades não faltaram, para adaptar a redacção do CCiv a esta nova realidade.

patrimoniais dos menores. Caso contrário, o sistema da representação dos menores poderia ser extremamente perigoso para estes, sujeitos como estão a quem não escolheram.

Na constância do matrimónio, as responsabilidades parentais pertencem a ambos os pais que as exercem de comum acordo (artigo 1901.º, n.ºs 1 e 2). Se apenas um dos pais praticar um acto da responsabilidade de ambos, presume-se que, normalmente, age de acordo com o outro (artigo 1902.º). Por morte de um dos progenitores, o exercício das responsabilidades parentais pertence ao sobrevivo (artigo 1904.º, n.º 1). As mesmas regras aplicam-se também quando os progenitores vivam em condições análogas às de cônjuges e a filiação se encontra estabelecida em relação a ambos (artigo 1911.º, n.º 1)[463]; a tutela e a administração de bens cabem a quem tiver sido designado para o efeito (artigos 1927.º ss.; 1967.º ss.).

Portanto, normalmente é a actuação dos representantes legais que supre, algumas vezes com a autorização do Ministério Público, a incapacidade do menor. Por outro lado, há casos em que os próprios menores possuem, excepcional e necessariamente, a capacidade de exercício. As excepções mais importantes e mais significativas vêm reguladas no artigo 127.º. 508

Elas são:

a) Os actos de administração ou disposição de bens que o maior de dezasseis anos haja adquirido por seu trabalho.
b) Os negócios jurídicos próprios da vida corrente do menor que, estando ao alcance da sua capacidade natural, só impliquem despesas, ou disposições de bens, de pequena importância.
c) Os negócios jurídicos relativos à profissão, arte ou ofício que o menor – independentemente da sua idade – tenha sido autorizado a exercer, ou os praticados no exercício dessa profissão, arte ou ofício.

Nestes casos a lei pressupõe que o menor já possui o discernimento e o poder de avaliação suficiente para agir em conformidade com os seus interesses e para assumir as respectivas responsabilidades. De acordo com a 1.ª parte do artigo 123.º, o artigo 127.º quebra a regra rígida, estabelecida em 509

[463] Nesta situação específica a união de facto tem os mesmos efeitos que um casamento.

consideração à segurança do tráfico jurídico, de que a capacidade de exercício só se adquire com a maioridade, ou com a emancipação pelo casamento, conferindo assim alguma flexibilidade àquela solução em sintonia com a evolução do menor.

A razão da flexibilidade reside no facto de a maturidade e o discernimento, imprescindíveis como pressupostos da capacidade para o exercício de direitos, não se adquirirem de maneira instantânea, de um momento para o outro, quando se atinge a maioridade, mas serem o resultado de um processo de evolução gradual. Deste modo, a lei tem de considerar não só as exigências da segurança do tráfico jurídico, mas também o direito à autodeterminação e auto-regulamentação da pessoa, na medida em que esta está em condições para fazer uso dos seus direitos e para actuar de uma maneira cada vez mais responsável. Neste sentido, cabe também aos pais educar os filhos com vista ao seu desenvolvimento (artigo 1885.º) e reconhecer-lhes autonomia na organização da sua vida (artigo 1878.º, n.º 2). Estas considerações encontram-se reflectidas no disposto do artigo 127.º, de uma forma ponderada.

510 O artigo 127.º, ao permitir de modo limitado a participação de menores no tráfico jurídico, está concebido e formulado de modo a afastar prejuízos ou desvantagens patrimoniais dos menores ou a manter perdas eventuais dentro de limites calculáveis.

A al. *a)* do n.º 1 do artigo 127.º diz respeito aos rendimentos do trabalho do menor, ao qual competem os respectivos actos de disposição e de administração, ficando excluída a administração dos pais (al. *d)* do n.º 1 do artigo 1888.º). Por outras palavras, é o menor que dispõe dos frutos do seu trabalho (mas isto sem embargo de uma eventual obrigação sua de contribuir para os encargos da vida familiar, de acordo com o previsto no artigo 1874.º, n.º 2, e sem prejuízo da eventual utilização dos rendimentos do menor, permitida nos termos do artigo 1896.º, para as necessidades da vida familiar).

Ao contrário da alínea *a)*, a alínea *c)* do n.º 1 do artigo 127.º refere-se à própria relação jurídica profissional do menor e, ainda, a todos os negócios jurídicos relativos a esta, nomeadamente os que são praticados no seu exercício (p. ex., o menor filia-se num sindicato do seu ramo ou adquire material de trabalho ou escolhe um domicílio profissional [artigo 83.º]).

Em seguida, o n.º 2 do artigo 127.º providencia, dentro da finalidade de evitar prejuízos patrimoniais não calculáveis para o menor, quanto à responsabilidade deste pelos actos compreendidos no artigo 127.º, n.º 1, al. *c)*, da forma seguinte: "Pelos actos relativos à profissão, arte ou ofício do menor e pelos actos praticados no exercício dessa profissão, arte ou ofício só respondem os bens de que o menor tiver a livre disposição". Os bens abrangidos são, visto a lei não estabelecer ressalvas, todos os bens de que o menor dispõe e não eventualmente apenas os mencionados no artigo 127.º, n.º 1, al. *a)*. De qualquer modo, a limitação da responsabilidade pelo n.º 2 do artigo 127.º conduz à criação de um património separado. 511

A disposição, dentro do corpo do artigo 127.º, que apresenta o maior grau de flexibilidade é a alínea *b)* do n.º 1. Este preceito permite fazer face a uma grande diversidade de situações, atendendo ao respectivo caso concreto. A excepção à incapacidade em virtude do estipulado no artigo 127.º, n.º 1, al. *b)*, assenta em três pressupostos: (1.º) deve tratar-se de um negócio próprio da vida corrente do menor, ou seja, de um negócio do tipo cuja celebração lhe é habitual ou familiar; (2.º) o negócio deve estar ao alcance da sua capacidade natural, sendo certo que esta capacidade natural evolui com a idade crescente do menor; (3.º) o negócio só implica despesas, ou disposição de bens, de pequena importância, critério esse que, na actual sociedade de consumo, depende de factores objectivos e subjectivos, *inclusive* a condição social do menor. 512

Aparentemente, a alínea *b)* do n.º 1 do artigo 127.º tem em vista apenas os negócios que possam onerar a condição patrimonial do menor, aliás de acordo com a orientação predominante do artigo 127.º. Mas daqui não se pode tirar a conclusão de que para negócios vantajosos o menor já seria capaz. É verdade que – além do regime-regra do artigo 123.º – nada se dispõe na Parte Geral de uma maneira directa acerca de negócios favoráveis ao menor que apenas aumentam os seus bens. Quanto a estes negócios, os respectivos preceitos encontram-se entre as disposições respeitantes à capacidade de receber doações (artigo 951.º, com destaque para o seu n.º 2) e relativas ao exercício das responsabilidades parentais relativamente aos bens dos filhos quando está em causa a aceitação ou rejeição de liberalidades (artigo 1890.º). 513

O artigo 951.º (aceitação por parte de incapazes) determina o seguinte: "1. As pessoas que não têm capacidade para contratar não podem aceitar doações com encargos senão por intermédio dos seus representantes legais. 2. Porém, as doações puras feitas a tais pessoas produzem efeitos independentemente de aceitação (!) em tudo o que aproveite aos donatários".

O artigo 1890.º, por seu lado, diz: "1. Se ao filho for deixada herança ou legado, ou for feita proposta de doação que necessite de ser aceite (é o caso do artigo 951.º, n.º 1), devem os pais aceitar a liberalidade, se o puderem fazer legalmente (cf. al. *l)* do n.º 1 do artigo 1889.º), ou requerer ao Ministério Público, no prazo de trinta dias, autorização para aceitar ou rejeitar. 2. Se, decorrido aquele prazo sobre a abertura da sucessão ou sobre a proposta de doação, os pais nada tiverem providenciado, pode o filho ou qualquer dos seus parentes, o Ministério Público, o doador ou algum interessado nos bens deixados requerer ao tribunal a notificação dos pais para darem cumprimento ao disposto no número anterior, dentro do prazo que lhes for assinado. 3. Se os pais nada declararem dentro do prazo fixado, a liberalidade tem-se por aceite, salvo se o Ministério Público julgar mais conveniente para o menor a rejeição."

Tendo em conta a redacção não muito precisa do artigo 951.º e o procedimento algo complicado do artigo 1890.º, talvez não seja inoportuno recorrer ao previsto na última parte do n.º 2 do artigo 1878.º para fazer uma leitura do artigo 127.º, n.º 1, al. *b)*, no sentido de este abranger também a aceitação de doações de pequena importância, próprias da vida corrente do menor e ao alcance da sua capacidade natural, sobretudo sendo certo que a aceitação de uma doação remuneratória (artigo 941.º) pelo menor estaria a coberto da al. *c)* do n.º 1 do artigo 127.º.

514 Além das excepções à incapacidade de exercício admitidas pelo artigo 127.º, outras estão previstas relativamente à vida patrimonial do menor: no artigo 1289.º, n.º 2, em ligação com o artigo 1266.º (capacidade para adquirir por usucapião), no artigo 1890.º, n.º 2 (legitimidade para requer ao Ministério Público que este notifique os pais para que estes aceitem a herança ou o legado nos termos do artigo 1890.º, n.º 1) e no art. 263.º (que se basta com a capacidade natural do menor para que este possa ser procurador).

515 É possível encontrar, também, excepções relativas à prática de actos pessoais e, ainda, verdadeiros direitos de audição do menor: no artigo 1931.º,

n.º 2 (obrigatoriedade de o tribunal ouvir o menor com mais de catorze anos antes de proceder à nomeação de tutor), no artigo 1957.º, n.º 1 (convocação do conselho de família por menor com mais de dezasseis anos), no artigo 1981.º, n.º 1, al. *a)* (consentimento do adoptando maior de doze anos), no artigo 1984.º, al. *a)* (audição do menor com mais de doze anos, caso os seus pais pretendam adoptar uma criança), no artigo 1901.º, n.º 3 (o tribunal ouvirá o menor sobre questões de particular importância quando haja falta de acordo dos pais), no artigo 1904.º-A, n.º 3 (obrigação de ouvir o menor a respeito da atribuição das responsabilidades parentais também ao cônjuge ou ao unido de facto do progenitor em relação ao qual a filiação se encontra estabelecida) e no artigo 1886.º (que confere ao maior de dezasseis anos a "maioridade em assuntos religiosos").

Na verdade, esta últimas normas mais não são do que consagrações legais do reconhecimento da crescente autonomia do menor, reconhecimento este previsto em geral no já referido art. 1978.º, n.º 2, que determina que, embora os filhos devam obediência aos pais, "estes, porém, de acordo com a maturidade dos filhos, devem ter em conta a sua opinião nos assuntos familiares importantes e reconhecer-lhes autonomia na organização da própria vida"[464] [465].

[464] Esta norma, introduzida na altura da reforma do Código Civil em 1977, foi considerada de "alto valor pedagógico" (V. Guilherme de Oliveira, «O Direito da Família», in Guilherme de Oliveira, *Temas de Direito da Famíia*, 1, Coimbra, Almedina, 1999, p. 197; considerando, no entanto, que tal não pode significar proclamação "da independêcia do filho menor na organização da própria vida e o correlativo dever de os pais a reconhecerem", Pires de Lima/Antunes Varela, *Código Civil Anotado*, Vol. V, Coimbra, Coimbra Editora, 1995, pp. 333 e 334), visava "incentivar a estrutura familiar a adoptar um modelo mais democrático, menos conservador, menos autoritário. Além disso, veio reconhecer que o dever dos pais (...) é, também, educá-los, prepará-los para a autonomia. Neste sentido, o artigo 1885.º, n.º 1, estabelece que «cabe aos pais, de acordo com as suas possibilidades, promover o desenvolvimento físico, intelectual e moral dos filhos». Daí que se deva ir reconhecendo ao menor, conforme este vai crescendo, a possibilidade de ir cuidando de si e das suas coisas", encaminhando-o para a maioridade. Eva Sónia Moreira, "A capacidade dos menores para consentir actos médicos na ordem jurídica portuguesa", *cit.*, 92.

[465] Sobre várias manifestações legais da autonomia do menor, v. Sónia Moreira, «A autonomia do menor no exercício dos seus direitos», *Scientia Ivridica*, Tomo L, n.º 291, Setembro-Dezembro, 2001, pp. 159 a 194 e Sónia Moreira, «Menores: Incapacidade *versus* autonomia», in Mário Ferreira Monte/Mara Clara Calheiros/Maria Assunção do Vale Pereira/Anabela Gonçalves (coord.), *Direito na Lusofonia. Cultura, direitos humanos e globalização*, Escola de Direito da Universidade do Minho, 2016, pp. 429 a 436.

Fora do CCiv, encontramos, também, várias normas neste sentido, por exemplo: o artigo 99.º, n.º 1, CRegCiv (declaração voluntária do nascimento pelo próprio quando for maior de catorze anos), o artigo 45.º, n.º 2, al. *a)*, artigos 45.º, n.º 1, al. *d)*, e artigo 46.º da Lei Tutelar Educativa (o menor tem o direito de ser ouvido em qualquer fase do processo; pode solicitar um psicólogo ou psiquiatra ou constituir ou requerer a nomeação de um defensor), o artigo 2.º, n.º 1, do CPTrab (o menor com mais de dezasseis anos tem capacidade judiciária activa para acções laborais), o artigo 495.º do CPC (os menores podem ser ouvidos como testemunhas), o artigo 349.º do CPPen (os menores de dezasseis anos podem ser inquiridos), o artigo 8.º, n.º 4, da Lei n.º 12/93, de 22 de Abril[466] (o transplante e colheita de órgãos de menor com capacidade de entendimento e de manifestação de vontade não pode ser feito sem a sua concordância; o artigo 10.º da mesma lei permite a este menor manifestar a sua indisponibilidade para ser dador *post mortem*), o artigo 7.º, n.º 1, als. *a)* e *c)*, da Lei n.º 21/2014, de 16 de Abril[467] (que prevê a necessidade de o menor consentir num estudo clínico), os artigos 13.º e 15.º da Lei n.º 3/84, de 24 de Março, sobre Educação e Planeamento Familiar (que concedem aos jovens o direito de aceder a consultas de planeamento familiar sem a autorização ou até conhecimento dos pais, bem como o artigo 5.º da Lei n.º 120/99, de 11 de Agosto, que reforça as garantias do direito à saúde reprodutiva, consagrando ao menor com suficiente maturidade física e psíquica o direito à sua autodeterminação sexual[468]), o artigo 173.º, n.º 1, do CPen (admite o consentimento do menor com mais de dezasseis anos para a prática de acto sexual, excluindo, assim, um ilícito criminal), o artigo 142.º, n.º 5, do CPen (que atribui à menor com mais de dezasseis anos a decisão de proceder a uma interrupção voluntária da gravidez nos casos em que é legalmente admitida).

516 Já no âmbito da capacidade negocial de gozo, o artigo 1850.º confere ao menor de dezasseis anos a capacidade para perfilhar e o artigo 2189.º,

[466] Já alterada pela Lei n.º 22/2007, de 29 de Junho, pela Lei n.º 12/2009, de 26 de Março, pela Lei n.º 36/2013, de 12 de Junho, e pelo DL n.º 168/2015, de 21 de Agosto.

[467] Já alterada pela L n.º 73/2015, de 27 de Julho e pela L n.º 49/2018, de 14 de Agosto.

[468] Neste sentido, André Teixeira dos Santos, «Do consentimento dos menores para a realização de actos médicos terapêuticos», *cit.*, p. 136; Guilherme de Oliveira, «Protecção de Menores. Protecção Familiar», in Guilherme de Oliveira, *Temas de Direito da Famía*, 1, *cit.*, p. 274; André Gonçalo Dias Pereira, *O consentimento informado na relação médico-paciente*, *cit.*, p. 310.

al. *a)*, reconhece a capacidade de testar do menor emancipado pelo casamento. Mas o menor de 16 anos não tem capacidade para contrair sem mais o casamento (artigo 1600.º em ligação com o artigo 1604.º, al. *a)*). Aqui é necessário suprir esta incapacidade por meio da autorização expressa dos pais ou do tutor do menor (artigo 1612.º, n.º 1), podendo o conservador do registo civil suprir a falta da autorização (artigo 1612.º, n.º 2). Os pais ou o tutor agem aqui como os seus assistentes, visto não poderem agir em vez dele como representantes legais, dada a natureza pessoal do casamento. O casamento do menor leva sempre à sua emancipação (artigo 132.º) e, como vimos, quando tiver sido devidamente autorizado, leva ainda à atribuição da plena capacidade de exercício, como se fosse maior (artigo 133.º).

O casamento do menor é válido, mesmo que não autorizado (artigos 1627.º e 1631.º, al. *a)*), uma vez que não se verifica nenhum impedimento dirimente que o torne anulável e, como se disse, também o casamento não autorizado conduz à emancipação do menor (artigo 133.º, 1.ª parte). Mas o menor é sancionado e, em virtude disso, não adquire plena capacidade de exercício (artigo 133.º, última parte), uma vez que continua a ser considerado menor quanto à administração dos bens que leve para o casal ou que posteriormente lhe advenham por título gratuito até à maioridade (artigo 1649.º, n.º 1). Os bens assim subtraídos à administração do menor são administrados, conforme o caso concreto, pelos pais, tutor ou administrador de bens; além disso, não respondem nunca por dívidas contraídas por um ou ambos os cônjuges durante o período da menoridade (artigo 1649.º, n.º 2); nesta medida ficam afastadas as regras gerais dos artigos 1695.º e 1696.º quanto aos bens que respondem pelas dívidas dos cônjuges e temos, à semelhança do artigo 127.º, n.º 2, novamente um património separado.

Deste modo, o menor que case sem a devida autorização ou o respectivo suprimento fica emancipado, tendo, p. ex., segundo o artigo 2189.º, al. *a)*, a capacidade de testar, mas está, quanto à administração dos seus bens, praticamente na mesma situação que resulta do artigo 127.º.

Os negócios jurídicos celebrados pelo menor que não estiverem a coberto 517
do artigo 127.º ou de outros preceitos que prevêem excepções à incapacidade são anuláveis (artigo 125.º, n.º 1, proémio). A anulabilidade existe ao que parece mesmo nos casos em que o representante legal, porventura, tenha autorizado de antemão o menor a celebrar o negócio, uma vez que a lei não reconhece semelhante autorização. Sendo anulável o negócio, a anulabilidade pode ser

invocada por meio de acção, no interesse do menor[469], de acordo com os pressupostos estabelecidos nas alíneas *a)* a *c)* do n.º 1 do artigo 125.º, dentro do prazo de um ano. Contudo, este prazo não tem relevância quando se verificar a hipótese, ressalvada pelo proémio do n.º 1 do artigo 125.º e prevista no artigo 287.º, n.º 2, da falta do cumprimento do negócio que foi celebrado. Reza o n.º 2 do artigo 287.º: "Enquanto (...) o negócio ainda não estiver cumprido, pode a anulabilidade ser arguida, sem dependência de prazo (...)".

Todavia, não há lugar à anulação dos actos jurídicos que vierem a ser praticados em cumprimento de uma obrigação, nos termos do artigo 764.º. Diz este preceito: "O devedor tem de ser capaz, se a prestação constituir um acto de disposição; mas o credor que haja recebido do devedor incapaz pode opor-se ao pedido de anulação, se o devedor não tiver tido prejuízo com o cumprimento".

Por outro lado, também "o credor deve ter capacidade para receber a prestação; mas, se esta chegar ao poder do representante legal do incapaz ou o património deste tiver enriquecido, pode o devedor opor-se ao pedido de anulação da prestação realizada e de novo cumprimento da obrigação, na medida do que tiver sido recebido pelo representante ou do enriquecimento do incapaz". Com as soluções do artigo 764.º a lei procura encontrar um equilíbrio entre a preocupação de afastar prejuízos patrimoniais do incapaz, por um lado, e a necessidade de assegurar a estabilidade das prestações efectuadas (e com isso a segurança do tráfico jurídico), por outro.

518 Legitimidade para invocar a anulabilidade dos negócios do menor, como consequência da menoridade deste, têm apenas as pessoas mencionadas nas alíneas *a)* a *c)* do n.º 1 do artigo 125.º, mas não a outra parte que tiver contratado com ele, visto a anulabilidade do negócio ter sido estabelecida no interesse do menor (cf. artigo 287.º, n.º 1, em ligação com o n.º 1 do artigo 125.º). Quer dizer, o risco da menoridade cabe (com excepção do caso regulado no artigo 126.º) sempre à outra parte. Estas soluções legais explicam-se pelo facto de todo o sistema dos artigos 122.º a 129.º estar destinado à protecção do menor, cujos interesses a lei pretende defender. Sendo assim, a menoridade também não é, por via de regra, um elemento relevante para efeitos de

[469] Está em causa o interesse concreto do menor, afectado pelo negócio celebrado, não o chamado interesse abstracto (que consiste no estabelecimento da filiação de acordo com a verdade biológica).

um erro sobre a pessoa do declaratário que torna o negócio anulável para a outra parte nos termos dos artigos 251.º, 247.º, pois doutro modo podia subverter-se o sistema de protecção resultante do artigo 125.º.

A legitimidade para invocar a anulabilidade dos negócios jurídicos do menor respeita a três condicionalismos diferentes, cada um com os seus pressupostos próprios.

Dentro do primeiro dos condicionalismos, os negócios jurídicos celebrados pelo menor podem ser anulados, com base na menoridade, segundo o artigo 125.º, n.º 1, al. *a)*, a requerimento, conforme os casos, do progenitor que exerça as responsabilidades parentais, do tutor ou do administrador de bens, desde que a acção seja proposta no prazo de um ano a contar do conhecimento que o requerente haja tido do negócio impugnado, mas salvo o disposto no artigo 131.º, nunca depois de o menor atingir a maioridade ou ser emancipado. 519

Portanto, os representantes legais dispõem do prazo de um ano a partir do momento em que obtiveram efectivamente conhecimento do negócio concluído pelo menor para pedir a anulação. Eles possuem um direito potestativo extintivo com vista à anulação, podendo tomar três atitudes em relação ao negócio:

1.º – Eles propõem uma acção destinada à anulação do negócio. Como sabemos (ver n.os 331 ss.), um negócio anulável apenas produz os seus efeitos provisoriamente; se a acção for julgada procedente, a sentença de anulação destrói os efeitos com força retroactiva, tudo se passando como se o negócio nunca tivesse sido celebrado.

2.º – Eles deixam decorrer o prazo sem tomar nenhuma iniciativa. Agora, o seu direito potestativo caducou, extinguindo-se. O negócio anulável já não pode ser atacado, de modo que os seus efeitos provisórios se consolidaram.

3.º – Eles confirmam o negócio ao abrigo do n.º 2 do artigo 125.º (em consonânica com o artigo 288.º, n.º 1). Com a confirmação – que equivale a um consentimento posterior (!) –, feita expressa ou tacitamente (n.º 3 do artigo 288.º), o negócio torna-se válido *ab initio* como se nunca tivesse sido anulável, tendo assim a confirmação, tal como a anulação – efeitos retroactivos (artigo 288.º, n.º 4), embora com resultados em sentido contrário.

520 Se as responsabilidades parentais forem exercidas por ambos os pais (artigo 1901.º, n.º 1), as medidas da anulação ou confirmação devem ser tomadas de comum acordo (n.º 2 do artigo 1901.º). Contudo, a confirmação é feita com intervenção do Ministério Público quando se trata de actos que os pais não podiam celebrar como representantes do menor (artigos 125.º, n.º 2, última parte, 1889.º, 1892.º e 1894.º); o mesmo sucede, de resto, nos casos da representação do menor por um tutor ou administrador de bens (artigos 125.º, n.º 2, última parte, 1938.º e 1971.º, n.º 1).

Ao contrário da invocação da anulabilidade, que deve ser feita por acção, a confirmação não está sujeita a forma especial e até pode ser feita tacitamente, embora pressuponha sempre uma vontade confirmativa. Como a confirmação pode ser tácita, é fluida a delimitação entre esta e o simples deixar caducar o prazo, facto este que tem importância para uma confirmação feita tacitamente sem autorização do Ministério Público.

Efectivamente, apenas pode haver uma confirmação tácita válida quando o representante legal podia actuar sem autorização do Ministério Público. Sendo necessária a autorização, a confirmação será expressa, procedendo o Ministério Público de acordo com os artigos 1889.º e 1892.º (autoriza) ou 1894.º (confirma a confirmação dos pais, feita sem autorização prévia). Quanto ao simples deixar expirar o prazo, sem vontade confirmativa, que faz com que o direito de anular caduque, e que solidifica o negócio anulável, parece que esta solução não é admissível nos casos em que a lei prevê a autorização (ou confirmação) do Ministério Público.

O prazo de um ano, previsto na al. *a)* do n.º 1 do artigo 125.º, reduz-se em termos correspondentes se durante o seu decurso o menor atingir a maioridade ou for emancipado. Nestes casos, o direito de invocar a anulabilidade fica a pertencer, como direito originário (não derivado), ao menor.

521 Na verdade, no segundo condicionalismo previsto pela lei, o negócio celebrado pelo menor pode ser anulado, com base na menoridade, de acordo com a al. *b)* do n.º 1 do artigo 125.º, a requerimento do próprio menor, no prazo de um ano a contar da sua maioridade ou emancipação. A aplicação deste preceito pressupõe que ainda não tenha havido confirmação nem decurso do prazo para invocar a anulabilidade, de modo que o negócio continua anulável, produzindo os seus efeitos apenas de uma maneira provisória. Então o menor tem, dentro do prazo de um ano, três possibilidades:

1.º – Ele propõe uma acção com vista à anulação do negócio.
2.º – Ele deixa, sem mais, decorrer o prazo.
3.º – Ele confirma o negócio ao abrigo do artigo 125.º, n.º 2, 1.ª parte.

Nesta última hipótese, porém, é preciso que o menor saiba que o seu acto anterior continua ferido de anulabilidade para se poder verificar agora uma confirmação válida. O antigo menor, em virtude de ser agora plenamente habilitado a reger a sua pessoa e a dispor dos seus bens (cf. artigo 130.º), pode também confirmar aqueles actos que já foram impugnados pelos seus representantes legais ao abrigo da al. *a)* do n.º 1 do artigo 125.º, desde que ainda não exista uma sentença de anulação transitada em julgado.

Por outro lado, o artigo 125.º, n.º 1, al. *a)*, última alternativa, em ligação 522
com o artigo 131.º, retira ao antigo menor o direito de invocar a anulabilidade se estiver pendente contra ele, na altura em que atinge a maioridade, uma acção de acompanhamento de maior. Nesta hipótese, é preciso aguardar que a respectiva sentença transite em julgado. Se a acção for julgada improcedente, por não se verificarem os pressupostos do artigo 138.º ou a medida de acompanhamento não ser adequada (artigo 140.º, n.º 2), devem aplicar-se, por via de analogia, as regras do artigo 125.º, n.º 1, al. *b)*: decisivo para a contagem do prazo de um ano é então, não a data da maioridade, mas o dia em que a sentença transitou em julgado, contanto que este dia seja posterior àquela data.

Em contrapartida, o artigo 126.º veda ao menor o direito de invocar a anu- 523
labilidade do negócio com base no artigo 125.º, n.º 1, al. *b)*, se ele, para o praticar, tenha usado de dolo com o fim de se fazer passar por maior ou emancipado. Dolo é segundo o artigo 253.º, n.º 1: "(...) uma sugestão ou artifício que é empregue com a intenção ou consciência de induzir ou manter em erro (...) bem como a dissimulação de um erro". Não basta, portanto, uma simples afirmação de ser maior, é preciso algo mais persuasivo que possa preencher os requisitos do artigo 253.º, n.º 1. Por outro lado, é apenas o dolo em relação à maioridade ou emancipação que está em causa, não um eventual dolo em relação a outros elementos. A ideia subjacente ao artigo 126.º é a do abuso do direito, na sua forma do *venire contra factum proprium*. Além disso, o preceito visa fomentar a segurança do tráfico jurídico, tendo ainda certos objectivos sancionatórios para o menor.

524 Discute-se se esta proibição de invocar a anulabilidade também tem efeitos contra os herdeiros do menor. O problema surge no contexto da al. *c)* do n.º 1 do artigo 125.º, que consagra o terceiro condicionalismo para anular os negócios praticados pelo menor. Efectivamente, como se dispõe aí, os negócios jurídicos celebrados pelo menor podem ainda ser anulados a requerimento de qualquer herdeiro do menor, no prazo de um ano a contar da morte deste, ocorrida antes de expirar o prazo referido na alínea anterior. A aplicação do artigo 125.º, n.º 1, al. *c)*, pressupõe, antes de tudo, um negócio que ainda continua anulável por não se terem esgotado as hipóteses da sua anulação, decorrentes das alíneas *a)* ou *b)* do n.º 1 do artigo 125.º, designadamente as da al. *b)*. Dentro deste condicionalismo, o herdeiro tem para efeitos de anulação um prazo de um ano a partir da morte do menor, podendo tomar três atitudes:

1.º – Ele propõe uma acção com vista à anulação do negócio.
2.º – Ele limita-se a deixar passar o prazo.
3.º – Ele confirma o negócio (artigo 288.º, n.º 1), não obstando à confirmação a pendência de uma acção de anulação, proposta nos termos das alíneas *a)* ou *b)* do n.º 1 do artigo 125.º.

É precisamente aqui que se coloca a pergunta de saber se o herdeiro pode também anular o negócio do *de cujus* (= autor da sucessão) menor se na pessoa deste estão preenchidos os pressupostos do artigo 126.º, que excluem, como vimos, a aplicação do artigo 125.º, n.º 1, al *c)*. Tendo em conta que o herdeiro sucede na posição patrimonial do *de cujus* – ou seja, no conjunto das suas relações jurídicas patrimoniais – parece correcto aplicar a proibição do artigo 126.º aos herdeiros. Com isso não se atribui o dolo ao próprio herdeiro, mas atribui-se-lhe a situação criada e deixada pelo menor em virtude de este ter agido com dolo. É nesta posição pré-existente que os herdeiros sucedem. E esta situação faz com que lhes faltem os pressupostos para o exercício do direito de anulação.

525 Uma outra questão é a de saber se o dolo do menor exclui, além disso, o direito de anulação dos representantes legais (artigo 125.º, n.º 1, al. *a)*). A resposta deve ser negativa, e por duas razões: (1.º) o texto do artigo 126.º refere-se unicamente ao menor; (2.º) a exclusão do direito dos representantes legais seria um contrassenso: eles não são abrangidos pela *ratio* do

artigo 126.º. Na verdade, o regime das incapacidades protege "indiscriminadamente", até "cegamente", o menor em manifesto detrimento do tráfico jurídico negocial, aqui considerado como menos digno de protecção, em virtude da respectiva decisão valorativa do legislador que optou neste sentido. Agindo o menor com dolo, altera-se o critério quanto à maior dignidade de protecção: o interesse a proteger passa agora a ser o da vítima do dolo, não o do menor. Por outro lado, o artigo 126.º, em caso algum, pretende esvaziar, nem indirectamente, os poderes dos representantes legais. A estes cabe sempre (artigos 1877.º e 1878.º, n.º 1), como direito-dever, a tarefa de corrigir os actos dos menores.

Finalmente, é de referir a possibilidade de surgirem, ao abrigo do n.º 1 do 526
artigo 125.º, várias pessoas legitimadas ao mesmo tempo. (Que pode haver uma acumulação sucessiva de legitimados, já o vimos ao analisar as alíneas *a)* a *c)* do n.º 1 do artigo 125.º). Mas do artigo 125.º, n.º 1, decorre também a possibilidade da coexistência de legitimações simultâneas, embora não a respeito de todas as suas alíneas.

Assim, a legitimidade prevista na alínea *b)* do n.º 1 exclui qualquer outra legitimidade, seja ao abrigo da alínea *c)*, seja com base na alínea *a)*, porque apenas pode existir em exclusivo.

Dentro da alínea *a)* do n.º 1 do artigo 125.º é possível haver, para determinados negócios de disposição, uma legitimidade concorrente de pais ou tutor, por um lado, e do administrador de bens, por outro[470].

De modo igual será possível haver vários legitimados com base na alínea c) do n.º 1 do artigo 125.º, visto este preceito falar de qualquer herdeiro para invocar a anulabilidade dos negócios celebrados pelo menor e este pode ter deixado mais do que um herdeiro, todos legitimados, embora no seu conjunto (artigo 2091.º, n.º 1).

Também pode haver legitimidades simultâneas, e concorrentes, ao abrigo 527
das alíneas *a)* e *c)* do n.º 1 do artigo 125.º. Assim, p. ex., se o menor, tendo concluído um negócio sem ter capacidade para o efeito, morrer antes de ter atingido a maioridade e deixar um descendente, herdeiro legítimo segundo os artigos 2131.º e 2133.º, n.º 1, alínea *a)*, e se os representantes legais, nessa

[470] Pires de Lima – Antunes Varela – Henrique Mesquita, cit., Anotação 1. ao artigo 125.º.

altura, tomarem conhecimento do negócio, terão legitimidade para pedir a anulação tanto os representantes legais (al. *a)* do n.º 1) como o herdeiro do menor (al. *c)* do n.º 1), ambos dentro do prazo de um ano. Decisiva para a aplicação da alínea *c)* é que os herdeiros não devem ser privados de direitos que o menor teria ou viria a ter antes de expirado o prazo da alínea *b)*, isto é todo o tempo anterior ao fim daquele prazo (e não apenas o tempo que começa a contar a partir da maioridade). Mas se o menor, nesta constelação, tiver agido com dolo, a legitimidade pertence apenas aos representantes legais.

Por outro lado, se os próprios representantes legais forem os herdeiros do menor, segundo os artigos 2131.º e 2133.º, n.º 1, alínea *b)*, eles podem estar duplamente legitimados se a morte tiver ocorrido antes da maioridade do menor (als. *a)* e *c)* do n.º 1); se a morte se verificar depois da maioridade, estão legitimados unicamente ao abrigo da alínea *c)* do n.º 1 (mesmo que tivessem tido conhecimento do negócio para efeitos da al. *a)* do n.º 1 e não tivessem feito nada). Mas sempre que o menor agiu com dolo é retirado aos herdeiros o direito de pedir a anulação do negócio, não obstante uma eventual dupla legitimação como representantes legais.

3. Figuras afins às incapacidades negociais

a) As ilegitimidades e as indisponibilidades relativas; as proibições legais relativas

528 Distinguem-se das incapacidades negociais de gozo, não obstante haver algumas semelhanças entre elas, as ilegitimidades. Estas são também designadas por incapacidades de gozo relativas (em contraposição às incapacidades de gozo absolutas [= as incapacidades negociais de gozo]).

A diferença essencial entre as ilegitimidades e as incapacidades reside no seguinte: enquanto uma incapacidade negocial de gozo é o resultado de uma "qualidade minguante" da própria pessoa, de uma *capitis deminutio* ou insuficiência sua, uma ilegitimidade, pelo contrário, não resulta de uma deficiência, mas de uma posição, isto é, de um modo de ser de uma pessoa para com as outras. Por outras palavras, a incapacidade tem origem no próprio incapaz; as ilegitimidades, por seu lado, provêm do relacionamento de uma pessoa com as outras. Mediante as ilegitimidades a lei proíbe a uma pessoa, que de resto tem plena capacidade negocial de gozo, a celebração de determinados negócios estritamente pessoais apenas com determinadas outras pessoas, não sofrendo a pessoa quaisquer outras restrições para além destas. Mas como os negócios em causa são estritamente pessoais, ninguém se pode substituir à pessoa a quem a lei proíbe a sua celebração.

As situações que, neste sentido, podem ser designadas por ilegitimida- 529
des são as previstas no artigo 1602.º, que expõe os impedimentos dirimentes relativos que obstam a um casamento. Segundo o artigo 1602.º não podem contrair casamento entre si as pessoas a quem respeitam os seguintes impedimentos: *a)* o parentesco em linha recta; *b)* o parentesco no segundo grau da linha colateral; *c)* a afinidade em linha recta; e, *d)* a condenação anterior de um dos nubentes por homicídio doloso contra o cônjuge do outro. Aqui, as pessoas possuem plena capacidade matrimonial (não apresentam nenhuma qualidade que afecte as suas faculdades volitivas e mentais, ao contrário das hipóteses contempladas pelo artigo 1601.º, em que as pessoas não podem casar com ninguém), mas a lei proíbe-lhes, mediante o estabelecimento de impedimentos dirimentes relativos, apenas a celebração do casamento com determinadas outras pessoas, em virtude das relações familiares que existem entre elas. O casamento celebrado com impedimentos dirimentes relativos é anulável (artigo 1631.º, al. *c)*).

Sendo parecidos com as ilegitimidades, distinguem-se das incapacidades 530
negociais de gozo, ainda, os casos de indisponibilidade relativa, regulados nos artigos 2192.º a 2198.º (relativamente a disposições testamentárias a favor de determinadas pessoas) e no artigo 953.º (em relação a doações que beneficiam determinadas pessoas). Nestes casos, as limitações estabelecidas na lei não resultam de uma qualidade de quem faz uma disposição a favor de outrem, mas residem precisamente nas outras pessoas que o disponente quer contemplar. Nestas reside a causa da indisponibilidade relativa porque a lei considera que a relação concreta entre o disponente e o beneficiado condiciona ou coarcta a liberdade deliberativa daquele. Em princípio, o disponente tem capacidade, ele pode dispor, mas a lei proíbe-lhe de o fazer a favor de determinadas pessoas, em relação às quais se verificam situações de dependência.

As disposições feitas em infracção às indisponibilidades são nulas (n.ºs 1 e 2 do artigo 2192.º). E do mesmo modo que não podem ser realizadas directamente, também não podem ser feitas por meio da interposição de terceiras pessoas (artigo 2198.º em ligação com o artigo 579.º, n.º 2, que prevê a nulidade da disposição feita por interposta pessoa e para onde o n.º 2 do artigo 2198.º remete, dada a afinidade das situações).

531 São muito próximos dos casos de indisponibilidade relativa aqueloutros em que a lei proíbe, sob pena de nulidade, a prática de certos negócios, ou seja, as situações previstas nos artigos 579.º ss., respeitante à cessão de direitos litigiosos; no artigo 876.º (que igualmente remete para os artigos 579.º ss.), no que toca à venda de coisa ou direito litigioso; no artigo 1714.º, n.º 2, que proíbe contratos de compra e venda e de sociedade entre cônjuges, excepto quando estão separados de pessoas e bens; e no artigo 1762.º, que proíbe doações entre cônjuges casados imperativamente no regime da separação de bens. Estes negócios, além de serem nulos, também não podem ser celebrados por intermédio de outras pessoas (cf. os artigos 579.º, n.ºs 1 e 2, 876.º, n.º 1, 294.º).

532 Ainda podem ser mencionados os negócios que – no contexto de relações jurídicas familiares – necessitam para a sua celebração válida do consentimento de outros familiares, que são afectados pelo negócio, ou da autorização do Ministério Público. Pertencem aqui as situações reguladas no artigo 877.º, quanto à venda a filhos e netos[471]; no artigo 1892.º, a respeito da aquisição de bens dos filhos; e nos artigos 1682.º a 1863.º, relativamente às disposições designadas por "ilegitimidades conjugais". A falta do consentimento, que é judicialmente suprível (p. ex., no caso da recusa injusta; artigo 1684.º, n.º 3), ou a falta do seu suprimento judicial torna o negócio anulável (excepções: o artigo 1687.º, n.º 3, determina que a anulabilidade do negócio não é oponível ao adquirente de boa fé; o artigo 1687.º, n.º 4, estabelece – ao remeter para o artigo 892.º – que a alienação por um cônjuge de bens próprios do outro é nula).

533 Em último lugar, poderá ser referido o caso, aliás importante, previsto para a celebração de negócios por meio de um representante (legal ou voluntário) no artigo 261.º, onde a lei proíbe o negócio consigo mesmo, ou

[471] A este respeito, cf. o acórdão, muito instrutivo, do STJ, *BMJ* n.º 315 (Abril 1982), p. 256.

seja, a celebração de um negócio em que uma pessoa participa como parte em nome próprio e, simultâneamente, como representante em nome da outra parte. A proibição visa evitar um conflito de interesses entre os sujeitos da relação e ao mesmo tempo pretende contribuir para a sua transparência. O artigo 261.º é uma norma dispositiva, visto a proibição nela contida poder ser afastada pelo consentimento do representado no negócio em causa. Mas a falta do consentimento torna o negócio anulável.

b) *A incapacidade acidental*

A incapacidade acidental e seus pressupostos vêm definidos pelo artigo 257.º, n.º 1, que determina: "A declaração negocial feita por quem, devido a qualquer causa (1.º) se encontrava acidentalmente incapacitado de entender o sentido dela ou (2.º) não tinha o livre exercício da sua vontade é anulável, desde que o facto seja notório ou conhecido do declaratário". Este regime aplica-se a pessoas que, em princípio, possuem plena capacidade de exercício, portanto, a maiores ou menores emancipados (ou também a menores, mas apenas quando e na medida em que estes possuem excepcionalmente a capacidade de exercício ao abrigo do artigo 127.º), bem como a maiores acompanhados não impedidos pela sentença de acompanhamento. Portanto, quem negoceia com estas pessoas parte, naturalmente, da existência da sua capacidade e, à partida, não conta e nem precisa de contar com uma incapacidade. 534

Ao contrário da menoridade e da situação de um maior acompanhado, a incapacidade acidental não diz respeito ao estado da pessoa, por isso, logicamente, é insusceptível de registo.

O artigo 257.º, n.º 1, ao enunciar na sua primeira parte os pressupostos da incapacidade acidental, abrange duas situações, dois condicionalismos, que afectam a formação da vontade e que, em oposição à incapacidade de exercício, podem ser designados por "incapacidades naturais" e que apenas existem durante os momentos em que se verificam as suas causas. Em quaisquer outras circunstâncias a pessoa é perfeitamente capaz. 535

Conforme dispõe o artigo 257.º, n.º 1, os actos praticados por quem se encontra acidentalmente incapacitado são anuláveis. Contudo, esta anulabilidade não se verifica sem mais. Para o efeito devem estar preenchidos os 536 pressupostos do lado do declarante, bem como os do lado do declaratário, como são referidos no n.º 1 do artigo 257.º. Do lado do declarante é necessário que, ou se encontre acidentalmente incapacitado de entender o sentido da sua declaração, ou que não tenha o livre exercício da sua vontade; do lado do declaratário é necessário que o facto da incapacidade acidental seja notório ou dele conhecido. O facto é notório quando uma pessoa de normal diligência o teria podido notar (artigo 257.º, n.º 2).

537 A partir destes pressupostos do lado do declarante, o acidentalmente incapaz, e dos pressupostos do lado da outra parte, o declaratário, a lei pondera os interesses em causa: o interesse do acidentalmente incapaz em ver a sua declaração anulada e o interesse da outra parte em ver a validade do acto mantida, uma vez que, ao negociar com quem tinha capacidade de exercício podia confiar justificadamente na existência desta capacidade e, por isso, quer ver a sua confiança recompensada. E a ponderação dos interesses em causa faz prevalecer os do incapaz em ver o negócio anulado quando a sua situação era notória (pelo que a confiança da outra parte do negócio não merece protecção) ou, não sendo notória, era conhecida da outra parte, e, neste caso, também não existe uma confiança a ser protegida.

Da necessidade destes pressupostos e da sua ponderação decorre que o risco da anulabilidade é distribuído em termos diferentes do da incapacidade de exercício: nesta, visa-se unilateralmente a protecção do menor, mesmo à custa da segurança do tráfico jurídico, e para anular o seu negócio basta a invocação da menoridade (um estado civil, constante do registo); na incapacidade acidental, porém, é preciso ter em conta a segurança do tráfico jurídico que aqui não pode orientar-se pelo registo civil: por isso é preciso que o facto seja notório ou conhecido do declaratário (mas já não de um terceiro alheio ao negócio), uma vez que o declaratário negoceia com quem, em princípio, é capaz.

538 A incapacidade acidental não é geral, mas sempre relacionada com um acto específico, embora possa abranger todos os singulares actos específicos de uma pessoa, praticados sucessivamente. Assim, todos os actos celebrados por quem não tenha o livre exercício da sua vontade (por ex. devido à demência) são anuláveis com fundamento no artigo 257.º, n.º 1, primeira parte, 2.ª alternativa, sendo válidos aqueles que forem celebrados durante os

intervalos lúcidos. As situações a que se refere a 1.ª alternativa da primeira parte do n.º 1 do artigo 257.º normalmente são passageiras.

Legitimidade para anular o negócio tem o próprio incapaz (artigo 287.º, n.º 1, 1.ª parte). Para o efeito, o acidentalmente incapacitado deve provar (artigo 342.º, n.º 1) que no preciso momento da conclusão do negócio estavam preenchidos os requisitos exigidos pelo artigo 257.º, o que nem sempre será fácil. Devido a estas dificuldades de prova, o declaratário está relativamente protegido contra uma anulação. O prazo para invocar a anulabilidade é de um ano a partir da cessação do vício (artigo 287.º, n.º 1, 2.ª parte), isto é, a partir do momento em que a situação de incapacidade deixou de existir. 539

4. A incapacidade delitual

A incapacidade delitual surge em contraposição à capacidade delitual, situa-se, portanto não no campo negocial ou no domínio da autonomia privada, mas na esfera da responsabilidade civil por factos ilícitos. Sendo assim, ela não partilha a lógica das incapacidades negociais, nem a das figuras afins, que estudámos anteriormente. Existe apenas um paralelismo na medida em que às capacidades negocial e delitual correspondem as respectivas incapacidades. 540

A lei diz no artigo 488.º, n.º 1, que já conhecemos, que "[n]ão responde pelas consequências do facto danoso quem, no momento em que o facto ocorreu, estava, por qualquer causa, incapacitado de entender ou querer, salvo se o agente se colocou culposamente nesse estado, sendo este transitório". Segundo o artigo 488.º, n.º 2, presume-se, porém, a falta de imputabilidade nos menores de sete anos.

Portanto, não estando as pessoas capazes de querer ou entender o acto, é-lhes impossível agir com culpa; contudo, quando um agente se colocou culposamente num estado em que ficou incapaz de querer ou entender os seus actos, sendo transitória a situação de incapacidade, e comete agora um facto danoso, é-lhe imputada aquela culpa inicial, anterior à própria actuação causadora de danos (artigo 488.º, n.º 1, 2.ª alternativa), de modo que acaba por responder pelas consequências do facto danoso que praticou.

541 A incapacidade delitual é o resultado da falta do discernimento mínimo ou também da falta do livre exercício da vontade na medida em que o agente não tem consciência, não é capaz de entender ou querer os seus actos, não podendo por isso agir com culpa.

A falta deste discernimento mínimo ou do livre exercício da vontade existe, p. ex., nos estados de embriaguez completa, de gravemente drogado ou de hipnotizado, durante um desmaio ou um ataque de febre, etc. Noutras situações, a lei presume a falta de discernimento, ou seja, nos casos de menores de sete anos. Esta presunção do artigo 488.º, n.º 2, pode ser ilidida mediante a prova de que, no momento da prática do facto danoso, existia capacidade bastante para entender e querer (cf. artigo 350.º, n.º 2).

Por isso mesmo, a presunção da inimputabilidade consagrada no artigo 488.º, n.º 2, não estabelece uma regra no sentido de os maiores de sete anos, que não estão abrangidos pela presunção, possuírem sempre capacidade delitual, sendo por isso responsáveis. Pode muito bem não ser assim. É sempre preciso atender ao caso concreto para verificar uma eventual capacidade[472].

IV. O REGIME DO MAIOR ACOMPANHADO

Bibliografia: António Menezes Cordeiro/António Pinto Monteiro, *Da situação jurídica do maior acompanhado. Estudo de política legislativa relativo a um novo regime das denominadas incapacidades dos maiores*, disponível em http://www.smmp.pt/wp-content/uploads/Estudo_Menezes-CordeiroPinto-MonteiroMTS.pdf, consultado a 22/10/2018. Sónia Moreira, «A reforma do regime das incapacidades: o maior acompanhado», in Benedita Mac Croirie, Miriam Rocha, Sónia Moreira (org.), *Temas de Direitos e Bioética*, Vol. I, *Novas Questões do Direito da Saúde*, Escola de Direito da Universidade do Minho (DH-CII/JusGov), 2018, pp. 227 a 250, disponível em http://bit.ly/direito-bioetica-ebook, consultado a 3/05/2019. António Pinto Monteiro, «Das incapacidades ao maior acompanhado – Breve apresentação da Lei n.º 49/2018», *RLJ* 2018 (Ano 148, n.º 4013), pp. 72 ss.

[472] A este respeito pode perguntar-se se – face à crescente perigosidade da vida diária (p. ex. o tráfico viário) – não seria indicado elevar o limite de idade de sete anos e reforçar, ao mesmo tempo, a responsabilidade das pessoas obrigadas à vigilância de outrem. Há circunstâncias que ultrapassam as possibilidades de uma criança (cf. BGH *NJW* 2005, p. 354).

1. Considerações gerais

O regime jurídico do maior acompanhado vem de encontro à evolução que aponta no sentido de se valorizar a autonomia das pessoas maiores mais vulneráveis e de dar resposta aos casos em que elas se vêem confrontadas com a diminuição das suas capacidades, *inclusive* a que pode resultar da longevidade alcançada pelo aumento da esperança média de vida, beneficiando-as com medidas de acompanhamento. A ênfase do regime coloca-se na protecção do beneficiário e no respeito pela capacidade que possa, ainda, ter (em maior ou menor grau)[473]. 542

Como veremos, as soluções que a lei apresenta procuram dar resposta aos casos concretos a decidir e são, em geral, devido ao recurso constante a conceitos jurídicos indeterminados, flexíveis e susceptíveis de serem adequadas às situações. No entanto, o legislador evitou chamar incapaz ao beneficiário das medidas de acompanhamento, mesmo que o acompanhado, de facto, possa ser incapaz. Daí a designação "maior acompanhado", que, na verdade, pode ser entendida como um eufemismo. É certo que este regime pretende agregar todos os casos de maiores vulneráveis que necessitam de protecção e

[473] Em geral, sobre o anterior regime da interdição e da inabilitação, v. por todos Heinrich Ewald Hörster, *A Parte Geral do Código Civil Português. Teoria Geral do Direito Civil*, Coimbra, Almedina, 2017 (reimp. da ed. de 1992), pp. 333 a 345; Carlos Alberto da Mota Pinto/António Pinto monteiro/Paulo Mota Pinto, *Teoria Geral do Direito Civil*, 4.ª ed., Coimbra, Coimbra Editora, 2012 (reimpr. da ed. de 2005), pp. 234 a 244; Luís A. Carvalho Fernandes, *Teoria Geral do Direito Civil*, Vol. I, *Introdução; Pressupostos da Relação Jurídica*, 6.ª ed., Lisboa, Universidade Católica Editora, 2012, pp. 340 a 368; Pedro Pais de Vasconcelos, *Teoria Geral do Direito Civil*, 8.ª ed., Coimbra, Almedina, 2018 (reimpr. da ed. de 2015), pp. 110 a 116.
Segundo o antigo regime, eram incapazes os interditos e os inabilitados. Deste modo, segundo o antigo artigo 138.º, podiam "ser interditos do exercício dos seus direitos todos [os maiores] (...) que por anomalia psíquica, surdez-mudez ou cegueira, se mostra[va]m incapazes de governar suas pessoas e bens". Nos termos do antigo artigo 139.º, estes maiores interditos eram juridicamente equiparados a menores, tendo, como eles, uma incapacidade geral. Por outro lado, segundo o antigo artigo 152.º, "[p]od[ia]m ser inabilitados os indivíduos cuja anomalia psíquica, surdez-mudez ou cegueira, embora de carácter permanente, não [fosse] de tal modo grave que justifi[casse] a sua interdição, assim com aqueles que, pela sua habitual prodigalidade ou pelo abuso de bebidas alcoólicas ou de estupefacientes, se mostr[assem] incapazes de reger convenientemente o seu património". A incapacidade do interdito era suprida pelo instituto da representação legal (ou seja, através da tutela), enquanto a incapacidade do inabilitado – que não era geral – era suprida pelo instituto da assistência (ou seja, por meio de um curador, a cuja autorização estavam sujeitos os actos de disposição de bens entre vivos).

que tal significa que alguns destes maiores poderão possuir certa capacidade, embora num grau diminuído, que lhes permita agir com alguma autonomia. Mas, muitos outros serão, realmente, incapazes de cuidar da sua pessoa e de gerir os seus bens e tal será atestado pela sentença, quando esta estabelecer medidas de acompanhamento mais fortes (como, designadamente, a representação geral do maior acompanhado)[474].

Se a lei quer evitar, e bem, o estigma social (e jurídico) que resulta da designação "incapaz"[475], isto não elimina a realidade de haver mesmo quem seja incapaz de reger a sua pessoa e administrar os seus bens. Na verdade, é difícil proteger alguém se não assumirmos a necessidade de protecção de que esta pessoa carece. Contudo, julgamos que não podemos continuar a falar de uma incapacidade em termos gerais, pois, no caso dos maiores acompanhados, esta é apenas aquela que a sentença vier a determinar[476].

543 Em geral, a lei parte do princípio de que todos os maiores possuem a capacidade para participar no tráfico jurídico negocial e praticar os repectivos actos jurídicos (= têm plena capacidade negocial de exercício de direitos). No entanto, excepcionalmente, "[o] maior *impossibilitado,* por razões de saúde, deficiência, ou pelo seu comportamento, de exercer, plena pessoal e conscientemente, os seus direitos ou de, nos mesmos termos, cumprir os seus deveres, beneficia das medidas de acompanhamento previstas neste Código" (artigo 138.º).

[474] Neste sentido, v. António Pinto Monteiro, «Das incapacidades ao maior acompanhado – Breve apresentação da Lei n.º 49/2018», *RLJ*, Ano 148 (2018), pp. 72 ss.

[475] Como, aliás, afirma a Proposta de Lei n.º 110/XIII, foi escolhida a designação maior acompanhado "por ser a que, além de evitar qualquer efeito estigmatizante, põe em relevo a irrecusável dignidade, quer da pessoa protegida, quer da pessoa que protege". Proposta de Lei n.º 110/XIII, p. 4, disponível em https://www.parlamento.pt/ActividadeParlamentar/Paginas/DetalheIniciativa.aspx?BID=42175, consultada a 15/10/2018.

[476] O novo regime parte do princípio da existência de uma capacidade, pois, como dissemos, em nenhum momento encontramos a palavra "incapaz". A Proposta de Lei refere que o modelo adoptado é "um modelo de acompanhamento e não de substituição, em que [o maior] é (...) apoiado, e não substituído, na formação e exteriorização da sua vontade. Por comparação com o regime atual, é radical a mudança de paradigma. Este modelo é o que melhor traduz o respeito pela dignidade da pessoa visada, que é tratada não como mero objeto das decisões de outrem, mas como pessoa inteira, com direito à solidariedade, ao apoio e proteção especial reclamadas pela sua situação de vulnerabilidade". V. a Proposta de Lei n.º 110/XIII, *cit.*, p. 4.

Esta previsão legal, abrangente e indiferenciada, pode abarcar, por exemplo, os casos em que a pessoa vai perdendo capacidades em razão da idade[477], devido a problemas de saúde ou outras situações, como a dependência de jogos de vídeo e mesmo a "adesão a seitas ilegais com práticas perigosas para o próprio corpo ou (...) a radicalização político-militar"[478].

Nos termos do artigo 140.º, n.º 1, "[o] acompanhamento do maior visa 544
assegurar o seu bem-estar, a sua recuperação, o *pleno* exercício de todos os seus direitos e o cumprimento dos seus deveres, salvo as exceções legais ou determinadas por sentença". Portanto, a lei deixa muito claro que a sua possibilidade de agir e de participar no tráfico jurídico negocial só será restringida na exacta medida da diminuição da sua capacidade real, que deverá ser concretamente atestada em juízo. Na verdade, o acompanhamento limita-se ao necessário (artigo 145.º, n.º 1). Por isso mesmo é que o n.º 2 da norma consagra um princípio de supletividade, ao afirmar que "[a] medida não tem lugar sempre que o seu objectivo se mostre garantido através dos deveres gerais de cooperação e de assistência que no caso caibam"[479] [480].

477 O anterior regime não estava preparado para dar resposta às situações em que a pessoa, embora não sofrendo de nenhuma das patologias ou qualidades minguantes previstas na lei, via as suas capacidades de facto diminuírem em razão da idade. Cf., Anabela Susana DE SOUSA GONÇALVES, *Breve estudo sobre o regime jurídico da inabilitação*, in AAVV., *Estudos em Homenagem ao Professor Doutor Heinrich Ewald Hörster*, Coimbra, Almedina, 2012, p. 116, n. 6, e Raúl GUICHARD ALVES, «Alguns aspectos do instituto da interdição», in MARGARIDA PAZ (org.), *Interdição e Inabilitação*, Centro de Estudos Judiciários, Maio de 2015, pp. 69 e 70, disponível em http://www.cej.mj.pt/cej/recursos/ebooks/civil/Interdicao_inabilitacao.pdf, consultado a 1/11/2018.

478 MENEZES CORDEIRO/PINTO MONTEIRO, *Da situação jurídica do maior acompanhado. Estudo de política legislativa relativo a um novo regime das denominadas incapacidades dos maiores*, pp. 118, disponível em http://www.smmp.pt/wp-content/uploads/Estudo_Menezes-CordeiroPinto-MonteiroMTS.pdf, consultado a 22/10/2018.

479 O legislador português subscreveu, assim, as novas tendências mundial e europeia, considerando, nomeadamente, o disposto na Convenção de Nova Iorque de 2007 sobre os Direitos das Pessoas com Deficiência, adoptada pelas Nações Unidas em 30 de Março de 2007 e à qual Portugal aderiu, perfilando-se ao lado de ordens jurídicas que aderiram à doutrina da alternativa menos restritiva, como os Estados Unidos da América e a Alemanha. Sobre esta doutrina, cf. Jorge DUARTE PINHEIRO, «As pessoas com deficiência como sujeitos de direitos e deveres. Incapacidades e suprimento – a visão do Jurista», in Margarida PAZ (org.), *Interdição e Inabilitação*, *cit.*, p. 28, pp. 34 e ss.

480 Deveres de cooperação e assistência encontramos consagrados, em termos gerais, no

É preciso saudar a *ratio legis*: garantir que, em primeiro lugar, está o interesse do beneficiário destas medidas e a sua autonomia e não o interesse dos familiares ou dos seus herdeiros, da sociedade ou do Estado. Numa fórmula muito semelhante à utilizada para as crianças (onde a lei recorre ao princípio do "superior interesse da criança"), o legislador consagrou neste âmbito o "interesse imperioso do beneficiário"[481] das medidas de acompanhamento (artigo 143.º, n.º 2).

2. O princípio do respeito pela vontade do beneficiário das medidas de acompanhamento

545 Para que um maior possa beneficiar de medidas de acompanhamento é sempre necessária uma decisão judicial. Esta decisão só pode ser tomada após ponderação das provas apresentadas e de audição pessoal e directa do beneficiário, para que o juiz possa avaliar presencialmente da capacidade real deste e auscultá-lo, se possível, sobre as medidas a implementar. Até porque cabe ao tribunal designar o acompanhante – que terá de ser uma pessoa maior e no pleno exercício dos seus direitos – *mediante a escolha do beneficiário* (ou do seu representante legal, caso o beneficiário ainda seja menor, cf. o artigo 143.º, n.º 1). Contudo, o princípio do respeito pela vontade do beneficiário, que aqui se manifesta, tem de pressupor que este se encontra em condições de poder escolher. A lei não o refere expressamente, mas o juiz deverá interpretá-la neste sentido[482].

artigo 1874.º em relação a pais e filhos e, de modo específico, no artigo 1674.º quanto ao dever de cooperação entre os cônjuges. No que respeita a pessoas que vivem em união de facto ou em economia comum a lei – isto é, as Leis n.os 6/2001 e 7/2001, ambas de 11 de Março, mesmo na sua redacção de 30 de Agosto de 2010 – não prevê quaisquer deveres neste sentido.
A verificação dos pressupostos do n.º 2 do artigo 140.º pode fazer com que o processo nem se inicie ou, estando em curso, não tenha continuidade.

[481] Sobre o princípio do "superior interesse do incapaz", v. Geraldo Rocha Ribeiro, *A Protecção do Incapaz Adulto no Direito Português*, Coimbra, Coimbra Editora, 2010, pp. 443 e ss.

[482] Aliás, o próprio anteprojecto determinava que o acompanhante era "designado" pelo beneficiário, mas esta escolha estava sujeita a confirmação judicial, "para prevenir abusos e para defender o visado". V. Menezes Cordeiro/Pinto Monteiro, *Da situação jurídica do maior acompanhado. Estudo de política legislativa relativo a um novo regime das denominadas incapacidades dos maiores, cit.*, p. 121, anotação 1 ao artigo 143.º.

Uma outra norma que consagra uma solução inspirada na autonomia do eventual futuro beneficiário encontra-se no artigo 156.º. A lei prevê nesta norma a possibilidade de uma pessoa celebrar um mandato para a gestão dos seus interesses, prevenindo uma eventual necessidade de acompanhamento[483]. Ou seja, prevendo que, no futuro, irá necessitar de medidas de acompanhamento, como sucede nos casos de diagnóstico de doenças degenerativas, a pessoa, ainda perfeitamente capaz, pode escolher um mandante com vista a acompanhamento, com ou sem poderes de representação. Nos termos do n.º 2 do artigo 156.º, este mandato segue as regras gerais, devendo especificar os direitos em causa e, caso se trate de um mandato com poderes de representação, o âmbito da representação, bem como quaisquer outros elementos ou condições de exercício. 546

Como não pode deixar de ser, o mandato é livremente revogável e mesmo que, no futuro, o mandante já não se encontre em condições de proceder à sua revogação, a cessação do mandato será imposta pelo tribunal quando seja razoável presumir que a vontade do mandante seria a de revogar (artigo 156.º, n.º 4). Por outro lado, a existência deste contrato de mandato será tomada em conta pelo tribunal, nomeadamente para a designação do acompanhante e para a definição do âmbito da protecção a conceder ao beneficiário. Esta solução da lei vai ao encontro da autonomia do maior acompanhado que, aquando da celebração do contrato de mandato, estava no pleno exercício dos seus direitos. Além disso, está em sintonia com as disposições gerais da lei, como o disposto nos artigos 226.º, n.º 1, e 231.º, n.º 1, que, para os casos de uma incapacidade superveniente ou até da morte superveniente do declaratário, também respeitam a livre decisão anteriormente tomada por

[483] Uma solução semelhante à consagrada no diploma das Directivas Antecipadas de Vontade (DAV) e do Testamento Vital, em que a pessoa, ainda capaz, escolhe um procurador de cuidados de saúde, ou seja, quem vai decidir no seu lugar no que toca à prestação destes cuidados quando já não estiver em condições de o fazer por si (cf. artigo 11.º e ss. da Lei n.º 25/2012, de 16 de Julho). Raquel Guimarães afirmava que o primeiro sinal de mudança do regime português das incapacidades surgiu precisamente com a adopção das DAV. V. Maria Raquel Guimarães, «Este país não é para velhos? A protecção das pessoas maiores incapazes no direito civil português; perspectivas de evolução», in Helena Mota/Maria Raquel Guimarães (coord.), *Autonomia e Heteronomia no Direito da Família e no Direito das Sucessões*, Coimbra, Almedina, 2016, p. 239.

este que, na altura, era capaz. O mandato será, assim, aproveitado, no todo ou em parte, pelo tribunal[484].

547 Legitimidade para requerer o acompanhamento tem, em primeiro lugar, *o próprio beneficiário* (!), ou, mediante a sua autorização, o seu cônjuge, unido de facto ou qualquer parente sucessível (art. 141.º, n.º 1). Portanto, em princípio, unicamente com o concurso da vontade do beneficiário é que o processo pode ser instaurado. No caso de o futuro beneficiário ainda ser menor, pode o acompanhamento ser requerido dentro do ano anterior à maioridade, para produzir efeitos a partir desta (artigo 142.º). Nestas circunstâncias serão os seus representantes legais que têm legitimidade para requerer a medida (artigos 1878.º, n.º 1, ou 1935.º, n.º 1), bem como o Ministério Público.

Se o próprio (futuro) beneficiário não der a sua autorização (por não o querer; por não estar em condições de o fazer livre e conscientemente; por ainda ser menor; ou caso exista um outro fundamento atendível), o tribunal pode supri-la (artigo 141.º, n.º 2). Apesar de a lei nada dizer, o pedido de suprimento deve ser apresentado pelo cônjuge, pelo unido de facto ou por qualquer parente sucessível, e pode ser cumulado com o pedido de acompanhamento, como o exige a economia processual (artigo 141.º, n.º 3).

Independentemente de qualquer autorização, a medida de acompanhamento pode ser requerida pelo Ministério Público (artigo 141.º, n.º 1, *in fine*), o que corresponde a uma "supervisão" por parte do Estado[485]. Aqui a legitimidade explica-se pelo facto de o Ministério Público possuir competência

[484] Na versão do anteprojecto, o artigo 156.º, n.º 3, dizia expressamente que "[s]endo decretado o acompanhamento, a sentença pode validar, no todo ou em parte, o mandato, sob pena de caducidade", ou seja, cabia claramente ao tribunal proceder a um controle efectivo do mandato, decidindo pela sua manutenção, alteração ou caducidade, averiguando se este era do interesse do beneficiário, pois o anteprojecto considerava haver "riscos sérios" de "nas primeiras fases da demência" o beneficiário poder ser influenciado, podendo o mandato ser-lhe "subtraído por qualquer familiar ou pessoa próxima, sem fins (totalmente) altruístas". A solução encontrada visava encontrar um equilíbrio entre os interesses do beneficiário e a sua livre autodeterminação (v. Menezes Cordeiro/Pinto Monteiro, *Da situação jurídica do maior acompanhado. Estudo de política legislativa relativo a um novo regime das denominadas incapacidades dos maiores, cit.*, pp. 128 e 129). A redacção que vingou não é tão assertiva, mas cremos dever ser interpretada igualmente neste sentido, a bem do interesse imperioso do beneficiário. Tudo deverá depender do prudente arbítrio do juiz.

[485] Também deverá ser possível que o cônjuge, o unido de facto ou um parente sucessível, em vez de pedirem o suprimento da autorização ao tribunal, se dirijam ao Ministério Público,

para zelar pelos interesses dos incapazes[486] e de não possuir outro interesse na acção que não seja o da protecção do beneficiário.

3. Quem pode ser acompanhante

Em respeito pela vontade do beneficiário, é a este (ou ao seu representante legal, se ainda for menor) que cabe escolher o seu acompanhante, sendo este designado judicialmente. Contudo, caso não o faça, nomeadamente por se encontrar impossibilitado, o n.º 2 do artigo 143.º determina que o acompanhamento será deferido, no respectivo processo, à pessoa que melhor salvaguarde o interesse imperioso do beneficiário. A norma enumera, de forma exemplificativa (como pode verificar-se pelo "designadamente") uma série de pessoas que poderão ser designadas acompanhantes. A lei não afirma que a ordem do elenco deve ser respeitada, pois o critério é apenas o de que se designará a pessoa que melhor salvaguarde o interesse imperioso do beneficiário[487]. 548

Assim, poderão ser designados acompanhantes:

a) o cônjuge não separado, judicialmente ou de facto;
b) o unido de facto[488];
c) qualquer dos pais;
d) a pessoa designada pelos pais ou pela pessoa que exerça as responsabilidades parentais, em testamento ou documento autêntico ou autenticado;
e) os filhos maiores (sem que haja uma preferência pelo mais velho em relação aos restantes pois o critério da escolha é apenas o da pessoa que melhor salvaguarde o interesse imperioso do beneficiário);

sugerindo a instauração do processo. Nesta hipótese, o Ministério Público funcionará como uma espécie de filtro que elimina quaisquer interesses alheios ao bem-estar do beneficiário.

[486] Cf. artigo 3.º, n.º 1, alínea *a)*, do Estatuto do Ministério Público, aprovado pela Lei n.º 47/86, de 15 de Outubro.

[487] No regime anterior a ordem da enumeração tinha que ser respeitada.

[488] A inclusão do unido do facto entre os possíveis acompanhantes é uma novidade, aliás justificada pelo reconhecimento e a relevância social das uniões de facto, sendo certo, por outro lado, que a lei não impõe aos unidos de facto qualquer dever de cooperação e de assistência (como referimos na nota 480).

f) qualquer dos avós;
g) a pessoa indicada pela instituição em que o acompanhado esteja integrado (como lares de idosos, etc.);
h) o mandatário a quem o acompanhado tenha conferido poderes de representação (respeitando-se a escolha prévia do beneficiário);
i) outra pessoa idónea (caso nenhuma das pessoas mencionadas possa ou deva exercer o cargo).

O artigo 143.º, n.º 3, ainda prevê a possibilidade de serem designados vários acompanhantes com diferentes funções[489], especificando-se as atribuições de cada um.

O cônjuge, os ascendentes e os descendentes não podem escusar-se ou ser exonerados das suas funções como acompanhantes (artigo 144.º, n.º 1), mas os descendentes podem ser exonerados ao fim de cinco anos, a seu pedido, se houver outros descendentes idóneos para assumir o cargo em seu lugar. Também o unido de facto (tal como as restantes pessoas indicadas no artigo 143.º) pode pedir escusa com os fundamentos previstos no artigo 1934.º ou ser substituído, a seu pedido, ao fim de cinco anos (artigo 144.º, n.º 3)[490].

4. Medidas de acompanhamento previstas na lei e poderes-deveres do acompanhante

549 É o artigo 145.º, uma norma dirigida ao tribunal, que determina o âmbito e o conteúdo do acompanhamento e que começa por dizer que o acompanhamento se limita ao necessário. Para o efeito, o artigo 145.º, n.º 1, não enuncia qualquer critério, de modo que, como resulta do artigo 145.º, n.º

[489] No regime anterior, embora pudesse ser cumulada com a tutela ou a curatela uma administração de bens, não podia haver vários tutores ou curadores.

[490] É de questionar por que razão a lei não colocou o unido de facto na mesma situação do cônjuge (já que o fez relativamente à possibilidade de vir a ser designado acompanhante). Possivelmente, a lei terá considerado que os laços que unem os unidos de facto não são tão fortes como os que unem os cônjuges: os primeiros não assumiram, como os segundos, um estado pessoal que os obriga a colaborar entre si e a entreajudar-se (como referimos na nota 480). Daí que os unidos de facto possam assumir o papel de acompanhantes se quiserem, mas não possam ser obrigados a fazê-lo.

2, em conformidade com o n.º 1, o juiz não está limitado ao que tiver sido pedido na acção, estabelecendo em cada caso concreto, de acordo com a situação do beneficiário, uma ou mais das medidas previstas.

Assim, nos termos da alínea *a)* do n.º 2 do artigo 145.º, o juiz pode cometer ao acompanhante o exercício das responsabilidades parentais (ou dos meios de as suprir, conforme as circunstâncias) do beneficiário, caso este não esteja em condições de as exercer por si, sendo, por isso, de pleno direito inibido do seu exercício, nos termos do artigo 1913.º, n.º 1, alínea *b)*.

A alínea *b)* do n.º 2 do artigo 145.º prevê a possibilidade de o juiz atribuir ao acompanhante o regime de representação geral – caso em que o acompanhante é um representante legal do beneficiário, substituindo-o na celebração de todos os negócios jurídicos da sua vida corrente – ou de representação especial – caso em que o acompanhante apenas substituirá o beneficiário na realização de determinados negócios ou actos, que a sentença especificará expressamente, o que significa que o beneficiário poderá actuar livremente no que toca aos remanescentes. Se for cometida ao acompanhante a representação legal do beneficiário, aplicam-se, com as necessárias adaptações, as regras da tutela sobre menores (cf. artigo 145.º, n.º 4), podendo o tribunal dispensar a constituição do conselho de família.

A alínea *c)* do n.º 2 prevê a possibilidade de ser cometida ao acompanhante a administração total ou parcial de bens do beneficiário, aplicando-se, com as devidas adaptações, também nesta hipótese novamente regras previstas para menores, ou seja, os artigos 1967.º e ss. (cf. artigo 145.º, n.º 5)[491].

De todo o modo, quaisquer actos de disposição de bens imóveis[492] necessitam de autorização judicial prévia e específica (cf. o n.º 3 do artigo 145.º).

[491] O anteprojecto explica que a inserção da figura da "administração de bens pode ser útil quando esteja em causa a gestão complexa de patrimónios". V. Menezes Cordeiro/Pinto Monteiro, *Da situação jurídica do maior acompanhado. Estudo de política legislativa relativo a um novo regime das denominadas incapacidades dos maiores, cit.*, p. 123, anotação 3 ao artigo 145.º.

[492] Esta solução é uma novidade, pois no regime anterior não se distinguia entre bens imóveis ou móveis. O representante legal do incapaz, devido às remissões legais feitas para o regime da menoridade pelos artigos 139.º e 156.º, tinha de requerer autorização para poder realizar os actos previstos no artigo 1889.º, nomeadamente, para alienar ou onerar (quaisquer) bens, salvo tratando-se de alienação onerosa de coisas susceptíveis de perda ou deterioração (v. artigo 1889.º, n.º 1, alínea *a)*). No actual regime jurídico caíram as remissões legais para o regime da menoridade, ou seja, o maior acompanhado não é equiparado ao menor, pelo que as normas referidas já não se aplicam.

Apesar de a letra da lei referir "autorização judicial", esta competência cabe ao Ministério Público devido à transferência de competências que eram originariamente do tribunal para o Ministério Público operada pelo DL n.º 272/2001, de 13 de Outubro[493].

A alínea *d)* do n.º 2 prevê a possibilidade de o juiz cometer ao acompanhante a autorização prévia para a prática de determinados actos ou categorias de actos. Ou seja, neste caso, quem age é o acompanhado, embora perfeitamente condicionado na sua autonomia. Quer dizer, o acompanhante não o representa, mas é um assistente, pois vai actuar ao lado do beneficiário, autorizando previamente que este celebre, por acto próprio, os negócios previstos na sentença e que estarão sujeitos a este regime.

Finalmente, numa categoria residual que permitirá abranger casos não previstos nas soluções anteriores, a alínea *e)* prevê que o juiz possa cometer ao acompanhante outro tipo de intervenções, devidamente explicitadas, de acordo com as necessidades do beneficiário em concreto[494].

550 Contudo, ainda antes de o tribunal ter determinado o âmbito e o conteúdo do acompanhamento, e estando o processo a correr os seus termos, pode revelar-se como necessário decidir medidas provisórias e urgentes, necessárias para providenciar quanto à pessoa e bens do futuro beneficiário. Estas medidas podem ser tomadas em qualquer altura do processo (artigo 139.º, n.º 2), ou seja, a partir do seu início até à decisão final, e certamente estarão em sintonia com a decisão final que vier a ser tomada.

Além disso, quando o interesse do beneficiário o justifique, o tribunal pode dirigir comunicações e ordens a instituições de crédito, a intermediá-

[493] O artigo 16.º deste diploma determina que as referências efectuadas à competência dos tribunais judiciais nesta matéria se consideram efectuadas ao Ministério Público, ainda que a letra das normas (como as referidas no CCiv) não tenha sido alterada. Assim, apesar de a Lei n.º 49/2018, de 14 de Agosto, que aprovou o regime do maior acompanhado, ter mantido no texto do CCiv a necessidade de autorização judicial, alterou também o DL n.º 272/2001, incluindo no artigo 2.º, n.º 1, alínea *b)*, a "[a]utorização para a prática de atos pelo representante legal do menor *ou do acompanhado*, quando legalmente exigida", deixando claro que esta competência pertence ao Ministério Público.

[494] Por exemplo, "o acesso a informação bancária, a intervenção para certas operações bancárias ou mobiliárias e a guarda de objetos valiosos ou preciosos". V. Menezes Cordeiro/Pinto Monteiro, *Da situação jurídica do maior acompanhado. Estudo de política legislativa relativo a um novo regime das denominadas incapacidades dos maiores, cit.*, p. 123, anotação n.º 4 ao artigo 145.º.

rios financeiros, a conservatórias do registo civil, predial[495] ou comercial, a administradores de sociedades ou a quaisquer outras entidades (artigo 894.º CPC)[496].

Como vemos, o desenho legal é bastante flexível. Apesar de nos encontrarmos num regime monista, o juiz tem uma grande margem decisória, podendo, até, criar medidas não previstas nas alíneas *a)* a *d)*, com base na categoria residual da alínea *e)*. Se daí resulta, por um lado, alguma imprevisibilidade das decisões (com a insegurança jurídica que esta implica), por outro lado, a concretização dos conteúdos dos conceitos jurídicos indeterminados face a cada caso que vai decidir, permitirá ao juiz ir de encontro às reais necessidades de protecção e de acompanhamento do beneficiário. 551

Em casos mais graves, justificar-se-á a atribuição de um regime de representação legal geral, em que o beneficiário não poderá dispor dos seus bens, nem administrá-los; em casos medianos, poderá justificar-se uma representação especial (em que o acompanhante substituirá o beneficiário na celebração de negócios de administração e de disposição de apenas certos bens, ficando os restantes, por exemplo, sujeitos à sua autorização prévia, conjugando-se as alíneas *b)* e *d)*; em casos menos graves, poderá ser apenas aplicada a medida prevista na alínea *d)*, podendo o beneficiário necessitar da autorização do acompanhante para todos os tipos de actos ou apenas para actos de disposição de bens (aqueles que afectam a raiz do bem), mas podendo realizar negócios de mera administração (aqueles que se referem à conservação, frutificação e fruição dos seus bens e que não afectam a raiz do bem) por si, sem qualquer acompanhamento, etc.

Para além da sua presença ou intervenção nos negócios jurídicos do beneficiário, o acompanhante tem, ainda, o dever de cuidar do seu bem-estar e deve privilegiar a sua recuperação (se possível), usando da diligência de um bom pai de família na concreta situação em causa (artigo 146.º, n.º 1). Para tanto, deve manter um contacto permanente com o beneficiário. A lei 552

[495] E porque não ao registo automóvel?

[496] Estamos, novamente, perante uma inserção sistemática duvidosa ou mesmo falhada (pois a medida em questão não é equiparável à publicidade prevista no artigo 893.º CPC mas é uma providência com efeito material – como resulta também do artigo 903.º CPC – que devia ter sido incluída no CCiv).

estabelece que este contacto deverá ser, no mínimo, mensal, mas permite que o tribunal estabeleça outra periodicidade que considere mais adequada ao caso (artigo 146.º, n.º 2).

Obviamente, o acompanhante não pode actuar em conflito de interesses com o acompanhado (artigo 150.º, n.º 1), sob pena de o acto praticado ser anulável nos mesmos termos do regime do negócio consigo mesmo (artigo 261.º, *ex vi* do artigo 150.º, n.º 2). Em caso de necessidade, o acompanhante sempre poderá requerer ao tribunal as medidas convenientes, ou a devida autorização para praticar o acto de forma válida (artigo 150.º, n.º 3). Visto a lei ser omissa a este respeito, saber quem terá legitimidade para anular os negócios celebrados em conflito de interesses dependerá da concreta situação do beneficiário. Se possuir capacidade de facto para o fazer por si (se não tiver sido decretada uma medida de representação, por exemplo), a legitimidade pertencer-lhe-á a ele, nos termos gerais, mas terá também a possibilidade de requerer ao Ministério Público que o faça. Além disso, o Ministério Público poderá actuar de *motu proprio* (se tiver conhecimento da situação em causa) ou eventualmente a pedido de quaisquer das pessoas referidas no artigo 141.º, n.º 1 (à semelhança do previsto no artigo 149.º, n.º 3).

553 Finalmente, a lei esclarece que as funções do acompanhamento são gratuitas, sem prejuízo da alocação de despesas, consoante a condição do acompanhado e a do acompanhante (artigo 151.º, n.º 1). O acompanhante verá, ainda, a sua actuação ser escrutinada pelo tribunal, a quem prestará contas na pendência do acompanhamento, se o tribunal assim o determinar; caso contrário, apenas quando cessarem as suas funções (artigo 151.º, n.º 2).

5. Direitos pessoais do maior acompanhado e negócios da vida corrente

554 No que respeita aos negócios estritamente pessoais do acompanhado, portanto, negócios que unicamente ele próprio pode celebrar, eles são livres (artigo 147.º, n.º 1, 1.ª alternativa) no pressuposto de ele possuir a necessária capacidade negocial de gozo para o efeito (cf. os artigos 1600.º [capacidade para contrair casamento], 1850.º [capacidade para perfilhar] e 2188.º [capacidade testamentária]). Esta capacidade falta-lhe – com a consequência de ele não poder vir a ser validamente sujeito da respectiva relação jurídica (artigo

67.º, *in fine*) – quando a lei ou uma decisão judicial assim o determinarem (última parte do n.º 1 do artigo 147.º).

Ou seja, à semelhança do que a lei faz relativamente aos negócios do tráfico jurídico negocial geral, onde parte do princípio de que todos os maiores têm plena capacidade de exercício, considera como normal que o beneficiário, sendo maior, possua a necessária capacidade negocial de gozo para celebrar negócios estritamente pessoais[497]. Apenas quando a lei ou uma decisão judicial em contrário – proferida já no decurso do processo ou no seu fim – o determinar, o acompanhado carece da capacidade para casar, perfilhar ou testar, como resulta da última parte do n.º 1 do artigo 147.º – uma norma, aliás, redigida sem o mínimo rigor sistemático. Fora estas situações, o acompanhado, como qualquer outro maior, é capaz e livre para celebrar os negócios em causa.

555

Quanto aos outros direitos pessoais, que o n.º 2 do artigo 147.º apenas refere de modo exemplificativo, temos situações tão diferenciadas como o direito de constituir situações de união (união de facto ou a economia em comum), o direito de procriar[498] (*inclusive* com o recurso à procriação medicamente assistida[499]), de adoptar, de cuidar e de educar os filhos ou os adoptados, de escolher a profissão, de se deslocar no país ou no estrangeiro, de fixar domicílio e residência e de estabelecer relações com quem entender. Obviamente, o livre exercício destes direitos realiza-se dentro dos limites da lei. Pertencem também a estes direitos, por exemplo, as directivas antecipadas de vontade em matérias de saúde, designadamente sob a forma de testamento vital (ver n.º 469), as decisões sobre intervenções cirúrgicas ou tratamentos médicos, sujeição a exames clínicos, transplantes, etc. E também estará incluída entre os direitos pessoais cujo exercício é livre a participação em actos eleitorais.

[497] Menezes Cordeiro/Pinto Monteiro, *Da situação jurídica do maior acompanhado. Estudo de política legislativa relativo a um novo regime das denominadas incapacidades dos maiores, cit.*, p. 124, anotação 1 ao artigo 147.º.

[498] Em bom rigor, a lei não devia tratar desta questão, pois não estará aqui em causa, verdadeiramente, um direito a procriar.

[499] Ver o artigo 6.º, n.º 2, da Lei n.º 32/2006, de 26 de Julho, na redacção da Lei n.º 58/2017, de 25 de Julho.

Todavia, do princípio de que os actos pessoais são livres e ao alcance da capacidade do maior, podem resultar prejuízos para ele. Pensemos no exemplo de o beneficiário ser chamado a decidir sobre intervenções cirúrgicas (suas ou dos filhos menores), quando a sentença não tenha previsto restrições ao exercício deste direito, não obstante o beneficiário não ser, efectivamente, capaz de ponderar todos os riscos, efeitos secundários, alternativas médicas, etc. Isto significa que o beneficiário (ou os seus filhos menores) poderá ficar desprotegido, por ser tratado pela lei como capaz, quando, efectivamente, não o é.

Quando se trate do internamento do beneficiário, a lei já não parte do princípio de que o maior é capaz de medir o alcance da sua decisão. Daí que o artigo 148.º preveja que o internamento de maior acompanhado dependa de autorização expressa do tribunal e que, em caso de urgência, este pode ser requerido pelo acompanhante, sendo mais tarde ratificado pelo juiz[500]. Além disso, como se trata de uma decisão de foro pessoal, cabe ao juiz decidir (e não ao acompanhante). Esta norma deverá ser aplicada, por analogia, pelo menos nas situações graves relativas à saúde do beneficiário quando este, de facto, não possua capacidade.

556 Resta analisar o que a lê prevê relativamente aos negócios da vida corrente do acompanhado. O art. 147.º, n.º 1[501], estabelece também que, apenas em caso de a sentença da decisão de acompanhamento determinar o contrário, é que o beneficiário não poderá celebrar negócios da sua vida corrente. Portanto, em regra, estes negócios estão ao alcance da capacidade negocial

[500] O anteprojecto explica que o regime legal foi cauteloso para protecção do próprio beneficiário, que poderia ser levado a pedir um internamento não necessário, mas conveniente para os familiares. Também era prevista a necessidade de autorização expressa do tribunal para os casos de aplicação de medidas anti-concepcionais, como a esterilização compulsória. A anotação 2 ao artigo 148.º referia que esta só podia ser considerada quando pudesse estar em causa uma gravidez inconsciente ou de risco, mediante estrita vigilância do juiz. V. Menezes Cordeiro/Pinto Monteiro, *Da situação jurídica do maior acompanhado. Estudo de política legislativa relativo a um novo regime das denominadas incapacidades dos maiores, cit.*, pp. 124 e 125.

[501] A inserção no mesmo preceito (= no n.º 1 do artigo 147.º) de matérias tão díspares como o exercício de direitos pessoais, *inclusive* a celebração de negócios estritamente pessoais, e a prática de negócios da vida corrente do acompanhado não tem lógica sistemática e é má técnica legislativa. Os negócios da vida corrente são um elemento estranho no corpo do artigo 147.º. Esta matéria devia ter sido incluída no artigo 145.º.

do acompanhado, sendo válidos[502]. De todo o modo, caso o beneficiário não esteja em condições de celebrar o negócio no momento em que o faz, sempre poderá recorrer subsidiariamente ao regime da incapacidade acidental do art. 257.º, em *ultima ratio*[503].

6. A anulabilidade dos actos do acompanhado

No que respeita aos actos praticados pelo eventual futuro beneficiário, o 557
artigo 154.º determina o seguinte:

> 1 – Os actos praticados pelo maior acompanhado que não observem as medidas de acompanhamento decretadas ou a decretar são anuláveis:
> a) Quando posteriores ao registo do acompanhamento;
> b) Quando praticados depois de anunciado o início do processo, mas apenas após a decisão final e caso se mostrem prejudiciais ao acompanhado.
>
> 2 – O prazo dentro do qual a acção de anulação deve ser proposta só começa a contar-se a partir do registo da sentença.
>
> 3 – Aos actos anteriores ao anúncio do início do processo aplica-se o regime da incapacidade acidental.

O elenco do artigo 154.º é complementado pelo previsto no artigo 153.º, n.º 2.º, ao determinar: "Às decisões judiciais de acompanhamento é aplicável o disposto nos artigos 1920.º-B e 1920.º-C".

502 A lei não exige, agora, os pressupostos que eram exigidos pelo anterior regime: que o negócio estivesse ao alcance da capacidade natural do incapaz e que só implicasse despesas de pequena importância (cf. artigo 127.º, n.º 1, al. *b)*, por remissão dos antigos artigos 139.º e 156.º). Em nossa opinião, o anterior regime permitia uma protecção mais efectiva do incapaz, sem lhe retirar a possibilidade de cuidar da sua vida quotidiana.

503 Neste sentido, embora no regime anterior, permitindo ao incapaz anular com base no artigo 257.º negócios para os quais tivesse excepcional capacidade nos termos do artigo 127.º, aplicável por remissão dos artigos 139.º e 156.º, Agostinho Cardoso Guedes, «Algumas notas sobre os artigos 150.º, 149.º e 147.º do Código Civil», in *Juris et de Jure – Nos 20 anos da Faculdade de Direito da Universidade Católica do Porto*, Porto, Universidade Católica Editora, 1998, p. 315. A protecção desta norma, no entanto, é mais reduzida, por atender também aos interesses da contraparte, ao contrário do regime das incapacidades, que defende cegamente os interesses dos incapazes.

Tendo em conta estas duas disposições devemos distinguir, quanto aos actos do maior acompanhado, cinco fases sucessivas em que eles poderão ter sido realizados, ou seja:

a) Os actos praticados pelo maior ainda antes de ter sido iniciado qualquer processo com vista ao seu acompanhamento;
b) Os actos praticados pelo maior depois do início do processo, mas ainda antes de ele ter sido anunciado;
c) Os actos praticados depois de o início do processo ter sido anunciado, mas ainda antes da decisão final que decrete o acompanhamento do maior;
d) Os actos praticados pelo maior depois da decisão final, mas ainda antes do registo da mesma;
e) Os actos posteriores ao registo da decisão final do acompanhamento.

As cinco fases podem ser divididas em dois grupos: no primeiro grupo, cabe a primeira fase, em que ainda não se deu passo nenhum com vista a um acompanhamento; no segundo, as quatro fases seguintes, que começam com o início do processo de acompanhamento e terminam com o registo da decisão final.

558 **a)** Quanto aos actos praticados pelo maior antes de ter sido iniciado qualquer processo com vista ao seu acompanhamento, aplica-se o regime da incapacidade acidental (ver *supra* n.ºs 534 ss.). Isto resulta, por maioria de razão, já do artigo 154.º, n.º 3, que, quando se refere aos actos anteriores ao anúncio do início do processo, determina que se recorre precisamente a este regime. Assim sendo é também o regime da incapacidade acidental que se aplica aos actos praticados ainda antes de se ter iniciado processo algum. Contudo, neste caso (tal como sucede nos casos em que uma pessoa se encontra diminuída de facto na sua capacidade, mas não chega, sequer, a ser intentada nenhuma acção), faz-se uma aplicação directa do regime da incapacidade acidental (e não por via da remissão operada pelo art. 154.º, n.º 3). Deste modo, não podemos recorrer ao regime do maior acompanhado, tendo de nos socorrer do regime geral[504].

[504] Nomeadamente do artigo 287.º, n.º 1, como veremos adiante.

No regime da incapacidade acidental o maior não pode deixar de ser considerado pelo tráfico jurídico negocial como um maior que, de acordo com o artigo 130.º, possui plena capacidade de exercício dos seus direitos e está habilitado a reger a sua pessoa e a dispor dos seus bens. 559

Deste modo, do ponto de vista da capacidade, os actos praticados, à partida, são todos válidos, a não ser que se verifique uma circunstância que dá origem a uma incapacidade acidental que os torne anuláveis à luz dos pressupostos do artigo 257.º. Estas circunstâncias verificam-se quando o declarante, devido a qualquer causa, ou se encontra acidentalmente incapacitado de entender o sentido da sua declaração ou, ao fazê-la, não tinha o livre exercício da sua vontade (assim o n.º 1 do artigo 257.º). Aliás, é precisamente nos casos desta segunda hipótese que podem existir as condições que justificam que seja instaurada uma acção de acompanhamento de maior[505].

O próprio incapaz tem legitimidade para, nos termos gerais do artigo 287.º, n.º 1, arguir a anulabilidade do seu negócio, mas só dentro do ano subsequente à cessação do vício que lhe serve de fundamento, isto é, um ano a partir do momento da cessação da sua incapacidade, tendo esta sido passageira (artigo 257.º, n.º 1, 1.ª parte). 560

No caso de estarmos perante a situação de o maior não ter o livre exercício da sua vontade (artigo 257.º 1, 2.ª parte), podendo assim a sua incapacidade ser permanente, o prazo para arguir a anulabilidade não pode sequer começar a correr e, por isso, a acção também não pode caducar. Nesta eventualidade, caberá ao Ministério Público a legitimidade para intentar a acção, uma vez que está estatutariamente vocacionado para tutelar os incapazes[506] e os deve representar em juízo[507].

Pode, no entanto, também suceder, que esta incapacidade venha a ser suprida no futuro por via do estabelecimento de medidas de acompanhamento. Neste caso, a legitimidade caberá ao acompanhante dentro do prazo do artigo 287.º, n.º 1, ou seja, nesta hipótese o "vício" da incapacidade cessa

[505] Além disso, para efeitos de impedimentos matrimoniais, pode verificar-se o impedimento dirimente da demência notória referido no artigo 1601.º, *alínea b)*, 1.ª alternativa.

[506] Artigo 3.º, n.º 1, al. *a)*, do Estatuto do Ministério Público, aprovado pela Lei n.º 47/86, de 15 de Outubro.

[507] Artigo 23.º, n. 1, CPC.

com o registo da sentença que determina o acompanhamento. O problema é que esta acção de acompanhamento pode nunca vir a ser intentada.

Por outro lado, não sendo o negócio cumprido, a anulabilidade pode sempre ser arguida sem dependência de prazo nos termos do artigo 287.º, n.º 2.

Normalmente não será fácil ao acidentalmente incapacitado provar que no preciso momento da conclusão do seu negócio estavam reunidos todos os requisitos para a anulação do acto e, por isso, a protecção que o artigo 257.º lhe confere é frágil.

561 **b)** No que respeita aos actos praticados pelo maior depois do início do processo, mas antes de ele ter sido anunciado, aplica-se, segundo o n.º 3 do artigo 154.º, que se refere directamente a esta situação, novamente o regime da incapacidade acidental. Quer dizer, quanto aos pressupostos deste regime, tudo se passa como foi descrito na situação anterior e quanto às dificuldades de provar que no preciso momento da conclusão do negócio estavam reunidos todos os requisitos para a anulação do seu acto, elas também são as mesmas e a protecção conferida pelo artigo 257.º tem, à partida, igualmente a mesma fragilidade.

Mas há uma diferença essencial, uma vez que o processo de acompanhamento está a correr[508]. Nada diz o n.º 3 do artigo 154.º a respeito da legitimidade e do prazo para arguir a anulabilidade dos actos praticados[509]. Contudo,

[508] Ao abrigo do regime anterior, tendo a sentença fixado a data em que começou a incapacidade natural (nos termos do CPC), e caso esta data fosse anterior à data da celebração do negócio, entendiam Antunes Varela e Pires de Lima que existia "uma forte presunção de que o negócio foi celebrado por pessoa incapacitada de entender o sentido da declaração negocial ou privada do livre exercício da sua vontade". V. Pires de Lima – Antunes Varela – Henrique Mesquita, *Código Civil Anotado*, Vol. I, 4.ª ed., Coimbra, Coimbra Editora, 1987, p. 156. Esta solução pode aplicar-se também no regime do maior acompanhado, desde que a sentença de acompanhamento fixe "a data a partir da qual as medidas decretadas se tornaram convenientes", nos termos do artigo 900.º, n.º 1, do CPC, na redacção da Lei n.º 49/2018, de 14 de Agosto.

[509] Assim, seria de aplicar o prazo geral previsto no artigo 287.º. Neste sentido, embora no âmbito da legislação anterior (o antigo artigo 150.º) e criticando esta solução por entender que o vício nunca cessava, pelo que o negócio se mantinha anulável em detrimento das exigências de segurança do tráfico jurídico negocial, Agostinho Cardoso Guedes, «Algumas notas sobre os artigos 150.º, 149.º e 147.º do Código Civil», *cit.*, pp. 304 e ss. O autor defendia, então, que se aplicasse analogicamente aos casos previstos no artigo 150.º o prazo do artigo 149.º, n.º 2 (um ano a contar do registo da sentença). Todavia, entendia que caso não tivesse

uma vez que já foi dado início ao processo de acompanhamento, e ao contrário da situação em que ainda não há processo algum, o regime geral do artigo 287.º, n.º 1, não é aplicável. Estando iniciado o processo, faz mais sentido considerar o (futuro) acompanhante como legitimado para, no prazo de um ano a partir do seu conhecimento, intentar a acção (ver a este respeito a fase descrita sob *c)*). No caso de ele ter conhecimento da prática do acto antes do registo da sentença que decrete o acompanhamento, este prazo não começa a correr enquanto a sentença não for registada[510], tal como prevê o n.º 2 do artigo 154.º, embora este não se refira directamente aos casos da incapacidade acidental para cujo regime o n.º 3 do artigo 154.º remete. E também pensamos que aqui vale, como não pode deixar de ser, o princípio geral de que, enquanto o negócio não tiver sido cumprido, de acordo com o artigo 287.º, n.º 2, a sua anulabilidade pode ser arguida sem dependência de prazo.

c) Em relação aos actos praticados depois de anunciado o início do processo, a alínea *b)* do n.º 1 do artigo 154.º diz que são anuláveis, mas apenas após a decisão final e caso se mostrem prejudiciais ao acompanhado. 562

Uma primeira questão que se levanta tem a ver com a publicidade a dar ao início do processo de acompanhamento. O artigo 153.º, n.º 1, estabelece que será o tribunal a determinar, em cada caso, qual a publicidade a dar, devendo limitar-se ao estritamente necessário para defender os interesses do beneficiário ou de terceiros[511]. Poderá assim suceder que o juiz entenda não ser necessária publicidade alguma e, mais tarde, terceiros venham a negociar com o futuro acompanhado desconhecendo completamente o facto de estar

sido intentada nenhuma acção de restrição de capacidade, teria de se recorrer ao regime geral (artigos 257.º e 287.º) na íntegra. Já Carvalho Fernandes defendia a aplicação do prazo de um ano a contar do conhecimento do tutor nos casos do antigo 150.º, mas não indicava o fundamento legal para esta solução. Cf. Luís A. Carvalho Fernandes, *Teoria Geral do Direito Civil*, Vol. I, *cit.*, p. 355.

510 Neste sentido, no regime anterior, Anabela Susana de Sousa Gonçalves, *Breve estudo sobre o regime jurídico da inabilitação*, *cit.*, pp. 126 a 129.

511 Os artigos 893.º e 894.º do CPC determinam o seguinte:
Artigo 893.º – Publicidade
1 – O juiz decide, em face do caso, que tipo de publicidade deve ser dada ao início, ao decurso e à decisão final do processo.
2 – Quando necessário, pode determinar-se a publicação de anúncios em sítio oficial, a regulamentar por portaria do membro do Governo responsável pela área da justiça.
Artigo 894.º – Comunicações e ordens

em curso um processo de acompanhamento. Se, por um lado, alguma discrição quanto à publicidade a dar ao processo pode contribuir para que se proteja a pessoa do futuro beneficiário, ela pode, por outro lado, gerar-lhe prejuízos patrimoniais se ele praticar actos que depois já não se possam anular por não ter existido a publicidade do início do processo. Assim, as situações em que o início do processo de acompanhamento não é publicitado de modo adequado ao caso concreto devem ser evitadas. Tudo depende da ponderação dos factos que os casos concretos revelam.

563 Depois, os actos só são anuláveis caso se mostrem prejudiciais ao acompanhado. A lei não define o que considera por actos prejudiciais; e também não diz se os prejuízos podem ser de natureza não patrimonial como deve ser o caso. Podemos entender o prejuízo como uma desvantagem patrimonial em termos objectivos (por exemplo, os negócios gratuitos, negócios com prestações economicamente desvantajosas devido a um desequilíbrio entre elas e que uma normal pessoa adulta razoavelmente não teria celebrado, podendo o prejuízo ainda ser latente) a avaliar no momento da celebração do negócio. Quando a lei diz que os actos se devem mostrar prejudiciais entende com isso que com a prática do acto se evidencia um prejuízo que dele resulta. Quer dizer, o prejuízo nasceu com a prática do acto, com a conclusão do próprio negócio.

564 O pressuposto de que a anulabilidade depende da decisão do processo não causa problemas, mas o prazo dentro do qual a acção de anulação deve ser proposta, sim. O n.º 2 limita-se a dizer a partir de que momento o prazo começa a correr: a partir do registo da sentença. Mas a lei não concretiza o prazo. Assim ficamos sem saber se o prazo para a anulação dos actos celebrados durante o decurso da acção de acompanhamento será o prazo do regime regra do artigo 287.º, n.º 1, que é um ano após a cessação do vício, ou será o prazo de um ano após o acompanhante ter tomado conhecimento dos actos

Quando o interesse do beneficiário o justifique, o tribunal pode dirigir comunicações e ordens a instituições de crédito, a intermediários financeiros, a conservatórias do registo civil, predial ou comercial, a administrações de sociedades ou a quaisquer outras entidades.

V. a este respeito a sugestões do anteprojecto: Menezes Cordeiro/Pinto Monteiro, *Da situação jurídica do maior acompanhado. Estudo de política legislativa relativo a um novo regime das denominadas incapacidades dos maiores, cit.*, p. 127.

feitos pelo acompanhado, que seria ou corresponderia ao prazo estabelecido no artigo 125.º, n.º 1, alínea *a)*, para os actos dos menores. A lei é perfeitamente omissa a este respeito. Há aqui uma lacuna[512]. E, uma vez que o artigo 287.º, n.º 1, não foi pensado para os casos em questão, não lhes é aplicável. Aplicável é o regime do artigo 125.º, n.º 1, alínea *a)*, por via de analogia.

Na verdade, os casos que a lei não prevê são regulados pela norma aplicável aos casos análogos (artigo 10.º, n.º 1). E há analogia sempre que no caso omisso procedam as razões justificativas da regulamentação do caso previsto na lei (artigo 10.º, n.º 1). E, de acordo com estas premissas, é possível aplicar o artigo 125.º, n.º 1, alínea *a)*, concebido para a anulação de negócios praticados por menores, também à anulação de actos praticados por um maior acompanhado durante o decurso da acção. As situações de interesse – precaver prejuízos de pessoas não aptas para participar plenamente no tráfico jurídico negocial – e as afinidades existentes entre os dois fenómenos assim o justificam. 565

Temos logo o argumento sistemático que flui do artigo 22.º, n.º 1, da Lei n.º 49/2018 que dispõe que "a Secção V do Capítulo I do Subtítulo I do Título II do Livro I do Código Civil passa a ser intitulada «Menores e maiores acompanhados»", sendo este título comum uma manifestação das correlações existentes entre as duas situações. Além disso, as afinidades presentes são confirmadas pelas remissões repetidamente feitas para muitas disposições que regulam a situação dos menores, ou seja, o artigo 145.º, n.ºs 4 e 5, remete para os regimes da tutela – que visa unicamente menores – e da administração dos bens que pertencem a menores, e aqui temos remissões de conteúdo material, bem como as remissões dos artigos 144.º, n.º 3, 152.º e 153.º, n.º 2, que todavia têm um carácter mais processual.

Por isso, a solução que se impõe é a aplicação analógica do artigo 125.º, n.º 1, alínea *a)*, no sentido de o acompanhante ter legitimidade para pedir a anulação dos actos praticados pelo acompanhado nos prazos aí estabelecidos. Deste modo, o acompanhante pode pedir a anulação dos actos praticados nos mesmos termos em que a alínea *a)* do n.º 1 do artigo 125.º o permite ao representante legal do menor.

[512] É de todo em todo incompreensível que a lei não tenha definido os prazos, tanto mais que os problemas correlacionados já eram conhecidos e longamente discutidos durante a vigência do regime anterior.

566 **d)** Em relação aos actos praticados pelo maior depois da decisão final, mas ainda antes do registo da mesma, o artigo 153.º, n.º 2, remete para o disposto nos artigos 1920.º-B e 1920.º-C. Estas duas disposições devem ser lidas em conjunto com as regras do CRegCiv. Segundo o artigo 1.º, n.º 1, alínea *h)*, deste Código, o acompanhamento de maiores e a tutela e administração de bens (e vemos novamente como a lei lhes dispensa um tratamento comum) estão obrigatoriamente sujeitos a registo civil. Isto significa que, enquanto não houver o seu registo, a decisão final não pode ser invocada, ou seja, mais precisamente, não pode ser invocada por ninguém devido ao princípio da inatendibilidade dos factos sujeitos a registo civil mas não registados (que vem estabelecido no artigo 2.º do CRegCiv). Este princípio pertence às normas imperativas que compõem a ordem pública.

Por isso, o artigo 153.º, n.º 2, remete para o artigo 1920.º-B para que a decisão judicial de acompanhamento seja obrigatoriamente registada[513]. Isto significa que, caso um acto tenha sido praticado pelo já beneficiário depois da sentença, mas antes do seu registo, e ignorando quem negociava com o maior acompanhado a sentença, a lei considera-o de boa fé e a decisão judicial não pode ser invocada contra ele (artigo 1920.º-C). Assim, entre as partes tudo se passa como se a sentença ainda não existisse, com a consequência de se aplicar, nestas circunstâncias, o regime legal previsto para o decurso da acção (artigo 154.º, n.º 1, alínea *b)*, e n.º 2).

Em contrapartida, no caso de, ao contratar com o maior acompanhado, a outra parte conhecer a sentença (ou ter o dever de a conhecer), ela é considerada de má fé e a sentença pode ser invocada contra ela, não obstante a falta do seu registo. Para a lei, tendo procedido a uma ponderação dos interesses, prevalecem os do maior acompanhado em ser beneficiado (tal como sucede com o menor) sobre os princípios registrais formais, de modo que a lei abdica nestes casos da observância estrita do princípio formal da inatendibilidade. Além disso, conhecendo a outra parte a sentença, ela também não merece nem carece de protecção.

567 Resta, como *ultima ratio*, e para evitar qualquer lacuna no sistema da protecção do maior acompanhado, o recurso ao regime da incapacidade aciden-

[513] Segundo as regras de uma boa técnica legislativa, a obrigatoriedade do registo devia ter sido incluída logo na enumeração das decisões que já constam do artigo 1920.º-B o que tornava a remissão supérflua e a lei mais perceptível.

tal que, como instituto geral, é aplicável em qualquer situação desde que preenchidos os seus pressupostos[514] [515].

e) Finalmente, os actos praticados pelo maior a seguir ao registo da decisão final do acompanhamento são anuláveis sem mais[516]. Quanto ao prazo para pedir a anulação e a legitimidade para o efeito aplica-se, novamente por analogia, o regime estabelecido no artigo 125.º, n.º 1, alínea *a)*. Daí resulta também que – com a única excepção dos actos praticados antes de ter sido tomada medida alguma para iniciar o processo de acompanhamento e aos quais, por isso, se aplica o regime-regra do artigo 287.º, n.º 1 – todas as restantes situações são reguladas pelo regime especial estabelecido para o maior acompanhado e, sendo ele lacunoso, são então reguladas por analogia, pelo regime da menoridade. 568

Quanto aos actos praticados pelo beneficiário após as comunicações referidas no artigo 894.º CPC (ver n.º 550), quando estejam abrangidos pelas medidas de acompanhamento, pode o acompanhante requerer a sua anulação a seguir ao trânsito em julgado da decisão (artigo 903.º CPC). O prazo (do artigo 125.º, n.º 1, alínea *a)*) só começará a contar a partir da data do registo da sentença.

7. Revisão, modificação e cessação do acompanhamento; remoção e exoneração do acompanhante

569 A lei determina que o acompanhamento tem de ser revisto pelo tribunal de acordo com a periodicidade prevista na sentença e, no mínimo, de cinco em cinco anos (art. 155.º). Esta revisão pode conduzir à cessação ou modifi-

[514] Embora relativamente ao regime anterior, igualmente no sentido de o regime do decurso da acção não precludir a aplicação do artigo 257.º, uma vez que as normas são simplesmente diferentes, possuindo diferentes pressupostos, Agostinho Cardoso Guedes, «Algumas notas sobre os artigos 150.º, 149.º e 147.º do Código Civil», *cit.*, pp. 307 e ss.

[515] Neste caso, tendo existido a referida publicidade, podemos dizer que o facto é notório e, com isso, o futuro maior acompanhado vê a sua prova facilitada.

[516] No entanto, os actos podem deixar de ser anuláveis, passando a ser válidos, no caso de uma decisão judicial que faz cessar ou que modifica a medida de acompanhamento determinar a retroacção dos seus efeitos à data em que se verificou a cessação ou a modificação (artigo 149.º, n.º 2). Neste caso, os direitos de terceiros não podem ser prejudicados.

cação do acompanhamento nos termos do artigo 149.º, mediante o reconhecimento de que as causas que o justificaram cessaram ou se modificaram. Os efeitos desta decisão podem retroagir à data em que se verificou a cessação ou modificação (artigo 149.º, n.º 2), e que a sentença determinará[517], e que – para serem atendíveis – devem constar do registo civil (artigos 1.º, alíneas *h)* e *q)*, 2.º e 69.º, alínea *g)*, CRegCiv). Todavia, a retroacção não pode afectar direitos de terceiros. Podem pedir a cessação ou modificação do acompanhamento o acompanhante, o acompanhado e ainda qualquer uma das pessoas referidas no artigo 141.º, n.º 1, não exigindo a lei para estas uma autorização do acompanhado (artigo 149.º, n.º 3).

570 Independentemente desta possibilidade, mesmo mantendo-se a medida de acompanhamento, pode justificar-se a remoção e a exoneração do acompanhante designado inicialmente. A lei manda aplicar para este efeito as normas dos artigos 1948.º e 1950.º, com as necessárias adaptações. Assim, o acompanhante que falte ao cumprimento dos seus deveres ou se revele inapto para o exercício destas funções (bem como aquele que supervenientemente venha a constituir-se numa das situações que impediriam a sua nomeação), poderá ser removido do cargo. Por outro lado, nos termos do artigo 152.º, o acompanhante também poderá ser exonerado das suas funções a seu pedido, se sobrevier alguma das causas de escusa (previstas no artigo 1934.º, *ex vi* do artigo 144.º, n.º 3) ou ao fim de três anos, caso tenha aceitado o cargo embora tivesse fundamento para dele se escusar, desde que a causa da escusa ainda subsista.

V. DOMICÍLIO, AUSÊNCIA, NACIONALIDADE (REMISSÃO)

Bibliografia: Rui Manuel MOURA RAMOS, *Do direito português da nacionalidade*, Coimbra, 1984. IDEM, *Cidadania*, Verbo – Enciclopédia Luso-Brasileira de Cultura, vol. 21, Suplem. II. C. A. MOTA PINTO, *cit.*, pp. 261 a 268. Pedro PAIS DE VASCONCELOS, *Teoria Geral do Direito Civil*, 8.ª ed., Coimbra, Almedina, 2018 (reimpr. da ed. de 2015), pp. 93 a 103. J. de CASTRO MENDES, *cit.*, vol. I, pp. 415 a 474.

[517] Como sucede precisamente no caso da sentença que fixa a data a partir da qual se produzem, retroactivamente, os efeitos do divórcio (cf. artigo 1789.º, n.º 2).

Para a participação no tráfico jurídico é, como sabemos, indispensável que as pessoas tenham capacidade de exercício. Mas há ainda há outros factores relevantes como nomeadamente o estado civil da pessoa (ver n.º 471 ss.) ou o seu domicílio e até a sua nacionalidade e que, por isso mesmo, vão ser mencionados, embora de maneira breve.

1. O domicílio

O domicílio de uma pessoa serve, ao lado e além do seu nome, para a individualizar e, sobretudo, para manter ou estabelecer relações juridicamente relevantes com ela[518]. 571

Assim, p. ex., o lugar para o cumprimento de uma prestação é, em princípio, o lugar do domicílio do devedor (artigo 772.º, n.º 1), embora possa ser também o do credor (artigo 775.º); a sucessão abre-se no lugar do último domicílio do seu autor (artigo 2031.º); as acções devem ser propostas, normalmente, no tribunal do domicílio do réu (artigo 80.º CPC), dando-lhe assim a possibilidade de uma defesa eficaz. Embora todas estas regras admitam excepções, não deixam dúvidas quanto à importância do domicílio para as relações jurídicas de uma pessoa.

A lei (isto é, o artigo 82.º) distingue entre paradeiro (o sítio em que uma pessoa em dada altura efectivamente se encontra), residência (o sítio que serve de base de vida a uma pessoa, podendo a residência ser habitual ou ocasional), e domicílio (o lugar da residência habitual de uma pessoa). O domicílio, por seu lado, pode ser um domicílio voluntário (as situações previstas nos artigos 82.º a 84.º) ou um domicílio legal (os casos contemplados pelos artigos 85.º a 88.º). 572

Deste modo, o domicílio voluntário geral de uma pessoa é definido da maneira seguinte: "A pessoa tem domicílio no lugar da sua residência habitual..." (artigo 82.º). O conceito de domicílio, estabelecido neste artigo, resulta da verificação de dois elementos: um, o elemento objectivo, é o facto da residência; outro, o elemento subjectivo (que apenas pode ser deduzido 573

[518] J. F. RODRIGUES BASTOS, *cit.*, vol. I, Observação 1. ao artigo 82.º.

indirectamente daquele preceito, bem como do contexto legal em que está inserido), é a intenção de tomar residência e de aí permanecer[519].

Além do domicílio voluntário geral, a lei ainda conhece dois domicílios voluntários especiais: o domicílio profissional (artigo 83.º), que existe no lugar onde a profissão é exercida e diz respeito às relações referentes à profissão; o domicílio electivo (artigo 84.º), que é estipulado, por escrito, para determinados negócios. O estabelecimento de um domicílio voluntário exige sempre a capacidade de exercício (*arg. ex* artigo 85.º), sendo um acto jurídico quase-negocial nos casos dos artigos 82.º e 83.º e um negócio jurídico no caso previsto no artigo 84.º (cf. n.º 320, al. *c*)).

574 Quanto ao domicílio legal, aplicam-se os artigos 85.º a 88.º. O artigo 85.º determina onde os menores e os maiores acompanhados têm o seu domicílio legal, ao estabelecer os respectivos critérios para o efeito. Deste modo, por via de regra, o menor tem o domicílio no lugar da residência da família (artigo 85.º, n.º 1, 1.ª alternativa). Por outro lado, o domicílio do maior acompanhado é determinado de acordo com o disposto nos artigos 82.º a 84.º (artigo 85.º, n.º 4, 1.ª alternativa), sendo assim em princípio um domicílio voluntário[520], a não ser que a sentença que decretou o acompanhamento tenha disposto de outra maneira (artigo 85.º, n.º 4, 2.ª alternativa) ao fixar--lhe um domicílio que agora é legal.

De resto, para corresponder a situações particulares, o artigo 85.º necessariamente conhece regras específicas (e quanto ao menor, temos o n.º 1, 2.ª alternativa; o n.º 2; o n.º 3 e o n.º 5). Os menores também podem ter, para além do seu domicílio legal (segundo o artigo 85.º, n.º 1, 1.ª alternativa), um domicílio voluntário, de acordo com os artigos 83.º e 84.º, se para tal possuírem capacidade de exercício, por força do artigo 127.º, n.º 1, al. *c*).

São ainda domicílios legais os dos empregados públicos (artigo 87.º) e dos agentes diplomáticos portugueses, desde que estes invoquem a extraterritorialidade (artigo 88.º); neste último caso, o domicílio legal é subsidiário e apenas funciona como efeito de um acto de vontade do respectivo agente diplomático. Os domicílios legais dos artigos 87.º e 88.º podem coexistir, à semelhança dos domicílios voluntários dos artigos 83.º e 84.º, com o domicílio voluntário geral do artigo 82.º.

[519] Ver também J. F. Rodrigues Bastos, *cit.*, vol. I, Observação 2. ao artigo 82.º.

[520] Esta solução da lei é semelhante à situação do antigo inabilitado.

2. A ausência

O regime da ausência, consagrado nos artigos 89.º a 121.º, visa solucionar os problemas resultantes da necessidade de prover acerca da administração dos bens de quem desapareceu sem que dele se saiba parte e sem ter deixado representante legal ou procurador (artigo 89.º, n.º 1). A ausência de uma pessoa pode dar origem, conforme os casos, à nomeação de um curador provisório (artigos 89.º a 98.º) ou à instituição da curadoria definitiva (artigos 99.º a 113.º) e pode ter como efeito máximo a declaração de morte presumida (artigos 114.º a 119.º). 575

Tendo em conta a eficiência dos actuais meios de comunicação, pode considerar-se excessivo o modo como a lei regula a curadoria provisória, cujo processo segue os trâmites dos artigos 1021.º a 1025.º CPC. Em qualquer caso, como ainda se espera o regresso do ausente, todas as medidas a tomar devem limitar-se a uma administração cautelosa e restrita[521]. 576

O processo da justificação da ausência, necessário para ser decretada a curadoria definitiva, está regulado nos artigos 881.º a 890.º CPC e tem como efeito a partilha, sob caução, dos bens do ausente cujo regresso já é esperado com menos confiança; se o ausente for casado, far-se-á a partilha dos bens do casal (artigo 108.º).

O processo para a declaração de morte presumida consta dos artigos 881.º a 885.º e 886.º CPC. A declaração de morte presumida temos mesmos efeitos que a morte natural (artigo 115.º), mas não dissolve o casamento embora o torne dissolúvel (artigo 115.º, 2ª parte, e artigo 116.º): o cônjuge do ausente pode contrair um novo casamento. Neste caso, se o ausente regressar (ou se houver notícias de que ainda era vivo quando se celebraram as novas núpcias) considera-se o primeiro (!) casamento dissolvido por divórcio à data da declaração da morte presumida. Eventuais direitos supervenientes do ausente passam às pessoas que seriam chamadas à titularidade deles se o ausente fosse falecido (artigos 120.º e 121.º).

A curadoria definitiva não tem como pressuposto uma declaração anterior de curadoria provisória; e também a declaração da morte presumida não depende de uma curadoria definitiva anterior. Todas as três medidas mencionadas têm os seus requisitos próprios (cf. artigos 89.º, n.º 1, 99.º e 114.º),

[521] J. F. Rodrigues Bastos, *cit.*, vol. I, Observação 4. ao artigo 94.º.

estando, de resto, sempre sujeitas ao registo civil obrigatório (artigo 1.º, al. *j)*, CRegCiv).

3. A nacionalidade (remissão)

577 No direito privado, a nacionalidade não tem grande relevância por causa do princípio da igualdade perante a lei que contempla, do mesmo modo, todos os homens. Isto resulta também do artigo 15.º da Constituição, que dispõe que os estrangeiros e apátridas que se encontrem ou residam em Portugal gozam dos direitos e estão sujeitos aos deveres do cidadão português, exceptuando-se os direitos políticos, o exercício das funções públicas e os direitos e deveres reservados aos cidadãos portugueses. Em sintonia com o preceito constitucional, dispõe o artigo 14.º CCiv, relativamente à capacidade jurídica, que os estrangeiros são equiparados aos nacionais quanto ao gozo de direitos civis, salvo disposição legal em contrário, determinando o artigo 25.º que a capacidade negocial é regulada pela respectiva lei nacional do estrangeiro.

578 Antigamente era a lei civil, ou seja, o Código de Seabra, que regulava a nacionalidade nos artigos 18.º a 23.º e continha regras sobre a capacidade jurídica dos estrangeiros nos artigos 26.º a 31.º. Tendo sofrido já alterações por legislação anterior, a nacionalidade deixou de ser objecto de legislação civil e passou a ser regulamentada pela L n.º 2.098, de 29 de Julho de 1959, em conjunto com o DL n.º 43.090, de 27 de Julho de 1960. Posteriormente, surgiu o DL n.º 308-A/75, de 24 de Julho, que pretendia resolver os problemas criados pelo processo de descolonização, em virtude do qual muitas pessoas perderam, contra a sua vontade, a nacionalidade portuguesa.

Segundo o artigo 4.º da Constituição, de 1976, a regulamentação da nacionalidade cabe à legislação ordinária. Com a entrada em vigor desta Constituição, a L n.º 2.098 tornou-se inconstitucional, na medida em que estava em oposição àquela, designadamente no que respeita ao princípio da igualdade do artigo 13.º. Assim, foi publicada, em 3 de Outubro de 1981, uma nova Lei da Nacionalidade, a L n.º 37/81, regulamentada pelo DL n.º 322/82, de 12 de Agosto[522].

[522] Entretanto, esta lei foi alterada pela Lei n.º 25/94, de 19 de Agosto, pelo DL n.º 322-A/2001, de 14 de Dezembro, pela Lei Orgânica n.º 1/2004, de 15 de Janeiro, pela Lei Orgânica

A matéria da nacionalidade faz parte do direito público e constitui objecto da disciplina de Direito Internacional Privado. Em qualquer caso, ainda aqui fica a menção de que é hoje uma característica essencial da nacionalidade a existência de um vínculo pessoal, específico e recíproco, entre o cidadão e o seu Estado, sendo certo que a nacionalidade tem vindo a perder algum peso no que respeita aos cidadãos dos Estados Europeus, designadamente os que como cidadãos comunitários são nacionais dos Estados-Membros da União Europeia.

n.º 2/2006, de 17 de Abril, pela Lei n.º 43/2013, de 03 de Julho, pela Lei Orgânica n.º 1/2013, de 29 de Julho, pela Lei Orgânica n.º 8/2015, de 22 de Junho, pela Lei Orgânica n.º 9/2015, de 29 de Julho e pela Lei Orgânica n.º 2/2018, de 05 de Julho.

PARTE B

AS PESSOAS COLECTIVAS

I. O CONCEITO DE PESSOA COLECTIVA

Bibliografia: A. Ferrer Correia, «A autonomia patrimonial como pressuposto da personalidade jurídica», *RLJ* 115 (1982/1983), p. 42. Diogo Freitas do Amaral, *Curso de Direito Administrativo*, 4.ª ed., vol. I, Coimbra, 2019 (reimpr. da ed. de 2015), pp. 601 a 652. Manuel de Andrade, *cit.*, vol. I, pp. 45 a 92. C. A Mota Pinto, *cit.*, pp. 138 a 144, 269 a 329. J. de Castro Mendes, *cit.*, vol. I, pp. 475 a 507, 565 a 576, 589 a 615, 641 a 645. Rui Manuel Moura Ramos, «A Concordata de 2004 e o Direito Internacional Privado Português», in *Estudos de Direito Internacional Privado e de Direito Processual Civil Internacional*, Vol. II, Coimbra Editora, 2007, pp. 336 a 388. A. Sousa Franco, «A liberdade religiosa e o Projecto de Código Civil», *Scientia Iuridica* XVI (1967), p. 124. Paulo Pulido Adragão, "O Direito Eclesiástico, Direito das Relações Igreja-Estado, em Portugal (1910-2010): da extinção à refundação", *Scientia Ivridica*, n.º 326, Tomo LX, 2011, pp. 405 a 418. Pedro Pais de Vasconcelos, *Teoria Geral do Direito Civil*, 8.ª ed., Coimbra, Almedina, 2018 (reimpr. da ed. de 2015), pp. 116-195.

1. As duas modalidades básicas; a sua justificação económico-social e jurídico-dogmática

Como sabemos, pessoas em sentido jurídico não são apenas as pessoas 579
singulares, mas também as pessoas colectivas, entidades que, à semelhança das pessoas singulares, aparecem no tráfico jurídico como titulares de direitos e obrigações próprios. Desta maneira, possuem uma personalidade jurídica própria, separada da personalidade dos seus membros, um património próprio, igualmente separado dos patrimónios dos seus membros, e são inteiramente *autónomas* na sua esfera jurídica (*rechtliche Verselbständigung*), agindo por meio dos seus órgãos, destinados para o efeito.

A respeito das pessoas colectivas existe um *numerus clausus* (*Typenzwang*), de modo que só se podem constituir as pessoas colectivas admitidas como tipos legais que, de resto, abarcam uma multiplicidade impressionante de realidades da vida social, indo, p. ex., das associações de pais às cooperativas de ensino e às sociedades comerciais[523].

Quanto à sua estrutura elementar ou ao seu substrato, todas as pessoas colectivas podem ser reconduzidas a duas modalidades básicas: o substrato definidor ou predominante de uma pessoa colectiva é ou de índole pessoal ou de índole patrimonial. Isto faz com que existam a seu respeito dois "arquétipos fundamentais": as corporações (uma organização [uma "associação"] de pessoas, ou um conjunto de pessoas organizadas) e as fundações ou institutos (um conjunto ou uma massa de bens organizados).

580 As pessoas colectivas são indispensáveis para o tráfico jurídico moderno. Correspondem às actuais necessidades económicas e sociais. A sua existência é necessária com vista à realização de propósitos económicos e sociais que, em virtude do seu significado, grandeza ou duração e dos riscos que lhes são inerentes, não podem ser assumidos por uma pessoa singular (ou por meras sociedades civis, associações sem personalidade jurídica ou comissões especiais).

Efectivamente, as pessoas colectivas permitem a concentração de esforços humanos, recursos financeiros e meios organizados, que ultrapassam as potencialidades individuais. Ao mesmo tempo, limitam também o risco e a responsabilidade de quem formar o seu substrato, dada a sua esfera jurídica própria, completada pela autonomia patrimonial de que gozam em consequência da separação dos patrimónios (cf. n.º 297 ss.). Apenas deste modo, ou seja, com a observação estrita do princípio da separação dos patrimónios, que limita a responsabilidade das pessoas colectivas ao seu património social, pode ser assegurado que sejam tomadas, ou não

[523] Sobre a relevância do princípio da tipicidade no direito das sociedades comerciais, cf. Vasco da Gama Lobo Xavier, *Relatório sobre o programa, os conteúdos e os métodos de ensino de uma disciplina de direito comercial (Curso Complementar)*, Separata do Vol. LXII (1986) do FBD, Coimbra, 1990, designadamente as pp. 15 a 19.

prejudicadas, as decisões economicamente desejáveis, mas afectadas por grandes riscos[524] [525].

Por outro lado, a autonomia patrimonial, que faz com que daí resulte a responsabilidade própria e autónoma da pessoa colectiva, não serve nem existe para limitar abusivamente a responsabilidade das pessoas que constituem o seu substrato, sob pena de desconsideração da personalidade jurídica da pessoa colectiva (*Durchgriff*)[526] e da correspondente separação dos patrimónios, desconsideração essa que, então, permite o regresso directo ao património das pessoas que constituem o seu substrato pessoal, fazendo-as responder, com base na proibição do abuso do direito – abuso institucional (cf. n.º 451) – pelas dívidas da pessoa colectiva[527].

A justificação dogmática das pessoas colectivas reside, como não pode 581
deixar de ser, no princípio da autonomia privada. Todavia, uma vez criadas por iniciativa de pessoas singulares no exercício da sua autonomia privada, as

[524] Por isso, para determinadas actividades, por exemplo no âmbito dos seguros, a própria lei impõe que só podem ser exercidas por pessoas colectivas, neste caso por sociedades.

[525] A estrita separação dos patrimónios, que limita a responsabilidade ao património da pessoa colectiva, há-de ser acompanhada, forçosamente, por controlos contabilísticos rigorosos, que forneçam aos credores da pessoa colectiva as informações precisas a respeito da situação económico-financeira da mesma. Designadamente em relação às associações, estas informações deixam a desejar.

[526] Merece-nos algumas reservas o entendimento de A. Menezes Cordeiro, *Do levantamento da personalidade colectiva*, DJ IV (1989/1990), p. 147, que propõe a substituição da expressão "desconsideração" por precisamente "levantamento". A palavra "desconsideração" traduz bem a ideia exacta daquilo que está em causa, ou seja, passar por cima (ou através) da personalidade própria da pessoa colectiva para, deste modo, ganhar acesso imediato a quem faz parte do seu substrato.

[527] Da pertinência do recurso à desconsideração da personalidade jurídica para tutela dos credores sociais, v. ac. do TRL de 29/4/2008, anotado por Maria de Fátima Ribeiro, *CDP*, Julho-Setembro, 2009, n.º 27, pp. 35 a 56. Para uma análise exaustiva do problema da "desconsideração", ver: Maria de Fátima Ribeiro, *A Tutela dos Credores da Sociedade por Quotas e a "Desconsideração da Personalidade Jurídica"*, Coimbra, Livraria Almedina, 2009, pp. 67 a 347.
Na sua decisão publicada em NJW 2007, pp. 2689-2695, o BGH sustenta que para o caso de o sócio levar a sociedade à insolvência por ter esvaziado sistematicamente o seu capital, o que leva à destruição da sua existência, a sua responsabilidade não se baseia no "*Durchgriff*" mas na "*Existenzvernichtungshaftung*" gemäß § 826 (= *vorsätzliche sittenwidrige Schädigung*), uma vez que o dano resulta de uma causação dolosa e ofensiva dos bons costumes. A decisão foi saudada por Holger Altmeppen, «*Abschied vom "Durchgriff" im Kapitalgesellschaftsrecht*», NJW 2007, p. 2657.

pessoas colectivas são, elas mesmas, pessoas em sentido jurídico e como tal agem, de um ponto de vista doutrinal, também com a sua autonomia própria e de acordo com o princípio formal da igualdade jurídica.

Esta autonomia existe nas corporações tanto em relação aos seus membros (associados, sócios, etc.), que formam o substrato pessoal, como relativamente ao pessoal ao seu serviço, como a respeito dos titulares dos seus órgãos e ainda em relação a quaisquer terceiros; nas fundações, a autonomia existe de modo igual, mas uma vez que uma fundação não tem membros, a autonomia refere-se aos seus destinatários, ao pessoal ao seu serviço, aos titulares dos seus órgãos, bem como a quaisquer terceiros.

Assim, à semelhança do que acontece com as pessoas singulares, também para as pessoas colectivas temos normas relativas à aquisição e termo da personalidade, da capacidade jurídica, da capacidade negocial de exercício e da responsabilidade civil, que se destinam a viabilizar, em termos funcionais, a sua participação no tráfico jurídico, sendo certo que a terminologia das normas é derivada de conceitos que foram desenvolvidos tendo em vista as pessoas singulares.

582 Em todo o caso, é preciso ter plena consciência de que, apesar da igualdade formal com que as pessoas colectivas actuam no tráfico jurídico, existe uma diferença qualitativa entre uma pessoa singular e uma pessoa colectiva quando uma ou outra invocam, para justificar os seus passos e decisões, o princípio da autonomia privada. Não devem ser esquecidos o peso económico e a preponderância social (para apenas referirmos estes dois factores) das pessoas colectivas e o desequilíbrio de poder daí resultante que se mostra, p. ex., a nível da liberdade contratual ou da formação da opinião pública. E esta situação acentua-se ainda quando as pessoas colectivas, por sua vez, se juntam para formar o substrato pessoal de novas pessoas colectivas que, eventualmente, voltam a integrar outras. Deste modo, organizam-se autênticas pirâmides, grupos sociais e/ou económicos, poderosos e agressivos na defesa dos seus interesses[528]. Em face disto, já não se pode sustentar, sem

[528] Em termos jurídico-formais, cada pessoa colectiva que integra um dado grupo (de sociedades ou de associações) mantém a sua personalidade e conserva a sua autonomia patrimonial, constituindo, assim, no tráfico-jurídico negocial um centro próprio de imputação de responsabilidades. Esta limitação (ou até deslocação) da responsabilidade a um membro, juridicamente autónomo, de um grupo de interesses económicos e sociais comuns pode ser abusiva – temos novamente um abuso institucional do direito – de modo que a limitação da

mais, que as decisões de uma pessoa colectiva representam uma manifestação da autonomia privada, entendida como liberdade de actuação do indivíduo em pé de igualdade com outros indivíduos.

A visão individual da autonomia privada deve ser completada e corrigida por uma visão que inclua o peso dos poderes organizados com base no direito privado[529], para garantir a individualidade da pessoa humana, da pessoa singular, nas suas múltiplas relações, *inclusive* as estabelecidas com as próprias pessoas colectivas. Para o efeito, seria muito útil se tivesse sido encontrada uma terminologia jurídica diferente da actual, antropomórfica e, por isso, enganadora quanto à realidade, que consciencializasse as características próprias das pessoas colectivas.

Entendido num sentido lato, o conceito de pessoa colectiva abrange todas as formações que, não sendo pessoas singulares, possuem personalidade jurídica face à ordem jurídica privada. São elas: 583

1.º – as associações (artigo 157.º CCiv: não têm por fim o lucro económico dos associados[530]);
2.º – as fundações (artigo 157.º CCiv: visam interesses sociais);
3.º – as sociedades comerciais (artigo 1.º CSC: têm por objecto a prática de actos de comércio, visando o lucro);
4.º – as sociedades civis sob forma comercial (artigo 1.º, n.º 4, CSC: têm exclusivamente por objecto a prática de actos não comerciais, mas também procurando o lucro);
5.º – as sociedades desportivas[531] (constituídas por clubes desportivos, que têm por objectivo participar em competições desportivas profissionais[532]);

responsabilidade é desconsiderada e se recorre à sociedade mãe do grupo (*Konzernhaftung* em caso de *Konzernvertrauen*).

[529] A este respeito, Claus Ott, *Recht und Realität der Unternehmenskorporation*, Tübingen, 1977.

[530] Cabem aqui, por exemplo, as Associações Promotoras de Desporto, criadas pelo DL n.º 279/97, de 11 de Outubro, que têm por objecto exclusivo a promoção e organização de actividades físicas e desportivas, sem fins lucrativos.

[531] Instituídas pelo DL n.º 146/95, de 21 de Junho, já revogado, vigorando actualmente o Decreto-Lei n.º 10/2013, de 25 de Janeiro.

[532] Ao contrário da opinião defendida por Jorge Miranda, *As associações públicas no direito português*, Lisboa, 1985, pp. 21-22, as associações desportivas não são nem nunca foram associações

6.º – os agrupamentos complementares de empresas (Base I da Lei n.º 4/73, de 4 de Junho), onde as pessoas singulares ou colectivas se podem agrupar, sem prejuízo da sua personalidade jurídica, a fim de melhorar as condições de exercício ou de resultado das suas actividades económicas[533], bem como, ao representarem a primeira forma de sociedade supranacional, os agrupamentos europeus de interesse económico (Reg. CEE n.º 2137/85, de 25 de Julho; DL n.º 148/90, de 9 de Maio, que visam objectivos correspondentes aos agrupamentos complementares de empresas a nível europeu);

7.º – as cooperativas (artigo 2.º CCoop: pretendem obter através da cooperação e entreajuda dos seus membros a satisfação, sem fins lucrativos, das necessidades económicas, sociais ou culturais destes).

Em sentido restrito, porém, o conceito de pessoa colectiva abrange, entre todas estas formações referidas, apenas as mencionadas no artigo 157.º CCiv, ou seja, as associações e as fundações.

2. As posições doutrinais relativas à sua natureza jurídica (referência)

584 Quanto à natureza jurídica das pessoas colectivas, obviamente diferente da natureza das pessoas singulares, a doutrina tem debatido várias teorias sem que nenhuma delas tivesse obtido um acolhimento comummente aceite. Já os romanos conheciam a realidade das pessoas colectivas, não as

públicas, mas são pessoas colectivas privadas. Neste sentido, D. Freitas do Amaral, *Curso de Direito Administrativo*, Vol. I, Coimbra, 1988, p. 372, n. 1. As associações desportivas nem sequer estavam integradas na estrutura corporativa do Estado Novo embora estivessem sujeitas a um rigoroso controlo administrativo; cf. H. E. Hörster, «*Sportrecht in Portugal*», conferência proferida em Outubro de 1989 na Europäische Akadamie Otzenhausen e publicada em: Michael R. Will (Hrsg.), *Sportrecht in Europa*, Karlsruhe 1993, pp. 77-106; a decisão do Tribunal Constitucional, BMJ 389 (Outubro 1989), p. 150, afirma que as federações desportivas são pessoas colectivas de direito privado ainda que de utilidade pública. No direito francês a situação é, aqui, diferente. Foi essencialmente neste direito em que, na falta de publicações portuguesas, se apoiou o Parecer n.º 114/85 da PGR, BMJ 359 (Outubro 1986), p. 189.

[533] V. também o DL n.º 430/73, de 25 de Agosto, alterado pelo DL n.º 442-B/88, de 30 de Novembro; pelo DL n.º 36/2000, de 14 de Março e pelo DL n.º 323/2001, de 17 de Dezembro.

tendo, porém, teorizado. As teorias modernas têm a sua origem no século XIX[534].

Estas teorias tomam como modelo-guia (*Leitbild*) e ponto de partida o homem, a pessoa singular e a sua personalidade inata, ao considerar que só ele pode ser sujeito de direitos e obrigações (ver como exemplo os artigos 1.º e 6.º do Código de Seabra; cf. n.º 455) e agir como tal, e comparam a pessoa colectiva com ele. Assim, para a teoria da ficção (ou romanística), que não nega a realidade da sua existência, a personalidade jurídica da pessoa colectiva não pode deixar de ser uma ficção; para a teoria orgânica (ou germanística), a pessoa colectiva possui um organismo à semelhança da pessoa singular, com uma vontade comum, sendo uma pessoa realmente existente; mas também há quem afirme que os direitos atribuídos à pessoa colectiva seriam direitos sem sujeito, unidos apenas em volta do fim visado pela pessoa colectiva (teoria do património-fim).

Cada uma destas teorias encara o fenómeno da pessoa colectiva de uma perspectiva diferente: a teoria de ficção parte da pessoa singular, a teoria organicista tem como modelo a associação e a teoria do património-fim parte da fundação como ponto de comparação. Há, ainda, uma teoria conciliadora, a teoria da personificação do fim, segundo a qual as pessoas colectivas são organizações, criadas com vista à realização de um fim, sendo tratadas pela ordem jurídica como sujeitos de direito com uma vontade autónoma.

As teorias referidas, que são as mais representativas, têm hoje uma importância prática reduzida, na medida em que a ordem jurídica reconhece as pessoas colectivas, estabelecendo o seu regime[535]. Sendo assim, o interesse primário deve ser dirigido às soluções legais encontradas, podendo as teorias ser úteis para a sua compreensão. Neste contexto podemos referir a teoria da realidade jurídica, segundo a qual "a personalidade colectiva é, como a singular, uma realidade do mundo jurídico, tendo subjacente uma realidade extra-jurídica. Só que tal realidade é assaz diferente da que intervém nas 585

[534] Cf. mais em pormenor W. FLUME, *Allgemeiner Teil des Bürgerlichen Rechts,* I 2, *Die Juristische Person*, Berlin/Heidelberg/New York/Tokyo, 1983, § 1 (= pp. 1 a 31).

[535] No mesmo sentido pronunciou-se já G. PLANCK, *Bürgerliches Gesetzbuch*, Erster Band, 2.ª ed., Berlin, 1898, p. 77: "As opiniões a respeito da natureza e do conceito da pessoa jurídica divergem muito entre si. Para o entendimento das disposições do BGB, uma análise pormenorizada da controvérsia não é necessária".

pessoas singulares (...) Nas pessoas colectivas, o substrato da personalidade jurídica é formado por organizações de homens, ou de bens e homens, dirigidas à realização de interesses comuns ou colectivos, e interesses, por via de regra, com um carácter de permanência mais ou menos acentuado.

Essas organizações não são entes antropomórficos, com consciência e vontade própria – uma espécie de super-organismos volentes. Todavia, no seio delas desenvolvem-se e manifestam-se vontades e acções individuais ao serviço dos interesses visados. E neste sentido poderíamos acolher a chamada teoria orgânica ou germanística (...), se porventura não fosse outro o seu pensamento quando fala em consciência e vontade das pessoas colectivas (...)"[536].

586 Efectivamente, não se pode equiparar a pessoa colectiva ao homem. Quanto muito, pode estabelecer-se uma analogia limitada[537]. A personalidade jurídica do homem é pré-existente ao direito, que se limita a aceitá-la. Bem ao contrário, pode dizer-se que "o essencial e dominante nas pessoas colectivas reside no elemento jurídico, obra da lei"[538]. A pessoa colectiva é uma entidade de actuação (*Wirkungseinheit*) ou organizada (*Organisationseinheit*) que, com base na ordem jurídica, é dotada de personalidade jurídica. Na medida em que os seus estatutos permitem a actuação com efeitos jurídicos para ela, a entidade de actuação, constituída como pessoa colectiva, participa no tráfico jurídico e é sujeito de relações jurídicas, isto é, de direitos e obrigações[539].

3. Os sistemas de reconhecimento para a atribuição da personalidade jurídica

587 As pessoas colectivas não "nascem" nem se formam livremente (excepção: a formação de associações de direito privado com fins ideais, não econó-

[536] V. Manuel de Andrade, *cit.*, p 50.
[537] K. Larenz, § 9 I; segundo Wolf/Neuner, *cit.*, § 16 Rn. 14, a pessoa colectiva não é pessoa no sentido ético originário da palavra, mas apenas num sentido formalizado.
[538] V. Manuel de Andrade, *cit.*, p. 51.
[539] W. Flume, *cit.*, p. 29.

micos, no direito suíço)[540]. Para que haja uma pessoa colectiva são necessários dois pressupostos:

1.º – a formação e organização do substrato (que será ou um conjunto de pessoas, em volta de um estatuto definidor do objectivo a prosseguir, ou uma massa patrimonial, colocada à prossecução de um fim, também estatutariamente determinado);
2.º – um acto de atribuição da personalidade jurídica, por parte da ordem jurídica, ao substrato formado e organizado de acordo com o respectivo estatuto (o reconhecimento).

Estes dois pressupostos são realidades bem distintas entre si e, como tal, não devem ser confundidos.

Tendo em conta o significado das pessoas colectivas, a sua importância económica e social, bem como o poder efectivo daí resultante, é natural e compreensível que o Estado (ou a ordem jurídica por ele mantida) esteja interessado em controlar a sua formação e o seu comportamento ulterior (trata-se também de uma questão politicamente melindrosa), "condicionando" assim a atribuição da personalidade jurídica.

Quanto à atribuição da personalidade jurídica, existem dois sistemas de reconhecimento: o reconhecimento normativo e o reconhecimento individual ou por concessão. Na primeira modalidade de reconhecimento, a lei estabelece determinados requisitos para uma generalidade abstracta de pessoas colectivas que possam vir a formar-se. Preenchidos os requisitos legais, a personalidade jurídica é adquirida. Na segunda modalidade, a personalidade jurídica é concedida ao respectivo substrato caso a caso pela administração pública, mediante um acto administrativo ou por lei. 588

Parece possível encarar como uma combinação daqueles dois sistemas de atribuição de personalidade jurídica os casos em que o reconhecimento normativo é antecedido de uma autorização específica da qual depende a licitude da organização do próprio substrato. Todavia, os critérios para a lici-

[540] Nos termos do artigo 60 A, n.º 1, do ZGB, a associação adquire personalidade logo que a vontade de existir como corporação conste dos estatutos. Muito instrutivo, A. Heini, *Das Schweizerische Vereinsrecht*, Basel-Frankfurt am Main, 1988, pp. 7 ss., 14, 35 ss..

tude da formação do substrato não coincidirão muitas vezes com os que são decisivos para a atribuição da personalidade[541].

589 O controlo da formação das pessoas colectivas garante-se mais eficazmente mediante o sistema do reconhecimento individual. E assim verificamos que regimes políticos que encaram a liberdade com reservas ou suspeitas se servem deste sistema.

Mas também a era liberal, ao contrário do que porventura se poderia presumir, não significou propriamente o século de ouro para as pessoas colectivas, designadamente no que respeita à liberdade associativa. As legislações consideraram as associações, tanto as políticas como as profissionais ou as económicas, com assaz desconfiança, e procuraram dificultar e controlar a sua formação, submetendo-as ao sistema do reconhecimento individual. Na perspectiva do legislador de então (aliás amplamente confirmada pela realidade do presente), as associações tinham uma semelhança apreciável com as antigas corporações profissionais que o liberalismo justamente queria abolir, por serem contrárias ao livre desenvolvimento do indivíduo. É significativo que o *Code Civil*, de 1804, nem sequer contivesse preceitos relativamente às associações. O tipo de pessoas colectivas que florescia eram as sociedades, que vieram a ser impulsionadas pela industrialização e pelo fim do lucro.

De qualquer modo, também o sistema do reconhecimento normativo pode ser concebido duma maneira que dificulte ao máximo a formação das pessoas colectivas, em virtude da natureza ou do grau dos requisitos exigidos. Por outro lado, o reconhecimento por concessão pode ser facilitado, na medida em que não se atribuam poderes discricionários à administração, que apenas irá dispor de um poder vinculado e, com isso, ficará limitada à verificação de certos pressupostos legais cuja existência imporá a concessão da personalidade. Deste modo, não é tanto o sistema de reconhecimento em si que é decisivo, mas a maneira concreta como é posto em prática.

590 O reconhecimento da pessoa colectiva, isto é, a atribuição da personalidade jurídica, pressupõe, para poder ser levado a cabo, que o respectivo

[541] Por outro lado, sendo a pessoa colectiva criada directamente por lei especial, o reconhecimento, por qualquer daquelas formas, já não tem razão de ser. Assim, J. F. Rodrigues Bastos, *cit.*, vol. II, Observações ao artigo 158.º.

substrato apresente determinadas características e satisfaça certos requisitos. Estes elementos são, muito resumidamente, os seguintes:

1.º – o elemento pessoal ou o elemento patrimonial. O elemento pessoal (quer dizer, o conjunto de pessoas que são os membros fundadores) é decisivo nas corporações; o elemento patrimonial (quer dizer, a massa de bens) nas fundações. Normalmente, as corporações possuem também um património; no entanto, a existência desse património não é tão fundamental como nas fundações.

2.º – o fim comum ou o objectivo comum cuja realização se propõe (elemento teleológico[542]). Nas corporações este fim pode ser egoístico ou altruístico, visando o lucro ou não; nas fundações, porém, o fim tem de ser sempre de interesse social, portanto, deve ser altruístico. O objectivo que a pessoa colectiva visa prosseguir ou atingir resulta dos seus estatutos, sendo tanto no caso de uma corporação como no de uma fundação geralmente de carácter duradouro, como, de resto, resulta da lógica que leva à criação de pessoas colectivas.

3.º – a vontade de criar uma nova pessoa em sentido jurídico (*animus personificandi*); esta vontade manifesta-se através do acto constitutivo ou de instituição do qual resulta o novo organismo, criado com base no princípio da autonomia privada dos intervenientes.

4.º – uma organização, em virtude da qual a nova pessoa colectiva fica dotada de órgãos, cuja actuação assegura a realização do objectivo proposto. Esses órgãos podem ser deliberativos ou executivos (representativos). No primeiro caso, os seus actos produzem efeitos internos; no segundo, dão origem a efeitos externos.

Existindo todos estes elementos (eventualmente alterados ou completados), a nova pessoa colectiva pode ser reconhecida. A haver uma decisão sobre o reconhecimento, ela pertence ao direito administrativo. Todavia, a pessoa colectiva assim criada não é, simplesmente, a soma das pessoas que formam o seu substrato, mas uma entidade nova, impulsionada pelo fim comum (uma espécie de "alma colectiva") que se pretende realizar.

542 Prosseguir um fim comum não é a mesma coisa que prosseguir diversos interesses próprios em conjunto. Neste último caso falta o elemento teleológico.

4. As pessoas colectivas de direito eclesiástico e de direito público bem como a delimitação destas últimas das pessoas colectivas de direito privado (referências)

591 As pessoas colectivas podem ser de direito privado, de direito público e, ainda, de direito eclesiástico. Comecemos pelas últimas.

São pessoas colectivas de direito eclesiástico as que se constituírem com base no direito canónico, portanto de acordo com uma ordem jurídica diferente da portuguesa, e que podem respeitar à organização religiosa da Igreja Católica (as dioceses, as paróquias e outras jurisdições eclesiásticas) ou às restantes pessoas jurídicas canónicas que a Igreja pode criar em virtude da liberdade organizatória de que goza por efeito da Concordata, de 18 de Maio de 2004.

Nesta Concordata o Estado português reconhece, sem mais requisitos, a personalidade jurídica da própria Igreja, como sujeito de direito internacional público, e ainda a personalidade da Conferência Episcopal Portuguesa nos termos definidos pelos estatutos aprovados pela Santa Sé. Todavia, tratando-se de instituições da organização religiosa, canonicamente erectas, o reconhecimento da sua personalidade pressupõe apenas que o acto constitutivo da sua personalidade jurídica canónica seja notificado ao órgão competente do Estado português (sistema de privilégio em consequência da Concordata). Quanto às restantes pessoas jurídicas canónicas, a sua personalidade só é reconhecida através da inscrição no registo das pessoas jurídicas canónicas, sendo assim o registo constitutivo[543] [544].

As pessoas jurídicas canónicas, reconhecidas nos termos mencionados, regem-se pelo direito canónico e pelo direito português e têm a mesma capacidade civil que o direito português atribui às pessoas colectivas de idêntica natureza. E quando prossigam fins de assistência e solidariedade gozam dos direitos e benefícios atribuídas às pessoas colectivas privadas com fins da mesma natureza[545]. Em todo o caso, e devido à sua subordina-

[543] Regulado pelo DL n.º 12/2015, de 3 de Fevereiro.

[544] Fica sempre ressalvada a personalidade jurídica das pessoas jurídicas canónicas reconhecida nos termos da anterior Concordata, de 7 de Maio de 1940.

[545] Não pertence aqui a Santa Casa da Misericórdia de Lisboa, que é uma pessoa colectiva de utilidade pública administrativa, especificamente regulada pelo DL n.º 235/2008 na redacção da Lei n.º 53/2018, de 20 de Agosto.

ção a princípios, regras, participações ou mesmo intervenções oriundos de entidades ou hierarquias eclesiásticas, não possuem a mesma autonomia ou não disfrutam de autonomia idêntica à das associações privadas[546]. De resto, como é evidente, o direito da Igreja situa-se fora da dicotomia "direito privado – direito público".

No que respeita às demais igrejas e comunidades religiosas existentes em 592
Portugal, elas regem-se pela ordem jurídica portuguesa, designadamente pela Lei da Liberdade Religiosa, de 22 de Junho de 2001. Segundo esta lei as igrejas e as comunidades religiosas são comunidades sociais organizadas e duradouras, livres na sua organização, em que os crentes podem realizar todos os fins religiosos que lhes são propostos pela respectiva confissão. Sendo livres na sua organização, gozam de autonomia quanto à constituição e funcionamento dos seus órgãos e são livres no exercício das suas funções e do culto. Podem ainda exercer actividades com fins não religiosos que sejam instrumentais ou complementares das suas funções religiosas.

As igrejas e demais comunidades religiosas adquirem personalidade jurídica pela inscrição no registo das pessoas colectivas religiosas[547]. A sua capacidade abrange todos os direitos e obrigações necessários ou convenientes à prossecução dos seus fins. As pessoas colectivas privadas com fins religiosos, as associações e fundações com fins religiosos, podem ainda adquirir personalidade jurídica nos termos previstos no Código Civil para as pessoas colectivas privadas, ficando então sujeitas às respectivas normas, excepto quanto à sua actividade com fins religiosos[548].

A Universidade Católica, por seu lado, foi reconhecida pelo DL n.º 307/71, de 15 de Julho, e rege-se agora pelo DL n.º 128/90, de 17 de Abril, na redacção da Lei 1/2004, 15 de Janeiro, e de acordo com o disposto no artigo 21.º da Concordata.

[546] Cf. a este respeito o acórdão do STJ *BMJ* n.º 349 (Outubro 1985), p. 432.
As normas competentes do Código de Direito Canónico são os cc. 298 a 329 que regulam três tipos de associações de fiéis (públicas, privadas, de leigos); as disposições relevantes da Concordata são os artigos 1.º, n.º 2, e 8.º a 12.º (20.º e 21.º).

[547] O registo foi criado pelo DL n.º 134/2003, de 28 de Junho.

[548] Neste contexto tem interesse o artigo de Jorge Miranda, «Liberdade religiosa, igrejas e Estado em Portugal», *Nação e Defesa*, n.º 39 (Julho-Setembro de 1986), p. 119, que admite como historicamente justificável o tratamento diferenciado a favor da Igreja.

593 São pessoas colectivas de direito público o Estado e todos os organismos de tipo associativo[549] ou na forma de institutos que, dotados de personalidade jurídica segundo as regras do direito público, fazem parte – directa ou indirectamente – da organização estadual.

594 Se já é difícil delimitar, de uma maneira geral, o direito público e o direito privado (ver em cima n.os 39 ss.), estas dificuldades aumentam consideravelmente em muitos, demasiados, casos-limite que surgem no campo das pessoas colectivas. É aqui que a justaposição de sociedade e Estado e dos respectivos interesses, manifesta na existência de "condomínios estaduais-sociais" (que enfraquecem a autoridade de um Estado que aposta em "acções de concertação social"), impossibilita uma destrinça nítida das esferas estadual e de sociedade.

Na verdade, assistimos a uma interpenetração de Estado e sociedade, sociedade essa organizada em "grupos" (*Verbände*) cuja veste jurídica é exactamente a da pessoa colectiva (cf. n.º 582). O Estado, ao servir-se das pessoas colectivas ("grupos"), que além das pertencentes ao direito privado ainda podem ser de direito eclesiástico, contribui em certo sentido para uma descentralização das suas tarefas, aproveitando-se de estruturas alheias, por razões baseadas na sua maior eficiência. É com facilidade que encontramos múltiplos exemplos para esta evolução na Constituição vigente. Daí que não pareça inoportuno chamar a atenção para o facto de que a referida conjugação dos interesses estaduais com os interesses particulares não contribui para o fortalecimento da posição do indivíduo, mas actua antes em sentido contrário. Deste modo, na "tríade" Estado-sociedade-liberdade, a liberdade

[549] São de referir aqui as associações públicas, previstas agora no artigo 267.º, n.os 1 e 4, da Constituição (cuja existência moderna remonta ao século XIX), que são de grande importância jurídico-social. Pertencem a esta categoria, entre outras, as numerosas ordens profissionais. Nestes casos, o exercício da respectiva profissão depende da inscrição na associação profissional competente (cf. também, *supra* n.º 91, *in fine*).
Quanto às associações públicas em geral, pode ler-se Jorge Miranda, *As associações públicas no direito português*, Lisboa, 1985, e D. Freitas do Amaral, *cit.*, pp. 363 a 406.
Quanto à Ordem dos Advogados, vejam-se as publicações de Augusto Lopes Cardoso, «Da Associação dos Advogados de Lisboa à Ordem dos Advogados», *ROA* 1988 (Ano 48), p. 329; Rogério Ehrhardt Soares, «A Ordem dos Advogados. Uma Corporação Pública», *RLJ*, 124 (1991/1992), p. 161.

individual necessita de ser defendida, também com os meios do direito privado, contra ambos, Estado e sociedade[550].

Tendo em conta que as pessoas colectivas de direito público prosseguem interesses públicos enquanto as de direito privado se baseiam na autonomia privada, poderá avançar-se, para efeitos delimitativos, o seguinte critério: são pessoas colectivas de direito público aquelas cujo substrato e personalidade forem criados por um acto do poder público (uma lei especial ou um acto administrativo); são pessoas colectivas de direito privado aquelas cujo substrato for criado por um acto da autonomia privada (sendo o reconhecimento, como não pode deixar de ser, sempre sujeito a interesses públicos, gerais). Decisivo é, assim, o acto criador do substrato. 595

A referida interligação entre interesses particulares e estaduais e a sobreposição de objectivos públicos e privados faz, no entanto, com que, ao lado de outras razões[551], o critério da criação do substrato nem sempre conduza a resultados claros. Algumas vezes são precisos critérios auxiliares. Como tal podem servir a assunção de iniciativas particulares pela administração pública como tarefa sua, a obrigatoriedade de inscrição nos organismos de tipo associativo ou a atribuição do *ius imperii* às entidades em causa, critérios esses que apontam para a existência de uma pessoa colectiva de direito público. Não são necessariamente decisivos os fins ou os objectivos em vista. Em regra, não releva se a organização interna da pessoa colectiva obedece a princípios democráticos ou não.

[550] O Conselho Económico e Social, prefigurado pelo artigo 92.º da Constituição e criado pela Lei n.º 108/91, de 17 de Agosto (alterada pela última vez pela Lei n.º 81/2017, de 18 de Agosto), suscita inevitavelmente recordações da antiga Câmara Corporativa, prevista nos artigos 102.º ss. da Constituição de 1933; e as competências atribuídas pelo artigo 9.º da Lei à Comissão Permanente de Concertação Social, um órgão com legitimidade democrática indirecta, não são de pouca monta. Trata-se, de resto, do renascer de estruturas anteriores à Revolução Francesa e, como tal, adversas à liberdade individual. Ao contrário de J. Baptista Machado, «A hipótese neocorporativista», *RDES* XXIX (1987), p. 3, a evolução apontada causa-nos apreensões.

[551] P. ex., o processo de reprivatização das empresas estatizadas foi feito por via legal, criando a lei a respectiva sociedade anónima e os seus estatutos. Cf., entre tantos outros, os DL n.os 353/88, de 6 de Outubro (Unicer), 108/89, de 13 de Abril (Tranquilidade Seguros) e 405/90, de 21 de Dezembro (Portucel).

5. As pessoas colectivas de direito privado e sua classificação

596 São pessoas colectivas de direito privado as que – por via de regra – resultam de um acto autónomo-privado. Dentro destas pessoas colectivas podem fazer-se hoje, segundo a finalidade estatutária das mesmas, as seguintes classificações[552]:

597 1.º – Em primeiro lugar, temos as pessoas colectivas de direito privado e utilidade privada ou utilidade particular. A finalidade destas pessoas é de interesse particular, não assumindo nelas – caso existam – um relevo especial os interesses públicos. As pessoas colectivas de utilidade particular têm como objectivo, como finalidade, o lucro.

Este escopo de fazer lucro, além de contribuir para um aproveitamento mais eficiente e mais racional dos recursos existentes (e nem sempre abundantes), é um fim perfeitamente legítimo: o lucro é a expressão da capacidade empresarial, a recompensa pelos riscos assumidos, o fundamento para novos riscos (investimentos) e o pressuposto para a distribuição de riqueza. As pessoas colectivas deste tipo são as sociedades comerciais e as sociedades civis sob forma comercial.

598 As sociedades comerciais encontram o seu regime legal definido pelo Código das Sociedades Comerciais (CSC)[553]. Este diploma distingue, com base na separação dos patrimónios e do critério da responsabilidade por dívidas, os seguintes tipos de sociedade:

a) A sociedade em nome colectivo, onde o sócio, além de responder individualmente pela sua entrada, responde pelas obrigações sociais subsidiariamente em relação à sociedade e solidariamente com os outros sócios (artigo 175.º, n.º 1, CSC);

b) A sociedade por quotas, na qual os sócios são solidariamente responsáveis por todas as entradas convencionadas, mas só o capital social responde para com os credores pelas dívidas da sociedade (artigo 197.º, n.ºs 1 e 3, CSC);

c) As sociedades unipessoais por quotas, que podem ser constituídas por um sócio único, pessoa singular ou colectiva, que é o titular da totalidade do capital social (artigo 270.º-A, n.º 1, CSC); também aqui só o capital social res-

[552] V. Manuel DE ANDRADE, *cit.*, pp. 77 e ss.

[553] Aprovado pelo DL n.º 262/86, de 2 de Setembro, sucessivamente alterado.

ponde para com os credores pelas dívidas da sociedade (cf. a remissão feita no artigo 270.º-G CSC, para o regime das sociedades por quotas);

Pode transformar-se a todo o tempo em sociedade unipessoal por quotas, o estabelecimento individual de responsabilidade limitada mediante declaração escrita do interessado (artigo 270.º-A, n.º 5, CSC).

d) A sociedade anónima, em que o capital é dividido em acções e cada sócio limita a sua responsabilidade ao valor das acções que subscreveu (artigo 271.º CSC), o que significa que não responde perante os credores pelas dívidas da sociedade;

e) A sociedade em comandita, onde cada um dos sócios comanditários responde apenas pela sua entrada, ao contrário dos sócios comanditados que respondem pelas dívidas da sociedade nos mesmos termos que os sócios da sociedade em nome colectivo (artigo 465.º, n.º 1, CSC).

Para todos os tipos de sociedade mencionados, o contrato deve ser cele- 599
brado por escrito particular com as assinaturas dos seus subscritores reconhecidas presencialmente, salvo se forma mais solene for exigida para a transmissão dos bens com que os sócios entram para a sociedade (artigo 7.º CSC), sendo a personalidade adquirida pelo registo definitivo (artigo 5.º CSC). Deste modo, o registo é constitutivo para a aquisição da personalidade. Os negócios realizados depois da escritura do contrato de sociedade, mas antes do registo definitivo, são assumidos pela sociedade com efeitos retroactivos, nos termos do artigo 19.º CSC.

Quanto à personalidade e capacidade das sociedades comerciais, não deixa de ser interessante constatar como os artigos 5.º e 6.º CSC são estruturalmente concebidos a exemplo das diferenciações feitas pelos artigos 66.º e 67.º CCiv. Determina o artigo 5.º (personalidade): "As sociedades gozam de personalidade jurídica e existem como tais a partir da data do registo definitivo do contrato pelo qual se constituem (...)". O artigo 6.º (capacidade), por sua vez, diz: "A capacidade da sociedade compreende os direitos e as obrigações necessários ou convenientes à prossecução do seu fim, exceptuados aqueles que lhe sejam vedados por lei ou sejam inseparáveis da personalidade singular" (conforme está previsto para as pessoas colectivas em geral no artigo 160.º CCiv).

2.º – O segundo grupo a mencionar são as pessoas colectivas de direito 600
privado e utilidade pública, melhor dizendo, vocacionadas para serem decla-

radas de utilidade pública. A existência e actividade destas pessoas é de interesse público em virtude de ser socialmente útil, não obstante a vontade privada que está na base da sua criação e da sua actividade. Podem distinguir-se várias modalidades:

601 **a)** Pessoas colectivas de fim desinteressado ou altruístico. Aqui os membros (associados) ou o instituidor (fundador) são movidos pela satisfação de interesses altruísticos, de interesses alheios[554]. Às entidades estatais importa que tais interesses sejam satisfeitos, mesmo por iniciativa particular, porque, faltando esta, seriam elas chamadas e obrigadas à prossecução dos interesses mencionados, empenhando agora os seus recursos próprios. É por causa disso que as pessoas colectivas de fim desinteressado podem ser declaradas "de utilidade pública".

Pertencem aqui sobretudo as instituições particulares de solidariedade social[555], bem como as associações beneficientes ou humanitárias que, não sendo abrangidas pelo regime das instituições particulares de solidariedade social, pertencem às chamadas pessoas colectivas de utilidade pública administrativa, reguladas, quanto às intervenções estaduais que nelas incidem, pelos artigos 416.º ss. do Código Administrativo.

602 **b)** Pessoas colectivas de fim interessado ou egoístico. Aqui os membros visam a satisfação de interesses próprios, egoísticos. No entanto, mesmo sendo assim, a comunidade está interessada em que aqueles interesses egoísticos ou próprios dos associados sejam prosseguidos, visto haver uma certa coincidência entre as aspirações particulares e os interesses gerais da comunidade, uma vez que esta é beneficiada, pelo menos reflexamente. Nas pessoas colectivas de fim egoístico são de distinguir dois tipos:

aa) Pessoas colectivas de fim ideal. Estas pessoas colectivas visam um fim não económico de natureza ideal, sendo associações culturais ou recreativas, p. ex., relativamente à cultura (preservação do património artístico, realizações científicas, bibliotecas populares), desporto amador, recreio (cântico, música popular, dança, etc.) e outros mais.

[554] É verdade, porém, que, não raras vezes, o pretenso altruísmo se manifesta na necessidade do altruísta de se servir dos outros para realizar os objectivos que ele próprio considera importantes. F. A. von Hayek, *Recht, Gesetz und Freiheit*, Tübingen, 2003, p. 58.

[555] Reguladas pelo DL n.º 119/83, de 25 de Fevereiro (sucessivamente alterado).

bb) Pessoas colectivas de fim económico não lucrativo. Estas pessoas colectivas, se bem que não visem o lucro, visam, todavia, um fim económico: procuram certas vantagens materiais ou profissionais para os seus associados, cujas condições económicas pretendem assegurar, melhorar ou elevar, sem a obtenção de lucros a dividir entre eles. Pertencem aqui designadamente as associações profissionais (sindicais e patronais) ou as associações de defesa do consumidor. A actividade destas pessoas colectivas convém igualmente ao Estado que, tendo um interesse vital numa solução pacífica de conflitos sociais, lhes dispensa uma atenção especial e até lhes atribui tarefas concretas, de natureza administrativa.

Todas estas pessoas colectivas deste segundo grupo (referidas sob *a)* e 603
b)) são susceptíveis de serem declaradas também "pessoas colectivas de utilidade pública", declaração essa que lhes confere um estatuto diferente da sua condição meramente civil. De facto, as "pessoas colectivas de utilidade pública" caracterizam-se fundamentalmente pelo aspecto de resultarem de uma distinção especial, conferida caso a caso pela Administração, normalmente a pedido da própria pessoa interessada[556].

Em princípio, esta distinção pode ser atribuída a todas as pessoas colectivas de direito privado e utilidade pública, mas abrange desde logo as instituições particulares de solidariedade social, bem como as pessoas colectivas de utilidade pública administrativa, entidades essas regularmente declaradas de utilidade pública logo a seguir à sua constituição. A categoria das pessoas colectivas de utilidade pública administrativa ficou significativamente "esvaziada" pela criação da figura das instituições particulares de solidariedade social, tendo apenas uma relevância residual[557].

[556] Cf. o preâmbulo do DL n.º 460/77, de 7 de Novembro, que aprova o estatuto das colectividades de utilidade pública.

[557] A. da Silva Leal, «Os grupos sociais e as organizações na Constituição de 1976 - a rotura com o corporativismo», in *Estudos sobre a Constituição*, 3.º vol., Lisboa, 1979, pp. 195, 345 a 350, defende, a nosso ver sem razão, que as pessoas colectivas de utilidade pública administrativa deixaram de subsistir por falta de base constitucional.

604 A declaração de utilidade pública é da competência do Primeiro-Ministro, com faculdade de delegação e, para o efeito, distinguem-se dois tipos de pessoas colectivas[558]:

1 – As associações ou fundações que prossigam algum dos fins previstos no artigo 416.º do Código Administrativo que podem ser declaradas de utilidade pública logo a seguir à sua constituição[559] (tal como as pessoas colectivas de utilidade pública administrativa);

2 – As restantes associações ou fundações, que, por via de regra, só podem ser declaradas de utilidade pública ao fim de três anos de efectivo e relevante funcionamento.

Enquanto para as instituições particulares de solidariedade social e as pessoas colectivas de utilidade pública administrativa a declaração de utilidade pública é um acto imediato a seguir à sua constituição[560], os poderes discricionários concedidos ao Governo em relação às restantes pessoas colectivas, sujeitas à prova do tempo, são susceptíveis de serem utilizados segundo critérios de oportunidade, muito em especial quando o Governo prefere agir por meio de pessoas colectivas interpostas, quando quer fomentar ou estimular certas actividades ou, ainda, quando quer retribuir serviços prestados.

605 A declaração de utilidade pública tem como efeito a concessão de determinadas regalias (artigos 9.º a 11.º do DL n.º 460/77), e implica, em contrapartida, a aceitação de certos deveres perante o Estado (artigo 12.º), que limitam a autonomia privada. De resto, os controlos e intervenções públicos são menos intensos nas pessoas colectivas de mera utilidade pública do que nas instituições particulares de solidariedade social ou nas pessoas colecti-

[558] Nos termos do artigo 3.º e 4.º do DL n.º 460/77, na redacção do DL n.º 391/2007, de 13/12.

[559] O artigo 416.º determina: "Consideram-se pessoas colectivas de utilidade pública administrativa as associações beneficentes ou humanitárias e os institutos de assistência ou educação, tais como hospitais, hospícios, asilos, casas pias, creches, lactários, albergues, dispensários, sanatórios, bibliotecas e estabelecimentos análogos, fundados por particulares, desde que umas e outros aproveitem em especial aos habitantes de determinada circunscrição e não sejam administrados pelo Estado ou por um corpo administrativo". O artigo 417.º acrescenta: "As associações e institutos referidos no artigo anterior adquirem personalidade jurídca no acto da constituição e são para todos os efeitos reconhecidos desde logo de utilidade pública".

[560] O artigo 8.º do DL n.º 119/83 determina que as IPSS adquirem automaticamente a natureza de pessoas colectivas de utilidade pública.

vas de utilidade pública administrativa, onde ganham a sua maior relevância. Finalmente, convém lembrar que a declaração de utilidade pública nada tem a ver com a aquisição da personalidade. Trata-se de uma "distinção especial" atribuída a uma pessoa colectiva já existente e que, por isso mesmo, também não influi no seu carácter privado (ou eclesiástico).

3.º – Este elenco das pessoas colectivas de direito privado deve ser com- 606
pletado, por um lado, pelas cooperativas[561] e, por outro, pelos agrupamentos complementares de empresas bem como, a extravasar o âmbito nacional, pelos agrupamentos europeus de interesse económico e certas entidades privadas designadas por "organizações internacionais não governamentais".

a) As cooperativas são, segundo o artigo 2.º CCoop[562], pessoas colectivas autónomas que, através da cooperação e entreajuda dos seus membros, com obediência aos princípios cooperativos, visam, sem fins lucrativos, a satisfação das necessidades e aspirações económicas, sociais ou culturais daqueles, podendo ainda, a título complementar, realizar operações com terceiros. As cooperativas, mesmo quando constituídas por escritura particular, adquirem personalidade jurídica só pelo registo (artigo 17.º CCoop). Os ramos do sector cooperativo são: a) agrícola, b) artesanato, c) comercialização, d) consumidores, e) crédito, f) cultura, g) ensino, h) habitação e construção, i) pescas, j) produção operária, k) serviços e l) solidariedade social (artigo 4.º CCoop). Atendendo a este leque de actividades, as cooperativas podem apresentar características e fins próximos dos das associações de direito privado e utilidade pública que prosseguem um fim económico não lucrativo (também as cooperativas congregam, à semelhança das associações sindicais, os "mais fracos", conferindo-lhes poder competitivo ao juntar esforços individuais débeis, e dão assim mais um exemplo de como é realizado, com os meios do direito privado, o princípio da protecção dos mais fracos). Toda-

561 Não obstante o artigo 82.º, n.º 4, Constituição, que garante a existência do "sector cooperativo e social" ao lado dos sectores público e privado dos meios de produção, parece indicado tratar as cooperativas junto das pessoas colectivas de direito privado, tendo em conta o seu regime estabelecido pela legislação ordinária e a ausência de um ramo de direito que se situaria entre o direito público e o direito privado.

562 Aprovado pela Lei n.º 119/2015, de 31 de Agosto, já alterada pela Lei n.º 66/2017, de 9 de Agosto.

via, o artigo 9.º CCoop determina que é o direito comercial, nomeadamente a legislação referente às sociedades anónimas com as quais as cooperativas possuem mais afinidades, que funciona como direito subsidiário na insuficiência da legislação destinada ao sector cooperativo.

O art. 6.º CCoop prevê, ainda, a possibilidade de constituição, nos termos da respectiva legislação especial[563], de cooperativas de interesse público, ou régies cooperativas, caracterizadas pela participação do Estado, de outras pessoas coletivas de direito público e de cooperativas, de utentes de bens e serviços produzidos ou de quaisquer entidades da economia social, às quais também se aplica o CCoop.

b) Os já referidos agrupamentos complementares de empresas não têm por fim principal a realização e partilha de lucros (n.º 1 da base II da L n.º 4/73, de 4 de Junho) e a lei evita classificá-los como associações (cujo fim económico exclui o lucro dos associados) ou sociedades (cujo fim económico regular é o próprio lucro), designando-os, deste modo, por "agrupamentos". O regime desses agrupamentos é próximo do das sociedades, por isso, o artigo 20.º do DL n.º 430/73, de 25 de Agosto (que regulamenta a L n.º 4/73) determina que lhes são aplicáveis como direito subsidiário as disposições que regem as sociedades comerciais em nome colectivo.

607 **c)** Os agrupamentos europeus de interesse económico, por sua vez, têm por objectivo, de acordo com o direito comunitário (direito da União Europeia), facilitar ou desenvolver a actividade económica dos seus membros, melhorar ou aumentar os resultados desta actividade, mas não realizar lucros para si próprios (artigo 3.º Reg. CEE n.º 2137/85, de 25 de Julho). Assim, nos termos do art. 1.º, quem pretenda constituir um agrupamento deve concluir um contrato e proceder ao seu registo. O agrupamento assim constituído tem capacidade, em seu próprio nome, para ser titular de direitos e de obrigações de qualquer natureza, para celebrar contratos ou praticar outros actos jurídicos e estar em juízo, a partir da data do registo.

[563] O DL n.º 31/84, de 21 de Janeiro, institui o regime das cooperativas de interesse público, vulgarmente denominadas «régies cooperativas». Este tipo de cooperativas não tem tradições no direito português.

d) As organizações internacionais não governamentais ("ONG") são associações, fundações e outras instituições privadas que prosseguem um fim não lucrativo de utilidade internacional, nomeadamente nos domínios científico, cultural, caritativo, filantrópico, educacional e de saúde, que foram criadas por um acto relevante do direito interno de um Estado-Membro do Conselho da Europa, com o efeito de lhes serem reconhecidas personalidade e capacidade jurídicas também pelos restantes Estados-Membros (cf. Decreto do Presidente da República, n.º 44/91, de 6 de Setembro)[564].

4.º – Vista esquematicamente, a situação apresenta-se assim: 608

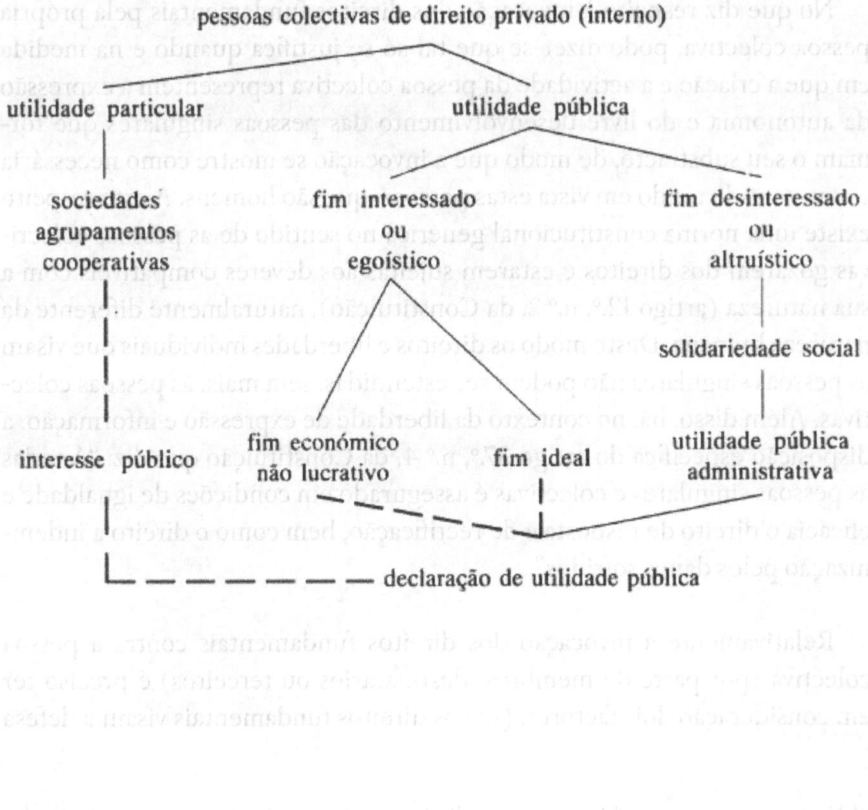

[564] Tratar-se-á das associações com fim ideal a que se refere, a nível mundial, o artigo 71.º da Carta das Nações Unidas.

6. A invocação dos direitos fundamentais no âmbito das pessoas colectivas

609 Para finalizar as observações gerais, falta apenas aflorar o problema da aplicação dos direitos fundamentais no campo das pessoas colectivas de direito privado (tanto as de utilidade particular como as de utilidade pública).

São de distinguir, neste contexto, três possíveis esferas de actuação dos direitos fundamentais: a invocação dos ditos direitos pela própria pessoa colectiva[565]; a invocação daqueles direitos por parte dos seus membros ou destinatários contra a pessoa colectiva; a invocação dos direitos por parte de terceiros contra a pessoa colectiva.

610 No que diz respeito à invocação dos direitos fundamentais pela própria pessoa colectiva, pode dizer-se que tal só se justifica quando e na medida em que a criação e a actividade da pessoa colectiva representem a expressão da autonomia e do livre desenvolvimento das pessoas singulares que formam o seu substracto, de modo que a invocação se mostre como necessária e com sentido tendo em vista estas pessoas, que são homens. A este respeito existe uma norma constitucional genérica no sentido de as pessoas colectivas gozarem dos direitos e estarem sujeitas aos deveres compatíveis com a sua natureza (artigo 12.º, n.º 2, da Constituição), naturalmente diferente da natureza humana. Deste modo os direitos e liberdades individuais que visam as pessoas singulares não podem ser estendidas, sem mais, às pessoas colectivas. Além disso, há, no contexto da liberdade de expressão e informação, a disposição específica do artigo 37.º, n.º 4, da Constituição que diz: "A todas as pessoas singulares e colectivas é assegurado em condições de igualdade e eficácia o direito de resposta e de rectificação, bem como o direito a indemnização pelos danos sofridos".

611 Relativamente à invocação dos direitos fundamentais contra a pessoa colectiva (por parte de membros, destinatários ou terceiros) é preciso ter em consideração dois factores: (1.º) os direitos fundamentais visam a defesa

[565] Neste contexto é de sublinhar que os direitos fundamentais não podem ser invocados pelas pessoas colectivas de direito público no desempenho das suas funções públicas; os direitos fundamentais servem para proteger a esfera de liberdade dos indivíduos e garantem os pressupostos para a sua participação na vida da comunidade.

da individualidade da pessoa; (2.º) as relações jurídicas em questão regem-se pelo princípio da autonomia privada, princípio esse constitucionalmente aceite.

Decorre daí que, por via de regra, os direitos fundamentais não podem ser invocados contra a pessoa colectiva. As relações da pessoa colectiva com os seus membros (ou destinatários) têm uma base estatutária de acordo com as regras da autonomia privada, sendo assim voluntariamente assumidas. As relações da pessoa colectiva com terceiros (os quais podem ser, por sua vez, igualmente pessoas colectivas) estão também sujeitas ao princípio da autonomia privada.

A regra da não invocação, porém, é susceptível de ser corrigida, apesar de 612
ser extremamente difícil concretizar esta correcção. Assim, os direitos fundamentais podem ser invocados contra a pessoa colectiva na medida em que lhe falte a autonomia em virtude de ela assumir funções públicas (eventualmente, em consequência da sua declaração de utilidade pública ou em resultado de medidas descentralizadoras da Administração que lhe atribua certas tarefas ou competências)[566] ou, independentemente de qualquer "intercessão" pública, na medida em que as dimensões e a consequente actuação da pessoa colectiva ameacem com o seu peso e poder a individualidade e liberdade das pessoas humanas (cf. n.os 147 ss.). Resulta daqui, ao mesmo tempo e com a mesma lógica, que os direitos fundamentais podem ser regularmente invocados contra as pessoas colectivas de direito público, a não ser que (e na medida em que) estas possuam, excepcionalmente, autonomia ao actuar na esfera jurídico-privada (como será o caso de certas empresas públicas).

II. A EVOLUÇÃO LEGISLATIVA

Bibliografia: M. LEONOR BELEZA e M. TEIXEIRA DE SOUSA, «Direito de associação e associações», in *Estudos sobre a Constituição*, 3.º vol., Lisboa, 1979, pp. 121 a 131, 150 a 194. Heinrich Ewald HÖRSTER, *A Parte Geral do Código Civil Português – Teoria Geral do Direito Civil*, 1.ª ed., Coimbra, Almedina, 2018 (reimpr. da ed. de 1992), pp. 380 a 385.

[566] Por exemplo, até ao DL n.º 358/84, de 13 de Novembro, que acabou por atribuir a competência para a passagem das carteiras profissionais directamente à Administração, esta competência era – quase como uma relíquia do regime corporativo – ainda uma tarefa dos sindicatos.

1. A situação anterior à Constituição de 1976

613 A legislação portuguesa a respeito das pessoas colectivas apresentou no século XIX as características próprias da época liberal, ou seja, uma atitude de desconfiança em relação às associações, expressa na preponderância do sistema do reconhecimento individual, com leis bastante restritivas, sendo favorecidas as sociedades.

Em termos gerais – e abstraindo da legislação republicana dirigida (a partir de 1910) contra a vida associativa ligada à Igreja Católica – a situação não apresentava modificações significativas até à legislação do Estado Novo (1928/1933 até 1974), marcadamente intervencionista. As associações de utilidade pública e as fundações de interesse social eram reguladas pelo novo Código Civil de 1966, enquanto as associações profissionais faziam parte da estrutura corporativa do Estado. As sociedades eram reguladas pela legislação comercial.

2. O sistema constitucional de 1976

614 Com a revolução de 25 de Abril de 1974, o sistema legislativo definidor da doutrina do Estado Novo começou imediatamente a desintegrar-se, uma vez que foi restabelecida a liberdade de associação e foram dissolvidos os organismos corporativos.

As pessoas colectivas do direito privado, entendidas no seu sentido lato (ver n.º 583), encontram-se hoje reguladas, principalmente, nos artigos 157.º ss. CCiv e em legislação especial relativa a estes artigos, bem como na legislação comercial e no CCoop.

No que diz respeito às pessoas colectivas em sentido restrito, aplica-se o Código Civil e, havendo legislação especial, esta (por exemplo, os artigos 440.º e ss. do Código do Trabalho em relação às associações sindicais e de empregadores [associações patronais]); subsidiariamente, aplica-se a Constituição.

III. AS PESSOAS COLECTIVAS DO CÓDIGO CIVIL EM GERAL

Bibliografia: Marcello Caetano, «As pessoas coelctivas no novo Código Civi português», *O Direito*, ano 99 (1967), p. 85 = *Estudos de Direito Administrativo*, Lisboa, 1974, p. 365. C. A. Mota Pinto, *cit.*, pp. 303 a 329. J. de Castro Mendes, *cit.*, vol. I, pp. 507 a 533, 647 a 678.

1. Os tipos regulados: as pessoas colectivas em sentido restrito

O Código Civil regula, nos seus artigos 157.º a 194.º, as pessoas colectivas em sentido restrito. Os artigos 157.º a 166.º contêm as disposições gerais, os artigos 167.º a 184.º referem-se às associações e os artigos 185.º a 194.º às fundações. 615

Do texto do artigo 157.º ("[a]s disposições (...) são aplicáveis às associações que não tenham por fim [nem directa, nem indirectamente] o lucro económico dos associados (e) às fundações de interesse social (...)") resulta que as colectividades aqui abrangidas são susceptíveis de serem declaradas de utilidade pública. Quer dizer, as associações reguladas são as de fim desinteressado ou altruístico, de fim ideal e de fim económico não lucrativo; as fundações admitidas são as de interesse social, visto as chamadas fundações de utilidade privada, sem tradições no direito português, não poderem gozar de personalidade jurídica por serem excluídas no texto do artigo 157.º.

O critério classificativo adoptado pelo artigo 157.º não é, deste modo, o substrato, mas, à semelhança e na esteira das pessoas morais do Código de Seabra, o escopo ou o fim. O artigo 157.º abrange pessoas colectivas tanto de tipo corporativo (= as associações) como de índole patrimonial (= as fundações de interesse social) mas exclui, dado o seu fim lucrativo, as sociedades. Todavia, o artigo 157.º declara aplicáveis as disposições relativas a associações e fundações às sociedades quando a analogia das situações o justifique. Esta remissão é justificada pela função do direito civil como direito privado comum, mas ao mesmo tempo limitada pela diversidade dos fins, prosseguidos pelas sociedades, por um lado, e pelas associações e fundações, por outro. 616

2. A aquisição da personalidade jurídica e os pressupostos para a sua atribuição

As pessoas colectivas mencionadas no artigo 157.º adquirem a sua personalidade jurídica pelo reconhecimento. Para o efeito, o artigo 158.º prevê tanto o reconhecimento normativo como o reconhecimento individual ou por concessão, conforme se trate de uma associação ou de uma fundação. 617

Segundo o artigo 158.º, n.º 1, as associações gozam de personalidade jurídica quando forem constituídas por escritura pública, ou por outro meio legalmente admitido[567], com as especificações referidas no artigo 167.º, n.º 1: a modalidade de reconhecimento é assim de tipo normativo. As fundações, por seu lado, segundo o artigo 158.º, n.º 2, adquirem a personalidade jurídica pelo reconhecimento individual, que é da competência da autoridade administrativa[568]: a modalidade de reconhecimento é, deste modo, a do reconhecimento por concessão[569].

Embora o artigo 158.º esteja redigido com alguma infelicidade (do confronto dos seus dois números podia concluir-se que apenas no caso das fundações havia um "reconhecimento"), dele resulta como princípio que não pode haver pessoas colectivas sem prévio reconhecimento de algum modo declarado. O regime consagrado é um sistema híbrido "com um regime de liberdade individual para a constituição das associações, ao lado de um regime de fiscalização governativa apertada para a formação das fundações"[570].

618 Para a atribuição da personalidade jurídica não é suficiente que exista o respectivo substrato. O substrato deve ser devidamente organizado. Para o efeito determina o artigo 162.º: "Os estatutos da pessoa coletiva designam os respetivos órgãos, entre os quais um órgão colegial de administração constituído por um número ímpar de titulares, dos quais um será o presidente, e um órgão de fiscalização, que pode ser constituído por um fiscal único ou por um número ímpar de titulares, dos quais um será o presidente", sendo tarefa do conselho fiscal controlar a administração. Da redacção do artigo 162.º decorre um outro princípio, ou seja, apenas pode ser reconhecida a personalidade colectiva ao substrato que consista numa organização regulada por acto escrito a que possa ser dada publicidade.

[567] Temos aqui, por exemplo, a constituição da "Associação na hora", introduzida pela Lei n.º 40/2007, de 24 de Agosto, alterada pelo Decreto-Lei n.º 247-B/2008, de 30 de Dezembro.

[568] Nos termos do artigo 6.º da Lei-Quadro das Fundações (Lei n.º 24/2012, de 9 de Julho), esta competência cabe ao Primeiro Ministro, que pode delegar.

[569] No entanto, as fundações instituídas por confissões religiosas são reguladas pela Concordata entre a República Portuguesa e a Santa Sé e pela Lei da Liberdade Religiosa (v. n.os 591 e 592); por outro lado, o reconhecimento das fundações públicas resulta diretamente do ato da sua criação (artigo 6.º, n.º 3, da Lei-Quadro das Fundações).

[570] Pires de Lima – Antunes Varela – Henrique Mesquita, *cit.*, anotação 2. ao artigo 158.º.

Os órgãos referidos no artigo 162.º fazem parte da própria organização da pessoa colectiva. Por isso, as relações entre os vários órgãos da mesma pessoa colectiva são, deste modo, relações no seu interior e não relações jurídicas. 619

Os poderes ou deveres que são atribuídos aos órgãos são exercidos por pessoas singulares. Estas chamam-se titulares dos órgãos das pessoas colectivas (cf. artigo 162.º e artigo 164.º, n.º 1). As relações entre a pessoa colectiva e os titulares dos seus órgãos, por seu lado, já são relações jurídicas (p. ex., um contrato de prestação de serviço).

Como resulta do artigo 162.º, que prevê o mínimo legal de órgãos, o órgão de administração deve ser colegial, isto é, composto por vários titulares (em número ímpar); o órgão de fiscalização pode ser constituído por um fiscal único ou por um número ímpar de titulares; outros órgãos, que eventualmente vierem a ser criados, podem ter apenas um titular (órgão singular).

Além da referida distinção entre órgãos colegiais e singulares, costuma 620
diferenciar-se entre órgãos consultivos e órgãos activos. Dentro dos órgãos activos distingue-se entre aqueles que são virados para o interior da pessoa colectiva, os órgãos deliberativos, e os que actuam para o exterior, em relação a terceiros, os órgãos executivos ou representativos.

Num trecho, muito citado, lê-se o seguinte: "Os primeiros deliberam, isto é, resolvem ou decidem sobre os negócios da pessoa colectiva, mas não tratam com terceiros. Não emitem em face de terceiros, nem recebem deles sem efeito quaisquer declarações de vontade que hajam de produzir efeitos em relação à pessoa colectiva. Formam a vontade da pessoa colectiva, mas não a manifestam, não a projectam para o exterior. A sua actividade desenvolve-se apenas no interior da organização corporacional ou fundacional. São órgãos internos da pessoa colectiva (*Innenorgane*).

Os segundos é que representam a pessoa colectiva nas suas relações com terceiros. Tratam com estes, emitindo ou recebendo declarações de vontade cujos efeitos se vão produzir na esfera jurídica daquela pessoa. Embora devendo cumprir as determinações dos órgãos deliberativos, são eles quem exterioriza a vontade da pessoa colectiva. Trata-se, pois, de órgãos externos ou executivos (*Außenorgane; ausführende Organe*)..." [571].

[571] Manuel de Andrade, *cit.*, vol. I, pp. 115-116.

621 No que diz respeito às obrigações e responsabilidades dos titulares dos órgãos da pessoa colectiva para com esta, determina o n.º 1 do artigo 164.º que são definidas nos respectivos estatutos, aplicando-se na falta de disposições estatutárias as regras do mandato (artigos 1161.º ss.), embora com as necessárias adaptações. Como já se disse, as relações aqui em causa são relações jurídicas. Daí que existam para as pessoas investidas nas funções de titulares dos órgãos obrigações para com a pessoa colectiva. Esta responde perante terceiros, estando em causa actos dos titulares dos órgãos, por actos próprios (enquanto os titulares, logicamente, não respondem perante terceiros, a não ser em situações excepcionais em que assumem para com estes uma atitude geradora de uma especial confiança pessoal ou incorrem em responsabilidade própria na qualidade de garantes)[572]. Na verdade, os órgãos estão integrados na pessoa colectiva, fazendo parte dela.

622 Para além dos titulares dos seus órgãos, a pessoa colectiva também pode agir por meio de quem estiver alheio à sua orgânica, mas estando ao seu serviço.

Desta maneira, são de distinguir dos órgãos (e dos seus titulares) "os simples agentes ou auxiliares, que só executam por incumbência ou ainda sob a direcção dos órgãos deliberativos, e principalmente dos representativos, determinadas operações materiais que interessam à pessoa colectiva (...). Por outro lado, podem as pessoas colectivas ter mandatários constituídos e tratados como os das pessoas singulares(...).

São os órgãos da pessoa colectiva quem os designa e lhes confere os respectivos poderes. Distinguem-se dos meros agentes ou auxiliares por terem a seu cargo a conclusão de um ou mais negócios jurídicos"[573].

Estando em causa actos de agentes, auxiliares ou mandatários, portanto pessoas alheias à orgânica da pessoa colectiva, esta responde perante terceiros por actos de outrem. Estando em causa actos de titulares de órgãos, a pessoa colectiva responde por actos próprios.

[572] Trata-se de situações verdadeiramente excepcionais; cf. neste contexto, a título de exemplo, a decisão fundamental do BGH *DB* 1994, p. 1608 = *NJW* 1994, p. 2220, que aceita uma responsabilidade delitual do gerente por violação do interesse legalmente protegido dos credores, em virtude de ter atrasado a declaração da falência.

[573] Manuel de Andrade, *cit.*, vol. I, p. 116.

3. A personalidade e a capacidade jurídica

A aquisição da personalidade jurídica nos termos do artigo 158.º implica que a pessoa colectiva possui capacidade. Diz o artigo 160.º: "1. A capacidade das pessoas colectivas abrange todos os direitos e obrigações necessários ou convenientes à prossecução dos seus fins. 2. Exceptuam-se os direitos e obrigações vedados por lei ou que sejam inseparáveis da personalidade singular". Nos artigos 158.º e 160.º voltamos assim a encontrar a mesma ligação entre personalidade e capacidade que já pudemos observar nos artigos 66.º, n.º 1, e 67.º quanto às pessoas singulares, ou nos artigos 5.º e 6.º CSC a respeito das sociedades comerciais. A capacidade atribuída pelo artigo 160.º é, deste modo, uma capacidade de gozo, respeitante à titularidade dos direitos e obrigações. 623

Relativamente à extensão daquela capacidade, é ela, em comparação com o disposto no artigo 67.º para as pessoas singulares ("[a]s pessoas podem ser sujeitos de quaisquer relações jurídicas"), mais reduzida (apenas "abrange os direitos e obrigações necessários ou convenientes à prossecução dos seus fins"). Em consequência desta diferenciação legal, as opiniões doutrinais convergem no sentido de o artigo 160.º ter consagrado para a capacidade das pessoas colectivas o princípio da especialidade do fim, embora com larga atenuação do seu rigor, não obstante o princípio da especialidade do fim contender com o princípio da igualdade (formal) de todos os sujeitos privados, válido, portanto, para as pessoas singulares e colectivas, e apesar de ele limitar o princípio da liberdade contratual. O Código adoptou assim uma posição intermédia entre a "*ultra vires theory*" do direito anglo-saxónico (onde a capacidade é funcional, atribuída apenas em função do escopo que é a razão de ser da pessoa colectiva) e a atribuição de uma capacidade geral (como é o caso, p. ex., no direito italiano e como parece ter sido a intenção do anteprojecto). 624

Todavia, a regra da especialidade não deve ser tomada numa acepção muito estreita (...) sendo suficiente que as actividades são lícitas e continuam úteis para a realização do escopo[574] da pessoa colectiva. Nestes termos,

[574] Assim também J. F. Rodrigues Bastos, *Das Relações Jurídicas*, Vol. II, 1966, p. 24.

a capacidade de gozo de uma pessoa colectiva apenas "está demarcada por três limites:

1.º – Só compreende os direitos e obrigações necessários ou convenientes à prossecução dos seus fins[575];

2.º – Só compreende direitos e obrigações que não sejam vedados por lei[576];

3.º – Só compreende direitos e obrigações que não sejam inseparáveis da personalidade singular"[577].

625 Qualquer acto praticado sem capacidade é nulo. Este resultado poderá ser justificado com a regra de que a falta da capacidade de gozo é insuprível em virtude do carácter pessoal dos actos em causa, mas como esta solução é própria das pessoas singulares, é mais adequado fundamentar a nulidade com o disposto no artigo 294.º, em ligação com o artigo 160.º, cujas limitações à capacidade não foram respeitadas. Por outro lado, quando não se trate de actos isolados, mas, sim, de uma actuação sistemática contrária ao seu fim (p. ex., uma pessoa colectiva de fim ideal passa a prosseguir fins lucrativos), está em causa, além da validade dos actos praticados, a própria personalidade da pessoa colectiva, que pode vir a ser extinta por o seu fim real não coincidir com o seu fim estatutário (artigos 182.º, n.º 2, al. *b)*, e 192.º, n.º 2, al. *b)*).

4. A capacidade de agir e a responsabilidade da pessoa colectiva

626 Definida, no âmbito do artigo 160.º, a capacidade jurídica da pessoa colectiva, resta saber se ela também pode agir, se ela mesma possui capacidade de exercício, ou seja, a qualidade de participar no tráfico jurídico por acto próprio ou por meio de um representante voluntário.

[575] No mesmo sentido, e bem, STJ *CJ* II (1994), t. II, p. 50: "Não obstante o princípio da especialização consagrado no artigo 160.º (...) quanto à capacidade de gozo das pessoas colectivas, admite-se que estas pratiquem actos convenientes à prossecução dos seus fins *mesmo que esses actos se afastem, quanto ao seu objecto, dos fins da pessoas colectiva*".

[576] Deste modo, as pessoas colectivas possuem, por exemplo, capacidade sucessória, tal como está previsto no artigo 2033.º, n.º 2, al. *b)*.

[577] J. de Castro Mendes, *cit.*, vol. I, pp. 509 a 511; cf. também D. Klippel, «Der zivilrechtliche Persönlichkeitsschutz von Verbänden», *JZ* 1988, p. 625.

É, à partida, evidente que semelhante capacidade não pode pressupor nem discernimento nem uma vontade natural de entender e querer, sendo apenas uma capacidade técnico-jurídica de agir. Além disso, como uma pessoa colectiva não pode apresentar incapacidade de exercício, a extensão ou âmbito de capacidade de gozo e capacidade de exercício necessária e logicamente hão-de coincidir. De certo modo, a questão da capacidade de exercício poderá ser considerada um problema de ordem conceitual, desde que a responsabilidade das pessoas colectivas, consagrada na lei, conduza a resultados satisfatórios.

O modo da participação da pessoa colectiva no tráfico jurídico negocial vem regulado no artigo 163.º que, ao contrário dos artigos 162.º e 164.º, está virado para o exterior da pessoa colectiva. 627

O artigo 163.º diz que a "representação" da pessoa colectiva, em juízo e fora dele, cabe:

1.º – a quem os estatutos determinarem ou,
2.º – na falta de disposição estatutária, à administração;
3.º – a quem for designado pela própria administação.

Com este regime, o artigo 163.º abarca dois tipos essencialmente diferentes de "representação" da pessoa colectiva.

Nos dois primeiros casos (competências natas), a "representação" é assumida por órgãos da pessoa colectiva, chamados imediatamente pelos estatutos ou subsidiariamente pela lei, mas em qualquer caso sempre resultantes da organização interna da mesma, sendo deste modo uma "representação orgânica", levada a cabo por órgãos externos da pessoa colectiva, destinados a estabelecer as suas relações com terceiros.

No terceiro caso, o poder de representação decorre de um acto especial de um órgão, que nomeia uma pessoa estranha à própria pessoa colectiva. Este facto é tido na devida conta pelo n.º 2 do artigo 163.º, onde se lê que a designação de representantes por parte da administração só é oponível a terceiros quando se prove que estes a conheciam. Aqui estamos em face de uma representação voluntária normal, ou seja, de uma procuração. De resto, da redacção do n.º 2 do artigo 163.º, podemos concluir que a lei considera a "representação orgânica" como a situação normal.

628 Nos casos da "representação orgânica", é a própria pessoa colectiva que age, precisamente por meio dos seus órgãos externos, participando assim por actos próprios no tráfico jurídico negocial. Daí que a figura da "representação orgânica" não signifique agir em nome ou em vez de outrem, agir esse característico para a representação no seu sentido estrito, mas agir como órgão[578]. Por conseguinte, uma pessoa colectiva pode agir e possui capacidade negocial de exercício. Deste modo, também quanto à pessoa colectiva se faz a distinção entre a capacidade jurídica, por um lado, e a capacidade de exercício, por outro. Assim sendo, o artigo 160.º encontra a sua norma funcionalmente correspondente no artigo 67.º, enquanto ao artigo 163.º equivale o artigo 130.º (na medida em que é lícito estabelecer comparações entre as pessoas singulares e as pessoas colectivas).

Esta conclusão, por seu turno, faz também com que a responsabilidade contratual da pessoa colectiva tenha o seu ponto de partida no artigo 163.º[579]. A actuação dos órgãos, melhor dizendo, dos titulares dos órgãos, do mesmo modo que conduz à aquisição de direitos que imediatamente ingressam na esfera jurídica da pessoa colectiva, também a vincula às obrigações contraídas em nome dela, responsabilizando-a pelo cumprimento das mesmas nos termos gerais dos artigos 762.º ss. e 798.º ss., em ligação com o regime do respectivo contrato que venha a ser celebrado.

629 Contudo, é necessário referir a diferenciação feita dentro do artigo 163.º a respeito da participação da pessoa colectiva no tráfico jurídico negocial, pois "representantes" no sentido deste preceito não são só os "representantes orgânicos" como também os representantes voluntários. Quanto a estes últimos – os autênticos representantes, que agem em nome de outrem – a responsabilidade da pessoa colectiva já não resulta directamente do artigo

[578] Aliás, a relativa inadequação do instituto da representação (= agir em nome de outrem, *inclusive* no interesse de outrem) às situações em causa fica também patente quando analisados os modos de agir dos "representantes": com frequência defendem interesses próprios, podendo vir a formar uma oligarquia económica, social e/ou política, aparentemente legitimada pela figura da representação. Cf. a este respeito, W. Sofsky-R. Paris, *Figurationen sozialer Macht. Autorität, Stellvertretung, Koalition*, Opladen, 1991, pp. 12-14, 112-118, 128-134 e 165-172, onde se pode observar, ainda, a falta de controlos e a ausência da responsabilidade dos "representantes organizados". De resto, não raras vezes, os "representantes", detentores de posições de poder, manipulam os representados e as suas opiniões.

[579] No mesmo sentido, P. Lima-A. Varela-H. Mesquita, anotação 2. ao artigo 163.º.

163.º: aqui é necessário recorrer aos artigos 258.º ss. quando se trate da conclusão de um negócio jurídico.

De resto, estando em causa o cumprimento de uma obrigação e utilizando a pessoa colectiva alguém para praticar os actos correspondentes, aplica-se sempre o artigo 800.º, quer dizer, a pessoa colectiva é responsável perante o credor por tais actos como se eles fossem praticados por ela própria.

Quanto à capacidade dos titulares dos órgãos representantivos ou exter- 630
nos é necessário que – uma vez que está em causa a participação da pessoa colectiva no tráfico jurídico por acto próprio – possuam plena capacidade negocial de exercício. Os incapazes (menores ou maiores acompanhados de acordo com o conteúdo da sentença) não podem ser validamente instituídos nas funções de titular de um órgão, de modo que não há representação orgânica eficaz para com terceiros (aliás, o mesmo pode valer em caso de determinação de medidas de acompanhamento posterior à tomada das funções)[580]. No que respeita aos representantes voluntários, designados por parte da administração, e como tais alheios à orgânica da própria pessoa colectiva em cujo nome agem, a sua capacidade determina-se de acordo com o artigo 263.º (segundo o qual não precisam de mais do que a capacidade de entender e querer exigida pela natureza do negócio que hão-de efectuar).

Do mesmo modo que o Código Civil distingue a respeito das pessoas 631
singulares entre responsabilidade contratual e extracontratual, de harmonia com a sistematização adoptada quanto às fontes das obrigações, também o faz relativamente às pessoas colectivas. Na verdade, uma coisa é responder no âmbito de uma actuação autónomo-privada na esfera negocial, uma outra coisa é avaliar-se um comportamento lesivo face à lei no campo extracontratual[581].

Daí que a lei contenha, naturalmente, uma disposição que regula a responsabilidade extracontratual das pessoas colectivas. Diz o artigo 165.º que as pessoas colectivas respondem civilmente pelos actos ou omissões dos

[580] No entanto, pode haver uma responsabilidade da pessoa colectiva para com terceiros, baseada numa aparência jurídica que lhe é imputável (a este respeito BGH *DB* 1991, pp. 1823-1824), embora não quando o facto da incapacidade seja notório ou conhecido da outra parte (= ideia jurídica do artigo 257.º CCiv).

[581] Confronte também, quanto ao contrato de sociedade, os artigos 996.º, n.º 1, e 998.º, n.º 1.

seus representantes, agentes ou mandatários, nos mesmos termos em que os comitentes respondem pelos actos ou omissões dos seus comissários[582]. Quer dizer, a responsabilidade dá-se exactamente nos mesmos moldes que a responsabilidade extracontratual das pessoas colectivas de direito público quando agem na sua veste de particular no campo da gestão privada (cf. n.os 121 ss.). Trata-se, pois, em termos sistemáticos, de uma solução linear e bem conseguida.

632 Desta forma, a pessoa colectiva responde nos trâmites do artigo 500.º se os pressupostos causadores de dano e a obrigação de indemnizar existirem na pessoa do representante, mandatário ou agente. Quer dizer, a responsabilidade extracontratual da pessoa colectiva[583] é concebida como uma responsabilidade por actos de outrem, mesmo tratando-se de representantes orgânicos. Comparada com a responsabilidade contratual, em que a pessoa colectiva age por meio dos seus órgãos, esta solução da lei, em termos lógicos, pode não ser linear, mas ela conduz a resultados práticos que satisfazem amplamente, na medida em que abrange todos os actos causadores de danos, cometidos em relação a terceiros ou aos próprios membros ou destinatários, seja por culpa (*inclusive* condutas criminais), seja pelo risco, seja por factos lícitos, enquanto responsabilizem pessoalmente o agente cuja responsabilidade é, em seguida, assumida pela pessoa colectiva[584].

Contudo, é sempre necessário que o acto causador de responsabilidade tenha sido praticado no exercício da função confiada ao representante, man-

[582] Também P. Lima-A. Varela-H. Mesquita, anotação aos artigos 163.º e 165.º, encontram o fundamento para a responsabilidade extracontratual da pessoa colectiva no artigo 165.º CCiv.

[583] Uma coisa é a responsabilidade da pessoa colectiva face a terceiros, outra a responsabilidade dos titulares dos órgãos face à própria pessoa colectiva e/ou face a terceiros. Ver também Sinde Monteiro/Almeno de Sá, «A responsabilidade da pessoa colectiva pelos actos dos seus representantes», *RLJ*, Ano 140 (2007/2008), pp. 188-204.

[584] Cf. a este respeito o artigo 7.º do respectivo Anteprojecto (Responsabilidade civil da pessoa colectiva por *factos ilícitos* dos seus representantes):

1.º As pessoas colectivas respondem civilmente pelos actos e omissões dos seus *representantes estatutários*, se os ditos factos originarem por si próprios a obrigação de indemnizar e se os representantes tiverem causado o dano no exercício das suas atribuições.

2.º As pessoas colectivas respondem civilmente pelos actos e omissões de seus *agentes e mandatários*, nos mesmos termos em que respondem os comitentes e mandantes por factos de seus comitidos.

datário ou agente (artigo 500.º, n.º 2), mas não por ocasião (por aproveitamento) deste mesmo exercício. Não é fácil determinar em casos-limite quais os actos praticados ainda no exercício da função e quais os actos cometidos já apenas por ocasião desta. Parece que será de responsabilizar a pessoa colectiva pelos actos dos seus representantes, mandatários ou agentes que, da perspectiva do lesado, tenham com as funções destes uma conexão adequada, uma vez que foi a pessoa colectiva quem os escolheu, excepto se os actos se situarem claramente fora do risco pelo qual a responsabilidade foi determinada.

5. Domicílio, nacionalidade e extinção da pessoa colectiva

Ao domicílio das pessoas singulares corresponde a sede das pessoas colectivas. A este respeito dispõe o artigo 159.º que "[a] sede da pessoa colectiva é a que os respectivos estatutos fixarem" (o que corresponde de certo modo ao domicílio voluntário geral da pessoa singular) e "na falta de designação estatutária, o lugar em que funciona normalmente a administração principal" (o que pode ser considerado como correspondente ao domicílio legal da pessoa singular). A designação da sede da pessoa colectiva é obrigatória (artigo 167.º, n.º 1, e artigo 186.º, n.º 2). 633

No âmbito do direito internacional privado é decisiva "a sede principal e efectiva da administração" da pessoa colectiva (artigo 33.º, n.º 1), podendo esta não corresponder à sede estatutariamente designada.

A nacionalidade das pessoas colectivas, cuja natureza é naturalmente diferente da das pessoas singulares, visto apenas estas se poderem encontrar ligadas por um vínculo pessoal ao seu Estado, resulta do já referido artigo 33.º, n.º 1. Este determina que elas têm como lei pessoal a lei do Estado onde 634

3.º O representante ou agente responderá solidariamente com a pessoa colectiva. Satisfazendo esta ao lesado a competente indemnização, terá o direito de regresso contra aquele, na hipótese de haver culpa *nas relações internas* que assim o justifique. Igual direito assistirá ao agente ou representante contra a pessoa colectiva, se a indemnização for por ele satisfeita e se da sua parte não tiver existido culpa que deva responsabilizá-lo *nas relações internas*.

Ver também a n. 117.

se situa a sede principal e efectiva da sua administração (e não a lei do Estado com base na qual ela se constituiu). Segundo o disposto no n.º 2 do artigo 33.º, compete à lei pessoal regular designadamente: a capacidade da pessoa colectiva; a constituição, funcionamento e competência dos seus órgãos; os modos de aquisição e perda da qualidade de associado e os correspondentes direitos e deveres; a responsabilidade da pessoa colectiva, bem como a dos respectivos órgãos e membros, perante terceiros; a transformação, dissolução e extinção da pessoa colectiva.

635 Quanto à extinção das pessoas colectivas, o Código Civil distingue entre as causas de extinção das associações e as causas de extinção das fundações e trata-as nos respectivos contextos. Todavia, quanto ao destino dos bens em caso de extinção, o artigo 166.º contém um regime geral, distinguindo para o efeito entre duas hipóteses:

"1. Extinta a pessoa colectiva, se existirem bens que lhe tenham sido doados ou deixados com qualquer encargo ou que estejam afectados a um certo fim, o tribunal, a requerimento do Ministério Público, dos liquidatários, de qualquer associado ou interessado, ou ainda de herdeiros do doador ou do autor da deixa testamentária, atribuí-los-á, com o mesmo encargo ou afectação, a outra pessoa colectiva.

2. Os bens não abrangidos pelo número anterior têm o destino que lhes for fixado pelos estatutos ou por deliberação dos associados, sem prejuízo do disposto em leis especiais; na falta de fixação ou de lei especial, o tribunal, a requerimento do Ministério Público, dos liquidatários ou de qualquer associado ou interessado, determinará que sejam atribuídos a outra pessoa colectiva ou ao Estado, assegurando, tanto quanto possível, a realização dos fins da pessoa extinta".

IV. AS PESSOAS COLECTIVAS DO CÓDIGO CIVIL EM ESPECIAL

Bibliografia: Marcello CAETANO, *Das fundações*, Lisboa, 1962. A. FERRER CORREIA/Almeno DE SÁ, «Algumas notas sobre as fundações», *RDE* XV (1989), p. 331. Rui CHANCERELLE DE MACHETE/Henrique SOUSA ANTUNES, *Direito das Fundações. Propostas de Reforma*, Lisboa, 2004. Luis A. CARVALHO FERNANDES, *Teoria Geral do Direito Civil*, Vol. I, *Introdução; Pressupostos da Relação Jurídica*, 6.ª ed., Lisboa, Universidade Católica Editora, 2012, pp. 629-664.

1. As associações

As associações referidas no artigo 157.º, ou seja, as associações que não tenham por fim o lucro económico dos associados, regem-se pelos artigos 167.º a 184.º relativamente à constituição, organização e funcionamento, aquisição e perda da qualidade de associado, conteúdo dos estatutos e extinção da associação, de acordo com o princípio da autonomia associativa[585].

a) A constituição da associação

O acto de constituição da associação é um negócio jurídico plurilateral. 636
Como tal pressupõe capacidade de exercício (e, na sua falta, o seu suprimento) de todos os intervenientes, sendo celebrado, normalmente, por escritura pública[586] (artigo 168.º, n.º 1). A escritura deve especificar obrigatoriamente (artigo 167.º, n.º 1), sob pena de nulidade (artigo 294.º), os seguintes elementos:

1.º – os bens e/ou serviços com que os associados concorrem para o património social;
2.º – a denominação da associação (tendo em conta o artigo 72.º, n.º 2);
3.º – o seu fim (que, segundo o artigo 158.º-A, deve ser compatível com o disposto no artigo 280.º)[587];
4.º – a sua sede (que não necessita de coincidir com o lugar da administração efectiva),
5.º – a forma de funcionamento;
6.º – a sua duração (quando a associação não for constituída por tempo indeterminado).

[585] A respeito da autonomia associativa, cf. FLUME, I 2, § 7 I (= pp. 189 a 201).

[586] Quanto a outras formas de constituição, além da escritura pública, permitidas pelo artigo 168.º, n.º 1, temos, por exemplo, a "Associação na Hora" (Lei n.º 40/2007, de 24 de Agosto, alterada pelo Decreto-Lei n.º 247-B/2008, de 30 de Dezembro); ainda, por exemplo, veja-se o DL n.º 372/90, de 27 de Novembro, que estabelece o regime de constituição e de direitos e deveres das associações de pais e de encarregados de educação.

[587] Não obstante o texto do artigo 158.º-A ("é aplicável à constituição das pessoas colectivas o disposto no artigo 280.º..."), o STJ decidiu, em *BMJ* n.º 291 (Dezembro 1979), p. 370, que este preceito pretende abranger não apenas a legalidade da constituição da associação, mas também a legalidade dos actos praticados pelos seus órgãos representativos.

Além destes requisitos obrigatórios para o acto de constituição, podem os estatutos, ainda, especificar outros, tais como os que vêm exemplificados no n.º 2 do artigo 167.º:

1.º – os direitos e obrigações dos associados;
2.º – as condições de admissão, saída e exclusão dos associados;
3.º – os termos da extinção da associação;
4.º – a consequente devolução do seu património.

637 O acto de constituição da associação, bem como os seus estatutos, são os dois elementos essenciais – e como tais o artigo 167.º distingue-os claramente (comparar o n.º 1 do artigo 167.º com o seu n.º 2). Contudo, é possível lavrar tanto o acto de constituição como os estatutos no mesmo documento notarial.

Constituída a associação, facto que implica desde logo a aquisição da personalidade (por via do reconhecimento normativo), cabe ao notário, oficiosamente, comunicar, a expensas da associação, a constituição desta bem como os seus estatutos à autoridade administrativa e ao Ministério Público (para eventuais efeitos do artigo 158.º-A); além disso, deve, a expensas da associação, promover de imediato a publicação da constituição e dos estatutos nos termos legalmente previstos para os actos das sociedades comerciais (artigo 168.º, n.º 2), ou seja, em *site* próprio do Ministério da Justiça (artigo 167.º do CSC).

638 Enquanto a inobservância dos artigos 167.º, n.º 1, e 168.º, n.º 1, tem como consequência a nulidade do acto constitutivo, respectivamente dos estatutos, em virtude do disposto no artigo 294.º (ou no artigo 220.º), de modo que a personalidade não se adquire devido à falta dos requisitos normativos, a falta da publicação apenas tem como consequência que o acto de constituição e os estatutos não produzem efeitos em relação a terceiros, ou seja, todos aqueles que não participaram nos respectivos actos (artigo 168.º, n.º 3). Esta ineficácia relativa confirma que a publicidade não é constitutiva para efeitos de aquisição da personalidade jurídica. Para tal basta o preenchimento dos requisitos dos artigos 167.º, n.º 1, e 168.º, n.º 1, como aliás, consta do artigo 158.º, n.º 1, de maneira que a constituição válida e o reconhecimento normativo coincidem.

As formalidades exigidas para o estabelecimento dos estatutos devem ser cumpridas também no caso da sua alteração (artigo 168.º, n.os 1 e 3) que, eventualmente, venha a ser necessária.

b) A sua organização e funcionamento

Quanto à organização e funcionamento da associação, determina o artigo 162.º, de resto já referido, que os órgãos desta devem constar dos estatutos. O artigo 162.º exige como mínimo obrigatório a existência de dois órgãos, sendo um o órgão de administração (obrigatoriamente colegial) e o outro o órgão de fiscalização da administração (que poderá ser um fiscal único ou um órgão colegial). Os estatutos podem prever ainda outros órgãos. Enquanto os órgãos colegiais exigidos pelo artigo 162.º serão constituídos por um número ímpar de titulares, para os órgãos não obrigatórios a lei não faz esta exigência. 639

O órgão de administração tem normalmente uma dupla função: uma função interna (artigo 164.º, n.º 2) e uma função externa (artigo 163.º, n.º 1). Quanto aos titulares dos órgãos, em princípio eleitos pela assembleia geral (artigo 170.º, n.º 1), é necessário distinguir o acto de eleição ou nomeação para integrar o órgão, ou seja, o acto que visa a própria função de titular (titularidade), dos direitos contratuais constituídos entre os interessados, ou seja, a relação obrigacional entre a associação e o titular do órgão.

Efectivamente, uma coisa é a nomeação ou eleição como titular de um órgão (*Bestellung*) e uma outra é o acto obrigacional, o contrato, que constitui o fundamento para as prestações de serviço do titular e as correspondentes remunerações (*Anstellungsvertrag*). Há dois negócios diferentes: a relação orgânica e a relação contratual[588], à qual, na falta de disposição estatutária, se aplicam as regras do mandato (art. 164.º, n.º 1). Em princípio, as funções dos titulares dos órgãos são livremente revogáveis (*argumentum a contrario* artigo 170.º, n.º 3; artigo 170.º, n.º 2), mas a revogação não prejudica os direitos con-

[588] Sobre o paralelismo entre as relações orgânica e contratual, veja-se Flume, I 2, § 10 I 2, 3 (= pp. 345 a 351).
Tanto a nomeação para o órgão como a fixação das prestações devidas são da competência da assembleia geral. Cf. BGH DB 1991, p. 906 = NJW 1991, p. 1727 = JuS 1991, p. 854 (com a análise de K. Schmidt), que aplica às associações as regras há muito desenvolvidas para as sociedades.

tratuais fundados no acto de constituição (artigo 170.º, n.º 2), p. ex., o direito de receber os vencimentos acordados[589].

640 O órgão de administração e o conselho fiscal são convocados pelos respectivos presidentes (não exigindo a lei nenhuma forma especial para a convocatória), mas apenas podem deliberar com a presença da maioria dos seus titulares (artigo 171.º, n.º 1). As deliberações são tomadas por maioria de votos dos titulares presentes, tendo o presidente, além do seu voto, ainda o voto de qualidade quando a votação estiver empatada (artigo 171.º, n.º 2). Todavia, legislação especial ou os estatutos podem prever um regime diferente.

641 Todas as decisões que não forem da competência legal ou estatutária de outros órgãos pertencem às atribuições da assembleia geral (artigo 172.º, n.º 1). Por conseguinte, existe uma presunção de competência da assembleia geral para tudo que não tiver sido especificamente atribuído. Para além disso, há para certas deliberações uma competência exclusiva da assembleia geral. As competências da assembleia geral são as seguintes:

1.º – A eleição dos titulares dos órgãos da associação, sempre que os estatutos não estabeleçam outro processo de escolha (artigo 170.º, n.º 1);
2.º – A destituição dos titulares dos órgãos da associação;
3.º – A aprovação do balanço, que é feita uma vez em cada ano (artigo 173.º, n.º 1, última parte);
4.º – A alteração dos estatutos;
5.º – A extinção da associação;
6.º – A autorização para demandar os administradores (cf. artigos 164.º, n.ºs 1 e 2; 165.º em ligação com 500.º, n.º 3) por factos praticados no exercício do cargo (artigo 172.º, n.º 2).

Assim, a assembleia geral é o órgão formador da vontade da associação.

642 A assembleia geral é convocada, na forma prescrita no artigo 174.º, n.ºs 1 e 2, pela administração, nos termos do artigo 173.º, n.º 1, ou por um conjunto

[589] Deste modo, a nomeação (*Bestellung*) como titular de um órgão é um acto unilateral. O negócio constitutivo (*Anstellungsvertrag*) é um acto bilateral, enquanto a revogação (*Widerruf* ou *Abberufung*) é novamente um acto unilateral.

de associados não inferior à quinta parte do número total dos associados, ou outro número estabelecido nos estatutos, quando um fim legítimo o justificar (artigo 173.º, n.º 2), ou por qualquer associado quando a administração não convocar a assembleia geral, devendo fazê-lo (artigo 173.º, n.º 3). Esta obrigação existe, nomeadamente, no caso do n.º 1 do artigo 173.º para efeito de aprovação das contas. A assembleia geral deve ser convocada na forma do artigo 174.º para dias e horas úteis, precisamente para garantir o seu regular funcionamento, de modo que todos os associados possam participar nela. É interessante constatar que a mesa da assembleia geral não possui o direito de convocação.

O funcionamento e as deliberações da assembleia geral estão sujeitos ao regime do artigo 175.º, vinculando as deliberações todos os associados, *inclusive* os que nelas não participam ou, em seguida, sairem da associação[590]. As deliberações contrárias à lei ou aos estatutos são anuláveis com os fundamentos previstos nos artigos 174.º, n.º 3, 176.º, n.º 2, e 177.º, podendo qualquer associado requerer, como medida cautelar, a suspensão da respectiva deliberação (artigos 380.º, 381.º CPC).

A anulabilidade pode ser invocada no prazo de seis meses (artigo 178.º); no entanto, a anulação não prejudica os direitos que um terceiro de boa fé haja adquirido em execução das deliberações anuladas (artigo 179.º). Terceiro para efeitos do artigo 179.º é quem for estranho à associação.

c) *Aquisição, perda e conteúdo da qualidade de associado*

Possui a qualidade de associado quem fizer parte do núcleo fundador da associação ou quem posteriormente for admitido a ela. 643

A lei não prevê um número mínimo de associados (nem na fase de constituição, nem posteriormente). Podia pensar-se que deviam ser pelo menos dois, ou que podia ser suficiente até a existência de um associado só (artigo 182.º, n.º 1, al. *d)*); no entanto, com apenas um ou dois associados não é possível preencher os requisitos mínimos obrigatórios do artigo 167.º, n.º 1, que pressupõe uma pluralidade maior de associados. Os órgãos aí previstos devem funcionar independentemente entre si (um dos órgãos destina-se a fiscalizar o outro!), de maneira que o número mínimo dos associados no

[590] Cf. neste sentido também a decisão do BVerfG *NJW* 1991, p. 2626, perfeitamente transponível para o direito português.

momento da constituição da associação terá de ser, pelo menos, 4 (três mais um). Uma pessoa, para se poder filiar numa associação, tem de ser maior, a não ser que, sendo menor, haja uma excepção à sua incapacidade de exercício (p. ex., artigo 127.º, n.º 1, al. *c)*, CCiv).

644 A qualidade de associado é de natureza pessoal e não pode ser transmitida (salvo disposição estatutária em contrário) nem por actos entre vivos, nem por sucessão. O associado também não pode incumbir outrem de exercer os seus direitos pessoais (artigo 180.º). Aos direitos pessoais, entendidos neste sentido, pertencem o direito de ser eleito para exercer funções em órgãos da associação, bem como o próprio exercício daquelas funções.

O direito de voto, porém, pode ser exercido por outro associado, como decorre indirectamente do artigo 176.º, n.º 1. Este preceito prevê, além disso, que o associado não pode votar nas matérias em que haja um conflito de interesses entre a associação e ele, seu cônjuge, ascendentes ou descendentes (p. ex., compra de um terreno pela associação, sendo o cônjuge do associado proprietário daquele terreno). O n.º 1 do artigo 176.º não proíbe que o associado participe nas respectivas discussões, mas as deliberações tomadas com o voto do associado que está privado do seu direito de voto são anuláveis se o voto do associado impedido for essencial à existência da maioria necessária (artigo 176.º, n.º 2).

645 A qualidade de associado cessa com a sua saída ou com a sua exclusão (artigo 181.º). A lei não prevê regras específicas para a exclusão de um associado, deixando o assunto para os estatutos (artigo 167.º, n.º 2). Em qualquer caso, constituindo a exclusão uma sanção, imposta de modo unilateral contra o associado, devem ser observadas as regras respeitantes ao exercício de direitos potestativos extintivos, *inclusive* o princípio geral consagrado no artigo 1003.º, al. *a)*, que prevê a exclusão no caso de uma violação grave das obrigações[591]. Por outro lado, é necessário ter em consideração que se trata

[591] Neste contexto surge também o problema, interessantíssimo, do exercício – *inclusive* o do seu eventual controlo por parte dos tribunais – do poder disciplinar das associações sobre os seus membros, sobretudo quando tais medidas afectam, para além da auto-regulamentação da associação, terceiros ou a comunidade em geral. Cf., neste contexto, p. ex., K. Vieweg, *Normsetzung und -anwendung deutscher und internationaler Verbände*, Berlin, 1990, designadamente, pp. 143 ss. e 197 ss.; V. Röhricht, recensão de B. Grunewald, «Der Ausschluss aus Gesells-

de um assunto reservado à autonomia da associação; aliás, o mesmo vale também a respeito da admissão de novos associados.

d) Conteúdo e interpretação dos estatutos

Quanto ao conteúdo dos estatutos, convém referir que determinam, em primeiro lugar, a organização da associação e todos os aspectos da vida associativa, *inclusive* os aspectos disciplinares necessários para manter funcional a associação dentro das suas regras. Na fase da constituição da associação e na primeira fase da sua existência exprimem ainda a vontade dos associados fundadores. Mas, com o evoluir do tempo, com a admissão de novos associados e em virtude dos poderes de alteração dos estatutos, conferidos à assembleia geral, os estatutos autonomizam-se em relação à vontade dos associados primitivos. De resto, como é natural em virtude da separação das esferas jurídicas da associação e dos seus associados, a flutuação e a mudança destes últimos não influem na existência da associação, onde as gerações de associados se sucedem. 646

Deste modo, os estatutos vão adquirindo um conteúdo normativo objectivo: trata-se de normas estabelecidas por via negocial, a que os associados se sujeitam por meio de um acto autónomo-privado. Por estas razões explica-se que a interpretação dos estatutos deve obedecer progressivamente a critérios objectivos, ou seja, uma interpretação normativa, em que já não se procura captar a vontade dos associados fundadores, deixando-se de parte os elementos subjectivos da fase de constituição. Decisivo é o fim da associação, que se apresenta de uma maneira objectivada nos seus estatutos. Eventuais defeitos de vontade dos associados fundadores já não podem influenciar na existência da associação. 647

chaft und Verein», *AcP* 189 (1989), p. 385, na qual defende, com bons argumentos, o poder disciplinar das associações de acordo com a autonomia, as finalidades e os critérios de valor próprios das mesmas (pp. 390-391); D. Reuter, «Der Ausschluss aus dem Verein», *NJW* 1987, p. 2401; W. Flume, AT I 2, § 9 IV: *Die Problematik der Vereinsstrafgewalt*, pp. 332 ss.; H. P. Westermann, *Die Verbandsstrafgewalt und das allgemeine Recht*, Bielefeld, 1972; A. Pinto Monteiro, *Cláusula penal e indemnização*, Coimbra, 1990, pp. 139 a 147.

e) As causas de extinção da associação

648 As causas de extinção da associação estão previstas no artigo 182.º. Os n.os 1 e 2 deste artigo prevêem dois tipos de causas extintivas, estando as do n.º 1 relacionadas com o substrato, que deixa de existir, e as do n.º 2 com o fim da associação, que já não é viável. De notar a causa de extinção do n.º 1, al. *e)*, que considera como relevante a insolvência, declarada por decisão judicial, não obstante o substrato decisivo de uma associação ser de índole pessoal. Esta causa de extinção explica-se pelo facto de a insolvência constituir um sinal inequívoco de que a associação já não possui vitalidade. A simples falta de património, por seu lado, não é suficiente para conduzir à extinção da associação. Dada a gravidade da extinção, a lei não pode atender à simples falta de património, antes exige uma decisão judicial de insolvência.

649 Nos casos previstos no artigo 182.º, n.º 2, a declaração da extinção pode ser pedida pelo Ministério Público (artigo 183.º, n.º 2). Por outro lado, nos casos do n.º 1, als. *b)* e *c)*, a assembleia geral ainda pode decidir-se pela continuação da associação (artigo 183.º, n.º 1). Se ela não tomar uma decisão neste sentido, a associação entra, como aliás, em todos os outros casos de extinção, na fase da liquidação (artigo 184.º). A associação não desaparece, deste modo, de um momento para o outro, mas apenas pouco a pouco até a liquidação estar terminada.

2. As fundações

650 As fundações de interesse social têm a sua regulamentação na Lei-Quadro das Fundações (Lei n.º 24/2012, de 9 de Julho) e nos correspondentes artigos 185.º a 194.º do CCiv, que regulam a instituição e reconhecimento, elaboração e modificação dos estatutos, bem como a transformação e extinção da fundação[592].

[592] Cf. ainda A. Ferrer Correia, *Le régime juridique des fondations privées, culturelles et scientifiques. Droit portugais*, Separata do BFD vol. XLVI (1970), Coimbra, 1971.
A fundação mais antiga da Alemanha – o *Hospitalfonds Sankt Benedikti* em Lüneburg – remonta ao ano 1127. Assim, o historiador Jörn Brinkhus.

O artigo 3.º da Lei-Quadro define as fundações como pessoas colectivas, sem fim lucrativo, dotadas de um património suficiente e irrevogavelmente afetado à prossecução de um fim de interesse social[593]. São considerados fins de interesse social aqueles que se traduzem no benefício de uma ou mais categorias de pessoas distintas do fundador, seus parentes e afins, ou de pessoas ou entidades a ele ligadas por relações de amizade ou de negócios.

A instituição da fundação é um negócio jurídico unilateral, realizado por 651
acto entre vivos ou por testamento (artigo 185.º, n.º 1). Sendo realizada por acto entre vivos, a instituição deve constar de escritura pública, salvo disposição em lei especial (artigo 185.º, n.º 2, 1.ª parte), sendo irrevogável logo que seja requerido o reconhecimento ou principie o respectivo processo oficioso (artigo 185.º, n.º 2, 2.ª parte). Sendo a instituição realizada por testamento, numa das formas previstas nos artigos 2204.º e ss., é irrevogável pelos herdeiros do testador que observou o disposto acerca da sucessão legitimária (artigo 185.º, n.º 3).

No acto de instituição, o instituidor deve indicar o fim da fundação e especificar os bens que lhe são destinados (artigo 186.º, n.º 1). Deste modo, a lei não distingue entre um acto de instituição propriamente dito e a chamada "dotação" subsequente. São apenas dois elementos – o escopo e o substrato patrimonial – os requisitos essenciais para que possa haver um reconhecimento, que vale também como aceitação dos bens destinados à fundação (artigo 188.º, n.º 2). O reconhecimento é requerido pelo instituidor, por seus herdeiros ou executores testamentários, no prazo máximo de 180 dias a contar da data da instituição da fundação, ou oficiosamente promovido pela autoridade competente (artigo 188.º, n.º 1), tornando-se o negócio de fundação irrevogável a partir deste momento (artigo 185.º, n.º 2, *in fine*).

[593] A Lei-Quadro distingue os seguintes tipos de fundações:

a) Fundações privadas (criadas por uma ou mais pessoas de direito privado, em conjunto ou não com pessoas coletivas públicas, desde que estas, isolada ou conjuntamente, não detenham sobre a fundação uma influência dominante);

b) Fundações públicas de direito público (criadas exclusivamente por pessoas coletivas públicas, bem como os fundos personalizados criados exclusivamente por pessoas coletivas públicas);

c) Fundações públicas de direito privado (criadas por uma ou mais pessoas coletivas públicas, em conjunto ou não com pessoas de direito privado, desde que aquelas, isolada ou conjuntamente, detenham uma influência dominante sobre a fundação).

652 A elaboração dos estatutos compete ao instituidor (artigo 186.º, n.º 2); no entanto, na sua falta ou insuficiência podem ser lavrados por outrem (artigo 187.º), tendo a autoridade competente para o reconhecimento poderes de modificação nos limites traçados pelo artigo 189.º.

Tanto no caso do artigo 187.º como no do artigo 189.º, deve ser observada a vontade real ou presumível do fundador. Apenas nas situações previstas no artigo 191.º, n.º 1, que se referem a encargos prejudiciais aos fins da fundação, a vontade do fundador pode ser parcialmente afastada, na medida em que estes encargos impossibilitem ou dificultem gravemente o fim institucional. Para prevenir prejuízos patrimoniais, as fundações só podem aceitar heranças a benefício de inventário (artigo 191.º, n.º 3).

O acto de instituição da fundação, os seus estatutos e as suas alterações devem ser publicados nos termos legalmente previstos para as sociedades comerciais, ou seja, em sítio da Internet de acesso público (artigo 167.º do CSC), sob pena de não produzirem efeitos em relação a terceiros (artigo 185.º, n.º 4).

653 O reconhecimento por parte da autoridade administrativa está dependente da existência de dois pressupostos, em cuja falta pode ser negado:

1.º – O interesse social do fim;
2.º – A suficiência dos bens afectados à fundação com vista à prossecução daquele fim.

Assim, a fundação não será reconhecida quando a entidade competente para o reconhecimento não a considerar de interesse social (artigo 188.º, n.º 3, al. *a)*). Trata-se, nesta hipótese, de um acto discricionário. O reconhecimento será igualmente negado quando o património se mostrar insuficiente (artigo 188.º, n.º 3, al. *b)*). Aqui já não se trata de fazer uso de um poder discricionário da administração, mas de um acto vinculado, baseado na aplicação de critérios objectivos, como de resto resulta da formulação da lei ("[s]e os fins da fundação não forem *considerados* (...)", na al. *a)* do n.º 1 do artigo 188.º; "[s]e o património afetado *for* insuficiente ou inadequado (...)", na al. *a)* do n.º 1 do artigo 188.º). Se o reconhecimento for recusado, fica a instituição sem efeito; se o instituidor já houver falecido, o destino dos bens segue o disposto no n.º 5 do artigo 188.º, ou seja, serão entregues a uma colectividade com fins análogos, salvo disposição em contrário do próprio fundador.

Quando o fim originário tiver sido realizado ou esgotado, ele pode ser transformado pela entidade competente para o reconhecimento (artigo 190.º, n.º 2, al. *a*)), a não ser que, em tal caso, o acto de instituição da fundação ordene a extinção da mesma (artigo 190.º, n.º 4). Nesta hipótese, a vontade do fundador será respeitada. Por outro lado, a própria fundação não pode exigir, invocando a sua capacidade de agir, que a entidade competente lhe autorize ou atribua um determinado fim novo, independentemente da vontade do fundador. 654

A fundação será extinta quando se verificarem as causas de extinção previstas no artigo 192.º. A declaração da extinção é proferida pela autoridade competente para o reconhecimento (artigo 193.º), sendo publicitada nos termos previstos no artigo 188.º, n.º 4, seguindo-se depois a fase da liquidação (artigos 194.º, 184.º).

PARTE C

ASSOCIAÇÕES SEM PERSONALIDADE JURÍDICA E COMISSÕES ESPECIAIS

I. GENERALIDADES

Numa zona intermédia entre as pessoas singulares e as pessoas colectivas situam-se as associações sem personalidade jurídica e as comissões especiais (artigos 195.º a 201.º-A), bem como as sociedades civis (artigos 980.º ss.), formações distintas entre si quanto aos respectivos fins que pretendem realizar (ao contrário das primeiras, as segundas visam o lucro dos sócios), mas não obstante com características comuns: (1.º) existe, em todas elas, alguma vinculação pessoal entre os membros do seu substrato; (2.º) há, de maneira igual, uma separação de patrimónios (embora imperfeita) entre os membros e a colectividade (ver n.os 305 e 306) e, finalmente, falta-lhes a todas a personalidade jurídica face ao direito privado. 655

As sociedades civis pertencem também, como instituto jurídico, ao direito das obrigações (dos contratos em especial), na medida em que os sócios se obrigam mutuamente; daí que o CCiv as tivesse regulado dentro da matéria dos contratos.

Em contrapartida, nas associações sem personalidade jurídica e nas comissões especiais sobressai o elemento corporativo, pessoal, ligado ao seu património separado (colectivo); daí que o CCiv as tenha incluído na sua Parte Geral, junto das pessoas (cf. n.º 245)[594]. Teoricamente podiam adquirir

[594] A este respeito em pormenor, W. Flume, *Allgemeiner Teil des bürgerlichen Rechts*, I 1., *Die Personengesellschaft*, Berlin/Heidelberg/New York, 1977, §§ 1 a 6. – Ver também anotação 11 do Cap. 2.º.

a personalidade por meio de um reconhecimento; são "substratos personificáveis, mas não personificados"[595].

O próprio capítulo relativo às associações sem personalidade jurídica e comissões especiais tem o seu modelo imediato nos artigos 36.º a 42.º do *Codice Civile* italiano, de 1942, cujo sistema é seguido.

Como se pode depreender da epígrafe escolhida pela lei, esta distingue entre as associações sem personalidade jurídica e as comissões especiais em atenção a certa diversidade dos seus substratos. As primeiras aproximam-se das associações e possuem como estas uma estrutura corporativa; as segundas evidenciam semelhanças com as fundações, pois ao lado da sua estrutura corporativa tende nelas a predominar o elemento patrimonial.

656 Tendo em conta que o *Codice Civile* – elaborado e publicado durante o período fascista italiano – consagra, para a aquisição da personalidade jurídica por parte das associações, o regime do reconhecimento individual (com o controlo estadual correspondente), já se defendeu que, nas associações sem personalidade jurídica, se poderia ver uma ligeira abertura relativamente às dificuldades de concretização da liberdade associativa naqueles tempos, e que nisto residiria a razão última ou, pelo menos, a mais importante para a consagração legal das associações sem personalidade jurídica.

Ora, as coisas não foram exactamente assim; a situação foi mais complexa. É evidente que as associações sem personalidade jurídica (antes da reforma pelo DL n.º 496/77, o CCiv utilizava o termo "associações não reconhecidas") constituíam uma espécie de válvula de escape, mas apenas até certo ponto, pois no seu essencial correspondiam a determinadas realidades sociais para as quais constituíam a solução pragmática mais adequada, seja qual fosse o regime do reconhecimento. Por isso, dentro da multiplicidade dos interesses e comportamentos que o direito privado visa proteger e preservar, as associações sem personalidade jurídica e as comissões especiais

[595] Ambos apresentam características semelhantes às dos baldios (ver n.os 271 e 306). Mas existe entre eles uma diferença significativa que impede a inserção dos baldios no Capítulo III do Subtítulo I: estes não podem ser personificados, ou seja, não podem adquirir a personalidade jurídica.

eram (e continuam a ser) a resposta indicada e perfeitamente suficiente para o prosseguimento dos mesmos[596].

Para o efeito, aqueles conjuntos têm, à semelhança das pessoas em sentido jurídico, direitos de personalidade, sendo-lhes aplicáveis por analogia o artigo 12.º, n.º 2, da Constituição e os artigos 70.º ss. e 484.º CCiv, enquanto outros preceitos constitucionais (p. ex., o artigo 46.º) se lhes aplicam directamente. 657

Nos termos do artigo 201.º-A, as associações e comissões especiais sem personalidade jurídica promovem a publicação da sua constituição, da sua sede e do seu programa nos termos legalmente previstos para os actos das sociedades comerciais, ou seja, em sítio da Internet de acesso público (artigo 167.º do CSC).

II. AS ASSOCIAÇÕES SEM PERSONALIDADE JURÍDICA

As associações sem personalidade jurídica são reguladas pelos artigos 658
195.º a 198.º e pelo artigo 201.º-A. Quanto à sua organização interna e administração, determina o artigo 195.º que lhes são aplicáveis as regras estabelecidas pelos associados e, subsidiariamente, os preceitos legais relativos às associações, na medida em que não pressupõem a personalidade destas.

A associação sem personalidade jurídica possui um fundo comum (artigo 196.º, n.º 1), o qual goza de uma certa "independência" em relação ao substrato pessoal e, ainda, de autonomia em relação ao restante património dos associados (artigo 196.º, n.º 2), fundo esse no qual ingressam as contribuições dos associados e os bens com elas adquiridos (artigo 196.º, n.º 1), bem como as liberalidades feitas em favor da associação (artigo 197.º, n.º 2).

O fundo comum responde, em primeiro lugar, pelas obrigações con- 659
tratuais validamente assumidas em nome da associação (artigo 198.º, n.º 1), procurando a lei dispensar deste modo uma certa protecção tanto ao associado que contraiu a obrigação, que responde só em caso de insuficiência do fundo, como aos restantes associados, que apenas respondem subsidiaria-

[596] Segundo a L n.º 2/82, de 15 de Janeiro, são associações sem personalidade jurídica as "repúblicas" de estudantes.

mente (artigo 198.º, n.ºs 1 e 2). A representação em juízo do fundo comum (não da associação!) cabe àqueles que tiverem assumido a obrigação (artigo 198.º, n.º 3).

O relevo dado pela lei ao fundo comum das associações sem personalidade jurídica encontra uma certa correspondência no artigo 182.º, n.º 1, al. *e)*, constituindo ele, de resto, um exemplo para um património separado e colectivo.

III. AS COMISSÕES ESPECIAIS

660 As comissões especiais vêm reguladas nos artigos 199.º a 201.º-A. Uma designação mais concreta para o fenómeno social que lhes corresponde seria talvez "fundos especiais" (*Sammelvermögen*), expressão essa que daria realce ao substrato patrimonial que nelas ganhou uma maior relevância. Por outro lado, as comissões especiais também se aproximam das associações, como o artigo 199.º deixa entrever, ao referir-se à possibilidade de as comissões poderem pedir o reconhecimento da personalidade como "associação". Em todo o caso, e isto é decisivo, falta quanto a elas o *animus personificandi*, ou seja, a vontade de criar uma pessoa colectiva.

661 A realização do fim comum que se propõem é de natureza transitória, mas, mesmo assim, ultrapassa a possibilidade individual de cada um dos seus promotores. A responsabilidade dos membros e administradores da comissão resulta do disposto no artigo 200.º, que estabelece um regime diferente do previsto no artigo 198.º, sendo mais gravoso para os respectivos agentes, que respondem pessoal e solidariamente pelos fundos recolhidos e pelas obrigações contraídas em nome da comissão. Na insuficiência dos fundos angariados para a realização do fim ou na impossibilidade de realizar o mesmo, os bens terão o destino previsto no acto constitutivo da comissão ou o destino dado no respeito da vontade dos subscritores, conforme dispõe o artigo 201.º.

Capítulo 4.º

O Regime do Negócio Jurídico

OBSERVAÇÃO PRÉVIA

Entre os factos jurídicos voluntários, o facto mais importante é, como sabemos, o negócio jurídico. Na verdade, é por meio de negócios jurídicos que as pessoas em sentido jurídico actuam com vista à obtenção de efeitos jurídicos: o estabelecimento e a conformação de relações jurídicas com os correspondentes direitos subjectivos e obrigações, efeitos esses protegidos pela ordem jurídica. Como o negócio jurídico pretende a produção de efeitos jurídicos, pressupõe por parte dos intervenientes uma *vontade* destinada à sua vinculação jurídica. Existindo esta vontade, os efeitos pretendidos, por via de regra, produzem-se.

Todavia, nem sempre as coisas se passam assim. Os efeitos jurídicos podem vir a não produzir-se ou a não produzir-se em definitivo:

- acontece isto, p. ex., nos casos em que as próprias partes, por vontade sua, adiam ou não assumem em definitivo a produção dos efeitos jurídicos pretendidos, ou nos casos em que os efeitos, embora se produzam integralmente entre as partes, não podem ser opostos a "terceiros";
- pode suceder, também, que o negócio jurídico apresente, logo à nascença, deficiências que o tornam inválido. Nestes casos, é a ordem jurídica que se recusa a dar protecção aos efeitos. Com isto não se quer dizer, todavia, que na sequência de negócios jurídicos inválidos não se produzam efeitos jurídicos nenhuns: o que acontece é que *não* se produzem os efeitos *pretendidos*, podendo verificar-se, porém, por força da lei, determinados efeitos laterais; mas também pode acontecer que os efeitos pretendidos se produzam, mas apenas de maneira provisória. Significa isto que, tendo havido uma invalidade, não funciona, ou não funciona sem mais, a garantia do direito subjectivo, "adquirido" por meio de um negócio jurídico inválido (cf. também n.ºs 330 ss.).

Os efeitos jurídicos pretendidos apenas são protegidos se o negócio jurídico se mantiver dentro do quadro da ordem jurídica privada, destinada e concebida para garantir a vontade "genuína" dos particulares em função da sua autonomia, dos seus propósitos e dos seus interesses. Se o negócio sair daquele quadro, a consequência é a invalidade, uma vez que os efeitos não podem ser protegidos por uma ordem jurídica que não se respeita.

Vamos estudar neste Capítulo 4.º o regime do negócio jurídico (o modo como a lei o aceita, reconhece e protege os efeitos de uma vontade validamente formada e expressa, bem como os vários condicionalismos que prejudicam a realização daqueles efeitos). Veremos, então, como as pessoas autodeterminadas e livres fazem uso do instrumento essencial do direito privado que se chama "negócio jurídico". Por isso, o negócio jurídico dirige-se a pessoas que possuam a necessária capacidade negocial para o efeito e é, por causa disso, concebido em função de quem participar como capaz no tráfico jurídico negocial. É a este que se destina o respectivo articulado da lei que daqui em diante prenderá as nossas atenções.

PARTE A

O NEGÓCIO JURÍDICO EM GERAL

I. O CONCEITO DE NEGÓCIO JURÍDICO

Bibliografia: Manuel DE ANDRADE, *cit.*, vol. II, pp. 25 a 36, 37 a 68. C. A. MOTA PINTO, *cit.*, pp. 379 a 410. J. de CASTRO MENDES, *cit.*, vol. III, pp. 143 a 152. Luís CABRAL DE MONCADA, *cit.*, pp. 532 a 548.

1. Os elementos e a natureza do negócio jurídico

O regime legal do negócio jurídico encontra-se nos artigos 217.º a 294.º. Já 662
sabemos (cf. n.º 326) que o Código Civil não define o conceito "negócio jurídico", de modo que podemos recorrer, no essencial, à definição encontrada e formulada nos trabalhos preparatórios para o BGB: o negócio jurídico é uma declaração de vontade privada (*Willenserklärung*) que visa a produção de um efeito jurídico que se verifica conforme a ordem jurídica por ter sido querido pelas partes[597].

Há, assim, dois pressupostos essenciais para que se possam produzir os efeitos jurídicos pretendidos pelo negócio: (1.º) em termos privados, uma vontade dirigida à produção de efeitos jurídicos e *manifestada* numa declaração de vontade; (2.º) em termos legais, a *garantia* da produção dos efeitos jurídicos pela ordem jurídica, pelo direito objectivo. Para a existência de um

[597] Cf., neste contexto, RÜTHERS/STADLER, § 18 e n.os 276 a 278.

negócio jurídico, a *declaração* da vontade é indispensável. A declaração é o elemento essencial.

663 Todavia, a exemplo do que acontece com o conceito de negócio jurídico, também o conceito de declaração de vontade não vem definido no Código Civil o qual, aliás, emprega o termo "declaração negocial". O *Preußische Allgemeine Landrecht*, de 1794, definiu, ao aceitar a doutrina do negócio jurídico, a declaração de vontade como uma "exteriorização daquilo que, segundo a intenção do declarante, deve acontecer ou não".

Com algum apoio legal no artigo 217.º, a declaração de vontade – a declaração negocial – pode ser descrita da seguinte forma: "Uma declaração negocial (...) [é] (...) [um] meio de manifestação da vontade (...) que visa a produção de efeitos jurídicos". A declaração negocial apresenta-se, deste modo, composta por dois elementos: a vontade – o elemento interno, subjectivo – e a declaração, a manifestação – o elemento externo, objectivo.

664 Faltando a declaração de vontade ao respectivo acto, este carece do seu elemento essencial e é, por conseguinte, um negócio jurídico inexistente. Esta falta da declaração de vontade pode assumir duas formas: a falta da declaração em si, que nem chegou a ser prestada, nada foi manifestado; a falta de uma declaração com carácter negocial, ou seja, há uma declaração, uma manifestação, à qual não subjaz nenhuma vontade destinada à produção de efeitos jurídicos (cf. o artigo 246.º, 1.ª parte).

A não existência, nos casos da falta da declaração negocial, de um negócio jurídico, não significa, porém, que não haja necessariamente nada. Pode haver um outro facto jurídico, todavia de natureza *não* negocial, ao qual *a lei* atribui efeitos, embora *sempre* com carácter *não* negocial, *inclusive* como sanção (cf. artigo 246.º, 2.ª parte).

A falta da declaração, por seu lado, não deve ser confundida com uma vontade invalidamente formada ou manifestada. Aqui já temos um negócio jurídico, embora com os seus efeitos jurídicos prejudicados ou afectados pela invalidade, sendo estes efeitos, porém, sempre de natureza *negocial*, mesmo quando produzidos por comando da lei.

Feita nos termos devidos, a declaração de vontade é válida e os efeitos negociais produzem-se tal como foram pretendidos.

Visando o negócio jurídico a produção de efeitos jurídicos, a vontade 665
orientada neste sentido implica, sempre, a consciência de criar uma vinculação jurídica (*Rechtsbindungswille*) da parte do declarante.

Por isso, não são negócios jurídicos certas relações de favor (*Gefälligkeitsverhältnisse*) ou os negócios de pura obsequiosidade[598], ou ainda, promessas quanto ao destino de determinados bens após a morte do promitente, com a anuência dos outros herdeiros (que, aliás, como negócio jurídico, seriam nulas).

Aqui falta a vontade de criar uma vinculação jurídica. O mesmo vale também para os chamados *"gentlemen's agreements"*, acordos mediante os quais alguém assume um compromisso de honra. A delimitação entre aquelas figuras e o negócio jurídico nem sempre é fácil, sendo o factor de gratuidade, que nelas frequentemente ocorre, apenas um indício ao lado de outros como, p. ex., os usos sociais, as circunstâncias específicas de cada situação concreta, os interesses dos intervenientes, os valores em causa, etc. Verifica-se um indício a favor da existência de uma vinculação jurídica por parte do declarante que se presta a assumir a "atitude de favor" quando estão em causa interesses económicos essenciais do declaratário, que o declarante não deva desconhecer[599].

Também não são negócios jurídicos, respectivamente declarações negociais, as chamadas "declarações de ciência" (*Wissenserklärungen*) com as quais alguém dá conta de um facto, presta simples informações ou declarações acerca de dados existentes ou a respeito de determinados acontecimentos (p. ex., identificações de uma pessoa, declarações de nascimento, informações bancárias, declarações de risco na celebração de contratos de seguro, etc.). Também aqui falta, ou nem tem relevância, a vontade de assumir vinculações jurídicas. A delimitação da declaração de ciência de uma declaração de vontade pode mostrar-se como muito difícil, sobretudo em situações em

[598] Ver Júlio Manuel Vieira Gomes/António Frada de Sousa, «Análise de Jurisprudência Comparada sobre Acordos de Honra e Prestações de Cortesia», in *Estudos em Homenagem à Professora Magalhães Collaço*, Vol. II, Coimbra, 2002, pp. 145 ss.; considerando que o comodato teria como causa sempre uma cortesia, ver STJ-CJ-2006-tomo I, pp. 128 e ss., com o comentário exaustivo de Júlio Manuel Vieira Gomes, «Do contrato de comodato», *CDP*, Nr. 17-Janeiro/Março 2007, pp. 3 a 31.

[599] Neste contexto, Flume, vol. II, *cit.*, § 7; Hans-Joachim Musielak, *Grundkurs BGB*, 10.ª ed., München, 2007, n.os 44 ss.

que, da perspectiva do destinatário, há razões justificadas para acreditar na existência de uma vontade de assumir uma vinculação jurídica[600].

A inexistência de um negócio jurídico em todos estes casos não exclui, porém, a possível existência de outros factos jurídicos, designadamente de factos constitutivos das várias modalidades da responsabilidade extracontratual (cf., p. ex., os artigos 485.º, n.º 2, e 504.º, n.º 2)[601].

666 O conceito de negócio jurídico é uma abstracção de todos os actos jurídicos privados, reconhecidos pela ordem jurídica, que visam, dentro do princípio da autonomia privada, a realização da vontade particular por meio da produção intencional-volitiva de um efeito ou de uma regulamentação jurídico-privados. Isto não equivale a dizer, porém, que cada um possa conformar ou estabelecer as suas relações jurídicas como lhe aprouver, mas apenas possibilita a conformação autónoma por meio de actos privados que a ordem jurídica reconhece como tipos negociais (cf. n.os 76, 77, 83 *in fine*, 99, 100 e 579). As relações jurídicas apenas podem ser estabelecidas nas formas e nos limites previstos pela própria ordem jurídica[602].

Não existe o tipo legal "negócio jurídico" em si; o que existem são os mais diversos tipos legais de negócios jurídicos, sendo o denominador comum que os une e os individualiza como negócio jurídico a sua característica, já realçada por Savigny, de apresentarem uma finalidade no sentido da produção de efeitos jurídicos e de visarem, de uma maneira volitiva, a criação de relações jurídicas. "Na sua qualidade de regulamentação em função de um fim, o negócio jurídico distingue-se de todos os outros factos jurídicos aos quais a ordem jurídica atribui efeitos jurídicos"[603].

[600] RÜTHERS, *cit.*, n.os 200 ss. (e a jurisprudência e doutrina aí citadas); BGH *NJW* 1984, p. 2279, com a *Anotação* muito crítica de CANARIS = *JuS* 1984, p. 971, analisado por EMMERICH. Em qualquer caso, apenas é possível considerar como declaração negocial um dado comportamento sem consciência de declaração se o agente, através do seu comportamento, criou culposamente na pessoa do destinatário a confiança de existir uma declaração negocial com determinado conteúdo. Cf. BGH, *NJW*, 1995, p. 935.

[601] A este respeito é fundamental a decisão do BGH (*NJW* 1992, p. 2474 = *JuS* 1993, p. 72), analisada por EMMERICH (*Reitunfall bei Gefälligkeit*). No mesmo sentido, a confirmar a decisão anterior, BGH *NJW* 1993, p. 2611.

[602] Cf. também SCHIMDT-RIMPLER, cit., pp. 149 ss.

[603] FLUME, vol. II, *cit.*, § 2 (pp. 24-25).

Em certos casos sucede que a formação do negócio jurídico, ou seja, o preenchimento do respectivo tipo negocial, exige, além das declarações de vontade das partes envolvidas, ainda outros factores: o próprio negócio é integrado não só pelas declarações como, para além das mesmas, por outros actos que nele intervêm. O elemento consensual ou volitivo, por si só, não é suficiente para a produção dos efeitos negociais. Assim pode acontecer que o negócio jurídico inclua, além das declarações de vontade, determinados actos reais ou materiais. Sirvam como exemplos os chamados contratos reais, isto é, os contratos do comodato (artigo 1129.º), do mútuo (artigo 1142.º) e do depósito (artigo 1155.º). Aqui diz-se que a "entrega", o acto material, faz parte, ao lado das declarações negociais, do próprio negócio jurídico. 667

Esta solução inequívoca da lei[604] não é, contudo, pacífica a nível doutrinal.

Desde há muito a doutrina distingue como elementos do negócio jurídico os essenciais (*essentialia negotii*), os naturais (*naturalia negotii*) e os acidentais (*accidentalia negotii*). 668

Elementos essenciais são aqueles que caracterizam o respectivo tipo negocial, escolhido pelas partes e admitido pela lei, que o individualizam face aos outros tipos negociais. P. ex., são elementos essenciais de um contrato de compra e venda os requisitos enunciados no artigo 874.º, sobretudo o preço, em comparação com o artigo 940.º (doação).

Elementos naturais são as regras da ordem jurídica que complementam a regulamentação encontrada pelas partes (disposições supletivas, integradoras). Cf., p. ex., o disposto no artigo 878.º quanto às despesas do contrato de compra e venda (que determina que, não tendo as partes nada acordado, ficam a cargo do comprador).

Elementos acidentais são as estipulações das partes que não integram o respectivo tipo negocial, mas que contêm cláusulas suplementares ou acessórias. Pertencem aqui as estipulações de condições ou prazos, cláusulas modais, cláusulas exclusivas ou limitativas de responsabilidade, cláusulas arbitrais, cláusulas exclusivas da via judicial, etc.

Os elementos essenciais e acidentais situam-se no mesmo plano, na medida em que resultam da regulamentação negocial das partes.

[604] Ver STJ *RLJ* 124 (1991/1992), p. 241 = *BMJ* n.º 352 (Jan. 1986), p. 317, com a *Anotação* de J. Antunes Varela a pp. 246 ss. (muito instrutiva, aliás).

Os elementos naturais, por seu lado, não resultam da vontade das partes, mas da lei. A lei estabelece as suas regras em atenção ao respectivo tipo negocial e suas características (e não em consideração de uma vontade hipotética das partes), podendo dizer-se, porém, que a lei encontrou as soluções que normalmente as partes teriam querido se tivessem providenciado sobre a matéria abrangida pela regra legal, uma vez que é objectivo da lei contribuir, dentro do seu quadro, para a auto-realização das partes.

669 Os conceitos "negócio jurídico" e "declaração de vontade" muitas vezes são empregues indistintamente. No entanto, eles apenas coincidem quando se trata de um negócio jurídico que contém uma declaração de vontade de uma só pessoa. Isto é o caso, p. ex., no exercício dos direitos potestativos, quando este não depende de formalidades. Mas, normalmente, são necessárias para a conformação e a regulamentação autónomas de uma relação jurídica as declarações de vontade de várias pessoas que nela intervêm. Por isso, é de distinguir entre o negócio jurídico e as declarações de vontade que o compõem, distinção essa feita também pelo Código Civil (que, por um lado, fala do negócio jurídico e, por outro, da declaração negocial ou simplesmente da declaração).

2. Os intervenientes no negócio jurídico; a conformação unilateral de relações jurídicas

670 São intervenientes no negócio jurídico as partes que nele acordaram sendo, por isso, abrangidas pelos seus efeitos. Na verdade, os efeitos de um negócio jurídico produzem-se, por via de regra, apenas entre as partes, pois são estas que os querem, tendo acordado neles.

Um problema diferente, porém, é o de saber se os efeitos produzidos pelo acordo das partes são oponíveis, fora do âmbito delas, também a "terceiros". Esta oponibilidade depende do conteúdo do negócio, isto é, das características do respectivo direito – absoluto ou relativo – sobre que incide, bem como do conhecimento, real ou presumido, que os terceiros tenham do negócio acordado.

671 Da necessidade de um acordo resulta, sem mais, que efeitos jurídicos negociais, normalmente, não procedem de um comportamento unilateral.

Um sujeito somente pode conformar relações jurídicas de uma maneira unilateral quando se trata do exercício de um direito já constituído (p. ex., exercício de um direito potestativo; acção directa), quando o acto afecta só o património próprio (p. ex., renúncia a um direito; testamento), quando não são atingidos direitos de outrem (p. ex., ocupação de coisas sem dono) ou quando o acto traz uma vantagem jurídica para o visado (p. ex., proposta da conclusão de um contrato).

Como resulta do artigo 457.º – "[a] promessa unilateral de uma prestação só obriga nos casos previstos na lei" – também não há, e bem, "auto-vinculações" para além do legalmente admitido (p. ex., não é possível atribuir, por via interpretativa, um sentido "objectivo" a uma conduta com vista à criação de uma obrigação da parte do agente que se teria "auto-vinculado" com semelhante conduta; admitir isto significaria pôr fim ao princípio da autonomia da vontade [cf. também n.º 154, último §]). Contudo esta constatação não exclui, de modo nenhum, que não possa haver condutas criadoras de confiança, p. ex., nos casos, de resto limitados, em que a *lei* prevê expressamente indemnizações pelo "dano da confiança" (artigos 229.º, n.º 1, 245.º, n.º 2, e, muito importante, 246.º, *in fine*) ou no âmbito do abuso do direito, onde existe, como sabemos (cf. n.º 452), a figura do *venire contra factum proprium*, caso em que o agente cria confiança ou saberá que o outro confia.

Deste modo, são de distinguir, quanto à sua origem e aos seus efeitos: (1.º) declarações negociais ou negócios jurídicos; (2.º) condutas criadoras de confiança e, como tais, legalmente admitidas; (3.º) aparências jurídicas existentes na pessoa de alguém (por exemplo, as presunções do registo do artigo 7.º CRegPred).

Igualmente não é possível estabelecer ou conformar, por acto unilateral, relações jurídicas que favorecem uma outra pessoa. Nestes casos, ou a ordem jurídica exige o consentimento prévio do outro ou, faltando este consentimento, a aceitação ou a ratificação. Não querendo o outro aceitar ou, se for caso disso, ratificar o acto, ele recusa a relação jurídica favorável. Sirvam como exemplos a remissão de uma dívida (artigo 863.º, n.º 2), a doação (artigo 940.º, n.º 1) ou o testamento (artigos 2179.º, 2062.º ss.)[605].

[605] Pelo contrário, a renúncia à hipoteca não carece da aceitação do devedor ou do autor da hipoteca para produzir os seus efeitos (artigo 731.º). Solução semelhante vale para o penhor (artigo 677.º).

672 Mas também por via contratual não é possível favorecer terceiros contra a sua vontade, como o mostram o contrato a favor de terceiro (artigos 443.º, 447.º) ou os contratos com efeitos protectores para terceiros. Aqui os terceiros apenas são favorecidos ou protegidos desde que o queiram.

É evidente que não pode haver negócios que produzam efeitos em desfavor de um terceiro, alheio ao negócio. P. ex., duas partes celebram um contrato de compra e venda a respeito de um objecto que não lhes pertence; ou os parceiros sociais acordam num contrato colectivo de trabalho que ultrapassa os limites funcionais da contratação colectiva e as suas razões justificativas (cf. n.ºs 136.º ss). Estes negócios, naturalmente, são nulos em relação às próprias partes e ineficazes em relação a quem neles não interveio (trata-se de *res inter alios acta*).

673 Em contrapartida, há situações em que alguém age em vez de outrem como parte-outorgante do negócio. É este o caso da representação, tanto voluntária como legal. Aqui, os negócios celebrados pelo representante produzem os seus efeitos na esfera e na pessoa do representado. Agir em nome ou em vez de outrem significa, por isso, agir dentro de vinculações, determinadas pela autonomia do representado no caso da representação voluntária, ou decorrentes dos interesses de um incapaz no caso da representação legal. Daí que o agir em nome do representado não se verifique em função da autonomia e da auto-realização do agente (= representante), mas em atenção à autonomia ou aos interesses daquele que suporta os efeitos (= representado)[606].

674 Muitos negócios conhecem, além das declarações negociais das partes (ou dos seus representantes), ainda a intervenção de autoridades públicas ou de profissionais habilitados por lei para o efeito, e isto em atenção aos interesses públicos afectados.

[606] Podemos fazer as seguintes diferenciações: os mediadores aproximam as partes, em ordem a preparar o negócio; o núncio (mensageiro) ou o intérprete ou as testemunhas desempenham funções materiais ou formais relativas ao negócio; o assistente acompanha as declarações negociais, autorizando-as; o representante, por seu lado, presta a declaração em vez de uma parte do negócio; no mandato sem representação, o mandatário é parte do negócio, embora o interesse na sua celebração seja do mandante.

O casamento civil, p. ex., celebrado sem a "presença" (artigo 1616.º, al. *b)*, e artigo 154.º, n.º 1, CRegCiv) do funcionário do registo civil, é juridicamente inexistente (artigos 1628.º, al. *a)*, 1630.º).

O contrato de compra e venda sobre bens imóveis celebrado sem a intervenção do notário ou dos profissionais habilitados por lei para o efeito[607] é inválido (artigo 875.º), mais precisamente, nulo (artigo 220.º).

Os negócios celebrados pelos pais como representantes dos filhos menores, sem a "autorização" do Ministério Público para o efeito, são anuláveis, embora tais negócios possam ser confirmados por este (artigos 1893.º e 1894.º e artigo 2.º, n.º 1, als. *b)* e *d)*, do DL n.º 272/2001, de 13 de Outubro).

Como mostram os exemplos referidos, as intervenções das várias autori- 675
dades públicas revestem-se de graus de intensidade diferentes, de modo que a sua falta conduz também a efeitos diferentes.

No caso do casamento, a presença do funcionário do registo civil praticamente faz parte do próprio tipo negocial, falando a doutrina alemã de um *Doppeltatbestand* ("hipótese legal composta"); em relação à actuação do notário (ou da intervenção dos profissionais legalmente habilitados) ou às autorizações do Ministério Público, trata-se de pressupostos de validade, que afectam os efeitos do negócio celebrado.

Em todo o caso, para aferir da validade destas intervenções (p. ex., questões de competência, habilitações para assegurar as funções, formalidades prescritas, etc.) não se aplica o direito privado, mas é chamado, como aliás não pode deixar de ser, o direito público. As declarações de vontade dos intervenientes particulares, por seu lado, regem-se, sempre, pelas normas do direito privado.

[607] O artigo 38.º do DL n.º 76-A/2006, de 29 de Março, determina o seguinte:
"1. Sem prejuízo da competência atribuída a outras entidades, as câmaras de comércio e indústria, reconhecidas nos termos do Decreto-Lei n.º 244/92, de 29 de Outubro, os conservadores, os oficiais de registo, os advogados e os solicitadores podem fazer reconhecimentos simples e com menções especiais, presenciais e por semelhança, autenticar documentos particulares, certificar, ou fazer e certificar, traduções de documentos nos termos previstos na lei notarial.
2. Os reconhecimentos, as autenticações e as certificações efectuados pelas entidades previstas nos números anteriores conferem ao documento a mesma força probatória que teria se tais actos tivessem sido realizados com intervenção notarial".

676 Certos negócios exigem para a sua validade, além das declarações negociais das partes, ainda a intervenção de outros particulares, afectados por um tal negócio.

Pertencem aqui os negócios, aliás já referidos, que carecem do consentimento pessoal de outros familiares (cf. n.º 532) ou do representado no caso de um conflito de interesses (cf. n.º 533). Também os negócios do maior acompanhado podem ser referidos neste contexto, pois o juiz pode sujeitá-los à autorização do acompanhante (artigo 145.º, n.º 2, al. *d*)), o qual, embora exerça um ofício, não é uma autoridade pública, mas um particular.

Já no caso da perfilhação de um maior a situação é diferente. A perfilhação é um negócio jurídico unilateral que não produz efeitos sem o "assentimento" do maior perfilhado (artigo 1857.º), tratando-se assim de uma condição legal de eficácia e não de uma questão de validade.

677 Não são comparáveis com as situações anteriores aquelas em que declarações privadas integram um acto judicial – que constitui, precisamente por isso, um acto complexo – como acontece, p. ex., no divórcio por mútuo consentimento caso os acordos complementares exigidos por lei não forem homologados pelo conservador do registo civil (artigos 1773.º, n.º 2, 2.ª parte, e 1778.º) ou na adopção (artigos 1981.º a 1983.º), ambos decretados por sentença (artigos 1778.º-A, n.º 5; 1973.º, n.º 1). Aqui não se trata de negócios jurídicos.

II. REFERÊNCIAS A HISTÓRIA DO CONCEITO "NEGÓCIO JURÍDICO"

678 Como ensina Flume[608], os conceitos de negócio jurídico e de declaração de vontade apenas no século XVIII foram introduzidos na linguagem jurídica. O direito romano conhecia unicamente vários tipos negociais; as expressões "*actus*" e "*negotium*" existem, mas não são usadas como termos técnico-jurídicos.

Foi a jurisprudência das *pandectas* que, na Alemanha do século XVIII, na busca de conceitos gerais, deduziu dos vários tipos negociais existentes o conceito de negócio jurídico. A terminologia do século XVIII ainda não é

[608] Flume, vol. II, *cit.*, § 2 3.

uniforme devido ao facto de a literatura jurídica ser escrita em alemão ou latim. No início do século XIX tornou-se decisivo o ensino de Heise, o qual contrapôs o "negócio jurídico" aos "factos ilícitos". A doutrina do negócio jurídico encontrou a sua forma clássica no sistema de Savigny, que sublinhou o seu elemento de vontade, usando quase exclusivamente o conceito "declaração de vontade".

A primeira expressão legal da doutrina do negócio jurídico contém-na 679
o *Allgemeines Landrecht für die Preußischen Staaten*, de 1794 (não o *Code Civil* francês, de 1804, nem o *Allgemeines bürgerliches Gesetzbuch* austríaco, de 1811), no que foi seguido pelo *Das Bürgerliche Gesetzbuch für das Königreich Sachsen*, de 1863. A doutrina do negócio jurídico foi desenvolvida pela ciência jurídica alemã, que, em virtude disso, ganhou reputação mundial. As codificações mais modernas acolheram o conceito (p. ex., os códigos grego e português) e em várias reformas legislativas em curso ele será introduzido. Neste contexto, é de sublinhar a definição contida no novo Código Civil neerlandês, definição essa que retoma praticamente o conceito "clássico" do negócio jurídico: "Chama-se acto jurídico (*rechtshandeling*) uma vontade dirigida a um efeito jurídico e manifestada mediante uma declaração".

III. AS CLASSIFICAÇÕES DOS NEGÓCIOS JURÍDICOS

Antes de analisarmos, uma por uma, as soluções consagradas nos artigos 217.º a 294.º, convém fazer uma classificação resumida, sob vários critérios, do negócio jurídico, tendo sempre em conta a(s) declaração(ões) negocial(ais) que o compõe(m).

Em atenção à estrutura e à produção dos efeitos, podemos distinguir entre negócios jurídicos unilaterais, recepticios ou não recepticios, e negócios jurídicos plurilaterais, *inclusive* bilaterais.

a) Negócios jurídicos unilaterais são aqueles em que há apenas uma 680
declaração de vontade de um lado ou várias declarações de vontade paralelas de um lado. Os efeitos do negócio jurídico unilateral, normalmente, não dependem da aceitação ou concordância de uma outra parte; mas pode ser necessário que a outra parte conheça o conteúdo da declaração, ou que esta chegue ao seu poder.

A este respeito distingue-se, então, entre negócios jurídicos unilaterais receptícios e negócios jurídicos unilaterais não receptícios. Nestes últimos, basta para serem eficazes a mera emissão da declaração, não havendo uma tomada de conhecimento do seu conteúdo por parte de um destinatário, ou uma chegada da declaração negocial ao seu poder, uma vez que não há destinatário. Em contrapartida, a chegada ao poder ou a tomada do conhecimento hão-de existir nos negócios receptícios (p. ex., a denúncia do arrendamento, a rescisão do contrato de trabalho, a renúncia à servidão), sob pena de não terem efeitos, ao contrário dos negócios não receptícios (p. ex., o testamento, a promessa pública, etc.).

Em alguns casos discute-se se estamos perante a existência de um negócio jurídico unilateral ou não (p. ex., o acto de instituição da fundação) e em outros é duvidoso se um negócio jurídico unilateral é receptício ou não (p. ex., a confirmação do negócio anulável).

681 **b)** Negócios jurídicos plurilaterais (*inclusive* os negócios jurídicos bilaterais) são aqueles que se compõem de duas ou mais declarações de vontade, provenientes de dois ou mais lados, e cujos sentidos se encontram e convergem. Pertencem aqui, p. ex., o acto de constituição da associação (artigo 167.º), o contrato de sociedade (artigo 980.º), as deliberações sociais (p. ex., artigos 175.º ss., no que concerne às associações, ou o artigo 1005.º, no que diz respeito à sociedade civil). As deliberações sociais apresentam a particularidade de vincularem não apenas os associados que nelas participaram, mas também os restantes, na medida em que os estatutos o permitam.

682 **c)** Os negócios jurídicos bilaterais são, em grande parte, os contratos em especial regulados no Direito das Obrigações. Conforme o seu conteúdo e as obrigações daí decorrentes, distinguem-se os contratos bilaterais (que podem ser sinalagmáticos ou bilaterais imperfeitos) e os contratos unilaterais.

São contratos bilaterais perfeitos os contratos sinalagmáticos, ou seja, aqueles em que existe uma reciprocidade entre as obrigações das partes. A prestação de uma parte é realizada em virtude e por causa da prestação da outra (*do ut des*). Caso paradigmático é o contrato de compra e venda (artigo 874.º).

São contratos bilaterais imperfeitos aqueles em que inicialmente há apenas uma obrigação de uma parte, podendo surgir, posteriormente e dependente da execução do contrato, ainda uma obrigação da outra parte. Sirva como exemplo o mandato gratuito. Aqui o mandante pode vir a ser obrigado a indemnizar o mandatário quando este sofra um prejuízo (artigos 1158.º, n.º 1, 1.ª alternativa; artigo 1167.º, al. *d*)).

São contratos unilaterais aqueles que apenas criam obrigações para uma das partes contraentes. Caso paradigmático é a doação (artigo 949.º, n.º 1; mas cf. solução contrária do artigo 957.º, n.º 1, 2.ª alternativa).

No âmbito dos contratos são de distinguir ainda os contratos de execução 683
imediata e os contratos de execução continuada ou periódica. Os contratos de execução imediata esgotam-se num acto de cumprimento. Os contratos de execução continuada (*Dauerschuldverhältnisse*) contêm uma obrigação duradoura (p. ex., arrendamento, contrato de trabalho, contrato de sociedade); os contratos de execução periódica (*Sukzessivlieferungsverträge*) contêm uma obrigação repetitiva, a realizar durante certo tempo (p. ex., contrato sobre o fornecimento repetido e regular de certa quantia de mercadorias).

d) Segundo as atribuições patrimoniais efectuadas são de distinguir os 684
negócios onerosos e os negócios gratuitos.

Nos negócios onerosos cada uma das partes envolvidas faz uma atribuição patrimonial à outra como contrapartida ou contraprestação, não sendo necessário um equilíbrio objectivo ou uma equivalência objectiva entre as atribuições feitas. Decisiva é, em princípio, a avaliação das próprias partes a respeito dos seus sacrifícios patrimoniais. Os contratos sinalagmáticos são negócios onerosos.

Nos negócios gratuitos existe um sacrifício patrimonial apenas para uma 685
das partes contraentes. Esta parte dispõe "por espírito de liberalidade", querendo beneficiar a contraparte. Deste modo, há uma vantagem patrimonial do lado de quem recebe. A atribuição patrimonial é unilateral. A distinção entre negócios onerosos e negócios gratuitos tem importância, p. ex., em caso de dúvidas aquando da interpretação da declaração negocial (ver o artigo 237.º) ou no caso da protecção do terceiro adquirente de boa fé nos termos do artigo 291.º.

Uma subespécie dos negócios onerosos são os contratos aleatórios. As 686
partes sujeitam-se a uma álea, à possibilidade de se concretizar um risco de

ganhar ou perder. A onerosidade reside no facto de ambas as partes estarem sujeitas ao risco. Sirva como exemplo o contrato de seguro[609], em que prestação e contraprestação são, respectivamente, o pagamento dos prémios por parte do segurado e a correspondente protecção oferecida pelo segurador. A verificação ou não do risco segurado (se há ou não prejuízo ou danos) é apenas uma possibilidade. Outros exemplos são os contratos de jogo e aposta que, de resto, não constituem obrigações civis, mas apenas obrigações naturais (cf. artigos 1245.º a 1247.º).

687 Uma outra subespécie dos negócios onerosos são os negócios parciários. Estes negócios são caracterizados pela participação no risco de certo empreendimento no que diz respeito aos lucros esperados como contraprestação a uma entrega realizada para o efeito. Os negócios parciários aproximam-se da sociedade. Como exemplo sirva a parceria pecuária (artigos 1121.º ss). Mas também no caso do mútuo pode ser convencionada, em vez do pagamento de juros (artigo 1145.º, n.º 1), uma participação nos lucros (artigo 405.º), observando-se o disposto no artigo 1146.º.

688 **e)** Os negócios entre vivos e os negócios *mortis causa* distinguem-se pelo facto de os primeiros produzirem os seus efeitos em vida das partes enquanto os segundos se destinam a produzir os seus efeitos depois da morte das partes ou de uma delas. É característica dos negócios *mortis causa* – em virtude da não existência de efeitos vinculativos entre vivos (como acontece no artigo 406.º, n.º 1) – a sua livre revogabilidade, exceptuadas certas disposições inseridas em convenções antenupciais (cf. artigo 1699.º, n.º 1, al. *a)*; artigos 1700.º a 1706.º). Aqui trata-se de negócios que apresentam características de disposições *mortis causa* e de contratos. Salvo estas excepções, o Código Civil não admite pactos sucessórios.

689 **f)** Adoptando-se o critério da forma, são de distinguir os negócios não solenes ou não formais dos negócios solenes ou formais. O Código Civil parte do princípio da liberdade de forma (artigos 217.º, n.º 1, 219.º), constituindo a exigência de forma uma – importante – excepção.

[609] DL n.º 72/2008, de 16 de Abril (já alterado pela Lei n.º 147/2015, de 9 de Setembro), que estabelece o regime jurídico do contrato de seguro.

g) Uma outra distinção é a entre negócios (ou contratos) consensuais e negócios (ou contratos) reais (ver também n.º 667). No negócio consensual o contrato fica perfeito com o simples acordo das partes, com o consenso das partes; no negócio real é preciso – além do acordo – ainda um acto material que, de resto, nem sempre implica a transferência da propriedade. São contratos reais: o depósito (ver noção do artigo 1155.º: "(...) contrato pelo qual uma das partes entrega (...)"), o mútuo (cf. noção no artigo 1142.º: "(...) contrato pelo qual uma das partes empresta (...)") e o comodato (cf. noção do artigo 1129.º: "(...) contrato (...) pelo qual uma das partes entrega (...)")[610]. No entanto, também nestes casos deve ser possível, ao abrigo do princípio da liberdade contratual (artigo 405.º), considerar o contrato por concluído, com efeitos obrigacionais, já no momento do acordo e sem qualquer entrega, se este resultado corresponder à vontade das partes. 690

Além do contexto referido, a designação "negócio consensual" é também empregue em oposição à de "negócio formal", de modo que depende da respectiva dicotomia o sentido concreto a atribuir à designação "negócio consensual".

h) Segundo a natureza de uma relação jurídica constituída e em atenção ao princípio da liberdade contratual, distinguem-se os negócios obrigacionais, reais, familiares e sucessórios. 691

Para os negócios obrigacionais vale normalmente, quanto à sua celebração e conteúdo, o princípio da liberdade contratual, ao contrário dos negócios reais onde, por virtude do *numerus clausus* (*Typenfixierung*), o princípio da liberdade contratual está afastado quanto à fixação do conteúdo do contrato (cf. o artigo 405.º, em confronto com o artigo 1306.º).

A designação "negócio real" é aqui empregue com um sentido diferente do usado na dicotomia "negócios consensuais – negócios reais".

Nos negócios familiares pessoais o princípio da liberdade contratual, relativo à fixação do conteúdo do contrato, está igualmente excluído, ganhando, todavia, alguma relevância nos negócios familiares patrimoniais conforme

[610] Há quem queira incluir aqui também o penhor (artigo 669.º). Mas a situação é diferente: a entrega exigida pela lei para que o penhor produza efeitos é um meio de publicidade, à semelhança do registo quando está em causa uma hipoteca (artigo 687.º), destinado a criar clareza em relação a terceiros, *inclusive* terceiros credores. Tratar-se-á de uma "condição legal de eficácia".

a sua natureza obrigacional ou real. A liberdade de celebração do contrato, porém, existe sempre, como não pode deixar de ser.

Nos negócios sucessórios não há, com excepção do artigo 1699.º, n.º 1, al. *a)*, liberdade contratual. Aqui a autonomia privada é realizada por meio de um negócio jurídico unilateral, o testamento.

Ainda podem distinguir-se, sob o critério da natureza da relação jurídica, os negócios patrimoniais, referentes a disposições e atribuições de bens, e os negócios pessoais, dirigidos a relações de carácter pessoal ou determinantes do estado civil.

692 **i)** Impõe-se, por fim, uma última distinção, distinção essa já não limitada aos próprios negócios jurídicos, mas envolvendo também os actos jurídicos, que diz respeito aos negócios de mera administração e aos negócios de disposição. São actos de mera administração aqueles que correspondem a uma gestão patrimonial limitada, comedida e prudente, levada a cabo pelo administrador de bens alheios, mas também pelo titular de bens próprios, actos esses destinados a conservar a substância dos bens (a prover à sua conservação e a promover a sua frutificação normal), o que apenas permite a prática de actos de alienação que mantenham intacta a raiz dos bens, o casco dos bens.

Ao contrário dos actos de mera administração, os negócios de disposição alteram a substância dos bens ou do património administrado, afectando o capital administrado e a raiz dos direitos patrimoniais. Exemplos de casos em que a lei permite apenas actos de mera administração contêm-nos os artigos 94.º, n.ºs 3 e 4 (administração dos bens do ausente), 145.º, n.º 2, al. *d)*, (administração dos bens pelo maior acompanhado, a menos que o juiz determine o contrário) e 1678.º, n.º 3 (administração ordinária relativamente aos bens comuns do casal). Se o administrador, o maior acompanhado ou o respectivo cônjuge pretenderem ultrapassar a mera administração para praticar negócios de disposição, necessitam da autorização, respectivamente do consentimento legalmente previsto.

Negócio de disposição, neste contexto, não é a mesma coisa que o negócio de disposição em contraposição ao negócio obrigacional.

PARTE B

A EFICÁCIA DO NEGÓCIO JURÍDICO

I. O NEGÓCIO JURÍDICO COM EFICÁCIA PLENA

Bibliografia: A. FERRER CORREIA, *A procuração na teoria da representação voluntária*, in: *Direito civil e comercial. Direito criminal*, Coimbra, 1969, pp. 1 a 32. Manuel DE ANDRADE, *cit.*, vol. II, pp. 121 a 148, 285 a 304. J. de CASTRO MENDES, *cit.*, vol. III, pp. 93 a 140. H. E. HÖRSTER, *Sobre a formação do contrato segundo os artigos 217.º e 218.º, 224.º a 226.º e 228.º a 235.º do Código Civil*, RDE IX (1983), p. 121. Raúl GUICHARD, *O problema dos "estados subjectivos" relevantes no contexto da representação. Uma análise do artigo 259.º do Código Civil*, Coimbra, 1992 (XIII + 193 pp. dactilografadas). EVA SÓNIA MOREIRA DA SILVA, *Da Responsabilidade Pré-Contratual por violação dos deveres de informação*, Coimbra, Almedina, 2006 (reimpr. da ed. de 2003). C. A. MOTA PINTO, *cit.*, pp. 413 a 440. Pedro PAIS DE VASCONCELOS, *cit.*, pp. 401 a 423. Sónia MOREIRA, «A formação do contrato por via electrónica», in Anabela Susana de Sousa Gonçalves/Cristina A. Dias/Isabel Menéres Campos/Joana Aguiar e Silva/Patrícia Jerónimo/Sónia Moreira/, (coord.), *Código Civil de 1966 – Novos Desafios – Comemorações dos 50 anos do Código Civil Português*, Braga, Escola de Direito da Universidade do Minho, 2017, pp. 49 a 68 – disponível em http://hdl.handle.net/1822/49555. Carlos FERREIRA DE ALMEIDA, *Contratos*, vol. I, *Conceito. Fontes. Formação*, 6.ª ed., 2018 (reimpr.).

1. A formação do negócio jurídico

a) As modalidades da declaração negocial; os seus elementos

Para haver um negócio jurídico é preciso, como sabemos (n.ºs 662 ss.), a existência de, pelo menos, uma declaração de vontade que o integre. Quer dizer, o primeiro passo para o negócio jurídico consiste numa declaração de vontade. 693

Para declarar a sua vontade, o declarante dispõe, em princípio, de todos os meios que lhe servem para se fazer entender, portanto, um declarante razoável escolherá o meio que, do seu ponto de vista, a exprime. Como a formação e a expressão da declaração se situam na sua esfera, de modo que é responsável por ela, tem também "o domínio do risco" para se declarar correctamente[611]. Nesta ordem de ideias o Código Civil parte do princípio da liberdade declarativa e distingue, em função disso, três modalidades em que a vontade pode ser revelada (= parte objectiva da "declaração da vontade"): a declaração pode ser expressa; a declaração pode ser tácita; a declaração pode ser feita por meio da atribuição de valor declarativo ao silêncio – como vem prescrito nos artigos 217.º e 218.º [612].

694 A declaração negocial é expressa quando for feita por palavras, escrito ou qualquer outro meio directo de manifestação da vontade (p. ex., gestos ou sinais). Uma declaração expressa é, portanto, uma manifestação directa da vontade. Ela destina-se, unicamente ou em primeira linha, a exteriorizar certa vontade negocial (artigo 217.º, n.º 1, 1.ª alternativa).

695 A declaração negocial é *tácita*[613] quando se deduz de factos que, com toda a probabilidade, "a" revelam, referindo-se o "a" à vontade (artigo 217.º, n.º 1, 2.ª alternativa). Uma declaração tácita é, portanto, uma manifestação indirecta da vontade que se baseia num comportamento concludente do declarante. O comportamento destina-se principalmente (ou simultaneamente) a um outro fim, mas permite a conclusão no sentido da existência de uma dada vontade negocial. O comportamento declarativo não aparece como visando directamente – de uma maneira frontal – a exteriorização da vontade que se considera declarada por essa forma (p. ex., quem estaciona o seu automóvel num parque de estacionamento, sujeito ao pagamento de um preço, visa de uma maneira directa estacionar o carro, mas revela, implicitamente, ainda a vontade de aceitar o preço estabelecido).

[611] W. Schmidt-Rimpler, *cit.*, pp. 130, 178.

[612] Neste contexto, P. Hanau, «Objektive Elemente im Tatbestand der Willenserklärung», *AcP* 165 (1965-66), p. 220 e, sobretudo, Chr. Kellmann, «Grundprobleme der Willenserklärung», *JuS* 1971, p. 609; Rüthers, *cit.*, n.os 193 ss.; Flume, vol. II, *cit.*, § 5.

[613] Sobre a figura, v. Paulo Cardoso Correia da Mota Pinto, *Declaração Tácita e Comportamento Concludente*, Coimbra, Almedina, 1995.

Quanto ao *silêncio* – que é de distinguir da declaração tácita, onde há uma "manifestação" – a lei parte do princípio de que não possui valor declarativo nenhum (nem é equivalente a uma recusa): o silêncio, em termos de declaração negocial, por via de regra não vale nada. Apenas nos casos expressamente previstos, ou seja, quando esse valor lhe seja atribuído por lei, uso ou convenção, o silêncio vale como declaração negocial (artigo 218.º). 696

O que está em causa, no caso do silêncio, não é a ausência da vontade, é a ausência da manifestação desta[614]. Se a vontade não existe – ou não é presumida ou fingida – o problema do valor negocial do silêncio não se põe. O silêncio é, no sistema legal, o meio declarativo (= a parte objectiva).

Não havendo lei, uso ou convenção que atribuam ao silêncio valor declarativo, ele não vale como declaração, sendo irrelevante se a pessoa devia ou não falar. Mas isto não significa que se possa recorrer ao silêncio de maneira abusiva. Neste caso, é a própria lei (artigos 334.º e 224.º, n.os 2 e 3) que permite e impõe atribuir-lhe o correspondente sentido declarativo. Por outro lado, se uma pessoa está impossibilitada de todo de falar, por não ter uma vontade que possa manifestar (estado de inconsciência ou de coma, etc.), este facto já é relevante: não se pode atribuir valor declarativo ao silêncio de quem, devido à inexistência completa da vontade, não podia falar.

Enquanto a não atribuição de valor declarativo, em princípio, não suscitará dúvidas, estas já podem surgir a respeito dos usos, uma vez que estes estão sujeitos a modificações, conforme a evolução das concepções que determinam o tráfico jurídico negocial.

A convenção, por seu lado, pode resultar de declarações expressas ou tácitas, mas – em todo o caso – sempre prévias ao silêncio. Parece que uma convenção que atribui valor declarativo ao silêncio não pode ser criada, ela própria, pelo silêncio. O silêncio como meio declarativo só deve ser possível no caso de resposta a uma declaração expressa (ou eventualmente tácita) precedente. O silêncio é uma maneira de reagir. Não parece possível tomar uma iniciativa (p. ex., fazer uma proposta) por meio de silêncio.

Casos em que o silêncio tem valor declarativo são os previstos no artigo 923.º, n.º 2 (aceitação da proposta de venda a contento), no artigo 1163.º (aprovação por silêncio), falando aqui a epígrafe do preceito em aprovação 697

[614] No mesmo sentido, J. F. RODRIGUES BASTOS, *cit.*, vol. II, Observação 2. ao artigo 218.º; diferente, FLUME, vol. II, *cit.*, § 10.

tácita (!), no artigo 1077.º, n.º 2, al. *d)* (aceitação do cálculo da renda actualizada), 1432.º, n.º 8 (aprovação de deliberação dos condóminos por silêncio), 1805.º, n.º 2 (estabelecimento da maternidade através do silêncio da pessoa indicada como mãe [!]), 1857.º, n.º 4 (aceitação da perfilhação em caso de silêncio do perfilhando). As duas últimas situações são diferentes, na medida em que não se tratará de declarações negociais, mas de declarações de ciência.

O silêncio depois do recebimento de uma mercadoria não encomendada, nos casos em que não há relações negociais entre os interessados, nunca vale como declaração negocial, como determina o n.º 2 do artigo 28.º do DL n.º 24/2014, de 14 de Fevereiro (regime dos contratos celebrados à distância e fora do estabelecimento comercial): "(...) a ausência de resposta do consumidor na sequência do fornecimento ou da prestação não solicitados não vale como consentimento". Também não há uso neste sentido, pois o referido artigo 28.º (n.º 1) considera esta uma prática proibida.

698 Definidas as modalidades para declarar a vontade, o elemento objectivo ou externo, convém descrever ainda, de maneira sucinta, o elemento subjectivo ou interno que subjaz – como pressuposto lógico – àquela declaração. O elemento subjectivo da declaração negocial, a vontade, costuma ser subdividido em três sub-elementos: a vontade de acção, a vontade (ou consciência) de declaração e a vontade negocial. Se um dos referidos elementos subjectivos faltar de todo, ou for deficiente, ou se o elemento objectivo não obedecer às exigências legais, a declaração negocial é atingida por esse facto e, conforme os casos, é não existente ou inválida (nula ou anulável), repercutindo-se a invalidade sobre os seus efeitos, ou simplesmente irregular (podendo ser rectificada).

699 Fora dos casos em que o silêncio tem valor declarativo, é necessário uma exteriorização da vontade, uma manifestação da vontade, para que haja uma declaração de vontade. Para o efeito o declarante tem de agir. Uma acção em sentido jurídico existe quando ela é comandada pela vontade do declarante.

700 A vontade de acção (*Handlungswille*) é a vontade dirigida à execução da própria acção mediante a qual se manifesta a vontade negocial (p. ex., a vontade de falar, de escrever, de fazer gestos, etc.). Não há vontade de acção, nem acção em sentido jurídico (p. ex., uma declaração negocial), no caso de

movimentos inconscientes ou de reflexos ou no caso de coacção física (*vis absoluta*). Por outro lado, há vontade de acção e acção negocial quando o declarante age sob coacção moral, ou seja, não voluntariamente, mas contrariado, etc. (*vis compulsiva*); vontade não equivale a voluntariedade.

A vontade (ou consciência) de declaração (*Erklärungswille* ou *Erklärungsbewusstsein*) existe quando o declarante tem a consciência de que o seu comportamento ou a sua manifestação (artigo 217.º, n.º 1, 1.ª e 2.ª alternativas) significam uma declaração negocial, num sentido qualquer, ou podem ser entendidos neste sentido. O declarante sabe, portanto, que o seu agir, o seu comportamento, tem uma relevância jurídica. O elemento essencial da vontade de declaração é a consciência de criar uma vinculação jurídica. Faltando esta, não há uma declaração negocial[615]. 701

A vontade negocial (*Geschäftswille*) é a vontade dirigida a um determinado efeito, a vontade de concluir um negócio específico (p. ex., comprar uma determinada mercadoria e não outra), é a vontade dirigida a um negócio jurídico concreto, visando certo fim ou incidindo sobre um determinado objecto ou referindo-se a uma qualidade precisa. A não coincidência entre a vontade negocial e a declaração feita pode levar a um erro (na declaração). 702

A vontade negocial não se confunde com os motivos (*Beweggründe, Motive*) que estão na sua origem e que fazem com que o negócio seja celebrado (p. ex., para fazer uma prenda, para aproveitar uma baixa de preços [os "saldos"], para readquirir uma antiga propriedade familiar, etc.). Os motivos situam-se fora, melhor dizendo, antes do negócio, e não possuem, em princípio, qualquer relevância jurídica. A inexactidão ou inadequação dos motivos não pode afectar a declaração, sob pena de prejuízos incomportáveis para

[615] Esta afirmação é, atendendo às necessidades do tráfico jurídico (= protecç ão de confiança), carregada de problemas. Ver, RÜTHERS, *cit.*, n.ºs 200 ss.; ERMAN/BROX, *BGB Handkommentar, cit.*, Vor § 116, nº 3; MUSIELAK, *cit.*, n.ºs 54 ss.; BGH *NJW* 1984, p. 2279 com a *Anotação* muito crítica de CANARIS; BGH *NJW* 1990, p. 454 (no mesmo sentido que a decisão anterior). Segundo o BGH, e a doutrina dominante que o segue, há uma declaração negocial em casos de manifestações de vontade (declarações de ciência, comportamentos concludentes), mesmo sem vontade de declaração, quando o declarante, devido a sua negligência, não se apercebeu de que a sua atitude podia ser entendida como sendo uma declaração negocial e quando o destinatário, de facto, a entendeu assim mesmo. Todavia, devido ao disposto no artigo 457.º, esta doutrina não poderá valer no âmbito do CCiv português.

a segurança do tráfico jurídico negocial: o porquê da vontade é anterior à declaração negocial.

703 Apesar de, como ficou exposto, a declaração negocial ser formada pelos elementos interno (vontade) e externo (declaração), ela constitui um todo (falando Larenz de *ein sinnhaft Ganzes*). Parece significativa e feliz, a este respeito, a terminologia do Código Civil ao falar da "declaração negocial", sublinhando assim a função única do instituto, ao não utilizar o termo "declaração de vontade", que deixa transparecer os dois elementos componentes. A sintonia entre manifestação e vontade é o facto regular, ela constitui, por assim dizer, uma "relação natural" (Savigny). É natural que os elementos externo e interno coincidam[616]. Aliás, esta coincidência tem de existir. Se não existisse, o negócio jurídico (em que a declaração se integra) não podia desempenhar o seu papel.

704 Atendendo ao facto de a declaração de vontade, a declaração negocial, composta pelos elementos interno (vontade) e externo (manifestação; silêncio), se destinar à produção de efeitos jurídicos, discute-se, desde a sua introdução na terminologia jurídica, qual a verdadeira causa ou razão da eficácia daquelas consequências (efeitos) jurídicas, desencadeadas por uma declaração de vontade[617].

A teoria clássica (Jhering e outros), a chamada teoria da vontade, considerava a vontade efectiva do declarante como decisiva; a teoria da declaração (Kohler, Leonhard) considerava como decisiva, não a vontade interna, mas sim o elemento externo, objectivo, a declaração tal como o declaratário – dentro dos limites da boa fé, da confiança e da segurança do tráfico jurídico – podia e devia entender o comportamento no qual ela se traduz.

Manuel de Andrade define como declaração de vontade negocial "todo o comportamento de uma pessoa que, segundo os usos da vida, convenção dos interessados ou até, por vezes, segundo disposição legal, aparece como destinado a exteriorizar um certo conteúdo de vontade negocial, ou em todo o caso o revela e traduz", oferecendo assim uma definição objectivista, ligada à aparência, segundo a qual a vontade se manifesta.

[616] Ver FLUME, vol. II, *cit.*, § 4 4.

[617] Cf. FLUME, vol. II, *cit.*, § 4, 5-8.

O Código Civil não toma posição, pelo menos não directamente, nesta disputa das teorias, no fundo dirigidas a uma falsa questão, deixando o problema à doutrina jurídica. No entanto, em certa medida, ele próprio estabeleceu algumas directrizes que impedem uma solução subjectivista e que, sem as querer impor, favorecem soluções objectivistas. Quer dizer, a vontade, como elemento subjectivo, não é negada, mas o significado da vontade pode estar condicionado pelas opções sistemáticas tomadas pelo Código e pela concepção social do direito privado, que toma em conta os interesses não do indivíduo isolado (= o declarante e a sua vontade), mas sim do indivíduo inserido no seu contexto social (= o(s) declaratário(s) e o seu entendimento legítimo da declaração). 705

Tendo em devida consideração os princípios da autonomia privada e da autodeterminação da pessoa por meio do negócio jurídico (ver n.º 328), por um lado, e a necessidade da segurança do tráfico jurídico e o princípio da protecção à confiança (boa fé; ver n.º 210), por outro, bem como as soluções do Código, poder-se-á resolver a tensão existente entre as várias teorias da maneira seguinte: uma declaração de vontade é um acto (uma acção) que produz um efeito jurídico intencionado pelo declarante, de acordo com o conteúdo objectivo que a declaração apresenta ou que lhe é atribuído[618]. 706

Isto significa que a vontade, a autonomia da vontade, do declarante é moldada – no caso de isto se verificar como necessário (e apenas neste caso!) – por critérios objectivos. Aquela definição parece conciliável com as soluções – ou as indicações – do Código Civil. Pois é evidente que esta lei não pode ter querido criar uma contradição entre a função do negócio jurídico (como expressão da autonomia privada) e a aparência objectiva do mesmo: a vontade é decisiva, desde que ela se tenha manifestado convenientemente segundo as exigências do tráfico jurídico. Existe uma correlação entre a vontade e a sua manifestação e é natural que os elementos externo e interno coincidam. A sintonia entre manifestação e vontade é o facto regular; quando ela falta, justificam-se as diferenciações feitas. Mas, por via de regra, a declaração negocial é a manifestação da vontade em si. 707

[618] Diz-nos Schimdt-Rimpler, *cit.*, pp. 130, 150, que, felizmente, os casos em que o valor declarativo e o conteúdo de vontade não coincidem são desproporcionalmente raros, em comparação com aqueles em que há coincidência.

b) A forma da declaração negocial; a sua distinção da publicidade

708 O Código Civil consagra, como vimos, em virtude do disposto no artigo 217.º (e em sintonia com os princípios da autonomia privada e da liberdade contratual), o princípio da liberdade declarativa.

Mas há casos em que o Código abandona este princípio da liberdade declarativa, exigindo que certas declarações negociais sejam feitas de maneira expressa, como acontece, p. ex., nos artigos 589.º e 590.º, n.º 2 (subrogação pelo devedor), 595.º, n.º 2 (transmissão de dívida), 731.º, n.º 1 (renúncia à hipoteca[619]) e 957.º, n.º 1 (ónus da coisa doada), ficando deste modo afastados a modalidade da declaração tácita e o silêncio.

709 Em sintonia com o princípio da liberdade declarativa, o Código estabelece o princípio da liberdade de forma, de acordo com o disposto no artigo 219.º: "A validade da declaração negocial não depende da observância de forma especial, salvo quando a lei a exigir". Por conseguinte, em princípio, as declarações são feitas "livremente", e isto tanto em relação à modalidade utilizada como quanto à forma escolhida.

Deste modo, os declarantes, as partes de um negócio, não são obrigados, por via de regra, a adoptar uma forma, facto que não exclui, porém, que eles próprios resolvam, dentro do princípio da liberdade de forma, escolher voluntariamente uma forma qualquer. Neste caso fala-se da forma convencional. A forma convencional resulta da vontade do(s) declarante(s) como afirmação dos princípios da liberdade declarativa e da liberdade de forma.

710 As considerações que podem levar as partes à adopção de uma forma voluntária são, p. ex., razões de clareza quanto à conclusão do negócio e seu conteúdo, a segurança e a facilitação da prova ou a melhor ponderação das decisões a tomar no negócio em causa. Todavia, no comércio económico, sucede também que os negócios celebrados deixam conscientemente certos aspectos em aberto, para não fazer perigar a confiança que existe em relações comerciais estreitas entre as pessoas.

Para a estipulação da forma convencional não é necessária, de acordo com os princípios dos artigos 217.º, n.º 1, e 219.º, a observância de nenhuma forma especial. Assim, a estipulação pode ser feita *inclusive* por declarações tácitas.

[619] Mesmo assim, sendo favorecido apenas o devedor, a lei acautela, pela forma, devidamente o exercício do direito potestativo.

O que vale para a estipulação da forma convencional vale também para o seu eventual abandono, ainda que uma outra coisa tenha sido combinada: não é precisa forma alguma. A vontade das partes sobrepõe-se sempre a uma forma convencionada, desde que a vontade seja provada. Assim, a vontade acordada das partes faz com que estas tenham o negócio e a sua forma sempre na mão.

711 Nestes termos, o n.º 1 do artigo 222.º prevê o caso de o autor da declaração ter adoptado, de livre vontade, a forma escrita e diz, ao circunscrever o âmbito desta forma voluntária, que ela não afecta ou prejudica eventuais estipulações acessórias verbais, desde que correspondam à vontade do declarante.

O artigo 223.º, por seu turno, regula situações em que as partes convencionaram ou estipularam entre si uma determinada forma voluntária (portanto, não só a simples forma escrita, como no artigo 222.º) e prevê, em atenção à altura em que a estipulação foi feita, dois tipos de efeitos diferentes, provocados pela forma escolhida. Diz o artigo 223º:

"1. Podem as partes estipular uma forma especial para a declaração; presume-se, neste caso, que as partes se não querem vincular senão pela forma convencionada". – Trata-se aqui de uma estipulação anterior ao negócio que se celebrará em seguida.

"2. Se, porém, a forma só for convencionada depois de o negócio estar concluído ou no momento da sua conclusão, e houver fundamento para admitir que as partes se quiseram vincular desde logo, presume-se que a convenção teve em vista a consolidação do negócio, ou qualquer outro efeito, mas não a sua substituição". – Aqui o negócio precede a estipulação ou coincide com ela.

O n.º 1 do artigo 223.º limita-se a estabelecer uma presunção (ilidível nos termos do artigo 350.º, n.º 2, mediante a prova em contrário) no sentido de as partes, tendo primeiro convencionado a forma, apenas se quererem vincular, no futuro, por meio dela. Sem a observância da forma convencionada, não haverá vinculação entre elas[620], a não ser que diversamente seja provado.

[620] No mesmo sentido STJ *BMJ* n.º 188 (Julho 1969), p. 157 = *RLJ* 103 (1970/1971), p. 488, com a Anotação crítica – mas neste ponto específico coincidente – de A. Vaz Serra, pp. 489, 494, sendo a anotação muito instrutiva a respeito do formalismo nos negócios jurídicos.

O n.º 2 do artigo 223.º estabelece igualmente uma presunção (também ilidível nos termos do artigo 350.º, n.º 2), mas no sentido de as partes, mediante a forma convencionada, quererem facilitar a prova (*forma ad probationem*). O negócio já está validamente celebrado. Só depois, mediante a forma, as partes querem consolidar o acto ou tomar as suas cláusulas mais perceptíveis ou visíveis. Mas as partes não querem ver o negócio substituído por um outro posterior, embora de conteúdo eventualmente idêntico.

712 Como ficou dito, as partes podem abandonar uma forma convencionada, apesar da convenção. Na verdade, "a exigência de forma feita voluntariamente pode, por isso mesmo que se trata de uma forma voluntária, ser afastada pelas partes, através de uma determinação ulterior ou sucessiva em sentido contrário (...). Tal abandono da forma determinada por negócio jurídico pode naturalmente ter lugar por maneira expressa ou tácita, e designadamente através da realização, sem sujeição à forma voluntariamente exigida, do negócio para o qual tal exigência justamente se fez (...) A supressão tácita, mediante celebração verbal do negócio, pode aceitar-se quando as partes conheçam a reserva relativa à forma e celebrem, não obstante, o negócio de modo a mostrarem (pelas suas declarações, pelo cumprimento das obrigações contraídas, etc.) a vontade de realizar um negócio vinculante"[621].

Em face disto é evidente a força reduzida que a lei atribui à forma convencional.

713 Mas verifica-se uma situação perfeitamente inversa, quando a lei exige a observância de uma forma que é imposta às partes de um negócio[622]. A exigência da forma legal é uma excepção.

Na verdade, tal como há desvios ao princípio da liberdade declarativa, consagrado no artigo 217.º, há também excepções ao princípio da liberdade de forma, estabelecido no artigo 219.º, aliás de acordo com a ressalva feita na última parte do próprio artigo 219.º (ver, p. ex., os artigos 875.º, 947.º, 981.º ou 1710.º).

A exigência da forma legal, sendo uma excepção, destina-se também a servir a autonomia privada, estabelecendo-lhe balizas ou enquadramentos, mas necessita de uma justificação especial. Nestes termos visa determina-

[621] Rui de Alarcão, «Forma dos negócios jurídicos», *BMJ* n.º 86 (Maio 1959), pp. 177, 198.
[622] Ver K. Heldrich, «Die Form des Vertrags», *AcP* 147 (1941), p. 89.

dos fins e baseia-se em certas razões que o legislador considera serem de interesse público (ou de ordem pública), superiores, portanto, aos interesses das partes envolvidas, de modo que os julga mais relevantes do que a manutenção do princípio da liberdade de forma, deixado à conveniência só das partes. Por isso, a observância da forma legal é aqui um pressuposto de validade do negócio[623].

O formalismo legal refere-se apenas às declarações negociais no sentido do artigo 217.º, mas não às intervenções de natureza não negocial ou não jurídico-privada, como sucede, p. ex., com as intervenções de determinadas entidades na celebração do negócio (cf. n.os 674 e 675), sujeitas a regras próprias.

A exigência da forma legal, sem a qual o negócio não é válido, parece implicar, à primeira vista, uma redução da fluência e da celeridade do tráfico jurídico. No entanto, quando a lei exige a forma não o faz para reduzir a fluência do tráfico jurídico, mas antes para garantir a sua eficiência e a sua segurança, protegendo-o, deste modo, no interesse geral. Estes objectivos justificam o desvio aos princípios da liberdade declarativa e de forma. 714

Com isto torna-se também evidente que as razões justificativas, os princípios condutores ou os interesses subjacentes à forma convencional, por um lado, e à forma legal, por outro, são essencialmente diferentes. No primeiro caso é a vontade do(s) declarante(s) – que se manifesta dentro do princípio da autonomia privada (e daí dentro dos princípios da liberdade declarativa e de forma) – que determina a forma adoptada; no segundo caso é a vontade da lei que actua por meio de normas imperativas, impondo a forma às partes. Em caso de não observância da forma convencional, a lei presume que as

623 No mesmo sentido também PIRES DE LIMA – ANTUNES VARELA – Henrique MESQUITA, anotação 4. ao artigo 220.º: "O artigo 220.º consagra explicitamente, como regra, a solução que considera as formalidades legais da declaração como formalidades *ad substantiam* (e não como meras formalidades *ad probationem*)".
Por outro lado, o artigo 220.º *apenas* estabelece uma ligação entre a inobservância da forma legal e a invalidade *daí* decorrente. Quer dizer, a observância da forma legalmente prescrita não garante a validade do acto, pois este sempre pode ser inválido por outras razões, por exemplo, por vícios ou faltas de vontade, nomeadamente por ser simulado. Por outras palavras, a observância da forma legal não constitui nenhuma garantia quanto à veracidade das declarações feitas, mas respeita unicamente ao seu texto verbal (a não ser que o próprio acto formal seja viciado; cf. artigos 70.º e ss. do CN).

partes nem se querem vincular, enquanto a inobservância da forma legal põe em causa a validade da declaração, mas não a própria vontade vinculativa.

715 Quando a lei exige uma determinada forma (artigo 219.º, 2.ª alternativa), entende com isso que a declaração negocial deve constar de um documento (ver artigo 362.º), mais precisamente, de um documento escrito (e não de outros tipos de documento que a noção ampla do artigo 362.º admite). Por isso, não sendo escritos, não constituem documentos meras cópias, fotocópias ou telecópias[624].

Os documentos escritos são autênticos (artigo 363.º, n.ºs 1 e 2; artigos 369.º ss.) ou são particulares (artigo 363.º, n.ºs 1 e 2; artigos 373.º ss.). São autênticos os documentos exarados pelo notário nos respectivos livros, ou em instrumentos avulsos, e os certificados, certidões e outros documentos análogos por ele expedidos (artigos 35.º, n.º 2, 36.º CN). Os documentos particulares podem ser autenticados quando forem confirmados pelas partes perante o notário ou as entidades referidas no art. 38.º, n.º 1, do DL n.º 76-A/2006, de 29 de Março[625] (artigo 363.º, n.º 3, CCiv; artigo 35.º, n.º 3 CN). Os documentos particulares autenticados têm a mesma força probatória dos documentos autênticos, mas não os substituem quando a lei exija um documento autêntico, como exigência de forma, para a validade de um acto, p. ex., para a validade de uma declaração negocial (artigo 377.º)[626].

Todavia, o documento legalmente exigido pode ser substituído por um outro que tenha valor probatório superior, p. ex., em vez da forma escrita exigida pela lei, as partes podem recorrer à escritura pública (artigo 364.º, n.º 1). Fora esta hipótese, a forma exigida por lei não está à disposição do(s) declarante(s). A liberdade declarativa e de forma está reduzida à possibilidade de ir para além das formalidades impostas pela lei.

[624] Fazem prova, porém, as cópias, fotocópias ou telecópias que obedeçam às exigências formais estabelecidas no CRegCiv e no DL n.º 28/92, de 27 de Fevereiro, para determinados actos notariais, registrais e processuais (judiciais).

[625] Ver nota 606.

[626] Neste contexto devemos distinguir os seguintes conceitos: autenticidade (a exigência de forma foi observada; o autor é verdadeiro); veracidade ou correcção (o conteúdo do documento corresponde à verdade); falsidade (o documento não provém do autor nele indicado como tal ou não reproduz devidamente as declarações que foram feitas; uma declaração de ciência não corresponde à verdade). V. F. A. Pires de Lima, «Anotação», *RLJ*, Ano 96 (1963/64), pp. 285 e 286.

As finalidades e razões justificativas para a imposição da forma legal são principalmente as seguintes[627]: 716

1.º a ponderação da decisão em ordem a evitar soluções precipitadas ou irreflectidas, como meio de protecção das partes;
2.º a clareza acerca do momento exacto da conclusão de um negócio, separando-o da fase de negociações;
3.º a clareza a respeito do próprio conteúdo do negócio;
4.º a segurança da prova e, com isso, a prevenção de litígios;
5.º uma assistência profissionalmente competente, destinada a garantir a legalidade do acto e a averiguar, em jeito de controlo prévio, ainda a capacidade negocial dos intervenientes[628];
6.º a cognoscibilidade para terceiros, uma vez que os notários estão, em princípio, obrigados a prestar verbalmente informações relativas aos actos, registos e documentos arquivados, ao abrigo da publicidade notarial (artigo 32.º, n.º 4 CN);
7.º o controlo para preservar interesses da comunidade ou de terceiros (para além de eventuais exigências de autorizações por parte de tribunais ou outras entidades).

A exigência da forma legal pode visar, simultaneamente, várias razões que servem para a justificar. De facto, o prosseguimento de vários objectivos constitui o caso mais frequente. Assim, uma apreciação jurídica da respectiva exigência da forma legal deve abranger todas as razões e objectivos visados e, ainda, as prioridades entre eles. Pode pensar-se, contudo, que em sociedades com um elevado grau de alfabetização e instrução, a escritura pública como forma legal muitas vezes será dispensável, bastando a forma escrita, desde que obedeça a determinadas exigências legais quanto ao conteúdo do documento. Daí o facto de se ter passado a admitir, a partir de 2008, a alienação de imóveis por meio de documento particular autenticado[629].

[627] K. Heldrich (n. 14), pp. 91 a 93.

[628] Por isso, responde pelos danos causados o notário que procede à escritura pública de um contrato, cujo conteúdo ofende os bons costumes, se não elucidou as partes contraentes a este respeito. Neste sentido, v. BGH *NJW* 1993, p. 1589.

[629] Cf. DL n.º 116/2008, de 4 de Julho, que alterou os artigos 875.º e 947.º, n.º 1, do CCiv.

717 Quando a lei exige a observância de forma legal, parte do princípio de que o documento, necessário para o efeito, inclui tudo o que as partes contraentes quiseram regular entre si. Na verdade, se um negócio formal tem um determinado conteúdo que o define, pode partir-se do princípio de que o documento está completo e correcto quanto aos objectivos das partes. Pode acontecer, porém, que as partes ainda façam estipulações ou acordos complementares ou adicionais, fora do documento. Resta saber qual o valor jurídico daquelas estipulações, ou seja, resta saber se estão abrangidas ou não pelo âmbito da forma legal. O âmbito da forma legal é determinado pelo artigo 221.º. Este preceito contempla três casos:

1.º estipulações verbais acessórias anteriores ao documento legalmente exigido para a declaração negocial (artigo 221.º, n.º 1, 1.ª alternativa);
2.º estipulações verbais acessórias contemporâneas ao documento legalmente exigido para a declaração negocial (artigo 221.º, n.º 1, 2.ª alternativa);
3.º estipulações verbais acessórias posteriores ao documento legalmente exigido para a declaração negocial (artigo 221.º, n.º 2).

Estes três casos não recebem tratamento legal idêntico. A diferenciação fundamental é feita entre estipulações anteriores e contemporâneas, por um lado, e estipulações posteriores, por outro. As primeiras são, em princípio, nulas (artigo 221.º, n.º 1, 1.ª parte), enquanto as segundas são, em princípio, válidas (*arg. a contrario* artigo 221.º, n.º 2).

718 Para estas soluções a lei parte de duas premissas: ou a razão que exige a forma legal abrange as estipulações acessórias, com a consequência de *estas* serem nulas por falta de forma, ou não as abrange, e então as cláusulas são válidas, mas sujeitas à prova (artigo 221.º, n.º 1, 2.ª parte), excepto a prova testemunhal (artigo 394.º, n.º 1).

Na sequência disso, a lei determina que as cláusulas verbais acessórias anteriores ou contemporâneas ao documento são, em princípio, nulas. Aqui presume-se que não foram incluídas no documento porque as partes, tendo embora pleno conhecimento delas, já não as quiseram convencionar. Esta presunção não procede, porém, quando a razão determinante da forma não for aplicável àquelas estipulações e se provar que elas continuam a corresponder à vontade do autor da declaração (artigo 221.º, n.º 1, 2.ª parte).

A validade pressupõe, portanto, que se trata: (a) de estipulações de cláusulas acessórias não essenciais; (b) de estipulações não abrangidas pela razão de ser da exigência do documento; (c) de estipulações que se provem corresponder à vontade das partes.

Quanto às cláusulas posteriores que, por serem posteriores, não podiam ter sido incluídas no documento, é de dizer que são, em princípio, válidas, a não ser que elas próprias estejam sujeitas à forma legal, em virtude de as razões da forma lhes serem igualmente aplicáveis (artigo 222.º, n.º 2).

Muitas vezes será difícil decidir se as razões determinantes da forma são aplicáveis ou não àquelas cláusulas acessórias, podendo as soluções apenas ser encontradas ao avaliar cada situação concreta[630]. 719

Não são abrangidas pela razão da exigência da forma cláusulas respeitantes ao lugar ou ao cumprimento da prestação, a forma do cumprimento ou a quitação do próprio cumprimento; por outro lado, cláusulas que alteram o conteúdo da declaração (p. ex., alteração das obrigações nela contidas) estão abrangidas pela razão da forma. Há, no entanto, muitas situações em que restam dúvidas (p. ex., alteração de um pagamento a pronto para um pagamento a prazo), em que apenas à luz de cada caso concreto, tendo em conta todas as circunstâncias específicas, se poderá encontrar a solução adequada.

Da forma dos negócios deve distinguir-se a sua publicidade. Quer dizer, certos negócios estão – em seguida à sua celebração por meio de acto formal ou não – sujeitos a publicidade, nomeadamente a registo; a publicidade ou a sua falta, se não tiver sido efectuada, em nada afectam o negócio, pois este já está concluído. A falta da publicidade apenas tem como consequência que o negócio não é oponível a "terceiros", embora produzindo todos os seus efeitos em relação às partes. Na verdade, os "terceiros" não são supostos de conhecer o negócio, precisamente por lhe faltar a sua publicidade. 720

[630] P. ex., STJ, *BMJ*, n.º 290 (Nov. 1979), p. 340, com a Anotação de A. Vaz Serra às pp. 145 a 148; STJ, *BMJ*, n.º 303 (Fev. 1981), p. 212: "É nula a estipulação verbal acessória, que acompanhou um contrato de arrendamento, no sentido de o arrendatário se comprometer a entregar a casa ao senhorio logo que este dela necessitasse. Tal nulidade não afecta a validade do negócio"; Rel. de Coimbra, *BMJ* n.º 305 (Abril 1981), p. 345: "Se, por escritura pública, foi vendida uma casa, nada obsta, em princípio, à validade de contemporânea estipulação verbal no sentido de a venda incluir os bens móveis que na casa se encontravam (...)".

Todavia, em certas situações, legalmente previstas, a falta da publicidade do negócio tem consequências mais severas do que a simples inoponibilidade dos seus efeitos a terceiros. Estas consequências traduzem-se em que, sem a publicidade necessária, o negócio, embora exista, apenas produz efeitos latentes, uma vez que não pode ser invocado ou atendido (p. ex., o casamento não registado ou, também, a hipoteca voluntária não registada[631]), ou, mais grave ainda, nem sequer produz efeitos, devido à ausência de um requisito essencial (p. ex., o contrato de sociedade comercial não registado, onde a sociedade comercial, como pessoa jurídica, é inexistente)[632].

Artigo 5.º CSC que diz que as sociedades comerciais só adquirem personalidade jurídica com o registo definitivo; artigo 36.º, n.º 2, CRegCom.

721 Acrescente-se por fim, que o formalismo legal ainda conhece – tal como sucede com a forma convencionada – a *forma ad probationem*, sem relevância para a validade do negócio. Um exemplo para este tipo de forma oferece-nos o artigo 458.º, n.º 2, quanto à prova da promessa de efectuar uma prestação ou de reconhecer uma dívida. Outro exemplo podemos encontrar no artigo 1078.º, n.º 1, que determina as partes do contrato de arrendamento urbano devem estipular por escrito o regime dos encargos e despesas.

De resto, não pertencem ao contexto da forma legal as formalidades previstas para a convocação de assembleias etc., visto não se tratar de declarações negociais (p. ex., convocação de associados ou de condóminos, etc.), ao contrário, aliás, das formalidades exigidas para as comunicações de que constam as actualizações das rendas, que são pressupostos de validade.

c) A perfeição da declaração negocial

722 Feita por uma das modalidades previstas pelo artigo 217.º e de acordo com a forma prescrita ou convencionada nos termos dos artigos 219.º, última parte, 222.º e 223.º, a declaração negocial ainda não produz, sem mais, os

[631] Nestes casos, o registo é uma condição legal de eficácia, sustentando, todavia, a doutrina maioritária que o registo da hipoteca é constitutivo da hipoteca.

[632] O que não significa que não haja um património que responda pelas dívidas. Sobre o regime aplicável às "sociedades" comerciais não registadas e, por isso, não constituídas de acordo com as regras legais, v. Maria Miguel Carvalho, *Sociedades Comerciais (sumários desenvolvidos)*, Braga, AEDUM, 2014, pp. 62 ss.

seus efeitos pretendidos. De facto, relevante para uma declaração negocial não é apenas o seu conteúdo, de acordo com o modo em que a vontade se manifesta, ou a sua forma, observada por virtude da lei ou convenção, mas ainda o momento da sua eficácia (ou perfeição) antecedido, por seu lado, ainda, pelo momento da emissão.

Ao aspecto estrutural junta-se um elemento temporal: o desenvolvimento da declaração no tempo.

Quer dizer, para que os efeitos jurídicos de uma declaração negocial se produzam é preciso que esta, depois de ter sido feita ou formulada, adquira "eficácia" (ou "perfeição"); por outras palavras, a declaração negocial deve acabar por "tornar-se eficaz".

O momento da eficácia tem relevância sob três aspectos: em primeiro lugar, esclarece se uma declaração foi feita tempestivamente ou não; em segundo lugar, determina a parte que arca com o risco de uma transmissão errada da declaração ao separar, no decurso temporal, as esferas de poder do declarante e do declaratário para as declarações recepticias; em terceiro lugar, determina o momento a partir do qual o declarante fica vinculado à sua declaração, o que tem importância para a conclusão do contrato e a correspondente transferência de direitos reais e do risco do perecimento ou deterioração da coisa, ou para a data a partir da qual correm os prazos para a sua anulação. 723

Desta maneira, a existência de uma declaração negocial pode apresentar mais do que uma fase, e normalmente é isto que acontece. 724

Na verdade, podemos distinguir os seguintes momentos sequenciais:

1.º – a exteriorização, quando a declaração é formulada ou manifestada, exprimindo o declarante a sua vontade;

2.º – a expedição, quando a declaração, depois de exteriorizada, é expedida pelo declarante;

– tanto a exteriorização como a expedição são fenómenos que se verificam do lado do declarante, podendo conduzir à emissão da declaração ou coincidir com ela; a emissão da declaração vem referida na lei, no artigo 226.º, e pode ser caracterizada como o momento em que a declaração sai da esfera de poder do declarante com a vontade deste.

3.º – a recepção, quando a declaração chega ao poder do seu destinatário ou declaratário em termos que normalmente lhe permitam tomar conhecimento do seu conteúdo (entrada na esfera de poder do declaratário);

4.º – o conhecimento, quando o destinatário ou declaratário toma, de facto, conhecimento da declaração que lhe foi dirigida;

– tanto a recepção como o conhecimento verificam-se do lado do declaratário, sendo o pressuposto lógico de ambos a anterior emissão da declaração negocial.

725 Nem todas as declarações negociais, porém, apresentam as fases descritas em que aparece, primeiro, um declarante e, em seguida, um declaratário. É preciso distinguir entre declarações recepticias (p. ex., uma proposta contratual) e não recepticias (p. ex., um testamento). Declarações recepticias (ou recipiendas) são aquelas que se dirigem a um destinatário ou declaratário; declarações não recepticias (ou não recipiendas) são as que não se dirigem a um destinatário, de maneira que nelas não se podem verificar os momentos da recepção e do conhecimento por parte de um declaratário, mas apenas os da exteriorização e da expedição do lado do declarante.

726 Além disso, mesmo tratando-se de declarações recepticias, nem é necessário que os momentos pré-mencionados aconteçam em alturas diferentes. Embora logicamente separáveis, podem coincidir no tempo (p. ex., uma pessoa entra num *stand* automóvel e diz ao vendedor que pretende comprar o veículo aí exposto: aqui há uma coincidência de todos os momentos referidos). Mas também é possível que todas as fases se processem de uma maneira escalonada no tempo (p. ex., uma pessoa tenciona adquirir um automóvel; para o efeito, depois de ter consultado os anúncios nos jornais, escreve uma carta em que formula esta sua vontade – temos a exteriorização; a seguir põe a carta no marco do correio – temos a expedição, coincidente com a emissão; no dia seguinte, a carta é metida na caixa de correio do *stand* automóvel – assim chegou ao poder do destinatário; como, nesse dia, em consequência de uma "ponte", a correspondência não foi retirada e aberta, mas apenas três dias depois, é nesta altura que a carta é lida pelo vendedor – dá-se, por fim, o conhecimento).

727 No que diz respeito, agora, ao momento em que a declaração negocial ganha eficácia, ou seja, o momento em que começa a produzir os seus efeitos

jurídicos, existem quatro teorias, ligadas às diversas fases que a declaração pode percorrer.

1.º Segundo a teoria da exteriorização (*Äußerungstheorie*) basta a simples exteriorização da vontade;
2.º Segundo a teoria da expedição (*Absendungstheorie*), a declaração negocial ganha eficácia quando é expedida;
3.º Segundo a teoria da recepção (*Empfangstheorie*), a perfeição obtém-se no momento em que a declaração chega ao poder do seu destinatário;
4.º Segundo a teoria do conhecimento ou teoria da percepção (*Vernehmungstheorie*) é decisivo o momento em que o destinatário toma conhecimento da declaração.

Para aferir da idoneidade, em face do CCiv, de cada uma das quatro teorias em questão, é preciso atendermos às soluções consagradas nos artigos 224.º e 226.º. 728

Neste contexto, o CCiv dispõe, como premissa lógica, que a declaração negocial, feita nos termos do artigo 217.º, ganha existência jurídica no momento da sua emissão. Isto resulta, indirectamente, do artigo 226.º, n.º 1. É no artigo 226.º, n.º 1, que a lei estabelece, como princípio, que acontecimentos posteriores à emissão da declaração negocial já não prejudicam a declaração emitida (ninguém consegue apagar a palavra que saiu da boca de alguém...).

Tendo sido emitida e assim tendo ganho a sua existência, a declaração negocial torna-se eficaz nos termos do artigo 224.º.

Este artigo diferencia então, para efeitos da perfeição da declaração negocial, entre declarações recepticias (n.º 1, 1.ª alternativa, e n.ºs 2 e 3) e declarações não recepticias (n.º 1, 2.ª alternativa), dando-lhes um tratamento jurídico diferenciado.

A 1.ª alternativa do n.º 1 do artigo 224.º dispõe: "A declaração negocial que tem um destinatário torna-se eficaz logo que chega ao seu poder ou é dele conhecida". É necessário e suficiente que se verifique um dos dois pressupostos enunciados – ou a chegada ao poder ou o conhecimento – para que a declaração negocial se torne eficaz. Consequentemente, esta solução legal dá relevância jurídica, no sentido de originar a perfeição da declaração negocial, àquele pressuposto que se verifica primeiro, combinando nesta medida 729 a teoria da recepção ("[...] logo que chega ao poder [...]") com a teoria do conhecimento ("[...] logo que [...] é dele conhecida"). Por via de regra as declarações receptícias feitas por escrito ganham eficácia logo no momento da chegada ao poder, enquanto declarações verbais dirigidas a um presente necessitam sempre da tomada do conhecimento por parte do destinatário.

730 No que diz respeito à conjugação dos dois critérios da chegada ao poder e do conhecimento, convém dizer que, no caso da verificação da chegada ao poder, não se exige conhecimento efectivo por parte do destinatário. A lei parte da situação regular e normal de que, com a chegada ao poder, o destinatário (o declaratário) está em condições de tomar conhecimento e que ele toma este conhecimento[633]. O saber se a chegada ao poder conduz realmente a uma situação, suposta pela lei, que permite o conhecimento efectivo, determina-se em conformidade com as concepções reinantes do tráfico jurídico para os negócios em causa[634].

Por outro lado, quando há prova do conhecimento efectivo, não é preciso provar a recepção (= a chegada ao poder) para efeitos da perfeição da declaração negocial. Basta, portanto, que se verifique um dos dois pressupostos enunciados.

731 Acrescente-se, ainda, que para se dar a chegada ao poder não é conceitualmente necessário que a declaração negocial chegue ao poder imediato do próprio declaratário, bastando o depósito no local indicado para o efeito em condições normais ou então a entrega (ou a comunicação) a uma pessoa autorizada para receber a declaração, ou seja, uma pessoa que possui a necessária "competência de recebimento" (*Empfangszuständigkeit*), isto é, o poder de receber, ou na qualidade de representante ou de núncio para este efeito.

A competência para receber tem, normalmente, uma base negocial, mas pode resultar, também das concepções do tráfico jurídico negocial. Segundo estas, considera-se que os cônjuges que vivem em comum, possuem, em princípio, esta competência. Uma declaração negocial chega regularmente

[633] Contrariamente à opinião de P. Lima/A. Varela/H. Mesquita, anotação 1. ao artigo 224.º, pensamos que o conhecimento, após a chegada ao poder, não se presume.

[634] Em pormenor, Flume, vol. II, *cit.*, § 14 3; Helmut Köhler, *cit.*, § 6, n.os 13 ss. (= pp. 32 e ss.); Musielak, *cit.*, n.os 73 ss.

ao poder do destinatário, também, quando é entregue fora da habitação a quem tiver esta competência de receber. Por outro lado, já não há chegada ao poder quando a declaração é entregue a quem tiver esta competência *antes* de decorrido o tempo de que este necessita, em termos normais, para a entregar ou levar ao seu destinatário[635].

Do mesmo modo que a emissão da declaração só pode ser efectuada com a vontade do declarante, também a entrada na esfera do poder do declaratário apenas se pode verificar – com certa excepção do caso da culpa prevista no artigo 224.º, n.º 2 – havendo uma vontade deste. Esta vontade é, em princípio, uma vontade perfeitamente genérica e abstracta. Mas ela justifica a existência de uma "competência de recebimento" por parte da pessoa que efectivamente recebe a declaração. Tratando-se, porém, de declarações que foram transmitidas pelos modernos meios de telecomunicação (p. ex., telefone com gravador, telefax, *e-mail, sms, chats* de conversação *on-line*, ou mensagens através de *Facebook* ou de outras *apps*, etc.) a chegada ao poder e a correspondente eficácia verificam-se no preciso momento em que, materialmente, o conhecimento se tomou possível, de acordo com a organização dos serviços do lado do destinatário.

Para proteger, conforme os casos, dentro dos ditames da boa fé, os interesses ou do declarante ou do declaratário, o artigo 224.º estabelece nos seus n.os 2 e 3, para as declarações receptícias, duas regras auxiliares. No caso do n.º 2 do artigo 224.º trata-se de um desvio ao critério da chegada ao poder; no caso do n.º 3, porém, estamos em face de uma clarificação do conceito da chegada ao poder. 732

Resulta do n.º 3 do artigo 224.º que "chegada ao poder" significa, na verdade, entrada na esfera de poder do destinatário em condições que permitem a tomada de conhecimento. Deste modo, o n.º 3 do artigo 224.º constitui um complemento ao n.º 1 na medida em que clarifica o conceito da "chegada ao poder": o n.º 3 do artigo 224.º tem por ineficaz uma declaração recebida pelo destinatário em condições de ele, sem culpa sua, não poder tomar conhecimento dela (p. ex., uma carta dirigida a um analfabeto). No contexto do n.º 3 é sempre preciso ter em devida consideração as regras do tráfico 733

[635] BAG *DB* 2010, p. 1696.

jurídico. Nestes termos, p. ex., normalmente não será eficaz a denúncia de um contrato, mediante o depósito na caixa de correio, quando o destinatário se encontra em férias, na altura das férias gerais, de modo que não se pode contar com a sua presença. De resto, o previsto no n.º 3 parece aplicável também a declarações verbais que não podem ser compreendidas (p. ex., uma proposta verbal dirigida a um surdo; aqui até parece muito duvidoso que haja uma recepção; se não há recepção, a ineficácia resulta logo da 1.ª alternativa do n.º 1 do artigo 224.º).

734 O n.º 2 do artigo 224.º, por seu lado, no intuito de proteger o declarante, considera eficaz uma declaração que só por culpa do destinatário não foi por ele oportunamente recebida. "Recebido" significa, nos termos da teoria da recepção, "chegado ao poder". Portanto, a declaração é tida como eficaz apesar de não ter chegado ao poder, quando isso foi culposamente impedido pelo destinatário. P. ex., o destinatário recusa-se a receber a carta do carteiro ou dá instruções às pessoas com competência para receber no sentido de estas não aceitarem a declaração[636]; ou não manda consertar o telefax para não poder ser contactado por este meio[637]; ou desactiva o seu correio eletrónico, etc.

735 Isto quanto à eficácia das declarações receptícias, contempladas na 1.ª alternativa do n.º 1 do artigo 224.º.

Quanto às declarações não receptícias, a 2.ª alternativa do n.º 1 do artigo 224.º dispõe que elas se tornam eficazes logo que a vontade do declarante se manifesta na forma adequada. Esta solução legal, a respeito de declarações não receptícias (p. ex., o testamento, artigo 2179.º; a promessa pública, artigo 459.º), consagra assim a teoria da exteriorização (caso do testamento), podendo abranger também a teoria da expedição (caso da promessa pública), como decorre da formulação "forma adequada", formulação essa que contempla tanto a primeira como a segunda das teorias mencionadas. Aqui, a emissão da declaração negocial coincide em muitos casos com a sua perfeição.

[636] Cf. a decisão muito instrutiva do BAG *DB* 1993, p. 487 = *NJW* 1993, p. 1093.

[637] De resto, o simples relatório da transmissão ("OK"), depois do envio de um telefax apenas constitui um indício, mas não uma prova, de que o telefax foi recebido. O mesmo vale para as mensagens de correio eletrónico.

O que vale, de acordo com o disposto na 2.ª alternativa do n.º 1 do artigo 224.º, para declarações não receptícias, deve valer também para as declarações receptícias abrangidas pelo artigo 225.º (anúncio público da declaração). 736

O artigo 225.º, embora colocado na subsecção referente à perfeição da declaração negocial, nada diz a este respeito, pois apenas trata de mais uma maneira em que a declaração pode ser "feita", quase como que constituindo um complemento ao artigo 217.º. Assim, segundo o artigo 225.º, "[a] declaração pode ser feita mediante anúncio publicado num dos jornais da residência do declarante, quando se dirija a pessoa desconhecida ou cujo paradeiro seja por aquele ignorado".

Desta maneira, o artigo 225.º contempla declarações que têm um destinatário (declarações receptícias), mas ao contrário do artigo 224.º, n.º 1, 1.ª alternativa, não se pode verificar uma das duas hipóteses aí previstas, ou seja, a chegada ao poder. O destinatário ou é desconhecido ou é conhecido, mas então desconhece-se o seu paradeiro, como acontece, p. ex., no caso da ausência. Não podendo aplicar-se àquelas declarações, o "jogo" da 1.ª alternativa do n.º 1 do artigo 224.º e sendo extremamente insegura a hipótese da tomada de conhecimento, parece que se lhes deve aplicar a regra da 2.ª alternativa. O momento da perfeição verifica-se na altura da publicação no jornal. 737

Além destas declarações, o artigo 225.º tem em vista, ainda, as declarações negociais não receptícias feitas "ao público" (quer dizer, a pessoas indeterminadas), tal como a promessa pública regulada no artigo 459.º, onde se diz: "Aquele que, mediante anúncio público, prometer uma prestação a quem se encontre em determinada situação ou pratique certo facto, positivo ou negativo, fica vinculado desde logo à promessa". Aqui, certamente, a declaração torna-se eficaz de acordo com a 2.ª alternativa do n.º 1 do artigo 224.º. 738

Portanto, o artigo 225.º contempla dois tipos de declarações que, dada a maneira idêntica como foram feitas, apresentam o mesmo modo de ganhar eficácia.

Uma vez emitida, a declaração negocial tem, como vimos, existência. Deste modo, acontecimentos posteriores à emissão já não podem influir nela: a declaração já foi feita. Mas, sendo emitida, uma declaração ainda não é, sem mais, eficaz. A eficácia pode ocorrer em momento ulterior. Ora, entre o momento em que o declarante emite a declaração e a altura em que se 739 dá a sua eficácia (isto é, a chegada ao poder ou a tomada de conhecimento por parte do destinatário nas declarações receptícias abrangidas pelo artigo 224.º, n.º 1, 1.ª alternativa, n.ºs 2 e 3, ou a manifestação da vontade na forma adequada nas várias declarações reguladas pelo artigo 224.º, n.º 1, 2.ª alternativa), podem surgir acontecimentos que – embora não afectando a declaração emitida em si – se repercutem na sua eficácia.

740 São acontecimentos deste tipo as situações previstas pelos n.ºs 1 e 2 do artigo 226.º. O n.º 1 deste preceito, considerando que a declaração emitida ficou desta forma objectivada, estabelece o princípio: "A morte ou a incapacidade do declarante[638], posterior à emissão da declaração, não prejudica a eficácia (subsequente) desta, salvo se o contrário resultar da própria declaração". A morte e a incapacidade do declarante não obstam, portanto, a que uma declaração já emitida ganhe a sua perfeição ainda depois. Na verdade, a partir da sua existência, que a autonomizou do declarante (do seu autor), a declaração percorre o seu caminho, por si só, em direcção à sua eficácia[639]. Apenas quando o seu próprio conteúdo o prever, a morte ou a incapacidade podem obstruir o percurso e impedir a sua perfeição. Então, a declaração caduca e fica ineficaz (se o destinatário morrer naquele período intermédio, depois da emissão pelo declarante, a declaração receptícia não se pode tornar eficaz em virtude do disposto no n.º 1, 1.ª alternativa, do artigo 224.º).

No entanto, segundo o n.º 2 do artigo 226.º, a solução é outra se o declarante perder o poder de dispor de um direito (p. ex., a indisponibilidade relativa resultante da declaração de insolvência; a perda da titularidade do direito em causa; o desaparecimento do condicionalismo justificativo para o exercício de direitos potestativos), pois "[a] declaração é ineficaz (...) enquanto o destinatário não a receber ou dela não tiver conhecimento". Depois de recebida a declaração ou havendo conhecimento dela por parte do destinatário, aqueles acontecimentos supervenientes já não prejudicam a eficácia da declaração, entretanto ocorrida.

638 O artigo 226.º, n.º 1, fala de "incapacidade" e esta é a incapacidade negocial em geral. Praticamente, porém, apenas deve ter relevância quanto à incapacidade de exercício, pois mal se vê como as situações previstas no n.º 1 do artigo 226.º possam afectar negócios estritamente pessoais, que requerem a capacidade de gozo.

639 À semelhança da obra literária, que se desliga do seu criador, ganhando uma vida autónoma.

O n.º 1 do artigo 226.º é aplicável a declarações receptícias e não receptícias. Efectivamente, o preceito pode ter alguma relevância para declarações não receptícias: "Tratando-se de declarações não recipiendas, a emissão e a eficácia dão-se, em regra, no mesmo momento, mas pode não ser assim (v.g., uma promessa pública torna-se eficaz apenas com a publicação dela e tem-se como emitida com o envio do anúncio ao jornal ou com a expedição do anúncio, de sorte que, se o promitente falecer ou se tornar incapaz depois do envio ou expedição, a promessa é, não obstante, eficaz em consequência da publicação)"[640]. 741

Na verdade, podemos aqui distinguir muito bem as seguintes fases: (1.º) a exteriorização, quando o promitente redige ou formula a promessa; (2.º) a expedição, quando a promessa é enviada ou entregue à redacção do jornal – coincidindo a expedição com a emissão; (3.º) a eficácia, quando se publica (não quando se imprime) o jornal – é agora que a vontade se manifesta "na forma adequada".

O n.º 2 do artigo 226.º, ao contrário do n.º 1, tem em vista, apenas, as declarações receptícias, mas deve ser aplicável, por analogia, também às declarações não receptícias quando as hipóteses previstas se verificam entre emissão e perfeição das mesmas.

As soluções diferenciadas dos n.ºs 1 e 2 do artigo 226.º explicam-se pela diversidade das situações de interesse que lhes subjazem: no caso contemplado pelo n.º 1, a declaração foi feita por pessoa capaz e, por isso mesmo, não se justifica desrespeitar a sua vontade e vedar, sem mais, a possibilidade de a declaração se tornar eficaz; no caso abrangido pelo n.º 2, pelo contrário, trata-se de proteger terceiros, e não o declarante, cuja vontade se respeita, visto estar em causa o objecto do negócio de que o declarante já não pode dispor. 742

2. A conclusão do contrato

O negócio jurídico mais importante, nas fontes das obrigações colocado em primeiro lugar (à frente dos negócios unilaterais, da gestão de negócios, 743

[640] Assim, Adriano Vaz Serra, nos trabalhos preparatórios.

do enriquecimento sem causa e da responsabilidade civil), é o contrato, desde sempre o meio por excelência para as relações de troca e de comércio entre os homens (e daí o significado da liberdade contratual, consagrada nos artigos 405.º e 406.º, n.º 1, 2.ª parte, CCiv, como princípio básico do direito privado contemporâneo)[641]; por isso mesmo, as declarações negociais mais importantes são aquelas que conduzem à conclusão de um contrato. Não obstante, o Código Civil desconhece um preceito de que conste, de uma maneira directa, quando um contrato fica concluído. O artigo 232.º apenas nos diz que "[o] contrato não fica concluído enquanto as partes não houverem acordado em todas as cláusulas sobre as quais qualquer delas tenha julgado necessário o acordo". Daí podemos deduzir que estamos em face da conclusão de um contrato quando as partes tiverem chegado a um acordo entre elas sobre todas as cláusulas julgadas necessárias[642].

O acordo é obtido, quer dizer, o contrato é concluído, mediante uma declaração negocial, a proposta contratual, e uma outra declaração negocial, a aceitação desta proposta.

744 O Código Civil encara a formação do contrato sob o aspecto "atomista" da perfeição das respectivas declarações negociais que o integram e deste modo levam à sua celebração, e não dispensa ao contrato e à sua conclusão uma relevância sistemática autónoma, em que este seria considerado como um todo que realmente é.

As disposições da Parte Geral relativas à formação do contrato estão contidas – dentro do capítulo dedicado ao negócio jurídico – nos artigos 224.º a 226.º e 228.º a 235.º, sob a epígrafe "perfeição da declaração negocial" e, ainda, indirectamente, nos artigos 217.º e 218.º, sob a epígrafe "modalidades da declaração".

Materialmente, todavia, e ao contrário da sua colocação sistemática na Parte Geral, os preceitos referentes à conclusão do contrato pertencem ao

[641] Apesar da sua terminologia, "contaminada" pela conjuntura política da época, é ainda hoje digno de leitura e reflexão o estudo de W. Schmidt-Rimpler, *cit.*, AcP 147 (1941), p. 130. Quanto à doutrina actual, ver Rüthers, *cit.*, § 27.

[642] O facto de as partes terem chegado a um acordo não significa, sem mais, que o seu conteúdo (o resultado do acordo) seja correcto (*richtig*) e justo (*gerecht*). O conteúdo do contrato pode ser desaprovado pela ordem jurídica, como resulta dos artigos 294.º e 280.º a 282.º do CCiv. Como já vimos, a ordem jurídica não pode proteger a vontade que não obedece aos requisitos legais (v. n.º 330).

Direito das Obrigações, devendo aí ter encontrado o seu lugar no início das disposições gerais dedicadas aos contratos.

Tanto a proposta contratual como a sua aceitação são, evidentemente, declarações negociais no sentido dos artigos 217.º e 218.º. Aplicam-se-lhes as disposições relativas à perfeição das declarações negociais, tanto no que se refere aos aspectos gerais, comuns a todas elas e contemplados nos artigos 224.º a 226.º, como no que diz respeito a certos aspectos próprios da formação do contrato, regulados nos artigos 228.º a 235.º e aplicáveis *apenas* à proposta e aceitação. Estes últimos preceitos são analisados em seguida[643]. 745

a) A proposta contratual e a sua aceitação

A conclusão do contrato faz-se, portanto, mediante uma proposta, formulada pelo proponente, e a aceitação desta proposta, proveniente do aceitante, que conduzem ao acordo entre ambos (*arg. a contrario* artigo 232.º). 746

A primeira declaração a considerar é, por isso, a proposta contratual, formulada pelo proponente.

A proposta contratual, como declaração negocial que é, deve ser muito bem distinguida de certos actos ou comportamentos preliminares ou preparatórios que a antecedem, designadamente o convite a contratar. O convite a contratar sinaliza apenas o interesse ou a disponibilidade para entrar em negociações com vista à posterior conclusão de um contrato, ou seja, o convite a contratar constitui um incentivo para que alguém dirija uma proposta contratual a quem convida, cabendo depois a este o papel de aceitar a proposta ou não.

O convite a contratar não vem regulado na lei, isto é nos artigos 224.º a 226.º e 228.º a 235.º, pela simples razão de esta se dedicar somente à decla-

[643] A primeira análise do processo de formação do contrato, segundo as disposições do CCiv foi feita por M. Ângela Bento Soares e Rui Moura Ramos, *Do contrato de compra e venda internacional*, Coimbra, 1981, pp. 111 a 124 (separata do BMJ n.º 6/1981), mais tarde reimpresso em *Contratos Internacionais*, Coimbra, 1986, pp. 47 ss. No tempo intermédio publicámos o nosso estudo «Sobre a formação do contrato segundo os artigos 217.º e 218.º, 224.º a 226.º e 228.º a 235.º do Código Civil», *RDE* IX (1983), pp. 121 ss., que beneficiou da análise anterior, embora nem sempre coincidisse com os seus resultados.

ração negocial. Ora, um convite a contratar não é uma declaração negocial, uma vez que falta a vontade do autor do convite de se vincular juridicamente, a vontade ou consciência de declaração.

747 A delimitação do convite a contratar de uma proposta contratual não é sempre líquida. P. ex., o pedido para reservar um quarto num hotel é, por via de regra, uma proposta contratual e não um convite a contratar – ao contrário do pedido para reservar uma mesa num restaurante. Mas as dificuldades surgem especialmente nos casos em que ambos se dirigem ao público. O Código Civil – embora prevendo, no artigo 230.º, n.º 3, a revogação da proposta dirigida ao público – não oferece quaisquer critérios para qualificar determinado comportamento dirigido ao público como proposta contratual, deixando tal qualificação aos usos, às concepções do tráfico jurídico negocial e às circunstâncias do caso concreto. Apenas se pode falar de uma proposta contratual *se* o público interessado devia considerar a atitude observada pelo anunciante como verdadeira proposta contratual, concluindo legitimamente pela existência de uma vontade (ou consciência) de declaração.

748 Assim, todas as formas de publicidade, tais como a exposição de mercadorias nas montras, mesmo com a indicação dos preços, anúncios em jornais, apresentações televisivas que convidam os espectadores a fazer as suas encomendas por telefone (ou *teleshopping*), o envio de catálogos, o convite do leiloeiro em hasta pública, etc., são, com toda a regularidade, convites a contratar; o anunciante está à espera de propostas e reserva para si a inteira liberdade (artigo 405.º, n.º 1) para não as aceitar, p. ex., por ter apenas pouca mercadoria (e não querer incorrer em incumprimento do contrato) ou por suspeitar da solvabilidade do proponente ou para poder escolher entre vários interessados. Na verdade, qualificar os referidos comportamentos como propostas contratuais, dirigidas ao público, pode conduzir a resultados inadequados para o tráfico jurídico.

749 Por outro lado, o "pôr à disposição" de quaisquer pessoas indeterminadas (*ad incertas personas*) mercadorias ou serviços, para elas fazerem uso imediato das mercadorias ou dos serviços, é uma proposta contratual.

Sirvam como exemplos os postos de abastecimento com combustíveis, de livre acesso, os automáticos em que se oferecem cigarros, bebidas, flores, etc., as cabinas públicas de telefone, os parques de estacionamento automatizados ou as bilheteiras mecanizadas. Nestes casos, a proposta é aceite e o contrato fica concluído, por declaração tácita, quando o utilizador se abastece ou quando introduz o dinheiro no respectivo recipiente, obtendo acesso à mercadoria ou ao serviço. Ao verificar-se uma avaria, quer dizer, o dinheiro foi aceite e não é restituído, embora a mercadoria ou o serviço continuem inacessíveis, já não se trata de uma questão de conclusão, mas de um não cumprimento do contrato.

Todavia, não são propostas contratuais, mas sim convites para contratar, as exposições de mercadorias em supermercados ou restaurantes *self-service*, muito embora haja acesso directo dos clientes às mercadorias (como incentivo à compra). Aqui, bem ao contrário do que se passa com o abastecimento com combustíveis, o cliente pode recolocar sem problemas a mercadoria retirada que, assim, pode ser vendida a outra pessoa. De acordo com as concepções do tráfico jurídico negocial, a simples retirada da mercadoria da estante não leva à conclusão do contrato, que é celebrado só depois aquando da apresentação da mercadoria na caixa[644]. De modo igual, a paragem dos veículos dos transportes públicos nos respectivos locais, para os utentes entrarem e comprarem os seus bilhetes, não pode ser qualificada, sem mais, como proposta contratual (salvo se o serviço estiver perfeitamente automatizado de maneira que se trata de uma oferta *ad incertas personas*). Novamente diferente é a situação em caso de bilhetes pré-comprados, onde a paragem se destina para possibilitar o cumprimento de um contrato anteriormente concluído[645].

Constitui elemento imprescindível de cada proposta contratual a sua susceptibilidade de ser aceite. Por isso, a proposta tem de ser concreta e determinada. A proposta contratual deve ser formulada em termos tais que permitam ao destinatário responder com um simples "sim". Para o efeito, a proposta necessita de ser clara e completa, embora certos pormenores laterais e não essenciais (p. ex., o tamanho ou o número de embalagens para certa quantidade de mercadorias) possam ser deixados à consideração da outra parte. 750

[644] Cf. BGH *NJW* 2011, 2871, com a anotação de F. Faust, *JuS* 2011, 929.

[645] Ver, quanto a estes problemas de delimitação, no sentido por nós defendido, Erman/Hefermehl, *BGB Handkommentar*, *cit.*, § 145, n.os 1 a 10; Musielak, *cit.*, n.os 111-114.

751 Tendo-se tornado eficaz nos termos dos artigos 224.º a 226.º, a proposta fica à espera de ser aceite ou não. Para este efeito ela é irrevogável, durante certo tempo, necessário para que se possa dar a sua aceitação.

A irrevogabilidade da proposta resulta do disposto no artigo 230.º. Diz este preceito:

1. "Salvo declaração em contrário, a proposta de contrato é irrevogável depois de ser recebida pelo destinatário ou de ser dele conhecida.
2. Se, porém, ao mesmo tempo que a proposta, ou antes dela, o destinatário receber a retractação do proponente ou tiver por outro meio conhecimento dela, fica a proposta sem efeito.
3. A revogação da proposta, quando dirigida ao público, é eficaz, desde que seja feita na forma da oferta ou em forma equivalente".

752 Do artigo 230.º decorre que todas as propostas são, em princípio, irrevogáveis, a não ser que haja excepções, de resto admitidas logo de início no n.º 1 do próprio artigo 230.º, para os vários condicionalismos nele abordados. Todavia, a proposta nunca pode ser revogada depois de ter sido aceite, suposto que a aceitação leve à conclusão do contrato (artigo 406.º, n.º 1, 2.ª parte)[646].

A declaração em contrário, a que se refere a primeira parte do n.º 1 do artigo 230.º, atribuindo com isso ao preceito natureza dispositiva, pode ser feita mediante uma ressalva na própria proposta, mas também por outro meio declarativo idóneo[647].

753 Na hipótese da retractação do proponente, prevista no n.º 2 do artigo 230.º (para os casos em que ainda não se deu a eficácia de acordo com o artigo 224.º, n.ºs 1, 1.ª alternativa, e n.º 2, e sem que se verifiquem os pressupostos do artigo 224.º, n.º 3), pode acontecer que a chegada ao poder da proposta e a chegada ao poder da retractação ocorram em alturas diferentes, sendo simultâneo, porém, o momento do conhecimento. Nestes casos é decisivo, para efeitos de revogação, o momento do conhecimento efectivo.

[646] Como medida unilateral, resta agora a resolução, nos casos em que ela é admitida (artigos 432.º e ss.).

[647] Uma proposta livremente revogável, naturalmente, enfraquece a vinculação do proponente e aproxima-se de um convite a contratar.

Um outro resultado seria puro formalismo em desrespeito, sem necessidade, da vontade de um dos interessados e ao contrário do espírito do próprio artigo 224.º (p. ex., o virtual comprador de automóvel [referido no n.º 726], depois de ter expedido a carta, fica arrependido e envia nova carta em que revoga a encomenda feita; a carta é metida na caixa de correio do *stand* automóvel dois dias depois, chegando assim ao poder do destinatário; quando a correspondência é retirada, em seguida à "ponte", as cartas de encomenda e revogação são conhecidas ao mesmo tempo. Aqui a proposta fica sem efeito, e apenas este resultado parece razoável, uma vez que, na situação concreta, nem pode haver expectativas frustradas).

A solução do n.º 3 do artigo 230.º, por fim, corresponde às regras dos arti- 754
gos 224.º, n.º 1, 2.ª alternativa, e 225.º, como maneira adequada para revogar uma proposta, mesmo quando eficaz, dirigida ao público ou publicada num jornal.

O princípio da irrevogabilidade da proposta é completado pelo n.º 1 do 755
artigo 231.º. Este preceito regula a situação prevista em termos gerais no n.º 1 do artigo 226.º e que pode, de acordo com o conteúdo da própria declaração, levar à sua caducidade. Contudo, quanto à proposta contratual, o artigo 231.º, n.º 1, como *lex specialis* em relação ao n.º 1 do artigo 226.º, afasta esta regra da formação do contrato. O n.º 2 do artigo 226.º, por seu lado, aplica-se às declarações negociais conducentes à conclusão de um contrato, ou seja, à proposta e aceitação, pois em relação a ele não há norma especial que o prejudique.

Reza o artigo 231.º, n.º 1: "Não obsta à conclusão do contrato a morte ou 756
incapacidade (de exercício) do proponente, excepto se houver fundamento para presumir que outra teria sido a sua vontade".

É na excepção feita que o artigo 231.º, n.º 1, é menos exigente do que o artigo 226.º, n.º 1: enquanto este, nas situações mencionadas, apenas considera caduca a declaração negocial emitida, ao impedir a sua perfeição posterior quando esta consequência resultar da própria declaração, o artigo 231.º, n.º 1, subtrai à eficácia, subsequente à emissão, todos os casos em que haja fundamento para presumir que outra teria sido a vontade do proponente, sem limitar o fundamento ou a causa desta presunção ao conteúdo da própria proposta. Mas, em todo o caso, em atenção à vontade do declarante, também o artigo 231.º, n.º 1, admite como princípio que a proposta, uma vez emitida, ainda possa ser aceite depois da morte do proponente[648], dando-se desta feita uma conclusão do contrato *post mortem* (uma possibilidade apenas viável ao abrigo do artigo 234.º).

O n.º 2 do artigo 231.º, por seu lado, prevê que a morte ou a incapacidade (de exercício) do destinatário, a quem a proposta se dirigiu, determina a ineficácia da proposta. Esta regra, evidentemente, apenas se aplica aos casos em que a morte ou a incapacidade do destinatário se verifica antes de uma eventual aceitação sua se ter tornado eficaz, ou seja, antes da conclusão do contrato.

757 O artigo 231.º, n.º 2, abrange, assim, a hipótese de, depois da eficácia da proposta, e anteriormente à eficácia da sua aceitação, sobrevir a morte ou incapacidade do aceitante, do destinatário da proposta. Se a morte ou incapacidade deste se verificarem antes daqueles dois momentos, a proposta nem pode ter ganho eficácia nos termos do n.º 1 do artigo 224.º: na pessoa de um morto não pode haver chegada ao poder ou conhecimento e as declarações respeitantes aos menores e aos maiores acompanhados (que beneficiem de uma medida de representação) e à sua participação no tráfico jurídico devem ser dirigidas, por virtude dos artigos 123.º e 145.º, n.º 2, al. *b)*, aos seus representantes legais.

Assim, o n.º 2 do artigo 231.º retira, no condicionalismo especial por ele previsto, a eficácia a uma proposta que já a tinha. A solução do artigo 231.º, n.º 2, não está dentro da lógica que orienta os artigos 226.º, n.º 1, e 231.º, n.º 1. Se o proponente morrer antes de a aceitação chegar ao seu poder ou antes de ele ter tomado conhecimento da mesma, esta não se pode tornar eficaz em virtude do disposto no artigo 224.º, n.º 1, 1.ª alternativa. O contrato não fica concluído em consequência da falta de eficácia da aceitação. O contrário apenas pode resultar da aplicação do artigo 234.º. Embora a lei não o preveja,

[648] O respeito pela vontade do declarante implica, além disso, que este disfruta da possibilidade de tomar providências no sentido de atrasar, conscientemente, a chegada ao poder ou a tomada de conhecimento por parte do declaratário para depois da sua morte. Cf. A. Roth, «Probleme des postmortalen Zugangs von Willenserklärungen», *NJW* 1992, p. 791. Acerca da questão respeitante à eficácia de uma doação de coisas móveis que, tendo sido entregues pelo doador a um núncio, só depois da morte do doador foram devolvidas por aquele ao donatário, há a decisão RGZ 33 (1914), p. 223, que se pronunciou a favor da ineficácia ao argumentar que não foram observadas as formalidades para as doações por morte (*Bonifatiusfall*). A decisão é discutível.

podia pensar-se em admitir, *de lege ferenda*, conforme a natureza pessoal ou patrimonial do contrato, a eficácia na pessoa dos sucessores do proponente.

Sendo assim irrevogável, resta esclarecer por quanto tempo a proposta se mantém para poder ser aceite pelo seu destinatário, ou seja, resta determinar o prazo, "o período de tempo, durante o qual o destinatário pode fazer chegar ao proponente a sua aceitação", nos termos do artigo 224.º, n.º 1, 1.ª alternativa, n.ºs 2 e 3, uma vez que a proposta, como é óbvio, não poderá vincular eternamente o proponente. 758

É o artigo 228.º que nos diz em que termos o proponente, à espera da aceitação, fica, para este preciso efeito, obrigado pela proposta, ao prever quatro hipóteses diferentes (uma das quais apenas implicitamente) quanto à sua duração, ou seja, o tempo durante o qual a proposta pode ser aceite, ficando o proponente vinculado a ela: 759

1.º – foi fixado (ou unilateralmente pelo proponente ou por convenção entre as partes) um prazo para aceitação da proposta; neste caso, a proposta (feita numa das modalidades do artigo 217.º) mantém-se até ao fim do prazo (artigo 228.º, n.º 1, al. *a)*);

2.º – não foi fixado um prazo, mas o proponente pede uma resposta imediata (quer dizer, no mesmo instante); neste caso, a proposta (feita numa das modalidades do artigo 217.º) mantém-se até que, em condições normais, ela própria bem como a aceitação cheguem ao seu destino (artigo 228.º, n.º 1, al. *b)*). "Condições normais" é o tempo de comunicação ou transporte ou transmissão regulares. Pode dizer-se que, para a aceitação, deve ser usado o mesmo meio – ou um meio com rapidez comparável ou, se o aceitante assim entender, com rapidez superior – que foi usado para a proposta.

3.º – não foi fixado um prazo, nem se exige uma aceitação imediata, tendo a proposta sido feita a pessoa ausente (virtualmente em uma das modalidades do artigo 217.º) ou, por escrito, a pessoa presente; neste caso, a proposta mantém-se até cinco dias depois do prazo em que, em condições normais, proposta e aceitação cheguem ao seu destino (artigo 228.º, n.º 1, al. *c)* – que acumula os prazos da al. *b)*).

4.º – não foi fixado um prazo nem pedida uma resposta imediata e a proposta foi dirigida, verbalmente, a um presente; neste caso, quer parecer que a proposta apenas pode ser imediatamente aceite (*arg. a contrario* da conjugação das als. *c)* e *b)* do n.º 1 do artigo 228.º), o que seria uma solução não inteiramente feliz. Primeiro, esta regra, apenas implicitamente contida no artigo 228.º, n.º 1, deve ser considerada como direito dispositivo. Segundo, a situação concreta pode não aconselhar uma aceitação imediata. Na verdade, o regime do artigo 228.º assenta no princípio da autonomia da vontade, como decorre da regra da sua al. *a)*. Não vemos razão, assim, para não conceder ao destinatário um período de reflexão, de acordo com as circunstâncias, antes de aceitar.

760 O princípio da irrevogabilidade da proposta e os prazos para a aceitação da mesma enquanto irrevogável existem para fomentar a segurança do tráfico jurídico e para proteger as expectativas criadas do lado do destinatário. Mas se este não aceitar a proposta tempestivamente, ou seja, dentro do prazo, ela extingue-se e caduca[649]. A caducidade da proposta tem como efeito que o proponente fica completamente desvinculado e desobrigado da mesma (*arg. a contrario* artigo 228.º, n.º 1, proémio).

761 Por isso, se em consequência de uma aceitação tardia a proposta tiver caducado, a formação do contrato depende de nova proposta e de nova aceitação (artigo 229.º, n.º 2, 2.ª alternativa).

Apenas no caso de a aceitação ter sido expedida em tempo oportuno, mas, não obstante, ter chegado depois de expirado o prazo de vinculação do artigo 228.º, n.º 1, o proponente, que já está desvinculado da sua proposta, pode considerar eficaz a aceitação tardia (artigo 229.º, n.º 2, 1.ª alternativa), "ressuscitando" ao mesmo tempo os efeitos da sua proposta já caduca.

Por outro lado, o proponente responde pelos danos causados ao aceitante nos termos do artigo 229.º, n.º 2. Isto é, se o proponente não considera a aceitação eficaz, embora podendo fazê-lo ao abrigo da 1.ª alternativa do n.º 2 do artigo 229.º, mas também quando não tiver razões para admitir que ela foi expedida fora de tempo, deve avisar imediatamente o aceitante de que o contrato, contra a natural expectativa deste, não se concluiu, sob pena de responder pelos prejuízos (artigo 229.º, n.º 1). O aceitante tem, uma vez que

[649] Para o contrato de doação, os artigos 945.º, n.º 1, e 969.º, n.º 2, estabelecem prazos de caducidade próprios.

expediu a sua resposta dentro do tempo, uma posição de confiança, digna de protecção.

A conclusão do contrato pressupõe, deste modo, sempre uma proposta e a sua aceitação, devendo a aceitação ocorrer e tornar-se eficaz, em princípio, dentro do prazo em que a proposta de contrato obriga o proponente. Assim, é no momento da eficácia da aceitação que o contrato acaba por ficar concluído. Mas, enquanto o proponente está vinculado à sua proposta, susceptível de ser aceite, o destinatário está livre (artigo 405.º) de aceitar ou não, a não ser que exista um dever jurídico de contratar. Portanto, como princípio, o destinatário de uma proposta de contrato tem a escolha entre aceitar e não aceitar a mesma. 762

Normalmente, a aceitação, como declaração receptícia, deve ser feita ao proponente (artigo 229.º), aplicando-se-lhe deste modo as regras do artigo 224.º, n.º 1, 1.ª alternativa, n.ºs 2 e 3, bem como do artigo 226.º, n.ºs 1 (a *lex specialis* do n.º 1 do artigo 231.º apenas diz respeito à proposta) e 2; no caso previsto no n.º 2 do artigo 231.º, a aceitação cai no vazio, dada a ineficácia, superveniente, da proposta. 763

Contudo, há situações em que as regras do tráfico jurídico negocial não consideram necessário que a aceitação, embora indispensável para a conclusão do contrato, seja levada ao conhecimento ou poder do próprio proponente.

Tendo em conta essas situações admitidas pelo tráfico jurídico, o artigo 234.º contém uma regra de excepção, que dispensa que a declaração de aceitação seja feita ao proponente. Esta regra diz: "Quando a proposta, a própria natureza ou circunstâncias do negócio, ou os usos tornem dispensável a declaração de aceitação, tem-se o contrato por concluído logo que a conduta da outra parte mostre a intenção de aceitar a proposta".

Decorre deste preceito que não basta o mero silêncio por parte do aceitante. A lei dispensa a declaração de aceitação dirigida ao proponente (não há lugar para a aplicação do artigo 229.º), mas não dispensa um comportamento exterior ("a conduta (...) mostra") do qual se possa concluir seguramente a vontade (a "intenção") de aceitar, como sucede, p. ex., nos casos em que a prestação recebida é logo utilizada, ou quando são iniciados os 764 passos necessários para efectuar a contraprestação devida[650]. Esta conduta aceitante representa uma declaração negocial tácita não receptícia, no sentido do artigo 224.º, n.º 1, 2.ª alternativa. Para que a aceitação possa ser feita "por meio da conduta exterior", deverá ser necessário que ela se evidencie dentro de certo prazo ("logo que"), eventualmente fixado de maneira tácita, de acordo com o artigo 228.º, n.º 1, al. *a)*, visto que a conduta há-de ocorrer dentro de um período razoável conforme as mesmas regras do tráfico jurídico que dispensam a declaração de aceitação para com o proponente. Se a conduta não se manifesta nestes termos, a proposta perde a força vinculativa.

765 Depois de se ter tornado eficaz, a aceitação é – tal como uma proposta – irrevogável. A irrevogabilidade da proposta, durante certo prazo, resulta da necessidade de garantir a possibilidade da sua aceitação; a irrevogabilidade da aceitação eficaz, por seu lado, é a consequência da conclusão do contrato, o qual apenas pode ser extinto por mútuo consentimento (artigo 406.º, n.º 1, 2.ª parte) e não por um acto unilateral de revogação da aceitação, uma vez que o contrato, acabado de concluir, é um todo[651].

766 Mas a aceitação pode ser revogada anteriormente, em conformidade com as regras do artigo 235.º, n.º 2, onde se lê: "A aceitação pode ser revogada mediante declaração que ao mesmo tempo, ou antes dela, chegue ao poder do proponente ou seja dele conhecida". Esta solução, paralela à do n.º 2 do artigo 230.º, não se aplica ao caso contemplado pelo artigo 234.º, pois aqui o contrato tem-se por concluído logo que haja a respectiva conduta (uma declaração tácita, como vimos), não havendo por isso uma declaração revogável, dada a conclusão do contrato.

767 Quando se verifica a situação inversa, ou seja, se o destinatário rejeitar a proposta, mas depois a aceitar, prevalece a aceitação, desde que esta chegue ao poder do proponente, ou seja dele conhecida, ao mesmo tempo que a

[650] Cf. Schimdt-Rimpler, *cit.*, pp. 174-175.

[651] Todavia, quanto aos contratos de crédito ao consumo e contratos celebrados à distância ou fora dos estabelecimentos comerciais existem regimes especiais, destinados a proteger o consumidor contra decisões irrefletidas (porventura em resultado dos efeitos sedutores de métodos de venda sofisticados e agressivos). Aqui a lei confere um direito de arrependimento. V. n.os 780 e 781.

rejeição, ou antes dela (artigo 235.º, n.º 1). Constatamos assim uma sintonia das soluções encontradas nos artigos 230.º, n.º 2, e 235.º, n.ºs 1 e 2, de acordo com a linha traçada pelo artigo 224.º, n.º 1, 1.ª alternativa, fazendo-se prevalecer a vontade mais recente.

A problemática resultante de uma chegada ao poder diferida, mas com a posterior tomada de conhecimento simultânea, das duas declarações, é no artigo 235.º a mesma que existe no caso do artigo 230.º, n.º 2.

Se a aceitação da proposta for feita dentro dos prazos, mas o aceitante, 768
em vez de se limitar a aceitar a proposta pura e simplesmente, introduzir na sua aceitação, não apenas simples precisões que não cheguem a alterar o seu conteúdo, mas modificações (como, p. ex., aditamentos ou omissões), a proposta é tida como rejeitada (artigo 233.º, 1.ª alternativa), ficando o proponente, em consequência da rejeição, desobrigado de todo da sua proposta, que deixou de ser vinculativa.

Portanto, a proposta deixa de ser vinculativa para o proponente: (1.º) 769
quando se extingue em virtude de ter expirado o prazo (artigo 228.º, n.º 1) durante o qual se mantém; (2.º) quando é rejeitada, mesmo antes de ter decorrido o prazo de vinculação; (3.º) quando, tendo sido feita ao abrigo do artigo 225.º, for revogada (artigo 230.º, n.º 3); (4.º) quando se torna ineficaz por força do artigo 231.º, n.º 2.

De qualquer modo, convém esclarecer, ainda, que *não* se trata de perda de força vinculativa da proposta: (1.º) no caso da revogação atempada (artigo 230.º, n.º 2) de uma proposta *não* feita ao abrigo do artigo 225.º; (2.º) nos condicionalismos regulados pelo artigo 231.º, n.º 1, 2.ª parte (que afasta o n.º 1 do artigo 226.º) e pelo artigo 226.º, n.º 2, onde a proposta caduca antes de ganhar eficácia, ou seja, já antes de vincular o proponente.

Por outro lado, se a modificação introduzida for suficientemente precisa, 770
equivale a nova proposta, desde que um outro sentido não resulte da declaração (artigo 233.º, 2.ª alternativa). A esta nova proposta, a contraproposta, que agora parte do destinatário da proposta originária, rejeitada por ele, aplicam-se, naturalmente, todas as regras estabelecidas nos artigos 217.º e 218.º, 224.º, 226.º, 228.º a 235.º para a proposta contratual e a sua aceitação. Apenas os papéis dos intervenientes se inverteram. O originário proponente torna-se destinatário e o originário aceitante passa a ser proponente. E assim

continua a evolução e a inversão dos papéis até que haja um encontro completo das vontades, ou seja, até que haja uma aceitação conforme à proposta. Significa isto que os papéis dos intervenientes podem voltar a inverter-se repetidas vezes.

771 Enquanto as partes não houverem acordado em todas as cláusulas sobre as quais uma delas julga necessário o acordo, não há consenso entre elas, de modo que o contrato não fica concluído (artigo 232.º). Está-se perante uma situação de dissenso.

O dissenso pode ser manifesto (*offener Dissens*) ou oculto (*versteckter Dissens*). Ambas as modalidades são abrangidas pelo artigo 232.º, quer dizer, havendo um dissenso, o contrato não se concluiu.

Lê-se, a este respeito, na fundamentação do Anteprojecto: "Não havendo concordância, e conhecendo as partes a divergência (dissenso), isto é, havendo o chamado dissenso manifesto, o contrato não está concluído (...) Mesmo que o ponto acerca do qual falta a concordância seja secundário, essa falta importa a não-conclusão do contrato, sempre que devesse haver acordo a seu respeito, e ainda que a necessidade de acordo resultasse de declaração de uma das partes (...). No caso do chamado dissenso oculto ou latente (as partes julgam erroneamente ter-se posto de acordo), o contrato não se conclui (por falta de consenso), a não ser que seja de admitir que as partes teriam contratado mesmo sem acordo acerca do ponto acessório (...). Estes casos de dissenso manifesto e oculto têm lugar quando não há concordância entre as declarações das partes" (os motivos, porém, que as levam a contratar não interessam, uma vez que são anteriores às declarações).

Quer dizer, em casos de dissenso não há coincidência, não há um encontro completo das vontades manifestadas na proposta, por um lado, e na aceitação da mesma, por outro. Se, porém, as declarações não coincidem, mas coincidem as vontades subjacentes, já não há dissenso, dado que existe consenso, ou seja, há acordo. Mas temos, p. ex., um dissenso oculto quando um cidadão sueco encomenda um produto na Noruega a ser entregue na Suécia, sendo que o preço é estipulado em coroas, e o sueco pensa pagar em coroas suecas enquanto o norueguês calculou o preço em coroas norueguesas. Um outro exemplo[652] respeita à compra de laranjas na Itália do Sul em quantida-

[652] Referido por W. Flume, *cit.*, § 34 4 (p. 624).

des de dúzias, onde uma dúzia é composta por treze unidades e não por doze como, naturalmente, pensa quem não conhece esta particularidade local.

Deste modo, para a conclusão do contrato são necessárias, de acordo com o regime padrão adoptado pelo Código, sempre, uma proposta eficaz e a sua aceitação eficaz e tempestiva bem como a concordância, o consenso, entre as partes contratantes, resultante da convergência entre o conteúdo de proposta e aceitação. 772

O momento da conclusão do contrato é o da eficácia da declaração de aceitação ou, sendo esta dispensada, a altura da respectiva conduta exterior. Os casos em que o silêncio conduz à formação do contrato estão expressamente tipificados na lei (cf. n.os 696 e 697).

b) Os efeitos da conclusão do contrato, nomeadamente os seus efeitos reais

Sendo assim tratado o regime da formação do contrato, cumpre realçar alguns efeitos que o contrato produz. Quer dizer, os preceitos referidos sobre a emissão e a perfeição da declaração negocial, a duração da proposta contratual e a conclusão do contrato não podem ser vistos isoladamente, em termos de Parte Geral, mas antes integrados no contexto a que materialmente pertencem: o Direito das Obrigações. 773

Deste modo, impõe-se uma pequena referência, pelo menos, aos artigos 408.º e 796.º, exemplificados pelos artigos 874.º e 879.º, que são as normas pelas quais, em virtude da simples conclusão do contrato, segundo as regras dos artigos 217.º e 218.º, 224.º a 226.º, e 228.º a 235.º, se transfere a propriedade.

Diz o artigo 408.º, n.º 1, um preceito com alcance fundamental no sistema do direito privado português, que estabelece o princípio da consensualidade: "A constituição ou transferência de direitos reais sobre coisa determinada dá-se por mero efeito do contrato, salvas as excepções previstas na lei"; e estas, efectivamente, são muito numerosas[653]. 774

653 Por isso há quem considere a regra do artigo 408.º como residual e supletiva. Assim, Carlos Ferreira de Almeida, «Transmissão Contratual da Propriedade – entre o Mito da Consensualidade e a Realidade de Múltiplos Regimes», *Themis,* Ano VI, N.º 11 – 2005, pp. 5-17. Esta opinião, porém, não é de seguir: "Não são as excepções a um princípio, por mais numerosas

Nesta lógica, o artigo 796.º, n.º 1, determina, que nos contratos que importem a transferência do domínio sobre certa coisa ou que constituam ou transfiram um direito real sobre ela, é no momento da conclusão do contrato que o risco de perecimento ou deterioração da coisa passa do alienante para o adquirente. Aplica-se a regra *casum sentit dominus* (ver também n.º 101), regra essa que funciona em sintonia com a transferência do direito, o qual se produz por efeito do mero consenso, sem nenhuma necessidade de qualquer acto material ou de publicidade, sendo certo que a regra do artigo 796.º, n.º 1, sofre imediatamente excepções nos n.os 2 e 3 e no artigo 797.º.

775 Sirva como exemplo o disposto no artigo 874.º a respeito do contrato de compra e venda, onde se lê: "Compra e venda é o contrato pelo qual se transmite a propriedade de uma coisa, ou outro direito, mediante um preço". Este contrato, no caso de respeitar a bens imóveis, só é válido se for celebrado por escritura pública ou documento particular autenticado (artigo 875.º). Uma vez celebrada, a compra e venda tem como efeitos essenciais (artigo 879.º) o efeito real (artigo 879.º, al. *a)*) e os efeitos obrigacionais (artigo 879.º, als. *b)* e *c)*), ou seja:

a) a transmissão da propriedade da coisa ou da titularidade do direito, como efeito imediato, que se produz no momento da conclusão do contrato, isto é, do acordo ou do consenso entre as partes;
b) a obrigação de entregar a coisa vendida, como comportamento subsequente à conclusão do contrato, destinado ao seu cumprimento;
c) a obrigação de pagar o preço acordado, igualmente um acto posterior ao consenso contratual e destinado ao seu cumprimento.

776 Em virtude destas consequências jurídicas transcendentes, provocadas pelo mero acordo, pelo simples consenso[654], entre as partes do negócio, é

que sejam, que o fazem desaparecer como princípio, enquanto subsistir o fundamento que lhe confere valor normativo"; assim, João Baptista Machado, *Introdução ao Direito e ao Discurso Legitimador*, cit., p. 241. Que os fundamentos que conferem valor normativo ao princípio da consensualidade deixaram de subsistir não foi invocado, mas fez-se o apelo que "melhor seria um sistema alternativo" (pp. 16-17).

[654] Podemos falar de um hipostasiar do significado da vontade ou, como diz, Carlos Ferreira de Almeida, *cit.*, p. 15, na nota anterior, do "resultado da ideologia jus-racionalista e individualista".

evidente a necessidade de se conhecer, no interesse da segurança do tráfico jurídico e da certeza quanto à titularidade dos direitos sobre os bens, o momento exacto em que um contrato ficou concluído. Neste contexto, a calculabilidade dos efeitos económicos (risco!) de um contrato impõe, p. ex., que, em caso de dúvida, um dado comportamento seja qualificado apenas como convite a contratar e não como proposta contratual, protegendo-se desta maneira o "aceitante", ou o disposto no artigo 229.º, n.º 1 ("deve avisar imediatamente o aceitante") seja praticado com rigor, enquanto o preceito do artigo 234.º deve ser restringido aos casos em que as razões que tornam dispensável a declaração da aceitação são realmente inequívocas e indiscutidas.

c) A conclusão do contrato com base em cláusulas contratuais gerais

A negociação de um contrato, em inúmeros casos, não se faz da maneira que acaba de ser descrita, com cláusulas ponderadas e acordadas individualmente uma por uma. Este modo de contratar não é adequado para uma grande maioria dos negócios que se celebram na vida económica de hoje. Assim, no tráfico jurídico actual desempenham uma função cada vez mais importante as chamadas cláusulas contratuais gerais (já referidas nos n.ºs 96 ss.), elaboradas de antemão sem prévia negociação individual por uma das partes e destinadas a serem aceites, sem mais, pela outra[655]. A razão do recurso a tais cláusulas reside, por um lado, no facto de as regras legais do Código Civil, muitas vezes dispositivas, nem sempre contemplarem – nem poderem contemplar – os interesses e os condicionalismos específicos das diversas áreas contratuais. Por outro lado, há a conveniência prática de pré- 777

[655] Em pormenor, o Preâmbulo ao DL n.º 446/85, de 25 de Outubro; M. J. de ALMEIDA COSTA – A. MENEZES CORDEIRO, *Cláusulas contratuais gerais. Anotação ao Decreto-Lei n.º 446/85, de 25 de Outubro*, Coimbra, 1986; António PINTO MONTEIRO, «Contratos de adesão: o regime jurídico das cláusulas contratuais gerais instituído pelo Decreto-Lei n.º 446/85, de 25 de Outubro», *ROA* 1986, p. 733; Miguel Nuno PEDROSA MACHADO, *Sobre cláusulas contratuais gerais e o conceito de risco*, Separata da Rev. Fac. Dir. de Lisboa, Lisboa, 1988; Almeno DE SÁ, *Cláusulas Contratuais Gerais e Directiva Sobre Cláusulas Abusivas*, Coimbra, 1999; Mário Júlio DE ALMEIDA COSTA, *Síntese do Regime Jurídico Vigente das Cláusulas Contratuais Gerais*, 2.ª ed., Universidade Católica Editora, Lisboa, 1999, e, sobretudo, Joaquim DE SOUSA RIBEIRO, *O Problema do Contrato. As Cláusulas Contratuais Gerais e o Princípio da Liberdade Contratual*, Livraria Almedina, Coimbra, 1999.

-formular as respectivas cláusulas para negócios de massa e/ou para negócios que versam sobre matérias juridicamente difíceis ou tecnicamente sofisticadas (p. ex., contratos de seguro ou contratos com vista ao fabrico de equipamentos electrónicos ou bioquímicos ou de instalações fabris complexas, etc.), onde é ineficiente e não racional procurar, sempre de novo, as soluções contratuais adequadas.

Em todo o caso, também as declarações feitas por meio de cláusulas contratuais gerais são, como é natural, declarações negociais no sentido dos artigos 217.º, 219.º ss., 224.º ss. e 228.º ss., que, por isso, lhes são aplicáveis. Apenas o modo de negociação é diferente e racionalizado. É preciso ter em conta que tanto os próprios parceiros contratuais como os seus modos e necessidades de contratar são muito diferentes entre si e, por isso, as leis devem fornecer os quadros de actuação indicados.

778 O efeito de racionalização pretendido com o recurso a cláusulas contratuais gerais pode ser desvirtuado, porém, e muitas vezes assim sucede, para afastar a liberdade contratual, na exacta medida em que aparecem cláusulas concebidas unilateralmente no interesse do contratante que recorre a cláusulas contratuais gerais, sem hipótese de alteração por parte do aderente que fica sujeito a elas.

O DL n.º 446/85, de 25 de Outubro, que entretanto foi alterado[656], introduziu o regime das cláusulas contratuais gerais na legislação portuguesa e procura evitar tais efeitos indesejados. Segundo o seu artigo 4.º, as cláusulas contratuais inseridas em propostas contratuais ficam incluídas nos contratos pela aceitação, mas apenas desde que sejam observadas determinadas disposições legais.

Assim, as cláusulas contratuais gerais devem ser comunicadas na íntegra aos aderentes que se limitem a subscrevê-las ou aceitá-las (artigo 5.º, n.º 1), cabendo ao contratante que as estabeleceu um dever de informação (artigo 6.º); caso haja cláusulas especificamente acordadas, elas prevalecem sobre quaisquer cláusulas contratuais gerais (artigo 7.º). As cláusulas não comunicadas ficam excluídas dos contratos singulares (artigos 8.º e 9.º). Consagrou-se como princípio geral que são proibidas todas as cláusulas contrárias à boa fé (assim o artigo 15.º, concretizado pelo artigo 16.º). Finalmente, são

[656] Pelo DL n.º 220/95, de 31 de Agosto, pelo DL n.º 249/99, de 7 deJulho e pelo DL n.º 323/2001, de 17 de Dezembro.

proibidas uma série de cláusulas que possam prejudicar os consumidores finais (artigos 20.º a 22.º, que especificam as cláusulas absoluta e relativamente proibidas).

Os contratos singulares afectados por cláusulas excluídas ou até nulas, mantêm-se; quer dizer, em princípio (!) a exclusão ou a nulidade de uma cláusula contratual geral não arrasta consigo todo o negócio, mas leva apenas à não aplicação da respectiva cláusula (artigos 9.º, n.º 1, e 13.º e 14.º), ficando o contrato reduzido à sua parte válida desde que seja viável (artigo 9.º, n.º 2). Em vez das cláusulas contratuais gerais afastadas, aplicam-se as normas dispositivas comuns, se necessário com recurso às regras da integração do negócio jurídico (artigo 9.º, n.º 1, *in fine*), previstas no artigo 239.º do Código Civil (ver *infra* n.ºs 867 ss.). 779

De resto, os efeitos dos contratos celebrados mediante a inclusão de cláusulas contratuais gerais em nada diferem dos efeitos normais de um contrato, *inclusive* a sua garantia pela ordem jurídica privada.

d) A conclusão do contrato nos contratos celebrados à distância

Com vista à protecção do consumidor e a promover a transparência das práticas comerciais, a lei criou um regime especial para os contratos celebrados à distância[657]. A lei define estes contratos como aqueles que são celebrados entre o consumidor e o fornecedor de bens ou o prestador de serviços sem presença física simultânea de ambos, e integrado num sistema de venda ou prestação de serviços organizado para o comércio à distância, mediante a utilização exclusiva de uma ou mais técnicas de comunicação à distância até à celebração do contrato, incluindo a própria celebração (artigo 3.º, al. *f)*, do DL n.º 24/2014, de 14 de Fevereiro). Este regime aplica-se igualmente aos contratos celebrados fora do estabelecimento comercial, ou seja, aqueles que são celebrados na presença física simultânea do fornecedor de bens ou do prestador de serviços e do consumidor, mas em local que não seja o 780

[657] Trata-se do DL n.º 24/2014, de 14 de Fevereiro (que transpõe a Diretiva n.º 2011/83/UE do Parlamento Europeu e do Conselho, de 25 de outubro de 2011, relativa aos direitos dos consumidores), já alterado pelo DL n.º 47/2014, de 28 de Julho, e pelo DL n.º 78/2018, de 15 de Outubro. Sobre esta matéria, v. Fernanda Maria Neves Rebelo, *Contratação à distância e proteção do consumidor*, Tese de Doutoramento, Universidade Portucalense, 2015, disponível no Repositório UPT, http://hdl.handle.net/11328/1414, consultado em 16 de Setembro de 2019.

estabelecimento comercial do prestador de serviços (artigo 3.º, al. *g*)), como, por exemplo, os celebrados no domicílio do consumidor ou no seu local de trabalho (abrangendo, ainda, aqueles que tenham sido concluídos no estabelecimento comercial, mas em que o consumidor tenha sido interpelado, pessoal e individualmente, fora deste).

781 A estes contratos aplica-se, naturalmente, o regime do CCiv, mas acrescido da protecção resultante das normas especiais previstas nesta lei. Assim, nomeadamente, o artigo 4.º prevê a obrigação do fornecedor de bens ou prestador de serviços de prestar uma série de informações pré-contratuais ao consumidor (p. ex., a sua identidade, contactos e endereço físico, características e preço total do bem ou serviço, existência ou não do direito de livre resolução do contrato e condições do seu exercício, bem como da garantia dos bens, etc.); os artigos 5.º e 9.º prevêem requisitos de forma; o artigo 10.º prevê o direito de livre resolução do contrato no prazo de 14 dias a contar do dia da celebração do contrato (para os contratos de prestação de serviços) ou da data em que o consumidor adquira a posse física dos bens (para os contratos de compra e venda); o artigo 19.º prevê que o fornecedor de bens ou prestador de serviços deve dar cumprimento à encomenda no prazo máximo de 30 dias, a contar do dia seguinte à celebração do contrato, ou, em caso de incumprimento do contrato devido a indisponibilidade do bem ou serviço encomendado, deve informar o consumidor desse facto e reembolsá-lo dos montantes pagos, no prazo máximo de 30 dias a contar da data do conhecimento daquela indisponibilidade (ou, então, deve fornecer um bem ou prestar um serviço ao consumidor de qualidade e preço equivalentes, desde que essa possibilidade tenha sido prevista antes da celebração do contrato ou no próprio contrato e o consumidor o tenha consentido expressamente), sem o que fica obrigado a devolver em dobro, no prazo de 15 dias úteis, os montantes pagos pelo consumidor (sem prejuízo do direito à indemnização por danos patrimoniais e não patrimoniais que possa ter lugar).

A lei ainda prevê normas especiais relativamente ao conteúdo dos catálogos e outros suportes (artigo 21.º); sobre a modalidade de venda automática (artigo 22.º e ss.); sobre vendas especiais esporádicas (artigo 25.º e ss.); sobre práticas proibidas, como o fornecimento de bens não solicitados (artigo 28.º), cláusulas que, direta ou indiretamente, excluam ou limitem os direitos dos consumidores ou estipulem uma indemnização ou penalização de qualquer tipo no caso de o consumidor exercer aqueles direitos (artigo 29.º).

e) *A contratação electrónica*

Um outro meio de celebração de contratos é o recurso a meios electrónicos, na Internet, ou seja, a celebração de contratos através de plataformas digitais, em que o processo de celebração do contrato, a emissão (e recepção) das declarações negociais, se faz através de meios de comunicação electrónicos ou telemáticos[658]. Trata-se, assim, de uma "subespécie do contrato à distância"[659], que se encontra regulada pelo DL n.º 7/2004, de 7 de Janeiro (Lei do Comércio Electrónico)[660]. 782

Devemos distinguir entre várias possibilidades de celebração de contratos por via electrónica. Podemos estar perante a celebração de contratos entre empresas (B2B: *Business-to-Business*), entre empresas e consumidores (B2C: *Business-to-Consumer*), entre empresas e a Administração (B2A: *Business-to-Administration*) e entre consumidores e a Administração (C2A: *Consumer-to-Administration*).

Versaremos apenas os contratos B2C, ou seja, os contratos celebrados entre particulares (= consumidores) e uma empresa fornecedora de bens e serviços. A empresa disponibiliza *on line* uma plataforma, oferecendo ao público os seus bens e serviços. Neste tipo de contratação a empresa dá ao particular a possibilidade de fazer as suas declarações negociais utilizando 783

[658] Sobre o conceito de contratação electrónica, v., por exemplo, Paula Costa e Silva, «A contratação automatizada», in *Direito da Sociedade e da Informação*, Vol. IV, Coimbra, Coimbra Editora, 2003, p. 290; Inocêncio Galvão Telles, *Manual dos contratos em geral*, 4.ª ed., Coimbra, Coimbra Editora, 2010, p. 151. David de Oliveira Festas explica que se pode recorrer a uma noção ampla, onde se incluem todos os contratos celebrados por meios electrónicos (incluindo, por isso, os celebrados através de fax) ou uma noção mais restrita, onde se incluem apenas os celebrados através de meios telemáticos e não apenas electrónicos (excluindo-se o fax). David de Oliveira Festas, «A contratação electrónica automatizada», in *Direito da Sociedade e da Informação*, Vol. VI, Coimbra, Coimbra Editora, 2006, pp. 412 e 413.

[659] Sendo-lhes, por isso, aplicável o DL n.º 24/2014, de 14 de Fevereiro (com as alterações referidas), já analisado.

[660] Na redacção do DL n.º 62/2009, de 10 de Março, e da Lei n.º 46/2012, de 29 de Agosto. A LCE transpôs a Directiva 2000/31/CE, do Parlamento Europeu e do Conselho, de 8 de Junho de 2000 (Directiva sobre Comércio Electrónico). Aplicam-se-lhe, ainda, o regime jurídico relativo à assinatura electrónica (DL n.º 290-D/99, de 2 de Agosto, na redacção dada pelos DL n.º 62/2003, de 3 de Abril, DL n.º 165/2004, de 6 de Junho, DL n.º 116-A/2006, de 16 de Junho, e DL n.º 88/2009, de 9 de Abril) e o regime das Cláusulas Contratuais Gerais.

meios electrónicos; ou disponibiliza ao particular, de modo imediato (em linha), os bens ou serviços através de meios electrónicos. Não se trata de contratos diferentes, mas contratos celebrados de modo diferente[661]. Assim, o CCiv aplica-se-lhes, igualmente[662], mas, devido às particularidades que este tipo de contratação encerra, nomeadamente no que toca à necessidade de protecção da parte mais fraca, o consumidor, a LCE prevê algumas especialidades.

Neste contexto, o artigo 27.º obriga o prestador a disponibilizar aos destinatários meios técnicos eficazes que lhes permitam identificar e corrigir erros de introdução, antes de formular uma ordem de encomenda; o artigo 28.º da LCE cria um elenco de informações prévias que devem obrigatoriamente ser disponibilizadas aos destinatários antes da encomenda (deveres pré-contratuais de informação).

784 Quanto ao momento da conclusão do contrato, a LCE estabelece alguns desvios ao regime geral do CCiv. A mera transposição deste regime far-nos-ia pensar que a oferta de produtos ou serviços em linha seria um convite a contratar. Contudo, o artigo 32.º, n.º 1, da LCE desvia-se desta regra, estabelecendo que "[a] oferta de produtos ou serviços em linha representa uma proposta contratual quando contiver todos os elementos necessários para que o contrato fique concluído com a simples aceitação do destinatário, representando, caso contrário, um convite a contratar"[663].

[661] Já o comércio electrónico que ocorre entre duas pessoas de forma individualizada, que se limitam a comunicar entre si por via de meios electrónicos (como o *e-mail*, *chat* ou videoconferência), não possui tratamento específico. O artigo 30.º da LCE determina que os artigos 27.º a 29.º desta lei não se aplicam aos contratos celebrados exclusivamente por correio electrónico ou outro meio de comunicação individual equivalente.

[662] Paula Costa e Silva, «Contratação electrónica», in Gabinete De Política Legislativa E Planeamento Do Ministério Da Justiça, *Lei do Comércio Electrónico Anotada*, Coimbra, Coimbra Editora, pp. 181 e 182.

[663] Uma vez que estamos perante propostas feitas ao público, podem as encomendas exceder (e até em muito!) o *stock* do proponente, que incorreria, em relação às encomendas a que não conseguisse dar vazão, incumprimento contratual. A única forma de resolver esta questão em termos práticos, será entender que, quando a proposta ao público se refira à conclusão de uma quantidade indeterminada de contratos, é formulada sob condição resolutiva tácita de indisponibilidade do produto do proponente. Neste sentido, Carlos Ferreira de Almeida, *Contratos*, Vol. I, *Conceito. Fontes. Formação*, 6.ª ed., Coimbra, Almedina, 2018 (reimpr.), pp. 124 e 125. Em sentido contrário, entendendo que o fornecedor *on-line* – "que é quem retira

Este desvio à regra geral destina-se à protecção do consumidor, pois, se se tratasse de um convite a contratar, o prestador de bens ou serviços *on-line* sempre poderia eximir-se à celebração do contrato, com a consequência de ser o consumidor a ficar onerado com o risco do exercício de uma actividade lucrativa para o prestador. Sendo, ao invés, uma proposta, o prestador fica vinculado, vendo o contrato celebrar-se com a aceitação do consumidor[664].

Assim, quando o comprador procede a uma encomenda por via electrónica, emite e expede ao mesmo tempo a sua aceitação. Nos termos gerais previstos no CCiv, como vimos, o contrato estará concluído assim que esta aceitação ganhe eficácia, ou seja, assim que chegue à esfera de poder do destinatário em condições de poder ser conhecida. A LCE também consagra este critério da chegada ao poder para a eficácia das declarações ao estabelecer no artigo 31.º, n.º 2, que "[a] ordem de encomenda, o aviso de recepção e a confirmação da encomenda consideram-se recebidos logo que os destinatários têm a possibilidade de aceder a eles".

No entanto, o artigo 29.º, n.º 1, da LCE exige que "[l]ogo que receba uma 785
ordem de encomenda por via exclusivamente electrónica, o prestador de serviços [acuse] a recepção igualmente por meios electrónicos (...)", portanto, a lei impõe que o vendedor ou prestador de serviços, tendo recebido a encomenda, ainda envie um aviso de recepção ao comprador ou adquirente dos serviços, dando-lhe conta de que a sua encomenda ganhou eficácia. O aviso pode ser feito através de mensagem de *e-mail*, como determina o n.º 4 do artigo 29.º e deve conter a identificação fundamental do contrato a que se refere (artigo 29.º, n.º 3).

No caso de comércio electrónico directo (em que há imediata prestação em linha do produto ou serviço), este aviso de recepção é dispensável (artigo 29.º, n.º 2), uma vez que o destinatário do bem ou do serviço pôde imediatamente usufruir dele e, assim, obviamente, tem logo conhecimento da conclusão do contrato, que até já está cumprido.

o benefício da manutenção da sua base de dados" – deve arcar com "o ónus de controlar se aquilo que anuncia para venda está efectivamente disponível [e, por isso, n]ão o cumprindo, celebrará contratos que não conseguirá cumprir e deverá responder contratualmente", Paula Costa e Silva, «A contratação automatizada», in *Direito da Sociedade e da Informação*, Vol. IV, Coimbra, Coimbra Editora, 2003, p. 296 e 297.

664 Paula Costa e Silva, «Contratação electrónica», *cit.*, p. 187.

786 Além disso, a LCE estabelece no seu artigo 29.º, n.º 5, que a encomenda, que chegou ao poder do prestador do serviço ou do bem, só se torna definitiva se ainda for confirmada por quem a fez (isto é, o destinatário do bem ou do serviço que vai ser prestado). Esta confirmação será dada na sequência do aviso de recepção do prestador, reiterando, assim, a ordem emitida[665].

É possível interpretar-se este esquema – proposta, aceitação, aviso de recepção e confirmação da encomenda – como um sistema de "duplo clique", ou seja, só existiria conclusão do contrato no momento em que o aceitante reiterasse a sua aceitação, ou seja, com a confirmação da encomenda[666].

No entanto, esta interpretação traz dificuldades, porque só no momento da eficácia da confirmação da encomenda[667] é que se daria a conclusão do contrato. Aparentemente, então, o vendedor poderia revogar a sua proposta, visto ser uma proposta dirigida ao público, desde que o fizesse na forma da oferta ou em forma equivalente (artigo 230.º, n.º 3, do CCiv), ou seja, no caso, bastava-lhe eliminar a oferta do seu *site* no espaço de tempo que medeia entre a chegada da encomenda e a chegada da sua confirmação... Esta consequência do "sistema de duplo clique" é contrária ao intuito de protecção do consumidor que a lei visou atingir. Deste modo, o aviso de recepção só pode ter carácter meramente técnico: decorre de uma obrigação jurídica, imposta por lei, de dar a conhecer ao destinatário dos bens ou serviços que a sua

[665] A proposta da Directiva sobre Comércio Electrónico também previa a necessidade de confirmação da encomenda, sem a qual se entendia não estar concluído o contrato. No entanto, a revisão da proposta fez cair esta solução, bem como a própria designação do artigo 11.º em questão ("momento da celebração"), mostrando que se optou por não interferir na determinação do momento da conclusão do contrato, deixando tal a cargo das legislações nacionais. Ver críticas à proposta original em Carlos Rogel Vide, «Em torno al momento y lugar de perfeccion de los contratos concluidos via Internet», in *Direito da Sociedade e da Informação*, Vol. II, Coimbra, Coimbra Editora, 2001, pp. 74 e 75.

[666] Paula Costa e Silva, «Contratação electrónica», *cit.*, p. 188; Manuel António Pita, «Notas sobre o regime da contratação electrónica», *Sub Judice*, 35, 2006, p. 64, Luís A. Carvalho Fernandes, *Teoria Geral do Direito Civil*, vol. II, *Fontes, Conteúdo e Garantia da Relação Jurídica*, 5.ª ed. revista e actualizada, Universidade Católica Editora, Lisboa, 2017, p. 132, p. 132 e Sebastião Nóbrega Pizarro, *Comércio electrónico, contratos electrónicos e informáticos*, Coimbra, Almedina, 2005, p. 82.

[667] Que ocorreria apenas quando esta chegasse à esfera de poder do vendedor/prestador de serviços nos termos do artigo 31.º, n.º 2, da LCE, que segue na esteira do artigo 224.º, n.º 1, 1.ª parte, e n.º 3, do CCiv.

encomenda foi recebida e, portanto, o contrato foi celebrado[668] [669]. A confirmação da encomenda será, assim, apenas mais uma obrigação legal, que visa garantir a segurança das comunicações entre as partes, sem relevância relativamente ao momento da formação do contrato[670].

Em suma, a colocação de um anúncio *on-line* é uma proposta, a enco- 787
menda será a aceitação, ficando, então, o contrato celebrado. O aviso de recepção será apenas o cumprimento de uma obrigação legal que visa dar conhecimento (e segurança/certeza) ao comprador da celebração do contrato e permitir-lhe, se quiser, revogar a aceitação, não a confirmando. Ou seja, a confirmação mais não é do que o dar-se conhecimento ao proponente de que não se vai utilizar a prerrogativa concedida por lei de revogar a aceitação feita (por, entretanto, se ter arrependido do contrato que já se cele-

[668] Neste sentido, Fernando de Gravato Morais, *Direito do(s contratos de) consumo: Relatório sobre o programa, o conteúdo e os métodos de ensino*, Lição apresentada nas provas públicas de Agregação na Escola de Direito da Universidade do Minho, Braga, em 1 de Julho de 2014, p. 92 do manuscrito; Carlos Ferreira de Almeida, *Direito do Consumo*, Coimbra, Almedina, 2005, p. 97; Susana Larissa, «Contratação Electrónica», in AA.VV., *O comércio electrónico em Portugal*, disponível em http://www.anacom.pt/streaming/manual_comercio_elec.pdf?contentId=178219field=attached_file, pp. 167 e 168.

[669] Portanto, o fornecedor que não enviar o aviso de recepção incorre em responsabilidade contratual e não apenas pré-contratual. Cf. Jorge Morais Carvalho, «Comércio electrónico e protecção dos consumidores», *Themis*, ano VII, n.º 13, 2006, p. 50.

[670] Francisco Andrade considera que, caso se entenda que deve prevalecer a interpretação da lei de que o contrato se forma através da proposta vs. encomenda/aceitação (e não o sistema de duplo clique, que é o sistema da sua preferência), o contrato, embora concluído, terá os seus efeitos suspensos até à confirmação. Francisco Carneiro Pacheco Andrade, «Contratação eletrónica», in *Direito dos Contratos*, CEJ, 2017, disponível em http://www.cej.mj.pt/cej/recursos/ebooks/civil/eB_Direitos_contratos.pdf, consultado em 28/08/2019, p. 51 e Francisco Carneiro Pacheco Andrade/Maria Victória Rocha, «Formação do contrato no comércio electrónico interactivo», in *Hacia una Justicia 2.0 – Actas del XX Congreso Iberoamericano de Derecho e Informática*, Vol. II, Ratio Legis Ediciones, Salamanca, 2016, pp. 433 a 446. Também Jorge Morais Carvalho entende a confirmação como "essencial para a produção dos (...) efeitos [do contrato], constituindo uma condição legal", uma declaração negocial que visaria conceder efeitos jurídicos a um negócio que deles careceria, sendo que o proponente não estaria obrigado a entregar o bem ou a prestar o serviço, nem o aceitante a efectuar a contraprestação, antes da confirmação. Jorge Morais Carvalho, «Comércio electrónico e protecção dos consumidores», *cit.*, p. 51. Igualmente neste sentido, Gabinete De Política Legislativa E Planeamento Do Ministério Da Justiça, *Lei do Comércio Electrónico Anotada, cit.*, p. 118.

brou), tornando a encomenda definitiva (nos termos do artigo 29.º, n.º 5)[671]. Com esta interpretação legal, o risco da contratação electrónica fica do lado do proponente dos bens ou serviços, garantindo uma maior protecção do consumidor.

f) As relações contratuais de facto; o problema da sua justificação

788 De tudo quanto ficou dito, decorre que a formação de um contrato depende de uma proposta e da sua aceitação. Esta solução está em conformidade com os princípios da autonomia da vontade e da liberdade contratual.

Contudo, há certa doutrina que defende a existência de obrigações contratuais (!) sem a formação de um contrato por meio das respectivas declarações negociais, unicamente com base na simples observação de um comportamento de facto (*faktisches Verhalten*) ou – o que é apenas uma variação na formulação – de um comportamento social-típico (*sozialtypisches Verhalten*). Por essa via seriam estabelecidas "relações contratuais de facto" (*faktische Vertragsverhältnisse*)[672].

789 Para justificar a figura das relações contratuais de facto afirma-se que os meios jurídicos tradicionais seriam impróprios para os fenómenos de massa e os negócios de massa da vida diária. Estes fenómenos seriam meros comportamentos social-típicos e a ordem jurídica devia tirar daí imediatamente as suas consequências, visto não se tratar de contratos negociados, mas sim de relações contratuais de facto. Aquela doutrina, desenvolvida na Alemanha a partir do ano de 1941, ou seja, um ano antes do aparecimento do projecto do Livro I do *Volksgesetzbuch* (ver em cima n.os 164 ss.)[673], conduz à não apli-

[671] Adoptamos, assim, a posição de Fernando DE GRAVATO MORAIS, *Direito do(s contratos de) consumo, cit.*, pp. 91 e 92.

[672] Ver, mais em pormenor, C. A. MOTA PINTO, *Cessão da posição contratual*, Coimbra 1970, p. 256, nota 3 (que aceitou a figura); J. RIBEIRO DE FARIA, *Direito das Obrigações*, Vol. I, Porto, 1987, p. 152 a 162; crítico, W. FLUME, vol. II, *cit.*, § 8; ERMAN/HEFERMEHL, *BGB Handkommentar, cit.*, Vor § 145 n.os 30 a 38.

[673] Ver Günter HAUPT, *Über faktische Vetragsverhältnisse*, Leipzig, 1941; Wolfgang SIEBERT, *Faktische Vertragsverhältisse. Abwandlungen des Vertragsrechts in den Bereichen der Daseinsvorsorge, des Gesellschaftsrechts und des Arbeitsrechts*, Karlsruhe 1958; Heinrich Lehmann, «Faktische Vertragsverhältnisse», NJW 1958, p. 1; K. LARENZ, *cit.*, § 28 II, 7.ª ed., de 1989, só a partir desta edição deixou de considerar esta figura.

cação das regras acerca das incapacidades negociais, bem como das disposições referentes às invalidades do negócio. Deste modo, seria sempre devida a contraprestação quando a prestação fosse, de facto, aceite ou utilizada[674].

As prestações aqui em questão são, p. ex., a utilização dos diversos trans- 790
portes públicos, o fornecimento de água, gás e electricidade, etc., a utilização de vias ou parques de estacionamento, ou seja, todas elas prestações em que, por via de regra, aparece, directa ou indirectamente, qualquer entidade pública como fornecedor. Quer dizer, há quase sempre uma hipótese de o "utilizador", isto é, aquele que observa o comportamento social-típico, entrar em contacto com o fenómeno do "Estado-providência". Aqui, portanto, a conclusão de um contrato seria dispensável.

Já a própria terminologia da doutrina deixa transparecer a sua posição a favor de soluções objectivas ou sociais e contra o negócio jurídico como um acto de vontade e de autonomia privada. Expressões como "relações obrigacionais de facto por força de um dever de prestação social" (*faktische Schuldverhältnisse kraft sozialer Leistungsverpflichtung*), "relações de prestações baseadas num comportamento social-típico" (*Leistungsbeziehungen aus sozialtypischem Verhalten*) ou "relações sociais de previdência" (*soziale Verhältnisse der Daseinsvorsorge*) traduzem a ideia, ou pelo menos insinuam, que uma regulamentação baseada na vontade das partes seria menos adequada para certas situações, unicamente por causa do facto de ter sido querida pelas partes.

Todavia, a doutrina das relações contratuais de facto deve ser rejeitada[675]. 791
Ela constitui uma quebra do sistema baseado no princípio da autonomia privada; além disso, ela é supérflua, visto o comportamento social-típico coincidir, na grande maioria dos casos, com uma declaração negocial tácita e a vontade correspondente de que resulta a conclusão de um contrato com as obrigações assim constituídas. Além disso, se o comportamento não traduzir uma vontade subjacente, será possível recorrer ao disposto no artigo 244.º, n.º 2, 1.ª alternativa (a reserva mental não conhecida do declaratário

[674] Neste sentido foi também proferida uma decisão do BGH *NJW* 1956, p. 1475 = *BGHZ* 21, 319.

[675] J. Esser, «Gedanken zur Dogmatik der "faktischen Schuldverhältnisse"», *AcP* 157 (1958/1959), pp. 86, 91, observou, com razão, que o princípio da vontade era o princípio da autonomia privada negocial, não existindo motivos nenhuns para o abandonar.

não prejudica a validade da declaração, *inclusive* da declaração tácita) e também deste modo chegamos à conclusão do contrato. Quando o comportamento observado for contrariado por declarações de protesto, recorrer-se-á ao princípio "*protestatio facto contraria non valet*", acolhido nas regras da boa fé e do abuso do direito. No caso de menores ou outros incapazes, será aplicável o artigo 127.º, n.º 1, al. *b)*, e teremos um contrato válido; sendo esta solução inviável, o regime do enriquecimento sem causa (artigos 473.º, n.º 1, e 479.º, n.º 1) proporciona a efectivação da contraprestação pelo bem ou o serviço utilizado pelo incapaz. Portanto, há soluções legais boas.

792 Além dos fenómenos referidos, a doutrina do contrato de facto ainda contempla um outro tipo de situações. São os casos de relações obrigacionais duradouras, originadas por contratos inválidos, designadamente contratos de sociedade e de trabalho, que produziram efeitos que já não podem ser apagados. Também aqui, as relações contratuais de facto não servem. O que importa, nestas situações, é uma regulamentação atípica dos efeitos da invalidade de um negócio jurídico em relação ao regime geral do artigo 289.º e, como tal, adequada às consequências de uma invalidade, que tome em consideração o facto da irreversibilidade de certas prestações. É o próprio Código Civil que dá um exemplo a este respeito com o regime do casamento putativo (artigos 1647.º s.)[676].

793 Também nos casos em que existe um dever jurídico de contratar (cf. n.os 91 ss.), a figura das relações contratuais de facto é de todo supérflua e dispensável, uma vez que este dever não desobriga da prestação das respectivas

[676] Noutros casos de contratos nulos ou anulados, poderá surgir o instituto da gestão de negócios para servir de suporte aos efeitos produzidos. Tal recurso ao instituto da gestão de negócios, ditado por razões pragmáticas, não está, porém, isento de dúvidas, como nos mostra Júlio Gomes, *A Gestão de Negócios. Um instituto Jurídico numa Encruzilhada*, Coimbra, 1993, pp. 63 a 73. De qualquer maneira, há nulidades e nulidades e o recurso à gestão de negócios não pode servir para salvar os efeitos de um negócio, nulo, que contrarie a ordem pública ou seja ofensivo dos bons costumes.
Fora do Código Civil pode servir de exemplo o regime do contrato de trabalho inválido. A este respeito dispõe o artigo 122.º, n.º 1, do Código do Trabalho: "O contrato de trabalho declarado nulo ou anulado produz efeitos como válido em relação ao tempo em que seja executado". Esta disposição afasta-se do regime-regra do n.º 1 do artigo 289.º CCiv, segundo o qual haveria lugar a uma restituição das prestações efectuadas e cuja aplicação a situações como a referida é absurda.

declarações negociais conducentes à conclusão do contrato. Quem está obrigado a contratar não emite uma proposta dirigida ao público a ser aceite por meio de utilização (de resto, uma aceitação tácita), mas deve responder afirmativamente, ou seja, deve aceitar as propostas contratuais que lhe são feitas.

O Código Civil não aceitou a doutrina das relações contratuais de facto, 794
o que é uma solução correcta. A doutrina tem raízes colectivizantes, rompe o sistema da declaração negocial e do negócio jurídico baseado e alicerçado na autonomia privada e conduz à inobservância da lei mesmo em casos inequívocos.

g) *A culpa in contrahendo*

É hoje geralmente reconhecido que o início de negociações com vista 795
à conclusão de um contrato estabelece uma relação jurídica pré-contratual entre as partes negociadoras, relação essa que dá origem a deveres de lealdade, obrigações de informar[677], deveres no sentido de observar um comportamento segundo as regras da boa fé, etc. [678]. Até pode acontecer, conforme a natureza das negociações, que nasçam relações especiais de confiança. Tudo isso implica que as partes negociadoras devem observar um comportamento que não prejudique o bom andamento das negociações em curso[679].

Se este comportamento não for observado e na formação de um contrato 796
ocorrerem danos, pode haver uma obrigação de indemnizar ao abrigo do

[677] Caso se verifiquem a essencialidade da informação; uma assimetria das capacidades de auto-informação (a par da necessidade de protecção da parte menos informada) e a exigibilidade da informação ser prestada, cf. Eva Sónia Moreira da Silva, *Da Responsabilidade Pré-Contratual (...) cit.*, pp. 121 ss.

[678] Cf. K. Larenz, *Bemerkungen zur Haftung für "culpa in contrahendo"*, in *FS K. Ballerstedt*, Berlin, 1975, p. 397; Musielak, *cit.*, n.os 494 ss.; Claus Wilhelm Canaris, «Autoria e participação na "culpa in contrahendo"», *RDE*, 16 a 19 (1990 a 1993), pp. 5 a 42; trad. do original alemão (*Täterschaft und Teilnahme bei culpa in contrahendo*) por Raúl Guichard Alves. V. ainda Filipe Miguel Cruz de Albuquerque Matos, *A fase preliminar do contrato*, dissertação de Mestrado, Faculdade de Direito da Universidade de Coimbra, 1995.

[679] Das negociações com vista à formação de um contrato devem distinguir-se, por um lado, a *"letter of intent"* e, por outro, o contrato-promessa. A *"letter of intent"* é normalmente utilizada no início das negociações, sobretudo as de carácter internacional, com vista a definir a posição negocial. O contrato-promessa é já um verdadeiro contrato, encontrando-se os seus efeitos regulados nos artigos 410.º ss. e 830.º CCiv.

artigo 227.º por culpa na formação dos contratos. Tal como a própria formação dos contratos, também a culpa na formação dos contratos pertence materialmente ao Direito das Obrigações, ao contrário da sua colocação sistemática na Parte Geral. No entanto, existem pontos de ligação com a doutrina do negócio jurídico e, por isso, a culpa na formação dos contratos vai ser referida em termos breves.

Diz o artigo 227.º: "Quem negoceia com outrem para conclusão de um contrato deve, tanto nos preliminares (p. ex., convites a contratar, formulações das propostas, etc.) como na formação dele, proceder segundo as regras da boa fé, sob pena de responder pelos danos que culposamente causar à outra parte". A lei estipula, deste modo, uma obrigação de indemnizar por *culpa in contrahendo.*

Os danos em questão são, como aliás decorre da formulação da lei, *todos* os danos resultantes do procedimento censurável que está na sua origem, sem que haja uma limitação especial do montante da indemnização. Ao contrário da doutrina dominante, pode dizer-se que, quando o contrato não se concluiu, a responsabilidade pelos danos é limitada, no máximo, pelo interesse positivo que o lesado tinha na conclusão do contrato, enquanto no caso da conclusão do contrato, a responsabilidade fica necessariamente limitada pelo interesse negativo, como se não tivesse havido as negociações prejudiciais, ao lado do cumprimento, claro[680].

797 Esta obrigação de indemnizar existe, assim, independentemente da formação posterior do contrato ou não. O artigo 227.º não tem nada a ver com o próprio contrato e o seu cumprimento, uma vez que visa proteger um bem jurídico diverso: o processo de negociações e sua limpidez. Desta forma, a aplicação do artigo 227.º não tem como pressuposto a imperfeição do con-

[680] No sentido de que "o montante dos danos é que será o critério" não devendo ser colocados outros limites, Sónia Moreira, "De novo os danos indemnizáveis em sede de responsabilidade pré-contratual", *Cadernos de Direito Privado,* número especial sobre o *II Seminário dos Cadernos de Direito Privado,* 02, Dezembro 2012, pp. 97 a 106; António Menezes Cordeiro, *Tratado de Direito Civil,* vol. II, *Parte Geral. Negócio Jurídico,* 4.ª ed., Coimbra, Almedina, 2017 (reimpr.), pp. 282 ss., em especial, p. 289; sobre toda a problemática, cf. em pormenor a obra monumental de Paulo Mota Pinto, *Interesse Contratual Negativo e Interesse Contratual Positivo,* vols. I e II, Coimbra, Coimbra Editora, 2009.

trato[681], visto o direito ao cumprimento, derivante do contrato, ser – quanto à sua essência – diferente do direito à indemnização, decorrente da conduta ou do modo de negociação lesivos. O artigo 227.º visa proteger o próprio processo de formação do contrato em todas as suas fases ("tanto nos preliminares como na formação"). Deste modo, também a celebração do contrato ou a sua posterior anulação ou declaração de nulidade não afastam a aplicação do preceito em causa. Daí que se diga que a *culpa in contrahendo* tanto pode surgir nos casos em que o contrato não chega a ser celebrado, como nos casos em que o é, mas sofre de uma invalidade ou, ainda, nos casos em que o contrato é válido, mas, devido à conduta censurável e violadora da boa fé de uma parte, é desvantajoso para a outra.

Por outro lado, a aplicação do artigo 227.º pressupõe culpa. Desta maneira 798
também se compreende que a simples ruptura das negociações não dê lugar a responsabilidade. Esta consequência decorre do princípio da liberdade contratual (liberdade de conclusão). Se a simples ruptura desse lugar a uma indemnização, seria violado aquele princípio e a vontade das partes ficaria coarctada. Contudo, "não é lícito a uma das partes romper arbitrariamente as negociações depois de estas terem alcançado um tal desenvolvimento que a outra parte podia julgar-se autorizada a confiar na realização do contrato e, assim, a fazer despesas, a abster-se de outros negócios, etc. (...) Mas, por outro lado, pode observar-se que as negociações se destinam precisamente a dar às partes oportunidade de apreciarem se o contrato deve ser feito e em que termos e que, portanto, enquanto o contrato não é celebrado, devem elas ter a liberdade de romper as negociações. Se deverem responder por rotura das negociações, terão que se comportar tão prudentemente que a sua liberdade de contratar será gravemente comprometida"[682].

[681] Em sentido contrário, e sem mais fundamentos, STJ, *BMJ* n.º 248, p. 402. Por outro lado, o STJ, *BMJ* n.º 292, p. 341, admite, pelo menos implicitamente, a violação simultânea dos artigos 227.º, 762.º e 253.º, o que equivale a admitir a coexistência de um contrato perfeito, pressuposto pelo artigo 762.º, e um direito de indemnização, baseado na *culpa in contrahendo*, prevista no artigo 227.º.
Como nós, P. Lima – A. Varela – H. Mesquita, anot. 1. ao artigo 227.º CCiv.

[682] A. Vaz Serra, «Culpa do devedor ou do agente», *BMJ* n.º 68 (Julho 1957), pp. 119, 129.
Cf. também OLG Stuttgart, DB 1989, p. 1817: "É reconhecido pela Jurisprudência que, para o âmbito do § 313 BGB [corresponde ao artigo 875.º CCiv], fica excluída uma responsabilidade por culpa na formação dos contratos mesmo nos casos em que, tendo-se chegado a um acordo

799 Quanto à natureza da obrigação por *culpa in contrahendo* dividem-se as opiniões se ela é de índole contratual, quase-contratual ou extracontratual. Tendo em conta a origem histórica e a evolução do instituto (a *culpa in contrahendo* abstrai completamente da existência de um contrato!) bem como as opções sistemáticas da lei (cf. n.os 102 ss.), deve ser adequado considerar a *culpa in contrahendo* como obrigação extracontratual, legal, ou, quando muito, como obrigação quase-contratual[683]. Doutro modo, obter-se-ia uma espécie de relação contratual de facto, resultante do comportamento durante as negociações, sendo certo que o Código não aceita semelhante figura.

800 A responsabilidade por *culpa in contrahendo* prescreve, segundo o disposto no n.º 2 do artigo 227.º, nos termos do artigo 498.º. Dada a natureza legal da obrigação, também quanto aos seus efeitos, parecem aplicáveis ainda os artigos 489.º (indemnização por pessoa não imputável) e 494.º (limitação da indemnização no caso de mera culpa), não sendo necessária para a invocação de direitos resultantes do artigo 227.º a capacidade de exercício (*argumentum a fortiori* do artigo 489.º). Este resultado protege os incapazes e está plenamente de acordo com os princípios orientadores do regime das incapacidades. Por outro lado, a responsabilidade dos próprios incapazes, quando baseada no artigo 227.º, não pode dar origem a uma responsabilidade superior àquela com que arcariam na sua condição de incapazes de participar no tráfico jurídico negocial.

sobre o conteúdo essencial do contrato, ocorre uma ruptura sem razão plausível. O objectivo do § 313 (protecção dos interessados contra precipitações) só pode ser atingido se se rejeitar, rigorosamente, também qualquer pressão indirecta resultante da ameaça causada por um pedido de indemnização".

[683] Considerando que se trata de uma terceira via de responsabilidade, podendo optar-se pelo regime extracontratual ou contratual conforme o justifique o caso concreto, o que pode ser útil, atendendo ao facto de a *culpa in contrahendo* poder dar azo a situações muito díspares (umas mais próximas do contrato do que outras), Eva Sónia Moreira da Silva, *Da Responsabilidade Pré-Contratual (...), cit.*, pp. 60 a 64; Jorge Ferreira Sinde Monteiro, *Responsabilidade por Conselhos, Recomendações ou Informações*, Coimbra, Almedina, 1989, pp. 509 e 510; J. Baptista Machado, «Tutela da confiança e "venire contra factum proprium"», in J. Baptista Machado, *Obra Dispersa*, vol. I, Braga, Scientia Ivridica, 1991, pp. 567, 573, 575; Luís Manuel Teles de Menezes Leitão, *Direito das Obrigações*, Vol. I, 15.ª ed., Coimbra, Almedina, 2018, pp. 352 ss.; Manuel A. Carneiro da Frada, *Uma "terceira via" no direito da responsabilidade civil?*, Coimbra, Almedina, 1997.

Finalmente, o artigo 227.º não exclui a aplicação do artigo 229.º, n.º 1, 2.ª alternativa. Enquanto o artigo 227.º exige a existência de culpa, o texto do artigo 229.º, n.º 1, não lhe faz referência, apenas exigindo que se avise "imediatamente". Os artigos 227.º e 229.º, n.º 1, 2.ª alternativa, aplicam-se independentemente um do outro, desde que estejam preenchidos os respectivos requisitos legais para cada um deles. 801

3. A representação na conclusão do contrato

As declarações negociais nem sempre são prestadas e recebidas pelas próprias partes. Quer dizer, a declaração pode ser formulada e manifestada ou recebida por outros que agem em vez das partes ou de uma delas. É o que acontece na representação: há um representante que participa no tráfico jurídico negocial em vez e em nome de outrem, o representado, e os efeitos dos negócios por ele concluídos produzem-se, directa e imediatamente, na esfera jurídica do representado. 802

O representante substitui o representado no "agir", no negociar, na prestação e recepção das declarações negociais, mas não na titularidade, na qualidade de sujeito da relação, ou seja, ou efeitos jurídicos são sempre suportados pelo representado.

A representação, melhor, os poderes de representação, podem resultar da lei, e então temos uma representação legal, ou podem resultar de um negócio jurídico, e então estamos em face de uma representação voluntária. A representação pode ter, assim, origens diferentes; de acordo com elas variam as suas funções, mas não as suas consequências, que são sempre iguais: os efeitos dos negócios celebrados pelo representante produzem-se na esfera jurídica do representado[684].

Está inteiramente de acordo com os princípios da autonomia privada e da autodeterminação do homem que o sujeito, em vez de agir ele próprio, possa autorizar outrem para encontrar um resultado ou negociar um efeito que deve valer juridicamente. É para este propósito que serve a representação. 803

[684] Acerca do instituto da representação podem ver-se, Rüthers, §§ 29 a 32; Flume, vol. II, *cit.*, § 43 e ss.; Musielak, *cit.*, n.ºs 804-807.

Entendida neste sentido, a figura não está em oposição ao princípio da autonomia privada, mas é, pelo contrário, uma efectivação consequente desta[685].

Na verdade, as realidades da vida e, sobretudo, as necessidades de uma sociedade desenvolvida, complexa e diversificada, tornam praticamente inevitável o recurso à figura jurídica da representação.

Deste modo, a representação voluntária, outorgada por negócio jurídico, melhora e aumenta as possibilidades de os particulares participarem no tráfico jurídico. Isto, quanto aos particulares que possuem capacidade negocial.

804 Quanto aos incapazes, porém, a situação é diferente, como pode ser diferente em relação aos maiores acompanhados. Como sabemos, os incapazes não estão em condições para poderem participar por acto próprio, de acordo com os princípios da autonomia privada, no tráfico jurídico negocial. Por isso, também não podem nomear um representante voluntário, uma vez que carecem de capacidade de exercício para o fazer (artigo 123.º), a não ser que haja uma excepção à sua incapacidade (artigos 127.º). Também os maiores acompanhados não podem nomear um representante voluntário caso tenha sido determinada uma medida de acompanhamento que os impeça de o fazer (nomeadamente, artigo 145.º, n.º 2, al. *b)*).

Se não fosse possível suprir a sua incapacidade, os incapazes (e o mesmo vale para os maiores acompanhados *supra* referidos) ficariam excluídos do tráfico jurídico negocial.

A sua capacidade de serem titulares de direitos e obrigações ficaria inutilizada, visto não disporem de meios jurídicos para adquirir ou assumir os mesmos, ao faltar-lhes a capacidade de agir por via jurídico-negocial. Para evitar este resultado, extremamente inconveniente, serve a figura da representação legal. Na representação legal não se trata, por isso, da realização da autonomia privada (embora também não se trate da sua violação, pois está em causa quem não deve agir por não poder fazê-lo conscientemente, com discernimento), mas da integração dos incapazes no tráfico jurídico negocial, muito embora sem a sua actuação própria.

Ao contrário da representação voluntária, a representação legal é conferida por lei. Deste modo, o representante age dentro de vinculações e limitações, impostas tanto pela função do instituto (ver, p. ex., os artigos 1878.º

[685] Flume, vol. II, *cit.*, § 43 3.

a 1882.º, 1913.º ss.; o artigo 1922.º; os artigos 1935.º ss. e 1967.º ss.), como pelo facto de os efeitos da sua actuação – actuação essa pautada pelos interesses do incapaz – se produzirem numa esfera alheia de quem não possui capacidade para agir, nem para escolher o seu representante, sendo assim "mais fraco".

A representação é regulada nos artigos 258.º a 269.º numa subsecção da secção referente à declaração negocial, mas não como uma secção, ao lado da referente à declaração negocial, subordinada com esta a um capítulo comum que seria o do negócio jurídico. Esta sistematização adoptada pode ser considerada como não sendo inteiramente feliz, pois a representação é uma figura jurídica do direito dos negócios jurídicos[686]. Contudo, a representação não é apenas isso se tivermos em conta a sua modalidade de representação legal. Decerto, a representação é sempre um meio para prestar uma declaração negocial; mas, apenas quando se trata da representação voluntária, ela é, além disso, uma figura do direito dos negócios jurídicos. Deste modo, foi em atenção à função da representação, tanto legal como voluntária, como meio para prestar declarações negociais, que a lei terá escolhido a sistematização adoptada. O lugar mais indicado para a própria subsecção, porém, seria a seguir à perfeição da declaração negocial. 805

Assim, os artigos 258.º a 261.º contêm os princípios gerais, aplicáveis à representação voluntária e legal, enquanto os artigos 262.º a 269.º se dedicam só à representação voluntária, focando então o carácter negocial do instituto.

a) *Princípios gerais; delimitações para com figuras semelhantes*

Diz o artigo 258.º (efeitos da representação): "O negócio jurídico realizado pelo representante em nome do representado, nos limites dos poderes que lhe competem, produz os seus efeitos na esfera jurídica deste último". 806

Os pressupostos para a produção de efeitos jurídicos em virtude de representação são assim os seguintes:

1.º – um negócio jurídico;

[686] Cf. W. Flume, *cit.*, § 43 3.

2.º – realizado pelo representante em nome do representado;
3.º – nos limites dos poderes que lhe competem.

Preenchidos estes pressupostos, o negócio jurídico celebrado pelo representante com a outra parte, produz todos os seus efeitos (bons e maus, provisórios ou nulos) na esfera jurídica do representado. Quer dizer, um negócio jurídico concluído pelo representante vincula e responsabiliza juridicamente o representado e a outra parte com que o representante negociou.

O artigo 258.º abrange tanto a representação activa (o representante emite uma declaração negocial) como a representação passiva (o representante recebe uma declaração negocial). Mas não já não integra o conceito de representação, quer dizer, não é elemento legal essencial, que o representante aja no interesse do representado, embora isso seja sempre o caso em relação à representação legal.

807 A representação, ou a função do representante, apresenta afinidades com outras figuras e institutos e convém delimitá-la em relação a estes:

1.º – É preciso distinguir o representante do núncio[687]. O núncio (ou mensageiro) é alguém, encarregado por outrem, que se limita a transmitir uma declaração negocial já formulada precisamente por este outrem. O representante, pelo contrário, formula ele próprio a declaração negocial, embora em nome de quem recebeu instruções para o efeito. O núncio transmite uma declaração alheia; o representante presta uma declaração própria.

2.º – O representante distingue-se de quem age em nome próprio por conta de outrem, p. ex., o mandatário sem poderes de representação (artigos 1157.º, 1180.º ss.; ver n.os 918 ss.), ou o "homem de palha" (*Strohmann*). Estas pessoas são verdadeiras partes do negócio, assumindo os seus efeitos jurídicos, muito embora os efeitos económicos do negócio sejam suportados por aquele por conta de quem ele se concluiu. É na assunção dos efeitos jurídicos por quem age em nome próprio (embora por conta de outrem) que reside a distinção em relação ao representante (que não é parte do negócio, uma vez que os seus efeitos jurídicos e económicos se produzem imediatamente na esfera do representado). Portanto, nos casos em que alguém age em nome próprio, os efeitos jurídicos verificam-se primeiro na sua esfera e só

[687] Raúl GUICHARD, «Sobre a Distinção entre Núncio e Representante», *Scientia Ivridica*, t. XLIV, 1995, n.os 256-259, pp. 317 a 329.

posteriormente serão transferidos para o mandante, acabando por coincidir com os efeitos económicos. Fala-se, assim, de uma representação imprópria, atendendo ao facto de, no final, os efeitos do negócio concluído acabarem por ficar na esfera do mandante.

3.º – O representante distingue-se de quem age sob o nome de outrem, disfarçando com esta atitude a sua verdadeira identidade.

4.º – O representante distingue-se das pessoas que servem apenas como medianeiros na conclusão de um negócio jurídico (p. ex., os agentes promovem a celebração de contratos entre outros[688]) ou que servem como auxiliares na sua execução. Aqui, o negócio é celebrado directamente pelas próprias partes que se serviram, mediante uma retribuição, daquelas pessoas.

5.º – O representante distingue-se dos órgãos inseridos nas pessoas colectivas e destinados a fazer agir as mesmas por actos próprios, ou seja, por meio da chamada "representação" orgânica (artigo 163.º), bem como dos titulares dos órgãos (artigos 162.º, 164.º e 170.º; v. também n.os 622, 627 a 630).

6.º – A representação distingue-se de certos ofícios, p. ex., o testamenteiro, o vogal do conselho de família, o administrador da insolvência, que são titulares de um cargo público (discutível).

7.º – A representação distingue-se de consentimento e autorização como pressupostos de validade de certos negócios jurídicos (cf. n.os 532, 533 e 676).

8.º – A representação distingue-se, finalmente, do contrato para pessoa a nomear (artigos 452.º a 456.º) e do contrato a favor de terceiro (artigos 443.º a 451.º), pelo facto de a representação ser uma categoria especial da conclusão do negócio (um meio para prestar declarações negociais), enquanto os contratos referidos constituem categorias especiais dentro das várias modalidades contratuais.

Todavia, como é o representante que – ao negociar em vez e em nome do representado, dentro dos limites dos seus poderes – emite uma declaração negocial própria, o artigo 259.º, n.º 1, determina que, em princípio, é na sua pessoa (e não na pessoa do representado) que se devem verificar, para efeitos de nulidade ou anulabilidade da declaração, a falta ou vício da vontade, bem como o conhecimento ou ignorância dos factos que podem influir nos efeitos jurídicos do negócio. Mas, além disso, também pode ter sido decisiva a 808

[688] V. artigo 1.º do DL n.º 178/86, de 3 de Julho, na redacção do DL n.º 118/93, de 13 de Abril.

vontade do representado, ao condicionar a actuação do representante. Neste caso é igualmente na sua pessoa que se verificam, para efeitos de nulidade ou anulabilidade da declaração, a falta ou vício da vontade, bem como o conhecimento ou ignorância dos factos que podem influir nos efeitos jurídicos do negócio. No entanto, em qualquer caso, a invocação da própria nulidade ou anulabilidade, cabe *sempre* ao representado, uma vez que é na sua pessoa que se produzem todos os efeitos do negócio.

Além disso, segundo o artigo 259.º, n.º 2, ao representado de má fé não aproveita a boa fé do representante. Este preceito procura evitar que os efeitos decorrentes da má fé possam vir a ser contornados mediante a nomeação de um representante de boa fé que celebre o negócio. Também uma eventual culpa na formação do contrato (artigo 227.º), ocorrida na pessoa do representante, na sequência das orientações recebidas, será assumida pelo representado, que tem o dever de indemnizar a outra parte.

De resto, o alcance da vontade do representante depende dos seus poderes representativos. Quer parecer que o n.º 1 do artigo 259.º não faz sentido no caso da representação legal, como ainda todo o preceituado do artigo 259.º não se pode aplicar, directamente, à situação da representação orgânica, prevista no artigo 163.º (v. n.ºs 627 ss). Todavia, a doutrina resultante do artigo 259.º destina-se, sob pena de haver resultados inaceitáveis, também a esta última. Assim, o conhecimento (ou não conhecimento) de um órgão deliberativo repercute-se no órgão representativo. E, se num órgão executivo existirem vários titulares, é evidente que o (des)conhecimento de um titular é imputável também ao(s) outro(s) titular(es). O mesmo raciocínio impõe-se quando estão em causa (des)conhecimentos ou faltas ou vícios da vontade na pessoa do titular de um órgão, ou seja, na pessoa de um "representante orgânico". No caso dos "representantes designados pela administração" da pessoa colectiva, o artigo 259.º aplica-se directamente, como é evidente.

809 Em ordem a fomentar a segurança do tráfico jurídico, atendendo a eventuais receios da outra parte quanto aos poderes representativos que o representante se arroga, determina o artigo 260.º (justificação dos poderes do representante) o seguinte:

"1. Se uma pessoa dirigir em nome de outrem uma declaração a terceiro, pode este exigir que o representante, dentro de prazo razoável, faça prova dos seus poderes, sob pena de a declaração não produzir efeitos.

2. Se os poderes de representação constarem de documento, pode o terceiro exigir uma cópia assinada pelo representante".

Assim, a parte que trata com o representante tem a possibilidade de conhecer os poderes exactos a ele conferidos, antes de celebrar quaisquer negócios em que aqueles poderes poderão faltar.

Por seu lado, o representante não pode celebrar negócios com qualquer pessoa. P. ex., se ao representado o negócio é vedado em virtude de haver uma indisponibilidade ou ilegitimidade, é evidente que também o seu representante fica abrangido pela proibição. O representante nunca pode estar numa posição jurídica mais favorável do que o representado. Trata-se de uma ideia que, aliás, também decorre do artigo 259.º, n.º 2. 810

Além disso, por razões de transparência e em ordem a evitar conflitos de interesses na pessoa do representante, este não pode concluir um "negócio consigo mesmo", sob pena de anulabilidade. O n.º 1 do artigo 261.º proíbe "o negócio celebrado pelo representante consigo mesmo, seja em nome próprio, seja em representação de terceiro, a não ser (1.º) que o representado tenha especificamente consentido na celebração[689], ou (2.º) que o negócio exclua por sua natureza a possibilidade de um conflito de interesses", casos em que o negócio é válido[690]. O n.º 2 do artigo 261.º completa a proibição, ao dizer que se considera celebrado pelo representante também o negócio realizado por aquele em que tiverem sido substabelecidos os poderes de representação.

As hipóteses previstas pelo n.º 1 do artigo 261.º são duas: (1.º) se o representante tem poderes para, em nome do representado, vender, p. ex., certo objecto, não o pode vender a si próprio, mas apenas a um terceiro como 811

[689] O consentimento é uma declaração negocial unilateral e receptícia e não carece de forma, uma vez que a lei – ao contrário do artigo 262.º, n.º 2 – não contém nenhuma ressalva neste sentido.

[690] Um negócio consigo mesmo, sendo permitido, apenas produz efeitos se se manifestou devidamente no foro externo. Mas a cognoscibilidade do negócio consigo mesmo não deve ser confundida com o seu conteúdo. Quanto a este, não se aplica o artigo 261.º, mas sim os artigos 236.º ss. Quer dizer, também valem os n.ºs 2 dos artigos 236.º e 238.º segundo os quais a *falsa demonstratio* não vem prejudicar a conclusão do negócio. Cf. a este respeito BGH *DB* 1991, p. 1275 = *NJW* 1991, p. 1730.

outra parte do negócio; (2.º) se o representante tem poderes para, em nome do representado A, vender certo objecto e possui, simultaneamente, poderes para, em nome do representado B, comprar certo objecto, portanto se se verificar uma dupla representação, não pode o representante, em nome de A, vender e, em nome de B, comprar este mesmo objecto[691].

As proibições do n.º 1 do artigo 261.º não se limitam à representação em sentido próprio, mas valem também para a representação orgânica[692]. Assim, o titular de um órgão não pode, nesta qualidade, contratar consigo mesmo, nem em nome próprio nem como representante orgânico de uma outra pessoa colectiva.

No n.º 2 do artigo 261.º prevê-se a hipótese de o representante, no uso dos seus poderes, substabelecer os seus poderes de representação.

Quer dizer, o representado continua o mesmo, mas os poderes para o representar foram transmitidos para um substituto do representante originário. Este substituto não pode agora celebrar o negócio, em nome do representado, com o primeiro representante (de quem deduz os seus poderes), agindo este em nome próprio.

b) A procuração e os seus efeitos

812 Depois de termos enunciado a função da representação – legal e voluntária – como meio de prestar uma declaração negocial em nome de outrem, designadamente na formação do contrato, e depois de termos delimitado o instituto de figuras afins e tratado os seus princípios gerais, vamos estudar a representação voluntária quanto à sua constituição, duração e extensão.

Quer dizer, estudaremos a representação como figura do direito dos negócios jurídicos, ou seja, a fase antecedente àquela em que ela aparece como meio de prestar uma declaração negocial. Enquanto a representação legal se fundamenta na lei, a representação voluntária tem uma origem negocial, e esta origem será analisada conjuntamente com os seus efeitos.

[691] Cf. Pires de Lima – Antunes Varela – Henrique Mesquita, *Código Civil Anotado, cit.*, p. 243.

[692] Algo dubitativo, Raúl Guichard «O Negócio Consigo Mesmo: Uma Tentativa de Justificação do Regime Legal», *Revista de Ciências Empresariais e Jurídicas*, N.º 11 – 2007, p. 25, nota 2 (p. 31), apresentando o estudo uma documentação abundante sobre a figura do negócio consigo mesmo.

A representação voluntária chama-se procuração e vem regulada nos artigos 262.º a 269.º.

A atribuição da procuração, ou seja, a nomeação do procurador, obedece às regras do artigo 262.º: "Diz-se procuração o acto pelo qual alguém atribui a outrem, voluntariamente, poderes representativos" (n.º 1 do artigo 262.º). O conceito de procuração tem, deste modo, um duplo sentido: é acto de atribuição de poderes e posse dos poderes atribuídos. 813

A procuração, como acto de atribuição (*Vollmachterteilung*) e não como contrato, é assim um negócio jurídico unilateral, por meio do qual uma pessoa é nomeada procurador. Normalmente, aquele acto de atribuição de poderes representativos consta de uma declaração receptícia.

Esta declaração negocial é feita por uma das modalidades previstas no artigo 217.º e, em princípio, sem necessidade de observância de forma legal (artigo 219.º)[693]. Contudo, se o negócio a realizar pelo procurador estiver sujeito a forma, também o acto de atribuição da procuração o estará. É o que decorre do n.º 2 do artigo 262.º: "Salvo disposição legal em contrário, a procuração revestirá a forma exigida para o negócio que o procurador deva realizar" [694].

Tendo-lhe sido atribuídos os poderes representativos, o procurador possui a "procuração". Desta maneira, a procuração (*Vollmacht*) é também a posição de poder de representação, resultante do acto de atribuição. 814

O procurador, nomeado por meio de procuração, não necessita de ter mais do que a capacidade de entender e querer exigida pela natureza do

[693] Portanto, a procuração pode ser conferida por via tácita, o que muitas vezes sucede. Cf., p. ex., artigo 1681.º, n.º 3. A outorga de poderes representativos por via tácita não deve ser confundida, porém, com a "procuração tolerada" (*Duldungsvollmacht*) ou a "procuração aparente" (*Anscheinsvollmacht*). Não nos parece que estes dois fenómenos (ver MUSIELAK, *cit.*, n.os 827-830), sobretudo o segundo, possam ser aceites, sem mais, no direito português devido ao disposto no artigo 457.º CCiv. Por esta razão é necessário uma disposição legal expressa, como sucede, aliás, com o artigo 23.º do DL n.º 178/86, de 3 de Julho, na redacção do DL n.º 118/93, de 13 de Abril (contrato de agência), que consagra especificamente a figura da representação aparente.

[694] No caso do casamento por procuração, não vale o princípio da identidade de forma, pois, apesar de o casamento ser um negócio verbal e solene, a procuração tem de observar as formalidades prevista nos artigos 43.º e 44.º do CRegCiv, que exigem um documento.

negócio que tenha de efectuar (artigo 263.º). Aqui não se trata de uma capacidade negocial, mas natural (= *natürliche Handlungsfähigkeit*). Outra é a situação do outorgante dos poderes de representação; este precisa de ser capaz tanto para a procuração como para a realização do negócio a que ela se destina.

815 Do mesmo modo que a procuração deve a sua origem a um negócio jurídico unilateral, também a sua extinção se procede por via unilateral. A procuração extingue-se quando o representado a revogar (normalmente por negócio unilateral receptício) ou quando o procurador a ela renuncia (por negócio unilateral receptício da sua parte). É isso que consta do artigo 265.º, n.º 2 e n.º 1, 1.ª alternativa.

O representado pode revogar a procuração "livremente", quer dizer, de modo livre quanto à forma e aos fundamentos, mesmo havendo convenção em contrário ou renúncia ao direito de revogação (artigo 265.º, n.º 2, 2.ª alternativa). Apenas quando a procuração tiver sido conferida também no interesse do procurador ou de terceiro, não pode ser revogada sem acordo do interessado, salvo ocorrendo justa causa (artigo 265.º, n.º 3). Estas soluções compreendem-se perfeitamente em atenção às regras que apenas em casos excepcionais permitem a conformação de relações jurídicas de maneira unilateral[695].

816 Sucede com frequência que o representado atribui poderes de representação a uma pessoa à qual já se encontra ligado por uma dada relação jurídica, situação que faz lembrar, de certo modo, o exercício de direitos potestativos a partir de uma relação jurídica já existente. A este respeito a lei fala da "relação jurídica que lhe serve de base" (artigo 265.º, n.º 1, 2.ª alternativa). Esta relação jurídica de base pode ser constituída, p. ex., por um contrato de sociedade, um contrato de trabalho, um contrato de prestação de serviço, um mandato, um contrato de empreitada ou outro contrato de tipo afim.

Quanto ao mandato, regulado nos artigos 1157.º ss., é de distinguir entre o mandato sem representação (artigo 1180.º) e o mandato com representação (artigo 1178.º). O mandato é um contrato pelo qual uma das partes se obriga a praticar um ou mais actos jurídicos por conta da outra (artigo 1157.º). Con-

[695] Cf., neste contexto, Pedro Pais de Vasconcelos, *A Procuração Irrevogável*, 2.ª ed., Coimbra, Almedina, 2016.

forme o conteúdo do mandato que tiver sido acordado, o mandatário actua – sempre por conta do mandante – ou em nome próprio (= mandato sem poderes representativos), ou em nome alheio, isto é, em nome do mandante, que é revelado à outra parte por ocasião do negócio (= mandato com poderes de representação). Neste último caso, aplicam-se cumulativamente as regras da representação e, por isso, o mandatário só pode realizar negócios jurídicos. Mas o contrato do mandato (relação jurídica de base) é, sempre, um negócio independente da procuração (que é um acto unilateral).

A relação jurídica de base influi, em certa medida, na existência da procuração, como resulta do artigo 265.º, n.º 1, 2.ª alternativa (além do n.º 1 do artigo 264.º), onde se prevê a extinção da procuração quando cessa a relação jurídica que lhe serve de base. Mas esta consequência não é fatal, pois a procuração extingue-se "excepto se outra for, neste caso, a vontade do representado". Quer dizer, a procuração pode subsistir sem que tenha como suporte a relação jurídica de base, uma vez que não se fundamenta nessa relação, mas sim no acto unilateral que atribui os poderes representativos. A procuração e a relação jurídica de base são negócios juridicamente separados. Nos casos em que cessou ou em que nem houve uma relação jurídica de base, fala-se de uma "procuração isolada" (*isolierte Vollmacht*). 817

Do relacionamento jurídico autónomo entre a relação jurídica de base e a procuração resulta, ainda, que esta é também um negócio jurídico abstracto, quer dizer, ela não pressupõe necessariamente uma relação jurídica que lhe sirva de base. Como a procuração pode existir por si só, uma eventual invalidade da relação jurídica que lhe serve de base não a afecta, dada a sua autonomia jurídica. Por meio desta separação e abstracção pretende-se garantir a protecção da outra parte, que negoceia com o procurador ao confiar na procuração. A procuração é incólume, não sendo, como acto autónomo que é, atingida pela invalidade da relação jurídica de base entre o procurador e o representado. Por isso mesmo, a justificação dos poderes do representante, regulada no artigo 260.º, não atende à relação jurídica de base, mas tão só ao conteúdo dos próprios poderes representativos, poderes esses resultantes da procuração. 818

Por estas razões pode mostrar-se como necessário fazer cessar, para além da relação jurídica de base, ainda a própria procuração mediante uma revogação (artigo 265.º, n.º 2). Por outro lado, a revogação da procuração não afecta o negócio de base, que pode perfeitamente continuar. Deste modo, a procuração e, se a houver, a relação jurídica que lhe serve de base, têm vidas jurídicas separadas.

A situação é perfeitamente comparável com a prevista no artigo 170.º, n.º 2, quanto aos titulares dos órgãos de uma pessoa colectiva, onde se distingue entre as funções dos titulares e os seus direitos fundados no acto de constituição (ver n.º 639).

819 Para efeitos da protecção de terceiros, e na esteira do disposto no artigo 260.º, o artigo 266.º, n.º 1, determina que eventuais modificações ou a revogação da procuração devem ser levadas ao seu conhecimento por quaisquer meios idóneos, sob pena de lhes não serem oponíveis, senão quando se *mostre* que delas tinham conhecimento no momento da conclusão do negócio. Quer dizer, a facilidade da revogação (n.º 2 do artigo 265.º) nas relações internas entre o representado e o procurador é contrabalançada pelo n.º 1 do artigo 266.º nas relações externas, entre o procurador e a outra parte, cuja confiança na existência da procuração é protegida. As outras causas extintivas da procuração, nomeadamente a renúncia do procurador ou a cessação da relação jurídica de base (no caso de ela produzir esse efeito), não podem ser opostas a terceiro que, sem culpa, as tenha ignorado (artigo 266.º, n.º 2).

O artigo 266.º dá, deste modo, expressão legal ao princípio geral e básico de que o conhecimento efectivo, como também o desconhecimento culposo, não são merecedores de "protecção", a qual, porém, é justamente devida a quem desconhece factos novos em contrário às aparências em que confia, com a consequência de tais factos não lhe serem oponíveis.

Por isso mesmo, nos casos de inoponibilidade da extinção da procuração, o representado fica vinculado pelas declarações negociais do seu ex-procurador em relação à outra parte, que não conhecia a extinção ou a ignorava sem culpa, de modo que os negócios se concluem, produzindo os seus efeitos.

O procurador, por seu lado, deve restituir o documento de onde constem os seus poderes, logo que a procuração seja extinta, sem que ele goze do direito de retenção do documento (artigo 267.º), destinando-se esta medida também (embora não só) à protecção de terceiros.

820 Enquanto a procuração se mantém, o procurador possui poderes para prestar as respectivas declarações negociais. Os seus poderes podem ser especiais para cada acto, e, portanto, para um negócio só, mas também

podem ser gerais, e, portanto, para uma multiplicidade de negócios. No primeiro caso fala-se de uma procuração especial; no segundo, de uma procuração geral. A amplitude dos respectivos poderes resulta do conteúdo do acto de atribuição e ainda, embora indirectamente, em jeito de complemento, da relação jurídica de base.

Em muitos casos a lei apenas permite uma procuração especial para cada acto, p. ex., quando se trata de negócios jurídicos familiares.

Faz parte dos seus poderes de representação que o procurador se possa fazer substituir por outrem, mas só se o representado o permitir ou se a faculdade de substituição resultar do conteúdo da procuração ou da relação jurídica que a determina (artigo 264.º, n.ºs 1 a 3). Além disso, o procurador pode servir-se de auxiliares na execução da procuração, se outra coisa não resultar do negócio ou da natureza do acto que haja de praticar (artigo 264.º, n.º 4). Também os negócios assim concluídos produzem, como não pode deixar de ser, os seus efeitos na esfera do representado.

Em contrapartida, se uma pessoa, sem possuir poderes representativos, celebra um negócio jurídico em nome de outrem, como se de um caso do artigo 258.º se tratasse, o negócio é ineficaz em relação a este (artigo 268.º, n.ºs 1 e 4). Nestes casos, alguém diz ser representante de outrem sem ter poderes representativos nenhuns, ou sem ter poderes representativos para o negócio em causa, visto não ter havido representado que lhos outorgasse, de modo que ele também não há-de assumir os negócios do seu *falsus procurator*. Trata-se de uma representação sem poderes[696]. 821

No entanto, o suposto representado pode, querendo, com efeitos retroactivos e sem prejuízo dos direitos de terceiro, entretanto adquiridos, ratificar, na forma devida para a procuração (artigos 262.º, n.º 2, 217.º e 219.º), o negócio jurídico celebrado (artigo 268.º, n.ºs 2 e 3), assumindo os seus efeitos, *inclusive* os decorrentes da aplicação "retroactiva" do artigo 259.º. Mediante a ratificação – um negócio jurídico unilateral, não necessariamente receptício, destinado a atribuir efeitos jurídicos a um negócio que deles careça – os efeitos do negócio ratificado produzem-se deste o momento da sua celebração entre as partes, ou seja, o representado e com quem o representante, originariamente sem poderes, tinha concluído o negócio. Caso o suposto repre-

[696] Raúl Guichard, «Notas sobre a falta e limites do poder de representação», *RDES*, 1995, ano XXXVII, n.ºs 1-2-3, pp. 3 a 53.

sentado não ratifique, a contraparte pode pedir uma indemnização ao *falsus procurator* com fundamento na sua *culpa in contrahendo* (artigo 227.º).

822 A representação sem poderes não se deve confundir com as situações em que alguém se apresenta sob um falso nome (sob o nome de outrem), portanto não agindo, nos termos do artigo 258.º, em nome de outrem.

Caso o agente pretenda concluir o negócio com efeitos para ele próprio, utilizando o falso nome apenas para dissimular a sua verdadeira identidade, e a outra parte não se interesse pela identidade, mas sim pela realização do negócio em si (uma atitude paralela à situação existente nos contratos para pessoa a nomear; artigo 452.º, n.º 1), os efeitos do negócio produzem-se entre quem se apresenta sob um falso nome e a outra parte (p. ex., alguém pernoita num hotel, indicando um nome alheio para não ser reconhecido).

Caso o agente utilize o falso nome para se aproveitar dele, visto a outra parte ligar certas expectativas ou relacionar determinados factos com o verdadeiro titular do nome, e, por isso mesmo, quer contratar precisamente com este, discute-se se o titular, desde que o negócio lhe convenha, pode ratificar o mesmo por via de aplicação analógica das regras da representação sem poderes.

823 É diferente da representação sem poderes o abuso da representação. Fala-se de abuso da representação quando o representante, tendo poderes representativos e tendo ficado dentro dos seus limites funcionais, abusou conscientemente deles, ao não respeitar as instruções que lhe foram dadas[697]. Contudo, o representado só pode invocar o abuso desde que a outra parte o conhecesse ou devesse conhecer.

Sirva como exemplo o seguinte caso: o representado atribui procuração para vender um determinado objecto, indicando ao procurador o preço mínimo que deseja obter. O procurador, por seu lado, vende o objecto a um preço bastante inferior e o comprador, conhecedor dos preços correntes de mercado para objectos daquela espécie, pode imaginar perfeitamente que o representado nunca poderia ter aspirado a um preço tão baixo.

Nas situações de abuso da representação há um abuso do direito: um abuso do direito formalmente existente para representar outrem.

[697] Ver, Helena MOTA, *Do abuso de representação. Uma análise da problemática subjacente ao artigo 269.º do Código Civil de 1966*, Coimbra Editora, Coimbra, 2001, pp. 135 ss.

A esta situação a lei reage, nos pressupostos do artigo 269.º, como se os poderes formais não existissem. Segundo o disposto no artigo 269.º, se a outra parte conhecia ou devia conhecer o abuso, são aplicáveis as regras do artigo 268.º sobre a representação sem poderes. Quer dizer, o representado – que ao escolher o seu representante corre com isso o risco da deslealdade deste – fica protegido em relação à outra parte contra o abuso dos poderes representativos apenas quando tal situação for patente, critério esse não exigido na representação sem poderes (onde foi o representante que "escolheu" o seu representado).

Não se trata de um abuso da representação quando o procurador, agindo formalmente dentro dos seus poderes funcionais, e a outra parte colaboram conscientemente para prejudicar o representado. 824

Neste caso, em que existe "colusão", o negócio é ofensivo dos bons costumes, caindo assim sob a alçada do artigo 281.º, tendo como consequência a sua nulidade.

Também não há abuso da representação quando o procurador é pouco hábil, fazendo mau uso dos seus poderes em prejuízo do representado. Aqui o negócio concluído produz os seus efeitos na esfera deste último. Qualquer outro resultado seria intolerável para o tráfico jurídico. Quem nomeia um procurador, de acordo com a sua autonomia de vontade, está naturalmente sujeito ao risco de este cumprir mal, sem poder repercutir o risco em terceiros.

II. OS NEGÓCIOS JURÍDICOS COM EFICÁCIA LIMITADA

Bibliografia: J. de Castro. Mendes, «Condição necessária, impossível e indeterminada», *DJ*, I (1980), p. 59. Manuel de Andrade, *cit.*, vol. II, pp. 355 a 402, 109 a 116. C. A. Mota Pinto, pp. 561 a 588. J. de Castro Mendes, *cit.*, vol. III, pp. 473 a 549. Luís Cabral de Moncada, *cit.*, pp. 674 a 706.

Normalmente, sob pena da inoperância do instituto, os negócios jurídicos produzem os seus efeitos volitivo-finais, os seus efeitos pretendidos, e estes concretizam-se plenamente. Mas nem sempre assim sucede. Em certos condicionalismos, os efeitos, muito embora o negócio seja perfeitamente 825 válido, não se produzem desde logo ou não se produzem de forma estável ou não se produzem na íntegra. Estes condicionalismos podem encontrar a sua origem na vontade das partes, só na lei ou na lei com o concurso da vontade das partes.

Todos estes condicionalismos trazem consigo alguma instabilidade para o tráfico jurídico, nem sempre desejável, e afectam os negócios desde o momento da sua celebração, embora às vezes apenas de uma maneira virtual ou latente ou só em relação a "terceiros". Daqui em diante veremos como a vontade das partes ou o comando da lei fazem com que os efeitos de um negócio válido não se desenvolvam plenamente.

1. Os negócios jurídicos com efeitos subordinados a condição ou termo

826 Em princípio, as partes de um negócio jurídico podem, de acordo com os seus interesses ou conveniências, subordinar o início *ou* a cessação da produção dos seus efeitos à verificação de uma condição ou de um termo, a não ser que se trate de negócios que, em virtude da sua natureza, sejam incondicionáveis ou inaprazáveis (como, p. ex., os negócios jurídicos familiares pessoais). Em ambos os casos, trata-se de um elemento acidental da declaração negocial (*Nebenbestimmung*). Não é necessário que a lei os permita expressamente, uma vez que as partes agem com base na sua autonomia privada, embora possa fazê-lo para evitar dúvidas (p. ex., quanto à convenção antenupcial, que é um negócio jurídico familiar patrimonial, o artigo 1713.º, n.º 1, esclarece: "É válida a convenção sob condição ou termo").

Termo e condição têm em comum a sua qualidade de acontecimentos futuros, mas eles distinguem-se quanto à certeza do acontecimento: no caso da condição, a sua verificação é incerta; no caso do termo, ela é certa. Tanto a condição como o termo, como elementos acidentais, são exteriores ao negócio, embora incindivelmente ligados a ele, visto determinarem a produção dos seus efeitos.

a) A condição

827 A condição é, na definição dada pelo n.º 1 do artigo 270.º, um acontecimento futuro e incerto, ao qual as partes subordinam a produção ou a resolução dos efeitos do negócio jurídico. No primeiro caso (produção dos

efeitos), a condição chama-se suspensiva; no segundo caso (resolução dos efeitos), a condição diz-se resolutiva. O carácter suspensivo ou resolutivo de uma condição resulta da vontade das partes, a averiguar, se for necessário, por via de interpretação.

A condição é um elemento querido pelas partes, acrescentado ao negócio. Por ser voluntária, ela distingue-se da "condição legal" (*conditio iuris*). As condições legais não são condições verdadeiras, mas exigências da *lei* como pressupostos para a verificação de determinados efeitos jurídicos (ver, p. ex., os artigos 687.º, 1669.º e 1716.º). Por isso, as "condições legais de eficácia" não são condições no sentido do artigo 270.º.

As condições a que o artigo 270.º, n.º 1, se refere são as chamadas condições próprias. A formulação "acontecimento futuro" mostra que não são condições, neste sentido, as reservas relacionadas com um facto presente ou passado, ou seja, um acontecimento já verificado, mas que as partes ainda não conhecem (incerteza subjectiva), de modo que fazem depender da pré-existência de um facto os efeitos do negócio jurídico a ser concluído por elas. Para haver uma condição própria, o acontecimento em si (e não o simples conhecimento dele) deve verificar-se objectivamente no futuro e, como decorre da formulação "acontecimento incerto", também não são condições no sentido do n.º 1 do artigo 270.º as reservas que se referem a acontecimentos impossíveis ou a acontecimentos que se verifiquem necessariamente: aqui falta o elemento da incerteza. 828

As cláusulas apostas a um negócio jurídico para condicionar a produção dos seus efeitos, que não se refiram a um acontecimento simultaneamente futuro e incerto chamam-se "condições impróprias". 829

Condições impróprias são ainda as referidas no artigo 271.º, n.º 2, 1.ª parte, ou seja, as condições que são, em termos objectivos, física ou legalmente impossíveis. Contudo, se uma condição impossível for resolutiva, ela considera-se como não escrita (artigo 271.º, n.º 2, 2.ª parte). Neste caso, o negócio começou a produzir os seus efeitos desde logo e também continua a produzi-los sem a ameaça de resolução.

Por outro lado, são condições próprias, mas ilícitas por serem contrárias à lei ou à ordem pública ou ofensivas dos bons costumes, aquelas que, apesar de serem possíveis de facto, não são admitidas pela ordem jurídica (artigo 271.º, n.º 1). O carácter ilícito de uma condição não se determina em função da ilicitude do facto posto como condição, mas em virtude do nexo criado (ou a conjugação) entre o facto e a eficácia condicionada do negócio. Um facto lícito pode, assim, ser causa de uma condição ilícita, e uma condição lícita pode ter por base um facto ilícito.

830 Nem todos os negócios jurídicos admitem condições. O carácter incondicionável pode resultar da própria natureza do negócio, que não comporta incertezas quanto à produção dos seus efeitos, ou pode decorrer de disposição expressa da lei (cf., p. ex., os artigos 848.°, n.° 2; 1618.°, n.° 2; 1852.°, n.° 1; 2054.°, n.° 1; 2064.°, n.° 1). Designadamente, os negócios jurídicos familiares pessoais apresentam uma natureza incompatível com a existência de uma condição. Mas também o contrato individual de trabalho será incondicionável, sobretudo quando está em causa uma condição resolutiva.

Também o exercício de direitos potestativos não pode ser feito sob condição (cf. n.° 391), tendo em conta que o declaratário deve ser protegido contra a insegurança resultante de um exercício condicional. Apenas quando o preenchimento da condição depender unicamente da própria vontade do declaratário, a condição é admissível para influenciar a vontade ou comportamento deste. Aqui o declaratário não necessita de ser protegido contra uma situação de insegurança que lhe é criada por fora, da parte do declarante, uma vez que cabe a ele próprio desfazer a situação de insegurança. Este tipo de condição chama-se condição potestativa ou de querer.

831 Estando a produção dos seus efeitos subordinada à verificação de uma condição, o negócio jurídico, embora validamente concluído, não transferiu ainda (no caso da condição suspensiva) ou não transferiu de modo definitivo (no caso da condição resolutiva) os direitos ou obrigações que tem por objecto.

Sirva como exemplo o caso mais importante da condição suspensiva: a reserva da propriedade. Como sabemos, a transferência de direitos reais (*maxime*, a propriedade) sobre coisa determinada dá-se por mero efeito do contrato (artigos 408.°, n.° 1, 879.°, al. *a)*, 954.°, al *a)*, e 939.°). Ora bem, nos contratos de alienação é lícito ao alienante reservar para si a propriedade da coisa até ao cumprimento total ou parcial das obrigações da outra parte ou até à verificação de qualquer outro evento (artigo 409.°, n.° 1). Quer dizer, os efeitos do contrato concluído, isto é, a transferência da propriedade, dependem ainda de outro facto, nomeadamente o pagamento do preço, ao tratar-se de uma venda.

A estipulação de uma condição pelas partes conduz, desta forma, a um estado de pendência. Não existe ainda um direito pleno na pessoa do adquirente; mas há já um direito à aquisição plena que podemos designar por "expectativa jurídica" (*Anwartschaftsrecht*). Esta posição jurídica goza de protecção legal, como resulta dos artigos 272.º e 273.º e também do n.º 2 do artigo 275.º. 832

Diz o artigo 272.º: "Aquele que contrair uma obrigação ou alienar um direito sob condição suspensiva, ou adquirir um direito sob condição resolutiva, deve agir, na pendência da condição, segundo os ditames da boa fé, por forma que não comprometa a integridade do direito da outra parte". Por outro lado, e segundo o artigo 273.º, "na pendência da condição suspensiva, o adquirente do direito pode praticar actos conservatórios, e igualmente os pode realizar, na pendência da condição resolutiva o devedor ou o alienante condicional".

Daqueles dois preceitos resulta, pois, que o negócio jurídico, embora ainda não produzindo, ou não produzindo definitivamente, os seus efeitos pretendidos, produz, no entanto, desde já, os efeitos protectores das expectativas jurídicas criadas. Por outras palavras, o negócio condicional produz de imediato aqueles efeitos indispensáveis para que, no momento da verificação da condição, se possam produzir os efeitos pretendidos, antes subordinados à condição. Os efeitos produzidos de imediato são a expressão do facto de o negócio condicional, por ser um negócio validamente concluído, implicar desde já uma vinculação mútua das partes. Esta vinculação jurídica justifica as soluções dos artigos 272.º e 273.º.

Além disso, a vinculação jurídica que decorre do negócio condicional explica a solução do n.º 2 do artigo 275.º (aliás, uma solução na linha de pensamento do artigo 224.º, n.ºs 2 e 3): se a verificação da condição for impedida, contra as regras da boa fé, por aquele a quem prejudica, tem-se por verificada; se for provocada, nos mesmos termos, por aquele a quem aproveita, considera-se como não verificada. Por outro lado, a certeza de que a condição não se pode verificar, equivale à sua não verificação (artigo 275.º, n.º 1).

Uma situação muito diferente da prevista nos artigos 272.º, 273.º e 275.º, 833
n.º 2, encontra-se regulada no artigo 274.º. Este preceito prevê actos de disposição dos bens ou direitos que constituem objecto do negócio condicional, realizados durante a pendência da condição, e permite que aqueles actos sejam feitos.

Portanto, a alienação de direitos condicionais, como condicionais, é possível, sujeitando-se o adquirente à hipótese da verificação ou não da condição. A natureza aleatória transmite-se para o adquirente do direito condicional. Neste sentido, o preceito do artigo 274.º abrange também a transmissão da expectativa jurídica à aquisição plena do direito.

Em qualquer dos casos, os adquirentes ficam sujeitos aos direitos e obrigações previstos nos artigos 272.º, 273.º e 275.º, n.º 2, cuja violação, de resto, pode dar lugar a direitos de indemnização[698].

834 Verificada a condição, os seus efeitos retrotraem-se à data da conclusão do negócio, a não ser que, pela vontade das partes ou pela natureza do acto, o momento dos efeitos seja outro (artigo 276.º). Desta eventualidade da não retroacção, mas também da definição legal do artigo 270.º, é forçoso concluir-se que a retroactividade não constitui parte necessária ou essencial do conceito de condição.

De qualquer modo, a retroactividade fica excluída nas situações previstas no artigo 277.º, ou seja, relativamente a prestações efectuadas (e não apenas vencidas) no âmbito de um contrato de execução continuada ou periódica (artigo 277.º, n.º 1, em ligação com o artigo 434.º, n.º 2), relativamente à validade dos actos de administração ordinária – ou actos de mera administração – (artigo 277.º, n.º 2, em ligação com os artigos 272.º e 273.º) e ainda em relação à aquisição de frutos colhidos no exercício de actos de administração ordinária (artigo 277.º, n.º 3, em ligação com o artigo 277.º, n.º 2, e o artigo 1270.º).

b) O termo

835 O termo vem regulado nos artigos 278.º e 279.º, não oferecendo a lei nenhuma noção a seu respeito.

"Denomina-se termo o momento a partir do qual o negócio jurídico deve começar a produzir os seus efeitos, ou a deixar de os produzir. Negócio a

[698] Contudo, quem alienar o direito condicional como direito pleno realizará uma disposição sobre coisa alheia, visto o direito ser imperfeito. Aqui o negócio é nulo, podendo o adquirente ficar protegido nos termos limitados às relações entre vendedor e comprador no regime da venda de bens alheios (artigo 892.º). Para um terceiro adquirente, a sua protecção depende da boa fé e da verificação dos demais pressupostos enunciados no artigo 291.º.

termo é, portanto, aquele em que as partes querem que os seus efeitos só se produzam depois que se dê um acontecimento futuro e certo, ou até que este se verifique. Quando se diz que o termo é um acontecimento certo, quer-se significar que há a certeza da sua verificação, não obstante o momento em que ela se dará poder ser incerto. Por isso se podem considerar duas espécies de termo: o certo e determinado, aquele que se sabe de certeza, que chegará e quando (*dies certus an et certus quando*), e certo e indeterminado, aquele que se sabe que chegará, mas sem se saber quando (*dies certus an et incertus quando*). Como exemplo da primeira espécie pode referir-se uma data do calendário; como exemplo do segundo, a morte de determinada pessoa. O termo pode ser, ainda, suspensivo ou inicial (*dies a quo*), quando marca o momento a partir do qual o negócio começa a produzir os seus efeitos, e extintivo ou final (*dies ad quem*), quando assinala o momento em que o negócio deixa de produzir efeitos. (...) O termo pode ser estipulado no interesse do devedor, no interesse do credor, ou no interesse comum das partes. Aquele a favor de quem o termo foi estabelecido pode renunciar a ele, pelo que a renúncia também é causa da sua extinção. (...) No caso do termo extintivo, o contrato decorre, antes da verificação do termo, como se não estivesse sujeito àquela estipulação. Verificado o termo, os efeitos do negócio cessam, mas somente para o futuro, isto é, sem qualquer espécie de retroactividade"[699].

Aos negócios a termo aplicam-se, com as necessárias adaptações, as disposições dos artigos 272.º e 273.º quanto às obrigações das partes no período de pendência dos efeitos do negócio sob condição.

Quanto à contagem do prazo e à fixação do termo, o artigo 279.º esta- 836
belece um regime supletivo, aplicável apenas quando há dúvidas que não podem ser resolvidas mediante as regras relativas à interpretação da declaração negocial ou, tratando-se de prazos fixados na lei, por meio das regras respeitantes à interpretação da lei. Deste modo:

"a) Se o termo se referir ao princípio, meio ou fim do mês, entende-se como tal, respectivamente, o primeiro dia, o dia 15 e o último dia do mês; se for fixado no princípio, meio ou fim do ano, entende-se, respectivamente, o primeiro dia do ano, o dia 30 de Junho e o dia 31 de Dezembro;

[699] J. F. Rodrigues Bastos, *cit.*, vol. III, Observações 1 a 3 ao artigo 278.º.

b) Na contagem de qualquer prazo não se inclui o dia, nem a hora, se o prazo for de horas, em que ocorrer o evento a partir do qual o prazo começa a correr;

c) O prazo fixado em semanas, meses ou anos, a contar de certa data, termina às 24 horas do dia que corresponde, dentro da última semana, mês ou ano, a essa data; mas, se no último mês não existir dia correspondente, o prazo finda no último dia desse mês;

d) É havido, respectivamente, como prazo de uma ou duas semanas, o designado por oito ou quinze dias, sendo havido como prazo de um ou dois dias o designado por 24 ou 48 horas;

e) O prazo que termine (mas não o dia que recaia) em domingo ou dia feriado transfere-se para o primeiro dia útil; aos domingos e dias feriados são equiparadas as férias judiciais, se o acto sujeito a prazo tiver de ser praticado em juízo"[700].

c) Os encargos ou cláusulas modais (referências)

837 Não devem ser confundidos com a condição ou com o termo os chamados encargos (*Auflagen*). Aos encargos referem-se os artigos 963.º a 967.º no contexto da doação e – em termos paralelos – os artigos 2244.º a 2248.º no contexto das disposições testamentárias. Um encargo onera uma liberalidade, mas não atinge – ao contrário da condição ou do termo – a produção dos efeitos do negócio que a prevê. Deste modo, o não cumprimento do encargo não tem, só por si, qualquer influência sobre os efeitos da liberalidade; para atingir os efeitos, é preciso accionar os meios previstos na lei para a resolução dos negócios correspondentes (artigos 966.º e 2248.º).

Do mesmo modo que condição e termo, um encargo constitui um elemento exterior ou acidental ao negócio jurídico, mas sem influenciar nos seus efeitos. Enquanto condição e termo são imediatamente decisivos para a produção ou não produção dos efeitos do negócio jurídico (ligação incindível), um encargo não o é (ligação cindível).

2. Os negócios jurídicos com efeitos dependentes de ratificação

838 Enquanto nos negócios jurídicos cujos efeitos estão subordinados a condição ou termo já existe uma vinculação jurídica de parte a parte, nos negó-

[700] J. F. Rodrigues Bastos, *cit.* na nota anterior.

cios com efeitos dependentes de ratificação, tal vinculação só se verifica em relação a um lado do negócio.

Quer dizer, celebrou-se um negócio, mas do lado de um dos intervenientes não havia poderes para estabelecer um vínculo correspondente. Estas situações verificam-se nomeadamente no caso de negócios celebrados pelo insolvente, no caso da representação sem poderes e no caso do contrato para pessoa a nomear. (Uma situação algo parecida encontra-se na hipótese prevista no artigo 229.º, n.º 2, que permite ao proponente de um contrato considerar como atempada uma aceitação fora do prazo, ao conferir efeitos *ex post* a um negócio a que o aceitante, legitimamente, se podia julgar vinculado).

A ratificação é, como já dissemos no contexto da representação sem poderes, um negócio jurídico unilateral destinado a atribuir efeitos jurídicos plenos a outro negócio que deles careça. Se, porém, os negócios susceptíveis de ratificação não forem ratificados, não produzem, como é evidente, os seus efeitos em relação à parte que pode ratificar, mas entendeu por bem não o fazer. Como um caso semelhante ao da ratificação podemos considerar o assentimento do perfilhado maior (artigo 1857.º, n.º 2, 1.ª parte), pois, sem este, o acto precedente da perfilhação também não produz os seus efeitos em relação ao perfilhado.

a) Os negócios dos insolventes, celebrados sem poderes de disposição

São ineficazes em relação à massa insolvente os negócios do insolvente 839
na medida em que está privado dos poderes de administração e de disposição dos bens integrantes da massa insolvente, os quais passam a competir ao administrador da insolvência (artigo 81.º, n.º 1, do CIRE); por outro lado, o negócio não é ineficaz em relação à parte com que o insolvente contratou. A falta da vinculação apenas existe quanto à massa.

A privação dos poderes do insolvente resulta do seu estado de insolvência, em virtude do qual a massa insolvente é, como património separado ou autónomo, subtraída à sua administração e disposição (cf. n.º 301).

A insolvência é declarada por sentença judicial e deve ser registada (artigo 38.º, n.º 2, do CIRE), nomeadamente por averbamento ao assento de nascimento do insolvente no Registo Civil (artigo 69.º do CRegCiv); além de averbamentos no registo predial relativamente aos bens que integram a massa insolvente, e outras comunicações (artigo 38.º, n.º 3, do CIRE). Desta forma, visa-se prevenir o público contra eventuais negócios com quem estiver atingido por tal medida grave.

840 Os efeitos da insolvência levam a uma separação dos patrimónios do devedor declarado insolvente, na medida em que esta declaração conduz a uma apreensão dos seus bens penhoráveis e a uma privação para os administrar ou para deles dispor. Apenas lhe ficam os bens impenhoráveis, necessários para a sua subsistência. Os negócios posteriores àquela sentença são ineficazes (com excepção dos celebrados com terceiros de boa fé antes do registo da insolvência, artigo 81.º, n.º 6, CIRE). Quanto aos bens abrangidos pela declaração da insolvência, o insolvente é representado pelo administrador da massa.

Quer dizer, o insolvente não fica, como é óbvio, em nenhum estado de incapacidade; a sua situação é a de quem perdeu o poder de disposição (cf. o caso referido no artigo 226.º, n.º 2) quanto aos bens que constituem a massa insolvente, e só em relação a estes, visto estar privado de os administrar ou de dispor deles. Esta privação conduz a uma indisponibilidade relativa, apenas limitada ao nível da eficácia do negócio, sem atingir a sua validade como acontece nos casos das ilegitimidades e indisponibilidades relativas, afins às incapacidades (cf. n.os 532.º ss.).

Por isso, eventuais negócios do insolvente respeitantes aos bens subtraídos à sua administração ou disponibilidade não são inválidos, mas são ineficazes em relação à massa insolvente[701]. Esta solução, perfeitamente adequada às circunstâncias, explica-se pela função da massa insolvente.

841 A massa insolvente destina-se a satisfazer os credores, em condições iguais, até à sua distribuição ou liquidação total. Trata-se de uma execução global de todo o património penhorável do devedor no interesse de todos os credores. Ora, se o devedor ainda pudesse celebrar negócios jurídicos em prejuízo da massa, resultaria daí uma lesão dos interesses dos credores. Por isso, há a estrita necessidade de considerar ineficazes, em relação à massa insolvente (mas não em relação à outra parte do negócio), os negócios dos insolventes.

[701] Uma solução comparável está prevista no artigo 819.º que determina: "Sem prejuízo das regras do registo, são inoponíveis em relação à execução os actos de disposição, oneração ou arrendamento dos bens penhorados".

Todavia, para a eventualidade de o negócio concluído pelo insolvente, não obstante a sua privação a este respeito, trazer vantagens para a massa ao aumentar o seu valor, o administrador está em condições de ratificar o acto e de vincular a massa, acautelando desta maneira os interesses dos credores. Tendo sido ratificado, o negócio é eficaz também em relação à massa insolvente. Quer dizer, com a ratificação, o negócio celebrado entre o insolvente e a outra parte produz, com eficácia retroactiva, os seus efeitos entre esta e a massa insolvente[702]. Caso o administrador da massa não vincule a mesma por via da ratificação, o insolvente responde à outra parte por incumprimento do contrato se não consegue realizar a contraprestação.

b) Os negócios celebrados sem poderes de vinculação

Como sabemos, o negócio que uma pessoa sem poderes de representação 842
celebra em nome de outrem é ineficaz em relação a este (artigo 268.º, n.º 1, 1.ª parte), mas já não em relação à parte com a qual o *falsus procurator* contratou. Por isso, existe do lado desta parte uma "vinculação jurídica", ainda susceptível de ser chamada para si pelo "representado" por meio da ratificação do negócio (artigo 268.º, n.º 1, 2.ª parte, n.ºs 2 e 3), dando-lhe assim plena eficácia *ab initio*. Contudo, enquanto o negócio não for ratificado, a outra parte tem a faculdade de desfazer a vinculação estabelecida mediante a revogação ou rejeição do negócio (artigo 268.º, n.º 4, 1.ª parte), a não ser que, no momento da conclusão, conhecesse efectivamente a falta de poderes do representante (artigo 268.º, n.º 4, 2.ª parte). Neste caso, sujeita-se à decisão que o "representado" venha a tomar a respeito da ratificação, da atribuição de eficácia, ao negócio celebrado. O representante sem poderes de representação responde à outra parte com base na culpa na formação dos contratos, de acordo com o artigo 227.º.

[702] Apesar de o artigo 81.º do CIRE ser omisso a este respeito, concordamos com a posição de Oliveira Ascensão, que entende serem de aplicar as regras gerais, admitindo, assim, a ratificação dos negócios celebrados pelo insolvente por parte do administrador da massa insolvente. Cf. José de Oliveira Ascensão, «Insolvência: Efeitos sobre os negócios em curso», *ROA*, Ano 65, vol. II, Set. 2005, disponível em: https://portal.oa.pt/comunicacao/publicacoes/revista/ano-2005/ano-65-vol-ii-set-2005/artigos-doutrinais/jose-de-oliveira-ascensao-insolvencia--efeitos-sobre-os-negocios-em-curso-star/, consultado a 16/09/2019. Igualmente no sentido de admitir a ratificação, Catarina Serra, *O Novo Regime Português da Insolvência*, Coimbra, Almedina, 2004, p. 29.

843 No caso do contrato para pessoa a nomear, uma das partes pode reservar o direito de nomear um terceiro que adquira os direitos e assuma as obrigações provenientes desse contrato (artigo 452.º, n.º 1), necessitando a nomeação de ser ratificada (artigos 453.º, 454.º), sob pena de não produzir efeitos em relação ao nomeado (artigos 453.º, n.º 2, 455.º, n.º 2, *arg. a contrario*). Sendo a nomeação feita e devidamente ratificada, a pessoa nomeada adquire os direitos e assume as obrigações provenientes do contrato a partir da celebração dele (artigos 455.º, n.º 1).

Se assim não suceder, o contrato produz os seus efeitos relativamente ao contraente originário (artigo 455.º, n.º 2).

3. Os negócios jurídicos com eficácia relativa

844 Enquanto nos negócios jurídicos sob condição ou termo há uma vinculação de parte a parte, com os efeitos do negócio em suspenso ou sujeitos à resolução, e enquanto nos negócios jurídicos dependentes de ratificação existe primeiro uma vinculação apenas de um lado com a produção dos respectivos efeitos negociais, nos negócios jurídicos com eficácia relativa há uma vinculação entre as partes com plena produção dos efeitos, não sendo estes, porém, oponíveis a "terceiros", que não os conhecem devido à falta da publicidade dos negócios.

Os negócios jurídicos com eficácia relativa são bastante frequentes.

A eficácia relativa tem por objectivo a protecção da confiança de terceiros e, em simultâneo, a protecção do tráfico jurídico em geral. Contudo, a ineficácia face "a terceiros" traz consigo um elemento de insegurança.

Uma situação afim à ineficácia resultante da falta de publicidade, embora situada a um nível sistemático muito diferente, é a inoponibilidade da invalidade do negócio por uma das partes contra a outra.

São estes dois grupos que serão estudados.

a) Os casos da falta de publicidade

845 A preocupação da lei em proteger terceiros contra evoluções que não conhecem nem podem prever reflecte-se em muitos preceitos. Pertencem aqui, p. ex., o artigo 266.º (cf. n.º 819) ou o artigo 871.º e outros preceitos, tal como os que protegem terceiros, nos seus direitos adquiridos, contra os

efeitos da retroactividade entre as partes. A este respeito podem referir-se, p. ex., os casos previstos nos artigos 276.º, 277.º e 1713.º, n.º 2 (o preenchimento da condição não tem efeitos retroactivos); 268.º, n.º 2 (a ratificação opera sem prejuízo de direitos de terceiro); 291.º (a anulação não prejudica certos direitos adquiridos por terceiro de boa fé); 434.º e 435.º (a resolução não prejudica os direitos adquiridos por terceiro); 979.º (a revogação da doação não afecta terceiros adquirentes); 1670.º, n.º 2, 1.ª parte (o registo tardio do casamento católico e do casamento civil sob forma religiosa não afecta direitos patrimoniais de terceiro adquiridos anteriormente), 81.º, n.º 6, CIRE (são ineficazes os actos realizados pelo insolvente em relação à massa insolvente), etc.

Há uma conexão lógica entre estas situações de retroactividade, mencionadas a título de exemplo, e aquelas outras que implicam a ineficácia em relação a terceiros, confiantes numa dada situação jurídica, que não é eliminada retroactivamente, mas modificada para o futuro, sem que os terceiros tenham conhecimento disso.

Nesta ordem de ideias, os casos da ineficácia relativa a terceiros são pre- 846
cisamente aqueles em que um negócio devia ter sido publicitado, respectivamente registado, mas não foi. Temos aqui, p. ex., as situações previstas nos artigos 168.º, n.º 3 (a constituição da associação, os estatutos e suas alterações não produzem efeitos em relação a terceiros antes da publicidade), 185.º, n.º 4 (a instituição da fundação, os estatutos e suas alterações não produzem efeitos quanto a terceiros enquanto não forem publicitados); 1711.º, n.º 1 (as convenções antenupciais só produzem efeitos em relação a terceiros depois de registadas); as diversas disposições das leis do registo (os factos sujeitos a registo só produzem efeitos contra terceiros a partir do registo).

São estes últimos casos, referentes a factos sujeitos a registo, que têm grande importância para o tráfico jurídico. Sirva como paradigmático o regime encontrado pelo Código do Registo Predial.

Os objectivos do registo predial são enunciados no artigo 1.º CRegPred, 847
que diz: "O registo predial destina-se, essencialmente, a dar publicidade à situação jurídica dos prédios, tendo em vista a segurança do comércio jurídico imobiliário". Por isso, estão sujeitos a registo, entre outros, os factos jurídicos (p. ex., os contratos) que importem a constituição, a aquisição ou a modificação do direito da propriedade ou de um direito real limitado sobre um prédio (artigo 2.º, n.º 1, al. *a)*, CRegPred). Quer dizer o respectivo direito

constitui-se, adquire-se ou modifica-se por mero efeito do contrato entre as partes (artigos 408.º, n.º 1, 879.º, al. *a*), 939.º e 954.º, n.º 1, al. *a*)), e este é depois levado a registo para aí ser inscrito, em ordem a que o facto ganhe publicidade e, por isso, se torne oponível a terceiros. Nestes termos estão igualmente sujeitas a registo as acções que têm por fim o reconhecimento, a constituição, a modificação ou a extinção dos direitos referidos (artigo 3.º CRegPred).

Em virtude deste regime, os factos sujeitos a registo podem ser invocados, desde logo, a partir da sua ocorrência, entre as próprias partes ou seus herdeiros (que sucedem naqueles factos e direitos tomando o lugar do *de cujus*) ainda que não registados (artigo 4.º, n.º 1, CRegPred). Contra "terceiros", porém, os factos sujeitos a registo só produzem efeitos depois da data do respectivo registo (artigo 5.º, n.º 1, CRegPred). Na verdade, como os terceiros apenas precisam de conhecer os factos depois de registados, é natural que estes não lhes sejam oponíveis anteriormente.

848 Quem é terceiro, define-se em função da finalidade do registo predial, que é precisamente o fomento da segurança do comércio jurídico imobiliário. Deste modo, é terceiro quem, dentro do comércio jurídico imobiliário – que se processa *por via negocial*, ou de acordo com a *lógica negocial* – adquire de um autor comum, de que partem os negócios, direitos incompatíveis entre si (artigo 5.º, n.º 4, do CRegPred).

O terceiro aparece, portanto, apenas em processos aquisitivos que tenham por objecto um imóvel; quer dizer, trata-se de negócios que versam sobre o próprio imóvel ou sobre direitos nele localizados. Neste tipo de negócios, os factos ou direitos não registados não são oponíveis a terceiros que participam num processo aquisitivo quanto a um imóvel não registado.

De resto, porém, fora de processos aquisitivos, direitos reais não registados, como direitos absolutos, são invocáveis, de harmonia, aliás, com os efeitos *erga omnes* que os caracterizam, pois aqui a segurança do tráfico jurídico imobiliário já não está em causa (p. ex. o proprietário não inscrito de um prédio responde pelos danos causados por defeitos de conservação, nos termos do artigo 492.º, ou é indemnizado, se for caso disso, de acordo com o artigo 483.º).

Portanto, uma coisa são os efeitos *erga omnes*, resultantes, sem mais, da natureza de um direito absoluto, uma coisa diferente é a (in)oponibilidade destes efeitos face a *terceiros adquirentes* no sentido do artigo 4.º do CRegPred.

Para os terceiros, na sua qualidade de terceiros *adquirentes*, os direitos que existem nos prédios constam do registo predial, donde o comércio jurídico imobiliário tira os seus conhecimentos e informações quanto à respectiva situação jurídica. Para o efeito, o registo definitivo constitui a presunção de que o direito existe e pertence ao titular inscrito, nos precisos termos em que o registo o define (artigo 7.º CRegPred). 849

Por isso, se A, inscrito no registo predial como proprietário de um imóvel, o vender na forma legal devida (nomeadamente, escritura pública ou documento particular autenticado) a B, este é, devido ao princípio da consensualidade, imediatamente o novo proprietário do mesmo (artigos 408.º, n.º 1, e artigo 879.º, al. *a*)). Há eficácia imediata entre as partes (artigo 4.º, n.º 1, CRegPred) e efeitos *erga omnes* em relação a todos em geral. Mas se B não registar a sua aquisição, A continua inscrito no registo como sendo o proprietário; por isso mesmo, presume-se, em relação a *terceiros adquirentes*, ainda a sua propriedade (artigo 7.º CRegPred). A verdadeira propriedade de B não consta do registo, que acaba por ser desconforme com a realidade jurídica. Sem ser registada, a propriedade de B não é oponível a *terceiros adquirentes*, não produzindo efeitos em relação a eles (artigo 5.º, n.º 1, CRegPred.), para os quais são decisivas as inscrições no registo.

Deste modo, antes do registo, a eficácia é relativa unicamente na medida em que não abrange os terceiros que pretendem *adquirir* direitos sobre o mesmo bem. Quer dizer, o registo estabelece em relação a estes terceiros, e só em relação a eles, a ficção de que a situação jurídica ainda não se modificou, contradizendo assim a realidade. Uma coisa é, por isso, a transmissão de direitos reais – *inclusive* os seus efeitos *erga omnes* por mero efeito do contrato – e uma outra a inoponibilidade deste facto a terceiros *adquirentes* que o desconhecem.

Esta ineficácia, esta inoponibilidade, estritamente relativa a terceiros adquirentes, pode acarretar consequências graves para quem adquire por meio de contratos sujeitos a registo, mas não regista a sua aquisição como devia fazer (artigo 8.º-A do CRegPred). Pois pode haver uma nova, uma dupla disposição, a favor de outro adquirente que confia nas presunções do registo. Se a segunda aquisição for registada em primeiro lugar, fica prejudicada a aquisição feita anteriormente, mas não registada. 850

Este resultado vem na sequência do n.º 1 do artigo 6.º CRegPred, onde se lê que o direito inscrito em primeiro lugar (e não o direito adquirido em primeiro lugar!) prevalece sobre os que se lhe seguirem relativamente aos mesmos bens, por ordem da data dos registos. As regras da prioridade do registo podem assim ter como consequência a perda de um direito adquirido que apenas possuía eficácia relativa dada a falta da sua publicidade por meio do registo e a inoponibilidade daí decorrente.

851 Se nas situações referidas a falta do registo conduz a ineficácia relativa, limitada aos terceiros adquirentes, casos há em que a falta do registo exclui de todo a invocação de um facto ocorrido. Deste modo, sem o seu registo, não podem ser invocados os factos constitutivos da hipoteca, cuja eficácia, entre as próprias partes, depende da realização do registo (artigo 4.º, n.º 2, CRegPred, artigo 687.º CCiv). Efectuado o registo, a hipoteca produz efeitos entre as partes e contra terceiros depois da data do mesmo (artigo 5.º, n.º 1, CRegPred).

Com uma situação semelhante deparamos no âmbito do Código do Registo Civil: os factos cujo registo é obrigatório não podem ser invocados, quer pelas pessoas a quem respeitem, ou seus herdeiros, quer por terceiro, enquanto não for lavrado o respectivo registo, salvo disposição legal em contrário (artigo 2.º CRegCiv). Efectuado o registo, este tem efeitos retroactivos, solução que se compreende facilmente, pois o registo tem de aferir os factos definidores do estado civil a partir do momento em que eles se verificam (p. ex., nascimento ou casamento). Antes do registo, estes factos, visto existirem, têm apenas uma eficácia latente, uma vez que são ininvocáveis (v. n.º 474).

b) Os casos da inoponibilidade da invalidade

852 Muito diferentes das situações anteriores, tanto na sua génese como no seu carácter, são os casos de inoponibilidade da invalidade por força de disposição legal. Trata-se de casos em que o negócio é nulo. Como sabemos (ver n.ºs 331, 664), os negócios nulos não produzem os efeitos pretendidos, podendo haver, isso sim, efeitos laterais de natureza negocial, por comando da lei.

Os negócios aqui em causa dizem todos respeito a atribuições patrimoniais. Como a incerteza acerca da estabilidade de atribuições patrimoniais feitas é altamente perturbadora para o tráfico jurídico, a lei quer dar uma estabilidade mínima, mesmo nos casos de nulidade. Fá-lo, certamente, na esperança de que a nulidade seja convalidada. Por isso, a lei determina, para já, a produção de certos efeitos laterais, quando se trata de negócios nulos cujo objecto são atribuições patrimoniais.

Segundo o artigo 892.º, é nula a venda de bens alheios, como próprios, 853
sempre que o vendedor careça de legitimidade para a realizar; mas o vendedor não pode opor a nulidade ao comprador de fé, como não pode opô-la ao vendedor de boa fé o comprador doloso. Esta *regra fundamental do artigo 892.º* é aplicável também a outros contratos onerosos pelos quais se alienem bens ou se estabeleçam encargos sobre eles (artigo 939.º).

Tratando-se de negócios gratuitos, é o artigo 956.º, n.º 1, que aborda o problema ao dispor: "É nula a doação de bens alheios; mas o doador não pode opor a nulidade ao donatário de boa fé".

Podemos assim observar a existência de uma eficácia estritamente relativa entre as partes de um negócio nulo (alienante – adquirente) resultante da inoponibilidade da nulidade entre as mesmas por virtude da boa fé de uma delas, que será normalmente o adquirente de boa fé. Esta eficácia relativa, limitada às partes, produz-se como efeito lateral de um negócio nulo por comando da lei.

Os artigos 892.º, 939.º (por remissão para o artigo 892.º) e 956.º, n.º 1, 854
constituem uma excepção à regra geral do artigo 286.º, que já conhecemos (cf. n.º 332), segundo a qual a nulidade pode ser invocada por qualquer interessado, ao excluir do círculo dos interessados a parte dolosa do negócio. Mas todos os outros interessados podem, sem dúvida, invocar a nulidade do negócio, pois eles continuam a ter legitimidade para o efeito.

A posição jurídica da parte de boa fé fica, assim, reduzida a um direito legal relativo, com efeitos negociais, pois entre as partes tudo se passa como se o negócio tivesse sido validamente celebrado, sendo este direito apenas oponível à outra parte. Repare-se que a parte de boa fé não adquire nada que seja parecido com uma "propriedade relativa", uma figura que não existe. Ela é incompatível tanto com o *numerus clausus* do artigo 1306.º, como com as soluções dos artigos 892.º e 956.º, n.º 1. A parte de boa fé possui, à partida, portanto, uma posição jurídica bastante frágil.

Dois casos há, porém, em que esta fragilidade não existe, mas aqui os 855
negócios em causa não são nulos, mas anuláveis. Trata-se de situações diferentes (que apenas são mencionadas por "arrastamento").

Diz o artigo 1687.º, n.º 3, que, em caso de alienação ou oneração de um bem móvel, não sujeito a registo, feita apenas por um dos cônjuges quando é exigido o consentimento de ambos, a anulabilidade não pode ser oposta ao adquirente de boa fé, ou seja, a anulabilidade não pode ser oposta, não pode ser invocada, por ninguém, de maneira que o adquirente de boa fé fica protegido contra todos, uma vez que possui uma posição inatacável.

Um caso paralelo vem regulado no artigo 2076.º, n.º 2. Segundo esta disposição, a acção de petição da herança não procede contra quem haja adquirido do herdeiro aparente a título oneroso e de boa fé. Também aqui, o adquirente de boa fé é protegido com efeitos contra todos.

III. A INTERPRETAÇÃO E A INTEGRAÇÃO DA DECLARAÇÃO NEGOCIAL

Bibliografia: A. FERRER CORREIA, *Erro e interpretação na teoria do negócio jurídico*, 2.ª ed., Coimbra, 1968, pp. 155 a 234. Manuel DE ANDRADE, *cit.*, vol. II, pp. 305 a 326. C. A. MOTA PINTO, pp. 444 a 462. J. DE CASTRO MENDES, *cit.*, vol. III, pp. 371 a 402, 559 a 567.

856 A declaração negocial, tendo-se tornado eficaz (nos termos dos artigos 224.º e 226.º) e o contrato, tendo sido concluído (de acordo com o disposto nos artigos 228.º a 235.º), podem dar lugar a dúvidas quanto ao seu conteúdo ou alcance. Quer dizer, pode acontecer que seja obscuro ou sejam vários os sentidos de uma declaração negocial ou de um contrato. Mas também é possível que a declaração negocial ou o contrato não sejam propriamente obscuros ou equívocos, mas apresentem uma lacuna. Se uma destas situações se verificar, será necessário captar o sentido da declaração negocial, ou do contrato de que constitui elemento, por via de interpretação, ou preencher a lacuna existente com o recurso à integração.

Se uma declaração é unívoca, não há razão para recorrer a uma "interpretação", mesmo que ela não pareça "razoável" ou não "faça sentido" para uma pessoa "sensata". Claro, podemos dizer que já a afirmação de que uma declaração é inequívoca é o resultado de uma interpretação, ao contrário de um velho brocardo, que diz "*in claris non fit interpretatio*". Uma interpretação é diferente de uma avaliação. A interpretação serve para captar o sentido, o próprio conteúdo da declaração, mas não para avaliar o conteúdo sob o aspecto da sua razoabilidade ou da sua conformidade ou não com a lei. Uma coisa é captar o sentido, outra coisa é avaliar o sentido captado.

O problema da interpretação e da integração no campo jurídico não existe, portanto, apenas em relação ao conteúdo das leis (artigos 9.º e 10.º), mas igualmente em relação ao conteúdo de negócios jurídicos, podendo estes, em certos casos, apresentar um conteúdo normativo-objectivo[703]. Todavia, há sempre uma diferença de qualidade entre a lei (como fonte normativa) e a vontade particular, materializada numa declaração negocial ou num contrato. 857

O Código Civil, na sua Parte Geral, dedica-se ao problema da interpretação e da integração – tanto a respeito das leis como a respeito das declarações de vontade – consciente da necessidade de uma diferenciação. Para as últimas estabelece as respectivas regras nos artigos 236.º a 238.º e 239.º, regras essas aplicáveis a quase todos os negócios jurídicos, sejam eles simplesmente unilaterais, bilaterais ou plurilaterais, tendo eles um conteúdo normativo-objectivo ou não. Ao avaliar o texto do artigo 236.º é preciso ter em consideração este largo campo de aplicação a que o preceito se destina.

1. A interpretação da declaração negocial

Para efeitos da interpretação da declaração negocial, estabelece o artigo 858
236.º as regras seguintes:

1. "A declaração negocial vale com o sentido que um declaratário normal, colocado na posição do real declaratário, possa *deduzir do comportamento* do declarante, salvo se este não puder razoavelmente contar com ele.
2. Sempre que o declaratário conheça a vontade real do declarante, é de acordo com ela que vale a declaração emitida."

Correspondendo um pouco à visão "atomista" da conclusão do contrato (cf. n.os 743 ss.), o n.º 1 do artigo 236.º estabelece o princípio interpretativo geral, tendo em vista apenas a declaração negocial (que, com a emissão se autonomizou em relação ao declarante) como parte componente essencial do negócio jurídico, mas já não tanto o próprio negócio jurídico em si

[703] Temos aqui, p. ex., os estatutos de uma associação ou de uma fundação, os contratos de sociedade, as cláusulas contratuais gerais ou as convenções colectivas.

quando for composto por mais do que uma declaração negocial, p. ex., no caso do contrato.

Como decorre do texto do artigo 236.º, as suas regras interpretativas valem para as declarações receptícias. Declarações estritamente unilaterais, pessoais, não são abrangidas por ele. Assim, p. ex., em matéria testamentária, formulam-se critérios diferentes a respeito da interpretação dos testamentos: na interpretação das disposições testamentárias observar-se-á o que parecer mais ajustado com a vontade do testador... (artigo 2187.º).

859 A interpretação da declaração negocial deve procurar uma conciliação dos interesses do declarante e do declaratário dentro do sistema legislativo respeitante ao negócio jurídico.

Deste modo, pouco relevo terão as várias teorias que, ou partindo de uma posição subjectivista (relevante é apenas a vontade real do declarante) ou de uma posição objectivista (relevante é apenas o que o declaratário entendeu) ou assumindo posições intermédias (p. ex., relevante é o valor objectivo para o declaratário, desde que seja imputável ao declarante), procuram uma solução do problema – a não ser que a lei tenha consagrado uma delas[704].

É evidente que o declarante tem interesse em ver relevante apenas a sua vontade, ao contrário do declaratário, que pretende poder confiar naquilo que ele próprio entendeu. Mas a vontade é um elemento interno, puramente psicológico, e, como tal, insusceptível de conhecimento. Susceptível de conhecimento é unicamente a manifestação externa, a qual permite tirar as conclusões quanto à vontade real, subjacente como elemento psicológico. Não há nenhum dualismo (nenhuma oposição) entre vontade e declaração (manifestação); o que pode haver é manifestações adequadas ou não, correctas ou não, equívocas ou unívocas em relação à vontade. O que não se pode negar é que, a partir do momento da sua emissão, a declaração negocial "autonomizou-se", quase como que representando um valor declarativo próprio, valendo, assim, por si, e como tal é considerada pelos outros participantes no tráfico jurídico.

[704] Uma realidade objectiva não existe. O que existe é o uso linguístico comum. Por isso, pode dizer-se que a interpretação objectiva corresponde ao uso linguístico geral ou comum, enquanto a interpretação subjectiva corresponde à vontade do declarante (ou das partes na *falsa demonstratio*).

Assim, objecto de interpretação é a manifestação da vontade, o elemento externo, a própria declaração negocial. O fim da interpretação é o conteúdo, o sentido da mesma. Este sentido não pode deixar de ser sintonizado com a função do negócio jurídico. Função do negócio jurídico é, como sabemos, a autodeterminação da pessoa dentro da sua autonomia privada, conforme a sua vontade. Por conseguinte, toda e qualquer interpretação que quer manter funcional o sistema deve procurar averiguar a vontade que está atrás da manifestação, a vontade que se pretendeu declarar. O "sentido" de que o artigo 236.º, n.º 1, fala é o sentido pretendido pelo declarante, o sentido que o declarante quis dar. Quer dizer, a interpretação parte, metodologicamente, de elementos objectivos para obter, através deles, como finalidade, o elemento subjectivo, na medida em que isto é possível. 860

Para o efeito, ou seja, para captar o sentido que o declarante quis dar, o n.º 1 do artigo 236.º estabelece como regra que o sentido da declaração negocial é aquele que seria apreendido por um "declaratário normal", isto é, um declaratário medianamente instruído e diligente, colocado na posição do declaratário real, em face do comportamento do declarante. "A *normalidade* do declaratário, que a lei toma como padrão, exprime-se não só na *capacidade* para entender o texto ou conteúdo da declaração, mas também na *diligência* para recolher todos os elementos que, coadjuvando a declaração, auxiliem a descoberta da vontade real do declarante"[705]. Portanto, o declaratário não pode colocar a sua razoabilidade no lugar da do declarante. Decisiva é a vontade deste, se ao declaratário for possível conhecê-la. 861

Do emprego da formulação "deduzir do comportamento do declarante" transparece que o artigo 236.º atende a todas as modalidades da declaração negocial. Nas declarações expressas haverá normalmente uma coincidência entre o "comportamento" e o sentido que o declarante quis dar e que também foi assim entendido. Mas nem sempre as coisas se passam deste modo. Um entendimento comum entre declarante e declaratário pressupõe um uso linguístico comum a ambos. O artigo 236.º, n.º 1, atribui o risco do uso linguístico ao declarante, uma vez que ele dispõe de todos os meios para se fazer entender (ver n.ºs 693 ss.). 862

[705] Pires de Lima-Antunes Varela-Henrique Mesquita, anotação 4. ao artigo 236.º.

Apenas quando o declarante não pode contar razoavelmente com o sentido deduzido pelo "declaratário normal" do seu "comportamento", o risco linguístico ou o risco do entendimento é imputado ao declaratário (artigo 236.º, n.º 1, 2.ª alternativa). Também o declaratário tem o dever, ao participar no tráfico jurídico negocial, de interpretar e atender com cuidado a declaração, ou o comportamento, quando procura averiguar o seu sentido.

863 Assim, sempre que o declaratário conheça a vontade real do declarante, é de acordo com ela que vale a declaração emitida (artigo 236.º, n.º 2). O artigo 236.º, n.º 2, afasta o "declaratário normal" dos casos em que não faz sentido querer vincular declarante e declaratário reais segundo o entendimento daquele, quando este estará em perfeita desconformidade com a vontade comum das partes. Trata-se aqui, designadamente, das situações em que ocorre a chamada *falsa demonstratio*, ou seja, situações em que declarante e declaratário se exprimem mal, mas se entendem bem, apesar de este entendimento comum contrariar o uso linguístico ou o sentido normal das expressões empregues.

A *falsa demonstratio* pode ser o resultado de ignorância (as partes usam termos não indicados por não saberem melhor: p. ex., alugar uma casa, em vez de arrendar), de negligência (as partes usam uma linguagem desleixada), mas também de propósito (as partes usam termos codificados, com um sentido só inteligível para elas, em ordem a manter segredo sobre o negócio em relação a outros[706]: p. ex., falam de "cacau" quando negoceiam cocaína)[707]. Estes casos apresentam pontos de contacto com a simulação, na medida em que se pretende enganar terceiros. Todavia, a vontade disfarçadamente declarada, essa, corresponde à vontade real das partes (artigo 236.º, n.º 2). De facto, na *falsa demonstratio*, as partes querem o declarado, não obstante a designação deste não ser correcta. Na simulação, porém, falta-lhes a von-

[706] Pode ser lembrado, a este propósito, a fala dos comerciantes de Minde, o chamado "mindereco", destinado a velar o seu conteúdo perante terceiros, não iniciados.

[707] Para a qualificação jurídica de um negócio é decisiva não a designação escolhida pelas partes ou o efeito jurídico desejado por elas, mas sim o conteúdo do negócio. Em caso de contradição entre o *aparentemente* acordado e o *realmente* executado, prevalece a execução efectiva. Assim, a jurisprudência permanente do BAG, reafirmada em DB 1991, p. 604. Assim, também Flume, II, § 16 1 *d)*: a execução (*Handhabung*) de um contrato pelas partes é um indício do entendimento que elas próprias tiveram, na altura da sua conclusão, a respeito do acordado (*Regelung*). Trata-se de uma interpretação autêntica pelas partes.

tade de querer o declarado. Por isso, em todas estas situações, vale sempre o princípio *falsa demonstratio non nocet*, quer dizer, a vontade real é que conta.

A distribuição do risco de entendimento, feita pela 1.ª parte do n.º 1 do artigo 236.º, leva a certa prevalência do sentido objectivo da declaração (cf. n.os 706 e 707). Esta prevalência do sentido objectivo da declaração apenas se explica pela necessidade de proteger as legítimas expectativas do declaratário e de não perturbar a segurança do tráfico jurídico. Mas é precisamente a segurança do tráfico jurídico que também estabelece os limites àquela prevalência. 864

Se a "objectivação" for longe demais, provoca uma divergência entre a vontade real do declarante e o conteúdo da declaração, atribuído pelo "declaratário normal", de maneira que o declarante se vê perante um sentido que nunca imaginou. Isto faz com que o declarante possa anular, por via de regra com base no erro sobre o conteúdo da declaração (*Inhaltsirrtum*). A vontade do declarante formou-se de uma maneira esclarecida (no campo interno), mas o sentido atribuído por via interpretativa (no campo externo) acabou por criar uma divergência não intencional entre a vontade e a declaração. Como o risco de ser mal interpretado está do lado do declarante, caberá agora a este anular a sua declaração, com o conteúdo que lhe foi atribuído pela interpretação, com fundamento no erro sobre o mesmo, de acordo com o artigo 247.º. A anulação, por sua vez, introduz um elemento de perturbação na segurança do tráfico jurídico, segurança essa que a interpretação justamente queria fomentar.

Deste modo, a prevalência do sentido objectivo apenas se opera no estreito "corredor" entre as legítimas expectativas do declaratário e as justas necessidades de segurança do trafico jurídico, que também hão-de considerar as "reacções" do declarante contra eventuais interpretações abusivas.

Quando não for possível, mediante a aplicação do artigo 236.º, esclarecer o sentido da declaração negocial, vale a regra subsidiária do artigo 237.º, onde se dispõe: "Em caso de dúvida sobre o sentido da declaração, prevalece, nos negócios gratuitos, o menos gravoso para o disponente e, nos onerosos, o que conduzir ao maior equilíbrio das prestações". A doutrina deste artigo não se sobrepõe às regras do artigo 236.º, apenas se aplica quando o sentido da declaração não pode ser captado por via dessas regras. Assim, o artigo 237.º vale unicamente para os casos em que a declaração, consultados todos 865 os elementos utilizáveis para a sua interpretação segundo as regras do artigo 236.º, ainda apresenta ou comporta dois ou mais sentidos, sendo estes baseados em razões de igual força. A dúvida a que este preceito alude não é a que a declaração possa suscitar antes de esgotadas as regras da sua interpretação, mas aquela que o intérprete razoavelmente deva sentir depois de ter tentado, sem êxito, dar à declaração um sentido único. Se não for possível atribuir sentido algum, a declaração é pura e simplesmente ineficaz.

866 Quanto aos negócios formais, seja legal ou seja voluntária a forma adoptada, determina o n.º 1 do artigo 238.º que, em princípio, a declaração negocial não pode valer com um sentido que não tenha um mínimo de correspondência no texto do respectivo documento (uma regra paralela contém o artigo 2187.º, n.º 2, a respeito do testamento). No entanto, um sentido que não tenha esta correspondência sempre pode valer se corresponder à vontade real das partes do negócio e as razões determinantes da forma se não opuserem a essa validade (artigo 238.º, n.º 2). Quer dizer, a regra *falsa demonstratio non nocet* também se aplica a negócios formais. Contudo, se as razões determinantes da forma, sendo esta forma legal, se opuserem à validade do negócio correspondente à vontade real das partes, o negócio é nulo (artigo 220.º).

2. A integração da declaração negocial

867 Se a declaração negocial não apresentar um sentido obscuro ou equívoco, mas lacunas, lacunas essas em princípio desconhecidas das partes, aplicar-se-á – se o recurso às normas supletivas[708] não for suficiente – na falta de disposição especial, a regra do artigo 239.º. Segundo esta, a declaração negocial deve ser integrada de harmonia com a vontade que as partes teriam tido se houvessem previsto o ponto omisso, ou de acordo com os ditames da boa fé, quando outra seja a solução por eles imposta. Havendo uma disposição legal especial, o artigo 239.º não se aplica. No título referente aos contratos em especial, o Código Civil contém inúmeras normas destinadas ao efeito[709].

[708] No entanto, nos contratos não nominados ou atípicos não há normas supletivas que possam resolver o problema.

[709] É fundamental, neste contexto, K. LARENZ, *cit.*, § 29 (referente à "*ergänzende Vertragsauslegung*").

Se as partes conhecem as lacunas, trata-se de um caso abrangido pelo artigo 232.º, segundo o qual o contrato não se concluiu. Na medida em que intervém o artigo 232.º, faltam os pressupostos lógicos da aplicação do artigo 239.º. Mas pode haver não concordância entre as partes acerca de uma cláusula não essencial, de modo que, segundo o disposto no artigo 232.º, o contrato ficou concluído. Nesta situação pode mostrar-se necessária a integração da lacuna segundo as regras do artigo 239.º.

O artigo 239.º manda atender à vontade presumível das partes. Todavia, 868
se a solução assim obtida estiver em desacordo com os ditames da boa fé, prevalecem estes sobre a vontade presumível dos interessados. Esta disposição legal assemelha-se, no seu resultado, ao artigo 236.º, n.º 1, 2.ª alternativa. Como se deduz da formulação "a vontade que teriam tido", o artigo 239.º não tem em mente a vontade actual das partes, mas a vontade presumível no momento da emissão da declaração negocial. Mas a solução da lei é outra quando manda recorrer às regras da boa fé. Aqui o artigo 239.º refere-se, aparentemente, à situação actual, ao dizer "quando outra seja a solução" e não "quando outra tivesse sido a solução". De qualquer modo, a interpretação não pode chegar a um resultado que contrarie visivelmente a vontade das partes.

A integração de lacunas nunca pode substituir ou alargar o objecto do negócio jurídico em causa. Ela tem de manter-se dentro do âmbito negocial traçado pelas partes.

PARTE C

A INVALIDADE DO NEGÓCIO JURÍDICO

I. AS CAUSAS E AS MODALIDADES TÍPICAS E ATÍPICAS DA INVALIDADE BEM COMO AS CONSEQUÊNCIAS DESTA PARA OS EFEITOS DO NEGÓCIO JURÍDICO: ENUNCIADO GERAL

Bibliografia: Rui de Alarcão, *Sobre a invalidade do negócio jurídico*, Separata do número especial do BFD – *Estudos em Homenagem ao Prof. Doutor José Joaquim Teixeira Ribeiro* – 1981, Coimbra, 1982. Manuel de Andrade, *cit.*, vol. II, pp. 411 a 427. J. de Castro Mendes, *cit.*, vol. III, pp. 663 a 679. Pedro Pais de Vasconcelos, *cit.*, pp. 642 a 658. Carlos Mota Pinto, *cit.*, pp. 615 a 644.

Por via de regra o negócio jurídico é válido e, sendo válido, produz os 869
seus efeitos, a não ser que se verifique uma ineficácia que os limite ou os afecte (ver n.os 825 ss.), sendo esta ineficácia devida ou à vontade das partes ou ao comando da lei. Mas os efeitos já podem vir a ser prejudicados, *ab initio*, por razões que se encontram na génese do negócio jurídico. Isto é o caso quando ocorre uma invalidade. Como sabemos, a invalidade é uma "deficiência genética", que impede a ordem jurídica de dar protecção aos efeitos pretendidos (cf. n.os 330 e ss.; introdução ao Capítulo 4.º).

Um negócio jurídico (respectivamente, uma declaração negocial) é inválido quando – devido à existência de uma ou, eventualmente, de mais do que uma causas de invalidade – não está em conformidade com as exigências legais que foram estabelecidas para ele, em atenção às suas funções (auto-regulamentação das partes) dentro da ordem jurídica (ordenação da liberdade). A invalidade é, tal como a validade, um elemento intrínseco do negócio jurídico (respectivamente, da declaração negocial), que se define e aperfeiçoa até ao momento da sua emissão (ver n.º 739). É neste momento, quando a declaração sai da esfera de poder do declarante com a vontade deste, que a existência da declaração fica definida e o processo da sua génese concluído; por isso, é no momento da emissão que se afere se uma declaração negocial é válida ou não.

870 Sendo emitida, falta à declaração adquirir eficácia. Com a eficácia, a declaração negocial vai de encontro ao exterior, *maxime* chega ao seu destinatário. Em certos casos (declarações não receptícias, declarações receptícias verbais a um presente), emissão e eficácia dão-se ao mesmo tempo. Mas esta coincidência temporal não faz desaparecer as diferenças lógicas entre elas: a eficácia é sempre um elemento extrínseco da declaração.

Por isso mesmo, validade ou invalidade, por um lado, e eficácia ou ineficácia, por outro, situam-se a dois níveis e em duas esferas diferentes: a "nível temporal", a validade (ou invalidade) antecede a eficácia (ou ineficácia); na "esfera de actuação", a validade (ou invalidade) respeita ao lado intrínseco, a eficácia (ou ineficácia) ao lado extrínseco da declaração (quase como se de anverso ou reverso de uma medalha se tratasse).

871 Deste relacionamento entre validade e eficácia resulta que uma invalidade, nas suas modalidades de nulidade ou anulabilidade, afecta os efeitos pretendidos. Na verdade, sendo a invalidade uma deficiência genética ligada ao momento da emissão, é natural que ela se repercuta na fase posterior da produção dos efeitos.

Deste modo, a falta de efeitos ou ineficácia de um negócio jurídico pode resultar não só de factores situados a nível externo, ou seja, a nível de condição ou termo, inoponibilidade ou ausência de ratificação, etc. – e nestes casos podemos falar de uma "ineficácia em sentido restrito" (uma espécie de ineficácia directa, imediata) – como pode aparecer também em consequência de um factor situado a nível interno, isto é, por virtude de uma invalidade (sendo então uma espécie de ineficácia indirecta, mediata) – ineficácia essa que, a ser junta aos primeiros casos, nos faz falar de uma "ineficácia em sentido amplo".

A ineficácia em sentido restrito e a ineficácia provocada por uma invalidade não são, porém, categorias dogmáticas que se impõem como tais, mas o resultado de decisões técnico-normativas (p. ex., no caso previsto no artigo 877.º [venda a filhos ou netos], a lei, em vez de sancionar com a anulabilidade a venda feita sem os necessários consentimentos, podia também ter decretado uma ineficácia relativa).

A distinção entre as duas formas da ineficácia – ineficácia em sentido restrito, por um lado, ineficácia provocada por uma invalidade, por outro – tem, no entanto, uma grande relevância prática quando se trata de atender às consequências da respectiva falta dos efeitos. Unicamente nos casos da ineficácia provocada por uma invalidade são aplicáveis as disposições dos artigos 285.º a 293.º (294.º)[710], enquanto à ineficácia em sentido restrito se aplicam as regras do enriquecimento sem causa (artigos 473.º ss. [p. ex., "cumprimento" de um contrato, não obstante a falta de vinculação por inobservância da forma voluntária, ou apesar de ter havido um dissenso entre as partes, ou sem a necessária ratificação de um negócio celebrado por um representante sem poderes, etc.]).

O regime geral da nulidade e da anulabilidade encontra-se nos artigos 285.º, 286.º a 293.º (294.º). Estes preceitos contemplam, por assim dizer, as suas configurações típicas. Mas qualquer delas admite, devido à especificidade de determinados negócios inválidos, cambiantes atípicas (cf. n.º 792). O carácter atípico pode referir-se aos legitimados, aos prazos, às vias para sanar ou minorar as consequências da invalidade ocorrida e, ainda, às próprias consequências. As soluções divergentes do regime geral (há quem fale em "invalidades mistas") estão expressamente ressalvadas pelo artigo 285.º, 1.ª parte, pois é apenas "na falta de um regime especial"[711] que se apli- 872

[710] Todavia, segundo o artigo 433.º (e de acordo com uma lógica de certo modo comparável) a resolução é equiparada, quanto aos seus efeitos, à nulidade ou anulabilidade do negócio jurídico, embora com as ressalvas significativas (*maxime*, o afastamento do artigo 291.º pelo artigo 435.º) constantes dos artigos 434.º a 436.º, sendo certo, ainda, que a parte que, por circunstâncias não imputáveis ao outro contraente, não estiver em condições de restituir o que houver recebido não tem sequer o direito de resolver o contrato (artigo 432.º, n.º 2). Em pormenor, J. C. Brandão Proença, *A resolução do contrato no direito civil*, Coimbra, 1982, pp. 20 ss. e 215 ss.

[711] Um regime especial pode estar previsto no próprio Código Civil (p. ex., quanto à invalidade do casamento ou a venda de coisa alheia) ou em leis especiais (p. ex., quanto aos contratos de trabalho, sociedade, seguros, etc.).

O regime especial mais importante e, ao mesmo tempo, mais complexo é o regime a respeito das consequências da venda de coisa alheia, consagrado nos artigos 892.º ss. Cf. Raúl Ventura, «O contrato de compra e venda no Código Civil. Venda de bens alheios», *ROA* 1980 (Ano 40), p. 305; M. A. Carneiro da Frada, «Perturbações típicas do contrato de compra e cam à nulidade e à anulabilidade do negócio jurídico os artigos 286.º a 293.º (294.º)[712].

Não conhece a Parte Geral a chamada figura da inexistência do negócio jurídico (figura essa discutida na doutrina) e todas as suas soluções estão baseadas na dicotomia "nulidade-anulabilidade". Apenas no Direito da Família aquela figura aparece quanto ao casamento civil (cf. artigos 1628.º ss.). No fundo, a inexistência é uma figura supérflua: trata-se apenas de uma forma rigorosa da nulidade, em que fica excluída a produção quaisquer efeitos negociais, *inclusive* de efeitos laterais legais. É isto que sucede nos artigos 245.º e 246.º, onde a lei diz que "não há quaisquer efeitos". Para a Parte Geral ela não tem interesse, uma vez que a lei não a consagrou *ipsis verbis*.

II. OS NEGÓCIOS JURÍDICOS SOBRE OS QUAIS IMPENDE A SANÇÃO DA NULIDADE

Bibliografia: J. Beleza dos Santos, *A simulação (estudo de direito civil)*, vol. I, Coimbra, 1921, pp. 87 a 145, pp. 319 a 368. M. Martins da Costa, «Algumas considerações sobre a teoria da fraude à lei», *ROA* XXIII (1963), p. 109. Manuel de Andrade, *cit.*, vol. II, pp. 149 a 220, 327 a 353. C. A. Mota Pinto, pp. 457 a 492. J. de Castro Mendes, *cit.*, vol. III, pp. 271 a 292, 314 a 370,607 a 624. H. E. Hörster, «Simulação. Simulação Relativa. Formalismo legal», *Cadernos de Direito Privado*, n.º 19, 2007, pp. 3 a 28. Sónia Moreira, *Algumas notas sobre a simulação relativa*, in Mário Ferreira Monte/Joaquim Freitas da Rocha/Joana Aguiar e Silva/Elizabeth Fernandez (org.), *Estudos em Comemoração dos 20 anos da Escola de Direito da Universidade do Minho*, Coimbra, Coimbra Editora, 2014, pp. 587 a 603. A. Barreto Menezes Cordeiro, *Da Simulação no Direito Civil*, Coimbra, Almedina, 2014.

venda», in *Direito das Obrigações*, 3.º vol., coordenado por A. Menezes Cordeiro, Lisboa, 1991, p. 49; ambos os autores citados, como aliás outros, não analisam a posição jurídica exacta do comprador. Cf., ainda, Nuno Manuel Pinto Oliveira, *Contrato de Compra e Venda*, Coimbra, Almedina, 2008, pp. 133 a 175. Ver, também, a este respeito o nosso estudo, «Der Erwerb vom Nichtberechtigten im System des portugiesischen Bürgerlichen Gesetzbuchs», Separata do número especial do BFD *Estudos em Homenagem ao Prof. Doutor António de Arruda Ferrer Correia*, Coimbra, 1988, pp. 53 a 63.

[712] As consequências da invalidade não podem ser reguladas de uma maneira esquemática, mas devem ir ao encontro das situações concretas que ocorreram na vida, sobretudo quando há efeitos *de facto*, que não podem ser extintos.

1. Os negócios celebrados sem capacidade negocial de gozo e situações afins (remissão)

Sendo a nulidade uma consequência grave para cada negócio jurídico, ela pressupõe, evidentemente, também uma deficiência genética grave. 873

Como deficiência genética neste contexto surge em primeiro lugar – como, aliás, não pode deixar de ser – a incapacidade negocial de gozo (exceptuados os negócios jurídicos familiares pessoais), cuja falta é de todo insuprível, de modo que o negócio é nulo. É natural que o primeiro pressuposto que deva existir aquando da participação no tráfico jurídico negocial seja, precisamente, o da capacidade. Situações afins à incapacidade negocial de gozo são as indisponibilidades relativas, onde a sanção é igualmente a nulidade.

Estes casos de nulidade foram todos tratados no lugar próprio por ocasião do estudo das pessoas singulares (cf. n.º 495 ss.) e das pessoas colectivas (cf. n.º 625). Por isso, basta fazer aqui as respectivas remissões.

2. Os negócios celebrados contra a lei

Quando as pessoas possuem capacidade negocial, de modo que podem participar no tráfico jurídico, devem respeitar, todavia, na conformação das suas relações jurídico-privadas, os limites legais que lhes são impostos quanto aos respectivos negócios jurídicos, visto a autonomia privada apenas poder ser exercida dentro dos limites da lei. Esses limites, por seu lado, são estabelecidos com base em decisões fundamentais de ordem ideológica, filosófica e económico-política. Aliás, é a própria autonomia privada que exige, para poder subsistir, medidas preventivas contra o seu abuso ou uso ilimitado. Caso contrário, o princípio da autonomia privada, sem limites legais, forneceria, ele próprio, os argumentos aos seus adversários, que a pretendem eliminar. 874

É em consideração a estas premissas que o Código Civil estabelece, no seu artigo 294.º, como *regra fundamental:* "Os negócios jurídicos celebrados contra disposição legal de carácter imperativo são nulos, salvo nos casos em que outra solução resulte da lei". O artigo 294.º, ao contrário do que a sua colocação sistemática, desconexa do contexto a que pertence, possa fazer 875 supor (em vez de estar dentro do capítulo relativo ao negócio jurídico no fim da secção III, devia abrir a secção II), traduz um princípio básico e cede o seu lugar, sempre que os haja, a preceitos específicos.

A sanção da nulidade relativamente aos negócios abrangidos pelo artigo 294.º resulta do facto de eles, quanto à sua natureza geral, serem possíveis: as partes têm capacidade e existe um tipo legal quanto aos negócios pretendidos. No entanto, a ordem jurídica desaprova os negócios, tendo em conta o seu conteúdo, o seu fim ou as circunstâncias concretas em que são celebrados. Neste sentido, a proibição legal visa determinados negócios, não aprovados, e dirige-se, por isso, de modo igual contra todos os que neles intervierem.

876 Como decorre da ressalva feita no artigo 294.º, as violações de normas imperativas nem sempre acarretam a nulidade do negócio jurídico. A lei também pode prever a anulabilidade ou até sanção nenhuma. Constitui um belo exemplo a este respeito o regime escalonado das invalidades consagrado no artigo 13.º do DL n.º 133/2009, de 2 de Junho[713], quanto ao contrato de crédito ao consumo: a não observância de certas prescrições legais leva à nulidade; de outras, à anulabilidade ou ainda à inexigibilidade do contrato; além disso, a invalidade do contrato por inobservância das prescrições deste DL só pode ser invocada por uma das partes, considerada mais fraca, ou seja, pelo consumidor.

Contudo, na falta de uma solução expressa (cf., p. ex., o artigo 1306.º, n.º 1, 2.ª parte, que atribui um valor diferente ao negócio; ou o artigo 280.º, que prevê a nulidade), cada proibição legal ou cada norma imperativa deve ser interpretada e interrogada sobre a finalidade legislativa que lhe subjaz. Normas imperativas que não se dirigem directamente contra o conteúdo do próprio negócio, mas que visam outros fins (= fins ulteriores), não conduzem necessariamente à sua nulidade. "Nesta ordem de ideias, é claro que reveste particular importância a consideração dos interesses em presença e do escopo visado pelo legislador. Se a nulidade do negócio se mostrar sanção pouco adequada (...) deverá julgar-se excluída. Os negócios contrários a uma proibição legal poderão, portanto, deixar de ser nulos, mesmo sem texto que assim o declare"[714].

[713] Sucessivamente alterado, por último pelo DL n.º 74-A/2017, de 23 de Junho.

[714] Manuel DE ANDRADE, *cit.*, pp. 335, 336.

Portanto, quando uma norma imperativa (como, p. ex., o artigo 160.º ou o artigo 590.º, n.º 2) não determina, ela própria, a consequência da nulidade para o caso da sua violação (mas também não consagra uma outra sanção), a nulidade pode resultar da aplicação do artigo 294.º, depois de feita a interpretação do preceito violado em causa. Assim, todas as normas imperativas que não determinam, elas próprias, a sanção resultante da sua violação, devem ser interpretadas quanto ao seu escopo e à sua finalidade, com vista à decisão, a tomar ao abrigo do artigo 294.º, relativamente à nulidade ou não do negócio. Deve perguntar-se qual é o alvo que a lei quer atingir com a proibição: o próprio negócio ou fins ulteriores, diferentes dele e não coincidentes com ele? Nesta ordem de ideias, um contrato de compra e venda de bebidas alcoólicas a menores de idade é nulo; mas a venda de bebidas alcoólicas fora do horário legal de funcionamento do estabelecimento já é válida. No primeiro caso, a proibição legal visa o próprio conteúdo do contrato e dirige-se, simultaneamente, a ambas as partes; no segundo caso, ela prossegue fins ulteriores, p. ex., uma concorrência leal dentro do comércio[715].

O artigo 294.º não abrange somente os negócios em que a violação da lei é manifesta (podendo ser duvidosa apenas a consequência quanto à sanção), mas abrange também os "negócios sucedâneos", ou seja, os negócios jurídicos com que os interessados defraudam uma norma imperativa. Desta maneira, um negócio tanto pode ser nulo por ser directamente contrário à lei, como pode ser nulo por fraude à lei[716]. Se a norma proibitiva em causa pretende vedar não só o negócio que especificamente visou, mas também 877

[715] De qualquer modo, as dificuldades neste contexto são patentes, como ilustram três assentos do STJ, que se passam a referir: "(...) a falta de licença de loteamento não determina a nulidade dos contratos de compra e venda de terrenos, com ou sem construção, compreendida no loteamento" (DR I n.º 250, de 30-10-1987, p. 3854); "(...) é válido o contrato-promessa de compra e venda de terreno compreendido em loteamento sem alvará, a menos que no momento da celebração desse contrato haja impossibilidade de obtenção do alvará por haver lei, regulamento ou acto administrativo impeditivo da sua emissão" (DR I n.º 9, de 12-1-1988, p. 102);
"Nos termos do artigo 294.º do Código Civil, o título constitutivo ou modificativo da propriedade horizontal é parcialmente nulo ao atribuir à parte comum ou à fracção autónoma do edifício destino ou utilização diferentes dos constantes do respectivo projecto aprovado pela câmara municipal" (DR I n.º 161, de 15-7-1989, p. 2814).

[716] A este respeito, v. Ana Filipa Morais Antunes, *A Fraude à Lei no Direito Civil Português – Em Especial, como Fundamento Autónomo de Invalidade Negocial*, Coimbra, Almedina, 2018.

quaisquer outros que conduzam ao mesmo resultado ou a um resultado equivalente, a proibição vale também para eles. Quer dizer, se as partes não puderem concluir directamente o negócio pretendido em virtude de uma determinada norma imperativa que o proíbe, mas escolhem, em vez dele, um desvio, ou seja, um outro negócio que prossegue e obtém o mesmo resultado que o negócio proibido, aplica-se também a este outro negócio a sanção da nulidade, prevista no artigo 294.º. Os negócios jurídicos com que as partes defraudam uma lei imperativa são nulos, como contrários à lei, não sendo necessária nem a intenção nem mesmo a consciência de defraudar a lei.

3. Os negócios com conteúdo (isto é, objecto ou fim) desaprovado pela ordem jurídica

878 A norma geral e fundamental do artigo 294.º é concretizada pelo artigo 280.º, que estabelece critérios mais pormenorizados relativamente ao conteúdo de negócios jurídicos desaprovados pela ordem jurídica[717].

São nulos os negócios jurídicos:

a) cujo objecto seja (artigo 280.º, n.º 1)
 1.º fisicamente impossível;
 2.º legalmente impossível;
 3.º contrário à lei;
 4.º indeterminável;

b) que são (artigo 280.º, n.º 2)
 1.º contrários à ordem pública;
 2.º ofensivos dos bons costumes.

879 O objecto do negócio jurídico varia conforme a natureza deste e compreende os efeitos a que o negócio tende, bem como aquilo sobre que aqueles efeitos incidem. Deste modo, a expressão "objecto do negócio jurídico"

[717] A doutrina alemã (Flume, vol. II, *cit.*, § 17; Rüthers, *cit.*, § 25) fala em *"unzulässige Rechtsgeschäfte"*, ficando aí incluídos – aliás de acordo com o regime legal do BGB – também os negócios usurários.

deve entender-se num sentido amplo. Quanto aos outros pressupostos do artigo 280.º, é de dizer:

- o objecto do negócio é fisicamente impossível quando envolve uma prestação que é, pura e simplesmente, não realizável no domínio dos factos ou segundo as leis da natureza[718], ou, de acordo com o estado de conhecimento da ciência e da técnica. A impossibilidade é assim objectiva, embora sujeita à evolução técnico-científica (uma viagem do homem à Lua já é possível, a Marte ainda não). Quando se trate de uma prestação de facto não fungível, que seja impossível *ab initio*, a situação criada equivale à impossibilidade objectiva, uma vez que não se pode realizar uma substituição.
- o objecto é legalmente impossível quando a ordem jurídica não prevê tipos negociais ou meios para a sua realização, ou quando não o admite sequer em relações jurídicas privadas (p. ex., a promessa de celebração de um contrato que a lei proíbe, tal como casar aos 14 anos, vender a herança de uma pessoa viva ou fazer um legado a favor de um animal de companhia; o acordo sobre a transferência da propriedade para quem já é proprietário ou a venda de gambozinos; a promessa de vender coisas que estão fora do comércio jurídico)[719].

[718] Deste modo, a obrigação de utilizar forças mágicas visa uma prestação fisicamente impossível, uma vez que estas forças não existem. Contudo, se as partes afastaram os critérios científicos como irrelevantes e assumiram a prestação de serviços com base em posturas irracionais, de acordo com as suas convicções interiores, incompreensíveis para terceiros, podem vincular-se validamente (BGH *NJW* 2011, p. 756). Segundo a decisão, bem apoiada em referências doutrinais do LG Mannheim, *NJW* 1993, p. 1488 (1489), é nulo o contrato que tem como objecto a realização de uma "expulsão do diabo" (exorcismo), visto uma prestação deste tipo ser objectivamente impossível, uma vez que ela se situa fora das regras das leis da natureza. Todavia, estas afirmações da decisão, seguramente correctas quanto ao resultado no caso concreto, poderão suscitar dúvidas face aos resultados da dissertação de doutoramento de H. Grochtmann, *Unerklärliche Ereignisse, überprüfte Wunder und juristische Tatsachenfeststellung*, Langen, 1989 (de resto não citada pelo tribunal), que admite a existência de factos não explicáveis pelas leis da natureza (ver, quanto ao exorcismo, as pp. 304 a 329).
Nuno Manuel Pinto Oliveira, *Estudos sobre o Não Cumprimento das Obrigações*, Coimbra, 2007, pp. 7, 18 ss., propõe que as causas de nulidade "física e legalmente impossíveis" sejam eliminadas.

[719] Não é possível a comercialização de órgãos humanos, embora seja admitida a sua doação nos termos estabelecidos pela lei. O mesmo se diga quanto à gestação de substituição, admi-

– o objecto é contrário à lei quando o negócio é materialmente possível (não há impossibilidade física), é legalmente possível (um tipo negocial da lei existe), mas o negócio contradiz normas imperativas (p. ex., condições contrárias à lei [artigo 2232.º], a condição de casar ou não casar [artigo 2233.º] ou, ainda, cláusulas celibatárias). Pertencem aqui, por serem contrárias à lei, como é óbvio, também as situações do abuso do direito (p. ex. a condição de pagar o estudo de medicina a quem não consegue ver sangue), ao menos (!) na sua forma do abuso institucional.
– objecto do negócio é indeterminável quando não é possível concretizá-lo ou individualizá-lo (nem sequer ao abrigo do artigo 400.º, em ordem à determinação da prestação) em termos tais que permitam a realização da transferência ou a aquisição de direitos sobre o *quid* (p. ex. ficar estabelecido como contraprestação "um bom comportamento"; um saco de cerais).

880 O negócio jurídico é contrário à ordem pública quando é incompatível com ela. A ordem pública é constituída por princípios gerais que se deduzem de um sistema de normas imperativas, p. ex., de princípios constitucionais. A "ordem pública" constitui um conceito jurídico indeterminado.

O negócio jurídico é ofensivo dos bons costumes quando tem por objecto actos imorais, contrários à moral pública, podendo ser incluídos neles os actos cometidos em abuso do direito individual. Os bons costumes, ao contrário da ordem pública, consistem em normas de conduta de carácter não jurídico que reflectem as regras positivas dominantes da moral social de uma determinada época e de certo meio. Os "bons costumes" são uma cláusula geral.

881 Os bons costumes estão sujeitos a evolução, alterando-se com os tempos e os lugares. Deste modo, pode ser compatível com os bons costumes reinantes num determinado lugar um comportamento que noutro lugar ainda não o é, enquanto a ordem pública, como resultado da lei, não pode deixar de ser uniforme. É difícil definir a cláusula dos "bons costumes" (ou a moral pública), precisamente por ela estar sujeita às flutuações e indefinições dos

tida pela Lei n.º 25/2016 (que veio alterar a Lei da Procriação Medicamente Assistida), que determina que "[a] celebração de negócios jurídicos de gestação de substituição só é possível a título excecional e com *natureza gratuita*" (artigo 8.º, n.º 2).

tempos e dos lugares e uma vez que não existe um "monopólio" dos bons costumes. De qualquer modo, os bons costumes traduzem os valores positivos que prevalecem na respectiva sociedade. Existe actualmente uma tendência no sentido de "desmoralizar" o conceito dos "bons costumes"[720].

Uma ofensa aos bons costumes não pressupõe a existência de um crime. Por outro lado, a ausência de uma reacção por parte do direito penal também não significa que o comportamento seja, já em virtude disso, compatível com os bons costumes.

Um contrato que contraria os bons costumes e que foi executado por uma das partes, não confere o direito à contraprestação. Não é possível, por ser fraude à lei, converter esse contrato nulo em um "contrato de facto" para obter, por esta via, o direito à contraprestação. 882

Em qualquer caso, a invocação do artigo 280.º, n.º 2, com fundamento da ofensa aos bons costumes, só conduz à nulidade do contrato quando as regras dominantes da moral social que reflectem os valores positivos existentes em dada sociedade forem violadas de uma maneira manifesta, inequívoca[721].

Não é necessário que os intervenientes no negócio tenham consciência da ofensa aos bons costumes (p. ex., um receptador vende mercadorias a quem não quer saber da proveniência delas ou não se importa). O conteúdo dos bons costumes define-se por critérios objectivos, mas não pela consciência individual que pode variar muito conforme a condição moral das pessoas. Se a consciência individual fosse decisiva, a regra do artigo 280.º, n.º 2, ficaria esvaziada. Apenas é necessário que as partes conheçam as circunstâncias das quais a ofensa resulta.

[720] Cf. Segundo o BGH *NJW* 2008, pp. 140-141, desde a entrada em vigor da lei que regula as relações jurídicas das prostitutas, e em virtude da mudança das concepções da população entretanto ocorridas, a exigência da contraprestação para o fornecimento de serviços sexuais não pode ser recusada com o argumento de estes serem ofensivos dos bons costumes, sendo o contrato nulo.

[721] Cf. o caso do duplo negócio obrigacional, decidido pelo BGH *DB* 1981, p. 1871, em que, devido à manifesta falta de lealdade do primeiro contraente, este voltou a celebrar um negócio sobre o mesmo objecto com um terceiro que, ao imiscuir-se nas relações já estabelecidas, prometeu uma contraprestação muito mais vantajosa. No mesmo sentido, BGH *NJW* 1994, p. 128, quanto à colusão entre o devedor e um terceiro, com o objectivo de frustar o direito do credor.

883 A sanção da nulidade do negócio jurídico verifica-se também quando a produção dos seus efeitos foi subordinada a uma condição ilícita ou impossível. Dada a ligação incindível entre a condição e os efeitos, a situação assemelha-se às hipóteses previstas no artigo 280.º, n.º 1.

Diz o artigo 271.º: "1. É nulo o negócio jurídico subordinado a uma condição contrária à lei ou à ordem pública, ou ofensiva dos bons costumes. 2. É igualmente nulo o negócio sujeito a uma condição suspensiva que seja física ou legalmente impossível; se for resolutiva, tem-se a condição por não escrita". Quer dizer, nesta última alternativa o negócio é perfeitamente válido.

884 Se não o objecto negocial, mas apenas o fim do negócio for contrário à lei ou à ordem pública, ou ofensivo dos bons costumes, determina o artigo 281.º, igualmente em concretização do artigo 294.º, que o negócio é nulo se o fim negocial for comum a ambas as partes.

O fim do negócio ou os motivos que lhe subjazem, em geral, não têm – como elementos meramente subjectivos – relevância jurídica (p. ex., o erro sobre os motivos é, em regra, juridicamente irrelevante). Mas já não é assim quando ambas as partes contratarem por motivos ilícitos ou imorais para obter desta maneira um fim negocial desaprovado pela ordem jurídica. Se o conteúdo do negócio não é imoral ou ilegal, mas a imoralidade ou a ilegalidade deriva dos seus motivos ou dos fins propostos, há uma infracção aos bons costumes por ambas as partes, respectivamente um negócio contrário à lei ou à ordem pública. Ambos os contraentes pretendem alcançar, mediante a conclusão do negócio, uma finalidade imoral ou ilegal, que determina a sua vontade. Esta finalidade vai para além do próprio objecto (p. ex., uma pessoa quer comprar uma vivenda de luxo a um construtor civil. Para poupar IMT, a pessoa compra primeiro o terreno ao construtor, adjudicando-lhe logo a seguir a construção da obra. Ambos os negócios têm um objecto perfeitamente lícito, mas a finalidade de poupar o IMT já não o é. Será, no entanto, extremamente difícil provar este fim comum.)

885 Sirva ainda como exemplo um caso, especialmente regulado numa lei avulsa, que é o da proibição das organizações fascistas pela L n.º 64/78: a constituição de uma associação em si é lícita, mas já não é lícito o fim que enforma uma associação que pretende defender os regimes fascistas. Também pertencem aos negócios proibidos pelo artigo 281.º os contratos baseados numa posição de monopólio, que traduzem o abuso do poder económico

daí resultante; contratos asfixiantes da liberdade económica de uma das partes (p. ex., mediante vinculações excessivamente longas ou a concessão de preferências contratuais de duração ilimitada quanto a actividades futuras); contratos entre credor e devedor destinados a prejudicar outros credores; a colusão entre o representante e a outra parte do negócio, que visa prejudicar o representado; instituições testamentárias para compensar relações extra-matrimoniais; contratos de arrendamento (ou de compra e venda) com o fim de montar um bordel ou um centro de distribuição ou consumo de drogas; contratos concluídos sob o aproveitamento de uma certa pré-disposição emocional, criada para o efeito com fins comerciais; etc.

Por outro lado, o pagamento de prémios (também por parte de terceiros) para obter ou remunerar ou estimular um êxito numa competição desportiva é compatível com os bons costumes, mas já não o são os pagamentos para o árbitro influenciar o resultado do certame ou para os jogadores consentirem numa derrota. Também o pagamento de "luvas" para a obtenção de contratos ou adjudicações, feito a pessoas intervenientes no processo de decisão, é com toda a regularidade contra os bons costumes, sobretudo quando não leva à preferência das propostas economicamente mais favoráveis, não "patrocinadas".

Como resulta dos exemplos referidos, para a aplicação do artigo 281.º não 886
é necessário que as partes envolvidas tenham o mesmo interesse, ou a mesma intensidade de interesse, na realização do fim desaprovado. Doutro modo, o artigo 281.º não podia desempenhar a sua função, que é também uma função protectora, ficando desprotegido aquele que, *nolens volens*, participa no fim, embora não tenha interesse específico nele. Para preencher a hipótese legal do artigo 281.º basta, por isso, que o fim seja, simplesmente, comum.

No âmbito do artigo 281.º são pensáveis casos que se aproximam da coação moral. No entanto, a ideia determinante da coação moral não é o fim desaprovado comum, mas a defesa da livre formação da vontade negocial de apenas uma das partes: pretende-se obstar à deformação da vontade negocial. Daí que também as sanções sejam diferentes.

4. Os negócios celebrados sem observância da forma legal

Nulos são também, a não ser que seja outra a sanção especialmente pre- 887
vista na lei, os negócios celebrados sem observância da forma legal (artigo

220.º), mesmo que as partes se considerem vinculadas e queiram cumprir. Esta consequência resulta da contraposição dos artigos 219.º e 220.º, que concebem a observância da forma legal como requisito de validade do negócio (*forma ad substantiam*), sendo a exigência da forma feita por razões de interesse público (cf. n.º 713).

Mas, à semelhança do disposto no artigo 294.º, também a falta de forma, apesar de constituir um pressuposto de validade do negócio, nem sempre provoca a nulidade do mesmo. A ressalva feita no artigo 220.º admite outras soluções, evidentemente também ditadas por considerações de interesse público, sendo estas considerações mais ponderosas por respeitarem a valores relevantes de justiça.

Assim, p. ex., a inobservância da forma escrita, legalmente exigida para um contrato de arrendamento, não produz sem mais os efeitos da nulidade, visto o arrendatário poder provar a existência de título por qualquer forma admitida em direito, demonstrando a utilização do locado pelo arrendatário sem oposição do senhorio e o pagamento mensal da respetiva renda por um período de seis meses (artigo 1069.º, n.º 2). Assim a inobservância da forma legal não conduz, necessariamente à nulidade por falta de forma do contrato. Soluções semelhantes existem também no direito do trabalho, onde os contratos nulos, por violarem normas imperativas (p. ex. ao estabelecer remunerações inferiores ao salário mínimo nacional) são convertidos por lei em contratos válidos (artigo 121.º, n.º 2, do CT). A finalidade legal aponta, nestes casos e noutros afins, para a protecção da parte mais fraca, considerada como valor superior.

888 Não estamos perante a inobservância da forma legalmente prescrita, com a consequente nulidade ao abrigo do artigo 220.º, nos casos em que a lei exige não um documento, mas uma declaração expressa (cf. n.º 708), sem que a declaração tenha sido prestada deste modo. Aqui, a nulidade apenas poderá resultar do artigo 294.º se a interpretação do preceito violado, isto é, a disposição que prescreve a declaração expressa, levar à conclusão ser essa a vontade da lei.

Também não estamos em face de uma nulidade, por força do artigo 220.º, mas perante uma questão de prova, quando um documento for legalmente exigido e a seu respeito resultar claramente da lei que é exigido apenas para efeitos de prova da declaração (artigo 364.º, n.º 1, 1.ª parte). Esta *forma ad probationem* não tem na Parte Geral relevância prática, uma vez que a lei considera aqui a exigência da forma como pressuposto de validade da declaração (artigo 219.º).

De igual modo, não há lugar para a sanção da nulidade, de acordo com o disposto no artigo 220.º, quando uma forma convencional não tiver sido observada. Neste caso é de presumir que as partes não se quiseram vincular. O problema da não observância da forma convencional é, portanto, como sucede no artigo 232.º, o da conclusão ou não conclusão do contrato, mas não o da sua validade ou nulidade (cf. n.º 711).

Uma outra questão que pode levantar-se relativamente à forma é a da validade das cláusulas acessórias que não respeitem a forma legal. Como vimos (cf. n.º 718), o artigo 221.º determina o âmbito da forma legal relativamente a estas cláusulas, valendo a regra de que as cláusulas anteriores e contemporâneas ao documento exigido para a declaração negocial, em princípio, são nulas (porque as partes não se terão querido vincular a elas e daí não as terem incluído no documento que titula o negócio); as cláusulas posteriores (que, por terem sido acordadas mais tarde, não podiam ter sido incluídas no documento), em princípio, serão válidas, desde que a razão da forma não as abranja (o que, aliás, também se aplica às primeiras, que, poderão ter sido omitidas do documento por esquecimento, p. ex., sendo assim válidas, desde que as partes provem tal facto). 889

Uma eventual invalidade das cláusulas acessórias não afecta a própria declaração negocial, na medida em que esta observe a forma legal. O artigo 221.º cuida apenas das cláusulas acessórias, não tendo relevância quanto ao resto do negócio.

Embora a lei trate o problema das cláusulas acessórias apenas para as estipulações verbais, o disposto no artigo 221.º deve ser aplicável, por analogia, também aos casos em que as cláusulas acessórias constem de um documento com valor probatório inferior aquele que é exigido para a forma legal. Além disso, tudo o que se refere às estipulações acessórias deve ser aplicável ainda às cláusulas adicionais que completem o documento. Não se vê razão para um tratamento diferenciado em casos tão parecidos como o são as cláusulas acessórias e as cláusulas adicionais.

Sendo nula a declaração negocial que careça da forma legal (artigo 220.º), esta nulidade pode ser invocada, ao abrigo do artigo 286.º, por "qualquer interessado", cujos interesses, de uma maneira ou outra, foram atin- 890 gidos pelo negócio nulo em causa. Neste contexto é discutido se também pode invocar a nulidade quem a provocou ao induzir, conscientemente ou por negligência, a outra parte na convicção errónea de que a forma legal não seria necessária.

Dado que a forma legal é exigida no interesse público (embora este possa coincidir com um interesse particular) por meio de normas imperativas, a invocação da nulidade por falta da forma pode ser feita mesmo por quem a provocou, não obstante a confiança que a outra parte nele depositara.

Quer dizer, a parte que "adquiriu", sem observância da forma legal, a quem provocou a inobservância, está, em relação a este, numa posição jurídica inferior àquela que caracteriza a situação de quem adquiriu ao vendedor de uma coisa alheia e fica protegido, nas relações internas, pela inoponibilidade da nulidade do negócio (cf. n.os 853 e 854). É precisamente esta solução da lei que mostra a supremacia dos interesses públicos que estão atrás da exigência da forma legal (claro, é sempre possível imaginar o caso de alguém vender, sem observância da forma legal, uma coisa alheia a um adquirente de boa fé. *Quid iuris*? Decisivo é o interesse público: a nulidade pode assim ser invocada também por quem a provocou).

891 Há quem queira aplicar a estes casos as regras do abuso do direito (artigo 334.º), de modo que – ao ser assim impedida a invocação da nulidade por falta de forma – o negócio seria tratado como se tivesse sido celebrado validamente.

Na ponderação dos argumentos a favor desta solução, porém, é preciso ter em conta o significado essencial e superior da forma legal e, além disso, é de explorar a possibilidade de se conseguir o mesmo resultado material que se obteria por meio do tratamento da declaração como válida por outros meios, sem forçar o esquema valorativo da lei.

Assim, no âmbito de um contrato, é precisamente o artigo 227.º que contém as regras suficientes que tornam dispensáveis o recurso às normas do abuso do direito. Por via do artigo 227.º obtém-se a indemnização por *todos* os danos sofridos (cf. n.º 796). É esta a indemnização devida no caso de uma das partes induzir culposamente a outra à inobservância da forma exigida pela lei.

892 Pode haver situações excepcionais, porém, em que uma indemnização não seja suficiente para fazer justiça. Aqui apenas o cumprimento, baseado

no tratamento da declaração negocial inválida como se fosse válida, é aceitável como resultado justo.

Nesses raros casos-limite, a invocação da nulidade da declaração, por inobservância da forma legal, pode infringir o disposto no artigo 334.º relativamente ao abuso do direito, sob a forma do *venire contra factum proprium*. Nestes casos, a exigência da justiça material sobrepõe-se de uma maneira inequívoca e manifesta à necessidade do interesse público na certeza e na manutenção das normas imperativas, sendo a invocação da forma não mais do que um puro formalismo ao qual não assiste razão de justiça nenhuma. Neste contexto não é suficiente que a invocação da inobservância da forma conduza a um resultado duro para o declarante. É necessário que o resultado seja, pura e simplesmente, intolerável para o próprio declarante, bem como para a ordem jurídica. E sendo o resultado intolerável para a ordem jurídica, nasce um outro interesse público, de modo que é possível prescindir, por razões baseadas neste novo interesse público, da observância estrita do formalismo legal. A declaração é tida como válida – apesar da falta da forma legal. Trata-se de condicionalismos excepcionais, onde as consequências restitutivas da nulidade atingem a própria existência económica ou social da parte contra quem a nulidade é invocada. Ora bem, é exactamente nestas situações que a lei deve prescindir das formalidades impostas.

5. Os negócios celebrados com falta de vontade:

a) Enunciado geral

Ainda são nulos, na sua maioria, os negócios celebrados com "falta de vontade". Normalmente, e como é natural, a vontade e a sua manifestação coincidem na declaração negocial. Mas há situações em que esta coincidência falta: a sintonia entre a vontade, o elemento volitivo interno da declaração, e a sua manifestação, o elemento externo, não existe. Não temos uma vontade igual à que aparece manifestada. À manifestação falta uma vontade subjacente que lhe corresponde. Esta falta é o resultado de uma divergência entre a vontade real e a vontade declarada. 893

As figuras da "falta da vontade" – ao todo são seis: a simulação, a reserva mental, a declaração não séria, a falta de consciência da declaração e a coacção física, bem como o erro na declaração – encontram-se reguladas nos artigos 240.º a 250.º e aparentam, embora sem grande rigor, como seu elemento estruturante comum, ou como elo ténue que as liga entre si, uma divergência (ou não coincidência) entre a verdadeira, a vontade real do declarante, e a vontade manifestada por ele. Quer dizer, nestas figuras a declaração negocial, tal como vem definida pelo artigo 217.º, apresenta-se-nos de uma maneira em que o lado interno, a vontade, e o lado externo, a manifestação (ou declaração), divergem entre si.

A distinção essencial a fazer entre estas figuras é a entre divergências intencionais (voluntárias) e não intencionais (involuntárias). Em todas elas a vontade que aparece como manifestada não existe como tal.

As circunstâncias ou condições que, do lado do declarante, levam a uma "divergência" entre a vontade real e a vontade manifestada são muito distintas entre si e conduzem a diferenças assinaláveis entre as seis figuras, diferenças que ainda se acentuam mais quando são analisadas sob o aspecto das diversas interacções que, a seu respeito, ocorrem entre declarante e declaratário.

894 De uma maneira esquemática as várias formas apresentam-se do modo seguinte:

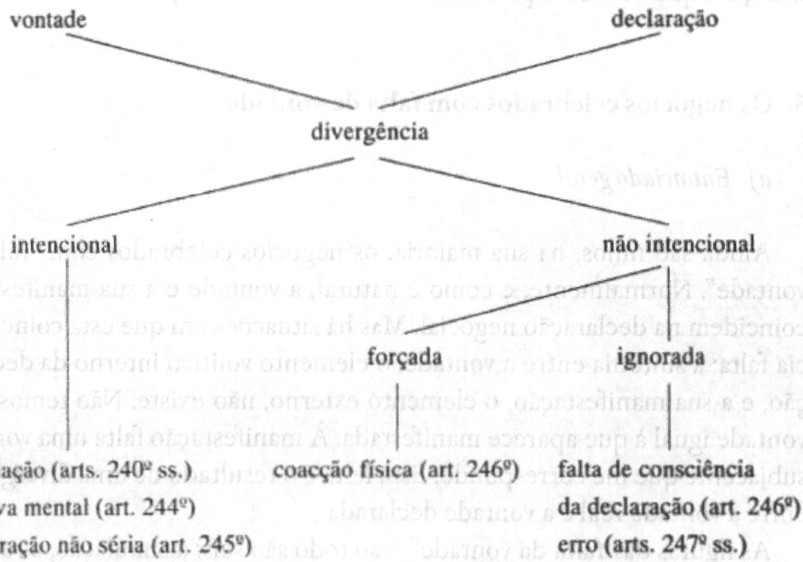

Para podermos compreender como a lei encara estas situações, vamos 895
enunciar primeiro os elementos estruturantes básicos das seis figuras que definem as suas características e as distinguem entre si.

a) No que toca à simulação, definida no artigo 240.º, n.º 1, e regulada nos artigos 240.º, n.º 2, 242.º e 243.º, sucede que o declarante faz uma declaração ao manifestar uma vontade, mas não quer o declarado, precisamente porque lhe falta a vontade; o declaratário sabe disso e está de acordo com isso, uma vez que ambos pretendem enganar um terceiro.

b) Quanto à reserva mental, prevista e regulada no artigo 244.º, sucede também que o declarante faz uma declaração ao manifestar a sua vontade, mas é novamente esta que lhe falta porque o declarante não quer o declarado; só é que agora o declaratário não o sabe, porque o declarante pretende enganar o próprio declaratário.

c) No que concerne à declaração não séria, cujo regime consta do artigo 245.º, acontece outra vez que o declarante faz uma declaração ao manifestar uma vontade, mas esta falta-lhe porque não quer o declarado; todavia, aqui o declarante não visa enganar ninguém e espera que o declaratário reconheça esta falta de seriedade da declaração.

d) No caso da falta de consciência da declaração, regulada no artigo 246.º, o declarante faz uma declaração ao manifestar uma vontade, mas não quer o declarado porque lhe falta a vontade no sentido preciso do artigo 217.º, uma vez que ele não tem a consciência (*Erklärungsbewusstsein*) de fazer uma declaração de natureza negocial.

e) A coacção física, também regulada no artigo 246.º, respeita a uma situação em que o declarante faz uma declaração ao manifestar uma vontade, mas não quer o declarado por não ter sequer a vontade de acção (*Handlungswille*), visto não agir por si, mas ser instrumentalizado, sendo assim declarante apenas na aparência.

f) Em relação ao erro na declaração, cujo regime encontramos nos artigos 247.º a 250.º, podemos constatar que o declarante faz a declaração ao manifestar a sua vontade, mas não quer o declarado porque se enganou no acto declarativo (*Erklärungshandlung*), de modo que se verifica apenas um desvio da declaração em relação à vontade, que não lhe falta de todo, mas unicamente na medida do desvio, o que faz com que o declarante não queira o declarado com o significado que manifestou (o significado que objectivamente possui).

Partindo destes traços estruturantes elementares podemos resumir o seguinte:

a) Nos casos da simulação, reserva mental e declaração não séria, a atitude observada pelo declarante é sempre a mesma (ele faz a declaração e nunca quer o declarado), mas já variam os propósitos que determinam a sua atitude (ele tenciona enganar um terceiro, ou o declaratário, ou ninguém); em resultado disso, variam também as formas da sua interacção com o declaratário (que colabora, ou é vítima, ou é esperado estar atento). Deste modo, as posições dos respectivos declaratários mudam em função dos propósitos do declarante, o que significa que, em certa medida, as três figuras são delimitadas entre si a partir do papel destinado por este àqueles.

b) Além disso, no que respeita à declaração não séria, à falta de consciência da declaração e à coacção física, constatamos que o declarante nem quer fazer uma declaração negocial no sentido do artigo 217.º e não pretende que o seu comportamento seja entendido nesse sentido. Em rigor não há nenhuma divergência entre uma vontade e a sua declaração, mas antes uma ausência da vontade, uma verdadeira falta – uma falta absoluta – da vontade. Deste modo, e dado que a vontade é o elemento essencial de cada declaração negocial, poderíamos concluir que, nestas circunstâncias, devido à ausência de uma vontade, uma declaração negocial como vem definida no artigo 217.º nem sequer existe. O Código Civil, todavia, não tira esta conclusão, pelo menos não literalmente, e determina que estas declarações carecem de qualquer efeito, ou por outras palavras, dispõe que não se produzem quaisquer efeitos de natureza negocial, sem a possibilidade de haver efeitos negociais por lei (efeitos laterais legais) como pode acontecer em negócios nulos.

c) Na simulação, todavia, o declarante, ao manifestar uma vontade, faz na aparência uma declaração negocial no sentido do artigo 217.º, mas na realidade falta-lhe a vontade. Com o declaratário sucede o mesmo. Ambos têm perfeita consciência de declarar algo que não querem. Celebram um negócio para não valer. Por isso, o negócio simulado não passa de uma ficção, é um negócio fictício com o qual ambos, declarante e declaratário, visam enganar um terceiro. – Na reserva mental, a atitude do declarante é a mesma; só é que aqui o declarante quer enganar o próprio declaratário.

d) Já no caso do erro na declaração, as coisas apresentam-se de maneira substancialmente diferente. Aqui não há falta de vontade: ela existe, mas é declarada (manifestada) com um sentido diferente daquele que o declarante lhe quis dar. Há um desvio: o declarante, sem se aperceber, devido a um engano, exprimiu-se mal. Aqui a declaração (o negócio) é real e não é fingida.

Sendo assim, podemos ver que a simulação (e a reserva mental) e o erro na declaração são fenómenos distintos entre si. Apenas quando ocorre um erro na declaração temos, verdadeiramente, uma divergência entre a vontade real e a vontade declarada, ou seja, estamos perante um desvio que ocorre no processo declarativo e que desvirtua a vontade real, como ainda vamos estudar em pormenor. Na simulação (e na reserva mental) uma vontade real, destinada a ser declarada, não existe; ao contrário do erro, ela falta mesmo de todo e, como é evidente, não pode sofrer um desvio. Por isso, em todos os casos, em que não ocorreu um erro na declaração, só podemos utilizar a expressão "divergência da vontade" num sentido amplo.

Para todas estas situações o Código procura as soluções mais adequadas. 896
Na verdade, existindo uma divergência entre a manifestação (declaração) e a vontade subjacente, coloca-se sempre a questão de saber se do facto resulta a invalidade do negócio (relevância negativa da divergência) ou se o negócio é válido conforme o sentido correspondente à vontade do declarante (relevância positiva da vontade) ou se é válido de acordo com o sentido atribuído pelo declaratário (relevância positiva da declaração). Os vários interesses em jogo – interesse do declarante, interesse do declaratário, interesse do terceiro e ainda o interesse geral do tráfico jurídico – apontam em direcções diferentes.

Por isso, o leque das respostas que o Código Civil encontrou para as várias situações em que há uma "falta da vontade" é muito diferenciado. Na verdade, a verificar-se uma declaração negocial em que a vontade manifestada não corresponde à vontade real, a declaração negocial tanto pode não produzir nenhum efeito de natureza negocial, como pode ser nula ou anulável ou ainda pode ser perfeitamente válida.

Portanto, o Código Civil não resolve a questão de saber se a declaração (ou o negócio) é válida ou não num sentido uniforme e não podia ter feito outra coisa. As suas soluções parecem assentar na seguinte base valorativa: se a divergência for grave (intencional, provocada por coacção física, devida à falta de consciência), ela aponta para a não produção de efeitos negociais ou para a nulidade da declaração; se a divergência for menos grave (não intencional, erro no processo declarativo), ela pode levar à anulabilidade da declaração ou até permitir a sua validade.

Em seguida vamos analisar, uma por uma, as situações em que a lei aponta para a nulidade da declaração (do negócio) ou para a não produção de efeitos negociais e os desvios que a lei faz para proteger a confiança de declaratários ou de terceiros nas aparências criadas pelas declarações.

b) A simulação

897 O caso mais frequente e também o caso jurídica e economicamente mais relevante entre as figuras das divergências entre vontade real e vontade declarada é o da simulação. O conceito de simulação vem definido no artigo 240.º, n.º 1, onde se lê: "Se, por acordo entre declarante e declaratário, e no intuito de enganar terceiros, houver divergência entre a declaração negocial e a vontade real do declarante, o negócio diz-se simulado."

Os pressupostos da simulação são, portanto, os seguintes:

1.º – Uma divergência entre a declaração negocial e a vontade real do declarante. Quer dizer, o lado externo da declaração negocial, a declaração (a manifestação), e o seu lado interno, a vontade, não coincidem, mas divergem – entendida esta divergência nos termos amplos que enunciámos.

2.º – Um acordo entre declarante e declaratário a este respeito. A existência deste acordo (o chamado "acordo simulatório") significa que ambos conhecem a divergência que é, assim, intencional.

3.º – O intuito de enganar terceiros, que também é intencional, claro (enganar não é a mesma coisa que prejudicar, embora, normalmente, quem engana também queira prejudicar).

Portanto, os simuladores (declarante e declaratário) declaram, ao contrário da verdade, intencionalmente, algo que não querem, com o intuito de enganar terceiros. Se vemos como os dicionários definem esta atitude, encontramos a palavra "mentira". De facto, no caso da simulação é de uma mentira que se trata e assim o podemos ler em manuais jurídicos mais antigos. É característico para a simulação que se declara uma vontade que na realidade não existe.

898 Segundo a doutrina dominante, o requisito do acordo simulatório não exclui a possibilidade da simulação em negócios unilaterais ou em actos jurídicos. E, na verdade, esta doutrina vê-se confirmada, quanto aos negócios unilaterais, pelo disposto no artigo 2020.º que diz simulada a disposição tes-

tamentária feita aparentemente a favor de pessoa designada no testamento, mas que, na realidade e por acordo com essa pessoa, vise beneficiar outra.

O elemento característico da simulação é, precisamente, que os declarantes não têm vontade negocial nenhuma, não querem de todo o negócio que declaram celebrar. Mentem. Podemos pensar que este elemento é de tal modo distintivo que não surgem problemas de delimitação com outras figuras. Todavia, isto não é o caso.

aa) Figuras afins

1. Aqui pode ser lembrada a *falsa demonstratio* o que, à primeira vista, 899
parece deveras surpreendente. Na verdade, esta figura, que já conhecemos, surge-nos no contexto da interpretação da declaração negocial (artigos 236.º, n.º 2; 238.º, n.º 2, [e 248.º]) nos casos em que o declarante, sem intenção, se exprime mal no que quer (*error in nomine*) e o declaratário, apercebendo-se bem da vontade real do declarante, acaba por ter uma vontade concordante com esta, de modo que deixa de haver lugar para um erro na declaração ou para um dissenso. Nestas circunstâncias, nada de comum existe entre a *falsa demonstratio* e a simulação.

Contudo, a situação altera-se se a *falsa demonstratio* é estendida ainda aos 900
casos em que o declarante se exprime intencionalmente mal. A este respeito, vamos lembrar um velho exemplo que consta dos livros, e que é o seguinte: um homem dispõe no seu testamento que deixa o recheio da sua biblioteca ao seu amigo advogado. Sucede, porém, que todas as pessoas das relações do testador sabem perfeitamente que este, quando falava da sua biblioteca, onde ia com frequência, nunca tencionava ler, pois não havia livros, mas sim beber um dos seus vinhos. Por outras palavras, no uso linguístico peculiar do testador, a "biblioteca" era a sua garrafeira. Ao fazer a sua disposição testamentária, o testador diz alguma coisa que não quer? É óbvio que não. Apenas não se exprime de acordo com o uso linguístico normal.

Vamos admitir um outro exemplo. Num café, presenciamos a conversa despreocupada de um homem mal vestido e barbudo que oferece a outrem a troca de um frasco de cacau por mil folhas, oferta que é aceite. O sentido desta conversa não é inteligível por um terceiro ou, como diz a lei a respeito da interpretação da declaração negocial, por um "declaratário normal". Sucede que, na realidade, os dois se entendem muitíssimo bem, pois querem transaccionar cocaína. De certo modo temos aqui uma divergência intencional entre vontade e declaração e um acordo entre declarante e declaratário; mas o seu intuito não é o de enganar terceiros, pelo menos não na acepção própria da simulação, mas sim o de lhes esconder o negócio, de os excluir dele. Além disso, e ao contrário do que sucede na simulação, onde a vontade declarada falta, eles querem realizar exactamente o preciso negócio de que falam de forma disfarçada: existe uma vontade real. Por isso, não há simulação.

Neste exemplo, como noutros casos (podemos mencionar ainda o já referido "calão minderico"), estamos perante situações em que declarante e declaratário utilizam uma linguagem codificada e, da perspectiva do uso linguístico comum, se exprimem intencionalmente mal. Todavia, com isso querem concluir o preciso negócio a que se referem. Não está em causa a vontade (ou a sua falta), mas apenas o modo velado da sua formulação com que o declarante se desvia ou afasta do uso linguístico normal (deve dizer-se, todavia, que, quanto a estes casos, há quem os não considere abrangidos pelo conceito da *falsa demonstratio*).

901 Portanto, o que caracteriza a *falsa demonstratio* é um «comportamento desviante», um desvio do significado ou do uso linguístico comum (ou normal ou regular), mas não uma mentira. O declarante não falta à verdade. O que há é, igualmente como acontece no erro na declaração, sobretudo no erro sobre o conteúdo da declaração, um desvio no que toca ao significado das palavras empregues. Nessa medida, em termos objectivos, erro na declaração e *falsa demonstratio* coincidem. Mas, enquanto no erro o desvio é sempre inconsciente e não intencional, na *falsa demonstratio* pode não ser assim.

De qualquer maneira, uma vez que a *falsa demonstratio* diz respeito a uma questão acerca do significado das palavras empregues em relação a um negócio que o declarante realmente quer, resulta clara a sua pertença à problemática da interpretação – e a sua afinidade com o erro na declaração – mas não com a simulação.

902 Por isso mesmo, já não estamos perante uma *falsa demonstratio* quando declarante e declaratário, intencionalmente, não querem concluir o preciso negócio X de que falam e que ostentam, mas querem celebrar, isso sim, um negócio Y, um negócio diferente. Aqui não há nenhum desvio quanto a qualquer significado linguístico; há falta da vontade quanto ao primeiro negócio X, que ninguém, nem declarante nem declaratário, quer celebrar. Deste

modo, o negócio X é simulado porque, quanto a este, estamos perante uma mentira.

2. Sendo assim a *falsa demonstratio* é uma figura que não se confunde com 903
a simulação; existem, todavia, outras situações em que esta confusão parece dar-se. É o que sucede com os negócios celebrados contra disposição legal de carácter imperativo ou, ainda, em fraude à lei (artigo 294.º). Podemos lembrar, desde já, o exemplo da venda disfarçada de cocaína, referido há pouco, que é um negócio realmente pretendido, embora proibido, e podemos dar ainda um outro exemplo.

Em certas zonas de um determinado país é proibida a aquisição de imóveis por parte de estrangeiros. Para contornar esta proibição, um cidadão estrangeiro empresta uma dada soma de dinheiro a um nacional com a idade já bastante avançada que, por sua vez, lega num testamento o imóvel que interessa ao estrangeiro. Após a morte – que não se fez esperar – do autor do testamento, o estrangeiro aceita o legado e torna-se proprietário do imóvel. Este efeito corresponde precisamente ao resultado que a lei quer evitar, ficando ela defraudada. Todavia, para conseguir defraudar a lei, os interessados hão-de querer, e querem mesmo, os negócios que declaram celebrar. Por isso, como não existe falta de vontade nenhuma, os negócios em fraude à lei não são simulados.

3. Como é óbvio, negócios como o que acabamos de referir pressupõem 904
um alto grau de confiança entre as pessoas envolvidas. Esta situação de confiança existe também numa outra figura próxima da simulação que é o chamado negócio fiduciário ou a alienação em garantia.

Neste tipo de negócios, é transmitida a propriedade com uma cláusula fiduciária que limita a utilização plena do direito da propriedade. O caso normal é o de um devedor, o fiduciante, alienar um bem ao seu credor, o fiduciário, não para lhe proporcionar o gozo pleno do direito da propriedade transmitida, mas tão-só para esta lhe servir como garantia. A cláusula fiduciária estipula uma vinculação do credor neste sentido. Por conseguinte, o fiduciante confia que o fiduciário não utilize a propriedade com todo o seu conteúdo (artigo 1305.º), mas apenas no sentido limitado da vinculação fiduciária. Como as partes querem o negócio, ele não é simulado. Contudo, o Código Civil não conhece a figura da "propriedade fiduciária" como tipo legal incluído no *numerus clausus* dos direitos reais (artigo 1306.º, n.º 1,

1.ª parte), de modo que as cláusulas fiduciárias apenas têm efeitos obrigacionais (artigo 1306.º, n.º 1, 2.ª parte)[722].

905 **4.** Por fim, ainda devemos mencionar os negócios celebrados por um devedor em prejuízo do seu credor, como sucede quando o devedor doa bens por um acto verdadeiro ou, estando ele e o adquirente de má fé, vende-lhe os bens por baixo preço, subtraindo-os, deste modo, ao credor ao criar uma situação de provável insolvência ou mesmo de insolvência, na medida em que esvazia a garantia patrimonial geral (artigo 601.º) das suas obrigações. Apesar de a sua conduta não ser propriamente louvável, também nestes casos as partes querem o negócio que celebram; este não é simulado.

906 **5.** Com os exemplos referidos, acabamos de ver que não faltam maneiras dúbias para agir sem que isto implique logo uma simulação. A explicação encontra-se sempre no facto de as partes quererem o negócio que declaram celebrar. É precisamente este querer que não se verifica na simulação. Já o dissemos: o elemento característico da simulação é que os declarantes não têm vontade, não querem de todo o preciso negócio que declaram celebrar. Mentem, porque querem enganar terceiros.

bb) O valor do negócio simulado

907 Assim como há mentiras desculpáveis – e até mentiras piedosas – e que por vezes a moral impõe como um dever, assim há também casos de simulação em que, de quando em quando, alguém engana sem ter uma intenção nociva. Não admira, pois, que o próprio Código Civil, de modo semelhante, distinga entre simulação inocente e simulação fraudulenta (artigo 242.º, n.º 1, *in fine*).

A simulação inocente é um fenómeno raro, enquanto a simulação fraudulenta, em que se engana com o intuito de prejudicar, ocorre com muita frequência, é normal e representa em conjunto com as múltiplas formas do

[722] Todavia, o CCiv conhece o herdeiro fiduciário (artigo 2286.º). A respeito da propriedade fiduciária, ver Rui Pinto Duarte, *Curso de Direitos Reais*, 3.ª ed., Princípia, Cascais, 2013, pp. 185 ss.; Isabel Menéres Campos, *A reserva da propriedade*, Coimbra Editora, Coimbra, 2103, pp. 53 ss.; Luís Miguel Pestana de Vasconcelos, *Direito das Garantias*, 2.ª ed., Almedina, Coimbra 2013, pp. 567 ss. (As alienações em Garantia).

dolo ilícito (da burla) um sinal de corrupção e degradação (ou decomposição) social. Por isso, a simulação é indesejada.

Contudo, não é por causa disso[723], mas devido à lógica do instituto do negócio jurídico – cujos efeitos se produzem por causa e em função da vontade – que não se descortina a mais leve razão para atribuir efeitos a um negócio simulado, que é um negócio para não valer, puramente fictício, em que faltam vontade e querer de quem o celebrou. 908

Por isso, a sanção da lei, expressa no artigo 240.º, n.º 2, é clara: "O negócio simulado é nulo." A nulidade tanto abrange a simulação inocente como a fraudulenta.

cc) O regime da nulidade do negócio simulado em geral e em relação a terceiros

1. O regime da nulidade é, para já, o regime geral do artigo 286.º, segundo o qual "a nulidade é invocável a todo o tempo por qualquer interessado e pode ser declarada oficiosamente pelo tribunal." E, para não deixar dúvidas de que se trata mesmo de qualquer interessado, a lei acrescenta no artigo 242.º que "a nulidade do negócio simulado pode ser arguida pelos próprios simuladores entre si" (n.º 1 do artigo 242.º) e "pode também ser invocada pelos herdeiros legitimários que pretendem agir (ainda) em vida (!) do autor da sucessão contra os negócios por ele simuladamente feitos com o intuito de os prejudicar" (n.º 2 do artigo 242.º). Na verdade, sendo o negócio simulado um acto socialmente nocivo e condenável, o regime descrito deixa bem claro o empenho da lei em obter a sua declaração de nulidade. Este objectivo da lei resulta ainda do artigo 605.º, n.º 1, que dispõe que "[o]s credores têm legitimidade para invocar a nulidade dos actos praticados pelo devedor (...) desde que tenham interesse na declaração da nulidade." 909

Só há uma limitação, aliás de ordem processual. Se, por um lado, a lei esclarece que os próprios simuladores podem arguir a simulação entre si, proíbe-lhes, por outro lado, o recurso à prova testemunhal para o efeito (artigo 394.º, n.º 2) e exclui, com isso, simultaneamente a admissão das presunções judiciais (artigo 351.º). Mas os restantes meios de prova, designada- 910

[723] Como devia ser, segundo Luís Cabral de Moncada, *cit.*, p. 604 com boa fundamentação.

mente confissão e prova documental, são permitidos. Para os simuladores a situação jurídica criada é precária: entre eles não se produzem – e nem se podem produzir – quaisquer efeitos negociais que, de resto, conscientemente eles também não quiseram.

911 **2.** Contudo, a simulação pode afectar terceiros adquirentes, como podemos ver no exemplo seguinte: suponhamos que um devedor quer esconder bens a um credor e, para o efeito, finge vender uma casa a um amigo. Na verdade, ele nada quer vender e o amigo também nada quer comprar. Ambos estão conluiados para enganar o credor e fazê-lo crer que o bem já não pertence ao devedor (temos aqui a chamada "venda fantástica", que é diferente do caso referido no n.º 903, onde o negócio era verdadeiro). Entretanto, o amigo, comprador fictício, doa por acto verdadeiro a casa à sua namorada. Atendendo ao facto de a "venda fantástica" ser nula por ser simulada, o comprador fictício não passa de um adquirente simulado e, quando doa a casa, pratica uma doação de coisa alheia, igualmente nula (artigo 956.º, n.º 1). Assim, não pode transmitir a propriedade e a namorada não a pode adquirir, de acordo com a regra «*nemo plus iuris (...)*".

Agora, o alienante simulado da "venda fantástica", o devedor, agastado com esta "infidelidade" do seu comprador fictício, invoca a nulidade da aquisição da namorada com base no regime geral do artigo 286.º. Em princípio, não há nenhum problema, o artigo 286.º aplica-se, naturalmente: a aquisição é nula e a nulidade pode ser invocada por qualquer interessado.

Todavia, quando a namorada, no momento da conclusão do contrato de doação, haja confiado na aparência criada pela venda fantástica e julgue que o comprador fictício é mesmo o proprietário da casa, a situação altera-se. Pois é precisamente para este caso que a lei determina no n.º 1 do artigo 243.º, que "a nulidade proveniente da simulação não pode ser arguida pelo simulador contra terceiro de boa fé". Terceiro é quem for alheio ao negócio simulado (o primeiro negócio), o que é o caso da namorada. O artigo 243.º, n.º 2, define a boa fé como "a ignorância da simulação ao tempo em que foram constituídos os respectivos direitos". Esta ignorância da simulação pode ser perfeitamente culposa, isto é, ser o resultado de desleixo ou de incúria, na medida em que o adquirente não precisa de ter procedido de acordo com todos os cuidados e a diligência normal no tráfico jurídico negocial. Todavia, a ignorância não pode ir tão longe ao ponto de o terceiro ignorar porque não quis saber (à semelhança do pior cego, que é aquele que não quer ver). Deste modo, o artigo 243.º, n.º 2, defende o terceiro, mas unicamente contra os simuladores.

Assim, o artigo 243.º, n.º 1, afasta o artigo 286.º e cria um regime especial, atípico, da nulidade ao retirar aos simuladores, e só a estes[724], a legitimidade para invocar a nulidade, proveniente da simulação, contra o terceiro adquirente de boa fé, sendo esta boa fé – na largueza em que é admitida – também atípica.

Na verdade, sendo obrigada a escolher, a lei prefere a protecção da boa fé do adquirente (mesmo tendo havido incúria) à declaração de nulidade (pela conduta condenável dos simuladores). Isto significa que, nas estritas relações entre o terceiro de boa fé e os simuladores, a lei penaliza estes ao não lhes permitir, em caso algum, seja qual for o título de aquisição ou a natureza do direito ou do bem adquirido, a arguição da nulidade proveniente da simulação e, com ela, a destruição das aparências que eles mesmos, simulada e deliberadamente, criaram com o intuito de enganar.

De resto, ou seja, à parte esta excepção definida pelo artigo 243.º, o regime geral do artigo 286.º aplica-se, sem restrições, como é natural e como já referimos, ou seja, qualquer interessado, *inclusive* o próprio terceiro, querendo, em vez de se escudar atrás do artigo 243.º, pode perfeitamente invocar a nulidade. Conjugando a situação bastante precária que existe entre os próprios simuladores com as consequências penalizantes que para eles resultam do artigo 243.º, n.º 1, podemos dizer que a sua posição jurídica não é confortável, mas instável.

[724] Uma vez que a lei não estabelece, nem indirectamente, quaisquer restrições, "não interessa que os terceiros sejam prejudicados com a declaração da nulidade ou sejam beneficiados com a manutenção do negócio. Contra eles é sempre vedada a acção por parte dos simuladores (...)" (Pires de Lima – Antunes Varela – Henrique Mesquita, *Código Civil Anotado*, anotação ao artigo 243.º, pp. 229 a 230). Se forem beneficiados com a declaração de nulidade, claro que os terceiros de boa fé, como interessados, podem, eles mesmos, propor a acção nos termos gerais. De resto, a inoponibilidade vale tanto para terceiros adquirentes a título oneroso como a favor de terceiros adquirentes a título gratuito. E vale, em princípio, sem nenhuma restrição temporal, constituindo esta falta de limitação temporal o "contrapeso" ao artigo 286.º, que igualmente permite a invocação da nulidade a todo o tempo.

912 Ao mesmo tempo que o artigo 243.º, n.º 1, afasta a aplicação do artigo 286.º, confere ainda – à semelhança do regime da venda de coisa alheia (artigo 892.º, 2.ª parte) ou de doação de coisa alheia (artigo 956.º, n.º 1, 2.ª parte) – ao terceiro adquirente de boa fé uma posição jurídica protegida, uma oponibilidade relativa (um direito relativo atribuído por lei que unicamente opera *inter partes* [efeitos *in personam*]), mas nunca a propriedade, contra os simuladores e só contra estes. Ou seja, a lei – que tudo pode – atribui desta forma, excepcionalmente, efeitos limitados a um negócio nulo (sendo certo que este, por si só, nunca produziria quaisquer efeitos).

913 **3.** Podemos concluir que a lei consagrou para o negócio simulado um regime coerente, bem delineado e até bastante simples: o negócio simulado é sempre nulo; a lei está empenhada em que a nulidade venha a ser declarada (atendendo à nocividade social da simulação); o negócio simulado está – unicamente com a excepção do artigo 243.º – sujeito ao regime geral da nulidade; esta excepção respeita ao caso específico em que a necessidade da penalização dos simuladores e da protecção do terceiro adquirente de boa fé prevalece sobre o imperativo da declaração de nulidade do negócio simulado.

dd) A simulação relativa

914 **1.** Na vida real acontece com muitíssima frequência que as partes não se contentam em simular apenas um negócio que não querem celebrar, o caso de uma simulação absoluta, mas aproveitam para, à socapa do negócio simulado, concluir ainda um outro, diferente, que querem celebrar de verdade, mas sem que isto se saiba. Neste caso falamos de uma simulação relativa[725].

O Código Civil não ignora estas situações e regula-as num preceito próprio, no artigo 241.º, que diz no seu n.º 1: "Quando sob o negócio simulado exista um outro que as partes quiseram realizar, é aplicável a este o regime que lhe corresponderia se fosse concluído sem dissimulação, não sendo a sua validade prejudicada pela nulidade do negócio simulado." É desta forma que a lei distingue entre o negócio fingido, simulado, e o outro negócio realmente pretendido, o dissimulado. É este outro negócio, diferente do simulado, que a lei quer salvaguardar e manter e pô-lo ao abrigo da simulação e

[725] Rui de Alarcão, «Simulação. Anteprojecto...», *BMJ* n.º 84 (Março, 1959), pp. 305, 307-308.

da sua nulidade, a não ser que o próprio regime deste outro negócio, dissimulado, determine a sua invalidade.

2. Antigamente, o anátema lançado sobre o negócio simulado, considerado moralmente inaceitável, suscitava dúvidas sobre se a sua nulidade não conduziria também à nulidade do negócio dissimulado. Era precisamente para evitar este resultado que a doutrina antiga, como hoje o artigo 241.º, n.º 1, na sua parte final, sustentou que a validade do negócio dissimulado não fica prejudicada pela nulidade do negócio simulado. Assim, o negócio dissimulado fica preservado, aplicando-se-lhe o seu regime próprio, como se tivesse sido celebrado abertamente, de modo indisfarçado e sem dissimulação, sendo certo que a sua validade ou não, depende tão-só do regime que a ele próprio respeita. Quer dizer, o facto de a validade do negócio dissimulado não ser afectada pela simulação não obsta a que a sua invalidade possa resultar de outras razões legais, como, por exemplo, fim ou conteúdo ilícitos, desrespeito de proibições legais, inobservância da forma legal, ou outras mais. 915

A solução da lei é clara: o negócio simulado é sempre nulo (artigo 240.º, n.º 2), pese embora o caso excepcional da protecção do terceiro de boa fé, com base no artigo 243.º; o negócio dissimulado, por sua vez, sendo salvo da simulação, é tratado de forma autónoma e tem o destino jurídico que o regime do seu tipo negocial lhe reserva.

3. Para fingir a celebração de um negócio jurídico e, com esta via, sonegar ou encobrir um outro, distinto dele, os simuladores têm várias hipóteses: podem simular uma parte do negócio – e então falamos de uma simulação relativa subjectiva, que consiste numa interposição fictícia de uma pessoa – ou podem simular a natureza do negócio ou do seu valor – e aqui estamos perante simulações relativas objectivas – sobre o seu conteúdo. 916

4. a) Vejamos um exemplo: António, casado, tem um amante ao qual gostaria de oferecer uma valiosa estatueta de marfim. Ele sabe que se tivesse uma amante não o podia fazer, porque há uma indisponibilidade relativa a favor da pessoa com quem o doador casado cometeu adultério (artigos 953.º e 2196.º, n.º 1). No seu caso, António ainda tem dúvidas. Para evitar riscos, resolve adoptar um estratagema defensivo. Primeiro entrega, com as devidas explicações, a estatueta ao seu amigo de caça, Bernardo. Depois, este oferece-a (e entrega-a) ao amante, que sabe, evidentemente, a quem deve 917 a prenda. Na aparência exterior, assim criada, António não é o doador; na realidade, sim.

Como é óbvio, Bernardo é uma parte interposta ficticiamente, uma parte simulada, fingida: António não quer doar a Bernardo, nem este quer doar ao amante do primeiro. Temos duas doações simuladas e, por isso, nulas. Mas estas nulidades, por si só, não afectam a validade da doação realmente pretendida de António ao seu amante, que é um negócio diferente que foi encoberto pelas duas simulações. À doação real é agora aplicado o regime que lhe corresponde autonomamente. E aqui surge o problema de saber se ela não será porventura nula de acordo com o artigo 2196.º, n.º 1. Interpretando o conceito de adultério de um modo amplo, conforme o princípio da igualdade do artigo 13.º, n.º 2, da Constituição, quer parecer que sim. Por conseguinte, a doação verdadeira é nula por ter violado uma indisponibilidade relativa[726].

918 **b)** Por outro lado, há situações – que são frequentes e economicamente muito relevantes – em que não há uma interposição fictícia de uma pessoa como parte de um negócio, mas uma interposição real. Imaginemos um empresário, com visão e sucesso, que quer comprar um quadro valioso num leilão, mas não quer que se saiba ser ele o comprador. Por isso, acorda com um professor de Belas Artes que este comprará o quadro em seu nome, por conta do empresário que lhe adianta o dinheiro, e, logo seguir à compra, transferirá a propriedade que adquiriu para este último. Assim sucede. O leiloador vende o quadro ao professor e, a seguir, este, tal como ficou combinado, transfere a propriedade para o empresário.

Neste exemplo, o professor é uma parte real, não simulada. Estamos perante o contrato do mandato, mais precisamente do mandato sem representação (artigos 1157.º, 1180.º e 1181.º). Por virtude deste mandato, o professor obrigou-se a comprar o quadro em seu próprio nome, embora com o dinheiro (por conta) do empresário, e, tendo-o adquirido, a transferir-lhe a propriedade. Negócios deste tipo, onde a interposição é real, são verdadeiramente queridos. Todavia, à semelhança da uma interposição fictícia (da simulação relativa subjectiva) também se prestam a actuações sinuosas.

[726] Atendendo a que é hoje admitido o casamento entre pessoas do mesmo sexo, esta solução parece a adequada. Mas para quem considere o conceito de adultério ainda com o seu sentido tradicional, não há nenhuma indisponibilidade relativa e a doação é perfeitamente válida.

c) Por isso, a interposição fictícia de pessoas tem lugar quando os sujeitos do negócio jurídico, ou um deles, são simulados. Pelo contrário, a interposição real verifica-se quando alguém conclui um negócio jurídico em seu próprio nome, mas por conta ou interesse de outrem, pelo que os direitos e obrigações emergentes deste negócio se produzem em relação àquele (cf. artigo 1180.º), que, todavia, por força do contrato de mandato, está obrigado a transferir depois os direitos adquiridos para esse outro, por cuja conta actuou (cf. artigo 1181.º, n.º 1). Neste caso há um mandato, um mandato sem representação (onde o mandatário interposto não actua em nome do seu mandante, mas em seu próprio nome), ao contrário do que sucede no caso do mandato com representação (onde o mandatário actua em nome do mandante que representa). Por conseguinte, ao passo que na interposição fictícia, a pessoa interposta é um sujeito simulado, na interposição real, onde temos um mandato sem representação, o interposto é a parte verdadeira do negócio[727]. 919

Na interposição fictícia há um conluio entre as verdadeiras partes do negócio e a pessoa interposta por elas. Todos os intervenientes sabem da operação fictícia que, todavia, fica oculta para terceiros que se visam enganar. Na interposição real, pelo contrário, não existe este conluio. Apenas há um acordo interno, ou seja, o contrato de mandato, entre um dos interessados no negócio, o mandante, e a pessoa por ele interposta, o mandatário, que realiza o negócio com quem, normalmente, desconhece a existência deste acordo.

A interposição real não pode ser confundida com a representação (artigo 258.º), situação em que o representante age aberta e reconhecivelmente em vez e em nome de outrem, do representado, de modo que a outra parte com quem o representante negoceia conhece a posição representativa.

5. Além da simulação relativa subjectiva, temos ainda a simulação relativa objectiva que pode, como foi dito, respeitar à natureza do negócio ou ao seu valor. 920

a) Vamos ver, primeiro, um exemplo quanto à simulação da natureza do negócio. Admitimos que uma pessoa deve grandes favores a um amigo e quer oferecer-lhe como prenda significativa um velho Ferrari. Para não ferir

[727] Ver a este respeito, Fernando Pessoa Jorge, *O mandato sem representação*, Coimbra, Almedina, 2001 (reimpressão da edição de 1961).

os sentimentos do seu irmão, a pessoa combina com o amigo um contrato de compra e venda, sendo certo, contudo, que ela nunca quis receber nem o amigo jamais quis pagar qualquer preço. Celebram o contrato para não valer; trata-se de uma pura ficção, com a qual enganam o irmão, que não querem ofender. O carro é entregue ao amigo, a quem a pessoa ainda passa um recibo sobre o preço.

Aqui temos o fingimento de um contrato de compra e venda (artigo 874.º), sendo este contrato naturalmente nulo por ser simulado, a encobrir uma doação (artigo 940.º), que é um negócio diferente que os simuladores querem celebrar, mas escondem. A esta doação aplicam-se agora as normas correspondentes ao seu regime e, segundo estas, ela é perfeitamente válida (artigo 947.º, n.º 2, 1.ª parte).

921 **b)** Resta-nos apresentar um exemplo no que toca à simulação do valor (ou do preço) do negócio. Estas simulações são muito frequentes e em alguns negócios constituem quase um hábito (o que, de resto, não as torna menos reprováveis ou condenáveis, sendo certo, todavia, que alguma legislação, tanto de direito fiscal como de direito privado, contribui para que tenham aspectos da legítima defesa[728]).

[728] Da simulação relativa objectiva é de distinguir o chamado negócio indirecto. Ver a este respeito F. A. Pires de Lima – V. Lobo Xavier, «Três pareceres jurídicos», *RDES* XVIII (1971), p. 227, e Separata, Coimbra, 1972, pp. 5, 16, 18: "Segundo Manuel de Andrade, fala-se em negócio indirecto face a uma situação que se traduz em 'um negócio típico (...) cujos efeitos são realmente queridos pelas partes, ser concluído por um motivo ou para um escopo ulterior diverso dos que estão de acordo com a função característica (causa) desse tipo negocial e correspondente a outro negócio típico ou tipificável (...)'. É o caso, por exemplo, da chamada venda para garantia (...) 'As partes querem verdadeiramente o negócio-meio, com os efeitos que lhe são próprios, embora só para conseguirem através dele um resultado prático diverso do que lhe é normal'. (...) O negócio indirecto, distinto assim do negócio simulado, não está, enquanto tal, ameaçado de qualquer forma de nulidade. Todos são concordes neste ponto. O regime aplicável à situação será o do negócio adoptado – e só haverá lugar a invalidade se esta resultar de tal regime –, não relevando nesta sede a circunstância de o negócio ter sido utilizado para finalidades diversas das que normalmente presidem ao seu emprego. Na verdade, o Direito não veda aos particulares servirem-se dos negócios que configurou como típicos para fins práticos diversos dos que correspondem à função de tais negócios. Isto, é claro, desde que os particulares, procedendo deste modo, não estejam a praticar uma fraude à lei – coisa que aliás frequentemente acontecerá. Mas, seja como for, se não cair na alçada do regime da fraude à lei, o negócio indirecto, pelo facto de o ser, não deixa de se apresentar como plenamente válido".

Quando a simulação se refere ao valor do negócio este pode ser válido, mas só quando corresponder à vontade das partes e não existir uma norma (artigo 294.º) que proíba o preço realmente acordado e diferente do indicado no negócio simulado. Por exemplo, se uma lei fixa preços máximos e as partes fingem respeitar os preços, mas na realidade acordam num preço mais alto, o negócio dissimulado é nulo por força do artigo 294.º; no caso de o preço ser inferior já não há proibição legal e o negócio dissimulado é perfeitamente válido. 922

Num outro exemplo um devedor particular, necessitando de algum dinheiro, mas não querendo que se saiba das suas dificuldades económicas, decide vender o seu BMW série 7. Para não despertar qualquer suspeita, o contrato celebrado com o comprador versa sobre o preço de mercado. Na realidade, o devedor e o comprador estão de acordo que o preço verdadeiro, um preço entre amigos, pago de imediato em "dinheiro vivo", só corresponde a ⅔ do valor. Aqui, ao contrário do que declaram, o devedor não quer vender pelo preço de mercado e, de modo igual, o comprador não quer pagar pelo preço de mercado. Mas ambos estão de acordo em enganar terceiros. Há a aparência da venda pelo preço de mercado. 923

Realmente, as partes querem celebrar um contrato, um contrato diferente daquele que concluíram na aparência, mas por um preço inferior ao do mercado. Como não querem revelar o acordo, dissimulam-no. Este, à luz das disposições relativas ao negócio jurídico (artigos 217.º a 294.º) e ao regime da compra e venda (artigos 874.º e seguintes), não contém nenhum elemento que aponta para sua invalidade.

De qualquer maneira, não se pode afastar a sensação de que, quanto à simulação relativa e suas variedades (e, em certa medida, ainda quanto à figura afim da interposição real), verificamos que nos encontramos perante constelações não transparentes, oblíquas, sinuosas ou tortuosas, que se situam numa zona de penumbra que nem sempre inspira confiança.

ee) A simulação em negócios formais

1. Os negócios simulados e dissimulados não são limitados aos casos em que – como aconteceu nos nossos exemplos – as partes gozam da liberdade declarativa e de forma. Também são praticados quando, para a validade de um negócio, é exigida a observância de uma forma legal (artigo 219.º). 924

a) Neste contexto, tudo parece simples no que toca ao negócio simulado. Quando a forma legal não tiver sido observada, ele é – além de simulado – nulo por falta de forma (artigo 220.º). Por outro lado, se o negócio simulado respeitou a forma, também não há problema: ele é nulo por ter sido simulado (artigo 240.º, n.º 2). A consequência é que não produz quaisquer efeitos (nada dele se aproveita), a não ser se a lei, de modo excepcional, o determinar, como o faz no artigo 243.º, em que – ao estabelecer um regime especial da nulidade – atribui efeitos ao negócio nulo na exacta medida da necessidade de penalizar os simuladores e de proteger os terceiros adquirentes que confiaram na aparência criada pelo negócio simulado. De resto, o regime da nulidade aplica-se, como sabemos.

925 **b)** Em relação ao negócio dissimulado há controvérsias doutrinais. Como vimos, apesar da falta de transparência que o caracteriza, o negócio dissimulado não está condenado à partida, mas goza o *favor iuris* do regime que lhe corresponde (artigo 241.º, n.º 1). Consequentemente, o n.º 2 do artigo 241.º determina, no fundo sem necessidade: "Se (...) o negócio dissimulado for de natureza formal, só (!) é válido se tiver sido observada a forma exigida por lei". Na verdade, não fazia sentido que a lei quisesse aligeirar os requisitos de um negócio dissimulado. Pelo contrário, ela terá assumido que nunca é demais – mesmo sob pena de ser redundante – sublinhar que ao negócio dissimulado se aplica todo o regime que lhe respeita, *inclusive* as regras formais.

c) É sob o aspecto da natureza formal do negócio dissimulado, quando a lei exige forma a seu respeito, que vamos reanalisar os exemplos das simulações relativas, ao introduzir neles uma alteração quanto ao objecto do negócio, que será sempre um imóvel.

926 **α)** Deste modo, António, em vez de oferecer uma valiosa estatueta de marfim ao seu amante, vai oferecer-lhe um apartamento T1. Por regra, a doação do apartamento só é válida se for celebrada por escritura pública ou por documento particular autenticado (artigo 947.º, n.º 1). Assim, António faz por escritura pública uma doação a Bernardo; depois, este, através de nova escritura, doa ao amante. De acordo com a aparência exterior, assim criada por duas escrituras públicas, ambas nulas por serem simuladas (artigo 240., n.º 2), António não é o doador. Na realidade, é. Mas esta realidade, à qual corresponde o negócio dissimulado, a doação de António ao seu amante, não

é visível, não transparece, não consta de nenhuma escritura ou documento para poder ser formalmente válida. Assim concluímos, naturalmente, que o negócio dissimulado é nulo por falta de forma (artigos 241.°, n.° 2, e 220.°).

β) Desta vez, a pessoa que deve grandes favores a um amigo, não finge vender-lhe um Ferrari, mas sim um direito real de habitação periódica que possui numa praia privilegiada no Algarve. É feita a escritura pública ou um documento particular autenticado de um contrato de compra e venda (artigo 875.°) com a estipulação verbal (artigo 221.°, n.° 1), verdadeira, de que a pessoa nunca vai receber nem o amigo jamais vai pagar qualquer cêntimo. Portanto, celebram um contrato de compra e venda para não valer, que não passa de uma mera ficção – sendo por isso nulo por ser simulado (artigo 240.°, n.° 2) – com o qual querem dissimular perante o irmão a doação acordada entre eles. Esta doação, por seu lado, não transparece, não é perceptível por ninguém, a começar pelo irmão enganado, porque está igualmente sujeita à forma legal (artigo 947.°, n.° 1) e esta, a respeito da doação, não existe. Por isso concluímos, também neste exemplo, que o negócio dissimulado é nulo por falta de forma (artigos 241.°, n.° 2, e 220.°). 927

γ) Por fim, o nosso devedor, em situação económica difícil, decide vender a sua vivenda de luxo a um dos seus filhos. Para não criar suspeitas, o preço da escritura (artigo 875.°) corresponde ao valor do mercado. De facto, o devedor e seu filho acordam verbalmente (artigo 221.°, n.° 1) que o preço real não é mais do que metade do valor. Os outros irmãos aprovam tudo o que foi negociado (pelo que não existe uma anulabilidade do negócio dissimulado nos termos do artigo 877.°). 928

Neste caso, ao contrário do que consta da escritura pública, o devedor não quer vender e o filho não quer comprar pelo preço de mercado: ambos faltam à verdade a respeito do valor do contrato e estão de acordo em prejudicar os credores. Não existe nenhum contrato com o valor que as partes indicam na escritura. A escritura é fingida e, como negócio simulado, é nula (artigo 240.°, n.° 2). O que o devedor e seu filho querem, na realidade, é celebrar um contrato diferente, um negócio por metade do preço, mas já não querem que isto transpareça. Por isso, dissimulam o preço verdadeiro. O contrato realmente pretendido não convém constar, como não consta, de escritura alguma. Por isso concluímos, novamente, que o negócio dissimulado é nulo por falta de forma (artigos 241.°, n.° 2, e 220.°).

929 **2.** Todavia, de acordo com alguma doutrina e jurisprudência, os negócios dissimulados, clandestinos e encobertos, celebrados nas circunstâncias referidas, uma vez descobertos, podem ser formalmente válidos. Esta validade formal é sustentada, pontualmente, no caso da interposição fictícia de pessoas; com alguma frequência, quando há simulação da natureza do negócio; praticamente sempre, na simulação do preço.

a) Diz-se que o negócio dissimulado é formalmente válido quando a forma observada pelo negócio simulado, por exemplo, a escritura pública, é idêntica à forma exigida para o negócio dissimulado, também a escritura pública. Neste caso, o negócio dissimulado aproveita da forma legal observada pelo negócio simulado.

b) Também se sustenta que o negócio dissimulado é formalmente válido quando as razões que justificam a forma legal, utilizada no negócio simulado, por exemplo a ponderação e reflexão das partes e a prova da transferência do direito, são as mesmas que determinam a exigência da forma para o negócio dissimulado. Então, este aproveita da forma utilizada e é, sob este aspecto, válido.

c) Além disso, recorre-se à figura da *falsa demonstratio*, ou seja, atende-se à vontade real dos simuladores, apenas existente no negócio dissimulado, e conjuga-se esta solução com o aproveitamento da forma do negócio simulado, argumentando que, desta maneira, melhor é respeitada a vontade das partes.

d) Nos casos da simulação do preço invoca-se ainda o argumento de, num contrato de compra e venda, a indicação do preço não ser essencial, sendo por isso o negócio dissimulado perfeitamente válido com a observância da forma legal pelo negócio simulado.

930 **3.** Todos os argumentos invocados carecem de fundamento legal. Na realidade acabam por favorecer quem simula e observa uma conduta jurídica, social e moralmente condenável. Não se baseiam em nenhum fundamento jurídico lógico, mas, porventura, num fundamento psicológico.

a) Em primeiro lugar, é desrespeitada a sistematização do Código Civil no que toca ao regime da simulação. O Código trata o negócio dissimulado à parte, autonomamente num artigo próprio, separado e diferente da simulação. Esta, com a única excepção do artigo 243.º, que determina a inoponibilidade da nulidade dela proveniente da simulação em relação a terceiros de boa fé, não produz quaisquer efeitos. Assim, não se percebe como é lógica e legalmente possível aproveitar um negócio nulo, que foi fingido e feito para não valer, e ao qual nunca ninguém – nem as partes, nem a lei – quis atribuir efeitos, para um negócio diferente, pondo-lhe uma forma em cima sem que haja uma disposição legal expressa que permita tal simulacro. Por isso, aplicar a forma do negócio simulado ao dissimulado é contrário à lei.

b) Em segundo lugar, não é respeitado o regime do formalismo legal. 931
Se a observância de uma determinada forma para a validade de um negócio jurídico se baseia em razões de ordem pública e as respectivas disposições legais são imperativas, o aproveitamento da forma do negócio simulado para o dissimulado equivale a uma manipulação ilícita da forma legal pelos simuladores (e a um incentivo para se recorrer a simulações).

c) Dizer que as razões que justificam a forma legal, por exemplo a ponde- 932
ração e reflexão das partes, e a prova da transferência do direito, podem ser as mesmas não é um argumento válido: (1) com toda a certeza, os simuladores ponderaram e reflectiram muito mais do que não simuladores o teriam feito, sendo certo que as suas preocupações não se prenderam propriamente com as razões da forma; (2) a prova da transferência do direito também não releva, uma vez que a transferência de um direito é sempre causal, por mero efeito do contrato, de modo que a razão da forma abrange a causa que há-de constar do documento relativo ao negócio dissimulado, o que não se verifica.

Além disso, é desconsiderada de todo a razão essencial da forma, ou seja, a certeza do negócio e, designadamente, a segurança da sua prova. De resto, faz-se tábua rasa da norma imperativa que determina que estipulações verbais acessórias são nulas sempre que a razão determinante da forma lhes seja aplicável (artigo 221.º, n.º 1).

d) Recorrer à figura da *falsa demonstratio* é uma perfeita distorção da lei. 933
A *falsa demonstratio* respeita – tal como sucede no erro na declaração – a um desvio no que toca ao significado das palavras empregues em relação a um negócio que se quer celebrar. Bem pelo contrário, na simulação relativa deparamos com a ficção de um negócio que as partes não querem concluir para dissimular, desta maneira, um negócio diferente do fingido e que querem celebrar. Trata-se, obviamente, de situações assaz diversas: *na falsa demonstratio* temos um desvio, um interstício ou uma divergência "dentro" do mesmo negócio (da mesma declaração negocial); no caso da simulação relativa temos a diferença, a divergência, entre dois negócios bem distintos

entre si, do negócio simulado e do dissimulado, que são tão distintos que um é fictício e o outro real. *Falsa demonstratio* e negócio dissimulado representam realidades diferentes.

Assim, o recurso à figura da *falsa demonstratio* para "salvar" o negócio dissimulado não só não faz sentido, como ainda contradiz a lógica intrínseca da lei. Caso contrário, todas as simulações relativas seriam *falsae demonstrationes* o que é absurdo, pois então o artigo 241.º estaria a mais.

934 **e)** Também não é verdade que a indicação do preço não é essencial. Para já, o preço é essencial para distinguir o contrato de compra e venda da doação. Basta comparar as respectivas definições legais (artigos 874.º e 940.º, n.º 1). Depois, sobre o preço pode incidir um erro na declaração que, sendo o preço um elemento essencial para o declarante, torna a declaração anulável (nos termos da 2.ª parte do artigo 247.º). Ora bem, se o preço é um elemento essencial para o declarante, em caso de erro, é-o, e por maioria de razão, também para os simuladores que o falsearam conscientemente. Pois ninguém pode dizer que no exemplo da venda da vivenda de luxo o preço não é essencial!

O preço é essencial. O que não é essencial é que ele seja determinado pelas próprias partes, podendo a sua fixação ser entregue a uma terceira entidade (artigo 883.º). Mas esta possibilidade situa-se num plano diferente e é seguramente a última coisa que os simuladores tencionam fazer.

935 **4.** Deste modo, as consequências que resultam da nulidade dos negócios dissimulados em virtude da inobservância da forma legal são as seguintes:

a) Em relação às partes do negócio, temos o negócio dissimulado, oculto, nulo por falta de forma e sem quaisquer efeitos negociais, e o negócio simulado, aparente, nulo por ter sido simulado.

b) Em relação a terceiros, temos o negócio dissimulado, oculto, nulo por falta de forma, sem quaisquer efeitos negociais. Logicamente, a protecção de terceiros pressupõe uma aparência em que estes possam confiar. O negócio dissimulado, porém, nulo por falta de forma, não cria aparência alguma[729]. Restam as aparências do negócio simulado, onde o artigo 243.º concede ao

[729] Sem falar que o artigo 243.º não é aplicável ao negócio dissimulado, mas apenas ao simulado. Cf. Sónia Moreira, *Algumas notas sobre a simulação relativa*, *cit.*, pp. 594 a 603.

terceiro adquirente de boa fé uma posição jurídica protegida contra os simuladores e só contra estes, e nada mais.

5. Ainda há quem diga que a não aplicação da figura da *falsa demonstratio* 936
e o não aproveitamento da forma (ou das razões da forma) para o negócio dissimulado sujeito à forma legal tiram todo o sentido útil ao artigo 241.º, n.º 2, na medida em que o negócio dissimulado nunca pode ser válido. Contudo, o sentido útil e a precisa finalidade do artigo 241.º, n.º 2, não é dar validade ao negócio dissimulado, mas sim garantir a estrita observância do formalismo legal e impedir que negócios dissimulados celebrados sem a forma legalmente devida sejam válidos e produzam efeitos.

Não obstante isso, pode haver casos em que o artigo 241.º, n.º 2, revele uma utilidade positiva. Como o negócio simulado e o negócio dissimulado são negócios diferentes, podem também ter sido celebrados sob formas diferentes. Por exemplo, num contrato de arrendamento, celebrado por documento particular autenticado, é simulado um valor alto da renda, para obter um subsídio mais elevado, e no negócio dissimulado, feito por simples escrito particular, é estipulado o valor verdadeiro e mais baixo. Aqui o negócio dissimulado é formalmente válido, pois todos os elementos a seu respeito constam do documento particular.

c) A reserva mental

Outro caso de divergência entre vontade e declaração é o da reserva men- 937
tal, regulada no artigo 244.º. Segundo este preceito, há reserva mental, sempre que o declarante emite uma declaração contrária à sua vontade real com o intuito de enganar o declaratário.

Os requisitos da reserva mental são, portanto, uma declaração receptícia cujo conteúdo é contrário à vontade efectiva do declarante e, ainda, o intuito deste de enganar, assim, o declaratário.

A lei distingue duas modalidades: a reserva mental desconhecida do declaratário e a reserva mental conhecida dele. A distinção entre a reserva fraudulenta – com o intuito de prejudicar – e a reserva inocente – com o intuito de enganar sem prejudicar – não é feita. Por isso, é apenas em função das duas modalidades referidas na lei que diferem os efeitos da reserva mental.

Tratando-se de uma reserva mental desconhecida do declaratário, ela não 938
afecta a validade da declaração negocial, feita pelo declarante, que produz os

seus efeitos normais como se não tivesse havido a reserva (artigo 244.º, n.º 1, 1.ª parte). Isto vale tanto nos casos em que a reserva mental é inocente, feita por motivos morais ou de caridade, como nos casos em que ela é fraudulenta, feita exactamente no intuito de prejudicar, sendo esta a situação mais frequente.

Quem declarar conscientemente uma coisa ao contrário daquilo que realmente pretende, fica vinculado à sua declaração. Assim o exige o interesse do declaratário em ser protegido; assim também o reclama a necessidade da segurança do tráfico jurídico. Além disso, é evidente que a vontade, como elemento meramente interno que nem se manifestou, não pode ser invocada posteriormente em sentido contrário, sob pena de uma total insegurança, destruidora de toda a confiança do tráfico jurídico negocial.

O disposto no artigo 244.º, n.º 1, 1.ª parte, relativamente à reserva mental desconhecida, não está em contradição com o princípio de que a ausência da vontade (ou consciência) da declaração, ou seja, a falta da vontade de assumir uma vinculação jurídica, impede a existência de uma declaração negocial (cf. n.ºs 664 e 665). Quem emite, sob reserva mental, uma declaração sabe – isto é, tem perfeita consciência – que o declaratário lhe atribui efeitos jurídicos. Neste saber reside a vontade (ou consciência) da declaração: o declarante sabe da relevância jurídica para o declaratário. Daí a validade da declaração feita sob reserva mental desconhecida.

939 Tratando-se de uma reserva mental conhecida do *declaratário*, porém, a declaração negocial é nula. A consequência da nulidade resulta da 2.ª parte do n.º 2 do artigo 244.º. O artigo 244.º, n.º 2, dispõe: "A reserva não prejudica a validade da declaração, excepto se for conhecida do declaratário; neste caso, a reserva tem os efeitos da simulação". Quer dizer, a declaração é nula (artigo 240.º, n.º 2).

Ao contrário da reserva mental desconhecida, o declaratário não necessita, neste caso, de protecção. Ele está ao corrente da situação e esta aproxima-se bastante da simulação, pois, em ambos os casos, o declaratário sabe positivamente que a declaração não corresponde à vontade real do declarante. Por outro lado, a situação distingue-se da simulação, uma vez que não houve o acordo simulatório nem o intuito de enganar terceiros, mas sim o próprio declaratário. Deste modo, o declarante não fica vinculado à sua declaração (e o declaratário tão pouco), embora não possa opor a reserva mental a terceiros de boa fé (artigo 243.º).

É possível, no entanto, que uma vinculação se venha a estabelecer. Tal sucede no caso de se verificar, excepcionalmente, o condicionalismo previsto no artigo 241.º, n.º 1. Quer dizer, pode haver uma reserva mental relativa (sendo a declaração manifestada nula) o que, todavia, não obsta à validade do seu conteúdo dissimulado desde que este esteja em conformidade com a lei (artigo 241.º, n.º 2), situação essa muito semelhante à da *falsa demonstratio*.

Necessário para a consequência da nulidade é sempre o conhecimento positivo da reserva por parte do próprio declaratário ou do seu representante (artigo 259.º); não basta a possibilidade da tomada de conhecimento, mesmo quando a falta de conhecimento foi originada pela culpa do declaratário. A reserva mental do declarante apaga a culpa do declaratário, de modo que o declarante fica vinculado à sua declaração (artigo 244.º, n.º 1, 1.ª parte). Em casos em que esta consequência conduz a resultados altamente injustos, p. ex., nos casos em que a reserva mental foi motivada por razões morais ou de caridade, poderá ajudar, excepcionalmente, o recurso às regras do abuso do direito individual (artigo 334.º)[730].

d) A declaração não séria

Por declaração não séria designa o artigo 245.º, n.º 1, a declaração feita na expectativa de que a falta da sua seriedade não seja desconhecida por parte do declaratário. Na declaração não séria trata-se de mais um caso em que existe uma divergência entre a declaração e a vontade real do declarante, agindo o declarante sem querer enganar ninguém. 940

As declarações aí compreendidas são as jocosas, cénicas, didácticas, etc., feitas para gozar, para exemplificar ou para divertimento, sem qualquer intuito de enganar. Portanto, as declarações devem ser ao mesmo tempo não sérias e não enganadoras. Se faltarem estes requisitos, ou um deles, como, p. ex., no gracejo jocoso feito para enganar com a convicção de que o des-

[730] Por exemplo, para confortar um doente numa situação terminal, um amigo, na presença da mulher do doente, doa a este uma pintura valiosa em que pode regalar os olhos. A mulher do doente apercebe-se perfeitamente que o gesto do amigo tem um valor humanitário, sem intenção negocial. Quando o doente acaba por falecer, a mulher, devido à sua qualidade de herdeira, invoca ser proprietária da pintura. Temos aqui uma reserva inocente, desconhecida do declaratário, mas não de terceiro, em que a declaração é válida. Invocar, nestas circunstâncias, a propriedade é abusivo. Sendo assim, por força do artigo 334.º não é possível reivindicar a propriedade.

tinatário se convencerá da seriedade da declaração, está-se em face de uma reserva mental[731].

941 A consequência regular da declaração não séria é, no dizer da lei, que ela carece de qualquer efeito (artigo 245.º, n.º 1, no fim). A formulação ambígua "carece de qualquer efeito" não é feliz: a figura da falta de efeitos não encontra correspondência nos artigos 285.º ss., que apenas distinguem entre nulidade e anulabilidade e os respectivos efeitos. Em atenção ao regime dos artigos 285.º ss. e às regras elementares do negócio jurídico (ver n.os 662 ss.), a ausência de efeitos, consagrada no artigo 245.º, n.º 1, equivale à não verificação de quaisquer efeitos negociais (o que significa uma forma rigorosa da nulidade com a exclusão da possibilidade de se produzirem efeitos laterais legais de natureza negocial).

942 A não produção de efeitos negociais não significa, forçosamente, a ausência de outros efeitos jurídicos. Estes podem, naturalmente, verificar-se, embora possuam sempre uma natureza não negocial, como resulta do artigo 245.º, n.º 2: "Se, porém, a declaração for feita em circunstâncias que induzam o declaratário a aceitar justificadamente a sua seriedade, tem ele o direito de ser indemnizado pelo prejuízo que sofrer".

Para que o declarante seja obrigado a indemnizar o declaratário são necessários, simultaneamente, três pressupostos: o declaratário tomou a declaração a sério; esta atitude de tomar a sério foi originada pelas circunstâncias em que a declaração foi feita; a atitude do declaratário é justificada pelas circunstâncias do caso. Verificando-se estes três requisitos e o nexo de causalidade entre eles, indemniza-se o declaratário pelos danos sofridos e causados pela confiança que ele, justificadamente, depositou na declaração não séria[732].

Este efeito, de natureza não negocial, da declaração não séria constitui, sem dúvidas, uma indemnização pelo "dano de confiança" (*Vertrauensschaden*) e não uma indemnização em virtude de uma responsabilidade pré-negocial. Na verdade, o dano de confiança resulta de uma aparência criada,

[731] Pires de Lima – Antunes Varela – Henrique Mesquita, *Código Civil Anotado*, anotação 1. ao artigo 244.º, p. 231.

[732] Pires de Lima – Antunes Varela – Henrique Mesquita, *Código Civil Anotado*, anotação 2. ao artigo 244.º, p. 231.

e posteriormente desfeita, em que o declaratário confiou justificadamente, mas não pressupõe necessariamente culpa ou uma atitude censurável, muito embora ela possa existir.

Razão da indemnização não é nenhuma consciência (vontade) da declaração, mas sim o comportamento exterior observado pelo declarante e as aparências em que o declaratário depositou a sua confiança.

e) A falta de consciência da declaração e a coacção física

Sob esta epígrafe o artigo 246.º reúne duas situações diferentes, embora 943
idênticas num aspecto, a falta absoluta da vontade, ou uma ausência da vontade, por parte do declarante. Em rigor não há nenhuma divergência entre uma vontade e a sua declaração. As situações abrangidas pelo artigo 246.º distinguem-se da simulação, da reserva mental e da declaração não séria, onde sempre existe uma vontade, embora haja uma divergência entre esta e a declaração feita. Mas, a distinção ainda vai mais longe: enquanto nas três figuras referidas esta divergência é intencional, no caso do artigo 246.º a falta de vontade ou melhor, a sua ausência, não provém de qualquer intencionalidade. A "falta de consciência da declaração" não é voluntária (o declarante nem sequer se apercebe), e no caso da "coacção física" a declaração é forçada (embora aqui o declarante possa saber o que lhe é feito, não obstante de lhe faltar a vontade).

Deste modo, o artigo 246.º prevê o seguinte: a declaração não produz qualquer efeito (apesar da chegada ao poder ou da tomada de conhecimento por parte do declaratário), se o declarante (1.º) não tiver a consciência de fazer uma declaração negocial ou (2.º) for coagido pela força física a emiti-la.

O caso da coacção física, aqui previsto, é o da coacção absoluta (*vis abso-* 944
luta). No fundo, nem é bem o declarante que emite a declaração, mas aquele que exerce a força física sobre ele, servindo-se do declarante como instrumento. Este é apenas um declarante aparente, compelido a fazer a declaração por meio da violência que exclui a vontade própria. Não há, realmente, uma emissão de vontade por parte do declarante aparente: faltam a vontade de acção (*Handlungswille*) e a própria acção deste (isto é, um comportamento comandado pela sua vontade). Em suma, falta tudo para se poder falar de uma declaração negocial.

945 Quanto às consequências de uma tal "declaração", a lei recorre, novamente, à formulação ambígua de que a declaração não produz qualquer efeito. Tal como no caso da declaração não séria, esta formulação significa a não verificação de quaisquer efeitos negociais, devido à não existência de um negócio jurídico (o que equivale, também aqui, a uma nulidade sem quaisquer efeitos laterais legais). No que diz respeito à importância prática da figura da coacção física, pode afirmar-se que os casos de coacção física não serão muito frequentes.

Mesmo que o declarante se tenha colocado, por culpa própria, na situação em que foi vítima da coacção absoluta (p. ex., permitiu que fosse hipnotizado) a lei não distingue, pois não estabelece mais pressupostos. Também neste caso a declaração não produz qualquer efeito.

946 Abstraindo do caso da coacção física – que quase aparece como um enxerto no seu corpo – o artigo 246.º apresenta, quanto à hipótese da falta de consciência da declaração, praticamente a mesma estrutura do artigo 245.º, apesar de não estar dividido em dois números.

À falta de consciência de fazer uma declaração correspondem duas alternativas: na primeira, há falta de vontade de acção; na segunda há vontade de acção, mas falta a consciência de fazer uma declaração negocial.

947 Uma acção em sentido jurídico apenas existe quando for comandada pela vontade. Partindo desta premissa, não há vontade nenhuma e, consequentemente, também não há acção nenhuma quando se trata de movimentos inconscientes ou de reflexos. Aqui falta a vontade de acção por completo. Não há o propósito de emitir declaração alguma. É esta a primeira das alternativas referidas.

No entanto, pode existir o propósito de emitir uma declaração, pode haver uma vontade de acção, embora não haja uma vontade de emitir aquela declaração como declaração *negocial*, mas apenas como, p. ex., declaração de ciência. Aqui falta a vontade de fazer uma declaração no sentido do artigo 217.º, uma vontade no sentido de criar uma vinculação jurídica. Podemos pensar no seguinte exemplo: "Uma pessoa a quem outra propõe um negócio, pode acenar ou dizer que sim distraidamente, estando a pensar noutra coisa e nem sequer se apercebendo do acto que pratica ou da palavra que profere. (...) O declarante pode ter realizado consciente e voluntariamente o comportamento declarativo, mas sem lhe ter atribuído um tal significado, isto é, sem com isso ter querido emitir uma declaração de vontade negocial, ou até sem se ter apercebido da possibilidade daquele significado"[733]. Aqui falta a vontade do declarante em se querer vincular juridicamente. É esta situação a segunda das alternativas referidas.

A consequência jurídica da falta de consciência da declaração devida à falta completa da vontade de acção, é, como no caso da coacção física ou da declaração não séria, a não produção de qualquer efeito. Esta não produção de qualquer efeito significa, portanto, a ausência de todos e quaisquer efeitos de natureza negocial. 948

O mesmo "não produz qualquer efeito" vale também para o caso da falta de consciência da declaração causada pela falta da vontade de fazer uma declaração negocial no sentido do artigo 217.º. A lei não distingue (como talvez fosse de esperar) na sua formulação entre as duas alternativas da falta de consciência da declaração em causa, que são estrutural e conceitualmente diferentes entre si.

A recusa de qualquer efeito de natureza negocial, em ambas as alternativas da falta de consciência da declaração, verifica-se sempre, seja a falta conhecida do declaratário ou não, seja ela reconhecível para ele ou não, uma vez que a lei não estabelece estes pressupostos.

Todavia, se a falta de consciência da declaração foi devida à culpa do declarante, bastando a mera culpa, fica este obrigado a indemnizar o declaratário que confiou na declaração, visto que, da perspectiva deste, se trata de uma verdadeira declaração negocial. Em princípio, uma vez que a lei não diferencia, o dever de indemnizar existe tanto no caso da falta de vontade de acção como no caso da falta de uma vontade como declaração negocial. Trata-se, como no artigo 245.º, de uma indemnização pelo dano de confiança, não de uma responsabilidade pré-contratual (ao abrigo do artigo 227.º), embora aqui, no caso do artigo 246.º, possa haver pontos de conexão com ela. O dever de indemnizar estabelecido no artigo 246.º tem – como acontece no artigo 245.º – a sua razão de ser numa aparência criada e desfeita 949

[733] Cf. Manuel de Andrade, vol. II, *cit.*, p. 126.

pelo declarante, num comportamento que lhe é imputável. Estamos perante um efeito não negocial, de carácter indemnizatório[734].

III. OS NEGÓCIOS JURÍDICOS SOBRE OS QUAIS IMPENDE A SANÇÃO DA ANULABILIDADE

Bibliografia: A. Ferrer Correia, *Erro e interpretação na teoria do negócio jurídico*, 2.ª ed., Coimbra, 1968, pp. 301 ss., 33 a 52, 122 a 149, 235 ss. J. Baptista Machado, «Acordo negocial e erro na venda de coisas defeituosas», *BMJ* n.º 215 (Abril 1972), p. 5. Manuel de Andrade, *cit.*, vol. II, pp. 220 a 284, 403 a 409. C. A. Mota Pinto, *cit.*, pp. 498 a 538, 604 a 613. J. de Castro Mendes, *cit.*, vol. III, pp. 157 a 270, 292 a 314. Eva Sónia Moreira da Silva, *As Relações entre a Responsabilidade Pré-Contratual por Informações e os Vícios da Vontade (Erro e Dolo) – O Caso da Indução Negligente em Erro*, Almedina, Coimbra, 2010.

1. Os negócios celebrados sem capacidade de exercício e situações afins (remissão)

950 A anulabilidade constitui, em comparação com a nulidade, uma modalidade menos severa da invalidade. A sua causa mais significativa é a falta da capacidade de exercício. De facto, em relação a qualquer participação no tráfico jurídico negocial temos de saber, antes de tudo, se a respectiva declaração foi feita por pessoa capaz ou dirigida a pessoa capaz, pois em princípio apenas estas pessoas podem fazer ou receber declarações negociais ou tomar conhecimento delas com efeitos jurídicos. Os artigos 217.º a 294.º são concebidos em função de capazes. Daí a necessidade da capacidade de exercício.

Possuindo as pessoas capacidade de exercício, a anulabilidade pode resultar, todavia, de uma situação de certo modo afim, ou seja, da incapacidade acidental. Tudo isto já estudámos no âmbito do direito das pessoas singulares. Por isso, limitamo-nos a fazer as necessárias remissões (cf. n.os 498 ss.; 534 ss.).

[734] Jörg Neuner, «Der Redlichkeitsschutz bei abhanden gekommenen Sachen», *JuS*, 2007, pp. 401 ss.: uma declaração negocial extraviada (*abhanden gekommenen*) não produz efeitos (pp. 410-411) e esta constatação deve também ser o critério para o problema análogo da falta de consciência da declaração (p. 410).
O CCiv, por seu lado, prevê uma indemnização para o caso da falta de consciência da declaração (artigo 246.º, n.º 2), mas não para o extravio da declaração. Segundo o raciocínio de Neuner o artigo 246.º devia aplicar-se também à hipótese do extravio da declaração.

2. Os negócios celebrados contra a lei e os negócios celebrados sem os necessários consentimentos (remissão)

A lei estabelece, no artigo 294.º, como regra básica, que são nulos os negócios jurídicos celebrados contra disposição legal de carácter imperativo, salvo disposição legal em contrário (ver n.os 875 ss.). Assim é possível que a lei preveja uma sanção diferente e então os negócios podem ser anuláveis. Neste caso são anuláveis também os eventuais "negócios sucedâneos" com que se pretende defraudar as normas proibitivas quando estabeleçam a sanção da anulabilidade. 951

São igualmente anuláveis os negócios cuja celebração válida pressupõe o consentimento de quem for afectado por eles, quando o respectivo consentimento não foi prestado previamente e sem que tivesse havido confirmação (artigo 288.º) ou suprimento judicial do consentimento. Como estes negócios já foram estudados noutros contextos, basta também aqui a remissão (ver n.os 532, 533, 676 e 810).

3. Os negócios usurários

Os negócios usurários, regulados nos artigos 282.º ss., pertencem aos negócios jurídicos com conteúdo desaprovado pela ordem jurídica – e isto em virtude do desequilíbrio das prestações neles acordadas devido à inferioridade de *uma* das partes com a consequente falta da justiça comutativa entre elas. Em termos sistemáticos a sua colocação na lei é correcta. No entanto, a sanção cominada é, ao contrário dos negócios abrangidos pelos artigos 280.º e 281.º, apenas a da anulabilidade. Esta sanção é inadequada. Contudo, sucede com frequência que um negócio com as características aparentes de um negócio usurário pode ser qualificado como sendo ofensivo dos bons costumes, de modo que se aplicam as regras do artigo 280.º, n.º 2, que produzem a sua nulidade[735]. 952

[735] É contrário aos bons costumes a constituição de uma fiança a favor do banco credor, obtida junto de um familiar próximo do devedor, estando aquele notoriamente sem quaisquer meios económicos. Assim, BGH *NJW* 1991, p. 923, com Anotação favorável de B. Grün: é um abuso do instituto incluir entre os responsáveis uma pessoa de que se conhece a total falta de meios. No mesmo sentido, mas ainda mais incisivo, BGH *NJW* 1994, p. 1278 = *DB* 1994, p. 876.

Determina o artigo 282.º que são anuláveis, por usura, os negócios jurídicos, quando alguém, explorando a situação de necessidade, inexperiência, ligeireza, dependência, estado mental ou fraqueza de carácter de outrem, obtiver deste, para si ou para terceiro, a promessa ou a concessão de benefícios excessivos ou injustificados.

A doutrina do artigo 282.º é aplicável a todos os negócios jurídicos – quer se trate de contratos plurilaterais, bilaterais ou unilaterais ou ainda de negócios unilaterais. Todavia, de acordo com o artigo 282.º, n.º 2, exceptua-se o regime especial estabelecido para o mútuo nos artigos 559.º-A e 1146.º.

953 O artigo 282.º implica uma limitação ao princípio da liberdade contratual no que respeita à liberdade da fixação do conteúdo do contrato. Precisamente por esta razão, nem todas as legislações liberais conheciam os negócios usurários. Também o Código de Seabra deixou de considerar a "lesão" uma causa autónoma para invocar a invalidade de um negócio, ao contrário da tradição do direito anterior consagrado nas Ordenações. Na verdade, o direito das Ordenações admitia a figura do negócio usurário com carácter geral. Havia a "lesão enorme" quando ia além de metade do justo valor (valor objectivo) que o lesado devia receber, e a "lesão enormíssima" quando montava a dois terços do justo valor. Enquanto o Código de Seabra só em casos especiais aludia à lesão, a lei civil actual, por meio do artigo 282.º, reintroduziu a figura do negócio usurário e a limitação da liberdade contratual daí resultante em atenção a considerações sociais, de acordo com o princípio da protecção dos mais fracos. A readmissão do negócio usurário é uma expressão positiva do carácter social do direito privado. Na verdade, para o direito privado a justiça não é apenas uma questão lógico-normativa, mas também um princípio social (cf. n.os 80 ss.).

Também pode ser contrário aos bons costumes o aproveitamento de um estado de necessidade psíquico ou de um enredo pessoal. Cf. BGH *NJW* 1991, p. 1046 (promessa de uma indemnização em troca da retirada de uma queixa crime por violação).

Também são ofensivos dos bons costumes, e por isso nulos, os negócios que, à primeira vista, parecem preencher apenas os pressupostos de um negócio usurário (como, p. ex., a aquisição de bens por baixo preço a um toxicodependente – que depende da venda para adquirir as suas drogas), mas onde a sanção da anulabilidade é manifestamente insuficiente.

A finalidade dos artigos 282.º ss. é, por conseguinte, a protecção de pessoas caracterizadas ou afectadas por certas situações de inferioridade contra quem pretenda daí tirar benefícios excessivos e injustificados. Nestes casos específicos o conteúdo do contrato, como resultado do acordo (consenso) celebrado entre as partes, não conduz, ao contrário dos casos normais, a um equilíbrio dos interesses em causa: há, apesar da igualdade formal na celebração, um desequilíbrio material entre as partes. A tentação de explorar o mais fraco (indefeso) é uma realidade que a lei deve ter na devida consideração. Neste sentido, a finalidade dos artigos 282.º ss. é a de um correctivo material de índole social. Esta finalidade poderá justificar a perigosa latitude com que o negócio usurário, como tipo legal, é concebido[736]. 954

Todavia, a finalidade do artigo 282.º não é – na senda de um "pensamento de equidade geral" – permitir aos incautos, aos imprevidentes e aos despreocupados, depois de estes terem feito um mau negócio ao agirem dentro dos parâmetros da autonomia privada, desvincularem-se agora do mesmo e das suas obrigações mediante a invocação de uma situação de inferioridade, alegadamente existente. Agir com base na autonomia privada significa assumir a liberdade com responsabilidade e o artigo 282.º não serve para alterar esta correlação. Além disso, é preciso ter em conta que a função jurídico-política da proibição dos negócios usurários é, numa sociedade de consumo com todas as suas tentações, essencialmente diferente da função do instituto numa sociedade onde ainda se trata de satisfazer necessidades mais elementares.

[736] Na sua decisão, publicada em *NJW* 1994, p. 36, o BVerfG pronuncia-se no sentido de os tribunais deverem controlar o conteúdo dos contratos quando uma das partes tiver um ascendente tão forte sobre a outra que praticamente acaba por determinar o acordado entre elas de maneira unilateral. Os direitos fundamentais, e o direito privado, garantem a autonomia privada para *ambas* as partes. Por isso mesmo, a ordem jurídica privada deve reagir, nos casos tipificáveis em que se torna visível a "inferioridade estrutural" de uma delas, com o recurso às cláusulas gerais, nomeadamente aos bons costumes, sendo certo que os negócios usurários constituem uma configuração específica dos negócios ofensivos dos bons costumes. Os casos em que se verifica tal inferioridade estrutural são inconciliáveis com a garantia constitucional da autonomia privada. A seguir, o BGH na sua decisão publicada em *NJW* 1994, p. 1341, seguiu a orientação indicada pelo BVerfG.

Daí que assume um papel cada vez mais significativo a usura do consumidor, designadamente na forma da concessão abusiva de créditos desvantajosos, contra a qual este carece de protecção[737].

Contudo, a protecção obtida por meio do artigo 282.º é, em parte, meramente aparente: quem for vítima de um negócio usurário não é propriamente a pessoa mais indicada para anular o negócio lesivo, embora seja a pessoa em cujo interesse a lei estabelece a anulabilidade. Teria sido melhor (re-)admitir o negócio usurário em termos menos latos, mas ferindo-o de nulidade, exactamente como sucede com os restantes negócios cujo conteúdo é desaprovado pela ordem jurídica, consagrando, para o efeito, uma nulidade atípica em que a obrigação de restituir o que tivesse sido prestado (artigo 289.º, n.º 1, 1.ª parte) ficasse limitado ao usurário. Assim, a protecção da vítima da usura seria, pelo menos, eficaz.

955 Analisando os pressupostos do n.º 1 do artigo 282.º, que devem existir no momento da conclusão do negócio, um por um, pode dizer-se que:

- uma situação de necessidade existe quando dificuldades avultadas de uma pessoa provocam a necessidade imperiosa para ela de obter uma prestação para se libertar daquelas dificuldades. Não apenas dificuldades económicas muito sérias (p. ex., desemprego), mas também graves inconveniências de natureza política, social, habitacional ou estritamente pessoal (p. ex., a pendência de um processo criminal) podem estar na origem de uma situação de necessidade[738].
- inexperiência existe nos casos em que o discernimento necessário e adequado ainda não foi adquirido ou voltou a perder-se, podendo ser várias as causas que levam a tal situação (p. ex., juventude, idade avançada, mentalidades não adaptadas [como acontece com estrangeiros], penas de privação da liberdade por bastante tempo, impreparação profissional, etc.). Estando em causa a participação consciente no tráfico jurídico, e atendendo aos objectivos do artigo 282.º, a condição de inexperiência define-se em termos relativos de acordo com os tipos de negócio e as situações concretas. Porém, não é possível "corrigir" os efeitos,

[737] Sobre a problemática, v. Fernando de Gravato Morais, *Crédito aos Consumidores*, Coimbra, Almedina, 2009, e Idem, *Contratos de Crédito ao Consumo*, Coimbra, Almedina, 2007.

[738] Por isso, é acertada a afirmação do STJ in *BMJ* n.º 270 (Nov. 1977), p. 192: "A situação de necessidade não abrange apenas os casos de penúria económica".

mediante uma interpretação extensiva do conceito de inexperiência, de decisões legislativas a respeito de uma fixação excessivamente baixa da idade de maioridade. Um procedimento neste sentido é inadmissível no interesse da segurança do tráfico jurídico. Quem é maior tem, por lei, plena capacidade negocial e possui logicamente, por via de regra, experiência suficiente para participar, de modo autónomo, no tráfico jurídico negocial, *inclusive* para celebrar negócios arriscados[739]. A inexperiência é uma situação excepcional decorrente de condicionalismos específicos.

- ligeireza significa um comportamento irreflectido, imaturo e imponderado, sendo a maneira leviana e irresponsável de actuar um traço característico da pessoa e não uma falha esporádica ou acidental.
- dependência existe quando a autonomia de decisão está limitada de facto (p. ex., em virtude de relações de subordinação no vasto e diversificado campo laboral ou em consequência de relações de subordinação resultantes da situação de *instruendo* [em sentido lato]).
- a situação de estado mental (aqui, a redacção do artigo 282.º [introduzida pelo DL n.º 262/83, de 16 de Junho] é mau português) deve abranger limitações das faculdades mentais ou estados de emoção e de descontrolo que restringem o discernimento do interessado e afectam as suas capacidades decisórias.
- a fraqueza de carácter verifica-se quando uma pessoa não está em condições morais ou não tem força anímica para se comportar devidamente, apesar de poder possuir perfeita lucidez a respeito da sua situação e do seu comportamento (p. ex., em virtude de doença, de toxicodependência ou do vício do jogo, etc).

O tipo legal da usura pressupõe do lado subjectivo o explorar, isto é, o 956
aproveitamento consciente, da parte do usurário, de pelo menos uma das seis situações de inferioridade descritas. Não constitui um pressuposto legal da usura que o usurário leve a outra parte a praticar o negócio: basta aproveitar-se da situação de inferioridade existente desta (sendo *inclusive* possível que ele próprio tenha criado esta situação). Também não é preciso que o

[739] Cf. neste sentido, o qual aplaudimos, BGH *DB* 1991, p. 1720 = *NJW* 1991, p. 2015, com Anotação negativa de J. Köndgen à p. 2018; BGH *DB* 1992, p. 729 = *NJW* 1992, p. 896. Quem celebra negócios arriscados assume o perigo do fracasso.

usurário tenha a intenção de explorar. É suficiente que ele aproveite conscientemente a situação de inferioridade da outra parte, de que tem conhecimento, para tirar daí benefícios[740].

957 Preenchido o pressuposto subjectivo do explorar, do aproveitar conscientemente de uma dada situação de inferioridade, o critério objectivo do negócio usurário é – como já o era no caso da "lesão" – o seu conteúdo: a desproporção excessiva ou injustificada entre o benefício obtido e a contraprestação dada.

Ao contrário das Ordenações ou mesmo da redacção originária do CCiv, de 1966, que exigia, com toda a razão, que a desproporção fosse *manifestamente* excessiva ou injustificada, a lei, na sua redacção actual, não contribui em nada para precisar o critério objectivo da desproporção "excessiva ou injustificada", o que representa um factor de insegurança para a sua aplicação. Uma desproporção, só por si, não permite concluir para a vontade ou consciência de explorar. O elemento objectivo não indicia automaticamente o subjectivo. E não pode haver, geralmente, uma presunção neste sentido. De resto, um desequilíbrio das prestações é perfeitamente aceitável, enquanto não se atingem as proporções que o artigo 282.º rejeita.

De qualquer modo, o artigo 282.º não constitui nenhum correctivo geral para viabilizar um controlo judicial, especialmente dos contratos onerosos, segundo critérios de equidade ou de "nivelamento" do respectivo juiz. O legislador de 1966, ao introduzir o critério "manifestamente", quis evitar que se chegasse a este resultado. Mas com a redacção de 1983 a determinação de um benefício injustificado ou excessivo fica entregue, caso a caso, ao critério do juiz, situação essa que não pode deixar de ser considerada como preocupante e perigosa.

958 Além da sua anulabilidade, com base no artigo 282.º, o artigo 283.º, n.º 1, prevê a hipótese de o lesado requerer uma modificação dos negócios usurários segundo juízos de equidade. Esta possibilidade, ao permitir a alternativa entre anulação e modificação, representa uma solução híbrida: a anulação

[740] São possíveis casos em que o usurário aproveita a situação criada por um dolo omissivo, como também é possível o aproveitamento de uma situação de inferioridade para a qual ele próprio contribuiu, p. ex., por via de dolo positivo ou de coacção moral. Sobre a delimitação de dolo, coacção moral e negócio usurário, cf. STJ *BMJ* n.º 270, pp. 192 a 201.

pressupõe a invalidade, a modificação a validade do respectivo negócio. Por isso, o pedido de modificação, ou a aceitação da modificação, implica a confirmação do negócio anulável nos precisos termos em que ficou modificado. Esta solução legal, como efeito prático bem conseguido, tem utilidade nos casos em que o lesado possui um interesse na continuação do contrato, desde que sejam alteradas certas cláusulas excessivas ou injustificadas (p. ex., no caso de contratos de execução continuada). O n.º 2 do artigo 283.º prevê a hipótese, talvez não muito realista, de o próprio usurário declarar que prefere, em vez de uma anulação, pedida pelo lesado ao abrigo do artigo 282.º, n.º 1, a modificação nos termos do n.º 1 do artigo 283.º.

Se o negócio usurário constituir simultaneamente um crime, o artigo 284.º prevê, em atenção à maior gravidade do facto, um prolongamento do prazo para o exercício do direito de anulação ou modificação. Para a contagem do prazo, o artigo 284.º escolhe, entre várias hipóteses, sempre aquela que mais beneficia o lesado.

4. Os negócios celebrados com erro na declaração

O erro na declaração pertence aos casos da divergência entre declaração 959
e vontade. Como já sabemos, uma divergência entre declaração e vontade conduz tendencialmente à nulidade ou mesmo à não produção de quaisquer efeitos negociais, exceptuando-se o caso da reserva mental desconhecida do declaratário, onde a declaração é válida, e o caso de erro na declaração, em que o negócio é anulável.

Referindo-se ao erro na declaração, a lei determina, no artigo 247.º: "Quando, em virtude de erro, a vontade (objectivamente) declarada não corresponda à vontade real do autor, a declaração negocial é anulável, desde que o declaratário conhecesse ou não devesse ignorar a *essencialidade*, para o declarante, do *elemento* sobre que incidiu o erro". Neste caso, o erro produz uma declaração não conforme com a vontade e, assim, verifica-se uma divergência entre esta e a declaração.

Para haver um erro na declaração é necessário que o declarante (1.º) diga 960
uma coisa diferente daquilo que realmente queria dizer ou (2.º) diga aquilo que realmente queria dizer, atribuindo embora às palavras que emprega um significado ou sentido diferentes dos que elas objectiva e efectivamente

têm[741]. No primeiro caso, trata-se de um erro na própria declaração, ou no acto da declaração (engano no meio declarativo: *lapsus linguae,* erro mecânico, erro ortográfico, etc. Contudo, pode suceder, ao inverso, que o declaratário ouça mal ou entenda mal ou leia mal, ou seja, sem se aperceber, receba mal uma declaração correctamente formulada; aqui temos um mal-entendido, provavelmente, um dissenso oculto). No segundo caso, trata-se de um erro sobre o conteúdo da declaração (erro sobre o sentido ou o real significado do declarado no ambiente em que ele foi proferido [p. ex., quem, vindo de Coimbra, encomenda no Porto um prato de "bacalhau dourado", verifica, quando é servido, que este prato tem aí uma confecção diferente; isto faz com que também a encomenda feita no Porto tenha aí um significado diferente]). De qualquer maneira, há, em ambos os casos, uma descontinuidade entre a representação ideal, o realmente pretendido, e a manifestação ou declaração da vontade, que não está justaposta com esta, mas diverge dela[742].

A delimitação entre o erro na própria declaração (*Erklärungsirrtum*; *Irrtum im Erklärungsakt*) e o erro sobre o conteúdo da declaração (*Inhaltsirrtum*; *Verlautbarungsirrtum*) não é sempre fácil. Mas a lei submete ambos ao mesmo regime; assim o problema da delimitação não tem grande relevância jurídica no âmbito do regime do erro.

961 Contudo, a definição exacta do erro sobre o conteúdo da declaração já tem relevância para o delimitar do dissenso oculto.

Como sabemos (cf. n.º 771), há dissenso oculto quando as partes, sem se aperceberem disso, não chegaram a um acordo sobre todas as cláusulas consideradas essenciais, de modo que a declaração negocial não coincide com a vontade real do declarante, nem com a do declaratário. Em princípio, e de acordo com o artigo 232.º, nenhum contrato fica concluído.

Há situações, porém, em que é possível atribuir a ambas as declarações (a ambas as manifestações), de acordo com as circunstâncias, um sentido ou conteúdo objectivo comum (p. ex., na encomenda do "bacalhau dourado" o sentido objectivo comum resulta do uso linguístico no Porto). É evidente

[741] J. F. Rodrigues Bastos, *cit.*, vol. III, Observação 1. ao artigo 247.º.

[742] Neste contexto, cf. H. Lessmann, «Irrtumsanfechtung nach § 119 BGB», *JuS* 1969, p. 478. Cf. Também BGH *NJW* 1995, pp. 190 (191), incorre num erro sobre o conteúdo da declaração quem, sem o ter lido, assinou um documento de cujo texto ou significado tem uma ideia precisa, que depois se revela como sendo não correcta.

que este conteúdo objectivo, comum a ambas as declarações, não está em sintonia com ambas as vontades (caso contrário, não haveria dissenso). A este tipo de casos de dissenso oculto deve aplicar-se, quanto às declarações, o regime do erro na declaração: o contrato considera-se concluído, mas o declarante cuja vontade real difere do conteúdo objectivo comum que foi atribuído à sua declaração (que será o cliente de Coimbra) pode anular com base em erro, nos termos do artigo 247.º.

Em todo o caso, o próprio facto da divergência entre a vontade real e 962
a declaração (manifestação) pode ser constatado, sempre e apenas, depois do recurso às regras sobre a interpretação e integração da declaração negocial. O disposto no artigo 247.º só se aplica quando a divergência se mantém, mesmo depois da interpretação. A interpretação é um pressuposto lógico da decisão sobre a existência ou não do erro causador da divergência.

A interpretação da declaração deve ser feita em ordem a captar o seu verdadeiro conteúdo, isto é, o sentido pretendido pelo declarante. Caso contrário, pode ser que a própria interpretação acabe por criar uma divergência entre declaração e vontade que provoque um erro sobre o conteúdo da declaração, resultado esse certamente indesejável para o tráfico jurídico (cf. n.º 864).

Consequência do erro na declaração é que a declaração negocial se torna 963
anulável para o declarante (artigo 247.º, 1.ª parte). Mas a anulação deste só procede contanto que existam também do lado do declaratário os pressupostos necessários para o efeito, ou seja, desde que o declaratário conhecesse ou não devesse ignorar a essencialidade, para o declarante, do elemento sobre o qual recaiu o erro (artigo 247.º, 2.º parte). O elemento é essencial quando é decisivo para o declarante (!). Isto significa, pelo menos no âmbito da conclusão de um contrato, que o elemento é essencial quando for necessário para o acordo no sentido do artigo 232.º, mesmo que seja apenas um elemento acidental.

A estrutura e o modo de funcionar do artigo 247.º (interesses do declarante, por um lado [artigo 247.º, 1.ª parte], interesses do declaratário, por outro [artigo 247.º, 2.ª parte]), assemelha-se à ponderação dos interesses entre declarante e declaratário feita pelo artigo 257.º, n.º 1 ("a declaração é anulável (...) desde que (...)"). Quer dizer, a lei apenas concede ao declarante a anulação, na medida em que o declaratário dispõe de dados objectivos que lhe permitem conclusões a respeito do condicionalismo de decisão do lado do declarante. Trata-se, assim, de dados externos, cognoscíveis e, como tais, calculáveis para os participantes no tráfico jurídico negocial. Apenas sob estes pressupostos se pode aceitar que uma declaração negocial seja anulável da parte de quem a prestou.

964 De resto, para que a anulação proceda, não se exige nem a desculpabilidade do erro, nem o conhecimento ou a possibilidade de conhecimento da existência do erro por parte do declaratário. A declaração negocial pode ser anulável mesmo que o declaratário não conheça, nem razoavelmente deva conhecer, a existência do erro do declarante. A anulabilidade respeita apenas à essencialidade do elemento sobre que o erro incide, mas não ao erro em si. O que conta é que o declaratário sabe ou deve saber que o elemento afectado pelo erro é, em si, essencial, por decisivo, para o declarante (para que a declaração fosse feita como foi). Quer dizer, a anulabilidade existe em termos muito latos.

Em todo o caso, se o declaratário aceitar o negócio tal como o declarante o queria realmente (o declarante exprime-se mal, mas o declaratário entende bem), não há lugar para a anulabilidade fundada em erro na declaração (artigo 248.º), uma vez que ela não faz sentido. Aqui conta a vontade real. Esta regra do artigo 248.º está em perfeita sintonia com o disposto nos artigos 236.º, n.º 2, e 238.º, n.º 2, que igualmente fazem prevalecer a vontade real do declarante, conhecida do declaratário, e também está, embora a um nível diferente, de acordo com a lógica do artigo 244.º, n.º 2, 2.ª parte.

965 A anulação, por parte do declarante, da sua declaração pode conferir ao declaratário um direito de indemnização, embora somente nos termos do artigo 227.º, se o erro ocorreu *com culpa* em negociações com vista à conclusão de um contrato. Esta solução pode suscitar dúvidas nos casos do dissenso oculto em que foi possível atribuir um sentido objectivo comum às declarações de declarante e declaratário, considerando-se assim o contrato como concluído. Aqui, o declarante que anula fica obrigado a indemnizar, por ter anulado, muito embora o declaratário se encontrar, quanto às causas do dissenso, em circunstâncias iguais às do declarante. Este resultado pode, no entanto, ser atenuado com o recurso às regras da concorrência de culpas (artigo 570.º).

Ao contrário dos artigos 245.º e 246.º, o Código Civil não consagrou para o caso da anulação com base em erro na declaração uma obrigação de indemnizar o dano de confiança[743]. Isto faz com que nos casos da anulação com base no erro na declaração, fora do âmbito do artigo 227.º, não exista responsabilidade de quem lhe deu origem.

Uma subespécie do erro na declaração é o erro na transmissão da declaração, regulado nos dois números do artigo 250.º, o qual dispõe: "1. A declaração negocial inexactamente transmitida por quem seja incumbido da transmissão pode ser anulada (apenas) nos termos do artigo 247.º. 2. Quando, porém, a inexactidão for devida a dolo do intermediário, a declaração é sempre (= sem mais) anulável". 966

Prevê este artigo a transmissão da declaração do declarante para o declaratário por meio de um terceiro, p. ex., um serviço de comunicações, um operador de transmissões de mensagens electrónicas, um núncio ou mensageiro, ou seja, alguém incumbido pelo declarante (!) para o efeito. O respectivo encarregado recebe a declaração feita pelo declarante para a transmitir tal qual, mas transmite-a de uma maneira inexacta. Se esta inexactidão leva a uma divergência entre a vontade e a declaração no sentido preciso do erro regulado pelo artigo 247.º, pode o declarante anular a declaração nos moldes previstos por este preceito, ou seja, desde que estejam preenchidos os pressupostos do artigo 247.º, 1.ª e 2.ª partes. É esta a solução do artigo 250.º, n.º 1, a respeito do erro na transmissão. O erro acaba por ser atribuído ao declarante, que se serviu do encarregado na transmissão como uma "boca". O transmitente não necessita de ter capacidade de exercício. Esta constatação é perfeitamente lógica se considerarmos que nem um procurador, que até formula uma declaração própria, necessita de possuir esta capacidade (artigo 263.º). No âmbito do artigo 250.º, a capacidade do transmitente não tem relevância: não formula uma declaração negocial sua. Transmite uma declaração já formulada. Para este efeito é suficiente uma vontade natural de agir.

Com o preceito do artigo 250.º, a lei atribuiu o risco de uma transmissão defeituosa ao declarante, que emitiu a declaração e escolheu o transmitente. Contudo, quando o incumbido da transmissão causar a inexactidão da declaração não por erro, mas por dolo, ou seja, intencional ou propositadamente, 967

[743] O dano de confiança baseia-se em pressupostos diferentes da responsabilidade por *culpa in contrahendo* ou pré-contratual (ver nota 744).

o declarante não fica sujeito, para anular a declaração, às limitações do artigo 247.º, visto não existirem os pressupostos da 1.ª parte deste preceito (não é por erro que a declaração transmitida não corresponde à vontade do declarante), mas pode anular nos termos gerais do artigo 287.º, pois a declaração é sempre anulável (artigo 250.º, n.º 2).

Esta solução do artigo 250.º, n.º 2, à primeira vista, carece de lógica interna: se o transmitente declarar, propositadamente, uma coisa diferente, já não se trata de uma declaração do declarante, mas do próprio transmitente. Assim, nada havia a anular por parte do "declarante". Por outro lado, a solução confere, na verdade e bem, uma maior protecção ao declaratário, ao manter a responsabilidade na esfera do declarante que, afinal, escolheu o transmitente. Caso a anulação proceda, o declarante poderá vir a responder, com base na ideia da *culpa in eligendo*, nos termos do artigo 227.º.

968 Se a declaração for transmitida com o seu conteúdo exacto – ou por engano ou com dolo – a um declaratário falso, o artigo 250.º, com os seus dois números, deve ser aplicado por analogia.

Se a declaração for bem transmitida para a esfera de poder do declaratário, havendo depois um defeito de transmissão na sua esfera, o artigo 250.º não se aplica, nem por analogia. Aqui trata-se de um problema de eficácia da declaração negocial, a decidir nos termos do artigo 224.º, ou seja, resta esclarecer se quem recebeu a declaração tinha a competência para o fazer. O risco da transmissão exacta já entrou na esfera jurídica do declaratário (n.os 723 e 731).

Como já se aludiu, no caso do erro na transmissão, tanto na hipótese prevista no n.º 1 como na situação regulada no n.º 2 do artigo 250.º, a anulação por parte do declarante pode dar ao declaratário um direito de indemnização, quando existirem os pressupostos do artigo 227.º, ou seja, quando a transmissão errada ocorreu culposamente em negociações com vista à conclusão de um contrato[744].

[744] O direito português não consagrou no artigo 227.º uma indemnização para reparar o "dano da confiança". Como muito acertadamente observa A. Vaz Serra (Anotação ao acórdão do STJ *RLJ* 113 [1980/1981], pp. 44, 47), o dano da confiança "baseia-se numa ideia diversa da que funda a responsabilidade por *culpa in contrahendo* ou pré-contratual". Nesta sua anotação, A. Vaz Serra trata de uma maneira exaustiva o problema do erro na transmissão. Em pormenor a respeito da problemática do dano da confiança, António Manuel Carneiro da Frada,

Também o erro de cálculo ou de escrita constitui uma subespécie do erro na declaração, dando o direito à rectificação nos termos do artigo 249.º. Mas nem todo o erro de cálculo ou de escrita é relevante para efeitos do artigo referido. 969

O erro de cálculo pode ocorrer em qualquer fase ao longo do processo declarativo que culmina com a manifestação da vontade; ele pode incidir sobre a base de cálculo, isto é, sobre os pressupostos ou dados a partir dos quais o cálculo é feito; o erro de cálculo pode ser oculto; o erro de cálculo pode ser manifesto.

O artigo 249.º apenas abrange o erro de cálculo manifesto, o erro de cálculo ostensivo, pois ele determina: "O simples erro de cálculo ou de escrita, revelado no próprio contexto da declaração ou através das circunstâncias em que a declaração é feita, apenas dá direito à rectificação desta".

Não se tratando de um erro ostensivo, abrangido pelo artigo 249.º, pode existir um erro na declaração nos termos gerais do artigo 247.º, mas também é possível que o erro seja compreendido no artigo 252.º, n.º 1 ou n.º 2 (erro sobre os motivos ou erro sobre as circunstâncias que constituem a base do negócio) ou no artigo 251.º (erro sobre a pessoa ou sobre o objecto do negócio)[745]. As consequências jurídicas do erro de cálculo ou de escrita variam, então, de acordo com o preceito aplicável.

No âmbito do artigo 249.º, o declarante tem apenas o direito à rectificação. Rectificação não é anulação. Deste modo, não é preciso, para se proceder à rectificação, observar o prazo do artigo 287.º, visto a rectificação ser sempre possível, sem prejuízo, porém, dos limites temporais que podem resultar dos prazos da prescrição e da caducidade em relação ao negócio susceptível de rectificação. O direito à rectificação tem, além disso, os seus limites resultantes das regras do abuso do direito. De resto, o direito à rectificação possui um alcance jurídico muito menor do que o direito à anulação, 970

Teoria da Confiança e Responsabilidade Civil, Coimbra, Almedina, 2018 (reimpr. da ed. de 2004), que nos suscita algumas reservas.

[745] Todas estas hipóteses eram de ponderar no caso da venda de um quadro de pintura, efectuada por engano ao preço fixado na lista do ano anterior, sem que o comprador tivesse conhecimento da lista. Ver LG Bremen, *NJW* 1992, p. 915, com a Anotação crítica de M. Habersack, *JuS* 1992, p. 548, que negam, embora com fundamentações diferentes, qualquer hipótese de anulação com base em erro.

visto que o negócio, como tal, nunca é posto em causa: o negócio mantém-se, apenas com as respectivas rectificações. A rectificação aproxima-se, por isso, em certa medida, da interpretação prevista no artigo 236.º, n.º 1.

5. Os negócios celebrados com vícios da vontade: enunciado geral

971 O negócio jurídico apenas pode desempenhar as suas funções quando a vontade, que se manifesta através da declaração negocial, se formou de uma maneira esclarecida, assente em bases correctas, e livre, sem deformações provindas de influências exteriores. Se a vontade não se formou esclarecida e livremente, ela está viciada. Na sequência do vício, que fere a vontade, também a declaração negocial, em que esta se manifesta, fica viciada.

Tendo ocorrido um vício, está em causa o lado interno da declaração. O problema não reside numa divergência entre declaração e vontade ou na falta desta última, mas na deformação da vontade durante o seu processo formativo. A vontade viciada diverge da vontade que o declarante teria tido sem a deformação (= vontade conjectural ou hipotética). O vício afecta a génese da vontade e repercute-se numa declaração negocial coincidente com ela.

Pontos de ligação com os vícios da vontade apresenta-nos ainda a incapacidade acidental; contudo, constituindo esta uma espécie de incapacidade natural, evidencia também fortes afinidades com a incapacidade de exercício e assim ela foi estudada no contexto da mesma.

972 As várias formas dos vícios da vontade, às quais o Código Civil dedica um tratamento autónomo, podem ser resumidas no esquema seguinte (o qual complementa o esquema do n.º 894):

vontade

↓

não há divergência

↓

declaração

↓

erro sobre os motivos (arts. 252º→251º→247º) – vontade mal esclarecida
dolo (arts. 253º e 254º) – sem liberdade exterior
coacção moral (arts. 255º e 256º) – sem liberdade exterior
[incapacidade acidental (art. 257º) – sem entendimento]

Os vícios da vontade, aqui mencionados, dão origem à anulabilidade do negócio. Mas não se trata de uma anulabilidade sem mais, muito pelo contrário, a lei pondera bem os pressupostos segundo os quais a anulação é admitida. Estes pressupostos variam conforme o tipo do vício, em atenção às exigências da segurança do tráfico jurídico e, ainda, em consonância com os interesses dos intervenientes no negócio em causa.

Em seguida, vamos estudar os vários tipos de vícios, observando-se a ordem legal para eles consagrada.

a) O erro sobre os motivos; suas configurações e regimes

aa) O problema da relevância do erro

Ao estudar o erro na declaração, vimos que este tipo de erro se verifica 973
quando alguém, sem se aperceber disso, acaba por dizer uma coisa que não quer, ou por se ter enganado no meio declarativo (significante) ou por se ter enganado sobre o conteúdo (significado) das suas palavras. Face a estas situações, que já conhecemos, podemos dizer que erro, no sentido mais lato, é a não coincidência entre a representação e a realidade, sem que haja consciência disso.

As possibilidades da ocorrência de um erro no âmbito do negócio jurídico não se limitam, porém, ao erro na declaração. Pelo contrário, elas são muito numerosas e vão da primeira motivação, que é determinante para a formação da vontade, até à manifestação da mesma. É evidente que nem todo o erro pode ser juridicamente relevante, dando origem a uma anulabilidade. Se assim fosse, os resultados seriam insuportáveis para as necessidades de segurança e estabilidade do tráfico jurídico. É por isso mesmo que, como vimos, a anulação da declaração negocial com base em erro na declaração está dependente de determinados pressupostos, aliás ainda bastante latos.

Na verdade, quanto ao regime do erro, cada ordem jurídica está perante 974
um dilema: se não atende ao erro, vale um resultado que o errante não quis, ficando assim violado o seu direito à autodeterminação a realizar por meio do negócio jurídico; se atende ao erro, fica desiludida a expectativa da outra parte, que confiou naquilo que entendeu, e é perturbada a segurança do tráfico jurídico.

Para a problemática resultante deste dilema não existe uma solução geral como "solução correcta"; as respostas encontradas pelas várias ordens jurídicas divergem[746]. Na verdade, cada ordem jurídica tem a tarefa de ponderar, dentro do seu sistema e de acordo com a mentalidade dos seus destinatários, os critérios para estabelecer um esquema legal com coerência sistemática. Foi também isso que o Código Civil fez.

975 Nestes termos, o Código Civil distingue, basicamente, entre o erro na declaração e o erro sobre os motivos, visto que o erro pode incidir tanto sobre o elemento objectivo ou externo da declaração negocial como sobre o seu elemento subjectivo ou interno.

Por isso, para sabermos qual é a modalidade de um erro ocorrido, é necessário "situar" o mesmo na cronologia da declaração negocial.

Para o efeito, temos de analisar a declaração a partir do seu início, em que a vontade começou a formar-se, até ao momento em que esta se manifestou. Assim, devem analisar-se os elementos subjectivo e objectivo da declaração e, sobretudo, os sub-elementos em que a vontade se divide. Determinado o elemento afectado pelo erro, este poderá ser qualificado. É preciso descobrir a "falha" concreta. P. ex., uma "falha" da vontade de acção pode dar origem à falta de consciência da declaração no sentido do artigo 246.º, mas também pode provocar uma divergência no sentido do artigo 247.º

Quando um erro recai sobre a declaração (o elemento externo) ou, numa acepção mais geral, quando afecta o comportamento declarativo, produz uma divergência entre a declaração e a vontade. Trata-se do erro na declaração (antigamente designado por erro-obstáculo), que diz respeito ao processo declarativo, ao processo da formulação ou da manifestação da vontade (sendo a vontade não viciada ou deformada). Este tipo de erro já conhecemos.

Quando o erro recai só sobre a vontade (o elemento interno), não produz uma divergência entre vontade e declaração. A declaração está em perfeita conformidade com a vontade; no entanto, é esta que está viciada. Trata-se agora de um erro sobre os motivos (ainda designado por erro-vício). A vontade, por ser mal esclarecida ou por não ser livre, está viciada, convergindo

[746] Flume, vol. II, *cit.*, § 21 I, § 21 II, § 22.

com ela a respectiva declaração. A modalidade do erro sobre os motivos vamos estudar em seguida.

bb) O regime geral do erro sobre os motivos

O erro sobre os motivos – e as consequências que este tipo de erro acarreta – encontra o seu regime geral no artigo 252.º. Motivos, neste sentido, são as circunstâncias cuja representação intelectual determina a decisão de querer a conclusão do negócio jurídico. O erro sobre os motivos é, por conseguinte, uma ideia inexacta, uma representação inexacta, sobre a existência, subsistência ou verificação de uma circunstância presente ou actual que era determinante para a declaração negocial, ideia inexacta sem a qual a declaração negocial não teria sido emitida, ou não teria sido emitida nos precisos moldes em que o foi. Na sua avaliação, o declarante parte, portanto, de pressupostos falsos. Em virtude disso, toma uma decisão errada, que, todavia, manifesta correctamente, através da sua declaração negocial. Por isso, no erro sobre os motivos, vontade e manifestação coincidem[747]. 976

O erro sobre os motivos recai, assim, sobre o lado interno, subjectivo, da declaração negocial, sobre os elementos determinantes da formação da vontade. Um elemento que determina a formação da vontade pode ter vários graus de intensidade: ele pode ser absoluto, quer dizer, influi na declaração negocial em si mesma (fazer ou não fazer a declaração negocial), ou ele pode ser relativo, quer dizer, também influi na declaração negocial, mas apenas nos termos precisos em que foi feita (aqui falamos de um erro incidental). Em ambos os casos o elemento determinante da vontade é afectado pelo erro, diferindo, porém, o alcance deste.

Há, deste modo, uma continuidade ou uma convergência entre a vontade real e a declaração (ao contrário do erro na declaração, onde há uma descontinuidade entre a representação ideal e a declaração, de modo que surge uma divergência não intencional entre ambas). Só acontece que a própria vontade, em consequência do erro, se formou mal, divergindo assim da vontade hipotética que o declarante teria tido sem o erro, de maneira que a vontade ficou viciada (*Irrtum in der Willens*bildung). Este erro, ocorrido no 977

[747] SCHIMDT-RIMPLER, *cit.*, p. 190.

âmbito dos motivos, deve ser encarado sob o aspecto subjectivo do declarante que está em erro.

Em consequência desta representação subjectiva, por um lado, e em defesa da segurança do tráfico jurídico negocial, por outro, o erro sobre os motivos, em princípio, não pode ser considerado.

Daí a regra fundamental estabelecida no n.º 1 do artigo 252.º: "O erro que recaia nos motivos determinantes da vontade (...) *não* é causa de anulação (...)"; quer dizer, o erro sobre os motivos, em termos jurídicos, não releva[748].

978 Mas esta regra fundamental – a regra da irrelevância do erro sobre os motivos – do artigo 252.º admite três excepções, duas delas importantes:

- primeiro, o erro sobre os motivos, que se refira à pessoa do declaratário ou ao objecto do negócio, *pode ser* causa de anulação nos termos do regime especial do artigo 251.º.
- segundo, o erro que incida sobre os motivos que as partes, por acordo, houverem reconhecido como essenciais é causa de anulação. Esta situação não deve ser frequente em virtude da insegurança que daí resulta para a outra parte. Para a conclusão do acordo mediante o qual se reconhece a essencialidade do motivo, a lei não estabelece exigências específicas. Basta, por isso, uma das modalidades da declaração negocial[749]. Segundo a formulação da lei, o acordo será, normalmente, um acto autónomo, com ou sem carácter negocial, à parte do negócio principal. No entanto, a lei não exclui que o acordo possa integrar o próprio negócio a que diz respeito. Havendo um acordo, a anulabilidade explica-se, porque ela deixa de ser uma consequência da avaliação ou perspectiva subjectiva de apenas um dos contraentes. O risco da anulação, assumido agora por ambos, faz parte da própria qualidade, da própria economia do negócio. Nestas condições, o erro sobre os motivos é juridicamente relevante como causa de anulação.

[748] O erro sobre os motivos a respeito do testamento, um negócio estritamente unilateral, pode ser relevante – depois da interpretação do mesmo de acordo com a vontade do testador (artigo 2187.º) – nos termos do artigo 2202.º, ou seja, quando resultar do próprio testamento que o testador não teria feito a disposição se conhecesse a falsidade do motivo.

[749] Cf. também J. F. Rodrigues Bastos, *cit.*, vol. III, Observação 1 ao artigo 252.º.

– terceiro, o erro que recaia sobre circunstâncias que constituem a base do negócio; quer dizer, o fundamento comum do negócio é relevante nos termos do artigo 252.º, n.º 2, sendo-lhe aplicável o disposto sobre a resolução ou modificação do contrato por alteração das circunstâncias vigentes no momento em que o negócio foi concluído. Deste modo, o artigo 252.º, n.º 2, remete, quanto ao erro, para o regime contido nos artigos 437.º a 439.º, relativamente à atendibilidade da alteração das circunstâncias em que as partes fundaram a sua decisão de contratar (*Wegfall der Geschäftsgrundlage*).

cc) O erro sobre a pessoa ou sobre o objecto do negócio

A excepção mais importante ao regime-regra do erro sobre os motivos, 979
na medida em que este não é causa de anulação, constitui-a o erro que atinja os motivos determinantes da vontade, quando se refira à pessoa do declaratário ou ao objecto do negócio (artigo 252.º, n.º 1, 1.ª parte). Este erro torna o negócio anulável nos termos do artigo 247.º (artigo 251.º)[750].

Anulabilidade nos termos do artigo 247.º significa que os pressupostos do erro vêm do artigo 251.º (e não da 1.ª parte do artigo 247.º, concebido para a divergência entre vontade e declaração), enquanto os requisitos da anulação resultam da 2.ª parte do artigo 247.º. Quer dizer, o declarante pode anular a sua declaração, mas apenas desde que o declaratário conhecesse ou não devesse ignorar a essencialidade, para o declarante, da pessoa ou do objecto sobre que incidiu o erro determinante da vontade.

A remissão operada pelos artigos 252.º, n.º 1, 1.ª parte, e 251.º para o artigo 247.º, 2.ª parte, constitui, por um lado, uma facilitação da anulação por parte do declarante, a cujo erro se atribui relevância, mas significa, por outro lado, também alguma segurança para o declaratário, contra quem a anulação se dirige, ao fazê-la depender de factos que lhe são, ao menos, reconhecíveis (ver n.º 963).

[750] Deixamos, conscientemente, de lado o problema de saber se este tipo de erro deve ser realmente encarado como um erro sobre os motivos ou se este ponto de vista não está superado, constituindo o erro sobre as qualidades nem um erro sobre os motivos nem um erro na declaração (cf. J. Baptista Machado, *cit.*, pp. 16-17, 48 ss., 60 ss.). Na sistematização da lei (artigos 252.º, n.º 1, 1.ª excepção, 251.º, 247.º, 2.ª parte) o erro sobre as qualidades é concebido como erro sobre os motivos.

980 No âmbito do artigo 251.º são de distinguir duas situações em que o erro sobre os motivos pode ter relevância no sentido de ser causa de anulação da declaração:

- a primeira situação diz respeito ao erro sobre a *pessoa do declaratário* (*error in persona*), erro esse que incide ou sobre a identidade do declaratário ou sobre as suas qualidades pessoais, que constituem o motivo determinante da declaração. O erro referente à identidade do declaratário apenas é causa de anulação quando o declarante queria contemplar precisamente uma determinada pessoa, mas esta não foi, ao contrário da convicção do declarante, o declaratário. Qualidades pessoais no sentido do preceito são, p. ex., as qualificações ou habilitações profissionais, a solvabilidade, qualidades de carácter ou, eventualmente, também a nacionalidade, o sexo e o estado civil[751], mas não o estado de menoridade (cf. n.º 518) ou de maior acompanhado. Em matéria de casamento, o erro sobre a identidade do outro nubente ou sobre as suas qualidades essenciais conduz à anulabilidade nos termos previstos nos artigos 1635.º, al. *b)*, e 1636.º[752].

981 - a segunda situação prevista no artigo 251.º diz respeito ao *erro sobre o objecto* (*error in corpore, error in substantia*), que recai ou sobre a identidade do objecto ou sobre a sua substância ou sobre as suas qualidades essenciais. Neste sentido está em causa apenas aquilo que for directamente o objecto do negócio, p. ex., o objecto da compra e venda, da doação, da hipoteca, etc., de modo que o artigo 251.º não abrange um erro sobre os efeitos produzidos pela declaração negocial a respeito do objecto.

Qualidades são todos os factores inerentes ou referentes ao objecto (por ex., a sua consistência física, a sua rentabilidade, a idoneidade de gerar lucros

[751] O BAG *DB* 1991, p. 1934, decidiu um caso interessante, admitindo erro sobre as qualidades da pessoa (e não dolo), em que um transsexual, à procura de emprego, se apresentou como mulher, apesar de continuar a ser biologicamente ainda um homem, quando o emprego em causa estava destinado a ser preenchido por uma mulher.

[752] De qualquer maneira, o erro sobre as qualidades (artigo 251.º) ou sobre as qualidades essenciais (artigo 1636.º) refere-se à pessoa do declaratário, nunca à pessoa do declarante.

ou a sua reputação no comércio) e como tais determinantes do seu valor[753] ou da utilização pretendida, mas não o próprio preço ou o valor enquanto tal, nem a propriedade do objecto. Uma qualidade é essencial quando é decisiva para o negócio, conforme a finalidade económica ou jurídica deste[754]. A essencialidade é determinada nos termos do artigo 247.º. Isto significa que a qualidade é essencial, não quando o tráfico jurídico em geral lhe confere este atributo, mas só quando e na medida em que também o declarante o faz[755].

O erro que incide sobre a identidade do objecto será, na maioria dos casos, um erro na declaração, precisamente um erro sobre o conteúdo da declaração (o declarante sabe o que diz, mas não sabe o significado), sendo às vezes difícil a delimitação entre os dois tipos de erro. Há, portanto, zonas de contacto ou de sobreposição entre o erro abrangido pelo artigo 251.º (em todo o caso, um erro sobre os motivos) e o erro regulado pelo artigo 247.º (um erro na declaração, precisamente sobre o conteúdo da declaração), facto esse que justifica a igualdade de tratamento jurídico que o Código Civil lhes dispensa por via da remissão do artigo 251.º para o artigo 247.º. 982

Se o erro se refere à natureza jurídica do negócio (*Rechtsirrtum*) trata-se normalmente de um erro na declaração (sob a forma do erro sobre o conteúdo da declaração), ao qual se aplicam imediatamente o artigo 247.º e o artigo 248.º. Casos típicos são aqueles em que leigos jurídicos não empregam a terminologia correcta ao usar conceitos jurídicos cujo alcance exacto desconhecem; estes casos integram a figura da *falsa demonstratio* (artigos 983

[753] Cf. a este respeito o caso decidido pelo STJ *BMJ* .º 297, p. 255: "A arrematação em hasta pública de um prédio, que devia ir à praça pelo seu valor matricial, por um preço que teve por base o rendimento colectável do mesmo, traduz um erro sobre o objecto". Estão em causa aqui, efectivamente, factores determinantes do valor do prédio para a hasta pública, ou seja, o valor matricial, por um lado, e o rendimento colectável, por outro.

[754] Segundo Manuel de Andrade, *cit.*, vol. II, p. 251, são qualidades do objecto a sua constituição material e aquelas condições factuais e jurídicas que, pela sua natureza ou duração, influem no valor ou no préstimo desse objecto.

[755] O conceito "qualidade" é um conceito de aplicação difícil, visto não existir "a qualidade" em termos absolutos. Entendida primeiramente como mera propriedade (= característica objectiva) de um produto, é hoje avaliada segundo critérios de utilidade (ou de aproveitamento) da perspectiva do declarante, ou seja, do cliente que se serve do produto ou do serviço. A qualidade pretendida pelo cliente é uma grandeza variável e dinâmica e depende de evoluções tecnológicas e de alterações das orientações sociais.

236.º, n.º 2, 238.º, n.º 2) se o uso incorrecto for comum e as partes se entenderem. Também o erro sobre os efeitos jurídicos de um negócio, que se verificam independentemente da vontade do declarante (*Rechtsfolgenirrtum*) não releva no âmbito do artigo 251.º: não existe uma vontade que possa ser viciada, uma vez que se trata de efeitos legais.

Não pertencem à problemática do erro sobre o objecto do negócio os vícios redibitórios. Vícios redibitórios são – sumariamente definidos – os vícios ocultos da coisa vendida, que a tornam imprópria para o uso a que é destinada ou lhe reduzem por tal forma a aptidão para esse uso que, se o comprador soubesse, ou não a teria querido ou não daria tal preço. Aqui aplica-se um regime específico, previsto nos artigos 905.º ss. (quanto aos vícios de direito, respeitantes ao objecto imediato dos contratos) e 913.º ss. (quanto aos vícios da coisa, relativos ao objecto mediato do contrato).

984 Tendo ocorrido um erro sobre a pessoa ou sobre o objecto do negócio, o alcance da anulabilidade depende do alcance do erro relevante para o efeito. O erro pode abranger o negócio todo (sem a sua ocorrência o negócio não teria sido concluído); o erro pode respeitar a uma parte ou a um aspecto do negócio (sem ele o negócio não teria sido concluído nos precisos termos em que o foi; aqui estamos perante um erro incidental).

O erro incidental não diz respeito à declaração em si mesma (esta sempre teria sido feita), mas apenas aos termos em que ela o foi (sem o erro a declaração teria sido feita, mas noutros moldes). Deste modo, o erro incidental não afecta a declaração na sua totalidade.

985 Significa isto que o alcance da anulação varia em consonância com o alcance do erro. Se este recair sobre o negócio em si, a anulação atinge todo o negócio; se recair apenas sobre certos aspectos do negócio, a anulação abrange somente estes. Na verdade, a anulação não pode ir mais longe do que o alcance do erro. Apenas se pode anular na medida em que a vontade está viciada. Doutro modo, a outra parte, contra a qual a anulação se dirige, ficaria prejudicada na sua expectativa quanto à estabilidade do negócio (além das vantagens injustificadas que o declarante poderia obter ao "desligar-se" de um negócio que, entretanto, talvez se tenha tomado incómodo).

986 Por fim, não pode deixar de ser mencionado que a anulação sempre pressupõe que o erro seja "próprio". O erro diz-se próprio (na terminologia de Savigny), quando versa sobre um elemento que não seja um requisito legal

de validade do negócio. De contrário, será impróprio, pois não terá sido ele, mas a falta desse requisito legal, a causa da invalidade do negócio.

"Nesta conformidade, haverá erro impróprio se duas pessoas celebram um contrato, supondo terem ambas a necessária capacidade, quando é certo que uma ou ambas são incapazes; ou ainda se elas o concluem mediante simples acordo verbal ou por escrito particular, ignorando que a lei o sujeita a escritura pública. Realmente, nestes casos o contrato será inválido por incapacidade ou por vício de forma, pouco importando o erro em que estiverem os contratantes"[756].

dd) O erro sobre a base do negócio

A seguir ao erro sobre a pessoa ou sobre o objecto do negócio, a outra grande excepção à irrelevância do erro sobre os motivos representa-a o erro que recai sobre as circunstâncias que constituem a base do negócio (*Geschäftsgrundlage*). A este respeito, o artigo 252.º, n.º 2, remete, quanto ao erro do declarante, precisamente para o regime da alteração das circunstâncias que constituem a base do negócio (*Änderung der Geschäftsgrundlage*), regulado nos artigos 437.º a 439.º. Por isso, e para compreendermos a remissão feita, é necessária uma referência breve à problemática versada nestes artigos[757]. 987

O problema da alteração ou do desaparecimento da base negocial e a sua relevância para a execução e cumprimento de obrigações assumidas é um problema antigo que sempre tem ocupado os juristas. Quanto ao seu enquadramento na lei, sob um ponto de vista sistemático, ele situa-se entre a impossibilidade (superveniente) para cumprir uma obrigação e o erro (que será um erro sobre os motivos) acerca da evolução ulterior das circunstâncias existentes na altura da aceitação de uma obrigação (e daí a remissão feita no artigo 252.º, n.º 2). Os contornos da figura são vagos e, assim, deve recorrer-se a ela com prudência (até com a máxima prudência possível).

Para compreender a problemática existente em torno da alteração da base negocial, é preciso ter-se presente que é uma exigência fundamental 988

[756] Manuel DE ANDRADE, *cit.*, vol. II, p. 239.

[757] Cf. Carlos FERREIRA DE ALMEIDA, «Erro sobre a Base do Negócio», *CDP*, n.º 43, Julho-Setembro 2013, pp. 3 a 9.

para a confiança e segurança do tráfico jurídico, que as obrigações, uma vez assumidas, também sejam cumpridas. Quer dizer, o princípio é a estabilidade dos contratos: *pacta sunt servanda*! A doutrina acerca da alteração das circunstâncias ou do desaparecimento da base negocial constitui um desvio a esta regra fundamental da estabilidade dos contratos, sendo múltiplas as justificações (e até desculpas...) dadas para o efeito[758].

A problemática em questão diz respeito à correlação entre o negócio jurídico e a realidade[759]. Cada negócio jurídico refere-se a uma determinada realidade. Mas pode acontecer que a referência do negócio jurídico à realidade seja, desde logo, incorrecta ou que a realidade se venha a alterar depois da celebração do negócio, quer dizer, se torne diferente da realidade inicialmente visada pelo negócio jurídico. A questão central é, então, esta: quem assume o risco da realidade[760]? Pois é impossível prever num contrato todas as eventualidades que possam ocorrer no futuro. Por isso, todos os contratos têm o seu quê de incompletude.

989 A doutrina da base negocial foi desenvolvida por Oertmann, em 1921, portanto em seguida à catástrofe económica e social desencadeada pelas consequências da 1.ª Guerra Mundial, sendo assim fruto do respectivo condicionalismo conjuntural. A definição de base negocial, encontrada por Oertmann, manteve-se, com variações sem significado, até hoje[761]. Desta maneira,

[758] Ver também J. F. Rodrigues Bastos, *Das Obrigações em geral*, Vol. I, 2.ª ed., Viseu, 1977, Observação ao artigo 437.º CCiv.

[759] Flume, vol. II, *cit.*, § 26. Este autor põe em causa toda a doutrina relativa ao desaparecimento da base negocial.

[760] Flume, vol. II, *cit.*,, § 26 7, escreve: "O pensamento nos termos da doutrina da base negocial é uma tentação contínua para se subtrair a obrigações contratuais assumidas (...) uma tentação para o juiz no sentido de colocar o seu próprio pensamento de equidade (*Billigkeitsdenken*) no lugar do direito e da imputação dos riscos determinada por este" (pp. 526 a 527). Tem de ser respeitado, em homenagem à autonomia privada, o princípio da ordem jurídica que nos diz que a conformação judicial *não* deve substituir-se à conformação baseada na autonomia privada (p. 528).

[761] Quanto ao estado actual da doutrina a este respeito, cf. Manuel Carneiro da Frada, «Autonomia Privada e Justiça Contratual», in Elsa Vaz Sequeira/Fernanda Oliveira e Sá (coord.), *Código Civil. Edição Comemorativa do Cinquentenário*, Universidade Católica Editora, Lisboa, 2017, pp. 238, 241 ss., sustenta que o artigo 437.º, n.º 1, não pode ser afastado pela vontade das partes; Nuno Manuel Pinto Oliveira, «Em tema de alteração das circunstâncias: A prioridade da adaptação/modificação sobre a resolução do contrato», Elsa Vaz Sequeira/

a base negocial é a representação de *uma* das partes, existente na altura da conclusão do contrato e reconhecida quanto ao seu significado pela outra parte, sem ser contestada por esta, ou a representação comum de *ambas* as partes, acerca da existência ou a futura verificação ou não-verificação de certas circunstâncias, sobre as quais assentou a vontade negocial.

Esta definição distingue, assim, entre a existência actual (ou seja, na altura da conclusão do contrato) de certas circunstâncias e a sua alteração ou desaparecimento posteriores à conclusão. Baseada nesta distinção, parte da doutrina diferencia entre a base negocial subjectiva e a base negocial objectiva. A base negocial subjectiva corresponde à representação real das partes, tendo sido tomada conscientemente como pressuposto das suas decisões. A base negocial objectiva, pelo contrário, respeita a circunstâncias em que as partes não pensaram. Fala-se de uma alteração ou de um desaparecimento da base negocial objectiva, quando em consequência de alterações posteriores à conclusão do contrato, a prestação devida pelo devedor perdeu o seu sentido ou se tornou, em termos substanciais, difícil, ou quando se verifica uma alteração essencial do valor da prestação em relação à contraprestação (*Äquivalenzstörung*). 990

No caso da frustração ou do impedimento do fim (*Zweckvereitelung*) as opiniões dividem-se. Há quem fale no desaparecimento da base negocial objectiva, mas também há quem sustente que se trata de um caso de impossibilidade.

De qualquer modo, pode dizer-se que a doutrina acerca da base negocial subjectiva continua os ensinamentos de Windscheid sobre a pressuposição (*Voraussetzung*)[762], enquanto a teoria acerca da alteração ou do desaparecimento da base negocial objectiva faz reviver a velha doutrina da *clausula rebus sic stantibus*.

Segundo os ensinamentos de Kegel, distingue-se, quanto à base negocial objectiva, entre a "pequena" e a "grande" base negocial. Estamos perante a alteração da "grande" base negocial nos casos em que a alteração afecta a existência social das partes (*Änderung der Sozialexistenz*). Estes casos são: 991

Fernanda Oliveira e Sá (coord.), *Código Civil. Edição Comemorativa do Cinquentenário*, Universidade Católica Editora, Lisboa, 2017, p. 255.

[762] Sobre a figura da pressuposição, cf. Manuel de Andrade, *cit.*, vol. II, pp. 403 a 409.

depreciação essencial ou desmoronamento do valor da moeda; alterações imprevisíveis da legislação; guerra; revoluções ou catástrofes naturais de alcance geral. Foi em vista destes fenómenos que integram a "grande" base negocial que Oertmann formulou a sua doutrina relativamente ao desaparecimento da base negocial, sendo certo, porém, que o seu campo de aplicação se alargou, posteriormente, de uma maneira substancial, para todos os outros casos em que "a boa fé" exigiria que obrigações uma vez assumidas não fossem cumpridas.

992 Este alargamento do campo de aplicação da doutrina a respeito da alteração da base negocial também se faz sentir no disposto no artigo 437.º, n.º 1, para onde o artigo 252.º, n.º 2, remete. Dispõe o n.º 1 do artigo 437.º:

"Se as circunstâncias em que as partes fundaram a decisão de contratar tiverem sofrido uma alteração anormal, tem a parte lesada direito à resolução do contrato, ou à modificação dele segundo juízos de equidade, desde que a exigência das obrigações por ela assumidas afecte gravemente os princípios da boa fé e não esteja coberta pelos riscos próprios do contrato".

Deste modo, o n.º 1 do artigo 437.º não diferencia entre a base negocial subjectiva e a base negocial objectiva, nem dentro desta última entre a "pequena" e a "grande" base negocial. Por outro lado, o artigo 437.º, n.º 1, assenta na diferenciação entre a não existência da base negocial na altura da conclusão do contrato e a sua alteração posterior, regulando apenas esta última.

993 O artigo 437.º, n.º 1, pressupõe que a execução ou o cumprimento do contrato não sejam imediatos; pelo menos uma das prestações, ou uma parte das prestações, deve ser realizada no futuro. Assim, há um lapso de tempo, um desfasamento, entre a conclusão do contrato e o seu cumprimento integral. Neste tempo intermédio devem verificar-se três pressupostos:

- o primeiro é que haja uma alteração anormal das circunstâncias em que as partes fundaram a sua decisão de contratar, ou seja, do *status quo* na altura existente e pressuposto. Esta alteração verifica-se no futuro, depois da conclusão do contrato, sendo anormal, quer dizer, incalculável e praticamente imprevisível. A sua concretização sai sempre do decurso normal das coisas.

- o segundo é que, devido a esta anormalidade da alteração das circunstâncias, a exigência do cumprimento das obrigações assumidas pelo lesado afecte gravemente os princípios da boa fé. A prestação de uma parte, realizada como contraprestação da outra, apresenta proporções perfeitamente distorcidas e altamente desequilibradas (*Äquivalenzstörung*).
- o terceiro é que o cumprimento das obrigações impostas ao lesado não esteja coberto pelos riscos próprios do contrato. Risco próprio ou normal do contrato é aquele que pertence à sua peculiaridade, é o risco ao qual cada parte se sujeita ao concluir o contrato, é o risco de mercado. Este risco constitui a álea normal do contrato e é-lhe intrínseco. O risco não coberto pelo contrato é-lhe extrínseco, alheio. São sempre alheios ao risco inerente a qualquer contrato os factos abrangidos pela chamada grande base negocial. Nestes casos, nem a lei (ao regular os contratos em especial) nem a previsão das partes contraentes pode calcular o risco e imputá-lo a uma delas ou distribuí-lo entre elas. Uma solução apenas pode ser encontrada com uma avaliação *ex post*, depois de se ter verificado o risco.

Com os pressupostos e condições referidos no artigo 437.º, n.º 1, a lei tem por objectivo a solução do conflito entre o princípio da segurança contratual ou da estabilidade da obrigação e o princípio da justiça material (concretizado no recurso à boa fé) que se pode opor, em casos de prestação difícil, àquele[763].

Ao contrário destas hipóteses previstas no artigo 437.º, orientado para o futuro, o n.º 2 do artigo 252.º refere-se a circunstâncias existentes, cujo desfasamento das realmente imaginadas, afecta a execução do negócio. A base do negócio, as circunstâncias tidas como existentes, faltava já no momento da sua conclusão. Ambas as partes partiram, erradamente, de circunstâncias presentes ou actuais que eram essenciais para a conclusão do negócio, mas que na realidade não existiam. Trata-se de um erro cometido por ambas as partes. A ideia central do n.º 2 do artigo 252.º é a de um erro bilateral sobre as 994

[763] Cf. a este respeito o acórdão do STJ *BMJ* n.º 276 (Maio 1978), pp. 253 (260 a 264), que tem por objecto um caso exemplar em que, entre a celebração do contrato-promessa e o contrato prometido, foi publicada legislação impeditiva do fim negocial com a consequente desvalorização da prestação por oito vezes inferior ao inicialmente previsto.

condições actuais em que as partes assentaram o negócio jurídico, enquanto o artigo 437.º, n.º 1, abrange, por assim dizer, o erro sobre o futuro.

No fundo, o n.º 2 do artigo 252.º e o n.º 1 do artigo 437.º dizem respeito à mesma figura jurídica, à base negocial e ao seu tratamento jurídico, olhando aquele para o presente e este para o futuro. Todavia, como nos termos do artigo 252.º, n.º 2, o erro sobre a base negocial é comum, fica excluída a relevância jurídica do erro unilateral sobre os motivos.

995 O recurso às regras do erro sobre a base negocial pressupõe sempre que a ideia comum das partes, como ideia errada sobre as circunstâncias, não tenha sido objecto de acordo entre elas ou não seja conteúdo do próprio contrato. Neste caso aplica-se imediatamente o artigo 252.º, n.º 1, 2.ª excepção.

Esta ilação pode fazer supor que as circunstâncias a que o n.º 2 do artigo 252.º se refere se medem unicamente por critérios objectivos, sendo a base negocial subjectiva sempre abrangida pelo n.º 1, 2.ª excepção, do mesmo artigo. Mas não é assim: as partes podem, perfeitamente, partir de uma base negocial subjectiva, em termos paralelos, sem ter feito objecto de um acordo, mesmo de um acordo tácito, esta sua representação comum e sem que esta falta de acordo signifique logo unilateralidade e, por isso, irrelevância do erro sobre os motivos.

996 Como as situações previstas no n.º 2 do artigo 252.º, por um lado, e no n.º 1 do artigo 437.º, por outro, no fundo não passam de dois aspectos do mesmo fenómeno jurídico, embora diferidos no tempo em virtude disso, com evoluções diferentes, o primeiro daqueles preceitos pode declarar como aplicável ao erro do declarante o disposto nos artigos 437.º a 439.º, sobre a resolução ou modificação do contrato por alteração das circunstâncias vigentes no momento da conclusão do negócio. Esta remissão tem em vista a atendibilidade ou relevância do erro em termos de um erro bilateral. Tendo em conta que a finalidade dos artigos 437.º a 439.º é, em atenção ao princípio da conservação dos negócios jurídicos, em última análise, ainda, a manutenção do contrato, embora de uma maneira adaptada ou actualizada ou modificada (n.º 2 do artigo 437.º), a remissão deve ser entendida no sentido de os efeitos do artigo 252.º, n.º 2, serem também as consequências previstas no artigo 437.º, ou seja, a resolução ou modificação do negócio, mas não a sua anulação.

Desta maneira, o erro bilateral sobre os motivos, juridicamente relevante nos termos do n.º 2 do artigo 252.º, não tem – ao contrário do erro unilateral sobre os motivos, juridicamente relevante nos termos das excepções admitidas pelo n.º 1 do artigo 252.º – como consequência a anulabilidade do negócio. Pelo contrário, as consequências são as previstas no n.º 1 do artigo 437.º, ou seja, a resolução do contrato (= restituição do recebido com efeitos retroactivos, salvaguardando-se, se for caso disso, os direitos adquiridos por terceiros [artigos 433.º a 435.º]) ou a sua modificação, sendo esta última hipótese preferida pela lei[764]. Este tratamento comum das situações previstas nos artigos 252.º, n.º 2, e 437.º, n.º 1, é adequado. 997

Assim, a consequência do erro sobre os motivos, quando excepcionalmente relevante, é, nos casos do artigo 252.º, n.º 1, a anulabilidade do negócio e, no caso do artigo 252.º, n.º 2, a sua resolução ou modificação.

b) O dolo

Tal como sucede no caso do erro sobre os motivos, também no caso do dolo estamos perante um vício da vontade. 998

O dolo e os seus efeitos vêm regulados nos artigos 253.º (noção) e 254.º (efeitos). Segundo o n.º 1 do artigo 253.º, entende-se por dolo, em geral, qualquer sugestão ou artifício, empregue com a intenção ou a consciência de (1.º) induzir ou (2.º) manter o declarante em erro ou (3.º) de dissimular o seu erro. Não faz parte da noção geral do dolo o requisito da ilicitude.

Portanto, a lei define o dolo em termos "neutros", não o condenando à partida. Quer dizer, só com base nesta definição legal do n.º 1 do artigo 253.º, o dolo não é ilícito. A ilicitude apenas se verifica quando as sugestões ou artifícios não são considerados legítimos segundo as concepções dominantes no comércio jurídico, ou quando há, decorrente destas concepções, da lei (do artigo 227.º) ou de estipulação negocial, o dever de elucidar o erro

[764] Como dissemos, esta solução aponta em direcção ao princípio da conservação dos negócios jurídicos (v. *infra* n.º 1021). Por isso mesmo, pode perguntar-se se o prazo estabelecido no artigo 287.º para a anulação de um negócio jurídico não deve ser aplicável também para as hipóteses da resolução ou modificação resultantes do artigo 252.º, n.º 2. Pronunciam-se neste sentido, mas com base num raciocínio diferente, A. Ferrer Correia e Almeno de Sá, «Compra e Venda de Empresas», *CJ*, 1993, t. 4, pp. 15 (28 a 30).

do declarante. Nestes casos, estamos perante o chamado *dolus malus*, que é fundamento de anulabilidade.

Com a redacção do n.º 2 do artigo 253.º a lei consagra, assim, explicitamente, o dolo lícito, o chamado *dolus bonus*[765], e, porventura, encara-o, de certo modo, como habitual ou normal. Uma condenação vigorosa do dolo como comportamento ilícito não existe.

999 Enquanto o erro sobre os motivos é o resultado de uma vontade mal esclarecida, a deformação da vontade em caso de dolo provém de uma actuação exterior do *deceptor*, actuação que impede a livre formação da vontade do declarante (o *deceptus*).

Neste contexto, induzir e manter são comportamentos positivos ou activos, quer dizer, comportamentos que, com intensidades diferentes, através de sugestões ou artifícios, levam à formação viciada, à deformação da vontade. Dissimular é um comportamento puramente omissivo: aqui, a vontade já está viciada e deformada, restando apenas o desfazer do engano, comportamento que não se verifica. A delimitação entre "manter" e "dissimular" é difícil e os efeitos jurídicos destes dois comportamentos são diferentes, como resulta do confronto entre os n.ºs 1 e 2 do artigo 253.º.

1000 No entanto, nem todo o dolo, neste sentido geral, é juridicamente relevante nos termos dos artigos 253.º e 254.º, uma vez que o n.º 2 do artigo 253.º considera como normais e lícitas certas atitudes dolosas. Para que haja dolo, activo ou omissivo, que releve em termos jurídicos, tornando a declaração anulável, são indispensáveis, simultaneamente, os seguintes pressupostos:

1.º – que o declarante esteja em erro;
2.º – que o declarante tenha sido induzido ou mantido neste erro pelo próprio declaratário ou por um terceiro; ou, em contrário a um dever de elucidar, que este erro tenha sido dissimulado pelo declaratário ou por um terceiro (de modo que se possa dizer que eles provocaram o erro do declarante);
3.º – que o declaratário (ou um terceiro) haja recorrido, para o efeito, ilicitamente, a qualquer artifício, sugestão, embuste, etc.

[765] Pires de Lima – Antunes Varela – Henrique Mesquita, *Código Civil Anotado*, Volume I, 4.ª edição, Coimbra, 1987, anotação 2. ao artigo 253.º.

Deste modo, para ser relevante como causa de anulação, o dolo tem de ser um *dolus malus*, isto é, ilícito, e não um *dolus bonus*, que é lícito e tolerado pelo direito. A distinção entre o *dolus malus* e o *dolus bonus* é feita pelo n.º 2 do artigo 253.º, que "subtrai", por assim dizer, ao conceito geral do dolo o *dolus bonus*, ficando o resto como *dolus malus*. O critério decisivo para a distinção é a ilicitude[766].

Neste sentido, o n.º 2 do artigo 253.º determina que não constituem dolo 1001
ilícito (apesar de se tratar de um dolo no sentido geral) as sugestões ou artifícios usuais, considerados legítimos segundo as concepções dominantes no comércio jurídico, nem a dissimulação do erro, quando nenhum dever de elucidar o declarante resulte da lei, de estipulação negocial ou das concepções dominantes no comércio jurídico. Assim, p. ex., um comerciante não comete dolo ilícito quando procede em conformidade com os hábitos legítimos da sua profissão, designadamente quando exagera as qualidades da sua mercadoria (mas já não quando enaltece qualidades que sabe não existirem). Não se trata aqui de uma falta consciente em relação ao outro contraente que, aliás, como pessoa auto-responsável, maior e, por isso, com capacidade, deve ser dotado de um certo mínimo de espírito crítico. Todavia, este espírito pouco adianta em caso de dolo omissivo que é, à semelhança da reserva mental, um comportamento particularmente desleal (p. ex., quem quiser vender uma casa, é obrigado a esclarecer o interessado na compra acerca dos comportamentos manifestamente abusivos e chicaneiros dos vizinhos, mesmo que não haja defeitos na própria casa)[767].

Há dolo sempre que o meio enganoso é empregado com a consciên- 1002
cia de que, com ele, o declarante é determinado a fazer uma declaração que não teria emitido sem aquele engano. Na maior parte dos casos existirá também a consciência de que o enganado sofrerá um prejuízo. Quer dizer,

[766] Não age com dolo (quase como tendo o "direito à mentira") a mulher que responde de maneira não verídica à pergunta referente à sua gravidez, visto tal pergunta não ser admissível. Contudo, deve observar-se que, para determinadas profissões não fica afastada a invocação do dolo, ou do erro sobre as qualidades da pessoa, se o exercício da actividade é objectivamente impossível no estado da gravidez (p. ex., bailarina, modelo, astronauta, etc.,) e, sobretudo, se a actividade profissional pode pôr em perigo o nascituro.

[767] BGH *DB* 1991, p. 1374.

quem comete o dolo sabe e quer que o enganado preste a declaração que, doutro modo, não prestaria. Há um nexo de causalidade entre o dolo e a declaração. No entanto, a consciência por parte de quem age dolosamente de que o enganado sofrerá um prejuízo não pertence aos pressupostos legais do dolo.

Em virtude disto, a concretização do dolo pressupõe um erro da parte do declarante, erro esse determinado intencionalmente por outrem (o próprio declaratário ou um terceiro). Por isso, a vítima do dolo não só se engana (como no caso do erro), mas ela é, além disso, enganada. Deste modo, o dolo pode também ser designado como erro qualificado.

1003 Os efeitos do dolo são enunciados no artigo 254.º. O declarante cuja vontade tenha sido determinada por dolo pode anular a declaração (artigo 254.º, n.º 1, 1.ª alternativa) e isto também nos casos em que o mesmo erro, só por si, ou seja, sem a intervenção do dolo, nem sequer teria sido causa de anulação nos termos dos artigos 252.º ou 251.º (como acontece, p. ex., com o erro sobre o valor ou o preço no âmbito do artigo 251.º). Se o enganado só foi determinado, pelo dolo, em relação a uma parte da declaração, a anulabilidade fundada em dolo só se refere a essa parte (tal como acontece com o erro incidental, verificando-se, portanto, aqui, um dolo incidental). Só é relevante, para efeitos de anulação, o dolo anterior ou simultâneo da declaração, desde que realmente a tivesse determinado, ou seja, desde que tivesse sido o elemento causal.

1004 Se o dolo for bilateral, a anulabilidade subsiste; o dolo de um não neutraliza o dolo do outro, mas o negócio é duplamente anulável (artigo 254.º, n.º 1, 2.ª alternativa). Esta solução legal, em contributo da limpidez do tráfico jurídico negocial, faz lembrar o disposto no artigo 242.º relativamente à arguição da simulação por parte dos próprios simuladores entre si ou a legitimidade para invocar a não observância da forma legal mesmo por quem a provocou. O regime da invocação do dolo deixa assim transparecer o intuito da lei em preservar e defender a "pureza" e liberdade da formação da vontade negocial, o intuito da lei em contribuir para uma autêntica autodeterminação no âmbito do negócio jurídico.

1005 Se o dolo provier do declaratário (caso do artigo 254.º, n.º 1), a declaração é sempre anulável.

No entanto, quando o dolo provier de terceiro (caso do artigo 254.º, n.º 2), a declaração negocial é, em princípio, válida no que diz respeito ao dolo (embora possa ser anulável por outras razões). Dispõe o artigo 254.º, n.º 2, ao diferenciar entre as duas alternativas: "Quando o dolo provier de terceiro, a declaração só é anulável se o destinatário (com quem a vítima do dolo concluiu o negócio) tinha ou devia ter conhecimento dele; mas, se alguém tiver adquirido directamente algum direito por virtude da declaração, esta é anulável em relação ao beneficiário (apenas), se tiver sido ele o autor do dolo ou se o conhecia ou devia ter conhecido". Aqui o beneficiário, que conhece o dolo ou se aproveita dele, não merece protecção. "Terceiro", no sentido do n.º 2 do artigo 254.º, é um conceito com delimitações muito difíceis, podendo dizer-se que é terceiro quem não tiver sido envolvido na conclusão do negócio, nem como parte, nem como representante, nem como auxiliar, sendo assim terceiro quem é essencialmente alheio ao negócio. Deste modo, os titulares dos órgãos representativos de uma pessoa colectiva, p. ex., não são terceiros quanto aos actos dos co-titulares.

Assim, na 1.ª alternativa do n.º 2 do artigo 254.º, é decisivo o conhecimento ou o dever de ter conhecimento do declaratário. Na 2.ª alternativa, este conhecimento ou dever de ter conhecimento por parte do declaratário já não interessa; interessa, sim, a aquisição de um direito em virtude da declaração viciada por dolo por parte do beneficiário, se este conhecia o dolo ou devia ter conhecimento dele. Na primeira alternativa, a anulação dirige-se contra o declaratário; na segunda alternativa, a anulação não se dirige contra este, mas contra o beneficiário ou adquirente.

Resta dizer que o dolo ilícito é sempre um comportamento altamente 1006
censurável, que viola o princípio da boa fé que norteia as negociações para a celebração de um contrato (artigo 227.º, n.º 1). Assim, o autor do dolo, o *deceptor*, incorre em responsabilidade pré-contratual, que o obriga a indemnizar os danos decorrentes da sua negociação desleal. O *quantum* indemnizatório varia, contudo, em função da opção do *deceptus* de invocar a anulabilidade do contrato viciado pelo dolo, caso os efeitos da anulação lhe sejam menos favoráveis do que o valor de uma indemnização com base na *culpa in contrahendo*.

Pode, ainda, suceder que o declaratário (ou, eventualmente, um terceiro) 1007
induza o declarante em erro sem a intenção (ou consciência) de o fazer, embora, ao fazê-lo, actue com culpa. Aqui estamos perante uma indução

negligente em erro. A lei não prevê esta figura, mas, atendendo às concepções actuais do tráfico jurídico negocial, será de se aplicar aqui analogicamente o regime do dolo[768] [769].

c) *A coacção moral*

1008 Finalmente, como vício da vontade, temos, ainda, a coacção moral, regulada nos artigos 255.º (noção) e 256.º (efeitos). É prestada sob coacção moral a declaração negocial determinada pelo receio de um mal de que o declarante foi ilicitamente ameaçado pelo declaratário ou por terceiro, com o fim de obter dele, por este meio, a declaração pretendida pelos coactores (artigo 255.º, n.º 1). Ao contrário do dolo, na coacção moral a ilicitude faz parte da hipótese legal.

A coacção moral consiste numa pressão psicológica (*vis compulsiva*) que determina a vontade, de modo que falta ao coagido, à semelhança da vítima do dolo, liberdade exterior. A vítima da ameaça ainda pode optar entre a sujeição ao mal ou a oposição a ele. Se emite a declaração, cedendo à ameaça, ela baseia-se numa vontade, mas numa vontade formada em condições limitativas da liberdade de decisão, causadoras de uma vontade viciada. Mas, enquanto existir uma margem de decisão, por mais pequena que seja, ainda há uma vontade do próprio declarante.

1009 O coagido, embora (ou na medida em que) ceda perante a ameaça, é um colaborador consciente na sua própria lesão. "*Coacta voluntas, voluntas est*". Na coacção moral existe uma vontade. É precisamente nisto que a coacção moral se distingue da coacção física (*vis absoluta*), regulada no artigo 246.º, onde não existe nem vontade, nem acção, não havendo, no fundo, nenhuma declaração do coagido. Por outro lado, sendo o coagido um colaborador

[768] A este respeito, v. Eva Sónia Moreira da Silva, *As Relações entre a Responsabilidade Pré--Contratual (...), cit.*, e a bibliografia referida em Mota Pinto, *cit.*, p. 522, n. 717.

[769] O dolo ou a indução negligente em erro de um terceiro pode ser imputado ao declarante que a ele recorreu, mas, em geral, aplica-se o regime do artigo 254.º, n.º 2 (p. ex., no caso de um perito que intervenha nas negociações). Diferente é a situação do terceiro que interveio como representante da contraparte do *deceptus*, ao qual se aplica directamente o artigo 259.º. Eva Sónia Moreira da Silva, *As Relações entre a Responsabilidade Pré-Contratual (...), cit.*, pp. 321 a 327.

consciente na sua lesão, sabe o que faz[770] e as condições do seu fazer. Neste saber, a coacção moral distingue-se do dolo, situação em que o agente é enganado e se encontra em erro, não sendo um colaborador consciente[771].

Em certas situações, a coacção moral tem pontos de conexão com o negócio usurário, designadamente quanto ao critério do "estado de necessidade"[772]. Aqui pode acontecer que o beneficiário da usura não se limite ao simples aproveitamento, à exploração, de uma situação já existente, como é característico para o negócio usurário, mas contribua para o aparecimento daquele estado que, em seguida, explora. Nestas situações poderá ser possível aplicar simultaneamente as regras do negócio usurário e da coacção moral a partir das perspectivas e pressupostos que lhes são peculiares: a exploração da vítima, por um lado, a ameaça ilícita para inflectir a vontade, por outro. Situação semelhante temos no caso do dolo omissivo, onde, a seguir ao dolo, pode haver usura, ou seja, um aproveitamento da situação de inferioridade causada pela omissão.

A ameaça que é dirigida ao declarante deve ser ilícita. A ilicitude pode 1010
referir-se ao fim prosseguido (p. ex., actos ilegais) ou ao meio empregue (p. ex., chantagem). Mas também pode referir-se à falta de adequação entre o fim e o meio. Neste último caso, a ilicitude resulta da inadequação da relação meio-fim (*Mittel-Zweck-Verhältnis*), sendo o fim em si lícito (p. ex., a ameaça com a denúncia de infracções fiscais para, deste modo, forçar a declaração negocial).

De qualquer maneira, o n.º 3 do artigo 255.º esclarece que não constitui uma coacção moral no sentido da lei a ameaça do exercício normal, o exercício adequado, de um direito (p. ex., a ameaça com uma acção judicial em caso de incumprimento). Também o simples temor reverencial não é resultado de coacção moral. O temor reverencial é "o temor de desagradar às pessoas a quem se deve submissão ou respeito"[773]. Aqui não há coacção.

[770] Todavia, o *coactor* não pode invocar o argumento de que o *coactus* se deixou coagir, não tendo resistido à coação.

[771] Ver STJ, *BMJ* n.º 270, pp. 192, 196-197.

[772] Cf. STJ, citado na nota anterior.

[773] Pires de Lima – Antunes Varela – Henrique Mesquita, *Código Civil Anotado*, Volume I, 4.ª edição, Coimbra, 1987, anotação 3. ao artigo 255.º.

Sendo ilícita, a ameaça pode respeitar à pessoa e/ou à honra ou fazenda do declarante ou de terceiro, isto é, de qualquer terceiro (artigo 255.º, n.º 2). Relativamente ao terceiro, a lei, por considerar arbitrária uma tomada de posição, não estabelece nenhum limite ou vínculo de relação a respeito do círculo de pessoas sobre as quais pode recair a ameaça que determina a vontade do declarante (aliás, em matéria de casamento, o artigo 1638.º segue os mesmos critérios).

1011 A natureza ilícita da ameaça é um pressuposto objectivo da coacção. Existindo este pressuposto, afere-se por critérios subjectivos se a coacção originou ou determinou "pelo receio de um mal" a emissão, pelo declarante, da declaração negocial. Pode suceder que a coação seja ilícita, mas o *coactus* não se intimide com ela, não fazendo a declaração. Neste caso, os pressupostos do artigo 255.º não se verificam.

Não é necessário, quer dizer, não faz parte dos pressupostos legais da coacção, que o mal seja grave ou que seja justificado o receio da sua consumação. Basta a simples ameaça de um mal, cujo receio de concretização seja determinante da declaração.

Se o declarante coagido agiu com reserva mental para evitar os efeitos da coacção, aplica-se o regime desta última e não a regra da validade da 1.ª parte do n.º 2 do artigo 244.º, para o caso de a reserva ser desconhecida do declaratário; caso o declaratário conheça a reserva mental do coagido, aplica-se o regime da nulidade, de acordo com a 2.ª parte do n.º 2 do artigo 244.º.

1012 O efeito da coacção moral é, como em todos os casos em que há um vício da vontade, a anulabilidade: "[a] declaração negocial extorquida por coacção é anulável" quando exercida pelo declaratário (art 256.º, 1.ª parte).

No entanto, quando a coacção proveio de um terceiro, a lei já diferencia, e isto em função da gravidade da coacção. A este propósito é necessário, para que a anulação proceda, que tenha sido grave o mal e justificado o receio da sua consumação (artigo 256.º, 2.ª parte). Sendo preenchidos estes dois pressupostos, a declaração é anulável em relação ao declaratário na sua totalidade, não havendo lugar a um tratamento diferenciado como o previsto no artigo 254.º, n.º 2, para o caso do dolo de terceiro.

A razão para esta solução reside no seguinte: enquanto ao dolo está sempre subjacente um erro, à coacção moral não subjaz outro vício. Assim, se o dolo provier de terceiro e o declaratário não tiver ou não dever ter conhecimento dele, o declarante não pode, em relação ao declaratário, anular com base no dolo; mas poderá fazê-lo, muitas vezes, com base em erro. Ora, no caso da coacção moral não há este "vício de recurso". E, assim, a lei não toma como critério de anulação o "ter ou dever ter conhecimento" por parte do declaratário, mas a "gravidade do mal e a justificação do receio da sua consumação" do ponto de vista do declarante. Deste modo, tanto no caso do dolo de terceiro como no da coacção de terceiro, chega-se a soluções que conciliam, dentro do possível, a necessidade da livre formação da vontade na pessoa do declarante e os interesses do declaratário na consistência e estabilidade da declaração negocial que lhe foi dirigida.

IV. AS CONSEQUÊNCIAS DA INVALIDADE DO NEGÓCIO JURÍDICO EM PORMENOR

Bibliografia: Rui de ALARCÃO, *Sobre a invalidade do negócio jurídico*, Separata do número especial do BFD – *Estudos em Homenagem ao Prof. Doutor José Joaquim Teixeira Ribeiro* – 1981, Coimbra, 1982 (também citado sob I). Manuel de ANDRADE, *cit.*, vol. II, pp. 411 a 427. J. de CASTRO MENDES, *cit.*, vol. III, pp. 679 a 696. C. A. MOTA PINTO, pp. 615 a 644. Maria Clara SOTTOMAYOR, *Invalidade e Registo. A Protecção do Terceiro Adquirente de Boa Fé*, Almedina, Coimbra, 2010.

1. Os efeitos da invalidade

Quando um negócio jurídico é inválido em virtude da verificação de uma 1013
das causas de invalidade que acabamos de estudar e que levam ou à sua nulidade ou à sua anulabilidade, ficam afectados os efeitos jurídicos a cuja produção o negócio se destinava. Estas consequências, que já foram referidas de uma maneira geral – ao falarmos das sequelas de uma vontade deficiente no contexto dos factos jurídicos voluntários para realçar a relação "causa volitiva – efeito jurídico" (cf. n.os 330 a 334) – serão agora estudadas com algum pormenor, completando as considerações feitas no enunciado geral desta Parte (cf. n.os 869 a 872).

Como sabemos, as consequências da invalidade são, no caso da nulidade, a não produção dos efeitos jurídicos volitivos ou pretendidos desde o início, podendo verificar-se, porém, por força da lei, efeitos laterais de natureza negocial, e, no caso da anulabilidade, a produção de todos os efeitos volitivos ou pretendidos, mas apenas de natureza provisória e sujeitos à anulação. Isto no estrito plano dos conceitos jurídicos, a nível da realidade jurídica.

Mas a nível da realidade vivida, dos factos criados, o negócio inválido existe e pode sugerir a aparência de uma normalidade jurídica que, na verdade, não se verifica. A realidade dos factos criados pelos negócios inválidos não está em sintonia com a realidade jurídica. Nem as partes do negócio, ou pelo menos uma delas, precisam de se aperceber desta desconformidade das aparências com a verdadeira situação jurídica.

1014 Para destruir as aparências falsas e para fazer valer a realidade jurídica, é necessário agir e dar os passos adequados neste sentido, sob pena de, com o decurso do tempo, as aparências virem a "consolidar-se" e a impor-se, criando uma realidade jurídica nova, em sintonia com elas próprias. Para evitar que isto venha a suceder, a invalidade carece de ser invocada. Enquanto não for invocada, as falsas aparências mantêm-se e, com elas, o aspecto de uma normalidade jurídica que, na verdade, não há.

A este respeito, o Código Civil consagra um regime específico para as invalidades, que abarca os artigos 285.º a 294.º. Trata-se de um regime-regra, aplicável tanto à nulidade como à anulabilidade de um negócio jurídico sempre que não exista um regime especial (artigo 285.º).

De acordo com este regime-regra, são logo as próprias partes que podem reconhecer por acordo a invalidade do negócio jurídico que celebraram; mas a invalidade pode ser invocada também, e normalmente é isto que acontece, por acção judicial; e, tratando-se de uma nulidade, ela pode ser invocada, além disso, por via de excepção ou pode ser declarada oficiosamente pelo tribunal.

Tendo a invalidade sido reconhecida por via judicial, tanto a declaração de nulidade do negócio jurídico como a sua anulação têm efeito retroactivo, como se o negócio não tivesse sido celebrado, devendo ser restituído tudo o que tiver sido prestado (assim, a regra geral do artigo 289.º, n.º 1, concebida em função de relações de troca). Em caso de acordo sobre a invalidade, todavia, parece que a solução também poderá ser outra, sem ser a retroactividade pura e simples.

1015 É neste sentido que o artigo 289.º, n.º 1, determina: "Tanto a declaração de nulidade como a anulação do negócio têm efeito retroactivo, devendo ser restituído tudo o que tiver sido prestado (a regra é: *cessante causa, cessat effectus*) ou, se a restituição em espécie não for possível, o valor correspondente"[774]. Quer dizer, temos dois efeitos: (1º) o efeito retroactivo e (2º) o efeito restitutivo.

Para o caso da anulação do negócio, a regra do artigo 289.º, n.º 1, significa, quanto ao efeito retroactivo, que os direitos, provisoriamente transmitidos por meio do negócio anulável, são retransmitidos, sem mais, imediatamente, "por mero efeito da sentença", enquanto, por força do efeito restitutivo, as prestações efectuadas no cumprimento do contrato anulável necessitam de ser restituídas a seguir, simultaneamente, pelas partes. No fundo, a situação corresponde, de uma maneira inversa, aos efeitos do contrato de compra e venda (artigo 879.º, al. *a)* [transmissão por mero efeito do contrato] e als. *b)* e *c)* [obrigação de entregar a coisa e obrigação de pagar o preço]). Os efeitos do artigo 289.º, n.º 1, são o "reflexo" de cada um dos efeitos previstos nas três alíneas do artigo 879.º. Temos a retransmissão imediata da propriedade por mero efeito da sentença e as subsequentes obrigações de reentregar a coisa e de restituir o preço pago. Uma vez que os efeitos da anulação se retrotraem ao momento da celebração do negócio, em princípio, como já dissemos, tudo se passa como se o negócio nunca tivesse sido celebrado.

Daí que a sentença de anulação, ao destruir os efeitos jurídicos produzidos (provisoriamente, é certo, mas produzidos) tenha carácter constitutivo: altera a realidade jurídica pela destruição dos efeitos provisórios produzidos por um negócio anulável. No caso de uma sentença que se refere a um negócio nulo, a situação já é diferente: exceptuados os efeitos negociais laterais por força de disposição legal, não há efeitos jurídicos por destruir.

Para o caso da nulidade, onde o negócio não produziu, desde o momento da sua celebração, os efeitos volitivos pretendidos, a sentença limita-se, necessariamente, à constatação da nulidade, sendo, deste modo, simplesmente declarativa. Também não há retroactividade no mesmo sentido em que esta se dá no caso de um negócio anulado, pois nenhum efeito jurídico volitivo pode ser destruído. Todavia, para a eventualidade de ter havido efei- 1016

[774] O preceito, tomado a rigor, pode prejudicar os incapazes de exercício, contrariando deste modo decisões valorativas da lei a seu respeito. Todavia, no processo de restituição os incapazes devem ser devidamente protegidos. Neste contexto cf. J. KÖHLER, *Die gestörte Rückabwicklung gescheiterter Austauschverträge*, Köln, 1988, pp. 452 a 461; C.-W. CANARIS, "Die Gegenleistungskondiktion", *FS Werner Lorenz*, Tübingen, 1990, pp. 25, 35 ss.

tos jurídicos laterais de natureza negocial, por comando da lei, ou de ter havido uma troca de prestações pelas partes do negócio, que o executaram, não obstante a sua nulidade, já não é bem assim: estes efeitos e prestações são, evidentemente, atingidos pela declaração de nulidade, na medida em que os primeiros são destruídos retroactivamente e as segundas são de restituir (e de reentregar) a seguir, tal como sucede no caso de uma anulabilidade.

1017 Tanto no caso da anulação como no da declaração de nulidade do negócio, a restituição é integral. Para o efeito, a lei visa manter o mesmo equilíbrio económico que teria existido se o negócio não tivesse sido executado. O princípio da justiça comutativa obriga também, nesta situação, a manter, relativamente às obrigações de restituição, a mesma correspectividade que as partes procuraram entre as prestações realizadas em execução do negócio inválido[775]. Na verdade, parece óbvio que se deve manter o equilíbrio das prestações efectuadas. A aplicação do artigo 289.º, n.º 1, não pode conduzir a um desequilíbrio que não existiu na execução do negócio declarado nulo ou anulado. O sinalagma que subjaz ao negócio inválido e suas prestações também há-de estar subjacente às obrigações de restituição do artigo 289.º, n.º 1, que só pode ser entendido no sentido de querer um efeito retroactivo equilibrado, sinalagmático, quanto aos valores em causa.

Todavia, quanto à perda ou à deterioração da coisa a restituir, aos frutos colhidos, aos encargos assumidos e às benfeitorias feitas no tempo entre a conclusão do negócio e a sua invalidação, o artigo 293.º, n.º 3, manda aplicar as regras dos artigos 1269.º ss. Estas disposições regulam os efeitos da posse nas relações entre o titular do direito real de gozo e o possuidor da coisa, que a deve entregar àquele, e atenuam as consequências do princípio da restituição integral para a parte que, ao concluir o negócio, tenha estado de boa fé[776].

[775] Assim Maria Clara SOTTOMAYOR no seu importante estudo «A Obrigação de restituir o preço e o princípio do nominalismo das obrigações pecuniárias», *Estudos em Homenagem ao Professor Doutor Jorge Ribeiro de Faria*, Coimbra, Coimbra Editora, 2003, pp. 547 a 606 (576, 554). Ver ainda a mesma autora, *Invalidade e Registo, cit.*, pp. 131 ss.

[776] Uma situação especial está prevista no n.º 2 do artigo 289.º. Este preceito, de compreensão difícil quando comparado com o n.º 1, e o princípio sistemático nele consagrado (*cessante causa cessat effectus*), determina o seguinte:

Contudo, e isto é muito importante, as consequências previstas no artigo 289.º não se limitam às próprias partes do negócio, mas estendem-se também a terceiros que, entretanto, hajam adquirido no seguimento dele. Por isso, as obrigações de restituição incumbem às partes do negócio invalidado (artigo 290.º) mas, conforme os casos, também aos seus sub-adquirentes, ou os terceiros[777]. Como já aflorámos, as obrigações de restituição devem ser cumpridas simultaneamente (*Zug um Zug*).

2. As pessoas legitimadas para invocar a invalidade

Sendo necessário desfazer as aparências falsas, criadas na sequência de 1018
um negócio inválido, é evidente que, no interesse da segurança jurídica e da paz social entre os participantes no tráfico jurídico negocial, a invalidade não pode ser invocada por qualquer um e também não por tempo indeterminado. Deve haver critérios delimitativos para o efeito, que determinam quem poderá ter um interesse legítimo neste sentido e quais os prazos que deve observar.

"Tendo alguma das partes alienado gratuitamente coisa que devesse restituir, e não podendo tornar-se efectiva contra o alienante a restituição do valor dela, fica o adquirente obrigado em lugar daquele, mas só na medida do seu enriquecimento".
A disposição não encontra equivalente nos trabalhos preparatórios (aparecendo apenas no Projecto de 1966). Parece que o n.º 2 do artigo 289.º terá em vista os casos que pressupõem a existência de uma obrigação de restituir com fundamento no n.º 1 do artigo 289.º, tendo esta obrigação ficado frustrada, de facto, por causa da alienação gratuita, feita depois do nascimento da obrigação de restituir.

[777] Cf. a este respeito, e a título de exemplo, o caso decidido (aliás bem decidido) em BMJ n.º 299 (Outubro 1980), p. 218. Aqui o STJ viu-se perante a seguinte situação: Por escritura pública de 1971 fora vendido um prédio rústico. Pelo adquirente, este prédio foi transmitido, posteriormente, por um novo contrato de compra e venda, através de escritura em 1973, aos autores da acção. Em 1977 foi declarada nula, por sentença, a compra e venda efectuada em 1971, ou seja, foi declarado nulo o primeiro contrato.
"Se é irrecusável que o artigo 289.º do Código Civil estabelece que a declaração de nulidade do negócio jurídico, tendo efeito retroactivo, importa a restituição de tudo que tiver sido prestado, também imperativo é o artigo 291.º, n.ºs 1 e 2, do mesmo Código no que concerne a extensão dessa declaração em relação a terceiros quando incida em bens imóveis. (...) Uma vez declarada nula a escritura (...) de 1971, (...) não puderam os autores pela escritura (...) de 1973 adquirir prédio alheio à titularidade do transmitente (...)".

Aqui aparecem, em primeiro lugar, as próprias partes do negócio, ao quererem resolver o assunto por acordo. Quanto a esta possibilidade, no fundo a mais natural, a lei não é muito explícita. É da última parte do n.º 1 do artigo 291.º que resulta este caminho que, de certo modo, constitui um princípio a seguir (já por razões de economia processual) e que está em plena sintonia com o artigo 406.º, n.º 1, que permite às partes modificar ou extinguir um contrato por mútuo consentimento. Para o acordo das partes é aplicável o disposto nos artigos 217.º, 219.º e 220.º, quanto à modalidade e forma do negócio, além de se lhe aplicarem eventuais requisitos respeitantes à sua publicidade. Se as partes não chegarem a acordo, como normalmente acontece, restam as soluções preconizadas no artigo 286.º para a nulidade do negócio e no artigo 287.º para a sua anulabilidade.

1019 Segundo o artigo 287.º, n.º 1, só têm legitimidade para arguir a anulabilidade do negócio as pessoas em cujo interesse, que é normalmente um interesse particular, a lei a estabelece, e só dentro do ano subsequente à cessação, ou ao conhecimento, do vício que lhe serve de fundamento. O direito de invocar a anulabilidade é um direito potestativo extintivo. Enquanto o negócio não estiver cumprido, a anulabilidade pode ser arguida sem dependência de prazo, tanto por via de acção como por via de excepção (artigo 287.º, n.º 2). Como o prazo regular para arguir a anulabilidade apenas começa a contar a partir da cessação do vício, e não já a partir da celebração do negócio, o tempo para invocar a anulabilidade pode ser dilatado se o vício acaba por cessar muito tarde.

Se a acção não for intentada ou julgada procedente, o negócio anulável é tratado como se *fosse* válido, produzindo – embora provisoriamente – *todos* os seus efeitos jurídicos em sintonia com a sua normalidade jurídica aparente. E também a simples cessação do vício não atribui, retroactivamente, nenhuma validade ao negócio.

Mas o negócio consolida-se se a acção de anulação não for proposta dentro do prazo, uma vez que o direito de o fazer caducou. Por outro lado, o negócio passa a ser válido, desde o momento da sua celebração, portanto com efeitos retroactivos, se a acção que visou a sua anulação for julgada improcedente.

As pessoas que têm legitimidade para invocar a anulabilidade são, como se referiu, aquelas em cujo interesse a lei a estabeleceu. A lei pode dizer expressamente quem são as pessoas (ver, p. ex., os artigos 125.º; 178.º; 254.º, n.º 1; 283.º, n.º 1, 877.º, n.º 2, ou 1893.º, n.º 3, em ligação com 1915.º, n.º 1 [Ministério Público!]), como pode não fazê-lo (ver, p. ex., os artigos 247.º ou 257.º). Nestes últimos casos, as pessoas legitimadas determinam-se por interpretação da lei, apreciando-se a situação segundo critérios de razoabilidade, o que significará que interessado é aquele que a lei, de acordo com os princípios do direito privado, quis ver protegido ao estabelecer a sanção da anulabilidade.

Conforme o texto da lei, que nos artigos 285.º a 294.º fala do "negócio", os interessados não anulam apenas a sua própria declaração negocial, mas sim todo o negócio jurídico em que esta se integrou.

Quanto à arguição da nulidade, e atendendo ao grau maior desta invali- 1020
dade, que pode afectar não só interesses particulares, como também interesses públicos (p. ex., a nulidade em consequência da inobservância da forma legal), a lei prevê que ela é invocável a todo o tempo, quer dizer, sem dependência de prazo, por qualquer interessado, e que ela ainda pode ser declarada oficiosamente pelo tribunal (artigo 286.º). Também a invocação da nulidade corresponde ao exercício de um direito potestativo extintivo.

Enquanto a acção visando a declaração de nulidade não for intentada ou julgada procedente, pode o negócio nulo, sob a aparência da sua celebração – uma vez que os seus efeitos jurídicos volitivos não se produzem –, dar lugar a determinados efeitos de facto, na medida em que é executado pelas partes. Além disso, a própria lei pode atribuir-lhe expressamente efeitos jurídicos laterais de natureza negocial (p. ex., no caso da venda de bens alheios, o artigo 892.º atribui a um contrato nulo efeitos obrigacionais).

As pessoas legitimadas para invocar a nulidade representam, em comparação com o regime da anulabilidade, um leque mais amplo, pois o artigo 286.º considera "qualquer" interessado. Todavia, o "qualquer interessado" neste sentido não é "qualquer pessoa" (como sucede no artigo 1630.º, n.º 2, no caso da inexistência do casamento civil), mas apenas o particular cujos interesses, jurídicos ou económicos ou morais, de um modo ou outro, tiverem sido afectados pelo negócio nulo. A legitimidade do tribunal para declarar oficiosamente a nulidade, justifica-se com o facto de que, conforme os casos, a nulidade pode contender com interesses públicos.

Também no caso da declaração de nulidade é visado directamente, tal como na anulabilidade, o negócio todo e não apenas as declarações negociais nulas que o integram.

V. A MINORAÇÃO DAS CONSEQUÊNCIAS DA INVALIDADE DO NEGÓCIO JURÍDICO

Bibliografia: Maria Clara Sottomayor, *Invalidade e Registo. A Protecção do Terceiro Adquirente de Boa Fé*, Almedina, Coimbra, 2010, também citada sob IV. Rui de Alarcão, *A confirmação dos negócios anuláveis*, Coimbra, 1971. Idem, *Efeito da confirmação dos negócios anuláveis*, BFD LIV (1978) e Separata, Coimbra, 1980. Heinrich Ewald Hörster, «Ignorare legis est lata culpa – Breves considerações a respeito da aplicação do artigo 291.º do Código Civil, in *Festschrift für Claus-Wilhelm Canaris zum 70. Geburtstag*, München, C. H. Beck, 2007, pp. 655 a 704. Heinrich Ewald Hörster, «Venda executiva e o conceito de terceiro para efeitos do registo», Anotação, *CDP* N.º 23, Julho/Setembro 2008, pp. 1, 6 a 14. J. Antunes Varela, *Anotação ao Acórdão do STJ, BMJ* 315 (Abril 1982), p. 244, in *RLJ* 118 (1985/1986), p. 282. Manuel de Andrade, *cit.*, vol. II, pp. 427 a 437. C. A. Mota Pinto, *cit.*, pp. 615 a 644. J. de Castro Mendes, *cit.*, vol. III, pp. 697 a 710.

1. O princípio da conservação dos negócios jurídicos e as suas expressões legais

1021 Devido às suas consequências enunciadas no artigo 289.º, a declaração de nulidade e, sobretudo, a anulação do negócio jurídico, que destrói efeitos produzidos, trazem elementos de perturbação para dentro do tráfico jurídico negocial, designadamente quando está em causa a atribuição de bens.

Na verdade, os resultados dos artigos 289.º e 290.º podem ser, e muitas vezes são-no mesmo, pesados para os atingidos, designadamente quando estes agiram, ao concluir o negócio inválido, de boa fé.

Daí surge a necessidade para a lei de minorar, com base numa ponderação criteriosa dos interesses em jogo, as consequências de uma invalidade ocorrida, de acordo com o chamado "princípio da conservação dos negócios jurídicos"[778].

O princípio da conservação dos negócios jurídicos tem prioridade lógica sobre os regimes da invalidade e encontra múltiplas referências na lei (p. ex., as obrigações de convalidação do contrato de compra e venda [artigos 897.º, 907.º,]) e, assim, não aparece apenas no contexto das consequências da

[778] Cf., neste contexto, H. Roth, «Geltungserhaltende Reduktion im Privatrecht», *JZ* 1989, p. 411; C.-W. Canaris, «Gesamtunwirksamkeit und Teilgültigkeit rechtsgeschäftlicher Regelungen», *FS E. Steindorf*, Berlin, 1990, p. 519; Rüthers, *cit.*, § 26.

invalidade, mas começa a actuar já antes, para evitar que esta venha a dar-se. Actuam, logo neste sentido, as regras sobre a interpretação e a integração do negócio jurídico. Mas também as disposições que proíbem a invocação da invalidade entre as partes, a existência de prazos para invocar a invalidade sob pena de caducidade e a necessidade do recurso aos tribunais servem como factores de estabilização, aos quais se alia, embora noutro contexto sistemático, ainda o instituto da usucapião[779].

Contudo, no âmbito das consequências de invalidade propriamente ditas, existem disposições específicas, e isto tanto em relação às partes, como em relação a terceiros, que dão expressão concreta ao princípio em causa. A aplicação destas disposições pressupõe, sempre, a existência de um negócio jurídico (de uma declaração negocial) inválido. Daí que elas não interessem nos casos em que uma declaração não produz qualquer efeito (ver artigos 245.º e 246.º), visto aqui não existir nada de negocial que possa vir a ser conservado.

a) A conservação dos negócios jurídicos em relação às partes

aa) A confirmação do negócio anulável

Segundo o artigo 288.º, n.º 1, a anulabilidade de um negócio jurídico é sanável mediante confirmação. A confirmação (*Bestätigung*) põe termo à invalidade e à provisoriedade dos efeitos do negócio, com força retroactiva, sanando a deficiência originária de que este enfermava, tanto em relação às partes como em relação a terceiros (artigo 288.º, n.º 4), como se nunca tivesse havido anulabilidade. A confirmação tem, portanto, os efeitos inversos da anulação, como, aliás, é lógico. 1022

A confirmação compete à pessoa à qual pertence, nos termos do artigo 287.º ou de um regime especial, o direito de anulação, mas só é eficaz quando for posterior à cessação ou ao conhecimento do vício que serve de fundamento à anulabilidade e se o autor tiver conhecimento efectivo do vício e do seu direito à anulação (artigo 288.º, n.º 2).

[779] Mas também os artigos 283.º (ver n.º 958), 437.º (ver n.º 993 ss.) e 252.º, n.º 2 (ver n.ºs 996 ss.) podem ser lembrados a este propósito.

1023 Segundo a melhor opinião, a confirmação não necessita de se dirigir a um destinatário. Ela é um negócio jurídico unilateral não receptício. Basta um comportamento concludente, uma manifestação, de onde um terceiro ou, na maioria dos casos, a própria parte possam concluir pela existência de uma vontade confirmativa que, evidentemente, não pode faltar (temos uma lógica semelhante ao previsto no artigo 234.º, que dispensa que a declaração de aceitação seja feita ao proponente do contrato). O artigo 288.º, n.º 3, prevê, deste modo, que a confirmação pode ser expressa ou tácita. Ela é tácita quando a pessoa à qual compete o direito de confirmar haja adoptado um comportamento no sentido de optar pela validação do negócio (p. ex., mediante o cumprimento consciente de um negócio anulável). Além disso, e no intuito patente de facilitar ainda mais a confirmação, o n.º 3 do artigo 288.º determina que ela não depende de forma especial (ao contrário do acordo sobre a invalidade do negócio [artigo 291.º, n.º 1, última parte] ou da ratificação de um negócio ineficaz [artigo 268.º, n.º 3] que, conforme os casos, pode estar sujeito à forma legal ou não).

1024 Em correspondência com a extensão da anulabilidade do negócio, a confirmação pode ser integral ou parcial. A confirmação é integral quando um negócio, todo ele anulável, é sanado na sua totalidade. Esta situação é a mais frequente. Mas também pode acontecer que um negócio seja parcialmente anulável, p. ex., em consequência de um erro incidental, ou que o negócio seja totalmente anulável, sendo confirmado apenas em parte. Aqui, a confirmação é parcial: um negócio anulável é sanado quanto à sua parte inválida ou é mesmo só sanado parcialmente. Neste último caso da confirmação parcial, esta apenas tem efeitos sanadores se a parte confirmada do negócio tiver, só por si, viabilidade jurídica e económica como negócio autónomo. Nesta medida, a confirmação parcial aproxima-se da redução do negócio anulável.

bb) A redução do negócio nulo ou anulável

1025 A redução (*Reduktion*) do negócio funciona, como regra, no sentido da sua manutenção, no caso de o negócio ser apenas parcialmente inválido. Diz o artigo 292.º que a declaração de nulidade ou anulação parcial (*Teilnichtigkeit*) "não determina a invalidade de todo o negócio, salvo quando se mostre que este não teria sido concluído sem a parte viciada". Esta regra do artigo

292.º, encontra preceitos correspondentes, p. ex., nos artigos 884.º, 902.º, 911.º e 981.º, n.º 2, 1416.º, n.º 1, etc.

Mediante o artigo 292.º, o negócio invalidado fica automaticamente reduzido à sua parte válida, sem prejuízo, claro, da eventualidade de uma anterior confirmação da parte anulável, ao abrigo do artigo 288.º. Portanto, a redução opera-se sem mais, salvo quando se prove que o negócio não teria sido concluído sem a parte viciada, uma vez que esta era relevante para os contraentes ou um deles[780].

De facto, está em sintonia com o princípio da autonomia privada manter os negócios jurídicos, embora reduzidos às partes que não são afectadas por uma invalidade, se eles teriam sido queridos mesmo sem a parte viciada. Neste sentido, o artigo 292.º pressupõe que não tenha havido um acordo entre os contraentes com vista à hipótese da ocorrência de uma invalidade parcial, acordo esse que, naturalmente, prevalece. Mas quando as partes contraentes nada tivessem previsto, que será o caso mais frequente, o artigo 292.º aplica-se.

Outro pressuposto de aplicação do artigo 292.º é a viabilidade parcial do 1026
negócio na sua parte sã. Quer dizer, a parte sã deve ser idónea para desenvolver uma vida jurídica e económica própria e autónoma, mesmo sem a parte inválida. Esta situação é frequente quando se trata de contratos singulares celebrados com base em cláusulas contratuais gerais que se revelam como excluídas (artigo 8.º do DL n.º 446/85) ou até nulas (artigos 12.º a 14.º do DL n.º 446/85), onde os contratos singulares, expurgados das cláusulas excluídas ou nulas, subsistem[781].

[780] O CCiv adoptou, deste modo, uma solução oposta à do § 139 BGB, sendo a sua solução indicada e correcta. Quanto ao BGB, cf. Flume, vol. II, *cit.*, § 32.

[781] Uma outra situação está expressamente prevista no artigo 46.º CSC: "Nas sociedades em nome colectivo ou em comandita simples o erro, o dolo, a coacção, a usura e a incapacidade determinam a anulabilidade do contrato em relação ao contraente incapaz ou ao que sofreu o vício da vontade ou a usura; no entanto, o negócio poderá ser anulado quanto a todos os sócios, se, tendo em conta o critério formulado no artigo 292.º do Código Civil, não for possível a sua redução às participações dos outros".
Mas já não são parcialmente viáveis os contratos visados pelo assento do STJ DR I n.º 114, de 18-5-1989, p. 1989: "Não é susceptível de beneficiar da redução do negócio jurídico previsto no artigo 292.º do Código Civil o pacto social de uma sociedade constituída entre advogados e não advogados cujo objecto inclua actividade própria de advogados".

Parcialmente viáveis podem ser também os contratos de execução continuada ou periódica, como resulta do disposto nos artigos 277.º, n.º 1, e 434.º, n.º 2, que regulam os efeitos da condição resolutiva, respectivamente os efeitos da resolução sobre a parte já executada, consagrando soluções que, também em caso de invalidade parcial, podem servir de exemplo quando, tendo sido cumprido um negócio inválido em parte, se geraram situações irreversíveis.

1027 Ainda há casos excepcionais, em quase perfeito contraste com a orientação subjacente ao artigo 292.º, em que a lei impõe, contra a vontade dos contraentes, a validade parcial do negócio. Um exemplo para estes casos constitui-o o artigo 1146.º, n.º 3, quanto ao mútuo usurário, ao dizer: "Se a taxa de juros estipulada ou o montante da indemnização exceder o(s) máximo(s) fixado(s) (...), considera-se reduzido a esses máximos, ainda que seja outra a vontade dos contraentes". Parecida com este caso é a redução equitativa da cláusula penal prevista no artigo 812.º, através de uma intervenção judicial, quando a cláusula for manifestamente excessiva.

Em determinadas situações, a aplicação da regra do artigo 292.º aproxima-se da integração de um negócio jurídico (artigo 239.º), como, aliás, decorre expressamente dos artigos 9.º, n.º 1, e 13.º, n.º 2, do DL n.º 446/85, ao regular a subsistência dos contratos singulares em caso de exclusão ou de nulidade de cláusulas contratuais gerais, com o recurso, se necessário, às regras de integração dos negócios jurídicos.

Finalmente, a regra do artigo 292.º deve ser aplicada, por analogia, aos casos em que existe uma pluralidade de negócios jurídicos, interligados entre si por razões jurídicas e/ou económicas, ou em que uma negociação complexa (*einheitliches Vertragswerk*) tiver sido realizada por vários negócios parcelares sobre a matéria[782].

cc) A conversão do negócio nulo ou anulável

1028 Não sendo possível recorrer às soluções do artigo 292.º em virtude da invalidade total do negócio, que nem pode ser viabilizado em parte, a lei

[782] O mesmo vale para contratos em cadeia (*Kettenverträge*) que foram celebrados em ordem a evitar a conclusão de um contrato único com duração excessiva. Aqui é possível reduzir a duração a um contrato parcialmente válido em proporção ao tempo reduzido. Cf. BGH *DB* 1990, p. 1509.

prevê que o negócio nulo ou anulado pode converter-se num negócio de tipo ou conteúdo diferente, do qual contenha os requisitos essenciais de substância e de forma, quando o fim prosseguido pelas partes permita supor que elas o teriam querido, se tivessem previsto a invalidade (artigo 293.º).

Mediante a aplicação do artigo 293.º, o negócio invalidado não pode ser substituído por um outro que ultrapasse os objectivos do primeiro, embora possa ficar aquém dos mesmos. P. ex., um contrato de compra e venda sobre um terreno, feito por escrito particular e, por isso, nulo (artigos 875.º e 220.º), pode ser convertido num contrato-promessa, ou seja, num contrato de tipo diferente, com o seu alcance mais reduzido; um contrato de sociedade, no seu todo nulo por falta de forma, pode ser reduzido às participações válidas (artigo 981.º, n.º 2).

Ao contrário do que sucede na aplicação da regra do artigo 292.º, a conversão (*Umdeutung*) não opera automaticamente – não basta que o negócio anulado ou declarado nulo contenha os requisitos essenciais de um negócio de tipo ou conteúdo diferente que possa vir a substituí-lo – mas é necessário que ela se harmonize com a vontade hipotética dos contraentes, ou seja, a vontade que estes teriam quanto ao negócio se tivessem previsto a sua invalidade[783]. 1029

Por isso, não há lugar para uma conversão quando os contraentes, prevendo a hipótese de ser inválido o negócio que está a ser celebrado entre eles, convencionam que, neste caso, valerá um outro, diferente. Este outro negócio baseia-se na vontade real das partes, que afasta, sempre, qualquer vontade hipotética ou conjectural.

Em alguns casos, excepcionais, faz-se a conversão por força da lei, sem atender à vontade hipotética ou mesmo real das partes. Pertencem aqui os casos previstos nos artigos 946.º, n.º 2, 1306.º, n.º 1, 2.ª parte, 1416.º, n.º 1, ou 2251.º, n.º 2. Mas não será possível a conversão do exercício inválido de um direito potestativo.

Na impossibilidade de uma conversão, redução ou – tratando-se de negócio anulável – confirmação (as causas de nulidade não admitem a confirma- 1030

[783] O negócio obtido por meio de conversão é – tal como sucede com o negócio dissimulado (artigo 241.º) – objecto de uma apreciação autónoma no que respeita à sua validade. Cf. LAG Berlin, *DB* 1989, p. 1344, com muitas referências doutrinais e da jurisprudência.

ção, visto não poderem ser sanadas com efeitos retroactivos, como é evidente, p. ex., nos casos da inobservância da forma legal, da falta de vontade ou da contrariedade aos bons costumes), resta apenas a renovação (*Neuvornahme*) do negócio jurídico. O mesmo sucede também no caso do exercício inválido de um direito potestativo, que deve ser repetido de maneira válida. A renovação válida do negócio jurídico não tem efeitos retroactivos, mas apenas tem efeitos para o futuro (efeitos *ex nunc*). Confirmação, conversão e redução, pelo contrário, referem-se ao momento da celebração do negócio inválido, tendo por isso, na medida da sua extensão, efeitos retroactivos (efeitos *ex tunc*), em perfeita sintonia, aliás, com os efeitos da anulação.

2. A protecção de terceiros adquirentes de boa fé

a) A inoponibilidade da declaração de nulidade ou da anulação do negócio que versa sobre bens sujeitos a registo

1031 Pode acontecer, e efectivamente assim sucede com frequência, que a parte "adquirente" de um negócio de alienação inválido transmita, ainda antes de ter havido qualquer acção visando a declaração de nulidade ou a anulação deste negócio, os seus direitos aparentemente adquiridos a um terceiro que confiou numa normalidade jurídica criada pelas aparências, ou seja, confiou na validade do negócio precedente, que na realidade não havia.

Se, mais tarde, o negócio inválido precedente for anulado ou declarado nulo, os efeitos retroactivos e restitutivos da sentença, decorrentes do artigo 289.º, n.º 1, não se limitam às partes deste negócio, mas estendem-se também a terceiros que, na sua sequência, hajam adquirido. Quer dizer, em virtude da invalidade do primeiro negócio, dá-se a invalidade subsequente, uma invalidade em cadeia, dos negócios que se lhe seguem sobre os mesmos bens, afectando todos os sub-adquirentes (que a lei designa por "terceiros").

Este princípio, levado até às últimas consequências, tornaria a participação no tráfico jurídico negocial num risco imprevisível. Daí a necessidade para a lei de estancar os efeitos de uma aplicação incontida dos efeitos decorrentes do artigo 289.º, n.º 1.

1032 A função de "dique" contra a "avalancha" (ou o efeito dominó) provocada pelo artigo 289.º, n.º 1, é assumida pelo artigo 291.º, embora não em relação a todos os negócios celebrados com terceiros adquirentes. Tratando-se de negócios gratuitos ou de negócios sobre móveis não sujeitos a registo, os efeitos retroactivos e restitutivos do artigo 289.º aplicam-se, sem excepção, também relativamente a terceiros.

Além disso, o artigo 291.º não entra em acção quando o terceiro adquirente sabia ou desconhecia com culpa que a normalidade jurídica aparente do lado do alienante a quem adquiriu era falsa, ou seja, quando o terceiro adquirente não estava de boa fé. Por isso, o campo de aplicação do artigo 291.º fica, à partida, restringido a negócios que versam sobre bens imóveis ou móveis sujeitos a registo, desde que o terceiro tivesse adquirido a título oneroso e, ao adquirir, estivesse de boa fé[784].

O artigo 291.º é *uma norma excepcional* na medida em que inviabiliza, 1033
em relação a terceiros adquirentes, os efeitos retroactivos e restitutivos do regime-regra do artigo 289.º, n.º 1. A sua introdução no Código Civil de 1966 significa uma inovação sistemática positiva do maior alcance, mas, apesar disso, só em 2010 (!) foi publicado o primeiro estudo fundamental sobre a norma.

Diz o artigo 291.º – que pertence, assim como os artigos 224.º, 408.º, n.º 1, ou 289.º, n.º 1, às normas-chave do sistema legal a respeito do negócio jurídico – : " 1. A declaração de nulidade ou a anulação do negócio jurídico que respeite a bens imóveis, ou a móveis sujeitos a registo, não prejudica os direitos adquiridos sobre os mesmos bens, a título oneroso, por terceiro de boa fé, se o registo da aquisição (por parte do terceiro) for anterior ao registo da acção[785] de nulidade ou anulação [do *primeiro* negócio] ou ao registo do

[784] Em relação a coisas móveis sujeitas a registo o artigo 291.º terá apenas uma relevância residual: a usucapião de coisas móveis sujeitas a registo exige, em caso de posse de boa fé, apenas um prazo de dois (!) anos, havendo título e registo deste (artigo 1298.º, alínea *a)*). Estando as coisas não sujeitas a registo, e estando a posse de boa fé fundada em justo título, o prazo de usucapião é de três anos (artigo 1299.º). O prazo curto de apenas três anos destina-se, em certa medida, a proteger os terceiros adquirentes de coisa móveis não protegidos pelo artigo 291.º, tanto mais que podem beneficiar da acessão da posse (artigo 1256.º).

[785] De acordo com o artigo 3.º, n.º 1, al. *a)*, CRegPred, estão sujeitas a registo as acções que tenham por fim o reconhecimento, a constituição, a modificação ou a extinção de algum dos direitos resultantes dos factos jurídicos sujeitos a registo de acordo com o artigo 2.º CRegPred. Este registo das acções tem natureza cautelar e implica que, a partir do momento do registo, nenhum interessado possa prevalecer-se, contra o autor da acção, de direitos que sobre o

acordo entre as partes acerca da invalidade *d[este]* negócio [precedente à aquisição do terceiro a uma das partes]. 2. Os direitos de terceiro não são, todavia, reconhecidos, se a acção [de nulidade ou anulação] for proposta e registada dentro dos três anos posteriores à conclusão do [primeiro] negócio [precedente à aquisição do terceiro, mesmo que o terceiro, durante estes três anos, tenha registado a sua aquisição em primeiro lugar]. 3. É considerado de boa fé o terceiro adquirente que no momento da aquisição [do seu direito] desconhecia, sem culpa, o vício do [primeiro] negócio nulo ou anulável [precedente à sua aquisição]."

É nos estreitos limites aqui reproduzidos que o artigo 291.º (que não encontra paralelo no direito alemão) protege um terceiro adquirente, que esteja de boa fé, nos seus "direitos adquiridos", sem dizer, no entanto, quais são estes direitos. Para sabermos isso, temos de analisar a situação jurídica criada pelo negócio jurídico precedente, conforme este seja anulável ou nulo.

1034 Se o negócio precedente for *anulável*, p. ex., devido a um vício da vontade, ele produz todos os seus efeitos, embora de maneira provisória, e os direitos sobre que versa transmitem-se do alienante para o adquirente, em termos de provisoriedade. No caso de o adquirente transmitir em seguida o seu direito a um terceiro, de boa ou má fé (tanto faz), este terceiro acaba por adquirir a um verdadeiro titular, embora adquira novamente apenas em termos provisórios (a situação apresenta alguma semelhança com o que se passa a respeito de direitos condicionados: artigo 274.º, n.º 1). Esta aquisição em termos provisórios dá-se sempre, mesmo que o terceiro esteja de boa fé – ao acreditar, de acordo com as aparências criadas, numa propriedade estável e numa normalidade jurídica (visto que desconhecia o vício de que enfermava o negócio precedente ao seu próprio acto aquisitivo) – e que, deste modo, julgava ter adquirido um direito em termos estáveis e definitivos; pois *sempre* vale a regra *objectiva* do *nemo plus iuris* (cf. n.os 442 e 443) que se sobrepõe à boa fé.

Sendo, agora, anulado o primeiro negócio, a sua anulação arrasta, inexoravelmente, por efeito do artigo 289.º, n.º 1, também o negócio subsequente celebrado com o terceiro adquirente. Este acabaria por ter adquirido a um

objecto venha a adquirir depois do registo da acção. Cf. J Seabra Magalhães, *Estudo de registo predial – O registo das acções*, Coimbra, 1986, pp. 24 ss.

não titular, devido à actuação da regra *cessante causa cessat effectus* em relação ao primeiro negócio, com a consequência da subsequente nulidade do seu próprio negócio e da sua aquisição[786]. Cabe agora ao artigo 291.º, dentro dos seus pressupostos, impedir este resultado.

O artigo 291.º protege precisamente no sentido de impedir o efeito retroactivo (e restitutivo) por força do artigo 289.º, n.º 1, e, com isso, o regresso do direito contratual provisório, objectivamente adquirido pelo terceiro de boa fé, à antiga titularidade do primeiro alienante. Quer dizer, a função do artigo 291.º consiste em não permitir que a anulação prejudique os direitos adquiridos pelo terceiro e transforma, deste modo, aquisições provisórias em aquisições estáveis e definitivas. Por outras palavras, o artigo 291.º não diz quem adquire por meio de um negócio anulável, mas decide quem pode ficar com o adquirido. Fica com o adquirido o terceiro de boa fé cujo direito, preenchidos todos os pressupostos formais do artigo 291.º, prevalece sobre o direito do primeiro alienante (cuja acção não lhe valeu nada).

Caso o negócio precedente seja *nulo*, p. ex., por causa de falta da vontade 1035
ou por ser simulado, a situação é diferente. Aqui, o negócio não produz os seus efeitos contratuais entre as partes, de maneira que não se transmitem direitos nenhuns do alienante para o adquirente. Desta maneira, o adquirente, ao transmitir para um terceiro, dispõe de coisa alheia e, por causa da nulidade desta disposição (artigo 892.º), o terceiro não pode adquirir direitos contratuais, por mais que tenha confiado na titularidade aparente de quem "adquiriu". Também aqui vale, como é óbvio, o princípio *nemo plus iuris* (cf. ainda os n.os 373 e 374). Contudo, em virtude do facto de o terceiro "adquirente" (que por via contratual não adquiriu rigorosamente nada [ele adquiriu um "não direito real"]) ter confiado na titularidade do transmitente, a lei atribui ao negócio nulo efeitos laterais, destinados a conceder uma primeira protecção mínima ao adquirente. Ou seja, não se podendo produzir o efeito real do artigo 879.º, al. *a)*, a lei ressalva os efeitos obrigacionais decorrentes do artigo 879.º, als. *b)* e *c)*, ao dizer que o vendedor não pode opor a nulidade do negócio ao comprador de boa fé. A consequência dessa inoponibilidade é que, entre as partes do contrato nulo, as obrigações devem ser cumpridas. Desta forma, o comprador (terceiro) adquiriu *objectivamente*, por comando

[786] Cf. também, *supra*, nota 777.

legal, um direito relativo, em relação só ao vendedor (!) (cf. n.os 852 a 854), embora julgue *subjectivamente* – e da sua perspectiva nem pode ser doutra maneira – ter adquirido o direito pleno.

Uma declaração de nulidade do primeiro negócio destruiria este direito relativo (de resto, sublinha-se, apenas oponível pelo terceiro de boa fé ao seu próprio transmitente, a quem "adquiriu", mas não a qualquer outro interessado em arguir a nulidade com base no artigo 286.º). Quer dizer, por força dos efeitos do artigo 289.º, n.º 1, o terceiro iria perder a sua posição (objectiva e subjectiva). O artigo 291.º evita agora este resultado, ao preterir o primeiro "alienante" (que alienou por negócio nulo) a favor do terceiro. Este não fica prejudicado nos seus direitos, que subjectivamente julga adquiridos, em virtude de ter confiado, se se encontram preenchidos os restantes pressupostos formais do artigo 291.º.

Quer dizer, a função do artigo 291.º, ao não permitir que a declaração de nulidade prejudique o terceiro adquirente de boa fé, consiste no fundo em fazer prevalecer o direito relativo legal deste sobre o direito de propriedade do antigo titular, do primeiro alienante, direito este preterido, de modo que o direito relativo adquirido por lei acaba por ser transformado em absoluto, ou seja, precisamente no direito que o terceiro, subjectivamente, já julgou ter adquirido, de acordo com a confiança que depositou no momento da aquisição nas aparências existentes do lado do seu transmitente devido ao desconhecimento sem culpa do vício do primeiro negócio.

Assim, terceiros para efeitos do artigo 291.º, n.º 1, CCiv são os que adquiriram na sequência de negócios inválidos (invalidade sequencial). A aquisição do terceiro, além de depender dos pressupostos estabelecidos no n.º 1 do artigo 291.º, não é imediata, mas sujeita à moratória de três anos prevista no n.º 2 do artigo 291.º, a contar da celebração do *primeiro* negócio inválido.

b) A prevalência segundo as regras de prioridade das leis do registo

1036 Uma situação parecida com a protecção dos terceiros adquirentes em seguida a um negócio nulo pelo artigo 291.º, é a protecção do terceiro adquirente segundo as regras de prioridade do registo. O registo em questão é o registo predial. Mas o terceiro adquirente para efeitos do registo não é o mesmo que o terceiro adquirente no sentido do artigo 291.º.

Todas as situações abrangidas pelo artigo 291.º, quer se trate de negócios anuláveis quer de negócios nulos, apresentam como característica comum uma invalidade sequencial depois da celebração de um primeiro negócio inválido. Havendo assim uma cadeia de negócios, há, de modo igual, uma cadeia de sub-adquirentes, sendo o "terceiro" o último destes.

Não é esta a situação quando se fala do terceiro para efeitos do registo. 1037
Aqui não existem sub-adquirentes, mas adquirentes a quem os seus direitos foram transmitidos pelo *mesmo* titular. Este tomou disposições sucessivas e contraditórias entre si, em relação ao mesmo bem, a favor de adquirentes diferentes. Por isso, são terceiros para efeitos do registo aqueles que tenham adquirido de um autor comum direitos incompatíveis entre si (artigo 5.º, n.º 4, CRegPred). Estão em causa situações de uma dupla disposição, provenientes e efectuadas pelo mesmo autor, o autor comum.

Nestes casos de dupla disposição coloca-se, naturalmente, a questão a resolver, que é a de saber qual a disposição, qual o direito, que prevalece. Enquanto nas situações abrangidas pelo artigo 291.º, o problema quanto ao direito que prevalece tem de ser decidido entre o primeiro alienante (= que celebrou o primeiro negócio inválido [nulo ou anulável] da cadeia) e o terceiro (= subadquirente), nos casos da prevalência segundo as regras do registo, a decisão será tomada a respeito de vários terceiros entre si.

Neste contexto devemos lembrar que o registo predial tem como finali- 1038
dade dar segurança ao comércio jurídico imobiliário (artigo 1.º CRegPred), ou seja, é concebido para um comércio que se realiza por via negocial ou obedece a uma lógica negocial, não sendo o registo constitutivo de direitos.

Depois, é preciso ter em conta como pressupostos essenciais:

(1.º) vale a regra estruturante do artigo 408.º, n.º 1, que diz que "[a] constituição ou transferência de direitos reais sobre coisa determinada dá-se por *mero* efeito do contrato";

(2.º) contudo, tratando-se de bens imóveis, e como tais sujeitos a registo predial, a aquisição só é oponível a terceiros [isto é, terceiros adquirentes] depois da efectivação do registo (artigo 5.º, n.º 1, CRegPred; cf. n.os 720, 846 a 851);

(3.º) a favor de terceiros, o registo definitivo constitui a presunção de que o direito inscrito existe e pertence ao respectivo titular (artigo 7.º CRegPred); daí resulta a *fé pública* do registo;

(4.º) são terceiros para efeitos do registo aqueles que tenham adquirido de um autor comum direitos incompatíveis entre si (artigo 5.º, n.º 4, CRegPred);

(5.º) o direito inscrito em primeiro lugar prevalece sobre os que se lhe seguirem relativamente aos mesmos bens (artigo 6.º, n.º 1, CRegPred);

(6.º) não pode haver dois ou mais direitos reais com o mesmo conteúdo sobre o mesmo objecto (cf. n.º 373), sob pena de nulidade do negócio que pretenda estabelecer o segundo direito (cf. n.º 374).

1039 Ora, se o titular de um direito, validamente inscrito, transfere, por negócio jurídico, o seu direito a outrem, este adquire o direito por mero efeito do contrato (artigo 408., n.º 1, CCiv). Contudo, no caso de o contrato de aquisição não ter sido inscrito, o registo continua em nome do alienante e é na sua pessoa que funcionam as presunções do artigo 7.º. O registo publicita uma titularidade que, na realidade, deixou de existir e cria a aparência falsa de que ela se conservou, em desconformidade com a situação jurídica verdadeira modificada. Quem continua inscrito no registo não é o proprietário.

Se nestas circunstâncias, ao aproveitar-se das falsas aparências, o titular inscrito dispõe de novo sobre o bem já alienado, como se o direito inscrito ainda lhe pertencesse, a favor de mais um adquirente, o terceiro (este adquirente), confia nas presunções do registo (artigo 7.º CRegPred) e, por isso, está de boa fé. Esta nova disposição versa sobre uma coisa alheia e é nula (artigos 892.º, 939.º e 956.º, n.º 1) e incompatível com a primeira disposição. Contudo, o direito adquirido primeiro e não registado não é, apesar de ser válido e ter efeitos *erga omnes*, oponível ao terceiro (artigo 5.º, n.º 1, CRegPred). Da perspectiva deste, tudo se passa como se não tivesse havido o primeiro negócio. Os artigos 7.º e 5.º, n.º 1, fingem a favor do terceiro a continuação da existência de uma situação jurídica que desapareceu. E, assim, o terceiro julga ter adquirido o seu direito.

Mas, objectivamente, não é assim. A situação jurídica do terceiro é a mesma que analisámos na figura do terceiro para efeitos do artigo 291.º no caso da nulidade do negócio precedente (n.º 1035). Ele adquiriu para já, por força da lei, um direito relativo, em virtude do facto de o transmitente não lhe poder opor a nulidade do negócio (cf. n.os 852 a 854), devido à sua boa fé, alimentada nas presunções do registo.

Que fique bem claro: a boa fé do terceiro para efeitos do registo baseia-se nas presunções do artigo 7.º CRegPred, na fé pública do registo, bem ao contrário da boa fé do terceiro para efeitos do artigo 291.º, que consiste no desconhecimento sem culpa do vício do negócio precedente.

Caso o terceiro adquirente registe o seu contrato, sem que tenha havido, entretanto, o registo da transmissão anterior a favor do primeiro adquirente, o direito constante deste seu contrato prevalece sobre o direito anterior não registado (artigo 6.º CRegPred). Quer dizer, em termos objectivos, por meio do registo, o direito legal relativo transforma-se num direito absoluto (exactamente como acontece por força do artigo 291.º em caso de negócios nulos subsequentes) e o direito contratual resultante da transmissão anterior extingue-se, uma vez que não pode haver dois direitos reais com o mesmo conteúdo sobre o mesmo objecto.

A prevalência segundo as regras de prioridade das leis do registo tanto 1040
vale para aquisições a título oneroso como a título gratuito (muito contestado, mas sem fundamento legal) e é imediata, ou seja, sem uma moratória semelhante à do artigo 291.º, n.º 2, CCiv. A preterição do direito do primeiro adquirente tem a natureza de uma "sanção", para punir a negligência de não ter sido feito o registo.

Portanto, terceiros, para efeitos de registo, são unicamente aqueles que, por via negocial, tenham adquirido de um autor comum direitos incompatíveis entre si (artigo 5.º, n.º 4, CRegPred). E é do autor comum que partem os processos aquisitivos, de forma negocial, com os terceiros[787].

[787] Os princípios do registo predial, e a sua problemática, valem igualmente para os restantes registos sobre bens.